教海泛舟

杜东平的教育实践与探索

杜东平 ○ 著

上

重庆出版集团 重庆出版社

图书在版编目(CIP)数据

教海泛舟 / 杜东平著. —重庆：重庆出版社, 2013.11
ISBN 978-7-229-07131-8

Ⅰ.①教… Ⅱ.①杜… Ⅲ.①中学教育—文集 Ⅳ.①G63-53

中国版本图书馆 CIP 数据核字(2013)第 255018 号

教海泛舟（上、下）

JIAO HAI FAN ZHOU

杜东平 著

出 版 人：罗小卫
责任编辑：朱小玉
责任校对：夏　宁
装帧设计：重庆出版集团艺术设计有限公司·陈　永

 重庆出版集团
重庆出版社　出版

重庆长江二路 205 号　邮政编码:400016　http://www.cqph.com
重庆出版集团艺术设计有限公司制版
重庆双百印务有限公司印刷
重庆出版集团图书发行有限公司发行
E-MAIL:fxchu@cqph.com　邮购电话:023-68809452

全国新华书店经销

开本:787mm×1092mm　1/16　印张:44　字数:750 千
2013 年 10 月第 1 版　2013 年 10 月第 1 次印刷
ISBN 978-7-229-07131-8
定价:198.00 元（上、下册）

如有印装质量问题,请向本集团图书发行有限公司调换:023-68706683

    杜东平老师不仅在中学的讲台上授课，而且经常赴"老、少、边、穷"农村地区培训教师。（本图片是杜东平老师在 2013 年 10 月 16 日在重庆师范大学讲台上，给"国培"初中生物骨干教师讲学）

作 者 简 介

　　杜东平,男,中学研究员级(正高级)生物教师,市高评委成员。2009年获重庆市"名师"称号,同时,获重庆市有"突出贡献的中青年专家"称号。2011年被遴选为重庆市"未来教育家"培养对象。

　　曾获市级骨干教师、地级科技拔尖人才、多次被评为重庆市"教育科研先进个人"和市级"优秀教育科室主任"和市级"督导先进"个人称号。

　　现任重庆市育才中学校教科室主任,并担任高中生物教学和奥林匹克竞赛主教练;兼任中国陶行知研究会中学专业委员会副秘书长、重庆市陶研会副秘书长、重庆市动物学会副秘书长等职务;重庆师范大学生命科学院客座教授,硕士生导师;重庆市继续教育中心教师教育培训专家;重庆市中小学教材审定专家。

　　从教近40年以来,形成了他自己独特的育人魅力和生动有趣、高效创新的教学风格,教学成绩突出。赛课获市、国家级一等奖9项。辅导学生获全国生物奥赛及全国"生物百项"一等奖共60多项。

　　在全国提出并大力宣扬了"自主性学习"和"生活教育"等多个教学模式,并且在省级及其以上发表的文章和获奖论文200多篇,著书30多本,主研的多项市级和国家级科研成果获重庆市教委一、二等奖7项。特别突出的是作为主研的"九五"规划国家教育部重点科研课题《素质教育中的生活教育模式实验研究》获2004年重庆市第三届基础教育优秀教改成果一等奖,并在全国和世界大力推广,效果突出,并产生巨大的社会效益,并于2009年获重庆人民政府第三届教学成果一等奖。大力培养青年教师300多人,且在全国做讲学报告700多场,产生较大影响。

　　现已形成中国当代生活教育流派,已被中国多本名人传记收录。

专家、名人题语

在中国基础教育界里，有一群以课堂为教育试验场，以学生为研究对象，以教师为研究者的"未来教育家"，潜心研究教育，这是中国梦所期待的老师，而重庆育才中学的杜东平老师就是其中的代表。

北京师范大学教授，博士生导师

朱旭东

2013 年 9 月 2 日

泛舟教育沧海

立马改革昆仑

——贺《教海泛舟》

中国著名教育改革家、全国教育专家委员会会长、上海原建平中学校长

冯恩洪

2013 年 9 月 1 日

尊敬的杜东平老师：

静能生慧，乐在教中。

中国著名教育改革家、特级教师、盘锦市实验中学原校长、市教育局长

魏书生

2012 年 12 月 12 日

乘风破浪正当时，直挂云帆济教海。

——贺《教海泛舟》

全国知名中学联合体秘书长

王文琪

2013 年 9 月 2 日

快乐和幸福在这里生存。

——题赠杜先生

中国陶行知研究会中学生活教育专业委员会秘书长

戴晓政

2012 年 12 月 12 日

杜东平老师是有思想、有教育情怀,对教育执著追求的好教师。

享受国务院津贴专家、重庆市"五四"青年教师获奖者,重庆市江北区教委主任

马培高

2013 年 8 月 20 日

生活教育是推行素质教育的必由之路。

题赠杜东平先生新著作。

中国陶行知研究会中学生活教育专业委员会会长

姚文中

2013 年初春

生活即教育,教育亦生活。

——祝贺老杜新著

享受国务院津贴专家、全国五一劳动奖章获得者　人和街小学校长

肖方明

2012 年 5 月 20 日

2013 年 9 月 5 日

杏坛四秩心如镜,教海泛舟书作帆。

——祝贺老杜老师新著

重庆市教育科学研究院副院长、学术带头人后备人选、研究员、特级教师

王纬虹

2013 年 9 月 9 日

新颖之思,珠玑之言,格致之文,育人之作。

——题赠杜先生

中国农业部高级专家库专家、教材建设专家委员会副主任、教学指导委员会委员、
重庆市有突出贡献的中青年专家、重庆市农业学校校长、博士教授
刘光德
2013 年 9 月 1 日

不懈探索,追求卓越。

——题赠杜先生

重庆市教科院副院长、特级教师、研究员
李常明
2012 年 6 月 20 日

心灵的坚守
澄明的情怀

——题赠杜先生

全国模范教师、特级教师、全国教研先进工作者,沙坪坝进修学院院长　龚雄飞
2013 年 9 月 9 日

走在"未来教育家"的路上

中国是个文明之邦,在古代、近代和现代教育史上,涌现出许多著名教育家,他们大多生活在社会急遽变革、动荡、发展的时期。有关研究对我国历史上的教育家,做过大历史跨度的代际分析,分上古时期的教育家、古代时期的教育家、近现代的教育家,分别揭示了他们的时代特征。

改革开放30多年来,政治、经济、文化、社会、生态等都发生着深刻的变革,教育也发生了很大变化:一是为教育普及,国民素质提升而进行的种种努力;二是为经济社会的转型、走向全面小康社会而培养人才,提高教育质量而进行的各种探索。

在实现"中国梦"的征程中,由教育大国走向教育强国,时代呼唤教育家的产生,提倡教育家办学。那么未来教育家应有哪些特质呢?一般说来,未来教育家应该是社会主义的教育家,中西文化兼容的教育家,科学性与人文性统一的教育家,解决中国教育发展中突出问题的教育家。

什么样的教师才能称得上未来教育家呢?我们认为教育家有三条标准。一要长期从事教育工作,热爱教育,热爱孩子,一辈子献身于教育事业,把教育作为自己毕生的事业;二要在工作中肯于钻研,敢于创新,有自己的理论见解和思想体系;三要工作出色,经验丰富,有自己的教育风格,在教育界有一定影响,被广大教师所公认。教育家应有独特的教育理论和丰富的教育实践经验,也就是说,教育家既是教育理论家,也是教育实践家。

怎样才能成为教育家?简单地说,要以育人为本,树立人人成长的观念;要给每个孩子提供最适合的教育;积极倡导探究性学习,成就了一大批学生。杜东平老师,从20世纪80年代至今,成就了一批又一批的学生,整理了他发表的文章和个案共100多篇,形成《教海泛舟》(上、下册)。上册是杜东平中学教育的实践与探索,分为六个栏目:我的教育主张、行知思想研究、践行行知思想、研究性学习、基于校本研究、中学教育科研等;下册是杜东平中学生物教育的实践与探索,分为十个栏目:我的生物教育主张、生物素养探索、教学模式构建、调查实验研究、课堂教学研究、生物学习指导、教师素养研究、素质教育新教案、新课改教案、生物奥赛培训教练等等。通读全书，我觉得杜东平老师的人生是真实的教育人生，充实的教育人生，幸福的教育人生，升华的教育人生，正走在"未来教育家的路上"。正如他自己所说，把教室作为教育实验室，学生作为研究对象，教师作为研究者，深刻思考，脚踏实地潜心研究。从20世纪80年代到今天，始终把握时代脉搏，积极参加教育改革的洪流，勇于实践，不断总结，将成果物化。从杜东平老师的论文水平和生动的个案中折射出未来的教师应当具备以下特质：

第一，未来的教师应当是一个知识结构复合型的教师。正如杜东平老师在他的文章中谈到，教师应当具有学科专业知识、教育理论知识、心理学知识、实践性知识（教学经验）、写作知识以及教育哲学知识。

第二，未来教师应当是实践型的研究者。杜东平的这套书，概括地说，是以学生发展为本，基于校本的研究，基于课堂的研究，基于综合实践的研究，基于学校特色发展的研究，基于教师成长的研究，基于校长成长的研究，基于陶行知教育思想应用的研究等等。

第三，未来教师应当是实践型的创新者。杜东平老师的课题成果获重庆市政府教学成果一等奖，并且与时俱进发表200余篇文章。研究领域广泛深入，主要是三个层面：一个是学校教育研究，二是生物教育研究，三是对陶行知思想研究。这种研究不是为了研究而研究，而是在教育教学管理工作中，遇到什么问题，就去深入研究分析什么问题，解决什么问题。这样的教师就是实践型的创造者。

第四，未来教师应当是实践型的、具有坚强意志的教师。杜东平老师始终在教育教学一线上摸爬滚打，始终做三件事，以"育人教书"为中心，"教书，读书，写书"；以"创新教育教学技术（新的教学法、新的教学策略、新的教学模式、新的教学艺术，以及新的有效的课程设置等）"为中心，"教学，教研，教育科研"；以"搭建育人和教学平台"为中心，"管理，服务，建议"，定时定期将自己的成果发表，这就需要具有坚忍不拔的意志力和坚持力。

第五，未来教师应当具有教育的主张和信条。有什么样的教育思想、理念和教育信条，就会教什么样的书，培养什么样的学生。教师不应当成为教书匠，应当做骨干教师，名师名家，应当有名师名家的教育情怀。还是杜东平老师说得好：站在三尺讲台的教师，要始终坚守，一定要有自己的教育主张和信条，只要有这样的教师心态，教师就会远离浮躁，始终积极向上。教师的行为始终会脚踏实地，教师的智慧才会涌泉长流，教师的价值才能托起未来的太阳……

第六，未来教师应当是实践型的阅历丰富的教师。据我所了解，杜东平老师阅历十分丰富，虽然始终在中学工作，但他在5所学校工作过。教过平行班，实验班，小班，清北班；担过教研组长，年级组长，班主任；当过团委书记，教务主任，学生处主任，后勤主任，教科室主任，年轻时在一所偏远山区的一般高中做过副校长。现在，不仅在中学讲台上上课，还登上了大学讲台上课。不仅带中学生，而且带大学生和研究生的课……所以，未来教师应当立足高远，既要仰望天空，又要脚踏实地，勇挑重担，不计得失，在教育这个"泛舟海海"里，锻炼出一套符合自己人格特征，有自己风格的真本领，真本事。

第七，未来教师应当是对教育始终具有"忠爱"的情怀。杜东平老师在谈到他的育人人生时说："我热爱教育，热爱教育事业，有深深的教育情怀。"是的，搞教育就要有"忠爱"的精神。文学家夏丏尊先生这样说过："教育没有感情，没有爱，如同池塘没有水。没有水，就不能成为池塘。没有感情，没有爱，也就没有教育。"

"未来教师"是当代教师的范畴，是始终恪守"三尺讲台"的教师。我坚信这本书，会引领年轻教师的学习、思考和研究，会使更多的教师在教育教学实践中成长、成才和成家。真正的教育，真正的教育变革，是隐藏在日常教育经验之中，教师们的日常教育实践也不断地赋予教育变革真实的意义。期望更多的教师在日常教育教学工作中，用心去体悟、发现、研究、挖掘和开发，愿更多的"未来教师"成长、成才、成名、成家！

略陈数语，是为序。

西南大学教育学部教授、博士生导师

李 森

2013年8月1日于学府小区

坚守教育之"爱"

我与杜东平老师相识是20世纪末,一次中国陶行知教育思想研讨会上,后来我们学术交流频繁,成为了很好的朋友。

这次杜老师系统整理总结前半生的教育教学论文、教学个案以成文集《教海泛舟》,该书即将付梓,作为朋友,我有幸抢先拜读,欣然为本书写几句感言。

德国著名哲学家海德格尔在《存在与时间》中说过:"人不是在者的主人,人是在的看护者。人在这'更少'中并没有失去什么;相反,他是有所获的——他抵达了在的真理。他获得了看护者本质的赤贫。看守者的尊严在于:他被在本身唤去保护在的真理。"教师正是教育的"看护者",尽管"贫穷",但他们依然深爱教育;尽管有过彷徨,但他们依然坚守教育之爱。

正如杜东平老师在该书中说,我热爱教育,热爱教育事业,有深深的教育情怀。是的,搞教育就要有"忠爱"的精神。有人说,"教育,对我们社会应该接待的儿童和青年是一种爱的呼唤"。我更要说,老师的爱如母亲的爱,写在大地和天空中,永远珍藏在心底。老师的爱,怀着虔诚之心,拥抱教育,如怀抱自己的孩子。真爱源于对教育的深刻理解。在教师身上承载着教育的光芒,教师不能仅仅把教育当做一种职业,而应作为一种事业——一种充满着梦想和朝气的事业,一种孕育着伟大力量的事业。教育者最可贵的品质之一就是人性,对孩子的深沉的爱是那种父母亲昵的温存和睿智的严厉相结合的爱。

纵观当今我国的教育,毋庸置疑,大的发展方向是明朗的,是正确的,所取得的成绩也是丰厚的,是巨大的。但是,教育存在的问题也是有目共睹的。

"应试教育"在一些地方愈演愈烈,"素质教育"形式上总是轰轰烈烈,像水上的浮萍,远不落地生根,在理想与现实中徘徊。教师经常置于"两难"境地,教师经常在"夹缝"中生存,已成为不争的事实。

不知从何时开始,地方政府和学校考核教育尺码更多地定格于升学率。无暇顾及学生的"身心灵"是否和谐发展，"知情意"是否和谐发展，"德智体美劳"是否和谐发展。现在，中小学教育异化为"生产流水线"、"升级加油站"。虽然基础教育课程改革也提出针对学生进行综合性评价，但是不少学校具体落实到学生"身"上，只有考分可靠。学校成了工厂流水线的生产基地，教师成了"流水线"上机械的操作工，家长成了"流水线"上的"添料"工。有的校长只看升学指标完成就万事大吉，有的向社会打广告，大吹大擂。

古今中外，大批教育人、文化人都主张"坚守以人为本，以育人为本的理念"。陶行知先生说："先生不应该专教书，他的责任就是教人做人。学生不应该专读书，他的责任是学习人生之道"。"分数为本"导致学生内心痛苦，甚至有学生因身心疾病而死亡。在强大的应试教育下，我国教师生存状况堪忧。"无人感到工作的快乐"，"考试让老师无法喘息"，"当教师累"。但我们相信，随着中国改革进程的加快，社会的进步，市场经济日趋完善，教育会回归自然，教师应当"昂首头颅坚守教育之爱"。从孔子的"爱之，能包劳呼"，到夏丏尊的"没有爱就没有教育"，从罗素"凡是教师缺乏爱的地方，无论品格还是智能都不能充分地或自由地发展"，到苏霍姆林斯基"把整个心灵献给孩子"……这些古今中外的教育家昭示着共同的教育之爱，这种爱是师者灵魂，是教育家们昭示着共同的教育之爱，教师之爱。

歌德年轻时，写过这样一句话："人们只能认识自己所爱的，爱或激情越强烈越充沛，认识就越深刻越完整"，在他的一生中，他一再以不同的方式在不同的场合重申这一思想。是的，让我们教师也昂着头去热爱教育，去研究教育，去享受教育吧！

这就是我对杜东平老师《教海泛舟》（上、下册）背后想要"言说"的吧。

是为序！

四川省特级教师、成都市教育专家
中国陶行知研究会中学教育专业委员会秘书长

戴晓政

2013年8月10日笔于成都

澄明但心昕

打开《教海泛舟》这本书,我仿佛回到了25年前。丰都一所偏远中学的讲台上,一位老师幽默风趣,旁征博引,教室里总是充满欢声笑语。这位老师,不光给学生们带来了快乐,还给他们种下了无限遐想。他,就是我的先生杜东平。

三尺讲台,杜先生一站就是几十年。他从丰都,到涪陵,再到育才中学;从地级科技拔尖人才,到重庆市首批骨干教师,从名师、"突贡"专家,再到"未来教育家",一路走来,先生都在用忠诚与智慧诠释着教育的真谛。现如今,师从于他的弟子们,跟先生一样,多已成为各行各业之翘楚。这应该是杜先生教育思想滋养的结果吧!

郭沫若先生曾说:"儿童文学当具有秋空霁月一样的澄明,然而决不像一张白纸。"推而广之,教育也大抵如此。为人师者,绝不是在"白纸"上乱涂乱画,而是让学生在孩提时代就彰显自我意识,使其将来能担当起社会的道义和民族的责任。显然,这不单是一个知识传播的过程,更重要的是一种文化传承的过程。古人云:"师者,传道授业解惑也。"古人尚知把"传道"摆在首位,而今人本末倒置,这不能不说是一种悲哀。

所幸的是,国家当下正在大力倡导"以人为本"之教育。对此,身体力行并大彻大悟者,杜先生当算其中一人。首先是教育之目的。教育应该是培养一个完整的人,一个健康的人,一个独立思考的人,一个会沟通表达的人,一个有判断和价值辨识能力的人,一个对他人、对民族有用的人,一个人生充实而幸福的人。其次是教育之内容。中国传统文化讲究"成才先成人",文人儒士最看重的是品格和气节的养成,然后才是知识的渊博。一味"填鸭"式的应试教育,显然与此背道而驰。最后是教育之形式。好的教育模式是"知行合一",理论与实践相结合,既丰富学生的科学思想,又锻炼学生的实践技能,形成"认识—实践—再认识"的良性循环。做到这一点,学校、家庭、社会不可或缺,三者相长才是正道。

《教海泛舟》两册,既是先生几十年教育生涯之观照,又是先生50余年人生历练之积淀。作为弟子，我感恩于舞象之年多得先生提点，而今不惑之年拜读先生新作，确有"澄明但心听"之感。观先生之教育思想，堪为教育之楷模，后辈之师范。

　　是为序，再拜师恩。

重庆市人民政府研究室副主任

徐永德

草于癸巳年仲秋

——杜东平如是说 教育人生

我在中学的"三尺讲台"站了近四十年,始终战斗在学校教育教学一线上。我的工作是极其平凡。简单地说就是做了三件事,一是"教书,读书,写书",中心是育人教书;二是"教学,教研,教育科研",核心是探索新的方法,策略,模式,艺术以及技术,去开发学生的潜能,让学生自由而全面地发展;三是"管理,服务,建议",落脚点是搭建"育人"和"教学"平台。我就是这样在教育教学一线上"摸爬滚打",在讲台上走过了三十五个春秋,这就是我的教育人生。

虽然当今中国,教师作为一种职业,还不具有足够的吸引力,诸如待遇不高,工作繁琐,心里压力大,劳动时间长等等,我却是乐此不疲。我觉得教师工作尽管又苦又累,但是确实是一项吸引人的工作,主要原因是教师的劳动有"五重丰收"。

一、收获各类人才

教师直接劳动对象是什么,是人。我曾在五所学校工作过,其中两所学校是普通高中,三所省(市)属重点中学,什么样的学生我都见过,教育过,培养过。曾在20世纪80年代教的学生,他们把他们的孩子送到我现在所在的学校读书,我现在是教学生的儿女了。每次我和这些早年的学生在一起,他们都要向我绘声绘色地谈起当时我给他们上课的情景,当班主任教育、批评他们的情景,他们作"恶作剧"的情景……逗得大家都乐开了花。现在我看到他们都成家立业,孩子长大,有的成为上百亿资产的企业家,有的成为厅级以上的官员,有的是大商人,当然也有工人、农民,知识分子,等等。看到自己培养的人才在工、农、商、学、兵、政、党等各行业为全国人民实实在在地作贡献,我真感到幸福、自豪,特别是有的学生不远万里又把他们的孩子托付给我,我望着他们对我信任的目光,望着他们对我所在学校信任的目光,我就心潮起伏,激动万分,对我又苦又累的教师这一职业感到无尚光荣,这确实是一个高尚和体面的职业。

仔细想,学生是人,一个开始知识面很窄,各方面能力很低的娃娃,经过幼儿教师、小学教师、中学教师和大学教师的精心培养，就成了知识较为丰富，有一定分析问题、解决问题的能力，有理想，有抱负的人才了。当然，人才的培养周期不像粮食，机器的生产周期那样短，那样很快就能看到效益，那样容易引起领导重视。唯其如此，才更使教师产生一种为祖国未来而鞠躬尽瘁的历史责任感，产生一种更加神圣的自豪感与幸福感。唯其如此，才使教师不那么急功近利，常常"做小事，想大事"，"做琐事，讲道理"，培养自己较为宽广胸怀，较为远大目光和坚强韧性，从而强化了把自己的命运和国家民族的未来命运紧紧联系在一起的观念。我真爱教育，我热爱教育事业，因为我爱自己劳动收获——各类人才。

二、收获真挚的感情

教师除了收获各类人才之外，还有一个更大的收获就是真挚的感情。

人是有感情的，特别是学生时代培养的感情尤为真挚。师生的心与心之间 就像人们在群山之中得到回声一样，教师对着学生的心灵的高尚呼唤："我爱你，我尊重你，我理解你，我关怀你……"学生在心灵的深处："我爱你，我尊重你，我理解你，我关怀你……"

年复一年，教师就像从一条河的岸边接一届届的新生一般，用满腔热情和真挚之爱，把他们送到理想的彼岸，让他们奔向远大的前程。学生不仅在船上不断地表达对教师的满腔热情和真挚之爱，就在他们奔向远大前程，三年、五年、十年，甚至是几十年以后还不断表达师生这种满腔热情和真挚的爱。公式可能淡忘，定理可能忘记，而师生之间培养起来的真挚感情，却常常长年累月不仅不淡忘，而且越积越深，真是"情深意切，真情深厚"！

三、收获家长的那份渴望和期待

过去家长到学校看重自己孩子的分数，现在不同了，社会进步，民主进程的加快，市场经济社会逐渐成熟，现代文明洗礼的国民，大多数家长期待孩子享受好教育，好人生。

许多家长期待孩子健康人格得到培养，渴望重视人类核心价值的侵染，重视高层次思维训练，更渴望重视学习内容是否能够引导孩子探索兴趣和学习的内在需求，是否充满人道主义精神，是否代表着人类文明进步方向，家长还渴望着教育应当把孩子引向卓越与高贵。

孩子能否上清华、北大等一流大学是孩子的造化，家长不再看重了。家长更期待"孩子长大成一个好人。所以，好的教育力量是一个真正教育者的精神修养。我深深体会到，好教育来自教育者的好人生，而教育者的好人生决定于好社会，也取决于教师自我渴求，我们作为教师一定竭尽全力满足家长的渴望。家长的期待，办好适合孩子的教育，办好人民满意的教育，这是当教师光荣责任，也是当教师的教师——校长的光荣责任!

四、收获创造性劳动成果

教师的工作对象是人,人是千差万别的,要做好教育工作,就得充分发挥其创造性,正是这种工作性质,决定了教师必须学识渊博,并且每时每刻都要开动脑筋,针对当时的社会、经济、文化和学生的差异,创造性地处理各种问题。从这个意义上说,教师随时都有科学研究的机会。

就学校教育而言,德育、智育、体育、美育、劳动教育,就各有数不尽的科研题目。我曾以学生注意力的问题,拟出过上百个科研题目。我觉得教师在科研领域大有可为。

我之所以酷爱教书,重要原因之一,就是觉得教师从事的是最富有创造性的劳动。要么每一段时间,每一段空间都有科研题目,都能有新发现,都能看到学生中新的、积极向上的因素,能看到教师更高层次的潜能,还能够看到环境中的各种有利因素。我总想,每一节(课)内容都有上百种甚至上千种讲法,我们应该研究更科学的讲法,而使今天这种讲法更科学,明天看,可能还有更科学的方法等待我们去探索和研究。

几十年来,我边工作边探索;边教学边教研,边教育科研。承担市级以上的课十多个,先后在各种省级以上刊物上发表文章和论文200多篇,著书30多本,承担、主研多项市级和国家科研成果获省(市)一、二等奖,特别是我作为第一主研的"九五"规划国家教育部重点科研课题"素质教育中的生活教育模式实验研究",获2004年重庆市第三届基础教育优秀教改成果一等奖,并在全国和世界推广,效果突出,并在全国乃至世界产生巨大社会效应,获2009年重庆市人民政府第三届教学成果一等奖。20世纪90年代开始,我深深体会到教师的劳动确实有利于收获科研成果。

我从21世纪开始,我始终把教室作为教育实验室,学生作为研究对象,教师作为研究者。用研究的眼光看教育,常看常新,不仅能增加工作兴趣和热情,还有利于提高工作效率。我现在除了任学校教科室主任外,并兼2-3个班高中生物课,积极参与生物奥赛培训,还有许多社会兼职,如承担重庆师大生命科学学院硕士生导师,本科课程论的兼职教授,市继续教育中心的"师训"工作等。仍能坚持每天撰写1000字左右的工作日记,每天锻炼1小时。靠的是什么,靠的是用科研的角度去工作。

五、收获的是受培训和培训别人的机会

我酷爱学习,我的贮书量不完全统计有三万多册,我非常重视教师的专业发展,当然更重视自己专业发展,近十多年来参加各种长期、短期的培训达10多次,如参加国家教育部跨世纪园丁、国家级教师培训、全国科研骨干教师培训、重庆市"未来教育教育家培训",等等。同时我近十年在全市、全国做了400多场报告,受训教师上亿人

次。我觉得不断充电，又不断地去培训教师，有利于大大促进自己的专业成长。第一，教师的专业素养的提高有助于教师生活幸福指数的提高，如工作过程的乐趣、有极高的自我效能感、变得越来越自信，在工作中那种举重若轻、游刃有余、左右逢源、身心愉快等等。第二，教师的专业素养会极大地影响教师自尊需要的满足。如能赢得认可、接纳与欣赏、学生的爱戴与家长的信任等等。第三，教师专业素养是一个人素养的核心，最重要，最广泛迁移价值的部分。如人际沟通与交流能力，体面和充分自我表达的能力，等等，当一个教师有比较高的专业素养时，也一定享有比较高的生活品质。同时，教师的成长与幸福人生营造可以相互促进，才会收获有滋有味，幸福美好的教育人生。

世界也许很小，学生的心灵领域却很大。教师是广阔的心灵世界中播种耕耘的职业，这一职业应该是神圣的。愿我们用神圣的态度，在神圣的岗位上，把属于我们那片园地，耕耘的更好，让学生内心的澄明，视界的敞亮！

在这里，您手中的两本册子，是我教育人生的驿站，这些教育论文或个案，在不同时期都已发表或获奖或成书。不管您是带着什么心态阅读这两册书，希望能给你一点儿关爱，能给你一点儿信心，能给你一点儿感悟、启迪和一点儿希望！

哦，这就是我杜东平所说的教育人生。

此套书的出版是我教育人生的驿站。

值得一提的是，本套书作为重庆市"未来教育家"培养对象，学习和受教育的成果，为中国教育学会学校文化研究分会"十二五"教育科研规划重点课题"未来生活教育理论和实践研究"成果，也为重庆市"十二五""中学生物自主-合作-探究教学有效性研究"的课题成果。

杜东平

2013 年 7 月 30 日于重庆市谢家湾

目 录
CONTENTS

研究性学习

基于校本研究

中学教育科研

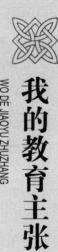

我的教育主张

WO DE JIAOYU ZHUZHANG

我的教育主张从本质上说，就是我的教育思想。让教师要有思想。思想是理论的灵魂，也是理论华美的标示。

让教师有教育思想，教育就充满了生机，让思想充满人性的光辉，让心灵荡漾在博大、丰富、深邃、光明、温暖的思想之中——终于有一天，我们的年华会老去，可我们的教育思想会在足迹中闪光，并将照亮教育前行的路！

我的教育主张和信条

> 站在三尺讲台的教师，要能始终坚守，一定要有自己的教育主张和教育信条。只有这样，教师的心态才会远离浮躁，始终积极向上，教师的行为才能脚踏实地，教师的智慧才能涌泉长流，教师的价值才能托起未来的太阳……

1. 教师必须知道教育的本质是什么，也就是教育是师生合作活动，最好的教师也有差学生，最差的教师也有好学生。在教与学中，学生是第一位的，教师是第二位的。教师的教与学，是老师帮助、指导、促进学生学的活动，教育活动本质永远都是"农民种庄稼"的活动，主要是浇水、施肥、耕作，等等。学生的成长是大自然的产物，也是社会化的产物，决不是工业生产的产品，制造成一个个的标准件。

2. 世界上什么是最好的教育，只有最适合的教育才是最好的教育，因此，不同的学生，用不同的教法，合适的教法，就是好教法，最适合学生的教育才是好教育。

3. 追寻适合学生的教育，以课程为载体，让学生的个性、潜能、人格得到最好的发展。为学生的一生成长奠基，是学校现实发展中的最根本价值所在。

4. 教育不是追求最好，而是追求最适合，最适合的内核：一是教育要遵循学生身心发展规律；二是符合那个时代的政治、经济、文化、社会、生态等发展的需要。

5. 围绕为学生提供适合的教育，我们通过构建完整的课程体系，把学校的办学理念和教育哲学变成一种有形的课程，让每一位学生都能在课程的实施中得到充分的个性发展。

6. 我们应当有这样的信条：没有教不好的学生，只有教育不得法的老师。用这种心态去培养学生，你就会渐渐发现所教班级的学生没有"差生"！

7. 我们当教师的，首先是一个教育者，其次才是一个学科的教师；我们必须始终关注未来的教育，关注学生作为一个完整人成长。我理解的完整人，从教育哲学上说，就是"智、仁、勇"和谐发展；从心理学上说，就是"知、情、意"和谐发展。

8. 教育即服务。校长为教师提供优质服务，教师为学生提供优质服务，学生为社会提供优质服务。其本质是教育为社会提供优质服务，为学生的终生发展提供优质服务。

9. 教育即解放。陶行知先生说得好：(1)解放小孩子的头脑，使他能想。(2)解放小孩子的双手，使他能干。(3)解放小孩子的嘴，使他能谈。(4)解放小孩子的空间，使他能到大自然大社会里去取得更丰富的学问。(5)解放小孩的时间,给他一些闲暇时间消化所学。(6)解放小孩子的眼睛,使他能看。

10. "做为中心"是杜威实用主义教育学原则,"教学做合一"是陶行知对杜威的教育理论的发挥,这两位教育家的理论,都强调的是实践和实用。他们都反对"教师中心"、"课堂中心"、"书本中心"的教育观,注重操作能力和人的发展,具有积极意义,但杜威的"儿童中心主义"思想只重视操作化和直接经验,忽视理论思维和创新,使人的发展走向低能化、浅薄化。著名教育史学专家毛礼锐认为,陶行知以"做为中心"的教育理论是有缺陷的,他没有认识到认识论和教学论之间的异同关系,把教学过程和认识过程等同起来了。

我主张以发展为中心的"教、学、做"统一。以发展为中心是以人为本的科学发展观在教育领域的具体化,这里讲人的发展是人的本性得到发展,是承认人具有巨大的发展潜能。人的发展的本质是"越来越高的心理要求不断得到满足的过程",人的发展的动力来自人的内在的矛盾冲突,在适应环境中逐步向着未来的目标前进。"教"是为了人的发展,"学"是为了人的发展,"教""学"联动形成了"做","做"也是为了人的发展。"教""学""做"相对独立、相互联系、相对制约,相对促进。没有教就没有学,没有学就没有做。"教""学""做"辩证的统一在人的发展上。要强调的是,我讲的人的发展是教育要承认和保证人的主体性为基础、教育要尊重和爱护学生的人格为前提条件。

11. 目前,我国的社会浮躁,教育也相当浮躁,不少校长搞教改更浮躁,我坚信教育变革的真正秘密隐藏在日常教育经验之中,教师们的日常教育实践也在不断地赋予教育变革以真实的意义。

> 教育活动本质永远都是"农民种庄稼"的活动。
> ——杜东平

12. 现在,中国重点中学的现实是素质教育轰轰烈烈,应试教育扎扎实实。狠抓中考和高考分数作为唯一标准,两眼紧盯着有多少学生考上清华、北大作为提升自己学校形象的砝码,非常急功利。这种急功利的背后,对于教师来说,是希望在领导及校长面前急于证明"我是一个好教师!"对于校长来说,是急于证明"这是一所好学校!"对于家长来说,"望子成龙"心切,急于证明"我的孩子是最成才的!"主管的教育行政部门的领导,急于证明"我是最有教育政绩的!"

这四座大山作用于学生,学生每周有周考,每月有月考,一学期有中期考试和期末考试,学生以"做题"为中心,以"考促学",压得学生喘不过气来,我曾经多次调查过,实验班、火箭班、"清华北大班"学生有心理问题的占65%左右。我一生最痛心的事情,是在教的考上清华、北大的学生里,其中有两个上清华大学的学生,一个因患精神分裂症，在清华大学读大三时，跳楼自杀，一个清华大学生大四因长期过度疲劳而死。追根求源，学生的"知情意"不能和谐发展、"智仁勇"不能和谐发展、"德智体美劳"不能全面发展，这种情况，在省（市）重点中学最突出，我们应当坚信，这种教育的现象在不远的将来总有一天会彻底纠正。

我们当教师的，大脑清楚，"心"要静，相信教育事业永远是面向未来的事业，培养人是一个系统工程，培养人是言传身教的过程，周期长、见效慢、育人的效果具有延迟性，人的发展永远坚守"知情意"合一、"智仁勇"合一、"德智体美劳"合一。

13. 我们当教师，不能只埋头教书育人，校长更不能只顾自己的学校的发展和局部利益，应当站在国家战略的高度认识到教育是民族振兴的基石，教育公平是社会公平的重要基础，要全面贯彻党的教育方针，办好人民满意的教育。教师只要都站在这样一个高度去思考问题、处理问题，中国的教育就会走得更快些，更远些。

14.在"课改"背景下，教师要明白，校长大脑要清醒：中国中小学最突出的三个问题：一是学科课程中，如何改变学生的学习方式，即由完全的接受式学习，转变为自主学习、合作学习、探究式学习，并且提高其教学的有效性；二是全面落实综合实践活动课程，绝大多数学校对此门课程未开设，或没有开齐，许多学校确实缺乏学生实践活动的场所，缺乏师资，缺乏认识，缺乏符合学校实际资料包（即地方或校教材）。上级教育行政部门，当校长的应当高度重视这门课程，这门课程是培养创新精神和实践能力核心的一门综合性、开放性、生成性课程；三是教师师德师风建设，以及教师的专业发展问题，校长应当纳入到日常工作中。

摘自《杜东平教育日记》

我的学生观与信条

> 学生,教育培养的对象;学生,教师服务的上帝;当教师要有自己的学生观和信条,教师要会不断地转换自己的角色,选择积极角色进入教育生活……

1. 我们当教师的,首先就要知道人的本性。总体上说,人类有九种天性:自我表现、创造冲动、占有欲望、好奇心理、合群、公平心理、审美心理、是非之心、完美人格等。我们的教育就是从人的本性开始,以人的全面发展、自由发展、特长发展为中心,注重人的社会化和个性化的和谐发展。

2. 我们当教师的要知道人的智力的本质。传统观点认为人类的认知是一元的;个体的智能是单一的、可量化的,80年代初人的智能分为智商和情商(智力因素和非智力因素)。与这种简化的智能观点相反,加德纳的课题组通过脑科学试验和世界名人的调查,把智能定义为:一是分部的、情境化的;二是一种高级的在真实生活中解决问题的能力;提出新问题的能力或改造能力;三是多维的、是可以发展的。它包括语言智能、数理逻辑智能、视觉空间智能、身体运动智能、音乐智能、人际关系智能、自我认识智能、自然智能,等等。我们的教育就是要尊重和承认人的智能差异,采取多样化的教学方法,因材施教。

3. 我坚信学生是发展的人。应当理解为,学生的身心发展是有规律的;学生具有巨大的发展潜能;学生是处于发展过程中的人。

我坚信学生是独特的人。应当理解为,学生是完整的人;每个学生都有自身的独特性;学生与成人之间存在着巨大的差异。

我坚信学生是具有独立意义的人。应当理解为每个学生都是独立于教师的头脑之外,不依教师的意志为转移的客观存在;学生是学习的主体;学生是责权主体。

4. 我坚信主动学习的态度的内核是积极的心态,良好的学习习惯和对学习内容所采取的是积极价值观。

5. 我坚信教师要保持"前点"状态,要有终生做学生的心态。

6. 我坚信创造和创新是人的本质力量,更是人本能之一,也是人的需要,我们的教师常常是"好心"办坏事儿,创造的特质是对现实的批判,问题解决更是在批判中解决。对学校和教师来说不压制,就是培养。

7. 我长期研究发现,对创新型学生人格素质:A.创新型学生在人们眼中往往显得调皮、淘气、有时甚至干出点荒唐事。B. 创新型学生往往有独特见解，好发表不同的意见。C. 创新型学生有的较幽默，使人觉得他们带有嬉戏态度。D. 创新型学生思维的特点：a. 思维的新颖性；b. 不囿于成见，善于提出新问题和新见解；c. 有强烈的好奇心，对某些事物表现出浓厚的兴趣；d. 有比较丰富的想象力和比较敏锐的观察力等。

8. 教师要知道何种情况下，学生学得最好。

> 学生的成长是大自然的产物，也是社会的产物，绝不是工业生产的一个个标准件的产品。
> ——杜东平

● 当学生有兴趣时，他们学得最好。

● 当学生的身心处于最佳的状态时，他们学得最好。

● 当教学内容能够用多种形式来呈现时，他们学得最好。

● 当学生遭遇到理智的挑战时，他们学得最好。

● 当学生发现知识的个人意义时，他们学得最好。

● 当学生能自由参与探索与创新时，他们学得最好。

● 当学生被鼓舞和信任做重要事情时，他们学得最好。

● 当学生有更高的自我期许时，他们学得最好。

● 当学生能够学以致用时，他们学得最好。

● 当学生对教师充满信任和热爱时，他们学得最好。

● 当学生在课外与老师经常沟通和交流时，他们学得最好。

● 当老师的心理年龄表现出和学生的心理年龄一致时，他们学得最好。

● 当老师用学生的话语系统，去表述知识时，他们学得最好。让学生"做小先生"上台讲课时，他们学得最好。

● 当学生受到无尝的课外补习时，他们学得最好。

● 当学生真正感到自己犯了错误，老师宽容了，他们学得最好。

● 当学生之间在争论问题时，他们学得最好。

● 当教师的衣冠服饰得体，又具有时代的气息时，他们学得最好。

9. 我多年调查研究，发现52.3%的学生表示几乎没有或偶尔有机会在课堂上发表不同意见。所以，老师要坚持带学生的名册上课，确保每个学生一学期有2到3次发言的机会，是"面向全体学生"在课堂上的具体体现之一。同时，调查研究发现，学生的作业以练习记忆为主，实践性、探索性的作业占的比例极少。大力加强综合实践活动课程，减少练习记忆为主，加大实践性、探索性的作业量是当代中小学教学的主要任务。教师经常多布置诸如观察、制作、实验、读课外书、社会调查这一类的实践性作业。

10. 我坚信在一节课内,学生发展的即时表现:心灵的共鸣和思维的共振;内心的澄明与视界的敞亮。

11. 我认为学习策略是指学习者在学习中有效学习的程序、规则、方法、技巧及调控方式。它既可是内隐的规则系统、思维过程,也可以是外显的操作程序与步骤。学习策略的意义在于,一是变苦干、蛮干为巧干,大面积提高学生学习质量与效率。二是可以改进教师的教学。三是个人终身学习的需要。四是新知识观的要求。

12. 给学生讲知识我们不能简单理解为书本的陈述性知识。它应当包括陈述性知识(回答是什么)、程序性知识(回答为什么)、策略性知识(回答怎么做),等等。

13. 我坚信,学校是学生犯错误的地方,老师应当把犯错的权力还给学生。

摘自《杜东平教育日记》

我的教师观与信条

> 当教师，一定要有自己的职业观，我始终坚信教师是一个教育创造者，我始终坚守"学而优则师"。"学"的内容，学的方式和策略，是当教师需要终身探索的……

1. 我是教师世家，我非常热爱教育，更热爱教师这个职业，"教师这个角色"通过我的研究发现，有四次角色转换：第一次角色转换，"师"古代是个"官"职。第二次角色转换，古代从孔子第一次创办学校开始，"师"作为一种"职业"。第三次角色转换是现代，教育事业是人民的事业，"教师"作为"人民的教师"。第四次角色转换是当代和后现代，"教师"应当像医生一样，不仅是一种"职业"，而且是专业的创造者，是"教育专业的创造者"。

2. 教师的专业化，更应体现在教育教学中，应当包括专业伦理、专业知识、专业能力。

3. 教师心里必须清楚，知识不如能力，能力不如观念，给学生树立中国传统的经典价值观和适度超前的世界普适价值观，是教育教学的第一要务。

4. 我们当教师的永远要记住知识的结构是一个金字塔结构：这个金字塔由下向上应该是：事实性知识—规律性知识—学科方法论（科学主题）—哲学。上位迁移为"归纳"，下位迁移为"演绎"。用这种思维模式去看待教材的编排体系，对"新""旧"课本，课本体系就会豁然开朗。

5. 教育实践研究型教师与教书匠不同的特质在哪里呢？在于要善于把教育理论转化为应用型的理论，然后再转化为教育实践的技术。

6. 如果教师只会"教教材"，日复一日，年复一年，"重复昨天的故事"，逐渐就成为教书匠。在教育教学工作中反思，在实践中学习，在实践中研究中不断地改进教育教学方法，可以获得以下三重丰收：一是让学生的知、

> 教师要真正成为学科专业创造者，具有的知识结构，必须具备学科专业知识、教育知识、心理学知识、实践性知识，以及丰厚的文化素养，等等。
>
> ——杜东平

情、意都能得到和谐发展。让学生兴趣、爱好、特长得到发展。二是让学生的成绩大幅度提高。三是在成就学生的同时，教师自己的专业的发展就会像医生一样，随着年

龄的增大知名度就越大。

7. 鞭策教师发展,我有一个行之有效的办法,每一学年坚持10个"一":每人一个讲座(案例、教学体会、研究成果),每人一节公开课,每人参加一个课题研究;每人按规定开设一门选修课;每人读一本书,写读书心得;每人做一个学生导师;每人听一节区级以上公开课;每人出一份试卷;每人指导一个学生课题研究(或社团);每人撰写一篇论文。

8. 一位创新型教师的特质,我认为,以敏锐观察发现教育问题,以深入思考明晰教育问题,以激烈讨论寻求问题解答,以积极参与加快个人发展,以真知灼见体现个人价值,以成员身份融入学校管理。

9. 我多年研究发现,教师发展历程,教师的专业成长必经四个重要阶段,这是我用数学的方法,构建的模型。

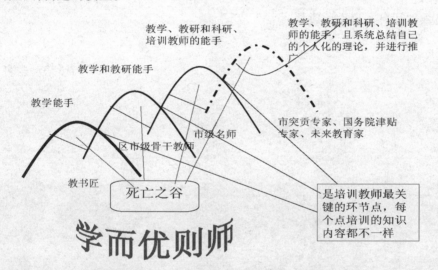

10. 我研究认为,教师应当具有凸显教育性的复合型的知识结构

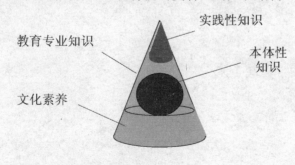

- 基础——文化素养
- 核心——本体性知识
- 催化剂与活化剂——教育专业知识
- 风格——实践性知识

11. 为什么教师要熟悉心理学、教育学和各科教学法?这主要有两个原因。一个

理由是，他能凭借这类知识观察学生的反应，迅速而准确地解释学生的言行，否则，学生的反应，可能察觉不出来；另一个理由是，这些知识是别人用过而又有成效的方法，在需要的时候，他就能够凭借这些知识给儿童以适当的指导。

12. 教师只有全面系统地掌握一般教育学的专业知识，才能确立先进的教育思想，正确选择教学内容与方法，把自己所掌握的知识和技能科学地传递给学生，促进学生的全面发展。

13. 教育机智是教师综合运用自己的才识来灵活巧妙地处理教育教学中的偶发事件的能力。它是教师创造性教育才能的最高表现，是教师的高度责任感、良好的道德修养和智慧水平的综合体现。

14. 校长要关注每一位教师的发展，基于常态下校本教研活动的开展，更要为教师搭建多元的成长平台，组织教师用研究的态度，通过教师互动、自我反思、文化浸润等引领教师自主自觉地成长。

摘自《杜东平教育日记》

我的教学观与信条

> 教师要有自己的教学观和信条,才会形成自己独特的教学风格,绝不能看别人的眼色教书,如果那样,你就会觉得教书很累很累,很苦很苦……

1. 我始终认为,带给学生快乐比掌握知识技能更为重要,没有快乐就没有健康的情感和健康的人格的发展。

2. 以人为本的课堂,必须建立在课堂规则的基础上,教学民主才会真正体现出来。

3. 课堂教学有效互动,可分为隐性互动和显性互动。隐性互动(是大脑的思维活动),是提高教学质量的核心,隐性互动积聚到一定时间,就会迸发出显性互动,也就是师生互动、生生互动、文本和学生互动等。

4. 课堂教学中,我们必须明确对教而言,教师是主体,对学而言,学生是学习的主体。教与学不分先后,是一个过程的两个方面,有些知识是要先教后学,有些知识是先学后教,有些知识是边教边学。

5. 教学有效性是师生互动的真实过程,真实的课堂才是有效的,当然也是有缺陷的。

6. 当前的教学在班级教学制的前提下,还没有真正推进学生的主体性,更没有完全置学生于主体地位。

7. 要让学生养成这样的习惯:学生鼓掌时,两眼要注视着被发言人的习惯,鼓掌时间30秒钟。

8. 我们的班级教学是秧田式的教学,教师视野的学生是倒三角形,在倒三角形以外的学生往往易被忽视。

9. 假设50个同学一个班的班级教学制,当教师的无论怎样精彩地讲课,依据2:8定律,能听懂课的最多有80%,也就是有20个学生没有完全听懂,就是时间而言,一节课内学生能消化的知识最多有80%,还有20%的知识没有听懂和没有学好。这就是要加强对学生的个别辅导的客观理由。

10. 对学生无条件的肯定是学生内心的需要,是有效的,但是我们现在是条件式的肯定,就是说,先谈优点,再谈缺点,这种评价结果往往是让学生产生焦虑感,我们应当改变这种评价。

11. 现在的教学领导主要是"两看"，一是看学生评教，二是看每次学生考试的分数的高低来评价教师的好坏，这是教育行政化的表现，是急功近利的表现。对教师的评价，必须是聚焦于微观的课堂教学行为分析，发现教师的优势、不足和潜在能力，并且，让他们不断改进教师的教学行为，大力发展其教学的长处，提高教学质量，这是我们主管教学领导的责任，更是教研员、教学督导、教研组长的责任。

12. "死缠烂打"的教学模式是目前不少学校对付高考、中考的一种途径，但绝不是唯一途径，我们应当提倡"减负增效"的好模式。

13. 加强教学内容有效性的研究，传授的知识分理性的和非理性的，理性的知识是能传授，是讲得清楚，能教的，但是非理性知识如果用讲的办法，对学生学习既无效，又大量地占用时间，如语文、音乐、德育非理性（如情感、意志等）的教学内容较多，就应当让学生用自己感悟、体验、活动等方式去解决，如爱国主义教育问题本质是情感教育问题，不是理性的问题。我们发现教育中大量的是非理性问题企图用理性的方式去解决，这就是错误的，教育是无效的。

14. 我一生在省市级赛课获奖多次，在市内外上公开课和观摩课上百次，核心的是教学设计要抓住"五个点"：知识的兴奋点、知识的迁移点、知识的还原点、知识的强化点、知识的拓展点。只要坚持这样做，一堂国家级一等奖的优质课就会打造出来。

15. 教学不仅是信息传递，更是要能跟学生"心心相印"，教学失去"心心相印"，教学效果就会下滑。

16. 好课的特征：对于教师来说，一有诚；二有层；三有魂。对学生来说，学生要处于琢磨状态，也即是尝试、切磋、学习、琢磨、反思。

17. 什么是钻研教材，基于知识而言，就是把学科知识转化为科学逻辑，把科学逻辑转化为学生认知逻辑的过程。

18. 备课与教学设计是两码事，备课与教学设计的不同特点，备课要五备：一备自我；二备学情；三备教材；四备教学亮点和高潮（高潮最少有三个）；五备重点落实，坚持这样做，学生一定是欢迎你的课。

19. 什么是有效教学？笼统地讲，有效果、有效益、有效率、有效能。仅从高考和中考而言，就是为了学生抓高分，是用较少的教学时间，让学生获得较好的分数，考上好高等学校，这是基于科学教育思想的教育观。如果按照当代的基于人本主义、建构主义、认知理论的新课改教育思想，我认为，有效教学应当界定为，从学生的需要出发，以学生的生活经验为基础，在大脑以认知结构建构知识的过程就叫有效性教学，才是科学而正确的，而不能简单地讲，有效果、有效益、有效率、有效能。

20. 教师的教学采用如下策略，将有助于增进教学效果：

●帮助学生确立能够达成的目标。

●教学方式服务于学生的学习方式。

●密切联系学生的生活世界。

●激励学生完成富有挑战性任务。

●及时反馈构建沟通的桥梁。

●不要限制学生的思考方向。

●帮助学生发现知识的个人意义。

●强调理解而非死记结论。

●经常揭示本课程与其他课程的联系。

●引导学生创设融洽的学习氛围。

●教师要勇于承认自己的缺失和错误。

> 有效教学应当界定为,从学生的需要出发,以学生的生活经验为基础,在大脑以认知结构构建知识的过程。
>
> ——杜东平

21.我认为课堂教学诊断标准应当定义为以下几条:

教学设计的科学性:符合学生认知规律。

概念生成的过程性:学生经历知识生成与探究的过程。

学生学习的自主性:学生学习活动丰富有效,学生自主参与。

教学过程的互动性:课堂氛围民主,师生互动,生生互动。

课堂教学的有效性:有教学效果的及时反馈与调整。

22.我坚信教师的上课时间分为三块:一是教学的有效时间;二是教学的无效时间;三是教学的负效时间。我们强调教学时间的有效性,尽量杜绝教学的无效时间和负效时间。

摘自《杜东平教育日记》

我的课程观和信条

> 课程定义多种多样，我心中的课程是每次上必修课、选修课、社团活动等的教与学过程。教案就是我的课程实施的设计的一部分。我非常认同新课改，但我有自己的见解。

1. 新课程教学实施，倡导自主、合作、探究式的教学，但没有否定有意义的授—受式教学，我们要传承有意义的授—受式教学，它突出优点，也是特点，给学生传授知识容量大，教师操作简单，节省教学时间，几千年来，这种方式源远流长，这就是其存在的道理。

2. 我对新课程是最充满信心的，我觉得他的设计理念，是当今世界基础教育的精华，其核心是教师的教学观念和行为的改变，虽然新课程教学实施有不少学校是"穿新鞋走老路"，"穿新鞋走邪路"的情况，但只要通过几代教师的努力，渐进式地不断完善，培养出一届又一届的学生，去改造社会，中国社会的民主进程会加快，创新人才会大量涌现，中国成为创新型国家会早日实现。

3. 在新课程的实施中，要正确理解新课程，有的优秀教师听了几次专家培训，把自己教学的长处都丢掉了，不知怎么教学了，被所谓的专家忽悠了，当教师大脑一定要清醒，在教学中弘扬自己的长处永远是正确而科学的。当教师一定要有鉴别能力，我就认为，新课程也出现了一些小错误，如把教师的角色和教师的态度等同起来，教师对学生角色而言，是教育者、培养者、塑造者；对学生的态度而言，是引导者、合作者、组织者、服务者。教师的角色不等于教师的态度，新课程把教师的角色等同教师的态度，这就是个小错误。

4. 今天我们做教师，要始终牢记课程标准是对每一个学生的最低要求，教材是最基本的课程资源之一，要善于批判性地、创造性地使用教材，这个过程是我们积极参与校本课程开发的过程。今天，一个成功的教师就是能充分利用广泛的课程资源的教师。

5. 备课不是写教案，对于教师只知道一支粉笔、一本教科书、一本参考书、一本练习册去备课的教师是很浅薄，是没有专业化的。我们应当要用整个生命来备课，要把备课落实在"动脑、动眼、动手、动腿"上。

6. 中小学三维目标的含义：一是双基目标——基础知识和基本技能。如知道、识记、理解、掌握、应用等描述。二是能力目标——过程和方法。如实验操作能力、收集和处理信息能力、生物科学探究问题的一般方法以及探究合作、实践、合作、实践和创新能力、分析问题和解决问题的能力。三是情感目标——情感态度与价值观。如使命感与责任感、和谐发展、热爱、珍爱、科学态度、探索态度和创新意识、参议决策、良好习惯和健康的生活态度。

7. 什么是情感？一个人所有情感现象的总和叫情感。从心理过程看，情感应包括情感的主体体验、情感的生理反应、情感的表情行为，主体体验、情感的生理反应不具有可控性。情感的表情行为具有可控性。从心理内容上看，情感现象有三种状态：与生理需要相关的情感心理、与基本社会需要相关联的情感心理、与高级社会心理需要相关联的情感心理。

8. 我认为情感具有长度和宽度的，同时，情感交流具有回路、情感的长度是指"情绪——情感——理智感——道德感——美感"。情感的宽度是指：每表达一种情感的丰富程度。情感交流具有回路，回路越多，则这个人跟学科知识情感交流就越多，就会具有良好兴趣、爱好、特长；这个人与他人情感交流具有回路越多，交往能力就越强，情感就越深。

9. 我坚信情感具有独特功能，也就是具有情感的动力性、强化性、调节性、感染性等特征。

10. 我通过长期观察发现，中小学生的情感应该是依恋感、归属感、自尊感、好奇感、质朴感、理智感、道德感，以及美感，等等。

11. 新课程强调自主学习。行为主义心理学家认为，自我监控、自我指导、自我强化。元认知监控心理学家认为自主学习就是为什么学、能否学、学什么、如何学。我作为一线教师，认为自主学习就是能学、想学、会学、坚持学。具体地说，我坚信自主学习不等于自学，要做到四点：一是学习者参与确定自己有意义的学习目标的提出，自己确定学习进度，参与设计评价指标；二是学习者积极发展各种思考策略，在解决问题中学习。三是学习者在学习过程中有情感的投入，有内在动力的支持，能在学习中获得知识的情感体验。四是学习者在学习过程中能够进行自我监控，并作出相应的调适。

12. 新课程强调合作学习。合作学习是针对教学条件的学习组织形式而言的，相对是个体而言，是学生在小组或团队中为了完成共同的任务，有明确的责任和分工的互助性学习叫合作学习。我坚信做到五点：一是积极地相互支持、配合，特别是面对面地促进互动。二是积极承担在完成共同任务中的责任。三是期望学生小组有效沟通和相互信任，以及有效地解决冲突。四是对于个人的任务进行小组有效的加工。五是对共同活动的成效进行有效的评估，寻求其有效的途径。

13. 新课程强调探究性学习。探究性学习即是学科领域或现实社会实践，以及日常生活中选择课题和确定主题，在教学中，创设一种学术（科学）研究的情景，通过自主、独立地发现问题、实验、操作、调查、搜集与处理信息、表达与交流等探究活动，获得知识、技能、态度与情感的发展，特别是探索精神和创新能力培养的发展的学习方式和学习过程。我坚信做到四点：一是与接收性学习相比，探究性学习具有更强的问题性、实践性、参与性和开放性。二是获得理智性的智能发展、深层次的情感体验。三是建构知识。四是掌握解决问题的方法。

14. 改革课堂，首先是要把"自主、合作、探究"的教学方式落实到位。只有这样，新课程实施才能奏效。但目前教学方式转变却"不够全面、不够深入、不够持久"，原因是没有能抓住"自主学习"这一核心理念。那么，怎样才

我心中的课程是实施教与学的全过程，课表、课本、教案等都是实践课程的一部分。

——杜东平

能够让学生真正地做到"自主学习"呢？从实践中我们体会到关键是要能够"抓住五变"。一、变"预习"为"独立学习"。二、变"作业本"为"学疑本"。三、变"讲台"为"互动平台"。四、变"学会"为"会学"。五、变"找答案"为"合作探究"。

15. "新课改"的课堂教学实践，我们研究认为：与传统教学的区别在于：拓展学科丰富的育人价值观——使课堂具有"生命的色彩"，让学生在课堂生活中成长——注重四个联系、实现与四个方面的沟通、强调五个方面的组织。

注重四个联系：一是书本知识与学生个人生活相联系；二是书本知识与家庭生活相联系；三是书本知识与现代社会生活相联系；四是书本知识与自然生活相联系。从某种意义上说就是要求教师把学生的个人生活、家庭生活、社会生活、自然生活搬到课堂中来，给学生一个发现问题、分析问题、解决问题，形成知识的"教学情景"和教育资源。

实现与四个方面的沟通：沟通与人类生活的实践；沟通与学生经验的实践；沟通学生成长需要的世界；沟通与人类生活相关的历史。教师把注意力放在教学课程中学生的前在状态、潜在状态、生活经验和发展需要上。

强调五个方面的材料组织：把生活材料组织到课堂中去；把生活材料组织到课堂教学情景中去；把生活材料用去突破教学重点；把生活材料用去突破教学难点；把生活材料用去辨析教学疑点；用生活材料去组织一些作业题——新情景的题目：题目在书外，答案在书内。

我们在实践中发现，"新课改"的教学策略：生活教育体现"六化"：一是课堂教学的生活化；二是学生学习的主动化；三是师生互动的有效化；四是学科教学的整体化；

五是教学过程的动态化;六是教学评价的多样化。从而保证了生活教育在课堂中得到深化。

16."新课改"的教学要求,我们提出了五个"实":一是有意义的课,即扎实的课;二是有效率的课,即充实的课;三是有生成性的课,即丰实的课;四是常态下的课,即平时的课;五是有待完善的课,即真实而发展的课。

我的德育观与信条

> 中国的学校教育从古到今都非常重视德育，当今学校德育教育"假、大、空"的德育教育的现象严重。一个人"德"是在日常生活中产生的"悟"，内化为情感，产生理智感，升华为道德感。一句话"德"是人内生出来的，而不是外施加或赋予的，只有明白这个道理，才懂得德育如何有效地开展。

1. 长期来，德育和意识形态的内容相混淆。我信奉"德"的内涵是，以热爱生命为核心的立身之德，以诚实守信为核心的为人之德，以责任担当为核心的为事之德，以爱国奉献为核心的为民之德。

2. 学校工作以德育为首，归纳起来有三条：一是校园文化育德；二是课程育德；三是活动育德。要坚持让学生在美好的校园文化环境里、在常态课程里，在日常活动过程中产生出的"悟"，内化情感，产生理智感，升华为道德感。这种育德才是真正的德育。

3. 我认为道德有底线这种提法是错误的，道德没有底线，只有道德和不道德的分界线，只要学生不做不道德的事，学生就是道德的，我们现在道德教育不是培养有道德的人，而是培养更"谨慎"的人，长期受表扬的人，他们会得到更多的表扬就更加"谨慎"，他们为了经常被选为"道德标兵"而更加"谨慎"地做人。同理，我们中小学里老师们，都有这样的感受，凡是被选为"优秀教师"和"教育工作者"，绝大多数是非常"谨慎"的人，被领导认为是"最听话"的教师。真正有个性，有创造力的教师，敢于发现错误，又敢于承担责任的教师是望而却步。

4. 德育聚焦于课堂，教学处处有德育，课堂的互动和交往就是德育的核心。

5. 陶行知说要"爱满天下"，在当今社会学校里，校长要尊重和热爱教师；教师要尊重和热爱学生，学生要尊重他人，热爱学校，热爱家庭，热爱社会，坚持这样做，道德教育在学校就会有成效。

6. 教师给学生最重要的是对学生的"爱"，能培养学生"情商"——培养学生的情感态度价值观。"师爱"与母爱、友爱、爱情不同的是具有四个特质：具有高度的责任性；具有彻底的无私性；具有明显的广阔性；具有突出的教育性。在教学中一定要满足学生依恋的需要、满足学生尊重的需要、满足学生理解的需要、满足学生求德的需要。

7. 人的爱种类很多,其中最深层次的爱就是在内心里随时充满着一种热望,这种热望会产生极大的内驱力,激励一个人为了自己所爱的人付出一切;被爱者从中会萌生一种认同感和价值感,在这种感觉之中,任何人都会以积极的心理状态对待一切。

8. 人对尊重的需要有自尊和来自他人的尊重两个方面。自尊包括对获取信心、能力、本领、成就、独立和自由等愿望。来自他人的尊重包括承认、接受、关心、赏识等。

"德"是人在日常生活中产生的"悟",内化为情感,产生的理智感,升华的道德感。

——杜东平

9. 教师尊重学生,就会使学生感到自己不仅是一个学生,而且是一个独立的人,具有独立的人格,使他们增强自我价值的实现的认识,由此,才能充分发挥其主动性和能动性,而主动学习是最持久的学习,也是最有效的学习。

10. 所谓学生的主体性,是指在教育活动中,作为主体的学生在学校教育和教师的引导下处理同外界事物关系时所表现出来的功能特征,主要表现为选择性和自主性。没有选择的被动和违反规律的盲动都不是主体性。学校应该允许学生进行选择,给予选择行为的空间,即使学生的选择有失误也应该允许,有失误,学生才知道以后吸取教训,不再失误或少失误。

摘自《杜东平教育日记》

我的学校观和办学主张

1. 学校基于教育而言，是以学生为本，基于发展而言，是以教师为本。所以，我认为，一所学校的核心竞争力是教师的和谐发展，专业得到成长。校长只有有这样的认识才会有博大的胸怀去关爱，理解每位教师，才会脚踏实地去狠抓教师教育，确保学校可持续发展。然而，现在不少校长把生源的好坏作为学校的核心竞争力，这只能表明"应试教育思想"、"急功近利"、"本位主义"、"官本位"在校长脑子里根深蒂固。我坚信随着"中国梦"的实现，这种教育现象最终会消失的。

2. 以学校为本位，以学校为基础，以学校为主体充分发挥学校自身的主体性、能动性和创造性是促进办学特色形成的有效办法。并认为，构建校本管理是促进办学特色形成的前提，大力开发校本课程是促进办学特色形成的保障，以校本培训为依托，构建学习型组织是促进办学特色形成的关键。

3. 教育的"以人为本"我的理解有三个层次：第一层次，以学生为本，关注学生的全面发展。第二层次，以师生为本，关注学校的和谐发展。第三层次，教育必须回归它的本源，关注人的本质发展。

4. 现在我们的基础教育浮躁，虚假繁荣，急功近利，教育金钱化，教育行政化非常严重，我们一线教师，必须保持内心的宁静，必须保持校园的安静，必须保持中国教育的清静，只有这样，民族复兴的伟业就一定能够早日实现。

5. 我坚信，规范办学行为是校长的良心，推进素质教育是校长的责任，切实减负增效是校长的本领，开设和开展综合实践活动，培养创新精神和实践能力才是校长的政绩。校长只有去引领、去落实、去行动，才是中国真正的教育之希望。

6. 教师要有这样的情怀：奉献于社会，社会才接纳我们；奉献于时代，时代才成就我们；奉献于国家，国家才认可我们。

7. 每位好校长都要有这样的信条，就是创建适合师生共同发展的学校，把学校发展的价值思考锁定在：学生的自主成长、教师的个性发展、学校的文化创新上。追寻适合学生的教育，以课程为载体，让学生的个性、潜能、人格得到最好的发展。为学生的一生成长奠基，是学校现实发展中的最根本价值所在。

8. 校长要关注每一位教师的发展，基于常态下校本教研活动的开展，为教师构建多元的成长平台，组织教师用研究的态度，通过教师互动、自我反思、文化浸润等引领教师自主自觉地成长。

9. "教育科研能兴校"。我多年当教科室主任的体会有这样一些好处：一是有助于明确办学思想和教育的追求；办学思想是一所学校的灵魂，是一个方向问题。方向对了，路再远，也会有抵达的那一天。二是有助于先进的教育思想聚集人心，鼓舞士气，营造良好的育人氛围；三是科研给予教师的发展空间和机会，有助于丰富教师的工作动机与明确的努力方向，从而使教师获得更快、更好的成长，同时在实践中去成就学生的成长。四是在学校中，探索本身就具有的教育价值。因为探索带给人们的是开放的心态、学习的需要、超越的意象和成长的渴望。五是有助于学校丰厚文化的形成和办学特色的形成，提高学校的品牌形象。

10. 我们不少校长到一所学校，无论是好学校，还是差学校，热衷于做三件事，第一事情就是修房子扩大办学规模、改建校园环境和购买设备。第二件事就是开公司，美其名曰：给学校和教师挣钱。第三件事就是接待，应付各种教育工作检查。他们都忘记了校长本原是该做什么？但我坚信学校领导首先应是对教师教育思想的正确领导，其次是对教师质量和学生质量的领导，再次才是行政领导。

11. 随着学校办学规模的扩大，必须扩大中层干部队伍，在确保各处室的"纵向管理"运行机制的前提下，建立学生处、教务处干部同时到各年级"横向分年级管理"运行机制，建立年级以副校长、学生处干部、教务处干部和年级组长的"年级教育教学管理委员会"，这种"扁平式"管理确保教育教学管理的针对性、实效性，既充分发挥年级组的战斗保垒的作用，又确保学校教育教学的思想和目标得以贯切实行。其根本目的就是全面提高教育教学质量。学校教育管理由"宝塔式"管理向"扁平化"管理发展，强化"扁平化"管理的优点：

一是有利于把教师的培训和教研定位在课堂上，促进教师的整体素质在教育教学实践中去实现专业成长。二是有利于加强教师年级集体备课，确保教师与教师之间的资源共享，互相学习、互相提高。三是有利于加强教师的"三级"校本培训（校级通识培训、教研组通识培训、备课组同伴互助），提高整体教师素质。

12. 我研究发现，校本培训主要有五大类型：一是针对学科教学问题的教研组进行培训。二是针对校内教育的突出问题进行培训。三是针对教育信息进行校际合作培训。四是针对青年教师培训进行"师徒"培训。五是针对课题研究依靠培训机构合作培训。

13. 教研组内培训的价值：是学科校本培训的实体。是开展实效性和针对性培训的最基层组织。是教师专业成长的"摇篮"，是学科教师学习最有效的组织。

14. 校本教研其本质是"实践——理论——实践"。研究的起点是基于学校实际，目的是改善学校实践，提高教学效率，促使教师、学生和学校共同发展。按过程可分为"实践与反思"教研，"合作与交流"教研，"引领与创新"教研。

15. 年级学科集体备课的意义在于，一是使备课组成为年级学科教研的实体。二是学科教学质量提高的核心。三是开展实效性和针对性的校本的教研的最基层组织。四是教师教学经验积累"摇篮"。五是学科教师学习最有效的组织。集体备课的特征：群体性、交流性、共享性、研究性、操作性、成长性。

16. 当校长应当明白和谐的育人环境是一种氛围，这种氛围让教师有以下九点感受：一是让每个人都感受或体会到自己在干自己喜欢的工作，工作能够带来自信、成就和乐趣。二是学校为我提供了必要的工作条件，使我有信心和能力做好工作。三是我周围有许多和我要好的朋友，我们彼此间可以交心。四是我周围的同事们都在努力地工作。五是一个学期里，总有几次受到领导或同事们的赞扬。一年内有人说我比去年进步了。六是领导安排我的工作都是考虑到我的优势或强项。七是领导和同事们都很关心我。我们之间的关系很和谐。八是我的意见受到了领导的重视。九是每年领导都给我提供学习和进修的机会。

17. 当校长应当懂得教师的需要：一是教师的物质需要与一般人的物质需要相同。二是教师是"高层次需要群体"。三是教师的需要具有理想性。四是追求民主权利的需要是教师需要的兴奋点。五是教师的学习和发展性需要成为教师行为目标的主要动力源泉。六是教师具有更丰富的情感需要。七是教师具有更高层的审美活动和高尚情趣的精神生活需要。八是教师需要在宽松的环境中去创造。九是教师需要内在激励而不是需要外在的客观约束。

18. 何谓学校管理？教育家袁振国认为，学校管理是根据一定的教育目的、教育目标和管理目标，通过决策、计划、组织、指导和调控，有效地利用学校的各种要素，以实现培育人的社会活动。它具有三个特征：一是教育性；二是创造性；三是目标管理和过程管理的统一。常见的三种管理模式：

学校经验型管理模式

是指凭借管理者的经验和权力进行管理的一种形式。有三大特征：管理理念、管理决策重经验、重传统。管理手段的行政化——习惯和工作权利。只停留在经验层面，缺少理论预设。中国绝大多学校都还在此层面。

学校科学管理模式

是指充分利用学校的有效的教育资源，进行科学合理的配置，以提高管理效率为目的的一种管理形式。其管理环节系统，建立计划执行系统、建立监督检查系统、建立总结反馈系统。有三大特征：第一，追求科学性；第二，具有一定深度和广度的管理。如上海的进平中学、进才中学、辽宁的盘锦中学等，是一种现代管理模式。

学校文化管理模式

是"人化管理"，就是以人为出发点，并以人的价值实现为最终管理目的的尊重人性的管理。这种管理靠管理的主体与对象主体之间所形成文化力的互动来实现的管理。如华东师大附中、北师大附中、人大附中等。

19. 我们要建议或要求教师有自己的教学理念。当领导的必须自己要明确,什么是教学理念? 是教师对教育教学的核心价值和取向。具有多样化、个性化的特点。

20. 原国务院总理温家宝到课堂听课是用行为主义的领导艺术,引导教育行政领导、校长要听课,主管教学的管理者,更要每天坚持听课。然而我们的学校管理、教育行政管理非常行政化,教务主任每天听课都非常难做到,主管教学的领导当然是蜻蜓点水,走马观花,校长书记更是因行政事务无暇顾及,这就是中小学管理的现实。但是,我们要坚信,随着中国社会发展,学校的管理者会把进入课堂听课作为一种自觉的行为和习惯。

21. 教学评价,从一节课内主要体现学生回答问题性评价,对于一个单元而言,形成性评价,对于一个学期而言,为阶段性评价。

22. 当校长一定关注教师要上好"原生态"课,原生态课才是提高质量的根本,它是反映教师个人实力、工作态度和教师良知的重要指标。

23. 应试教育是以牺牲绝大多数学生的全面发展,来换取少数学生的个别发展,或者叫做强行让本可以在各种智能都得到充分发展的学生,扼杀其特长而趋同一。假设校长有了这种理念,不仅是错误的,而且是很危险的,校长就会采取多种途径,急功近利,引导教师把学校办成以考上"清华、北大"或考上重点大学为光荣的"追名逐利"的抑制人性,扼杀其特长的场所。

24. 我研究认为,办学理念,就是校长必须根据学校的办学历史文化和社区文化,以及校长的个人的办学观念结合起来,提炼成的一句话,并且校长对这句话要进行诠释。如求精中学的办学理念为"精益求精",重庆一中的办学理念为"让每一个学生都发展得更好",办学理念必须转化为办学目标,必须得到全校职工的认同,只有认同,才有心诚,并且转化为教师的教学行为,让教师在教育和教学行为中自觉体现出来,忠诚于教育事业,忠诚于教师这一职业,忠诚于学校的这样一个团队。

25. 我研究认为,教师的能力和教师对学校团队的忠诚都是动态的,校长要关注这一动态,并及时有效地控制这一动态。我就用数学的方法,构建四个模型,如右。

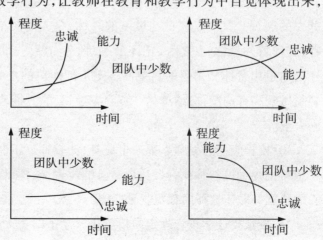

26. 我研究认为,学校文化按其性质分为学校核心文化的建设,学校基本文化的建设,学校主体文化建设,学校品牌文化建设四部分。学校核心文化的建设是指学校的办学理念、办学宗旨、办学目标、办学特色、教师特点和学生特长和学校精神的定位。它是学校文化的灵魂和中心。学校基本文化的建设是学校基本文化包括管理文化、制度文化和环境文化,它是学校文化的基本条件和基础。学校主体文化建设:主要指生活教育特色的课程体系的建设、具有特色的教学模式、校本教研和校本培训模式构建和实践,实施"学校——家庭——社会"一体化综合教育实践。学校品牌文化建设是教育品牌,是学校共性与个性的统一,它是学校文化的精粹。主要表现在以下几个方面:第一,教学质量、学生素质、合格人才是"学校品牌"的核心和根本。第二,教师队伍、校长是"品牌"的关键和支柱。第三,社区、家长参与,实现学校与社会的互动是打造"学校品牌"的基本途径。第四,教育科研不仅是打造"学校品牌"重要途径,而且使"学校品牌"保持可续发展。

27. 校长是教师的教师,如果想成为一名好校长,那首先就得努力成为一个好教师,一个好的教学专家和一个好的教育家。校长是领导全校教师进行创造性劳动的主要组织者,除具备一个优秀教师的一切素养外,而且还应具备比一般优秀教师高出一筹的素质。我建议:校长每天坚持到教师中去,到学生中去,到课堂中去!

> 校长应当为教师幸福人生奠基,让教师真正拥有职业幸福感。
> ——杜东平

28. 远见卓识和高瞻远瞩的战略目光为领导者的必备素质和能力。校长作为学校组织的领导者,要做一名具有洞察力和前瞻力的超前发展者,不仅要着眼于学校的"今天",更应该将目光紧紧盯着"明天",善于作出"明天"决策,这对学校的发展起着至关重要的作用。

29. 校长是一位宽容大度的领导者。大度是人的一种气度,是内在品德,是个人魅力的展现。气度是气概与风度的总称,是人的风格、襟怀和敏慧的体现。气度大者,虚怀若谷,气纳人之心,宽怀于人,胸有沟壑。气度小者,胸有城府。校长是多种社会角色集合体。角色的复杂性决定了他面对的是一个复杂的群体,这就要求校长必须做到胸有沟壑,接纳意见。宽容犯过错误,并能改变错误的人,能够教育为公,爱满天下。

30. 校长应当为教师幸福人生奠基,让教师真正拥有职业幸福感。当校长的要用智慧帮助每一位教师找到最适合自己的位置,发挥出最大的潜力,让教师找到幸福从教的感觉。即让教师拥有职业幸福感。

31. 校长要让学校管理走向精致化。老子曰:"天下难事,必作于易;天下大事,必作于细。"精致化管理的含义是最精华、聪明、智慧的管理;精致化管理是去除无效管理;是消除了多余和繁琐的一种管理。精致化管理,讲得具体些,以科学精神和人文精神为导向,从实际出发,对人、财、物等各种资源进行分权统筹协调,确保高效的管理状态。

摘自《杜东平的教育日报》

行知研究

XINGZHI YANJIU

我对陶行知思想研究是从20世纪末到今天，没有停息。崇拜他，研究他，践行他的思想已经内化在日常教育、教学和管理工作之中。

陶行知对教育的爱有着宗教般的情怀——爱满天下。

陶行知对教育的创造是前无古人后无来者——敢探未发明的新理，敢入未开化的边疆。

我应当放声歌唱，陶行知教育思想永放光芒！

杜威和陶行知生活教育理论综述

美国杜威生活教育思想是什么？陶行知生活教育思想是什么？他们有何内在联系和区别？又是如何发展的？本文将告诉你！

一、美国杜威所处的时代及其生活教育思想

（一）美国杜威所处的时代

杜威的教育理论形成于19世纪90年代，而这一时期正是美国社会变革的历史分水岭。美国完成了近代工业化，从一个发展中国家一跃而成为世界第一经济大国。工业化的完成，引起了社会结构的重大调整和社会面貌的深刻变化，带来了物质财富巨大增长，但工业化也带来了一系列的经济、政治、文化等社会问题。全社会主要存在两大突出矛盾：一是个人与社会的矛盾发展到极点，尤其是少数资本家与广大工人的冲突发展到极点，达到了不控制个人行为就无法维系社会整体的地步；二是精神文化没有与物质财富同步前进，物质财富的增长反而带来了精神文化的衰落，未能成为改善社会整体的有力杠杆，经济发展与社会进步严重脱节。归根到底是一个问题：资本主义创造了物质和技术的进步，却使社会精神文化的发展相对滞后，导致了社会生活的失调，物质力量不仅没能为社会服务，反倒成为社会进步的异化物。

美国的进步主义社会改革运动（1900—1917）就是为解决这些社会问题而兴起的，其目的是在资本主义取得巨大物质进步的基础上，推动社会的全面改善，创造与物质繁荣相应的精神文化条件，重建遭到工业文明摧毁和破坏的社会价值体系，从而推动整个社会的协调发展。进步主义运动的实质是一场文化重建运动，它触动了美国社会制度的弊端，提出了不少美国社会必须正视的问题。但这些问题却不是一次改革运动所能彻底解决的，事实上，它们一直伴随着美国社会的发展。美国史学家康马杰指出，19世纪90年代的大问题在半个世纪之后仍然是人们普遍关注的问题，并开始形成的种种理论，20世纪50年代后仍在探索和应用。虽然经历了两次世界大战，物质生产大大增长，技术有了惊人的进步，科学发生了革命性的变化，但1890年之后的60年毫无疑义乃是一个统一体。

杜威的教育理论产生于19世纪90年代，杜威于1952年去世，上面提到的社会问题是杜威一直面对的，是他一直所关注也是他所一直力求解决的。杜威的理论建立在两块重要的基石上，一是丰厚的文化成果之上；二是对现代社会问题的关切之上，

诚如他在《民主主义与教育》(1916)一书的序中所言,他的教育理论"把民主主义的发展和科学的实验方法、生物科学上的进化论思想以及工业的改造联系起来:旨在指出这些发展所表明的教材和教育方法方面的变革"。杜威一生出版的教育著作达三十余部,最有代表性的是《民主主义与教育》一书,本书最集中、最系统地表述了杜威的教育思想。

(二)杜威的生活教育思想

什么是教育? 这是任何一位教育思想家首先必须回答的问题,杜威根据当时美国的政治、经济、文化等实际情况,以为教育必须进行一场改革,他对教育的回答是:教育即生活;教育即生长;教育即经验的持续不断地改造。这三个命题显示出杜威的教育观不同于以往教育家的教育学说,是一种崭新的教育观。

1. 教育即生活、学校即社会、从做中学

杜威认为教育是生活的过程,学校是社会生活的一种形式,学校生活也是生活的一种形式。怎样的学校生活才算是理想的呢? 杜威认为,首先,学校生活应与儿童自己的生活相契合,满足儿童需要和兴趣,使校园成为儿童的乐园而不是囚笼和监牢,使儿童从现实的学校生活中得到乐趣;其次,学校生活应与学校以外的生活相契合,适应现代社会变化的趋势并成为推动社会发展的力量,校园不应是世外桃源而应积极参与社会生活。19世纪末,美国正处于激烈变革的时代,而当时美国的学校教育既脱离儿童生活,使儿童在学校颇受压抑,又脱离社会。跟不上社会变革的节拍。杜威所要做的就是要使学校生活成为儿童生活和社会生活的契合点,从而使教育既合乎儿童需要,也符合社会需要。从本质上说,实质上是要改造不合时宜的学校教育和学校生活,使之更具生活活力,更有乐趣,更具实效,更有益于儿童发展和社会改造。

杜威是20世纪人类历史上最有影响的教育家,他立足于美国现代社会讨论教育问题,建立起一座宏伟的教育理论大厦!
——杜东平

同时,杜威因之进一步提出"教育即社会"的命题。再引申为"学校即社会"意在使学校生活成为一种经过选择的、净化的、理想的社会生活,使学校成为一个儿童发展雏形社会。而将此处落到实处,就必须改革学校课程。杜威认为,"学校课程内容应当注意到从社会生活的最初无意识统一体中逐渐分化出来""学校科目相互联系的真正中心不是科学,不是文学,不是历史,不是地理,而是儿童本身的社会活动",应使"代表社会活动的类型和基本形态"的活动如烹调、缝纫、手工等科目在课程中占有重要地位。可见,"学校即社会"是代表社会生活的活动性课程的引入的依据,是使学校与社会生活相联系的基本保证。

总之，从"教育即生活"到"学校即社会"再到课程的变革，在教学方式上提出了"从做中学"，这些是层层递进的。杜威这一思想，在他看来不仅有益于加强学校与社会的联系，而且还能满足儿童的本能与兴趣，使得儿童在活动中、在学习中、在学校生活中就能得到满足和乐趣，学习不再是苦差，而是乐事。这些科目一肩二任，使社会与个人皆能兼顾。其目的不仅如此，而且更重要的是着眼于儿童未来，在于创造一种高于现实生活的更加美好的生活。杜威坚信教育是社会进步及社会改革的基本方法，认为社会的改造要依靠教育的改造，教育改造之所以必要，是因为要给社会生活的变革以充分的和明显的影响。杜威的希望是通过教育改造社会生活，使之更完善、更美好。杜威对此激情满怀，1899年他在《学校与社会》中指出，学校采用活动作业，"把单纯的符号和形式的课程降低到次要的地位""这样做意味着使每个学校都成为一种雏形的社会生活，以反映社会生活的各种类型的作业进行活动，并充满着艺术、历史和科学的精神。当学校能在这样一个大社会里引导和训练每个儿童成为社会的成员，用服务的精神熏陶他，并授予有效的自我指导的工具时，我们将拥有一个有价值的、可爱的、和谐的大社会的最强大的并且最好的保证"。

2. 教育即生长、教育即经验的改造

杜威的"教育即生长"实质上是在提倡一种新的儿童发展观和教育观。"教育即生长"命题也是根据针对教育时弊而提出的，杜威认为当时的教育无视儿童天性，消极地对待儿童，不考虑儿童的需要和兴趣，以外在的动机强迫儿童记诵文字符号，以成人的标准去要求儿童，让现时的儿童为遥不可测的未来作准备，全然不顾儿童自身的感受和期待。"教育即生长"则要求摒除压抑、阻碍儿童自由发展之物，使一切教育和教学适合儿童的心理发展水平和兴趣、需要的要求。然而这种尊重绝非放任自流，任由儿童率性发展。杜威明确地讲："如果你放任这种兴趣，让儿童漫无目的地去做，那就没有生长，而生长不是出于偶然。"杜威在批评卢梭的"教育即自然发展"学说时指出，人类原始冲动本身既不是善的，也不是恶的；自然的或天赋的能力，提供一切教育中起发动作用和限制作用的力量，但不能提供教育的目的。天生的冲动和倾向不可能自生自长，应有一定的外部条件。应提供一个适当的环境使可取的倾向得以发展，使不可取的倾向因不用而废弃。自然发展说的主要缺陷在于，它在强调生长的内在条件的同时，忽视了外在条件。而杜威所理解的生长则是机体与外部环境、内在条件与外部条件交互作用的结果，是一个持续不断的社会化的过程。尤其是，杜威要求尊重儿童但不同意放纵之，这是杜威与进步主义教育实践的一个重要区别，杜威拒不承认自己是"进步教育之父"也表现出了这种区别。

"教育即生长"所体现出的儿童发展观也是杜威民主理想的反映，尊重儿童身心发展特点是使儿童获得充分生长和发展的重要条件，而儿童的充分生长和发展亦有助于社会目的的达成，然而杜威并不仅仅把儿童个体的充分生长视为达到社会目的的一个手段和工具，他认为儿童充分生长本身便是民主主义的要求，便含有丰富的价值意义。杜威有一段著名的话，他讲："政府、实业、艺术、宗教和一切社会制度都有一个意义，一个目的。那个目的就是解放和发展个人的能力（不问其种族、性别、阶级或经济状况如何）。这和说它们的价值的检验标准就是它们教育个人使他的可能性充分发展的程度，是完全一致的。民主主义有许多意义，但是，如果它有一个道德的意义，那么这个意义在于决意做到：一切政治制度和工业安排的最高的检验标准，应该是它们对社会每个成员的全面发展所作出的贡献。"由此可见，社会是为了一切人的发展而存在的。从历史发展来看，由神权到人权，再由男权而女权而童权是逐步推进，杜威则要求民主的光辉泽及在学校中求学的儿童，照耀到每一张稚嫩的脸上。给儿童提供一个利于生长的环境，让其充分、自由生长，是杜威一生不懈追求的教育梦。

杜威还提出了"教育即经验的改造"。首先，克服了经验与理性的对立。在西方哲学发展史上，理性是凌驾于经验之上的，经验作为一个与理性相对立的概念而受到轻视，经验意味着混乱、庞杂、孤立、无定，而理性则高高在上。杜威对经验与理性的看法皆易于过去。杜威认为，经验不再是通过感觉器官被动获得的一些散乱的感觉印象，而是机体与环境相互作用的过程，机体不仅受环境的塑造，同时也对环境加以改变，经验在它自身里面含有结合组织原理，而勿须一个外在的理性来提供这种原理。在杜威看来，理性不是抽象的体系，而是一种智慧，一种"实验的智慧"，一种使经验（或做、行为等）更富成效的智慧，它不是独断的，亦不是恒久不变的，"它们只是假定，是要施诸实际，以验其对指导我们日前的经验是成是败而可以随时加以修正、补充或撤销。"理性不是凌驾于经验之上，而是寓于经验之中，并在经验中不断修正，经验的过程就是一个实验的过程、运用智慧的过程、理性的过程。

其次，拓宽了经验的外延，经验不再被视为感觉作用和感性认识，而是一种行为、行动，它当然含有知的因素，但在此之外，喜怒哀乐、酸甜苦辣等因素也是经验的构成部分。经验不再仅仅是与认识有关的事情，认识的、情感的、意志的等理性、非理性的因素皆涵盖在内。这样，学生从"经验中学"、从"做中学"，就不仅仅是学知识，经验成为儿童各方面发展和生长的载体，在经验过程中，儿童不仅获得知识，而且形成能力、养成品德。"教育即经验的改造"中的经验也就不只是知识的积累，而是构成人的身心的各种因素的全面改造、全面发展、全面生长。

然后，强调经验过程中人的主动性。感觉主义经验论把经验看做一个被动的认识过程。杜威认为经验的过程是一个主动的过程，不单是有机体受着环境塑造，还存在着有机体对环境的主动的改造。杜威认为经验有一个重要的原则，即交互作用（interaction）原则，交互作用就是指机体与环境的作用，这个原则赋予经验的客观条件和内部条件这两种因素以同样的权利，它要求在教育过程中尊重儿童的身心发展条件和水平，顾及儿童兴趣，提高儿童参与教育过程的积极性和主动性。而这一点，正是传统教育所欠缺的，"传统教育的问题，不在于它着重控制经验的外部客观条件，而在于对也能决定会有什么样的经验的内在因素的注意。这就从一个方面违背了交互作用的原则"。杜威还认为经验过程中外在条件的提供非常重要，他认为传统教育的主要问题，不在于没有提供经验的客观条件，而在于提供的这种客观条件（抽象的教材、死板的教学等）"没有考虑到产生经验的另一个因素，即受教育者的能力和要求"，杜威要求改善外部条件，以使产生经验更具教育价值，"教材和教法的任务在于使特定的个人在特定时间产生出有教育价值的经验"。

综上所述，"教育即生活""学校即社会""从做中学""教育即生长""教育即经验的改造"等命题在本质上是相同的，生活的过程，生长的过程，经验（改造）过程都是一个过程。这些命题是杜威教育理论的总纲领。这里要强调的，有这样几个问题：

第一，杜威把生长作为教育的目的。杜威反对外在的、固定的、终极的东西作为教育目的，他认为外在的教育目的不能顾及儿童的兴趣和需要；固定的目的呆板僵化，不具灵活性，不能适应变化了的具体情况；终极的目的是一种理论上的虚构，因为世界是变动不息的。杜威所希望过程内的目的，这个目的就是"生长"。杜威有几句典型的论述：一是"教育的过程，在它自身以外没有目的；它就是它自己的目的"。二是"我们探讨教育目的时，并不要到教育过程以外去寻找一个目的，使教育服从这个目的。我们整个教育观点不允许这样做。"三是"因为生长是生活的特征，所以教育就是不断生长；在它自身以外，没有别的目的。由此对"人"的教育强调这样几个方面的素质。首先，具有良好的公民素质，具有民主理想和参与民主政治生活的能力。其次，掌握科学思维的方法，具有解决实际问题的能力，能适应变化迅速的现代社会。第三，具有良好的道德品质，有合作意识，能处理好个人与社会的关系，有服务社会的精神。第四，具有一定的职业素养，能通过从事某种职业发展个人才能并为社会尽力。

第二，从理论上看，杜威提出的以经验为基础的课程似乎是无懈可击的，但若从实践的角度去考虑，则会发现有不少疑点。其一，杜威力图找到社会生活与儿童生活的契合点，从而使学校生活既能顾及社会要求，又能顾及个人需要，他认为活动性课程如烹调、缝纫、手工等能完成此任务。然而，何以见得这些科目能代表社会生活（尤其是现代工业生活）的基本类型？实际上，它们似乎更能代表美国农业与工业时代的社会生活。其二，何以见得这些科目一定能使儿童萌生那么多的问题，产生那么大的兴趣？这种东西也许比死读书更能吸引儿童，但是不是还有更佳的取代物呢？认为只要是生活、活动、经验而不是文字就是儿童感兴趣的，就是益于儿童成长的，这是一种不恰当的认识，儿童对生活中的很多东西是茫然无知的甚至是熟视无睹的。布鲁纳曾言,"认为生活之教学"总能满足儿童的兴趣,是一种感情用事的假设。"经验本身是很需要去理解的东西,所经历的不一定是能理解的,而理解是有条件的。这说明,教材心理化不等于教材直接经验化。杜威的课程论有一个基本假设,即:教材心理化等同于教材直接经验化,好像只要将系统知识化作直接经验,就是儿童的心理所能承受的和理解的。事实却是,儿童对他本人所直接经历的东西有很多是不能理解的,要理解这些东西反而需要系统知识的介入,需要先前形成的经验,并不仅仅是直接经验的参与。杜威意在通过直接经验去理解系统知识,但却在一定程度上忽视了理解直接经验需要一定的系统知识为条件。其三,并非所有的系统知识都可还原为直接经验。系统知识的存在形式是逻辑的,其根本特点是具有很强的概括力和包容性,有些系统知识所反映的内容根本不可能还原为儿童个人的直接经验,有些虽然能还原,但在数量和程度上也是很有限的。其四,组织原则的贯彻存在困难。怎样将学生的个人直接经验"组织"成较为系统的知识是一个非常难解决的问题,首先,学生的个人直接经验是非常有限的,这就使"组织"立在一个不甚宽厚的基础上;其次,将个人直接经验组织成较为系统的知识是要花费相当长的时间的,但学校教育的时限却是短暂的;再次,杜威过高地估计儿童本人的组织知识的能力和教师指导的能力。以经验来组织教材和以系统知识联系生活经验,二者极为不同,对此杜威并无深刻的洞察。学校教育应取后者而非前者,若取前者必将作茧自缚。杜威对传统课程与教材的批判入木三分,对其弊病的诊断是准确而深刻的,然而他开的药方却不能治愈此"弊病",这不免令人生憾。

第三,反省思维与教学方法的改变。杜威对以教师、教科书、教室为中心的传统教学方法颇不以为然。教学在教室这个专门设定的场所里进行,教师在讲台上向学生讲授由成人编就的系统性、逻辑性很强但不合儿童理解力的教科书,学生则坐在固定的位置上静听和记诵。这种教学旨在让学生获取知识,但由于这种知识的传授方式脱离生活、不合儿童需要,结果儿童虽能背诵它以应付提问、考试和升学,但却不能真正掌握它。儿童处于消极被动的地位,兴趣、爱好被漠视和压制,学习并无真正的乐趣,学校亦无生机与活力。对此,杜威一向持抨击态度,他所要做的变革就是变教师讲、学生听的教学方式为师生共同活动、共同经历的教学方式,书本降到次要的位置,活动和经验是主要的,教学活动也不再限于教室这一狭隘的空间之内。杜威所推崇的教学方法是一种"从做中学"的方法,具体讲,是一种在经验的情境中思维的方法。杜威所力倡的思维是反省思维(reflective thinking),意指对某个经验情境中的问题进行反复的、严肃的、持续不断的思考,其功能在于求得一个新情境,把困难解决、疑虑排除、问题解答。因此,思维或反省思维的方法是一种解决经验中存在的问题的方法,一种使人明智的经验与行动的方法。杜威非常重视学生思维能力的培养,认为

"思维就是明智的学习方法"，"就是有教育意义的经验的方法"。他将思维的五步法直接运用到教学方法上，认为："教学法的要素和思维的要素是相同的。这些要素是：第一，学生要有一个真实的经验的情境——要有一个对活动本身感到兴趣的连续的活动；第二，在这个情境内部产生一个真实的问题，作为思维的刺激物；第三，他要占有知识资料，从事必要的观察，对付这个问题；第四，他必须负责有条不紊地展开他所想出的解决问题的方法；第五，他要有机会和需要通过应用检验他的观念，使这个观念意义明确，并且让他自己发现它们是否有效。"这五个阶段的顺序不是固定不变的，在实际的思维过程中，五个阶段并不是按一定的次序一个接一个地出现，有时两个阶段可以合二为一，有时"谋求结论的重担也可能主要地放在单一的阶段上。杜威作这种强调，意在使教学方法具有灵活性。

思维起于不确定的、有问题的情境，培养思维能力首先要提供合适的情境，杜威认为经验、活动性的课程恰恰能提供这种情境的条件，儿童在这种情境中能产生自己的问题。经验性的课程与思维，杜威所谈的思维方法是一种综合性的方法，涉及到观察、分析、想象、抽象、概括等多种能力的运用，与我们一般所理解的纯粹思维方法不尽相同。同时，这种思维方法还涉及间接经验的运用、假设的提出、假设的检验等方面，因此这种方法的运用过程更像一种科学"实验"。杜威在很多地方明确地讲"经验即实验"，他的经验主义也被称为"实验主义"，他的思维方法也被称为科学方法或科学探究的方法。

我们认为，对于杜威的教学方法论也有几个问题值得讨论。其一，知识的地位问题。杜威也强调知识的重要性，但将知识的获得、发展从属于智慧的培养，从属于探究的过程。其二，认识的途径问题。杜威坚持只有科学的方法。其三，问题存在的普遍性问题。杜威将思维过程、经验改造过程、知识获得过程皆与解决问题联系，似乎问题无处不在，实际上有那么多的问题吗？很多学者对杜威的"问题"提出质问：是否所有的问题都有答案？是否所有的答案都有价值？是否所有的问题都是真的？将教育局限于"问题的解决"是否低估了教育的作用。

二、中国陶行知所处的时代及其生活教育理论的概述

(一)中国陶行知所处的时代

陶行知的教育理论形成于20世纪初，他处的时代，是当时以孙中山为代表的政治家发动辛亥革命，结束了二千多年的专制政体，建立了民主共和政权。在建立民主共和政权后，又对教育实行改革，加快了近代化的进程。辛亥革命是中国进入近代化的标志，中国进入由封建主义社会，进入半殖民地半封建的社会。辛亥革命取得了政治形式上的胜利，但在文化和教育领域，封建势力的潜在影响仍很强大。他认为，民主的精神"不但在政治上要求普遍选举，在经济上要求分配平均，在教育上、文学上也要

求一个人人均等机会,适应一般人知识的要求"。由于有知识的人与无知识的人分属劳心、劳力两种阶层,人们的知识大相悬殊,这种知识的不平等将使"社会上不平之景象必层见叠出,共和国体必根本动摇"。因此,教育的民主化——平民化是政治民主化的保证。

当时的中国是一个农业大国,大多数的劳工阶级就是那些农民。他们若是不解放,就是我们国民全体不解放;"要想把现代的新文明,从根底移到社会里面,非把知识阶级与劳工阶级打成一气不可。"平民教育的推进过程,也是知识分子自觉地接近劳苦大众的过程,实际上也是"五四"新文化运动的继续和向社会基层的扩展,它有助于民主意识和文化知识的传播。"五四"时期有众多的知识分子加入了平民教育的运动,这一运动几乎触及所有的教育领域,不同派别、不同倾向的形形色色的人。从北京大学平民教育演讲团,到留法勤工俭学的学生;从工读主义的兴盛,到职业教育的展开;从陶行知的生活教育理论,到梁漱溟、晏阳初的乡村建设和平民教育理论,乃至从毛泽东的工农革命教育理论到解放区的普及教育运动,几乎都能看到"五四"时期平民教育运动的历史轨迹。

值得一提的是,"五四"时期西方教育家杜威和罗素先后来华访问,他们的教育主张对平民教育的发展起了推波助澜的作用。杜威的教育思想在当时中国教育界有很大影响,他的"儿童中心主义"和"教育即生活、学校即社会"的观点,与"五四"时期的反传统、反专制、求民主、求自由的进步思潮有吻合的一面。杜威认为,"民治便是教育,便是继续不断的教育,出了学校,在民治社会中服务,处处都得训练,与在学校里一样。"杜威把"民治"作为教育的自然结果,无疑对正在从事平民教育运动的知识分子有很大的吸引力。深受杜威教育思想影响的陶行知,在1934年写的《普及教育运动小史》中说:"这十几年来,我有时提倡平民教育,有时提倡乡村教育,有时提倡劳苦大众的教育,其实我心中只有一个中心问题,这个问题便是如何使教育普及,如何使没有机会受到教育的人可以得到他们所需要的教育。"

(二)陶行知生活教育理论

生活教育理论是陶行知整个思想体系的主体部分,它是从中国国情出发,立足于人类社会的历史发展,为解放劳苦大众,为全国人民谋幸福的教育学说;是以人生的需要为出发点,通过人的创造性劳动,把学校教育和社会需要相沟通,达到提高人的物质生活和精神生活目的的一种大教育观。其理论体系包括三个基本命题:"生活即教育"、"社会即学校"、"教学做合一"。陶行知生活教育理论涉及到学前教育、基础教育、职业教育、成人教育和全民教育、全面教育、民主教育、终身教育等各级各类教育,它不单单是学校教育,而是包括全社会人民素质提高的大教育观。

大多数学者认为,陶行知的生活教育理论是以"生活"为逻辑起点与归宿,以"生活"为中心为基础,以生活与教育的辩证关系为基本矛盾而展开的,是囊括整个人类教育的大教育论。这个大教育论的基本结构有八个部分:(1)生活教育的本体论:生活即教育;(2)生活教育的场所论:社会即学校;(3)生活教育的方法论:教学做合一;(4)生活教育的创造论:在劳力上劳心;(5)生活教育的风格论:即知即传;(6)生活教育的认识论:行是知之始,知是行之成;(7)生活教育的组织论:工学团或集体主义的自我教育;(8)生活教育的目标论:教育要成为民族解放、大众解放、人类解放的武器。生活教育理论这一基本结构,体现了生活教育具有教育学和社会学的两重特性,也体现了生活教育理论的两个基本思想:第一,生活教育理论作为教育学说,它是以实践为中心、以人民为主体,以创造为动力,为社会现代化服务的科学的全民教育、终身教育、全面教育学说;第二,生活教育理论作为社会改革学说,它是以启发人的觉悟,培养"生活能力"为基本手段,以实现民族解放、大众解放、人类解放、社会进步为目标的思想体系。

我国著名学者胡晓风在对生活教育的涵义、原理、特征、方法和目的,以及生活教育与传统教育的区别进行总体认识的基础上,把生活教育的整个理论体系进一步概括为四个方面:(1)一个目的:为民族、为大众、为人类求解放,谋幸福。(2)一个核心:教人求真,学做真人。(3)三个层次:一是发展层次,指教育思想、教育科学,包括生活即教育,社会即学校,教学做合一等新原理;二是中介层次,指科学管理和科学实践,包括教学做合一的新方法,即以教人者教己、在劳力上劳心、即知即传、自觉觉人、集体主义的自我教育;三是基础层次,指实践活动和教育目标,即自觉性之启发,创造力之培养,教育之普及,生活之提高。(4)四个特征:政治和教育的统一;不断改革不断革新;时代性与民族性相结合;行知行的哲学思想。认为陶行知生活教育理论就是包括"一个目的、一个核心、三个层次、四个特征"构成的有机整体。

著名学者董宝良、周洪宇则对过去学术界的种种误解和曲解作了深入辨析,认为理解陶行知生活教育理论的内涵,不能仅仅根据其字面上的意思就下断语,而应根据陶行知当时提出、形成、实施这一主张的历史条件、时代特点和他本人的全部论述作了全面、准确、客观的分析。他们指出,陶行知的"生活即教育"既不是把教育和生活画等号,把教育原始化、低级化,也不是杜威"教育即生活"的"翻版"。它的实质是强调生活与教育的一致性、共通性,主张教育要与社会生活相联系,与生产实践相结合,为人民大众服务。

基于对陶行知生活教育理论所作出的概括和理解,我认为,对生活教育理论的三个重要命题进行了具体的阐释。第一,是"生活即教育"阐明了生活和教育之间的关系,揭示了教育的本质,阐明了教育的职能,也预示了教育发展的趋势,是生活教育的本质论,对生活教育理论的其他原理或命题起着主导和支配作用。第二,"社会即学校"要求打破传统学校在空间上和时间上的限制和办学主体,改变传统学校的培养目标和教育内容,加强学校与社会的密切联系,这是对传统学校的改造学说,是生活教育的领域论或场所论或时空论。第三,"教学做合一"是生活教育理论的方法论,也是其教学论,它以实际生活为落脚点,突出"做"为中心,说明互教互学是人生的普遍现象,将教学法与生活法完全打成一片,将教育与生活融为一体,阐明两者的一致性,揭示了生活教育与传统教育的根本区别,这不但是教学方法的变革或教学论的变革,也是整个教育观念的变革。关于陶行知生活教育理论的基本特征在学术界要有这样几种观点,认为生活教育有一个很可贵的特点,就是提倡教育社会化与社会教育化,用今天的语言来说就是提倡全社会办大教育;第二种观点,认为全心全意为大众办教育是陶行知与其他教育家的根本不同之处,爱国主义是生活教育的最鲜明的特点;第三种观点,认为人民性、实践性、创造性是生活教育理论的三大特点,它突出地反映了生活教育的本质与特性;第四种观点,认为陶行知的生活教育理论是与社会生活相结合的、为大众求解放谋幸福的、反帝反封建的、动态的和开放的教育理论,在生活教育理论指导下的生活教育运动,是以人民为主体、生活为中心、实践为基础的理论和与实践相结合的教育运动,这一理论与实践的突出特点在于它的实践性、大众性、爱国性和开放性;第五种观点,认为生活教育理论有六个基本特质,即方向性、实践性、整体性、关联性、能动性、开放性。总之,这五种观点我认为从不同角度概括了陶行知生活教育理论的基本特征。

三、陶行知发展了杜威的生活教育思想,形成独特的生活教育理论

(一)杜威的生活教育与陶行知生活教育理论的关系

大家知道,陶行知是杜威的学生。陶行知教育思想与杜威教育思想之间存在什么样的渊源和关系,实际上是陶行知教育思想性质的一个主要界标。绝大多数研究者认为,陶行知是杜威的学生,他在初创生活教育理论时,吸取了杜威教育思想中的一些合理方面,两者之间不可能没有任何关系。但陶行知在他生命的后期,"与杜威在政治观点上完全是两回事了,在教育思想上已形成陶自己的独特观点,不能说他是杜威的门徒。有的研究者认为,陶行知在生活教育理论与实践上与杜威有着本质的区别,陶行知"是一位善于向一切人学习、敢于创新的伟大人民教育家"。他借鉴杜威教育学说,不是照搬照抄,而是建立在活学与创造基础上的,正因为如此,他才创造出了有特色的生活教育理论。还有研究者认为,要真正了解和把握陶行知的教育思想,"不能只看到他在前期深受杜威实用主义的影响,而应更加重视他在后期能够坚决摆脱这种影响,做到推陈出新","当他成为了党外布尔什维克之后,由于在政治思想上与杜威处于两种绝然不同的思想体系,有着两种不同的政治立场,尽管他还没有改换生活教育理论的名称,但就其受政治思想决定的教育思想内容来看,与杜威教育思想

已经具有了根本性质上的区别。"研究者还就陶行知生活教育的三个基本组成部分作了深入的探讨，认为陶行知"生活即教育"的主张跳出了"杜威所局限了的教育领域"，走进了"社会生活的急流之中"；陶行知"社会即学校"的主张，"使人们受教育的地方，从区区囹圄的学校"，"伸张到社会宇宙和大自然中去"，与杜威"学校即社会"的"鸟笼教育"，"有天壤之别"。"教学做合一"是陶行知经过八年多的探索、丰富与发展，将"做中学""翻了半个筋斗"后创造出来的，是从中国的教育实践中产生的，不是杜威"做中学"的运用，"而是对'做中学'教学论的背叛"。

有些研究者提出，要弄清他们教育思想的关系，首先要清楚杜威实用主义哲学的内涵实质，其次是搞清他们两人哲学思想的联系与区别，再次才是分清生活教育理论与实用主义教育理论的区别。过去我们不恰当地批判了实用主义哲学，认为唯心的、为资本主义服务的东西肯定是反动的、一无是处的东西，因此也错误地批判了陶行知的生活教育理论。所以，重新讨论陶行知与杜威教育思想的关系，是正确评价生活教育理论的一个关节点。根据这样的研究思路，我们认为，陶行知生活教育理论与杜威实用主义教育理论的区别主要集中在四点：第一，产生的社会历史背景不同，前者产生于半殖民地、半封建社会的旧中国，后者产生于资本主义发达的美国；第二，思想渊源不同，前者是马克思主义和西方教育理论（包括杜威的理论）的批判继承，后者是黑格尔思想、进化论和美国文化的典型代表；第三，对教育价值认识不同，前者把教育作为改造社会的工具，后者把教育作为维护现存社会秩序的工具；第四，哲学基础不同，前者是唯物辩证法，后者是机能心理学和实用主义哲学。

大多数学者都认为，陶行知教育思想与杜威教育思想在教育对象、教育目标、教育内容和方法、为何办学和为谁办学等方面存在重大差异，两者之间有本质区别。与此同时，研究者们也没有偏执、随意地全盘割裂陶行知与杜威教育思想之间的传承关系，而是狠下了一番纵横比较、条分缕析的精细功夫，从学术上确立了陶行知是杜威最有创造力的中国弟子的地位。

（二）陶行知生活教育理论的科学性

一个教育理论是否有生命力，往往不在于它与别的理论是否有某种区别或联系，而在于该理论的基本组成部分是否科学，是否来源于教育实践，是否反映了教育规律。陶行知教育思想具有深刻的民族性、民主性，在这点上，学者们之间的分歧很小。陶行知教育思想的科学性怎样呢？陶研学者们对此给予了极大的关注。

研究者们首先探讨了生活教育理论所赖以建立的陶行知的哲学思想。有研究者认为，"早期陶行知在一定程度上受杜威的经验主义的教育哲学的影响，在某些观点上有所反映"，但"到了四十年代，陶行知的哲学思想又有新的发展，他提出一些具有朴素的唯物论与辩证法思想"，"这些思想反映后期他已开始比较自觉地掌握和运用马克思主义辩证唯物主义原理"。具体而言,在知行观上,"陶行知坚持唯物主义的行知观,将它运用于教育领域,提出教育与生活实际的结合、教学做三者结合的问题,形成一套独特的教育理论与教育实践";在社会观上,"朴素而又强烈地为人民服务的思想,正是陶行知先生的伟大过人之处,也是他的社会观光彩夺目之处",陶行知因之能够"把从事的教育活动,同民族民主革命斗争结合起来,从而逐步地形成符合民族和人民需要的独创的民族民主教育体系"。还有研究者认为,20世纪30年代中期,陶行知把他所信奉的王阳明的知行学说倒转过来,认为"行是知之始,知是行之成",他的名字也由"知行"改为"行知","这就表明他和王阳明的主观唯心论彻底决裂,转到辩证唯物论的认识论上来了";"他的一些诗歌,演讲和文章中都渗透着马克思主义哲学原理",正因为"陶行知掌握到这个真理",所以他能够成为"中国现代史上一个杰出的人民教育家和思想家"。基于这样一种认识,我们对陶行知生活教育理论的三个基本组成部分作了如下剖析。

第一,陶行知提出的"生活即教育"主张,"从根本上推倒了教育与生活隔离的围墙","充满着帮助人民解决生活实际难题的实事求是精神",有助于培养学生"真正的社会生活能力",促进他们的"全面发展"。

> 毛泽东称陶行知是20世纪中国"伟大的人民教育家",他立足于中国半殖民半封建的社会实际,提出了为解放劳苦大众,为人民谋幸福的生活教育理论。
>
> ——杜东平

第二,陶行知提出的"社会即学校"主张,使"整个社会都是教育的范围","教育的材料,教育的方法,教育的工具,教育的环境,都可以大大地增加",有利于师生冲出"学校的小天地",投身于"火热的社会斗争",更好地成长,更好地创造,更好地贡献。

第三,陶行知提出的"教学做合一",在他后期的教育实践中,已经"发展到了成熟的阶段",不再过分强调"做","实际上他是重视了'合'",并"把教与学放在了应有的重要的位置上",使得他所办理的育才学校和社会大学产生了一些新的特点和科学的特质:重视传授系统的普通文化科学知识,注意发挥教师在教学过程中的作用,采取各种措施提高课堂的教学质量,使学习同生产劳动联结起来。不仅如此,有的研究者还从陶行知的生活教育理论所主张和教育实践所追求、施行的教育目的、教育内容和教学方法等方面,论证陶行知的"教育改革实验"有着自身的科学体系和逻辑建构,是努力探索和充分利用教育规律的生动体现。这种观点在众多的研究者当中,较有代表性。

当然,对陶行知生活教育理论的科学性,研究者并没有全盘肯定。他们认为,不能把陶行知的哲学思想"与杜威的经验论相提并论",但即使是陶行知晚期"开始向马克思主义辩证唯物论转变"的情况下,他"在教育理论与教育实践上仍留有经验论的痕迹";不能说"陶先生的思想已经完全完满无缺",他的思想中还有好些需要结合今后的社会实践进一步研究解决的问题。这些研究观点的提出,是在肯定陶行知教育思想科学性的基础上,既正视其难以避免的历史局限性,又明示其难能可贵的时代开放性。

(三)陶行知生活教育理论的包容性

许多陶研工作者长期致力于挖掘原始素材,悉心研读陶行知原著,不断推出带专题性的研究成果,展现了陶行知教育思想丰富的内涵和博大的包容性。

关于乡村教育,不少研究者认为,"陶行知先生是中国乡村教育开拓者之一",他提出的许多观点和实行的许多做法,如"平民教育到平民间去的运动,就是到乡下去的运动"、"创办乡村幼教、"由乡村中心学校产生乡村师范学校"、试验乡村师范,就是"教学做合一"等,"对中国乡村教育运动作出卓有成效的贡献。"关于师范教育,研究者认为,陶行知的"师范教育主张,是同他的爱国主义思想分不开的","在他的心目中,师范教育具有救'兴邦'、改造社会的非常作用","提出了一整套办好师范教育建设性主张,并在办学实践中积极贯彻执行,取得了很大的成就"。还有研究者认为,陶行知"提出了'广义的师范教育'的概括相当全面地论述了师范教育的任务及其'功效'",其"师范教育思想的光辉至今没有磨灭,它的先进性和现实针对性,对于我们进行师范教育改革有诸多方面的借鉴意义"。

关于幼儿教育,研究者认为,陶行知抱着求实和科学的精神,师资培养、教学设备、教具、玩具制作到儿童生理、心理、卫生保健以及课程设置等,无不作深入地研究实验,作出了许多贡献,是我国"幼儿教育方面的理论及其实践的宝贵遗产"。

关于陶行知的教育诗,研究者认为,陶行知的教育诗是陶行知教育理论体系的一个重要组成部分,"具有较高的思想性和艺术性",起到了"抨击封建主义传统教育的腐败"、"揭露帝国主义奴化教育的实质"、"高擎新型进步教育的大旗"的重要作用,"既是我国新诗宝库里璀璨夺目的奇珍异宝,又是近代教育思想的宝贵遗产。"

此外,我们认为对陶行知教育思想和实践的其他侧面,如陶行知与育才学校,陶行知与社会大学,陶行知与农村幼教事业,陶行知论教师,陶行知的美育思想,陶行知的终身教育思想,陶行知的教育实验思想,等等,也作了潜心的分析和探究。通过对陶行知教育思想进行深入细致的挖掘和梳理,较为成功地展示了陶行知教育思想是适合中国国情、教育的包容性、创造性很强的教育理论,具有旺盛的生命力和现实指导意义。

(四)陶行知及其教育思想的历史地位

研究者们在对陶行知生活教育理论与杜威实用主义教育理论进行比较的基础上,得出了这样的结论:生活教育理论是在半殖民地半封建社会条件下产生的具有中国民族特色的一种新型的进步的教育理论,也是一种集教育改革与社会改革于一体、熔社会改造与人的改造于一炉的反帝反封建的革命学说。生活教育理论在一定程度上反映了教育的客观规律,蕴涵着许多合理因素,在半殖民地半封建社会的旧中国,它已经达到了它所能达到的思想高度,是近代以来中国教育家在独立自主地探索中国教育发展道路的过程中所取得的最为重要的理论成果之一。

有的研究者指出,陶行知生活教育理论自始至终贯穿着爱国思想和民主思想,不仅在国内有影响,而且影响到日本、美国、加拿大、印度、印尼、缅甸、菲律宾等众多国家;不仅影响到教育界,而且影响到文化思想界和政治界;不仅在当时有影响,而且影响到现在。就教育方面来说,它不仅曾在中国近现代教育史上引起了教育观念的变化,促进了中国乡村教育、师范教育、幼稚教育、社会教育和普及教育的发展,促进了教育内容、教学方法和教育组织形式的改革,使其带来革命性的变化,而且对于推动我国当代教育改革与发展仍然具有极其重要的现实意义。

当然,也有的研究者在肯定生活教育理论的积极意义的同时,指出其有明显的缺陷和偏颇。李华兴主编的《民国教育史》认为,陶行知把"生活"和"教育"等同,把"学校"和"社会"混一,把"教学做合一"视为教学的普遍规律,就不免以偏概全,夸大了社会生活教育的效能,忽略了学校教育的作用,轻视了系统知识的传授和教师的主导作用。

总而言之,陶行知心系广大贫寒的学子,心系国家民族的命运,并为之进行了不懈的努力和不息的奋斗。我认为,陶行知"从事教育的对象,很鲜明地提出要为劳动人民","为"劳苦大众","他有高度的事业精神",有"说到做到,坚韧不拔的精神";陶行知"终生都是全心全意地为人民办教育,为人民求解放而办教育",他"在短短半个世纪内,为开创中国人民的教育事业立下了汗马功劳","留下了许多宝贵的精神财富";陶行知"为人民教育事业的献身精神和创造精神,是人民教师的光辉典范"。

"陶行知融伟大的教育家与伟大的革命家于一身,创造、开辟、前进、战斗到最后一息",是一位"中华民族为之骄傲"的优秀人物之一。毛泽东同志称赞他为"伟大的人民教育家"! 国母宋庆龄称赞他为"万世师表"!

主要参考文献:

陶行知:《陶行知全集》(1—3卷),长沙:湖南教育出版社,1991年版。
孙培育:《中国教育简史》,上海:华东师范大学出版社,2001年第2版。
张斌贤:《外国教育史教程》,北京:人民教育出版社,1999年第1版。

本文载《教育为公　爱满天下——以当代生活教育为特色的学校建设研究》(2008年)一书中,杜东平为副主编,该书荣获重庆市第4届教育科研成果一等奖

陶行知的教育目的与素质教育的一致性

审视一位教育家首先看什么？审视一位校长首先看什么？毋庸置疑，是看他教育的目的。

教育目的是一切教育活动的出发点、依据和归宿，在整个教育活动中起着统领作用。教育目的是对教育所要培养的人总的质量要求，它规定着人才培养的类型和规格。教育目的一般由两部分组成：一是就教育所要培养出的人的身心素质作出规定；二是就教育所要培养出的人的社会价值作出规定，即指出这种人符合什么社会的需要。关于身心素质的规定是教育目的结构的核心部分。

通过分析陶行知的教育目的与新时期我国的教育目的，就不难看出它们存在非常多的一致性，主要表现为以下三个方面：

1. 强调教育目的的社会归属。陶行知曾指出，"教育的目的，在于解决问题，所以不能解决问题的，不是真教育"；"改造社会而不从办学入手，便不能改造人的内心；不能改造人的内心，便不是彻骨的改造社会。"因此，陶行知所推行的平民教育、乡村教育、普及教育、国难教育等，都负有极强的时代使命。而我国的教育目的，从1958年的"培养有社会主义觉悟的有文化的劳动者"，到1999年的造就"全面发展的社会主义建设者和接班人"，无不体现出我国新时期教育目的的特点，即不仅顺应时代发展潮流，更要推动社会的建设发展和进步。

2. 强调要注重学生"创新精神"的培养。儿童具有天然的、潜在的创造力，即人类世代延续的精华。但"发挥或阻碍，加强或削弱，培养或摧残这创造力的是环境"。因此，陶行知强调"教育要在儿童自身的基础上，过滤并

千教万教教人求真，千学万学学做真人。
——陶行知

运用环境的影响，以培养，加强和发挥这创造力"。他进而提出从解放儿童的头脑、双手、双眼、嘴、空间、时间来解放儿童的创造力，并从"充分的营养""良好的习惯"和"因材施教"等方面给予培养儿童创造力的土壤。那么，本着"提高民族素质和创新能力"的素质教育，也非常强调培养学生的创新精神，并以此作为全面推进素质教育改革的核心内容。不同的历史时期，却有着如此相同的教育追求，也证明了"创新精神"永恒的教育意义。

3.强调道德教育的重要性。"教人求真,学做真人"是陶行知教育目的的核心。在他看来,"真"有两方面的含义:一是真假之"真",即说真话,做真君子,求真学问;二是真知之"真",真理之"真",即追求真理,为真理献身。他一直把"追求真理做真人"看做是德育的首要任务,而且认为这一素质统领着人的其他素质。在素质教育的规定中,也把"德"放在首要位置,同样是看重以德为中心的素质教育在社会主义精神文明建设中的基础性作用。正如陶行知所说,"道德是做人根本。根本一坏,纵使你有一些学问,也无甚用处。否则,没有道德的人,学问和本领愈大,就能为非作恶愈大。"这也正是当今教育的核心思想所蕴涵的深意。

主要参考文献:

陶知行:《陶行知全集》,长沙:湖南教育出版社,1991年版。

孙培育:《中国教育简史》,上海:华东师范大学出版社,2001年第2版。

张斌贤:《外国教育史教程》,北京:人民教育出版社,1999年第1版。

本文载《教育为公　爱满天下——以当代生活教育为特色的学校建设研究》(2008年)一书中,杜东平为副主编,该书荣获重庆市第4届教育科研成果一等奖

陶行知的教学思想及其在当代素质教育中的意义

"教学做合一"的内涵是什么？其主要内容是什么？对当代素质教育有何价值？

教学做合一，是陶行知20世纪20年代提出来的，是其教育思想的重要组成部分，也是实施生活教育理论的根本方法。他指出："教、学、做是一件事，不是三件事。我们要在做上教，在做上学。在做上教的是先生；在做上学的是学生。从先生对学生的关系说：做便是教；从学生对先生的关系说：做便是学。先生拿做来教；学生拿做来学，才是实学。不在做上下功夫，教固不成为教，学也不成为学。"他进一步指出："我们主张教学做是一件事的三个方面：对事说是做；对自己之进步说是学；对别人的影响说是教。"教学做合一这一理论对于解决现今教育教学存在的主要问题，以及贯彻落实素质教育的理念方法，仍具有重要的现实意义和实践价值。

（一）"教学做合一"教学思想的主要内容

陶行知"教学做合一"的教学思想内容十分丰富，涉及到教育领域中教与学的关系、教学任务、师生关系、理论与实践的关系等许多方面。在此，我们主要论述以下几个方面：

第一，关于教与学的关系。陶行知认为，在教学过程中，先生的责任不在教，不在教学，而在教学生学。先生在教学过程中不能主观地"拿学生来凑他的教法，配他的教材"，而应该主动地去了解学生，了解他们的兴趣和爱好，改进教学方法，因材施教。教学方法也不能强求一律，"教的法子必须根据学的法子"。先生的责任也不只是教，若只是教，这是把学生当成"容器"，被动地接受知识，调动不了学生学的积极性，也不能启发学生独立思考，先生只有一方面教学生学，教给学生学的方法和钥匙，启发他们的思维，培养他们的自学能力；另一方面教师要"一面教，一面学"，不断提高自己。只有这样才能教好学生。这是他主张"教学合一"的理由。

第二，关于"教学做合一"的目标。"教学做合一"要培养的是身心和谐发展的人才。陶行知一向重视学生的德智体全面发展，陶行知尤为强调人的"手脑双挥"。他说："中国教育之通病是教用脑的人不用手，不教用手的人用脑，所以一无所能。中国教育革命的对策是使手脑联盟。"他认为，"一个人要有贡献于社会，一定要手与脑缔结大同盟。""脑筋与手联合起来，才可产生力量，把'弱'与'愚'都去掉。"他认为只有这样,人的身心才能和谐发展。

第三,关于师生关系。陶行知提出:教法要根据学生的学法,学生的学法要根据做法,教法、学法、做法合一;教师"一方面指导学生,一方面研究学问"。这说明在教育过程中,教师要改变原来高高在上的地位,从知识的传授者变为学生学习的引导者;学生要由原来的被动接受者变为主动学习者,成为"做"的主体。陶行知很重视"教学相长"。他说:"师生本无一定的高下,教学也无十分的界限。人只知教师教授,学生学习;不晓得有的时候,教师倒从学生那里得到很多的教训。"他认为师生之间每天都在赛跑,教师"要鞭策自己努力跑在学生前头去引导他们""要教学生向前进,向上进,非自己努力向前进、向上进不可"。他还说:"我们要跟小孩子学习,不愿向小孩学习的人,不配做小孩的先生。"他经常将自己的诗交给小朋友改,他办安徽公学、晓庄师范、育才学校都贯彻了这一原则,主张师生"共学,共事,共修养的方法"。从一定意义上说,他的"小先生制"等思想,也与"教学相长"有渊源关系。

第四,关于教师的责任。陶行知认为,"先生的责任不在教,而在教学,教学生学"。"教学生学"就是通过教学使学生学会学习,具有独立观察、思考、分析判断和解决问题的能力,学会自己去获得经验和知识,获得"自得自动"的能力。为此,陶行知提出了以下主张:教师首先要教给学生获取知识的方法。由于知识有新旧之分,"学习旧知识有二法,一曰交谈问答;二曰读书。学习新知识亦有二法,一曰观察;二曰实验。"他尤其重视实验的方法,认为此法具有较高的创新价值。教学要重视学生解决问题能力的培养,陶行知主张不仅要让学生掌握解决问题的方法,还要让学生了解方法的形成过程。在指导学生如何做学问上,陶行知提出了"十字诀""五字诀""八问"。"十字诀"为:一序,即循序渐进;二勤,业精于勤;三恒,持之以恒;四博,博览群书;五问,不耻下问;六记,做好笔记;七新,温故知新;八专,专心致志;九思,多加思考;十创,敢于创新。"五字诀"是:"一",即专一;"集",搜集;"钻",钻研;"剖",分析;"韧",坚韧。"八问"是:什么事、什么人、什么缘故、什么方法、什么时间、什么地方、什么数目、什么动向。此外,他很重视讨论的方法,认为此法有三个作用:一是可以交换知识;二是彼此可以鼓励;三是可以互益兴趣。但讨论法要注意四点:一曰闲谈,二曰盲从,三曰成见,四曰武断。

第五,关于学生的地位。陶行知认为学生是学习的主人,学生的主体地位不容忽视,教师的作用就是引导学生发展,最大限度地调动学生学习的积极性。为此,教师要根据学生的年龄特点、性别差异、兴趣爱好等的不同来选择教学方法和安排教学。这是成功教育的前提。他批评了传统教学中教师"照自己的意思去教学生""拿学生去配书本""拿书本来配学生"的做法,认为这忽视了学生的主体性。他说:"我们教育儿童,就是要根据儿童的需要和力量为转移。"在调动学生的主体性和积极性上,陶行知提倡运用启发式教学。"孔子说'不愤不启,不悱不发',我更要进一步说,使他不得不愤,使他不得不悱。"他认为教学中"设法引起学生的兴味,是很要紧的""学生有了兴味,就肯用全副精神去做事情,所以'学'和'乐'是不可分离的。"他认为只有这样,才能激发学生学习的动机,引起学生学习的兴趣。除此以外,陶行知认为要发挥学生的主体性,还要给他创造一定的条件。为此,陶行知提出了"六大解放":解放儿童的眼睛,使他们多观察;解放儿童的双手,让他们多干;解放儿童的头脑,让他们多思考;解放儿童的嘴,让他们多说;解放儿童的空间,拓展他们的生活领域,多接触自然和社会;解放儿童的时间,让他们拥有更多的空闲,做自己喜欢的事情。

（二）陶行知"教学做合一"教学思想对素质教育的意义

从上面的分析中我们可以看出,陶行知的"教学做合一"主张,是针对传统教学的弊病,通过研究现实需要而提出的。他的这一思想,对我们今天的教育仍然很有启发,特别是对我们的素质教育具有深刻的现实意义。

1. 教学目标要符合时代的要求,培养全面发展的人,"教学做合一"提出"要什么,学什么,学什么,教什么,教什么,就拿什么来训练教师"

陶行知特别强调教育要考虑时代、社会和个人的需要。当前的素质教育是以提高国民素质为目标,以促进学生全面发展为宗旨,以育人为根本,面向全体学生,实施思想道德、文化、科学技术、身体心理、劳动技能等全面素质的教育。当今社会发生了一系列革命性的变化,要求人必须全面发展,主要有这样几点原因:首先是当代科技综合化的趋势,要求探索、理解和运用科学技术的人全面发展。21世纪各门类科学和各层次分支不断交叉、加速综合,自然科学和社会科学进一步结合。其次是经济的全球化,要求参与经济的人具备兼容并包的胸怀和合作竞争的精神。第三是发展的整体化,强调经济、环境、社会协调发展,而且要以人为中心,都是为了人的发展和依靠人的发展。因此,以全体学生的全面发展为主旨的素质教育的提出,是时代的需要,教育发展的必然,也是社会主义现代化建设的本质要求。

2. 教学要注重传授知识和培养能力的结合

今天我们的素质教育仍然要讲传授知识,但素质教育所讲的知识,首先是人的全面发展所需要的知识,而不只是升学考试所必备的知识,它包括了科学知识和人文知识两个方面。其次是知识的内化。素质教育强调对知识的理解和消化,使之成为人不可分割的有机组成部分。仅仅是机械记忆而没有消化和利用的知识,不能称其为素质。

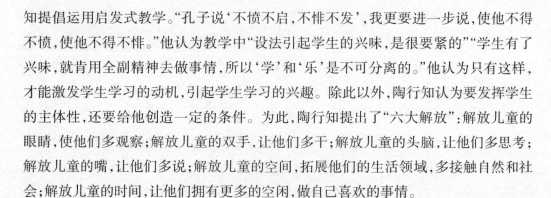

教、学、做是一件事,不是三件事。在做上教的是先生;在做上学的是学生。

——陶行知

在当今这个知识经济时代,知识量激增,知识更新的速度加快,学校给学生的知识只能是最基础的一部分,因此,比传授知识更重要的就是从知识的传授过渡到对获取知识的能力的培养,教会学生如何掌握知识,学会独立获取知识的本领。这就叫做学会学习,掌握学习方法,培养学习能力。陶行知在培养学生学会学习和运用知识、如何做学问等方面,积累了宝贵的经验,对我们的教学颇有启发。当前的教学方法改革,一方面应通过具体的教学活动,培养学生学习的兴趣和求知欲望,养成自觉学习的好习惯;另一方面,要对学生进行学习方法的指导,使学生既能理解和掌握方法,又能在实践中灵活运用知识,对知识进行分析与综合,抽象与概括。

3. 注重学生的实践能力和创新能力的培养

陶行知一贯重视学生"做事"本领和实践能力的培养,他强调要在"必有事焉"上下工夫,在"做"中产生思想、经验和新价值,对我们今天的教育很有启发作用。

培养学生的实践能力是当今素质教育的一个核心。具有适应不断变动的社会现实、应付各种状况、解决各类实际问题的做事本领,是现代社会对青少年一代的基本要求。我们的很多学生在应试教育的影响下,遇到实际问题往往手足无措,缺少解决问题的实际能力。在素质教育中,我们应该引导学生尽可能地多动脑多动手去做去参与,用所学的知识处理实际生活中的问题;联系丰富多彩的生活,将社会焦点、热点问题迁移到课堂上,让学生进行分析、讨论。发现、发掘和强化学生的创造潜力,启迪学生的创造性思维,培养学生的创造精神,也是素质教育的一个重点。创新精神和创新能力的培养要贯穿在教学过程的始终,这主要表现在以下几个方面:要建立平等、对话、互动的师生关系;确立学生在学习中的主体地位;爱护学生的好奇心、求知欲;鼓励学生独立思考、敢于争辩,对老师、教材质疑;营造崇尚真理、追求真理的氛围;鼓励和支持学生参加社会实践,了解社会,动手操作。中共中央、国务院《关于深化教育改革全面推进素质教育的决定》中把创新精神和实践能力并列提出来,是很有道理的。没有实践能力的人,也是不可能有创新精神的人。实践出真知,脱离社会实践来谈创新精神和创新能力的培养,只能是纸上谈兵。

4. 提倡以问题为中心的教学模式

陶行知认为教学要重视学生解决问题能力的培养,不仅要让学生掌握解决问题的方法,还要让学生了解方法的形成过程,用同类的经验解决别的问题,以问题为中心,教会学生学习,培养学生独立观察、思考、分析判断和解决问题的能力。《基础教育课程改革纲要(试行)》也提出了要"引导学生质疑、调查和探究",要"激发学生的学习积极性"。以问题为中心的教学模式,问题设置是第一环节。以问题为中心的教学模式中的问题应该是:基于学习者生活经历、学习经历提出的问题;提示的问题有利于学习者将外部学习动力转换为内部学习动力;所提示的问题应具有一定的解题过程。这些问题和我们生活中提出的问题又有着不同之处：一是以问题为中心的教学模式中的问题应具有方向性，能指导学生向一定的方向进行研究和探索；二是应有系统性，每一个问题实际上表述的是解决该问题的各知识点之间的联系；三是问题的阶段性，因为我们在有限的教学时间内很难或者根本不可能把某一学科的整个知识体系一次传授给学习者，所以我们所引出的问题就应有它的阶段性。以问题为中心，给我们的教师提出了新的要求。它要求我们的教师有发现问题和组织学生系统解决问题的能力，这种能力首要的就是要求教师扩充知识面，转换教师角色，从一个知识的传授者转变为知识的引导者。这也是新基础教育课程改革中积极宣传和大力推进的工作重心之一。

5. 加强教师的师德建设和提高教师的科研能力

陶行知对教师素质的有关理论，也值得我们学习和借鉴。一支具有良好的师德修养和业务素质的教师队伍，是提高素质教育教学质量的可靠保证。在当今知识经济时代，教师要教好书，育好人，首先要有不断学习、自我提高的意识，边教边学，这是陶行知一直都强调的。在教师继续教育的问题上，提高教师的学历层次固然重要，而确实地掌握教育教学理论，提高教学能力才是关键。新一轮基础教育课程改革，对提高教师素质提出了一个重要观念，就是"教师成为研究者"。这里的研究者主要指能够自觉地把教育实践作为观察与思考的对象，并且运用科学的方法从不同的角度进行剖析，然后提到理论的高度加以概括，说明事物的本质，按照客观规律指导教育活动的自我教育者。教师要成为自觉的研究者，首先应该具有"教育爱"，热爱教育事业，将教育化为生命的一部分，只有这样才能主动积极地探索，不满足于做他人思想的传声筒。其次是教师要敢于质疑，不为既定的模式和成果束缚，从凭借经验转向科学，在教学的实践中进行研究。再者，教师作为一个研究者，还有具备教学反思的素养。教师应通过自己发现问题、解决问题、应用于实践的途径，使自己的教学和学习能力得到提高。在当今，增强教师教学反思的能力是一个亟待完成的任务。

主要参考文献：

1. 邹尚智：《素质教育理论与实践》，重庆：西南师范大学出版社，2000年版。

2.《陶行知全集（1—3卷）》，长沙：湖南教育出版社，1985年版。

3. 刘克均等：《陶行知教育思想与中学教育实践》，北京：中国三峡出版社，2003年版。

本文载《陶行知教育思想与当代教育改革》（2002年5月）一书

论陶行知的创造教育思想的内涵

> 探索陶行知创造教育思想的内涵的问题,是首要问题。

陶行知是毕生崇尚创造,毕生创造不辍的教育家。因此,学习借鉴陶行知的创造教育思想,实施培养以创新精神和实践能力为重点的素质教育,与振兴中华、提高国民素质息息相关。

陶行知通过对不同时期创造教育的研究,赋予"创造"概念丰富的内涵,使其包含了新思想、新观念。他认为,"新观念的成立,是心理创造"。因此我们认为,陶行知的"创造"概念和现今的"创新"一词是同义语。郑金洲教授认为,创新强调新颖性成分,而"新"总是相对而言的:相对本人来说前所未有的"新",是"前创造";相对所属群体他人未有的"新",是"准创造";相对全社会的独创是"真创造"。陶行知所使用的"创造"概念也包含了这三个层次。陶行知创造教育思想的内涵如下:

第一,创造具有普遍性。陶行知认为,创造具有普遍性。他在著名的《创造宣言》中用生动具体的事例,逐一驳斥了"环境平凡,不能创造""年纪太小,不能创造""生活单调,不能创造""陷入绝境,不能创造"等桎梏人们思想的错误观点,得出的结论是"处处是创造之地,天天是创造之时,人人是创造之人"。

第二,死读书扼杀创造力。联合国教科文组织编著的《学会生存》一书指出:"教育既有培养创造精神的力量,也有压抑创造精神的力量。"早在20世纪40年代,陶行知在《创造的儿童教育》中肯定"儿童是有创造力的",并进一步指出环境的两重性,"发挥或阻碍,加强或削弱,培养或摧残这个创造力的是环境。"他又在《传统教育与生活教育有什么区别》一文中尖锐地批评"传统教育是吃人教育""教学生读死书,死读书;他消灭学生的生活力、创造力;他不教学生动手、用脑。在课堂上只许听老师讲不许问"。陶行知批判了传统教育的弊端,同时创立了生活教育的理论,这一理论是区别于传统教育的创新教育理论。陶行知的创造教育思想是生活教育理论的重要组成部分。陶行知说:"创造的教育是以生活为教育""我的教育思想和实践就是生活教育。"总之,陶行知的生活教育理论是强调通过实践活动培养生活力和创造力的创新教育理论。它不是面向过去,面向书本的教育,而是面向生活、实践,并通过培养创造力面向未来的教育。生活教育理论是中国教育的伟大创举。

第三,创造力最能发挥的条件是民主。陶行知在《创造的儿童教育》一文中说:

"我要提醒大家注意创造力最能发挥的条件是民主。"他在《实施民主教育的提纲》中，进一步提出"在专制时代，少数人也能创造，但多数人的创造天才被埋没"。他倡导"创造的民主"，要使每个人的创造力得到均等的机会，充分发挥，并且发挥到最高峰。只有民主才能提供"安全、自由"的环境条件——这样的环境条件被专家们认为是培养创造力的一项原则。没有心理压力，使人感到心理安全、心理自由的宽松、和谐的环境才能使活跃的思想充分外显。通过各抒己见、标新立异、学术争鸣、经验交流，撞击出的创造思维火花将会燃起"集体创造"的火焰。陶行知指出"民主教育"就要形成学术研究自由、读书自由、讨论自由。科学史已经证明，民主、自由是孕育科学真理的温床。陶行知要求在"集体之下，发展民主，着重个性"。有民主，才会有个性的张扬；有个性的张扬，才能发挥人的兴趣特长，也才有利于创造潜能的发挥。多彩多姿的创造幼芽是由形形色色的种子萌发的，学生的创造力往往被一些无形的绳索所束缚。陶行知提出了"六大解放"，把学习的基本自由还给学生。那些至今还把学生捆在作业本上的教育工作者，听听陶行知的教导，是不是也该警醒了呢？

第四，要从灌注的教授法里解放出来。"老师讲、学生听"这种单向灌注式的教授方法，把思想活跃的学生当成装知识的容器，把一个个模样不同、知识结构不同的学生当成规范化、批量化的产品。这种把"人"当成"物"的教学方法，不知泯灭了多少惊奇、疑问和创见！陶行知由填鸭致死感叹道："填鸭教育被填死的学生有多少啊！"他呼吁"学生和大众应该普遍从灌注的教授法里解放出来，跑到自由讨论的空场上呼吸些新鲜空气，晒一晒太阳。"陶行知继承我国教育的优良传统，提倡启发式教育。他说"孔子说'不愤不启，不悱不发，我要更进一步说，使他不得不愤，使他不得不悱"。这就是教师要激发学生积极思考，主动提出问题。古今中外的教育家都十分看重质疑在学习中的作用，陶行知则进一步把"质疑"和"创造"联系起来了。他说："发明千千万，起点在一问。"大量的科学发现和技术发明的事实说明，疑问是创造思维的先导，疑问的产生就包含着探索和发现。陶行知以松树和牡丹花所需肥料不同为例说明，培养创造力需要因材施教。他主张课程要有系统，但也要有弹性，他在自己创办的育才学校开设了普修课和特修课。普修课学习分年级进行，不存在严格的升留级制度，而是根据本人的实际程度，可在二年级上国文课，在一年级上英文课。学生按志向选择，可中途转组，也可自动选修新组课程。

第五，人人可以做研究工作。陶行知说："每一个人认定一个小小的具体题目，充分收集资料，认真研究。人人都可以做研究工作，师范生、中学生、小先生都可以做研究工作，有了研究心得，编为教材，互教互学。"他不仅

> 处处是创造之地，天天是创造之时，人人是创造之人。
> ——陶行知

这样说,也引导学生这样做。育才学校缺少生物教师,在陶行知的启发引导下,七位小朋友先研究南瓜花,后又研究双子叶植物,西瓜种子发芽,再研究单子叶植物谷子发芽,后经人整理成种子发芽的活动电影。小朋友高兴地编出了《植物小世界》壁报。陶行知为此专门写了文章祝贺它"长成一个植物大世界"。小朋友在研究过程中产生了兴趣和热情,有了探索精神和求知欲望。在观察收集资料和写作过程中获得了知识、方法,增强了能力,并且有了自己的体会和见解。

第六,重视培养创造型人才素质。陶行知说"创造真善美之人格",这是生活教育的育人目标。陶行知要求学生"追求真理""要有科学精神""以科学方法治事治学""以科学眼光观察世界、观察人生"。科学精神的精髓就是探索求真、务实创新。科学精神无疑是一切创造、发明者所必须具有的品格。陶行知十分重视人的创造性,重视人的社会责任。他说:"儿童是新时代之创造者,不是新时代之继承者""要创造新自己,创造新家庭、新学校、新中国、新世界。"他还说:"今后高等教育应养成富于创造性、革命性之学生,绝不容继续创造出继承旧社会之驯奴。应使学生皆能发挥其生命之力,成为新时代的开辟者,至少,也应使其能适应时代。"他又对其弟子说:"仿我者死,创我者生。"

由此可见,陶行知是何等强烈地强调人的创造性!创造性是人才素质的精华,培养创造型人才素质是素质教育的最高目标。

主要参考文献:

1. 黄奇:《儿童创造力发展心理》,杭州:浙江教育出版社,1993年版。

2. 陶行知:《育才学校手册》,重庆:重庆时代印刷出版社,1994年版。

3. 陶行知:《陶行知文集》,南京:江苏人民出版社,1981年版。

本文载《陶行知教育思想与中学教育实践》(2003年4月)

论陶行知创造教育思想的现代价值

　　陶行知是我国近现代教育史上对创造教育系统研究的开拓者和奠基人。汲取陶行知的批判精神和创造精神，树立创造的教育观；借鉴陶行知的"教学做合一"，"人人可做研究工作"，树立创造的教学观；借鉴陶行知的"创造力发挥的条件是民主"，重视培养创造人才素质，树立创造的育人观，这对我们实施以培养创新精神和实践能力为重点的素质教育，造就适应我国现代化发展的创造型人才有着极为重要的意义。

　　陶行知对创造教育思想的研究，开拓了我国教育科学研究的新领域，是我国近现代教育史上对创造教育系统研究的开拓者和奠基人，在中国教育史上和世界教育史上都占有相当重要的地位。陶行知对创造教育理论的探讨，既立足时代，又广泛汲取了当时中外创造教育理论的研究成果，在认识层面上，有许多地方甚至超越了同时代欧美学者的水平。因此，学习研究借鉴陶行知的创造教育思想，对我们实施以培养创新精神和创造能力为重点的素质教育，造就适应我国现代化发展的创造型人才，实现江泽民同志指出"迎接未来科学技术的挑战，最重要的是坚持创新"的强国战略思想，有着极为重要的启迪意义。

一、汲取陶行知的批判精神和创造精神，树立创造的教育观

　　教育观是教育者对教育的职能和如何进行教育等问题的基本观点和看法。现代教育的进步之处在于注重个体的智能发展和全面发展。要做到这一点，教育者必须具备现代的教育观。陶行知批判传统教育观，指出它的最大缺陷在于以传授知识作为教学的唯一目的，以培养能熟练掌握已有知识的书生型人才为教育目标，"把学生当天津鸭儿填"。由此，必须导致以教材为中心、以教师为中心的教学理念和以讲授、灌输为主的教学方法体系，从而忽视了学生学习的主动性、个体发展的多样性以及学生智能的培养，阻碍了学生独出心裁创造性的发挥和创造能力的发展。改革束缚创造力发展的传统教育观，是学生创造力培养的重要前提。陶行知论及教育观的转变涉及到教育教学的各个方面，结合现实，我认为以下几个方面的观念的转变将是必要的，也是迫切的。

　　（一）要坚信创造具有普遍性，这是实施创造教育的前提
　　陶行知认为，创造具有普遍性，在著名的《创造宣言》中用生动具体的事例，逐一

驳斥了"环境平凡,不能创造"、"年纪太小,不能创造"、"生活单调,不能创造"、"陷入绝境,不能创造"等到桎梏人们思想的错误观点,得出的结论是:"处处是创造之地,天天是创造之时,人人是创造之人"。这句名言为什么在教育界广泛流传。因为它揭示了客观真理。它的真理性依据是:①新的刺激可以建立新的条件反射。人有特殊语言、文字的信号刺激(第二信号),建立了区别于动物第二信号系统。即语言、文字的反射系统,人人能够建立新的条件反射,这就是人人能够创新的基础。②"一个新的想法是旧成分的新组合"。人的思维过程,分析综合,归纳演变等是一系列概念的重组。新思想就是内化概念的一新组合,这就是人人能创造的心理基础。③从教育的角度说,外在的教育,只有通过内化形成自我教育才能收到实效,自我教育的本质就是更新。人的成长就是不断的自我更新的过程。更新思想、更新观念,就是创新。④从哲学高度说,人不仅能适应社会,而且还能改造社会。改造工作环境,改造生活环境,改造就是创新。

值得一提的是创新与陶行知讲的创造涵义是一致的。那么,他的创造性思维及其创造活动就可以在任何时间、任何地点展开。深入地领会陶行知这句名言,对于我们实施创造教育至少有三点启示:①人人都具有创造性。据此,创造教育面向全体学生,要立足于开发每个人的创造潜能。"人人都是创造之人",离开了这个最基本的认识,就会把创造神秘化。在今天,真正让每一个教育工作者都接受"人人都有创造力"的观念依然是相当的困难。我们的学校仍然在以智商和学习成绩作为划分优秀儿童与一般儿童的主要标准;各个学校还都在为培养所谓的"尖子生"、"天才儿童"而乐此不疲。这种狭隘的观念必然会影响到教育资源的分配均衡乃至社会的不公平。我们当然并不否认"天才儿童"的存在,学校教育也要面对不同的儿童采取不同的教育方式,但学校教育更应该是面向全体学生进行教育。我们在观念形态上要把单纯的"精英教育"转为全体学生和全民族的教育,要使每个学生都享受同等的受教育机会,要使每个学生在同等的教育环境下发展他们各自不同的创造潜能,这是教育的理想追求,也是社会进步的体现。②终身都有创造力。创造是人的本性。陶先生又说:"死人才无意于创造。只要有一滴汗、一滴血、一滴热情便是创造之神爱往的行宫,就能开创造之花,结创造之果,繁殖创造之森林。"那么,创造教育就要贯穿于教育的全过程,即终身教育的全过程,社会的责任在于不断地激发每个人的创造潜力。③创造的多样性。"处处"、"天天"、"人人"都能创造,这表明创造必然是多种多样的,没有创造的标准答案。陶行知列举"红楼梦"中贾宝玉从厌恶破荷叶,到"留得残荷听雨声"产生新价值、新观念。陶行知称之为"心理创造"。由于这种"心理创造"是多方面的,因此,学校教育,在德智体美等方面都需要渗透创造教育。教师要根据创造多样化的眼光,用智慧和敏感去发现,不同智能结构的学生所萌生的不同的创造幼芽,去点燃创造的火苗。总之,陶行知这句话所揭示的真理,应是我们实施创造教育的认识前提,是实施创造教育最基本的观念。

（二）将以课程教材传授知识为主的教学目标改变为增长经验、发展创造能力和实践技能的教学目标

创造性的教育观并不排斥课程教材,也不否认讲授法的必要性。然而,只沿用单一的学科课程教学显然不利于学生全面素质的提高。陶行知的多样化、系统化、弹性化的课程组织目标以及在"大自然、大社会中求得活教材"的教材观,为我们今天的课程教材改革指明了新路。创造性的教育观应是把教材的讲授作为培养学生创造力的一个重要渠道,而非最终目的。教学的真正目的,在于使儿童通过以教材为基础而展开的学习活动,获得有关周围世界的认识和理解,并将抽象的知识应用于解决实际问题之中,在知识的运用中激发和培养学生的独创力。所以,创造性的教学是以教材为基础的一个开放系统,教学的目的是将教材的知识转变为儿童学习的经验,发展儿童的创新能力。

（三）将以教师为中心的教学方法转变为启发儿童学习主动性、创造性的教学方法

传统的教学方法多以教师的讲解为课堂教学的中心,却很少关心儿童对学习主动参与程度,甚至作业也都是以教师讲解的同类问题的反复演练和记忆为主。陶行知形容这种教学方法实际上是视儿童为安静被动的接受者,学习对儿童来说,更多地意味着记忆和反复的练习以求熟练掌握某种既得的知识,而不是一个思考、浓缩和发现的过程。结果,儿童思维能力的拓展受到限制,儿童的主动性受到压抑和阻碍,使儿童养成了依赖他人的习惯,无法进行创造性的学习。实际上,每个儿童都具有对未知事物进行主动探索和发现的愿望和能力,这也正是儿童创造力发展的基础所在。创造性的教学要求培养儿童的创造力,就必须强调儿童的主动性,鼓励儿童对学习的主动参与,使儿童在学习中发掘自己内在的潜力,培养发展各种能力,不断增强创造力。

（四）转变传统的教育评价方式,注重创造力的考评

传统的评价方式以单纯的考试分数高低来衡量学生的学习质量,使学生的创造力在整天忙于应考当中磨灭殆尽。陶行知对这种应试教育、赶考教育的种种危害和弊病作了淋漓尽致的揭露和批判。指出这是"杀人的会考"、"亡国的教育"、"使人进棺材的教育"。陶行知在几十年前批判的"会考所要的必须教,会考所不要的不必教,甚而至于必不教"的情况在今天依然存在,而且还相当严重。目前在片面追求升学率的指挥棒下,学校仍然以考试分数为中心,将大量的时间、人力投入到考试、测验、作业、复习、分数、升学各方面去,大搞题海战术,进一步加重了学生的学习负担,也造成

了学生知识结构的狭窄片面。针对这种情况,陶行知在当年就提出要转变传统的评价方式,要注重"创造的考试"。所谓"创造的考试",就是以学生的全面素质和实际能力作为考试的内容,反对以分数作为衡量学生成绩的唯一标准,这对我们今天还在探索、试验阶段的新的考评方式无疑有着重大的借鉴意义。无论我们今天以何种考评方式,都要重视对学生创造力的考查,要改变以考试分数高低、升学率高低来进行学校排队的错误做法,制定全面素质教育的评价标准体系,全面考查评估学生创造力的水平状况,以促进学生创造力的发展。

二、借鉴陶行知的"教学做合一"、"人人可以做研究工作",树立创造的教学观

实践性是陶行知创造教育的一个基本原则,以"做"为核心的"教学做合一"也是陶行知创造教育的方法论基础。他有时甚至把生活实践、把学生的动手操作看作是培养和发展学生创造力的唯一源泉和途径,这虽然有失偏颇,但对于我们今天充分认识实践活动在培养和发展学生创造力的重要性方面仍然有着一定的启迪作用。现在归纳起来,主要有三个方面值得我们借鉴。

首先,在课堂教学方面,主要有四点值得我们借鉴。一是因材施教,"根据学的方法确定教的方法"。"用牡丹的肥料去培养松树,松树受不了会烧死",对培养对象首先要认识他们,发现他们的特点,而后加以适宜的教育内容和方法;二是"自动"的创造教育方法,学生的创造"倘使都能自动,则教育之收效定能事半功倍"。自动是自觉行动,不是自发行动,它"需要适当的培养而后可以实现",因此,"在自动上培养自动力",是创造教育的根本方法;三是设疑辨难,这是通向创造教育的第一步阶梯。儿童有了疑难,常常表现出"如痴如迷"之状,教师要"根据孩子们不断的迷在某种特殊的环境、设备和方法","培养并引导他们成长的知识,学会现代的技能,感觉现代的问题,并用现代的方法发挥我们的力量。"现代教学手段进入课堂,拓宽了信息渠道,加大了课堂密度,使学生多感官并用,对于开发学生智力,培养学生的创造能力能起到积极的作用。

其次,在实践活动方面,一是实践活动可以激发儿童广泛和强烈的好奇心。在具体的活动中,儿童可以不受课本的局限,去感受和接触更为丰富的周围世界,使其对随处可见的未知事物产生好奇心,而强烈的好奇心正是进行创造活动的必要条件。二是经常参加实践活动有助于培养儿童发现问题的能力。对生活中各种事物的观察和思考,可以提高儿童发现问题的敏锐程度,激发儿童的创造想象。有关统计表明,中国儿童的创造想象主要来自"学习"和"生活"两方面,而源于日常生活的创造想象又是居于首位。三是实践活动可以锻炼儿童解决问题的能力。在发现问题的基础上,儿童会积极动脑、动手,寻求解决问题的答案,解决实践活动中遇到的问题。这样，儿童可以不受书本知识的束缚，思维有较大的自由度，其创造潜能也因此能够得以充分地发挥。四是儿童通过有创造性的实践，可以养成有利于创造力发挥的良好的个性品质。如主动探索的精神，敢于独创的勇气，对创造活动的热爱和渴望等。江泽民同志在2000年2月1日《关于教育问题的谈话》中指出："不能整天把青少年禁锢在书本上和屋子里，要让他们参加一些社会实践，打开他们的视野，增长他们的社会经验"；"在我们国家里，各级各类学校都要认真贯彻执行教育为社会主义服务，教育与社会实践相结合的方针"。遵照江泽民同志的讲话精神，借鉴陶行知强调"做"，加强实践活动的经验，我们应该鼓励学生能够经常地走出校门，参与社会实践，另一方面，要在学校内部通过创造形式多样的、富有意义的实践活动，如课外活动和课堂活动，集体活动和个人活动等来培养和发展学生的创造力。

最后，在学生学习方式的改变方面，"人人可以做研究工作"，大力倡导研究性学习、探究式学习。

创造性学习是创造教育的一个侧面。研究性学习是创造性学习的一种主要形式。对此，陶先生早在20世纪30年代就有精当的论述和引导学生的生动实践。他说："每一个人认定一个小小的具体题目，充分收集资料，认真研究。人人都可以做研究工作，师范生、中学生、小先生都可以做研究工作，有了研究心得，编为教材，互教互学……"他不仅这样说，也引导学生这样做。育才学校缺少生物教师，在陶先生的启发引导下，七位小朋友，先研究南瓜花，后又研究单子叶植物，西瓜种子发芽；再研究单子叶植物谷子发芽，后经人整理成种子发芽的活动电影。小朋友高兴地出版了《植物小世界》壁报。陶先生为此专门写了文章祝贺它"长成一个植物大世界"。小朋友在研究过程中产生了兴趣和热情，有了探索精神和求知欲望。在观察收集资料和写作过程中获得了知识、方法、增强了能力，并且有自己的体会和见解。因此，研究性学习过程是学生主动学习的过程，是创造性学习的过程，是统一的自我提升过程。

三、借鉴陶行知的"创造力最能发挥的条件是民主"，重视培养创造人才素质，树立创造的育人观

在《创造的儿童教育》一文中，陶先生说："我要提醒大家注意创造力最能发挥的条件是民主。"他在《实施民主教育的提纲》中，进一步提出"在专制时代，少数人也能创造，但多数人的创造天才被埋没"。他倡导"创造的民主"，"要使每个人的创造力得到均等的机会，充分发挥，并且发挥到最高峰"。只有民主才能提供"安全、自由"的环境条件——这样的环境条件被专家们认为是培养创造力的一项原则。没有心理压力，使人感到心理安全、心理自由的宽松、和谐的环境才能使活跃的思想充分外显。通过各抒己见，标新立异，学术争鸣，经验交流、撞击的创造思维火花将会燃起"集体创造"的火焰。陶行知指出，"民主教育，就要形成研究学术自由、读书自由、讨论自由。"科学史已经证明,民主、自由是孕育科学真理的温床。陶行知要求在集体之下,发展民主,尊重个性。有民主,才有个性的张扬,才能发挥人的兴趣特长,也才有利于创造潜能的发挥。多彩多姿的创造幼芽是由形形色色的种子萌发的。

学生创造力往往被一些无形的绳索所束缚。陶行知先生提出了"六大解放",把学习的基本自由还给学生:"一,解放他的头脑,使他能想;二,解放他的双手,使他能干;三,解放他的眼睛,使他能看;四,解放他的嘴,使他能谈;五,解放他的空间,使他能到大自然大社会中去取得更丰富的学问;六,解放他的时间,不把他的功课表填满,逼迫他赶考,不和家长联合起来在功课上夹攻,要给他一些空闲消化所学,并且学一点他自己渴望要学的学问,干一点他自己高兴要干的事情。"那些至今还把学生捆在作业本上的教育工作者,听听陶先生的教导,是不是也该警醒了。

创造教育,需要创造型的教师,首先必须是民主型的教师。陶行知、关于"民主的教师"的论述,至今也很有现实意义。他说民主的教师必须"虚心、宽容,与学生共甘苦,跟民众学习、跟小孩学习——还要肃清先生的架子,破除师道尊严的界限"。陶先生的这些教导,应该是创造型教师的目标和任务。

四、借鉴陶行知"新教育要取得成功,需要第一流的教育家",树立起创造的教师观

创造,是陶行知的教师价值观,也是合格教师的评价标准。在陶行知的一系列言论中,我们可以发现陶行知对创造性教师的标准要求:①"教师是社会改造的领导者","是改造乡村教育的灵魂";②"要有好的学校先有好的教师",教师应该创造学校的灵魂;③"小书呆子"是由"大书呆子"教出来的,教师是创造性学生的培养者;④"教育者也要创造值得自己崇拜的教育理论和创造技术"。我们今天主张培养"专家型的教师",就是要使"教坛新秀"具备以上四个特点的要求。陶行知认为,新教育要取得成功需要"第一流的教育家",也就是要有"开辟精

新教育要取得成功,需要第一流的教育家。
　　　　　　——陶行知

神"和"创造精神"的教育家,所以,教育培养富有创造力的儿童,必须要有创造型的教师。这是因为,①教师所面对的儿童具有不同的发展水平和不同的个性特征,教育对象这种复杂多变性就要求教师必须视具体问题,灵活运用各种适当的教育方法,积极尝试新的方式,因材施教,让每个儿童都得到发展。②教师的工作是一种富有个性的劳动。虽然教学的基本大纲和内容是固定的,但实际的教学组织、教育方式、教学过程却是由每个教师亲自主持的,整个教育环节的实施都带有每个教师显著的个人风格。可见,素质教育对教师的素质提出了更高的要求,其中重要的一点就是要具有创造性,这是胜任教学工作的关键,关系着能不能始终以一种创新的思路去引导学生、

教育学生。③教育本身就是一门艺术,其灵魂就在于创造。能不能从教育学和教学法的僵化的常规中走出来,能不能把教学进行得生动活泼、有声有色并不断赋予教材以新意和活力,解决这些问题的关键就在于教师要具有创造的教育艺术和创造性。只会"照本宣科"、缺乏创造性的教师是难以达到这种要求的。④教师如果期望培养出富有创造精神的学生,其自身必须具有创造性。如果教师自身缺乏创造和创造意识,他就很可能会对儿童创造力的培养和发展产生消极影响。许多调查也表明,大多数教师由于自身缺乏创造性,他们也谈不上喜欢创造型的学生,或者根本无能力识别他们,因此更谈不上促进和发展他们的创造才能了。

简单地说,根据我国现代社会发展和市场经济的要求,借鉴陶行知的教师理论,强调创造型教师应具备基本素质:创造型教师应具备多元、合理的知识结构,即教师是具备通才与专才相结合的一专多能的复合型人才。创造型的教师应鼓励学生创造性地学习,发挥学生的主体性。创造型的教师应具有民主精神。

21世纪将是一个知识经济的时代。我们要跟上世界科技进步的步伐,必须千方百计地加快知识创新,加快高新技术产业化。而创新的关键是人才,人才的培养要靠教师。因此,培养有创新精神、创新能力的教师是摆在本世纪的一项重要的战略任务。目前,国务院正在实施的"跨世纪园丁工程"是我国政府培养创新型教师的重大举措和系统工程。它必将对我国新世纪创新人才的培养起着巨大的作用。这些措施不仅继承和吸取陶行知创造教育的理论方法,而且大大超越和发展了陶行知的创造教育理论。

主要参考文献:

1. 贾培基:《陶行知》,重庆:重庆出版社,1991年8月第一版。

2. 朱泽南:《陶行知年谱》,合肥:安徽教育出版社,1985年2月第一版。

3. 李伯黍、燕国材:《教育心理学》,上海:华东师范大学出版社,1993年4月版。

4. 张德秀:《创造性思维的发展与教学》,长沙:湖南师范大学出版社,1991年版。

5. 俞国良:《创造力心理学》,杭州:浙江人民出版社,1996年版。

本文获全国优秀论文一等奖(中国陶行知研究会中学教育委员会)(2002年3月)

论陶行知德育思想的现代价值

陶行知在中国现代教育史上,是最有影响和国际声望的教育家。本文力图从陶行知德育思想的德育目标、德育内容,德育途径和方法等探索其现代价值,以解决目前德育教育的"假、大、空"问题。增强德育的实效性,开创新世纪德育教育的新局面。

江泽民同志在第三次全国教育工作会议上特别指出:思想政治素质是最重要的素质。2000年2月又在《关于教育问题的谈话》中,谈到青少年要加强德育工作。在陶行知当年所办的学校里,十分重视德育,他提出教师"千教万教,教人求真",学生"千学万学,学做真人",最集中反映了他德育思想的真谛。在走进新世纪的今天,我们学习和研究陶行知的德育思想,探索他的德育思想的现代价值,从而提高德育的实效性,开创新世纪德育教育的新局面,培养出具有中华民族高素质的新人,具有十分重要的现实意义。

一、陶行知的德育目标与"三个代表"的思想的高度一致性

德育目标是教育目标对人的思想品德方面的总体要求,通俗地讲,就是学生通过我们的教育在德的方面达到怎样的一个水平。

"教人求真"、"学做真人"是陶行知的德育目标。作为教育者,德育目标是教人求真,最终达到的要求就是让学生成为真人。做真人,是陶行知的人生准则,也可以说是他一生奉行、追求的目标。他对学生的教育就是以此作为准绳的。"教人求真、学做真人"这是陶行知德育思想的一个根本出发点。怎样理解陶行知的求真和做真人呢?笔者认为求真和做真人,关键就是一个"真"字。这个"真"就是指真理、民主、为人民。"求真"就是要学生追求真理,追求民主,能做真人,"做真人"实际上就是做一个为人民大众服务的人,为此要做自己的主人,而不做奴隶。那么,陶行知提出要培养的国民是什么样的素质呢?是自主、自立、自动的国民。自主就是独立自主的精神;自立就是要在社会上独立生活、自衣自食,不求靠别人,但要帮助别人;自动就是学生要能动起来,要有主动精神。他的德育目标与我们今天所讲的实事求是,要培养学生的主动精神,要发挥学生的主体作用,要培养为人民服务的人,其思想是一致的。我们知道"十五大"提出邓小平理论是我们的旗帜,邓小平理论所以能够成为马克思主义在中国发展的一个新阶段,其中一个重要的条件就是邓小平理论坚持解放思想,实

事求是。实事求是是马克思主义、毛泽东思想和邓小平理论的精髓。陶行知讲要求真，就是要实事求是，就是要一切从实际出发。陶行知讲做真人，就是讲要为人民服务，要为民众服务。江泽民同志不久前讲话提到"三个代表"之一，就是中国共产党代表广大人民的根本利益，要代表广大老百姓，陶行知要培养的人也是这样的人。

显而易见，陶行知的育人目标与我们今天是完全一致的。我们在德育方面教育学生首先要把握这一点。只有靠真实的培养出来，才能够说是有道德的人，才会追求真理，才会有自己的道德理想，而在谎言和半真实中培养出来的人是不可能成为有道德的人。

陶行知在实际办教育的过程中就是坚持这两条：与人民亲近，与万物亲近。他在办育才学校的时候，他讲育才的三方针之一，就是培养和引导学生对民族人类发生更高的自觉的爱。在社会大学的办学宗旨里他提出，大学之道在明明德，在亲民、在于人民的幸福。您学的一切知识，一切学问，都应该努力向着人民的幸福瞄准，这是最根本的。他写了三首"民之所好"的诗，其中有这么几句生动的话：民之所好好之，民之所恶恶之，教人民进步者，拜人民为老师。由此可见，陶行知为老百姓的人生观，也就是我们今天提倡全心全意为人民服务的精神，也就是江泽民同志所讲的"三个代表"中代表广大人民的最根本利益。简而言之，陶行知的德育目标无论在理论上，还是在办学实践中，都跟江泽民同志的"三个代表"的思想具有高度的一致性。

二、陶行知德育内容的稳定性和时代性

德育内容就是一定社会的德育目标的具体体现，是德育目标落在实处的最基本的东西。陶行知的德育内容，既包括了稳定的东西，也包括了时代的要求，也有时代的特点。陶行知的德育内容很丰富，归纳起来有这样几方面：

1. 实施为老百姓的人生观教育。人生观实际上就是对人生的看法，也就是一个人到底应怎样生活。人生观决定了一个人一生所走的路，他所奉行的生活准则。陶行知很重视人生观的教育，他认为正确的人生观是做人的根本。他反复强调对学生进行为老百姓的人生观教育。他当时写了一首诗，《为老百姓而画》："为老百姓而画，到老百姓队伍里去画，跟老百姓学画，教老百姓画画。教老百姓画画，画出老百姓的好恶悲欢，不息奋斗，画出老百姓的平凡伟大，创造出老百姓所愿意有的新天下。"这首诗是他在育才学校一次晨会上的演讲词。不仅是对育才美术组学生的希望，也是对全体同学的教导。其中心就是一切为了老百姓。我们今天提倡的集体主义教育，为人民服务，也就是当时陶行知强调的为老百姓的教育。你是为人民，为老百姓，还是为自己，为个人，为小团体，这是两种不同的人生观和价值观。今天教育年轻一代，就是要把个人成长，成才与国家的前途、社会需要结合起来。我们也就是要教育学生树立为人民、为百姓服务的思想。

具体内容表现在两个方面。一方面,你要做老百姓中的一员,而不是高居于人民头上的官老爷;第二方面,你要热爱老百姓,为老百姓勤勤恳恳地服务。所以他告诫学生,要做人中人,不要做人上人,你们是从老百姓中来的,还是应回到老百姓中去。他还谆谆地告诫他的学生,要爱人类。他说,要爱人类,要爱人类中的最多数最不幸的中华民族,并且要关注人类。他这种思想,我们今天依然是要提倡的。我们今天讲的学会关心,那就是有爱人之心,同情之心,最根本的就是要为老百姓的人生观作为指导。

2.理想教育和爱国主义教育:他要年轻一代树立一个理想,为中华民族的解放事业,为新中国的建立贡献一切,建立一个民主的新中国就是他的理想。他要求学生爱人类,爱中华民族,这个爱就是爱祖国,爱人民。陶

我坚信生活育德,真人教育是人类文明的永恒。
——杜东平

行知对自己的祖国和人民就有着很深的爱,他写的一首诗叫《中国人》,很简单四句话:"我是中国人,我爱中华民族,中国现在不得了,将来一定了不得。"这体现了他对祖国的希望,作为中国人的自豪感。他为了祖国的解放和独立、自由,放弃在美国的优厚的生活待遇,毅然回国搞教育,到农村进行大众教育。1931年日本侵入东北,并在国际上大造舆论,掩盖其侵略意图。陶行知为了争取世界支持,为了让国际上了解日本侵华真相,他作为国民外交使节,到世界28个国家和地区宣传抗日。他先到欧洲,参加了世界新教育的第七届年会,他报告了中国大众教育和救亡的情况。在日内瓦世界和平大会上,他报告了日本破坏和平及我国民众的抗日救亡的运动。到巴黎,他发表演讲,唤起侨胞,建立抗日联合战线,为全欧华侨抗日联合会的成立他到处奔走,呼号。在美国,他积极活动,帮助旅美侨胞在抗日活动中联合起来,开展国民外交活动,引起国际友人的支持。他四次去加拿大,建立中加人民友谊桥梁。他回国途中,也是一路宣传一路歌。在他离开英国到德国柏林时,受到华侨热烈欢迎,又作了长篇报告,特别强调八个字:抵抗到底,必定胜利。到埃及的开罗,他跟当时中国留学生一起高唱《义勇军进行曲》。在新加坡和越南,他又促使华侨团结抗日。他帮助各地华侨在抗日的旗帜下扩大了统一战线。20世纪30年代,陶行知周游列国是十分辛苦的,他在海外奔波了十万八千里,出国两年零一个月,到处宣传抗日,可以说是成效卓著。陶行知十分强调理想教育、爱国主义教育,当今来讲仍然是一个重要的课题。邓小平提出培养"四有"新人,他讲"四有"中理想和纪律最重要。因为有了理想才能把人凝聚起来,没有理想就是一盘散沙,也不可能有很好的纪律。江泽民在政治思想工作会议上,也突出讲到要加强理想信念教育,以不断增强全体人民的凝聚力,而且要加强爱国主义、集体主义和社会主义教育。近几年来,中小学这方面教育很多,产生较好效果。如我们国家的国旗、国歌和国徽,应该懂得尊重国旗,升国旗、唱国歌要

立正。这些看起来是小事儿,但这表明了民族的精神风貌。当然,现在有的人,为了谋私利,甚至把日本的军舰、军刀、军徽作为玩具卖给我们的孩子,这实际上是丧失了对侵略者的警惕性。其中有些人无知,有些人毫无爱国的观念。这说明理想主义教育和爱国主义教育是相当必要的。只有爱祖国的人才是一个真正的人,才是一个心底善良的人。心底善良的人首先就是要爱人,只有能爱人,对事业才能忠诚。

3. 劳动教育:劳动教育在陶行知德育思想中有很重要的地位。劳动教育是陶行知生活教育教学做合一理论的具体体现。陶行知说"做"在晓庄有个特别的含义,就是在劳力上劳心。单纯的劳力只是蛮干,不能称作做;单纯的劳心,只是空想,也不能称作做。真正的做只能是在劳力上劳心。他说,教学做是一件事情的三个方面。对事情来说是做,对自己的进步讲是学,对别人的影响来说是教。他认为教学做,用的工具很多,有自己身上的工具,如双手;还有身外的工具,如用望远镜、显微镜、镰刀斧头等等。陶行知说,在劳力上劳心并不会忽视精神的活动。不是说让身体和精神分家,而应该是两者合作。所以在晓庄,他并未忽视学生看书,晓庄看书的时间是有规定的,而且比别的学校要自由得多。他说教学做合一,劳力上劳心,并不会只偏重技能而忽视知识,因为技能和知识也是分不开的。所以陶行知讲教学做合一,就是把教学和劳动结合起来,体力劳动和脑力劳动结合起来。为什么陶行知这么强调劳动教育?我们知道,对人的培养,从他个人来说,他素质的提高离不开劳动教育。陶行知十分反对封建者的劳心者治人,劳力者治于人,他反对封建教育鄙视劳动和鄙视劳动人民的思想。他主张让年轻一代把体力劳动和脑力劳动结合起来。他有一首《手脑相长歌》:"人生两个宝,双手与大脑。用脑不用手,快要被打倒。用手不用脑,饭也吃不饱。手脑都会用,才算是开天辟地的大好佬。"这首诗生动形象地反映了他的体脑结合的思想。

陶行知的德育目标是培养为人民大众服务的人,这些人要到老百姓中去,要到劳动人民中间去。一个人如果不会劳动,他怎么能跟劳动人民心连心?他要学会劳动,热爱劳动,他才会热爱劳动人民,他才真正能够成为人中人。从个人来说,每一个人要真正能在社会上生活,你必须自强自立。自强自立是陶行知的一贯主张。要自强自立,自己要能在社会上生活,自己养活自己,你必须要学会劳动。一个人不会劳动,怎么自强自立呢?陶行知还有一首诗,叫《自立立人歌》:"滴自己的汗吃自己的饭,自己的事自己干,靠人靠天靠祖上,不算是好汉。"就是说要自食其力。近期有则报道,一个家长一定要闯进考场,因为他如果不进去的话,他的儿了连厕所在哪儿也不知道。这说明必须从小对孩子进行劳动教育,使他能有一个独立生活的基础。从整个国家前途来考虑,陶行知也强调对年轻一代必须进行劳动教育,使他们体脑结合。陶行知曾对中国过去手脑分离做了深刻的分析。他说中国有两种病,一种是软手软脚病,一种是笨头笨脑病。害软手软脚病的人就是读书人,因为双手不会干,他们的头脑也是靠不住的,是呆头呆脑的;而一般的工人农民都害的笨头笨脑病,所以都粗手粗脚。一个人要能贡献社会,一定要手脑同盟,然后才可以创造,才可能发明,才可以建造国家。在晓庄他提出学生要有农民的身手,在山海工学团他提出要有生产能力,在育才他提出要培养手脑双挥的小工人。他要求自己的孩子从小要学会做事,要会劳动,不要做少爷小姐。这样长大了才能自立。他写了许多关于劳动的诗歌,其中一首叫《锄头舞歌》。这首歌在解放前即广为流传:"手把着锄头锄野草啊,锄尽野草好长苗呀,五千年古国要出头啊,锄头底下有自由呀。革命的成功靠锄头呀,锄头锄头要奋斗。"他把劳动跟我们国家的繁荣富强联系在一起。劳动教育是一项永恒的教育内容,今天我们要培养的正是既解放手又能动脑的建设人才,需要大批的劳动后备力量。我们今天更应加强劳动教育。现在一些学校与前几年不一样了,已把劳动纳入正规的课程,但是不是真正保证了劳动教育的质量呢,是不是真正从思想上认识到劳动教育的深远意义呢? 这恐怕还是些大问题,因此陶行知关于劳动教育的意义、内容、方法的理论与实践,对我们今天都有十分重要的启示。

4.道德教育:道德问题归根结底是正确处理人与人之间的关系。社会确立了人在社会公共生活中所必须遵循的道德规范及行为准则。陶行知对道德问题相当重视。他讲:"道德是根本,根本一坏即使你有一些学问和本领也没有什么用处。没有道德的人,学问本领越大,就能为非作歹越大。"所以他提出"人格防",也就是建筑人格长城。而建筑人格长城的基础就是道德。陶行知在育才学校有"每天四问",其中一问就是"我的道德有没有进步?"他很强调公德和私德的关系,他认为一个人既要有公德,又要有私德。一个集体要让他巩固兴盛起来的话,就要看集团里的每一分子,能不能讲公德,如果人人能以公德为前提,这个集体就会越来越巩固,就会兴盛。如果大多数人都是为了自己的私利的话,这个集体就可能动摇,一定会败坏下去。陶行知认为私德也很重要,一个人如不讲究私德,也就会成为妨碍公德的人,从这个角度讲,私德是公德的根本,私德最重要是什么呢? 就是廉洁。陶行知讲,一切的坏心术和坏行为,都是由不廉洁而引起的。

在对学生进行道德教育时,陶行知强调的是从大处着眼,从小处着手。他对学生的教育不是大而化之的,也是很具体的。比如说,他制定了育才学校公约,这是经大家讨论后制定的,其中从遵守会场秩序,到教师和学生之间、同学之间、教师、学生及工友之间的相处,到个人的穿衣、饮食、居住等等注意事项,到公共场所如图书馆、史地馆等应遵守的规则,可以说是应有尽有。他把人与人之间如何处理日常关系的常规训练、应具备的公德和私德都包括进去了。他还制定了一个《育才十二要》,对道德行为作了一个高度的概括,谈到了:一,要诚实无欺;二,要谦和有礼;三,要自觉纪律;

四，要手脑并用；五，要整洁卫生；六，要正确敏捷；七，要力求进步；八，要负责做事；九，要自助助人；十，要勇于为公；十一，要坚韧沉着；十二，要有始有终。这十二要很概括，如何待人接物，如何办事，一些基本的日常行为习惯都包括进去了。对学生行为规范的要求，陶行知订得很具体很详细，学生能照着做。对比起来，我们今天的中学生行为规范，小学生行为规范，比较大而化之。特别是一些年幼的学生，有时就不知道该怎么做。陶行知则很具体，如在《育才公约》中从八个方面提出了详细具体的要求。比如说不迟到早退，上课时不看书报不做别的事，会没有开完不要退场，依据教师指定的日期交作业，等等。这有利于学生养成良好的行为和纪律习惯。再比如，在尊师讲礼貌方面，他专门有一个育才学校礼节与公约，在室内见到师长，应该一，立正；二，鞠躬；三，请益，报告；四，坐下，退出。如在室外见到师长，应：一，立正；二，脱帽；三，鞠躬；四，随行；五，避道。遇到朋友则注意点头，无声招呼。这是多么具体，但一个懂礼貌的人，一般都能做到这几点的。不懂礼貌的人，这些就做不到。陶行知就告诉我们教育学生应如何一步一步教。时间长了，就养成了习惯。而陶行知自己就是带头这样做的。他的许多学生都在回忆录中讲到了这一点。比如"谦和有礼"，怎么样叫"谦和有礼"呢？两人相见要行礼；如狭路相遇应避道，让人先走。陶行知的学生回忆说，他们见到陶行知时，陶行知都很有礼貌地跟他们打招呼，而且让开路让他们先走。校长都这样，学生怎么会不这样做呢？行为习惯要靠平时养成的，并不是讲"见了老师要有礼貌"这样大而化之的话就能形成的。必须让学生知道怎样做，才算对老师有礼貌。再如怎样提高公德私德的水平，陶行知也有具体的讲法。一，要做到公私分明，公与私之间应划一道鸿沟，不要让它有丝毫的交通，要痛改公私混杂的习惯。他举例说，有人把家里用的煤炭，妇女买的首饰都要到公家去报账；写私人的信用公家的信纸信封；还有人把公款放在自己家里，就是混账。他号召每个公民不但自己不混账，而且反对一切混账的人。要发扬莫取精神。他说，不是自己的东西，一丝一毫也不要取，做一个公民不能没有这种精神。莫取的含义有三：一是不愿取；二是不可取；三是不敢取。不可取，如会计，管得严，不可能取；不敢取，怕触犯刑罚，不敢取。他认为作为一个公民应有不愿取的精神。二，要革除破坏公物的恶习，比如乱折公园花木；乱撕图书馆的书；还有人为了留芳百世到处题名，在名胜古迹上写下"某某到此一游"。他认为年轻人应革除这类坏习惯。他讲得很具体，如阅读公共书刊时不要折角，不要画线，不要加批，不能沾唾液翻书，要按照规定的手续去办，不要损坏，不要丢失。三，要提倡群己相益的原则，也就是说在集体利益中要考虑到俱合理合法的利益，个人要把集体的公众的利益放在第一位。陶行知对廉洁问题的许多论述很有意义，他认为没有廉洁，政府就会腐败，国家也治理不好。他这些话，我们今天读来颇为感慨。中央多次讲，廉政建设的问题要摆在各级党委的重要议事日程上。我们在发展生产力、建立社会主义经济的时候,一个突出的问题就是要解决廉政问题,以防止腐败现象的蔓延。中共十五大的报告,专门有一节就是"面向新世纪的中国共产党",其中有一段明确提出反对腐败是关系党和国家生死存亡的严重政治斗争。我们党是任何敌人都压不倒摧不垮的,堡垒容易从内部攻破。绝不能毁掉自己。如果腐败得不到有效惩治,我们党就会丧失人民群众的信任和支持。在整个改革开放过程中都要反对腐败,警钟长鸣。陶行知认为个人的廉洁和他的私德是分不开的,因此他对学生公德、私德的教育都是相当重视的,目的就是为他们将来的廉洁打下基础。从小教育他们诚实无欺,拾金不昧,小时候能诚实无欺、拾金不昧,长大了就一定能廉洁奉公。他经常给学生讲诚实无欺的故事。当时有个老百姓叫平老静,他因为家里穷,到当铺去当了一个银子,后来他有了钱就去当铺赎银子,当铺的伙计退给了他金子,平老静当即讲,我当的是银的,你给了金的了,就主动退给店里。店伙计反倒把他臭骂了一顿,说是没错。但平老静还是坚持退还金子,取回银子。陶行知以这个故事引导学生如何对待金钱,如何对待人,如何对待事,关键是要诚实无欺。这是做人的根本。陶行知当年强调的廉洁问题,今天已经成了关系我们国家生死存亡的大问题。党和国家这些年一直在抓这个问题。我们对学生这方面的教育一定要抓紧抓好。

5. 民主和自治教育:自治就是一种自我管理的训练。他本身就体现了民主精神,也体现了学生当家作主人的思想。因此陶行知很重视这方面的教育,以期学生学会行使民主权利,养成了自己管理自己的习惯。他从大处考虑,我们的学生将来是国家的公民。一个专制国家的公民,只要有被治的习惯就可以了。一个民主共和的国家,公民一定要有自治的能力。我们培养的是共和国的公民,怎么能不培养他们的自治能力呢? 第二方面,他认为一个国家的人民要自由,要解脱一切束缚,这当然很好,但同时必须学会自我约束,如公民不会自我约束,这个国家就会乱套。一个如无自我约束能力,一旦精神向坏处发泄,天下之事则不可为矣。他的话非常深刻,他说,一国当中人民情愿被治,还可以苟安;人民能够自治,就可以太平;最危险的国家是人民既不愿被治也不能自治。渴望自由时,一定要给他自治的能力。因此陶行知十分强调培养学生自治的能力。他认为共同自治是共和国的根本。学校提倡自治,是为将来做准备,以剪除自乱的根源。这是从大处讲。从小处讲,学生如会自治,这也是一种修身伦理的实验,培养他能够学会遵守社会公德,养成遵守纪律的习惯。

陶行知对学生进行自治教育,主要从两个方面入手,一个给学生讲道理,让学生懂得什么叫自治,什么才算正确利用自治。胡来一气,就不是自治了。要让学生知道民主的意义到底在哪里,如果滥用自治,胡来一气会造成什么恶果,自治应该注意什么,这些他都讲得很具体。另一方面就是要给学生自治的训练,如只是口头讲,没有训练也不知该怎么自治。自治的训练最根本的就是让学生学会自己负责起应该自己负责的事情。用今天的话讲，就是要让学生学会负责，发挥他的主体作用。让学生学会负责是我们今天教育必须解决的重要问题。在这方面我们与西方国家不大一样，可能有文化背景的区别，我们往往是大人替孩子负责，孩子自己不负责。小的时候家长负责把他养大，大了以后负责帮他带孩子。有个资料讲，我们的小孩跌倒了，妈妈赶快把他抱起来，打椅子，是椅子不好，椅子要替孩子跌倒负责：外国的小孩跌倒了，爸爸妈妈不管，让他自己站起来，他自己对自己负责。自治就是要学生学会负责。我们有的孩子与父母有了矛盾，甚至自杀，他不是对自己的生命负责，而是我死了，让你们难受。这样怎么行呢？因此民主与自治的教育在今天仍十分重要。十一届三中全会讲解放思想，不唯上唯书，只唯实，但有些人不懂民主的含义，不懂什么叫真正的自由，于是就胡来，胡来就使社会乱套。自治的实质是自律，做人要有责任感，自治自律是对社会负责，也是对自己负责。现在为什么中央政策一放开，下面就乱；中央一收紧，下面又不动了。什么道理？就是没有学会自治。现在有些地方乱砍乱伐，生态问题十分严重，这与自己不会管理自己有关。

三、陶行知德育原则反映德育的规律性

现在德育工作中最大的问题是实效性差。就是花了很大的精力，用了很多的时间，但实效性不理想。其原因是没有按规律办事。德育原则也就是要反映德育规律，按规律办事我们的德育就能有实效。为什么陶行知去世了几十年，陶门弟子讲起陶行知时还总是声泪俱下，感情这么深，这么怀念？就是因为陶行知人格的力量感染了他们。陶行知遵循他德育的原则，来教育学生，培养了这么好的革命、建设人才。

陶行知德育原则，笔者认为有三条：

一是尊重和热爱学生的原则。这是德育工作的核心原则。一个教师如果对学生没有爱也就无所谓严格要求和尊重。教师最能影响学生的人格力量就是对学生的爱。凡是缺乏爱的地方，学生的品格和智慧都不可能得到充分的发展。必须通过爱，与学生建立感情，赢得学生的信任，教师对学生才能产生巨大的影响。陶行知就是这样提倡，也是这样实践的，因此他就对学生产生了这样巨大的影响。陶行知主张热爱儿童，尊重儿童，同时严格要求儿童。他亲自手书了四个大字：爱满天下。他认为儿童是国家的未来，民族的希望，他们在社会上理应有自己的位置。所以尊重他们，热爱他们；但为了他们更好地成长，要严格要求他们。他要求教师像爱迪生的母亲那样了解学生和帮助学生，教师要有从事特殊工作的修养，要为整个民族的利益造就人才。陶行知跟师范生讲：不要你的金，不要你的银，只要你的心。这个"心"就是爱心。在育才，师生关系是平等的，尽管当时生活很艰苦，但是教师学生都像一家人一样，真正做到了互敬互爱，团结一致。当时学生称教师大哥、大姐，称老教师老夫子。1942年育才受到国民党政府的封锁，育才一天就吃两顿稀饭。有个小孩"不懂事"，跟

陶行知说，要吃干饭。陶行知当时很动情地给孩子讲，孩子们，你们的母亲的乳汁干了，挤不出奶了，忍耐一下吧。我一定要让你们吃上干饭。他对孩子就有一种这样深沉的感情。他很尊重小孩子，孩子也很热爱他，孩子们都叫他老夫子。他很尊重小孩子，他写了一首诗，其中第二句是"大孩自动教小孩"，他给小孩读这首诗后，学生提了两条意见。第一条讲小孩也能教小孩子；第二，小孩也能自动。陶行知认为小孩讲得好，后来发表这首诗时第二句就改为"小孩自动教小孩。"他还很赞扬他们说，黄泥腿的小孩改洋博士的诗，应该拜他们为一字师。陶行知尊重儿童，他反对体罚，他认为体罚是封建权威制度的残余，在时代意义上体罚已经是死去的东西，它不但不能改善儿童的行为，而且会把儿童挤下黑暗的深渊。他写过一首诗，《糊涂的先生》，提醒不尊重儿童、体罚儿童的教师：你的教鞭下有瓦特，你的冷眼里有牛顿，你的讥笑中有爱迪生。在糊涂先生的眼里，瓦特、牛顿、爱迪生都是笨的，没有用的，但是他们都成了大科学家、大发明家。爱因斯坦也是这样，原来老师都认为他是不可救药的，但他后发现了相对论。陶行知认为教师的最大责任是要引起儿童对于纪律的自觉需要，自觉遵守，这才能有自觉的纪律。在育才没有体罚和开除，最大的惩罚就是让学生脱离集体，让他到陶行知身边去，学生也可以有自己申辩的权利，让他认识到自己的错误后再回到自己的队伍中去。同时陶行知对学生要求也十分严格，学生不遵守纪律和发生错误，陶行知要对他们进行严格批评教育。今天，学校里体罚学生恐怕还不是少数，特别是一些变相体罚。陶行知《糊涂的先生》这首诗一定会对我们有很大的触动。陶先生要求学生艰苦奋斗，他自己以身作则，也与学生同甘共苦。当时他与育才学生一天吃两顿稀饭时，曾写诗风趣地说：人人称我老夫子，生活不如老妈子。他热爱、尊重而且非常关心学生，晚上起来给学生盖被子，看见学生衣服单薄了，就把自己的大衣给学生披上，与学生心连心。他严于律己，身体力行，热爱学生，尊重学生，真是可以成为楷模。因此郭沫若曾说：古人讲，经师易遇，人师难逢。而郭沫若认为陶行知就是这样凤毛麟角中的一位出色者。他的思想和德行的确值得我们好好研究。

二是实践的原则。陶行知培养学生良好道德习惯，不是脱离活动的，而是要去实践的。陶行知讲，行是知之始，知是行之成。行动是思想的母亲，一切的真知都来源于实践。陶行知说，教而不做，不是真教；学生不做，不是真学。他不仅重视学生的个人实践，还组织学生走向社会，在社会实践中去培植自己的德行。比如在晓庄，他就让学生到农村去，和农民交朋友，谈心；成立晓庄剧社，在乡村演出；开展乡村教育活动；还建立联村自卫团，请冯玉祥派人帮助训练，为的是农民不受周围土匪的干扰。在育才，每星期五下午组织学生去社会上访贫问苦，送教上门，教农民和煤矿矿工的子弟识字、唱歌、打扫卫生等等。他们把这种活动称作走亲戚。陶行知很注意培养学生的实践能力。他还注意培养学生独立工作的能力，让他们能主动承担任务。在晓庄,学生进校三年中要有半年到农村去当教师;工学团的学员要到外面去当小先生,使他们与社会实践密切联系。我们原来的教育部副部长张健同志,当时他只有13岁,就领着40多个小学生,把教育送到100多个没有条件上学读书的小孩那里,送教上门。他锻炼了自己的组织能力,应答能力。当时国联有个英国人马莱爵士,到山海工学团参观,小到工学团,大到天下大事,问了几十个问题,张健对答如流,跟马莱先生舌战一个多小时,给马莱留下很深刻的印象。陶行知就是这样放开手让学生去锻炼的。因陶行知办学有名,外省市请他去办学校,他就放手派学生出去办学。再比如全国闻名的江苏淮安的新安小学,就是晓庄的学生按陶行知的精神组织起来的,这所小学两次赴全国各地宣传抗日,影响是很大的。抗战胜利后,毛泽东还亲自写信给新安旅行团,对他们的宣传抗日表扬称赞。

三是整体性原则。陶行知认为,对学生的教育不应该是孤立的,单方面的,应该是整体性的,因为人是一个整体。他提出整体性原则就是德智体要统一教育,知情意要统一教育,智仁勇要统一教育。他认为这些要素是综合的,但在这诸要素中德是必不可少的素养,不能把德孤立出来,德是统帅。他在育才曾办过林间讲座,他请的是历史学家翦伯赞,戏剧学家田汉,诗人何其芳,作家姚雪垠、刘白羽、周而复、徐迟、戈宝权、沙汀这些人。郭沫若还去讲过甲骨文。当时翦伯赞给学生讲了中国通史和世界通史。后来有学生回忆说,听讲的时而哄堂大笑,时而人人挂泪。听这些名人的讲座,更坚定了走革命道路的决心。陶行知说,要给学生做一个合格公民的知识,合格的知识应该是德智体各方面的知识。智仁勇、知情意,是一个整体的人。

四、陶行知的德育途径和方法的民主性、多样性

陶行知的德育方法最基本的特点就是民主,他主张尊重学生,与学生平等,充分发挥学生的主动性、积极性。具体的途径和方法是多种多样的。突出的主要有以下几种:

1. 通过集体进行教育。如凡是在育才学校读过书的人,都不会忘记学校的朝会——"精神早餐"。这种朝会,为陶行知所独创。他20世纪20年代办晓庄师范,称为"寅会",在学生做完体操后,用一刻钟左右进行"精神讲话",每天都讲一件事、一个题目。这个办法一直沿袭下来。育才学校也实行"精神讲话"制度,但内容比晓庄进更广泛、更生动。当时的抗日战争、苏德战争、各种社会问题、科学知识、历史知识、医药常识、人物小传等等,都是"精神讲话"的内容,每次一题一事,主题十分鲜明,由师生轮流讲演。朝会时,尚未早餐,学们把它看成是获进精神食粮的好机会,被称为"精神早餐"。它开阔了学生视野,丰富了师生的知识,启迪了人们的思想,锻炼了讲演的才能,使人难以忘怀。今天,要丰富学生的知识,培养学生独立思考的表达能力,动员学生自己教育自己是否也可采取这个办法呢?

2. 采用诗歌对学生进行"诗教"。陶行知非常强调对学生进行诗教。诗教是陶行

知进行德育教育的一大特色。例如,育才学校在农村,"随地吐痰"不算是一件什么了不起的错误吧。但陶先生认为,农村卫生条件差,就更要讲卫生,他非常反对师生随地吐痰,要求大家都养成良好的卫生习惯。为此,他作诗《随地吐痰》:"生痨病,真难过,痨病虫儿小又多,一根针杪上,能站五百个。干了飞进肺里去,肺里处处都戳破,今天一命呜呼,都是随地吐痰的罪过。"又如育才学校当时还处在困难时期,学生居住条件不甚好,条件亦很差,全是旱式厕所,不像是今天的城市学校是水冲式厕所。为搞好卫生,陶先生要求勤打扫,撒石灰消毒,茅坑加盖,免得蚊蝇飞出。但也有不注意小节的,便后不加盖,陶先生写了几句"厕所文学",示意人们要注意小节:"爱人自爱,大便盖盖。如不盖盖,大便炒菜。吃下肚里,细菌作怪,碰得不巧,棺材盖盖。"据笔者研究发现,陶行知教育学生的自由诗有几百首,并且要求学生记住,有的谱上曲,让学生吟唱。如《八位好朋友》、《荷叶舞歌》、《朱大嫂送鸡蛋》、《小先生歌》和《锄头舞歌》等。

3. 用"母爱"之心进行动之以情的教育。育才学校学生中难童甚多,他们不是和父母在战乱中离散,就是失去了父母。这些孩子们都有一段辛酸的经历,时常因思念父母亲人而流泪,十分影响他们学习和生活情绪。陶先生见此情景,对这些孩子倍加爱护和安慰。为使孩子们坚强起来,便请音乐组教师写了一首歌:"我们不流眼泪,流泪是懦弱的行为,泪水洗不净我们的耻辱,也不能把敌人打退……"这首歌就叫《我们不流泪》。孩子们伤心时往往唱起这首歌,渐渐在火热的集体生活中变得坚强起来。做学生的思想政治工作,应像陶先生那样,在日常的学生生活中,把思想工作做在学生的心灵里。

此外,还通过自治让学生进行自我教育、通过自身的人格力量进行陶冶教育等多种途径和方法。

总而言之,陶先生的德育思想博大精深,对我们今天来讲是非常有现实意义的,具有现代价值。我们应该大力提倡学习陶行知,研究陶行知的教育思想,解决德育教育的"假、大、空",增强实效性,进一步开创我国德育教育的新局面。

主要参考文献:

1. 贾培基:《陶行知》,重庆:重庆出版社,1991年8月第一版。

2. 朱泽南:《陶行知年谱》,合肥:安徽教育出版社,1985年2月第一版。

3. 陶行知:《陶行知全集》,成都:四川教育出版社,1991年1月版。

4. 李伯黍、燕国材:《教育心理学》,上海:华东师范大学出版社,1993年4月版。

本文载《陶行知素质教育思想研究与实践》(2004年12月)一书中,并获全国优秀论文一等奖,(中国陶行知研究会中学教育专业委员会)(2001年11月)

对陶行知思想研究的几点思考

> 21世纪对陶行知的思想是研究和借鉴，使其更加熠熠生辉。

对陶行知思想的研究，从20世纪80年代以来，硕果累累，成绩喜人。我崇拜陶行知，是研究和运用陶行知思想的践行者之一，这些研究有助于我们把握陶行知教育思想研究的基本走向，认清其理论研讨的新进展，推动陶行知研究进一步发展，使新世纪的陶行知思想研究，更加熠熠生辉。基于这样的思考，现提出以下几个问题，供同仁参考。

一、从陶行知的整体思想去把握研究

把握社会生活方式的特征，研究陶行知及其生活教育的整体、发展过程及其变化规律，以实现研究内容上的突破。陶行知教育思想的主体是生活教育理论，这一教育体系是以社会生活为前提，在内容上体现了社会生活方式的整体性、动态性和科学性。所以，把握社会生活方式的这些特征，把研究重点放在研究陶行知及其生活教育的整体、发展过程以及从无序到有序的变化规律，新世纪的陶行知研究更可望能够实现研究内容上的突破。

二、加强对陶行知研究史的研究

加强对陶行知研究史的研究，既是"陶研"内容的扩展，又是"陶研"方法改进的必然选择，陶行知自留美回国后，以其对中国教育改革所作出的独特贡献，赢得了国内外教育人士的极大关注和研究。他逝世后，海内外都对他给予了很高的评价。然而，新中国成立后的"陶研"经历了潮起潮落，对陶行知的评价曾出现大褒大贬，或是"苛求"，或是"溢美"，这是"陶研"史上的深刻教训。因此，加强对"陶研"史的研究，不仅能够进一步扩展"陶研"领域，而且可以尽可能避免研究的偏颇，使我们的研究更加合理化，还可以更好地挖掘陶行知富有借鉴价值的教育思想来为我国现代化建设服务。

三、高校教育学教材融入"陶研"成果

把"陶研"工作同教材更新结合起来，是今后"陶研"工作的一个努力方向，我国教材编写者很注意把教材与教学、科研相结合。但是，由于教材本身的滞后性，它往往无法与学术水平保持同步发展，甚至会出现脱节现象。据对目前正在高校教育专业使用的中国教育史教材进行分析，发现观点、内容都比较陈旧，对陶行知思想的实际研究进展有较大的脱节。因此，把教材建设与科研成果结合起来，更新教材中已过时

的内容,是当前"陶研"工作一个亟待解决的课题。

四、加强"陶研"理论研究者与实践工作者的沟通

加强理论研究者与实践工作者的沟通,是把陶行知研究引向深入的重要途径。要把理论转化为实践,或者把实践提升为理论,一个必不可少的前提就是两类主体的交流与沟通。陶行知生活教育理论的创立,与他从理论研究走向实践探索是分不开的。从这个意义上讲,理论研究走向实践探索是实现理论创新的重要途径。陶行知的生活教育理论与实践,无疑让我们的陶行知教育思想实验基地更有活力,从而在深化我国教育改革,全面推进素质教育中发挥更大的作用。

五、陶行知思想研究融入建设学习型社会之中

把陶行知研究融入建设学习型社会之中,既是"陶研"工作的与时俱进,也为陶行知研究提供了更为广阔的舞台,随着经济与社会的发展,我国已进入创建学习型社会的时代。陶行知在各个历史时期所兴办的教育事业,都不是就教育办教育,而是为了改造社会,为了劳苦大众的幸福。他毕生提倡的"生活即教育"、"社会即学校"、"全民教育"等理念,必将在学习型社会的创建中得到实实在在的体现。创建学习型社会的过程,是促进人的全面发展的过程和素质不断提高的过程,逐步实现全面受教育的过程,这为扩大陶行知研究者施展自己的聪明才智,提供了更为广阔的舞台。

六、研究陶行知教育思想,要凸现其现代价值和借鉴其有益经验

要继续认真学习和深入研究陶行知教育思想。当然提倡学习陶行知并不意味着排斥学习中国其他教育家和外国先进的教育理论,相反要像许多陶行知教育思想实验学校那样把二者有机地结合起来。特别强调学习陶行知,是因为陶行知教育思想是中国现代教育史上的一座丰碑,是植根于中国大地、最具中国特色的人民教育理论宝库。它产生于伟大的人民民主革命时期,是那个时期古今中外先进教育智慧的有机集成,是那个时代精神文明的重要成果。它产生于那个时代,但探索的目光要瞄准未来,

> 将陶行知教育思想与时俱进地传承和发展,才具有巨大的生命力!
>
> ——杜东平

它当年超前探索的许多问题恰恰是我们今天直接面对的现实难题,因此它理所当然地成为最值得我们直接继承并加以发展的宝贵教育遗产。新世纪的中国教育只有像上世纪后期那样,认真学习和深入研究陶行知教育思想,才能凸现其现代价值,借鉴其有益经验,在全面贯彻党的教育方针实现腾飞之际获得强劲的助推力。

七、对陶行知教育思想的研究要与时俱进

对陶行知教育思想的研究,不能只是怀着抽象的崇敬心情回归于历史的陶行知,不能总是停留于引用、诠释陶行知某些具体论述的水平。陶行知本人一直不断前进,

并在前进中修正、完善自己的学说。与时俱进是陶行知教育思想的突出品格之一。必须从整体上把握陶行知教育思想的精神实质，用以指导我们的实践，这是20世纪末期陶行知教育思想实验研究所以成功最重要的经验之一。

八、学习陶行知的立场、观点和方法，研究、解决当前的问题

由于时代毕竟已经发生了巨大变化，我们面对的具体情况与陶行知所面对的已大不相同，因此陶行知根据当时的情况，为了解决当时的问题提出的某些具体思想与方法现在已不一定适用，不能机械照搬。我们必须从今天教育改革和发展的现实出发，学习陶行知的立场、观点和方法，研究、解决当前的问题。这应该是我们学习、研究、继承、发展陶行知教育思想的主要目的和基本出发点。学习、研究陶行知教育思想必须以当前教育改革与发展中的实际问题为中心，着眼于对现实问题的理论思考，着眼于新世纪人民教育新的实践与新的发展。例如各级各类学校如何进一步加强与社会生活的联系，如何在建立学习型社区中更好发挥自己的作用，如何为构建终身教育体系作出应有的贡献，就是新世纪教育面对的重大挑战之一。

总之，离开当前的教育教学，就失去了"学陶研陶"的真正价值；孤立地、静止地"学陶研陶"，本身也不符合陶行知的思想。我们一定要把陶行知教育思想中那些对当前教育教学工作有重大指导意义的思想资源凸现出来，并在此基础上创造性地运用与发展，为新世纪中国教育的发展作出应有的贡献。这是当代陶研工作者必须肩负的历史责任。

主要参考文献：

1. 金林祥：《二十世纪陶行知的研究》，上海：上海教育出版社，2005年3月版。

2. 靳玉乐，王继万：《教学改革论》，重庆：西南大学出版社，1998年4月版。

3. 胡学增：《现代课程论纲要》，西安：陕西人民教育出版社，1998年3月版。

本文载《重庆陶文史》，（2009年2期）上网：维普资讯网 www.cqvip.com

践行行知思想

JIANXING XINGZHI SIXIANG

教育是一个激荡心智，沐浴灵府，贞立人桥，彰显个性的活动。

学习、借鉴、践行陶行知的教育思想，解决当今教育的困惑、疑难是一种很好的办法和策略。

以当代生活教育为特色的学校的
本质特征探索

> 如何将陶行知的生活教育原理运用到当代学校之中，与时俱进地形成以当代生活教育为特色的学校，是值得我们研究的课题。

学校自主发展必然为特色学校的形成和发展创造外部环境和内部条件，这给学校的发展带来了更大的自由空间，也为学校的校长和教师的主观能动性和创造性的发展提供了更多的机会，这是创造特色学校最好的时代。在这里我们要对特色学校的内涵进行界定，对特色学校的特征进行深入探讨，对以当代生活教育为特色的学校的概念进行界定，并对其本质进行探究。

一、以当代生活教育为特色的学校的内涵

(一)特色学校的含义

由于人们对"特色"的理解多不相同，使得对"特色学校"的理解也有很大差异。概括起来，学术界大致从四个角度来理解特色学校：其一，把特色学校看成是专门学校，如外语学校、体育学校、文化学校等；其二，把学校个别突出的"强项"或优势表现出来就称为特色学校，根据培养目标，它可以表现为在学科、工作或个体等一些小的内容上，根据培养目标，选出重点，采取措施，予以突破，逐步形成某一方面的独特风格，办出学校的特色；其三，认为只有"高台阶、高门槛"的学校才能称作特色学校，即治校有方，教学得法，英才辈出，学校享有很高的社会声誉；其四，把特色学校看成是学校整体改革的产物。特色应体现在各个方面，成为学校群体共同的追求，努力形成一套全面、整体、综合的学校文化模式。

国外通常把特色学校理解为一种"好学校""有好形象的学校"。而"好学校""有好形象的学校"主要可以分为以下三种：一是有效的学校（effective school），是指那些达到和实现了其具体目标，并且不会因此而耗费太多人力财力的学校，也就是说，能有效实现其具体目标的学校；二是优秀的学校（excellent school），是指学校要有较高的学术水平，学生能够达到各种测试的标准水平，与其他学校相比，它总是能够位居前列；三是成功的学校（successful school），是指学校教育的典范，他们能够坚持多项教育目标，学生能通过测试或通过其他方法开发智力，达到较高的学术水平，具有公民责任感，具有伦理道德意识和审美能力，实现心理和身体的健康发展。总之，他们认为学校是不可能也不应该办成一个样子的，每所学校都应该有其特有的个性。

那么,究竟什么是特色学校呢?我们认为"特色学校"是指在全面贯彻教育方针的过程中,在长期的教育教学实践活动中,在学校教育工作的整体或全局上形成的具有比较稳定的、区别于其他学校的独特风格或独特风貌,体现鲜明的学校文化特征,并培养出具有特色的人才的学校。

(二)对当代生活教育的界定

以素质教育的理论为指导,运用陶行知的生活教育的原理,挖掘陶行知的素质教育思想,并实践在当代素质教育之中,其突出特点是与时俱进,创造性、实践性地传承了陶行知的生活教育思想。

(三)以当代生活教育为特色的学校的含义

学校以当代生活教育为特色是指在全面贯彻教育方针的过程中,以素质教育的理论为指导,依据陶行知的生活教育的原理,挖掘并实现陶行知的教育思想对当代素质教育的借鉴价值和现实意义。学校立足于教育是以"生活"为逻辑起点与归宿,以"学做真人""培养生活力、创造力"作为教育宗旨,以全面提高学生的素质,发展学生的个性特长为目标,把"教学做合一"的思想融于教育活动的每一个环节,努力使其形成鲜明的"生活教育,爱满天下"的独特风格,体现出鲜明的学校"行知"文化特征,并培养出具有特色的人才。

二、以当代生活教育为特色的学校的本质特征

我们认为,以当代生活教育为特色的学校既要体现一般特色学校所共有的特征,又要体现其独有特征。

(一)以当代生活教育为特色的学校应体现一般特色学校所共有的特征

第一,独特性。独特性是特色学校的核心特征,主要表现共性中的个性。也即所有的学校都要贯彻党和国家的教育方针,面向全体学生,实现全面发展,提高学生整体素质,这就是共性;但具体到每一所学校的教学和管理工作中,又不会也不可能是千篇一律的,这就是个性,即独特性。以生活教育为特色的学校,就是要借鉴陶行知生活教育理论的现代价值,并与当代全面实施的素质教育有机结合,寻求在服从于一般学校共性的基础上,竭力创造出具有"健康的生活环境、和谐的教育、前进的行动"为基本要素,以前进的生活育人为工作的核心的,富有个性特征的办学风格的学校。这种独特性也必然带有创造性,表现为独特的办学思想,独特的办学内容和独特的办学策略。如重庆市育才中学的生活教育特色是在挖掘蕴涵丰厚的"行知文化"的基础上,吸收和内化了一切优良的学校文化传统,遵循办学规律,从本校实际出发,通过60多年的办学历史,在顺应社会发展的过程中逐步创造而成的。现在明确提出了学校的办学特色是"继承发展陶行知的教育思想,实践素质教育中的生活教育模式"。这就形成一种"人无我有,人有我优,人优我精"的独特风格,最终使学校在整体的、全方

位的各个角度都能反映出这种独特性,体现一种综合效应。

第二,整体性。现代系统论认为任何事物都可以作为系统而存在,系统的一个主要特征便是它的整体性。分析任何系统我们都应从它的整体入手,关注系统各局部之间的相互联系和相互影响。以生活教育为特色的学校的整体性特征主要体现在以下两点:首先,创建的策略是从全校教师"学陶师陶"为突破口而开始的,以承担全国教育科学"九五"规划国家教育部重点科研课题"素质教育中的生活教育模式实验研究"为依托,把办学理念、办学思想逐渐深入到校本课程、校园文化,最终转化为教师和学生的课堂行为。总之是以发挥本校优势,从整体出发注意处理好特色子系统与其他子系统之间的协调发展,不是为了片面地发展学校特色而牺牲某些部门,同时学校各部门都应服务于学校特色的创建。其次,特色学校的特色不能只停留在某点或局部上,而应通过以点带面,以局部促整体形成整体的综合特色。以生活教育为特色的学校如果不能形成这种整体、综合、全面的特色,便不能称之为特色学校。

第三,和谐性。以生活教育为特色的学校的和谐性主要是指人才培养的和谐,主要表现在贯彻和执行国家的教育方针政策,实行学校、家庭、社会教育整体化的和谐;教育管理的教学思想、教育质量、制度建设和情感管理的和谐;教育内容的德、智、体、美、劳的和谐;教育学生的"智、仁、勇"合一;学生行为上的"知、情、意、行"的合一;方法上的"教、学、做合一";目标上的"求真,做真人"的和谐统一。如"教、训"合一的方法就是陶行知在德育中提倡教师之间要齐心协力,精诚合作,反对教、训分家,即教书的只管课内传授知识,训育的专管课外训练品行。这是"横的割裂"的教育,是将本来就是"整个的教育"硬分裂成几块,这是一种与生活教育相冲突的传统思想。对学生教育的各个方面是相互联系不可分割的,在教育实践中要从过程和效果上注重它的整体性,从操作上保证其协同性。

第四,优质性。优质性是特色学校的本质特征。以生活教育为特色的学校的优质性主要体现在生活教育思想的优质,它强调以生活为中心,生活决定教育,教育引导生活;教育从生活中来,到生活中去;教育在生活中创造,在创造中生活。这种办学思想的优化,必然带来办学行为的优化。优质性是个性化的基础,缺乏优质性,个性化就成了无源之水、无本之木,就缺乏生命力。个性化是优质性的外显,它是优质性这块肥沃土地上结出的硕果,进而又不断激活优质性使之保持活力。

第五,成功性。特色学校不仅是有个性的学校,而且也是成功的学校。以生活教育为特色的学校,其成功性主要表现为四点:一是成功地确立了生活教育的办学价值观,这也是办学的灵魂;二是成功地培养了大批人才,如作为世界文化名人、伟大的人民教育家,陶行知先生人格精神的化身和他精深弘博的教育思想的直接继承者——重庆市育才中学不仅有着深厚的教育文化积淀,而且还在长达64年的办学历史中形成了优良的办学传统和鲜明的教育特色，是全国著名的"师陶圣地，育才摇篮"，为国家培养了数以万计的人才；三是成功地确立了一种优化的办学模式，也就是"素质教育中的生活教育模式"，并与时俱进地不断优化其过程，在教育实践中不断发展与完善，这种优化的办学模式，为形成新的特色学校提供了借鉴、学习、继承、吸收的条件；四是随着我国社会主义市场经济的发展，以当代生活教育为特色的学校在办学上将会有越来越大的自主权。

第六，稳定性。稳定性标志着学校教育个性和管理个性的成熟。特色学校既然以优质性为基础，那么它就应该具有稳定性。特色一旦形成，就应该相应地稳定下来，既有长远规划，又有短期安排，一年一年，一届一届，一代一代地传下去，成为一种优良传统，一种好的作风。这样的特色才会更鲜明，更优质。如解放前，育才中学是国统区的乡村学校，生活教育理论就在那里成熟，人才教育就在那里成功，是贫民教育和普及教育的发展和完善，也就是陶行知教育思想和中国共产党主张的育人办学思想的融合。解放后，学校全面贯彻党的教育方针，继承和发扬陶行知的教育思想，结合自己的实际为中国革命和建设培养了大批干部和建设人才，而且使学校不断发展壮大。在20世纪50年代，育才中学是勤工俭学的先进单位；在20世纪60年代是重庆市的"百面红旗"之一；在20世纪70年代是重庆市第一所省级重点中学；在20世纪80年代是重庆市文明单位；在20世纪90年代是重庆市唯一的全国知名学校科研联合体的成员。21世纪以来，学校承担的全国教育科学"九五"规划国家教育部重点科研课题"素质教育中的生活教育模式实验研究"成功结题，该研究报告成果被权威书籍《二十世纪陶行知研究》（金林祥主编）收录并赞誉，称"此项实验研究是重庆育才中学在全国教育实践上取得的傲人成绩"，该课题成果还获得"重庆市教育科研成果一等奖""重庆市政府教学成果一等奖"。可见，稳定性就不仅是指办学独特风格的形成，并且学校成果能够长期地显示，保持和发展，能够经受时间和实践的检验，并在校内外产生深远的影响，它标志着学校教育个性和管理个性的成熟。当然，以生活教育为特色的学校还要在不断优化选择中得到自我完善。特色学校的稳定是相对的，其形成和发展是一个长期而艰巨的过程，是一个复杂的系统工程，不是一蹴而就的。创办特色学校也是一个不断积累、完善的工作过程，是不断继承发展，改造调整和自立自强的结果，体现了学校群体在主观追求上与学校办学理念达到完美的统一，并且日趋成熟，形成相对稳定的态势。

第七，文化性。以生活教育为特色的学校实质上就是一种整体性的学校"行知"（也即是"陶研"）文化模式。它是早年陶行知的"生活教育"文化经过长期积淀后的一种外在表现，因而是具有独特"师陶"圣地的文化风格。其独特的文化风格是教师文化、学生文化，以及制度文化、环境文化等对陶行知教育思想的继承、研究和弘扬的相互作用的结果，其宗旨是"陶行知思想永放光芒"。这种独特的文化环境逐步发展就形成了"行知文化"，可以说，这种独特的学校文化环境为以生活教育为特色的学校建设提供了生长的基础。这就是说，一定的文化环境孕育了一定的学校文化。这意味着一所学校综合个性的形成，并成功地营造出一种区别于他校的特殊的学校文化氛围。任何学校一旦形成自己特有的文化，就会对学校管理产生巨大的影响和制约作用，成为一种无形的精神力量，使学校全体成员在共同的办学价值观念、行为准则和工作作风的统率下，个性化地为贯彻教育方针而努力。

第八，示范性。以当代生活教育为特色的学校不仅要立足于自身的发展，还必须努力培植优质教育资源和促进优质教育资源的社会共享，为教育的均衡发展作出贡献，促使学校办学理念、管理水平、教育教学质量处于各级同类学校的前列，具有显著的示范和辐射作用。早年陶行知在创办育才学校时，特地说明育才学校有"三个不是"：不是培养小专家，不是培养人上人，不是丢掉普及教育，而是更好地研究普及教育最有效的方法，以提高整个民族的文化水准。育才学校的创立，只是平民教育运动的一项新发展工作。这就说明育才中学从创办开始，就已经具有教育均衡发展的思想，要为教育普及作贡献。

（二）以当代生活教育为特色的学校区别于其他特色学校的独有特征

第一，生活性。以当代生活教育为特色的学校的生活性主要表现为两个层面：其一，从理论层面上说，把陶行知的生活教育的理论概括为"一个目的、一个核心、三个层次、四个特征"，构成一个有机整体。一个目的是指"为民族、为大众、为人类求解放，谋幸福"。一个核心是指"教人求真，学做真人"。三个层次：一是指"教育思想、教育科学发展层次，包括生活即教育，社会即学校，教学做合一等原理"；二是指"科学管理和科学实践的中介层次，包括教学做合一的新方法，即以教人者教己、在劳力上劳心、即知即传、自觉觉人、集体主义的自我教育"；三是指"实践活动和教育目标，即自觉性之启发，创造力之培养，教育之普及，生活之提高等基础层次"。四个特征是指"政治和教育的统一""继承与革新的统一""时代性与民族性相结合""'行知行'的哲学思想"。其二，从办学行为的层面上说，全盘教育的基础是建设在集体生活的基础上，其意义有三：第一，集体生活是学生由自我向社会化发展的动力，是学生心理发展所必需；第二，集体生活可以培养集体精神；第三，集体生活使用众人的力量集体创造合理的生活、进步的生活和丰富的生活，又以这种合理的、进步的、丰富的现代生活来滋养学生，促使学生成为兴趣广泛，素质全面，"手脑"双挥，具有高素质的"生活力"、创造力的"真人"。这种"合理的、进步的、丰富的"要保持和延续，也必须具备两个条件：第一是个人生活、学校生活、家庭生活、社会生活与世界发展相联系，形成一体化教育；第二是在集体生活之上发展民主，张扬个性。这种学校生活从内容上说，有劳动生活、健康生活、政治生活、文化生活。总之，以当代生活教育为特色的学校主张在集体生活的基础上创造生活，即如陶行知所说"本校师生工友，以集体的力量从事五项创造工作：①创造健康之堡垒；②创造艺术之环境；③创造生活之园地；④创造艺术之气候；⑤创造真善美之人格。"

第二，求真性。陶行知说，"千教万教教人求真，千学万学学做真人。"这就说明以当代生活教育为特色的学校的教育目的之一就是"教人求真，学做真人"。教人的目标应当是"培养生活力""创造真善美之人格"，即"学做真人"。这就从育人目标决定了学校校长的办学行为、教师的教育行为、学生的学习行为以及管理人员的管理行为都必须具有求真性。同时，"教人求真""学做真人"是陶行知重视的首要德育目标，是对学生品德培养的内容之一。他认为只有"做真人"才能做出好学问，才能用自己学得的知识造福社会。这就是以当代生活教育为特色的学校的求真性的体现。

第三，行动性。陶行知说，"行动是中国的开始"，又说，"我们要追求行动的真理，真理的行动。""行动的真理必须在真理的行动中才能追求到。"行动教育突出行动，突出实践。在教学方法上大力推行"教学做合一""小先生制"和"小主人制"。"教学做合一"的价值有：一是教学目标要符合当代的要求，培养全面发展的人；二是教学要注重传授知识和培养能力的结合；三是注重学生实践能力和创新能力的培养；四是提倡以问题为中心的教学模式。推行"小先生制"的目的：一是激发学生自主学习的动机，使学生认识到学习是现代人生存的需要，认识到自己是学习过程中的主人；二是培养学生自主学习的能力；三是培养学生团结互助、"即知即传人"的思想；四是建立民主平等的师生关系。"小主人制"推行的本质是让学生当家做主参与学校管理，培养学生自我教育、自我管理、自我服务的能力。

第四，民主性。以当代生活教育为特色的学校具有民主性特征。陶行知在《创造的儿童教育》一文中说："我要提醒大家注意，创造力最能发挥的条件是民主。"他在《实施民主教育的提纲》中，进一步提出"在专制时代，少数人也能创造，但多数人的创造天才被埋没"。他倡导"创造的民主"，要使每个人的创造力得到均等的机会，充分发挥，并且发挥到最高峰。陶行知要求在"集体之下发展民主，着重个性"。有民主，才会有个性的张扬，有个性的张扬，才能发挥人的兴趣特长，也才有利于创造潜能的发挥。多彩多姿的创造幼芽是由形形色色的种子萌发的。学生的创造力往往被一些无形的绳索所束缚。陶行知提出了"六大解放"，把学习的基本自由还给学生。只有民主才能提供"安全、自由"的环境条件——这样的环境条件被专家们认为是培养创造力的一项原则。没有心理压力，使人感到心理安全、心理自由的宽松、和谐的环境，才能使活跃的思想充分外显。通过各抒己见，标新立异，学术争鸣，经验交流、撞击出的创造思维火花将会燃起"集体创造"的火焰。陶行知指出"民主教育"，就要形成研究学术自由、读书自由、讨论自由。科学史已经证明，民主、自由是孕育科学真理的温床。

第五，创造性。以当代生活教育为特色的学校还具有创造性。他在著名的《创造宣言》中用生动具体的事例逐一驳斥了"环境平凡，不能创造""年纪太小，不能创造""生活单调，不能创造""陷入绝境，不能创造"等桎梏人们思想的错误观点，得出的结论是"处处是创造之地，天天是创造之时，人人是创造之人"。他又在《传统教育与生活教育有什么区别》一文中尖锐地批评了"传统教育是吃人教育""教学生读死书，死读书；它消灭学生的生活力、创造力"。陶行知常感叹："填鸭教育被填死的学生有多少啊！"他呼吁：

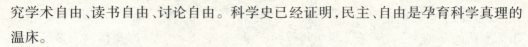

以生活教育为特色的学校应有生活性、求真性、民主性和创造性等特征。

——杜东平

"学生和大众应该普遍从灌注的教授法里解放出来，跑到自由讨论的空场上呼吸些新鲜空气，晒一晒太阳。"陶行知进一步把"质疑"和"创造"联系起来了。他说："发明千千万，起点在一问。"大量的科学发现和技术发明的事实说明，疑问是创造思维的先导，疑问的产生就包含着挥索和发现。陶行知还说"创造真善美之人格"，这是生活教育的育人目标。陶行知要求学生"追求真理""要有科学精神""以科学方法治事治学""以科学眼光观察世界、观察人生"。由此可见，陶行知是何等强烈地强调人的创造性！因此，创造性是人才素质的精华，培养创造型人才素质是素质教育的最高目标。

主要参考文献：

1. 陶行知：《陶行知全集》，成都：四川教育出版社1991年版。

2. 李毅红：《创造力的培养》，北京：北京大学出版社1998年版。

3. 郭斯萍，万翼：《智慧之门——创造力开发》，南昌：江西教育出版社1998年版。

本文载《科学咨询》杂志（2006年10期）

特色的学校的创建和实践

> 当今的中小学千所一面,没有特色。特色学校如何创建?本文将详细地告诉你。

一、创建特色学校的主要条件

(一)外部条件

1.社会主义市场经济的建立为创建特色学校注入了活力

我国市场经济体制的建立对教育有着非常深远的影响。教育活动和经济活动存在着十分紧密的联系:经济是教育的基础,教育的需求,教育事业发展的规模与速度,最终都由经济来决定。当经济体制发生变革时,教育这一影响国计民生、涉及千家万户的社会活动,其方方面面也必然要发生变革。多样化的特色学校,必然会在中国大地上如雨后春笋般产生。

(1)办学体制的改革。经济的高速增长急需大批多规格、多层次的人才,为了满足社会对人才的需求,国家必须设法调动社会、企业和公民个人的积极性,通过社会投资、民间集资、收取学费和校办企业等渠道形成多种形式的办学新格局,实现办学主体的多元化。在政府独家办学的情况下,学校办学水平的高低,教育教学质量的优劣,并不会影响学校的生存,因而学校领导多数没有生存危机感。而现在办学形式多样化了,私立学校、民办公助学校、承办制学校、公办民助学校的出现,引起了激烈的办学竞争。各类学校都必须提高教育教学质量,形成独特的办学风格,才能在日趋激烈的竞争中立于不败之地。这为创建以当代生活教育为特色的学校提供了必然条件。

(2)投资体制的改革。在市场经济体制下,应该而且完全有可能实现教育投资的多元化,即从政府财政拨款以外的渠道筹集资金,弥补教育经费的巨大缺口。而社会资金总是投向那些教育质量高、办学有特色的学校,这些学校由于获得了社会资金的支持,办学条件得到了改善,教师待遇得到了提高,从而带动了学校的各项工作,使办学水平迈上一个新台阶。而办学水平的提高、办学特色的强化,又会吸引更多的社会资金,从而形成学校发展的良性循环。而那些办学无特色的学校则很难吸纳社会资金,往往会陷入"办学水平低—教育经费缺—办学水平更低—教育经费更缺"的恶性循环。

(3)培养模式的改革。计划经济体制的基本特点是"大一统",以往我们人才培养的模式也是"大一统"，忽视了学生的个性发展，压抑了学生的兴趣爱好，致使学生千人一面，缺乏特长。市场经济需要的是多规格的人才，这就迫使学校打破传统的培养模式，重视学生个体培养，使学生的主体性得到充分的发展。因此，课内课外、校内校外的结合，教育资源的开发、利用与共享，就为建设以生活教育为特色的学校提供了广阔的发展空间。

2. 政府职能的转变为创建特色学校提供了保障

政府统得过多、管得过死，这是学校难以办出特色的主因。因此，要转变政府职能，为创建特色学校提供宽松的环境。

（1）行政部门简政放权，学校自主办学。转变教育行政部门职能的关键是简政放权，给学校以自主权。原天津一中校长韦力同志主张"政校分开，政府只对学校依法进行规划、协调、监督、指导、咨询等，而学校则是在政府的大政方针和宏观调控下依法自主地与经济建设和社会发展相联系的、具有自我发展机制的、特色鲜明的办学实体。"

（2）改革学校评估制度，形成正确导向。评估是一种控制手段，也是一种价值导向。教育行政部门拿什么标准去评估学校，学校就朝什么方向去努力。因此，要改革学校的评估标准，形成正确的导向。徐州市制定了评估特色学校的评估标准，明确提出争创特色学校要迈三个台阶：第一个台阶是义务教育要求加特色；第二个台阶是规范学校管理加特色；第三个台阶是达到模范学校要求加特色。他们还制定了相应的验收细则：①要有一个总体目标，包括总体办学目标和特色目标；②要有一个能实施奉献的教育教学机构和一支教有特长的教师队伍；③要有一套与学校相适应的教育教学设备；④要有一批与特色项目相适应的优秀学生；⑤要有一套能反映特色成果的资料。这些探索成果值得其他学校借鉴。

（二）内部条件

1. 要有一位管理有特色的校长

一所富有特色的学校，必然有一位管理有特色的校长。学校特色的形成与发展是校长带领广大师生革故鼎新、发挥创造才能的结果。学校要创建特色，对于校长来说，除了要具备基本的素质以外，还有一点特别重要，要有强烈的特色意识。学校特色的形成总要经历一个使潜在的特色显性化并逐步精细化的过程。在这一过程中，学校领导若有强烈的特色意识，就会敏锐地抓住它并给予政策倾斜，加以重点扶持，特色之花就会结出硕果。同理，创建以生活教育为特色的学校必须对陶行知的教育思想体系了然于胸，要能继承和发展，更要能弘扬和创新。

2. 要有一批教学有特色的教师

名校需要名师，名师创造名校。创建特色学校需要一批教书育人有特色的教师，他们是创建学校特色的主力军,没有这样一支主力军,创建特色学校就成为一句空话。校长要注重培养教学有特色的教师个体和群体,注重基础,循序渐进,逐步形成特色。如杨镇一中针对青年教师多的特点,制定了培养青年教师的"五级达标规划"。第一级,岗位教学合格(第1～3年),标志是胜任所教学科;第二级,岗位教育合格(第4～6年);第三级,岗位实验合格(第7～9年),标志是成为某一方面的骨干;第四级,岗位科研合格(第10～15年),标志是具有科研能力,在某一方面有创造;第五级,岗位专家一流教师(第15～20年),标志是有自己的著作,能带好其他教师。同理,创建以生活教育为特色的学校必须精通陶行知的教育思想,要能继承和发展,更要能弘扬和创新,要有一批崇拜陶行知,践行陶行知教育思想的教师、骨干教师以及"陶研"实践的专家。

3.要有一种适应特色建设的文化氛围

任何办学特色都应是具有一定文化内涵的特色。离开了文化,任何特色都难免流于浅薄、单一而不能持久。特色本身就是一种文化的积淀。任何学校文化离开了特色,都难免缺乏根基和活力,而不能被传承。文化本身就是一种特色的表现,特色之中有文化,文化之中有特色。任何一种特色学校,都是继承原有学校文化的优良传统,吸收其精华,并根据时代的发展不断扬弃,整合改造,从而形成学校的某种个性风貌。学校文化对每一所学校来说都是一种客观存在。它作为无形的能动力量,对于学校成员有着巨大的影响。它潜在然而稳固地支配着学校中每个人的行为方式,并为人们的行为打上它的印记。同理,创建以生活教育为特色的学校必须具有"行知文化"特征,也即生活文化要贯穿在学校的办学理念、教学课程以及一切的教育实践活动中,关键是具有浓郁的学校"行知文化"氛围。

4.要有一套保障特色建设的设施设备

学校要创建特色,就需要有一套与特色建设相适应的设施设备作为物质保障。如江苏省吴江市梅堰中心小学自1989年起开展了"以科技教育为特色,以启动教育现代化工程为主线的教育整体改革",在办学条件方面给予了很大的投入,被苏州市政府树为"四个一流"(一流校办企业、一流教育管理、一流教育设备、一流教育质量)的旗帜。在改善办学条件过程中,学校领导应当克服"四重四轻"的思想,即重高档,轻常规;重硬件,轻软件;重表面,轻内部;重武装,轻使用。而要注意坚持"需要与可能相结合、硬件与软件相同步、设施与人员相协调"的三条原则。在创建以生活教育为特色的学校过程中,学校领导同样应当克服"四重四轻"的思想,坚持这三条原则。

二、学校创建特色的一般过程

特色学校的形成和发展是一个复杂的过程。不同的创建阶段会表现出相应的特征,有着自身的规律。那么,学校创建特色的一般过程是什么呢?

学校特色的形成和发展过程表现为三个既相互联系又相互区别的阶段。

1. 特色孕育阶段

在这个阶段，校长初步形成了自己的办学思想，学校领导群体团结一心，积累了一定的办学经验，学校特色目标经过反复筛选已经确定，并为广大师生员工所接受。办学基本条件齐备，学校规章制度比较完善，各方面的管理有一定的规范。

2. 特色生长阶段

在这个阶段，学校特色建设全面展开，内外环境不断优化，全体师生员工为特色目标吸引，焕发出极大的工作热情，特色目标经过分解开始层层落实，部分阶段成果已初步显露，并为同行和社会各界所关注。

3. 特色形成阶段

在这个阶段，预定的阶段特色目标基本实现，学校独特的优质的教育风貌已经形成，并在师生中形成一种心理定式；办学经验得到升华，办学成果在内外部的相关范围内能得到一致的认同，以特色项目为"龙头"带动全局整体优化的新办学机制形成一种良性循环，使学校特色不断向更高、更深、更广的层次发展，逐渐形成特色学校。

三、学校创建特色的几个关系

创建以生活教育为特色的学校符合学校特色的形成和发展过程，在不断积累递进、深化完善的过程中表现出以下几个方面的规律。

(一)从教育者和受教育者的关系看

学校特色形成和发展的过程是"学有所长、教有特点、管有特性"等几个方面协调发展的过程。学校是培养人的场所，全面提高学生素质，使学生学有所长，是创建学校特色的目的。学校是一个"人—人—人"系统，学有所长有赖于教有特点，教有特点有赖于管有特性。管有特性和教有特点是学有所长的前提和结果，学有所长是管有特性和教有特点的目的之一。这几方面的因素互动互导，协调发展，学校特色就逐步形成了。

(二)从局部和整体的关系看

学校特色形成和发展的过程是以某一特色项目为突破口，带动全局优化发展的过程。研究大量的办有特色的学校的案例表明：这些学校总是以一两方面的工作为突破口，进而启动全局工作的优化才形成特色的。学校在发展过程中，总是有很多的矛盾，其中有主要矛盾、次要矛盾；也有特殊性矛盾、普遍性矛盾。抓住了主要的、特殊性矛盾，也就抓住了发展的"瓶颈"和"突破口"。局部的优化要以整体优化为基础，整体优化要靠局部优化来启动。学校特色的形成，实际上就是抓住学校"牵一发而动全身"(主要的、特殊性的矛盾)的某一方面工作进而促进整体优化的结果。这就要求我们在学校特色的建设过程中处理好局部和整体的关系，处理好特色建设和一般建设即全面发展的关系。

（三）从内部和外部的关系看

学校特色形成和发展的过程是内部环境条件和外部条件相互作用、不断优化的过程。学校特色的形成和发展，需要一定的内部环境条件。内因是根据，外因是条件，外因通过内因而起作用。从内部看，学校要形成特色，需要校长形成自己的教育思想，并把它体现在为全体师生所认同的办学目标上，需要有一支教书育人有特色的教师队伍，需要有适应特色建设的校风。从外部来看，学校要形成特色，需要有一个良好的办学机制，教育行政部门要简政放权，学校实体化，享有充分的办学自主权。这些条件有赖于学校同社会这个大系统不断交互地优化组合，耗散吸纳，选择认同而逐步产生、发展、成熟和完善。只有内部环境条件或只有外部条件，都难以创建学校特色。

四、以当代生活教育为特色的学校的创建和实践范例

充分借鉴、吸收陶行知生活教育理论，发掘其当代价值和现实意义，结合对特色学校本质特征的探索，重庆市育才中学着力建设以当代生活教育为特色的学校，并通过60多年来的构建和实践，基本形成了"生活教育，爱满天下"的独特风格，体现出鲜明的学校"行知"文化特征。现以此为主线，系统总结提炼特色学校建设的内容、途径、策略和方法。

（一）学校核心文化的建设

学校核心文化主要指学校的办学理念、办学宗旨、办学目标、育人目标、办学特色、教师特点和学生特长的定位。

重庆市育才中学在建设以当代生活教育为特色的示范性高中过程中，促进陶行知教育思想与当代教育发展的有机结合，大力加强了学校核心文化的建设。

> 本校师生工友，以集体力量从事于五项创造工作：
> （一）创造健康之堡垒；（二）创造艺术之环境；（三）创造生活之园地；（四）创造学术之气候；（五）创造真善美之人格。
> ——陶行知

1. 办学理念：服务为中心，注重人的个性化、社会化和谐发展。"服务为中心"分三个层面，即"服务于成长中的学生""服务于变化着的生活""服务于发展中的社会"，其核心在于"服务于成长中的学生"。亦即是校长为教师提供优质服务，教师为学生提供优质服务，学生将来为社会服务，社会为学校提供高质的回报。我们注重学生个性化与社会化的和谐发展。"社会化"强调的是学生获得适应社会的能力；"个性化"的教

育过程则在于促进学生拥有不同层次的社会改造能力;"和谐发展"突出表现为尊重人格,着力于学生"知情意合一""智仁勇合一""教学做合一"的培养。

2. 办学宗旨:全面育人,强化主体意识;面向生活,激发创新精神;行动教育,增强实践能力;民主教育,发展个性特长。

3. 办学目标:把育才中学建设成为国内一流、国际知名的,具有当代生活教育特色的示范高中。

4. 育人目标:(如下表所示)

育人目标		"培养生活力""创造真善美之人格"即"学做真人"。
目标的细化	"生活力"	在家庭生活、学校生活及社会生活中的生存力。具体指生活自理能力、终身学习的能力、合作共事的能力、实践能力、创新能力等。
	"真"	追求真理,有科学知识、科学精神、科学方法和态度,以及终身学习的愿望等。
	"善"	社会价值标准所规范的思想、品行,即善良、和蔼、正直、忠诚、合作、团结、守纪、爱国等。
	"美"	良好的审美观念和审美情趣。能欣赏美,创造美,以及较高要求的心灵美、语言美、行为美、身体健壮美以及"优美和乐之情感"。
相应的人格素质		自信、进取、坚毅、兴趣广泛、富于独创、勇于冒险。

5. 办学特色:继承发展陶行知的生活教育理论,实践"素质教育中的生活教育模式"。关于重庆育才中学的办学历史和办学优势,我们认为,学校在长达半个多世纪的发展过程中,形成了自己的办学特色,即继承发展陶行知生活教育理论,实践"素质教育中的生活教育模式"。该模式以"健康的生活、和谐的教育、前进的行动"为基本要素,以"生活—教育—生活"为基本程序,以"生活中心,行动教育,发展个性,激发创新"为特点,优化教育整体结构,实现"家庭、社会、学校"教育一体化,努力培养学生的创新精神和实践能力。在教育实践中,我们尝试构建了学校教育、社会教育、家庭教育等多种子模式,实现了立体型、开放式的人才培养机制。这一表述包含了我们对生活教育理论以及它所积淀下来的育才教育文化的正确认识和深入挖掘,包含了我们在新时期对社会进步、教育发展所进行的理性思考。教育从生活中来,到生活中去;生活决定教育,教育引导生活;在生活中创造,在创造中生活。这一特色,不仅是历史的,也是现实的,更是未来的。生活教育的思想不仅不会过时,而且会在向时代进军而吹响的教育号角中发扬光大,创造出生活教育的新天地。

6. 学科特长:熟悉电脑,见长双语(中文、外语)。

7. 项目特长:科研先导,弘扬传统,突出男排,强化民乐。

8. 学生特长:素质全面,"手脑并用",学有特长。

9. 教师特点:敬业,好学,创新。

10."育才"精神:知难而进,负重前行。

(二)学校基本文化的建设

学校基本文化主要指"一训""三风"、学校管理文化建设和环境文化建设。

1."一训""三风"建设。所谓"一训""三风"的表述全部融合了陶行知生活教育理论的精髓,充分体现了以当代生活教育为特色的学校的基本文化的定位。

(1)"一训"——校训:求真、乐群、行知、创造。校训系统总结了育才中学六十多年的办学历史和当代中国对基础教育的要求,结合了陶行知在育才学校担任学校首任校长8年的办学经验。育才中学的特点是教人求真,学做真人。学校师生在集体生活中,"以群为乐""行以求知""手脑并用""手脑双全"。"手脑并用"是创造教育的开始,"手脑双全"又是创造教育的目的。我们认为用"求真、乐群、行知、创造"四个词八个字,能全面反映育才学校创办以来的师生特点和精神风貌,它能训导该校莘莘学子的成长。

(2)"三风":教风——博爱、敬业、厚学、求实;学风——行以求知,创之以行;校风——教学做合一、真善美同生。我们把育才中学的"三风"概括为如此是客观科学的,是育才师生经过几十年艰苦奋斗的结果。育才中学的经验之一是以党风带教风,以教风带学风,使"教学做合一、真善美同生"的校风得到不断地发扬光大,为未来培育更多更好的高素质人才。

2. 管理文化建设。主要指推进民主管理,教职工凝聚力空前增强。学校按照《中国教育改革和发展纲要》的要求,建立了校长负责制,党委监督保证,教代会民主管理的运行机制。充分发挥党组织的政治核心作用和监督保证作用,工会教代会的桥梁纽带作用,民主管理和监督作用。学校重大决策经校长提出,经学校行政办公会讨论,专家论证,提交教代会通过;学校全面推进教职工岗位责任制和全员聘任制,健全完善了教职工考核制度,不断优化教职工队伍,有效地调动了教职工的积极性。同时,建立了教职工自评、学生评教与考评相结合的评价机制和制度约束、群众监督的制约机制,并通过实施"三心"工程,即"信心工程""舒心工程""关心工程",强化以人为本的管理意识,激发教职工的主人翁责任感,让他们始终充满旺盛的斗志、生活的激情,教职工的凝聚力空前增强。

3. 环境文化建设。主要指创建和谐校园,彰显环境"行知"文化。校园环境、校园文化具有潜在的育人功能,它能使人的心境、思想、人格受到潜移默化,熏陶感染。陶行知先生被联合国誉为"世界文化名人",被宋庆龄赞誉为"万世师表",他的伟大思想、伟大人格是师生们学习的标准。校园环境着力营造浓厚的学陶师陶的气氛,主要体现为:①制定了《"十一五"重庆市育才中学环境文化建设规划和具体方案》。②营造"行知"文化氛围。主要包括耸立在校园内的陶行知先生的铜像、校园文化墙上的陶行知语录、创造广场上著名的"创造宣言"碑、"行知文化长廊"等建设,这些都在弘扬陶行知的生活教育思想,营造"行知"文化氛围。③创办陶行知与育才中学的校史陈列室,陈列并展示育才中学的创业和发展历程,以及陶行知生活教育理论及实践的成熟过程。④主办《重庆陶研文史》。总之,校园环境建设体现了学校办学理念和"行知文化"的主旋律,努力实践陶行知先生"创造艺术之环境,创造生活之园地,创造学术之气候"的教育思想,建设高效优质的育人环境。

（三）学校主体文化的建设

主要指以当代生活教育为特色的课程体系的建设、全面构建和实践生活教育的教学模式,"行—知—行"的校本教研和校本培训模式的构建和实践,实践以生活教育为特点的教学管理构建,以及大力推行"小主人制",实施"学校—家庭—社会"一体化的德育实践。

1. 建设具有以当代生活教育为特色的课程体系

建设以当代生活教育为特色的示范高中的关键是建设具有以当代生活教育为特色的课程体系。在严格执行国家和省(市)规定的课程标准,积极实施基础教育新课程的基础上,积极开发并实施陶行知先生创立的生活教育"普修+特修"相结合的校本课程建设模式。(1)认真执行国家课程。(2)大力开设校本课程。学校严格执行国家基础教育课程计划,在国家及重庆市教委相关文件精神的指导下,在开设基础性课程的基础上,创造性地开设了选修课、研究性学习课程、劳动技术课、现代教育技术课、社区服务等综合实践活动课。(3)集中学校优势资源,开发校本课程。借鉴陶行知先生创立的"普修+特修"相结合的校本课程建设模式,学校依靠"中陶会"中学专业委员会、重庆市"陶研会"专家、西南大学专家学者和学校所在的社区代表以及学校市级以上骨干教师,成立了校本课程开发委员会,并根据国家课程、地方课程和学校实际,制定并完成了《重庆市育才中学"十五"期间课程建设规划》。①校本课程的开发途径:A. 携手科研课题,开发校本课程;B. 携手社区资源,开发校本课程;C. 携手学校名师,开发校本课程;D. 积极开展研究性学习。②校本课程的主要内容:一是以"陶研"文化为中心的中学生生活教育教材和"真人"教育的教材;二是根据学校以及社区的教育信息资源开发研究性学习的校本教材;三是以学科为中心,开发学科知识原理在生活中应用的教材。③效果:逐步形成了具有以生活教育为特色的校本课程体系。校本课程,是学校特色的具体体现,是教育改革的重要内容。学校新近编撰出了12本校本教材。(4)选修课和活动课是学生个性发展的沃土。近年来,学校全面推进课程设置改革,建立和完善了以必修课、选修课、活动课等多种教学形式相结合的立体课程体系。目前,学校已开设了不同特色的选修课,如文学鉴赏、交际英语、PASCAL语言编程、名画名曲欣赏、理化生信息技术奥林匹克竞赛课和实验课等;开设了丰富多彩的活动课,如生物"百项"科技活动、文学社、数学创造活动知识竞赛、理化生实验操作、计算机操作表演、书法美术管乐舞蹈小组、英语角等。所有这些课程均保证了师资、场地、器材、教材四到位。通过几年的实践,全校通过每年一届的"创造节"展示了学校实施生活教育以来学生个性发展的物化成果。有学生小制作 1 200 余件,优秀作品 410 余件,包括航空模型、航海模型、汽车模型、动物标本、工艺制品、生活用品等,这些都是学生的智慧结晶。同时学生获全国数学、物理、化学、生物、信息技术竞赛等奖项共 520 项,其中获数学一等奖 9 项、物理一等奖 10 项、化学一等奖 16 项、生物一等奖 3 项、信息技术一等奖 3 项。有 51 名学生获高考加分,有 150 余名学生获大学保送资格。(5)在特长教育方面,我们还通过社团活动、体育节、读书月等特色教育活动,有效地促进了学生个性特长的发展。学生男排、学生艺术团均取得优异成绩。学生男排比赛成绩长期位居重庆市第一,并多次代表重庆市参加全国决赛获优异成绩。学生艺术团编演节目多次获重庆市一等奖。其中 2004 年 2 月学生艺术团表演的节目《三峡新校我们的家》荣获"全国首届中小学生艺术展演"金奖,并在人民大会堂作汇报演出,为重庆市争得了荣誉。同时在小制作小发明中,沈静同学有三项发明获得国家专利。高 2006 级学生张思遥独著《一路花开花落》小说集由西南师范大学出版社在 2006 年正式出版。另外还有相当一部分学生在各类单项比赛活动中获得佳绩。(6)学校高度重视学生卫生、心理健康教育和青春期教育。一方面加强了医务室的建设和管理,积极预防传染病和常见病的发生;另一方面配备了专业教师,并且严格按国家教育部要求排课,每期对健康教育、青春期教育课的教案进行专项检查和考核,做到了有计划、有教师、有教案、有考核。学校还有专职心理咨询教师,心理健康教育工作处于重庆市前列,学校是重庆市"六区百校心理健康教育工程"的试点单位。每学年都要选派相当数量的教师参加培训,学校各年级还根据学生情况开展了形式多样的心理健康教育活动,如办《心理导航报》、建立心理咨询信箱、开通心理咨询热线、开设心理咨询讲座等,帮助学生解决了许多困扰其学习生活的心理问题,引导学生健康成长。因此在校生体质健康标准达标率达到 95% 以上,长期以来,学校从无食物中毒、传染病疫情等现象发生。

2. 全面构建和实践当代生活教育的教学模式

构建和实践多样化的当代"生活—创造"教学模式:在本书第六章中将全面详细讨论和论述,这里不再赘述。

3. 大力推行"小先生制"

(1)"小先生制"的新释:"小先生制"在当时的含义是以教人者教己,"即知即传人"。(2)"小先生制"中蕴涵着当代教育价值观和方法论。(3)"小先生制"的推行在学科中运用的基本原则:①自主教育原则,②互动协作原则,③民主平等原则,④评价指导原则。(4)"小先生制"的推行在学科中运用的目的：①激发学生自主学习的动机；②培养学生自主学习的能力；③培养团结互助、"即知即传人"的思想；④建立民主平等的师生关系；⑤有机会亲自发现问题、分析问题和解决问题。(5)"小先生制"的推行在学科中运用的基本策略和方法：①经常组织学生进行学习、记忆的经验交流活动；②在课堂教学中，应努力发挥"小先生"的"示范性"作用；③小组互帮互学；④学生"课前三分钟表演"制度；⑤采取"小先生'一帮一'"；⑥小先生上讲台讲课；⑦小先生答疑；⑧小组互帮互学；⑨"值日生讲演制"；⑩小先生十分钟读书汇报；⑪小先生生活事例角色扮演。还有多种做法，不再一一列举。(6)"小先生制"推行的效果：①激发学生自主学习的动机，提高学习兴趣；②培养学生自主学习的能力以及管理和自我管理的能力；③倡导"即知即传"互助提高精神；④师生民主平等，教学相长。(7)"小先生制"推行的其他建议：①可建立多元网络组织，形成小先生管理体制；②开展校园文化建设，搭建小先生亮相舞台；③组织社会实践活动，为小先生提供锻炼机会；④构建行为反馈机制，完善小先生活动过程。

4. 实践以当代生活教育为特点的教学管理构建

通过本课题的研究，提出了"以人为本，以服务为宗旨"的管理理念和"层级目标管理"机制，大力加强教学管理，全面提高教学质量。我们主要采取以下途径：(1)在教师中引导和实施生活教育的教学思想、教学组织、教学策略和教学效果。①学校明确提出了生活教育的教学思想和教学方针：教学思想为"基于生活而教，为了生活而教，用生活来教"。教学方针为"科研兴教、生活课堂、学教重实、追求高效"。②必须确保课堂具有丰富的育人价值观，使课堂具有"生命的色彩"，让学生在课堂生活中成长。A. 从教学策略上说，生活教育体现"六化"：一是课堂教学的生活化；二是学生学习的主动化；三是师生互动的有效化；四是学科教学的整体化；五是教学过程的动态化；六是教学评价的多样化。这样保证了生活教育在课堂中得到深化。B. 在生活教育的教学要求上，我们提出了五个"实"：一是有意义的课，即扎实的课；二是有效率的课，即充实的课；三是有生成性的课，即丰实的课；四是常态下的课，即平实的课；五是有待完善的课，即真实而发展的课。以上这些是通过教师的大小会、业务培训、教研组以及年级进行多次的系统性培训，并落实在教师的教育教学之中的，主要通过课堂教学体现。(2)坚持随堂听课制度、教务处主任值班和教学督查制度，重视教学反馈。(3)规范教辅资料的征订程序，切实减轻学生负担。

5. 大力推行"小主人制"，实施"学校—家庭—社会"一体化德育实践

主要途径：①努力引导"小主人"在校园德育生活中健康成长。我们强化学生的思想品德教育、纪律教育和法制教育，构建以"诚实守信"为核心的"为人之德"，以"责任心"为核心的"为事之德"，以"爱国"为核心的"为民之德"，以"热爱生命，追求自我

完善"为核心的"立身之德"。主要做法:第一,狠抓学生文明行为的养成教育,努力在德育实效性上下工夫。第二,在学校德育工作中,我们大力开展创"四大名牌"的工作,促进学校特色的构建。一是班主任工作创名牌,教书育人富特色;二是班级工作创名牌,团结协作整体创优;三是年级工作创名牌,年级领导小组创新意识强,效率高,成绩突出;四是学生公寓工作创名牌,师如父母胜似父母,住在学校胜过家,给学生在学校的吃、住、学等方面创造良好的条件,解除家长的后顾之忧。第三,结合学生的年龄特征,修订了学校各年级的德育层次目标,落实了具体实施的途径和方法,制定了学科教学渗透德育的要点,充分发挥了课堂教学的德育主渠道作用。第四,结合学校实际,开展各种形式的活动,增强学生主体意识和社会责任心。第五,坚持开展富于特色的两大节——每年一届的"创造节"和"体育节",展示师生的教育教学成果,培养学生的综合素质和创新能力。第六,心理健康教育不断发展。②学校还促进"小主人"在家庭生活、社会生活德育中成长。把家庭生活德育纳入素质教育的轨道,构建和实践了"潜移默化,榜样习得"的家庭教育模式。影响家庭教育的途径有家长会、家长学校、家长委员会等。③"小主人"在社会生活德育中成长,构建和实践了"社会实践的教育模式"。充分利用有积极教育意义的社会环境来教育学生。同时教育内容、活动方式等要与学生的知识水平、年龄特点及心理特点相适应。要把最有积极意义的教育因素加以强化突出,以引起学生的注意和兴趣,以期达到教育的目的。最后还加强社会综合实践,培养"小主人"高尚的道德风尚。

总之,学校传承行知精神,实现"学校—家庭—社会"一体化的"小主人"德育实践的新路子,效果突出。我们深深地体会到:一是德育必须放在"学校—家庭—社会"一体化的生活实践中去熔炼,让"小主人"通过"自我教育、自我管理",从而使"小主人"在家庭生活中进行人格陶冶,在生活中感化人格,锻炼习惯;二是在德育中"共学,共事,共修养","相师互学"中塑造人格,这样使学校的德育具有实效性;三是"集体生活"是"小主人"成才的必由之路,"学生自治"是集体生活健康发展的保证,集体生活就是依靠"学校—家庭—社会"一体化来构建良好的德育环境;四是德育必须在千姿百态的生活中去陶冶情操,让"小主人"在生活中去感受,在知识学习中去领悟,在行动中锻造,要用整体的生活(学校—家庭—社会)来培育德性,陶冶良好情操。如果把德育视为一种单独的教育,德育必然就成了离开具体生活情景的空洞"说教",不但效果差,还会让学生反感或者厌恶。

6. 全方位构建和实践当代生活教育的"行—知—行"的校本教研模式和"实践—反思—实践"的校本培训模式

全方位构建和实践当代生活教育的"行—知—行"的校本教研模式和"实践—反思—实践"的校本培训模式,加大校本培训力度,大面积促进教师的专业化发展。

（1）构建和实践生活教育的"行—知—行"的校本教研模式。①其本质是"实践—理论—实践"。其研究的起点是基于学校实际，目的是改善学校实践，提高教学效率，促进教师、学生和学校共同发展的研究。②遵循的原则：A. 实践性研究原则；B. 以人为本、以学校为本的研究原则；C. 以课堂教学为主体的研究原则。③主要途径：A. 上级教研部门引领性教研；B. 校内的通识校本问题教研；C. 教研组和备课组的常态教研。④分类：A. 按过程来分：实践与反思；合作与交流；引领与创新。B. 理论提升的教研（教研论坛、课题研究）；行动研究（案例研究、叙事研究、问题研究）。C. 按对象来分："老带新"结对子指导教研、"骨干教师的示范课"教研、"名师观摩课"教研。D. 按组织机构分类：上级教研部门指导性教研；校际之间的学科教研；学校教研活动。（2）构建和实践生活教育的"行—知—行"校本培训模式。①校本培训的主要策略：A. 针对课题研究依靠培训机构进行合作培训；B. 针对青年教师进行"师徒"培训；C. 针对校内教育的突出问题进行校本培训；D. 针对学科教学问题进行校本培训。一是经验交流，包括新老教师的交流，优秀教师和其他教师的交流等。二是个案分析。个案分析是一个解决问题的过程，也是一个培训的过程。教师们聚集在一起就某一案例进行商讨研究，各种思想火花在此碰撞、融合，培训的目的是在无组织的学习中达到的。三是课堂研讨。课堂上捕捉到的信息是最直接的研讨，而且与教学息息相关，对课堂上教师的言行举止、学生反应等的记录与评价都是培训的内容。②效果：校本培训日常工作统一由教科室组织，建立健全的教育通识培训和学科专业培训两大管理体系，并严格实行培训登记制度。仅2004年一年，学校共举行培训12次，举办各类讲座28次，参加教师达593人次，参加现代教育技术培训684人次，教师外出观摩学习活动521人次，参加优质课竞赛42人次等。学校还大力鼓励中青年教师攻读硕士学位或进修研究生课程。同时学校每年定期举行"学术年会"，为教师的成长提供展示自己的机会和平台，给学校创造浓厚的学术科研氛围。学校作为重庆市基础教育行业继续教育的"窗口"单位，其工作情况在2004年中央电视台作过专题宣传报道。

（四）学校品牌文化的建设

主要指学校名师队伍建设以及学校教育科研的示范辐射。

1. 加强名师工程建设

名师工程建设不仅是陶行知创办育才学校的特点之一，也是学校可持续发展的灵魂，更是实施生活教育的关键。实践证明，一支高素质的教师队伍是办好学校的关键。名师工程建设是育才中学的光荣传统，也是学校发展的灵魂。当年陶先生创办育才学校时，艰苦的办学条件却汇聚了如贺绿汀、艾青、翦伯赞、戴爱莲等一大批著名的专家学者来校执教和讲学，从而造就了育才学校这一名校，成就了一代名人风范。这给了我们一个重要启示：用名校塑造名师，用名师支撑名校。主要策略：（1）名师的培养机制:①坚持每学年度的学术年会奖励制度。自2000年以来,坚持每学年度的学术年会制度,学校拿出10万元在全校教师职工必须参加的学术年会上对教师公开发表的论文、出版专著、获奖论文、教师赛课获奖等颁发奖金和荣誉证书,以激发教师继续教育的积极性、有效性和实效性。仅以2003年为例,学校教师参加编写国家、地方教材10本,编著3本,发表市级及以上论文55篇,公开出版教辅53本,获市级和国家级论文奖42篇,校内获奖论文192篇。赛课获国家级三等奖以上和市级一等奖的教师共10名,大大提高了教师的整体素质。因此2004年1月9日的《重庆日报》刊登了文章《源头活水哪里来》,其中对育才中学教师作为重庆市继续教育的"窗口"单位作了精彩的报道。②青年教师培养机制。本课题研究认为,要大力搭建平台,打造青年教师,为名师建设打基础。我们的培养机制是一搭"台",二加"压",三"传帮带"。③学校的管理策略:学校尽最大努力争取各种政策和机会塑造名师,重点培养国家级、市级、校级骨干教师。(2)名师工程的建设机制:①宣传名师,让名师有位有名;②用好名师,让名师有为有责;③厚待名师,让名师享受特殊待遇。

2. 教育科研不仅提高了教师的整体素质,而且打造了"育才品牌",在全国产生了重大影响

(1)"九五"教育科研重大成果的知识创新及重大影响如下表所示。

成果名称	"素质教育中的生活教育模式"实验研究			
成果类型	课题研究报告			
出版、发表或使用单位	《全国教育科学"九五"规划国家教育部重点科研课题·素质教育中的生活教育模式实验研究结题报告》载《当代重庆教育论文大系》(重庆市教育委员会编,云南民族出版社2002年版)(国家级ISBN)			
所属学科	基础教育	所属规划	"九五"规划	所属课题级别	教育部重点科研课题
课题完成时间	1997年1月至2001年6月		课题鉴定时间	2001年6月9日
成果获奖情况	2004年获重庆市第三届基础教育优秀教改成果一等奖,2007年获重庆市政府教学成果奖。			
成果社会反映	1. 该研究报告转载《教育科研理论与实践》(重庆市教商科学研究院)第65页至第77页(科学技术文献出版社,2005年12月第一版); 2. 该研究报告成果被权威书籍《二十世纪陶行知研究》(金林祥主编,第344页至第345页)高度赞誉,称"此项实验研究是重庆育才中学取得的傲人的成绩"。			
成果引用或被采纳情况	1. 该研究报告部分内容被《陶行知素质教育思想研究与实践》(邹尚智著)第162页至第174页(中国社会科学出版社,2004年12月第一版)引用。 2. 该研究报告部分内容分别被《校本研究文集·教改科研卷》(重庆市教育科学研究院编)(2004年6月第一版)第1页至第6页,《校本研究文集·德育管理卷》(重庆市教育科学研究院编,2004年6月第一版)第1页至第8页引用。 3. 该研究报告部分内容被《西部地区研究性学习实效性的探索》(李常明主编)第106页至第109页引用。			

（2）"十五"教育科研成果的知识创新及其重大影响：①"研究性学习活动过程管理研究"取得重大成果。该课题成果中的"研究学习活动过程管理研究"是全国"十五"教育规划课题"适应西部地区研究性学习的实效性研究"的一级子课题，成为学校"十五"期间教学改革的亮点。2002年学校获市教委、市教科院组织的研究性学习展示活动最佳成果奖，同年12月学校成功承办了重庆市教科院组织的全市学科内研究性学习研讨会，学校语、数、外等8学科8名教师提供了8堂示范课，被重庆市教科院专家总结为"探索出了学科内研究性学习专题研究的模式和渗透研究性学习思想的模式"，全市500多位听课教师给予了高度评价，并且课堂实录在由重庆市基础教育课程改革领导小组办公室、重庆市教育科学研究院联合主办的2003年《重庆教育·课改通讯》第三期上发表，引起全市中学界的高度关注和赞誉，被专家誉为"开创了研究性学习深入普及的新的有益尝试"。目前，"研究性学习活动过程管理研究"已由专家组评审结题，专家评价较高。通过重庆大学教育部科技查新工作站"查新"，该成果查新报告的分析结论有"六大创新"。②"培养学生创新精神和实践能力的研究"取得突出成果。该课题成果为中陶会的创造教育研究在"十五"期间的重点科研课题，我们以"陶行知教育思想对当代素质教育的借鉴意义的研究"课题为依托，进行了深化研究，取得了较好成果，并于2004年通过学校整理、提炼为新成果——《陶行知的创造教育思想与重庆市育才中学创造性人才培养模式实验研究报告》（2万余字），收入中国社会科学出版社《陶行知素质教育思想的研究与实践》专著中。总之，在"九五"教育科研成果取得重大成果的基础上，"十五"期间，学校对"研究性学习"和"培养学生创新精神和实践能力"方面进行了深入研究，取得了重大知识创新，并且在重庆市产生重大影响。

（3）示范辐射：①支持薄弱学校。学校作为市教委直属的重点中学，除了立足自身的发展外，还坚持开门办学的思想，采用走出去、请进来等办法，努力培植和挖掘优势教育资源，对于办学条件较差的学校，学校采取了多角度的扶持：A.对贫困学校物质帮助。2000年对口支援城口中学，捐赠20万元和数千册图书，并且圆满完成了对其教师的培训任务。B.教育智力资源支持。近年来，学校还先后与十余所学校签订了联合办学协议书，发挥学校在师资力量、教育教学、教改科研等方面的优势，共谋教育改革与发展。C.为重庆市基础教育搭台。学校成功承办了诸如重庆市青年教师技能大赛、重庆市中学生书画展，重庆市语文、政治、物理、化学优质课大赛，重庆市学科内研究性学习现场研讨会，重庆市中小学食堂卫生工作研讨会等高规格的比赛和会议，充分发挥了重点中学的示范性、实验性和辐射作用。②赢得声誉，谋求社会认同。6年来，学校获奖30多项，学校校风优良，管理严格，教学质量高，得到了家长和社会的好评。③带领全国几十所"陶研基地学校"创造性地推广和实施生活教育，取得突出效果。A. 每年定期由四川教育出版社正式出版《陶行知教育思想与当代中学教育实践》专集，已连续编了五集。据不完全统计，共有1 500多篇获奖论文编入专集，取得了突出的推广和研究效果。B. 近几年来，全国各"陶研基地学校"和全国大专院校的专家学者来学校考察，学校共接待30余次，承接大小型研讨会、交流会百余场，接待近2万人次。C. 学校还在2002—2005年间多次被评为"全国陶研先进单位"。④通过《重庆陶研文史》杂志搭建交流平台，共发表该课题成果推广的经验交流文章200多篇，在全国和世界产生较大影响。⑤学校定期举行学术年会，使其课题成果的实施推广效果在全国乃至世界传播。⑥建立了全国一流的校级"陶行知与育才中学的校史陈列室"，物化了课题成果，在全国产生较大影响。

主要参考文献：

1. 李亮主编：《教育为公　爱满天下》，重庆：重庆出版社，2008年1月第1版。

2. 蒲蕊：《当代学校自主发展》，广州：广东高等教育出版社，2005年版。

3. 李定开：《重庆教育史》，重庆：西南师范大学出版社，2005年版。

　　此文载《教育为公　爱满天下——以当代生活教育为特色的学校建设研究》（2008年）一书中，杜东平为副主编，该成果荣获重庆市第4届教育科研成果一等奖

以当代生活教育为特色的学校的发展与校长个性

本文论述了特色学校和校长个性,特色学校的发展与校长的个性的关系。

一所富有特色的学校,必须拥有一位富有个性的校长。因此,创建以当代生活教育为特色的学校,校长是关键,特色学校是否有个性,关键取决于校长是否有个性。

一、校长是特色学校建设之灵魂

著名的人民教育家、育才中学创始人陶行知先生曾经说过:"校长是一个学校的灵魂。""要评论一所学校,首先要评论它的校长。"不光是教育家有这样的认识,今天一所好学校必然有一个好校长、创建以生活教育为特色的学校必然依靠具有鲜明个性的校长已经成为人们的共识。可见,校长在以生活教育为特色的学校的创建中责任重大,作用也不容忽视。学校,常常成了校长个性化的产物,或曰校长的化身。不管怎样,校长的个性与以生活教育为特色的学校紧密相连,不可分割。于是,校长的个性将影响全校师生,进而也将影响以生活教育为特色的学校的发展。陶行知在创办育才学校时,充分体现了"创造健康之堡垒;创造艺术之环境;创造生活之园地;创造学问之气候"的以生活教育为特色的学校。

人民教育家陶行知在育才学校做校长时,那真正是学校的精神贵族,他的独特个性折射出一种内在精神,体现在办学的活动中生发出一种对教育价值观的追求,是在办学的实践活动中表现出的办学观念、能力和才华的成熟与自我完善。他治校也治学,他严以律己而宽厚待人,他的博学多才是一张经典唱片;他的探微求精宛如磁针,那典雅圣洁而又流溢出现代气息的旋律弥漫在整个校园,扣人心弦,扩散到整个社会,荡漾在各方圣贤学者的耳际,吸引着他们走进学校,围绕在校长身边,使学校成为"这一个"的绝唱。这种绝唱不是靠物质条件所能换取的。一个校长的个性往往是一所学校的象征,一个优秀校长的名字就是学校的荣誉。

二、校长在超越中推动以当代生活教育为特色的学校发展的有效策略

1. 推动以生活教育为特色的学校发展的灵魂是校长办学理念的超越实现

一个校长,尤其是追求超越的校长,要创建以生活教育为特色的学校,需要确定和把握住发展学校的"魂"。这个"魂"就是超越的办学理念。校长只有确立了超越的办学理念,才能把学校和教师引导到最高境界,进而把以生活教育为特色的学校发展到最高境界,推动以生活教育为特色的学校发展的超越。校长办学理念主要表现为

要具有前瞻性、创新性、务实性和独特性。

2. 推动以当代生活教育为特色的学校发展的核心是突出校长改革的内涵意识

中学校长需要着力于以下两个方面：一方面，超越的中学校长就是要通过积极创建以生活教育为特色的学校来促进学校的内涵发展。以生活教育为特色学校的创建必须十分关注学校管理者和教师的自我更新。具体而言，这种自我更新包括人的观念系统的更新、思维方式的更新、价值取向的更新和行为方式的更新等。这种自我更新，是渗透在教师、学校管理者的日常工作之中，并通过其日常工作方式的转变而体现出来的。以生活教育为特色学校的创建与发展关注的是工作中人的变革，这是最具有实质意义的改变。在创建以生活教育为特色的学校过程中，就是要处理好"成事"与"成人"的关系，通过"成事"来"成人"，"成事"与"成人"紧密结合。另一方面，超越的中学校长就是要在以生活教育为特色的学校创建中唤醒学校的自我意识。以生活教育为特色学校的创建与发展追求的是学校管理的自我更新。这是一种对学校人员综合潜能的积极挖掘，是一种开放的精神状态与发展状态。只有校长想超越自己和改变自己的学校，愿意面对学校的种种问题，愿意寻找学校进一步发展的空间，以生活特色学校的创建才可能在其学校扎根，才能促进学校的自我更新。实践表明，只要注重在创建以生活教育为特色学校的过程中，着眼内涵发展和唤醒自我意识，就有可能在学校管理层面发生巨大的变化，即根据自己学校的历史、现状、问题与发展空间，自主规划以生活教育为特色的学校的发展，积极开展学校科研，开展具有个性特征的文化建设，降低管理

> 校长是一个学校的灵魂。要评论一所学校，首先要看他的校长。
> ——陶行知

重心，重构学校管理体制与运行机制，自主构建"反思—重建型"的管理方式，关注学校最基本的师生日常生存方式的转换，为不断丰富、拓展特色学校创建的理论与实践，不断发挥其独特的作用，体现出应有的价值。

3. 推动以当代生活教育为特色学校发展的基础是加大生活教育特色的校本课程的建设力度

在新一轮基础教育课程改革的大背景下，在实现中学校长超越中推动以生活教育为特色学校发展，需要广大校长紧紧抓住这次发展学校的机遇，以积极建设和开发具有生活教育特色的、能体现学校办学理念的校本课程为基础，并主要突出以下两点：第一，加大生活教育的校本课程的建设力度需要强化准确定位。首先培养目标是学校对校本课程所作出的价值定位。其次重在遵循开发的原则。具体地说，校本课程的开发和建设，要认识到教材不是课程的唯一资源，教师是重要的课程资源，教学环境是不可忽视的课程资源，学生也是课程资源。因而突破教材是唯一的课程载体，

突破课堂的时空局限，重视生活经验课程、体验课程，以及社会实践的课程，是学校开发校本课程的基础，以充分发挥校本课程建设对促进生活教育为特色学校发展的作用。第二，加大生活教育校本课程的建设力度需要突出本土发展。新课改提出，要使学生的学习与他们的生活经验相联系，要将学生的研究性学习与社区服务结合起来，要开发本土资源并使其进入课堂教学，这就要求中学校长在创建以生活教育为特色学校的过程中，真正体现陶行知的"生活即教育，社会即学校"的理论。我们提倡通过学校本土发展来推动特色学校发展，是希望校长能够将其作为一种自觉的理念和行为，在大力开发校本课程中使"生活、社会"、学校的办学文化和办学史，成为一种能够提升特色学校发展的本土特色，并形成保持和发展的有效机制。

4. 推动以当代生活教育为特色学校发展的动力是超越校长的管理权力影响

能否真正推动特色学校发展的内在动力，不在学校外部，而在内部，在中学校长本身。创建特色学校，的确需要校长的威信，但这个威信主要不是来自于校长权力本身，而应该更多地来自于校长的非权力因素，也就是校长超越本人权力的人格魅力。校长的人格形象为"立体是丰满的，结构是多维的"。追求超越的中学校长需要在推动特色学校发展过程中体现如下非权力要素：道德上的一定高度；工作上的一定力度；见识上的一定厚度；形象上的一定亮度；心境上的一定宽度；管理上的一定尺度。

总之，校长在创建以生活教育为特色学校的过程中，只有注重超越管理权力，力求使校长自身的内在品质与外在表现和谐一致，始终保持自己良好的精神状态和心理状态，对师生形成极大的感召力与吸引力，才能体现出持久地推动特色学校发展的内在动力。建设和发展以生活教育为特色的学校，在陶行知校长教育思想的文化积淀基础之上，学校的发展更需要一代一代校长的超越，才会促进以生活教育为特色的学校不断向前发展。

主要参考文献：

1. 周德藩：《给校长的建议——101》，南京：南京师范大学出版社，2004年版。
2. 辜伟等：《特色学校与校长个性》，南京：南京师范大学出版社，2004年版。
3. 莫雷：《20世纪心理学》，广州：广东高等教育出版社，2002年版。

本文载《教育为公　爱满天下——以当代生活教育为特色的学校建设研究》（2008年）一书中，杜东平为副主编，该书荣获重庆市第4届教育科研成果一等奖

当代"生活—创造"教学模式的构建和实践

当代"生活—创造"教学模式内涵依据、范围、要素、特点、原则、策略、程序以及操作策略是什么？本文全面论述。

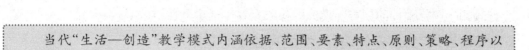

重庆市育才中学承担了全国教育科学"九五"规划国家教育部重点科研课题"素质教育中的生活教育模式实验研究"，"十五"期间学校承担了重庆市哲学社会科学"陶行知教育思想对当代素质教育借鉴意义的研究"的一级子课题的实验研究工作，提出了在我国有重大影响的"生活—创造"教学模式。

一、当代"生活—创造"教学模式的内涵

重庆市育才中学遵循国家的教育方针，以素质教育的理论为指导，依据陶行知生活教育的原理和创造教育的思想为指导，以优化教育整体结构、全面提高学生素质、发展个性特长、培养创造力为目的，构建学校以生活教育为基础的创造性人才培养模式，从而规范素质教育办学行为的操作体系，此模式简称为"生活—创造"教学模式。

二、当代"生活—创造"教学模式的理论依据

该模式以全面贯彻党的教育方针，以提高国民素质为宗旨，"以培养学生的创新精神和实践能力为重点"，以"加强德育，培养学生树立科学正确的世界观、人生观和价值观，树立爱国主义、集体主义、社会主义思想，这是素质教育的灵魂"为依据。同时，以陶行知生活教育的基本原理，也就是生活即教育——生活教育的本体论；社会即学校——生活教育的时空论；教学做合一——生活教育的方法论；人人是创造之人——生活教育的目的论为依据。

素质教育与生活教育的关系，就其概念的内涵来说，二者都是从教育哲学的层面上来界定的。素质教育的内涵着眼于教育目的，即从根本上提高国民素质；生活教育的内涵主要着眼于教育的内容和方法。要达到素质教育的目的，就需要在教学内容和方法等方面进行改革，而通过生活所强调的内容和方法，正是达到素质教育目的的有效途径，其本质是提高民族的创新素质。

三、当代"生活—创造"教学模式的范围、基本要素及特点

该模式的范围是以学校为主导，以生活为基础，以求真为核心，以提高受教育者的创造力为目的，构建"家庭—学校—社会"的一体化教育，实践陶行知所倡导的"生活即教育""社会即学校"的思想。该模式的特点是：生活中心、行动教育、发展个性、

激发创造。该模式的基本要素包括:健康的生活环境、和谐的教育、生活的创造。健康的生活环境是指营造积极向上,有利于身心健康的生活环境。和谐的教育是指教育与生活的和谐,教育过程中教师与学生关系的和谐,教书育人、管理育人、服务育人的和谐,德智体美劳诸方面教育的和谐。教育的落脚点在于生活的创造,即学生的创造、教师的创造、学校的创造。模式的核心是在生活中创造,在创造中生活。

四、当代"生活—创造"教学模式教学的基本原则

我们研究认为,"生活—创造"教学模式应牢牢地把握以下几个原则:

（一）在教学理念上,拓展学科丰富的育人价值观——使教学具有"生命的色彩",让学生在课堂生活中成长

长期以来,传统教学学科的育人价值局限在掌握知识上。在实践中,就是"以考促学",强调考试的功能。以生活教育为基础的创造性模式的教学观,强调课堂要有"生命的色彩",具体地说,课堂应该是通过"生活"使"师生"之间、"生生"之间进行精神生命的交流、融合,更应是教师的精神生命通过学生的精神生命得以延续和发展,这不仅是陶行知生活教育的精髓,也是新课程的理念之一。如何使课堂具有"生命的色彩"呢？就是要注重四个联系:一是书本知识与学生个人生活相联系;二是书本知识与家庭生活相联系;三是书本知识与现代社会生活相联系;四是书本知识与自然生活相联系。从某种意义上说就是要求教师把学生的个人生活、社会生活、自然生活搬到课堂中来,给学生一个发现问题、分析问题、解决问题,形成知识的"教学情景"和教育资源。

将书本知识重新"激活",还要实现与四个方面的沟通:沟通与人类生活的实践;沟通与学生经验的实践;沟通学生成长需要的世界;沟通与人类生活相关的历史。教师把注意力放在教学课程中学生的前在状态、潜在状态、生活经验和发展需要上,从而使学生到达自我突破即心理创造。

（二）在教学组织上,必须进行教学组织的重建——发现与应用学生以"认知结构"为主线,以大单位式为单位组织教学,也称"长程两段"设计进行教学组织:第一段是以知识为载体的某一结构阶段——"教学结构"（慢）,主要采用发现式——自主学习、研究性学习和合作性学习,目的是培养学生发现问题和获取知识的方法以及情感、态度、价值观,学生通过自主、合作和探究的学习过程,创新精神和实践能力就会得到有效的培养;第二段是学生应用阶段——"运用结构段"（快）,主要采用以生活为中心的新情境问题贯彻双基知识,即主要采用有意义的接受式教学,将知识按照认知结构系统化,强化知识网络训练和知识的应用。

以上两段在时间安排上一般为7:3,像这样的教学组织,不仅学生的基础知识和经验得到了增长,同时学生的创造能力和实践能力也得到发展。这是在现代教育思

想下,与时俱进的生活教育的教学组织行为。同时,综合设计弹性化的教案,也称教学策划,改变了传统的所谓"详案",教学目标、教学过程等都有"弹性区间",给学生主动参与留下时间和空间,给学生的个性差异留下空间。不仅如此,教学课程设计还要策划教学进行中的教师活动、相应的学生活动、组织活动的形式与方法、活动效果的预测和期望效果的假设、师生间的互动方式等一系列方面,最后形成综合的、富有弹性的教学方案,废除"一刀切"模式,转变为学生的主动参与创造。

（三）在教与学的关系上,必须进行教学论的建构——即知即传、"小先生制",对课堂而言,"即知即传"、"小先生制"可新释为"多元互动、动态生成"

传统的教学论是教师为主导,学生为主体,而以生活教育为基础的创造性人才培养的教学论的建构是"多元互动、动态生成"。所谓"多元互动"就是指教师与学生互动、学生与学生互动、学生与小组互动、小组与小组互动;学生与文本（课本、教辅、参阅的资料等）互动、学生与媒体互动。所谓"动态生成"是教师、学生、文本和媒体共同生成、生长、成熟的教学过程,也即生成过程、生长过程、成熟过程三个阶段。其教学过程的内在逻辑为:一是通过开放式的问题、情境、活动,要求学生联系自己的经验、体验、问题、想法或预习时收集的信息,进行多种形式的交流,开发学生的"原始资源",实现课堂教学过程的资源生成——简称为"共同生成课程";二是在教师初步汇集资料的基础上,生成与教学内容相关的新问题"生长点"——"生长过程"的生长点;三是通过网络式的师生、生生多元互动,形成"生长元",多解的"方案性资源"——"生长过程"的生长;四是教师汇集不同的方案性资源,组织学生进行讨论比较、评价、互补、修正,形成较为不同方案性的资源更为丰富、综合、完善的新认识,并引发出新的开放性问题——"生长课程"的成熟。这四个连续过程是一个相对完整的教学过程的逻辑环,可以在一节课内完成,也可以在多节课内完成。

从表现形式上看,传统的教学论是讲什么就考什么,考什么就学什么。而以生活教育为基础的创造型人才培养的教学论强调在生活中学习,在生活中创造,要求学生和教师都追求主动参与,合作学习,探究真谛,研究实际,把教学根植于生活及实践的沃土,在接触生活中感悟,在感受生活中体验,在感受和体验中学习和创新。从这个意义上说,以生活为基础的创造型人才培养教育的教学论就是给生活的教育、感受生活的教育、实践和创造生活的教育,也就是新课改倡导的自主性学习、合作性学习和研究性学习等。

（四）从教学的根本目的上来说,培养学生成为创造型人才必须遵循创造性教学的基本原则

关于创造性教学原则的共同观点与创造性教学的原则,不同学派和学者的观点各有特色和侧重点,但我们研究认为,主要有以下几方面:

第一，强调学习者主体性的教学原则。重视学生学习的主动性，强调从学生本身出发，发掘其潜在的创造性。在教学过程中，要求教学要以学生的需要与特点为出发点，教学的内容尽量围绕学生关心的实际问题来进行，以此来激发学生的学习兴趣、主动性与创造性。

第二，强调教师的主导作用。一方面，教师在教学中要尊重学生的主体地位，鼓励学生"唱主角"。另一方面，教师的作用主要体现在课程设计与教学过程的组织上。教师在课程教学设计上，尽量安排符合学生实际需要的内容，设计好问题情景，留给学生发挥想象力与思维活动的余地。在教学过程中，教师要鼓励学生发表意见，表达真情实感和真实想法，努力探索解决问题的办法。

第三，重视学生的实际操作活动，主张在"做"中学。强调活动课程的设计，要向学生提供各种实践活动的机会。创造性心理品质的形成，不仅需要认识上的提高，而且需要情感态度上的改变，更需要相应的行为方式的形成。因此，如果单纯从认识上进行的教学往往使学生的知与情、知与行相分离，难以培养学生的知、情、意三者有机结合的创造性心理品质。所以，必须重视学生的实际操作活动与亲身的体验。

第四，要求提供支持性的课堂气氛与课堂环境。这种支持性的气氛环境是一种自由宽松的、民主安全的环境。在这种环境中，学生敢想敢说，没有太多的心理压力与负担，不担心教师或其他学生批评自己说错话或说话幼稚。这种支持性的课堂环境在形成过程中，教师是一个关键的因素。如果教师能充分理解学生，尊重学生，以平等、民主、和蔼可亲的态度来对待学生，就容易营造良好的环境气氛。而那些以居高临下的姿态来批评学生，羞辱、挖苦与讽刺学生，以粗暴与强制的手段来压服学生的教师是不可能提供支持性环境的。

在教学过程中，教师要鼓励学生提出不同的意见，接纳和欣赏学生的新想法，减少带有价值性意义的评判，允许学生有经历错误的机会。

> "生活—创造"教学模式的核心是在生活中创造，在创造中生活。
> ——杜东平

当然，以上介绍的各种教学原则是比较概括性的，教师可以在培养学生创造性的教学实践中，结合学科特点、学生特点、地域特点等，灵活运用以上原则，更需要在此基础上推陈出新，发展出适合具体教学实践的教学方法。

五、当代"生活—创造"教学模式教学的策略

"生活—创造"教学模式是培养创造思维的主要渠道，是教育的重要组成部分，从教学方法上说，常见的有教学做合一、有意义的"授—受"式教学、启发式教学、讨论式教学、探究式教学等；从学生学习的角度上说，主要表现为自主学习、合作学习、探究性学习、研究性学习、创新学习等。在这里重点是探讨"生活—创造"教学模式的教学

策略,其教学策略是指以生活为基础的创造性的教学方法和技术。在这里重点概略地介绍一些比较有效的教学策略:生活课堂教学中的创造性教学策略、创造性思维的教学策略、实践活动的教学策略。

(一)当代生活课堂教学中的创造性教学策略

课堂教学不仅可以向学生传授科学知识,奠定创新所必需的知识基础,而且可以通过学习理论知识,培养学生创造性思维的人格。创造活动需要敏锐的观察力、良好的记忆能力、生动的想象力和独特的思考能力等多种能力的综合发展,这些都要求采用不同学科的教学活动,使学生通过练习而逐步获得。具体来说有以下几个方面:

1.激发好奇心和求知欲,培养创新意识

教师要培养学生的创造性思维能力,用新的教学理念来改革传统的课堂教学,用创新教法来激发学生的好奇心和求知欲,增强学生学习的兴趣,才有可能在学生接受知识的同时,培养他们独立思考,提高创新思维的能力。教师可从以下三方面来提高自己的教学方法。

第一,精彩的课前导言引起认知失调,促进学生进入兴奋状态。课堂教学的导言如同戏剧的"引子",影视的"序幕",往往负有酝酿情绪、集中学生注意力、渲染主题和引入情景的任务。"良好的开端是成功的一半。"导言安排得是否恰当,成功与否,将对后续教学的好坏起着举足轻重的作用。成功的导言,能引起学生的认知失调,学生对教师的话题产生兴趣,情绪高昂,求知欲高涨。成功的导入有多种形式,教师可根据内容需要和学科特点灵活选择,常见的有:实验法、讲故事法、设置疑问法、演示法、生活实例导入法、习题导入法、史料导入法等。具体选择哪种方法可以根据学科和教学的具体内容来确定,要注意满足课前导入的4个特征:①趣味性——要能让学生感到引力;②启发性——要能使学生积极思考问题;③关联性——前后知识的关联要形成一个有机整体,前后衔接;④实用性——能达到突出学科主题,抓住学生心弦的效果。

第二,加强直观教学,创设引发学生兴趣的教学情境。直观教学符合学生的认知需求,把抽象的概念和原理转化成具体、形象的知识,使学生易于理解和记忆。直观教学一方面要求教师充分利用教学设备,增加教学的趣味性和直观性;另一方面,教师要重视"三板教学艺术"。在课堂教学中,教师讲授的科学语言、优美的板书,再配合上风趣而生动的板图板画,这给学生带来莫大的兴趣,可以活跃课堂气氛,调动学生积极思维。如地理课上,教师可以先勾勒出中国地图的雏形,再用彩色粉笔画出我国的几大山脉的走向。生物课上,学习花的结构图,教师可以先在黑板上画出花的剖面图,然后和学生将各部分的名称一一标出来。等学生都熟悉后,擦掉各部分的名称,再抽几名学生标注,看谁填得又快又准。因此,教师要注意训练自己的三笔(毛笔、钢笔、粉笔)、一话(普通话)和一画(简笔画),提高自己做教师的软件水平。

第三，授课语言力求生动幽默。教师要把深刻的教学内容通过生动幽默的语言形式表达出来，深入浅出，寓庄于谐，可以激发学生的学习兴趣，消除身心疲劳，保持振奋的精神状态，有助于学生加深对知识的理解和巩固，活跃课堂气氛，激发创造性思维，促进创造性观念想法的形成。教师在教学中使用幽默语言，应注意以下几点：一是有意识地运用幽默语言进行教学；二是语言应服从教学内容的需要；三是教学语言应符合学生的年龄和理解水平；四是加强学科之间的横向联系，密切联系生活实际。

2. 设置问题情景，培养创造性思考问题的能力

"学起于思，思源于疑。"教师不仅要注意激发学生的好奇心和求知欲，还应该创设一定的问题情景，促进学生思考。正如苏霍姆斯基指出的那样："使你的学生看出和感到有不理解的东西，使他们面临着问题。如果你能做到这一点，就是成功了一半。"以下就如何激发学生创造性地提出问题、思考问题、解决问题作一些探讨。

第一，激发学生思考问题，提高学生解决问题的能力。

在课堂教学中，教师如果能精心设计几个问题，通过师生的共同活动来揭示教材和学习过程中的矛盾点，让学生始终处在"口欲言而不能"的心理状态中。教师要和学生一起进行探索研究，在适当的时候加以点拨和引导，并注意收集学生的信息反馈，发现学生的"闪光点"，培养学生的创新思维，提高解决问题的能力。我们必须明确两点：

首先，把握问题类型。根据布鲁姆的认识领域目标分类方法，再结合目前的学科教学，可以将教师提出的问题分为五大类：主要包括回忆性问题、理解性问题、应用性问题、分析性问题、评价性问题。这些问题类型中，前三类问题属于低水平认知，主要是检查知识的掌握程度，问题一般只有一个答案，学生只要熟悉教材就可以正确作答；后两类问题则涉及到高级认知过程，问题没有唯一的正确答案，学生也无法直接从教材中得到现成答案，而是需要自己去收集证据、组织材料、独立思维才能获得结论。具体采用哪种类型的问题，教师可以根据教学的实际需要来选择。一般讲授新课采用要求低水平认知加工的问题来帮助学生掌握知识；在复习阶段，应该提高问题的难度，选用要求高水平认知过程的问题来深化学生的认识。

其次，要掌握提问的艺术。教师在课堂上进行提问，应当注意这样一些方面：一是提问要紧扣主题，要富有层次性、逻辑性。每堂课都有一个主题，教学提问也必须围绕着这个主题来发问。提出的问题要尽量集中在重点内容和关键性的问题上，教师要按重点、难点和关键点设计成阶梯式问题群，引导学生步步深入地进行思考。二是问题应明确、精练。教师提问要做到语言精练，题意明确，能让学生准确理解为佳。教师必须认真钻研教材，深刻挖掘知识点的各种关系，精心设计教学内容，要把提问和教学真正结合起来。不要提一些范围太大、内容太空，让学生琢磨不透的问

题。三是问题难度要适合学生的认知水平。四是应注意问题的全面性。全面性有两层含义:一是要注意内容上的全面性,要把难点、重点、关键点联系起来,要综合各章、各节的知识来进行深入地提问,在一个问题中包含多个知识点,让学生能将知识前后贯通,灵活运用,掌握每个知识点的适用条件,能将思维辐射到整本教材中去。二是注意提问对象的全面性,要把问题分成不同的梯度,按学生理解问题的深度来提不同的问题,教师的提问要做到让学生"跳起来能摘到桃"。教师不能只对部分学生提问,而应把提问的辐射面扩大到全体学生。对于优生,提问就可以适当超越教材;对于差生,提问就可以只限于教材的内容。这样,既培养了优生,又不放弃差生,做到全体学生共同进步。

第二,教师要让学生学会自己提问题。

一是教师要鼓励学生自己提问题。很久以前人们就认识到发现问题的重要性,教育专家指出,现有教育对培养学生发现问题能力的重视度很不够。现实世界中人们遇到的问题大部分都是结构不良的问题,而教育环境给学生提供的却大都是结构良好的问题,学生很少有发现问题的机会。传统教育常常忽视了对学生选择和形成问题的训练和指导,从而造成教学中常常出现学生没有发现问题的现象。这种现象绝不意味着学生对所学知识都已理解,没有问题其实就是最大的问题,它反映了学生发现问题、理解知识的能力较差。

二是学生提问的类型和数量受到学生的年龄、经验、先决知识和技能、对教师的态度以及教学方法、问题性质、奖惩制度、问题评估环境、社交类型等多方面的影响。学生提出的问题一般分为三类:第一,巩固型问题,学生试图巩固学到的新知识,加深对概念的理解;第二,探究型问题,学生试图扩展所学的知识;第三,复合型问题,学生试图检验所学知识,解决概念冲突,探索新观念以及由此产生的后果。学生提问的能力和类型差异也很大。差生的问题大多指向仅需要回忆的事实性信息或程序性知识;而优生的问题大多是引发他们感到惊异的问题,多集中在解释现象、探寻因果关系、预测趋势,尤其是解决和所学知识有冲突的异常事件上,问题较为开放,富于想象力和思考力,需要对所学知识进行深化和扩展。因此,教师要让学生学会自己提问题,要经常唤起学生的主体意识,鼓励他们独立思考、积极提问,对于善于提问的学生应予以表扬。同时,要营造民主平等的教学气氛,使学生提问有"安全感",对哪怕是一些异想天开甚至偏离本教学内容的提问,教师也不要急于否定,而应通过引导让他们回到主题上来。最后,教师不仅要善于激发学生提问,还要向不擅长提问的学生传授如何提问的技巧,让学生学会自己提问,提出好问题。

第三,教师对学生提出的问题要给予适时的正确反应。

我们通过研究,将教师对学生提出的问题产生的反应划分为7个水平:第一级,回绝问题;第二级,重复问题;第三级,承认自己无知或者简单呈现信息;第四级,鼓励发问者寻找资料;第五级,提供可能的答案;第六级,鼓励学生对可能的答案进行评估;第七级,鼓励学生评估答案。级别越高,表示教师对学生的关注程度越高,学生就越有可能发展他们的高级思维技巧。总之,教师要注意自己对学生提出的问题的反应,尽量在高级水平上对学生提出的问题作出反应,这对学生的智力发展和创造性的培养都将是大有裨益的。

（二）创造性思维的教学策略

创造的目的是要产生出前所未有的、有价值的精神或物质产品。创造性思维是指个体在强烈的创新意识驱使下,通过综合多种思维方式,对头脑中的知识、信息进行新的思维加工组合,产生出新思想、新观点、新理论的思维过程。简言之,凡是突破传统思维习惯,以新颖独创的方法解决问题的思维过程,都可以称为创造性思维。这种独特的思维常使人产生独到大胆的见解,得到意想不到的效果。以下是几种主要的思维训练策略:

1. 发散思维训练策略。根据吉尔福特的观点,发散思维包括以下特性:流畅性（产生多种观点的能力）、灵活性（摈弃旧有的习惯思维方法和开创不同方向思维的能力）、独特性（产生不同寻常的反应和不落常规的能力）和精细性（添加细节以完善观念）。在提高学生发散思维能力的活动中,主要针对提高学生思维的流畅性进行训练。思维流畅性得到提高,就能产生更多的观念;产生的观念越多,就越可能获得最好的观念。常见的训练策略有自由讨论法、替代法、组合法、调整法、一题多解法等。

2. 形象思维训练策略。形象思维训练策略是凭借对事物的具体形象或表象来认识事物的思维活动。形象思维是在科学研究和日常生活中不可缺少的思维手段之一。在创造性思维活动中,形象思维所起的作用在于使表象参与思维过程,使思维活动能够结合以往的经验,在想象中形成创造性新形象,提出新假设。直观表象参与思维过程是创造活动顺利开展的重要条件。培养学生的形象思维能力就是要学生通过对事物表象的认识,达到探究事物的本质和规律的目的。从思维的发展来看,学生的思维方式从小学、初中到高中,是从以形象思维为主逐步变为以抽象思维为主的过程。因此,形象思维能力的培养是学校教育不可忽视的内容。在课堂教学中培养学生的形象思维能力的主要训练策略有类比法、想象法、创造剧本法等。

3. 逆向思维训练策略。所谓逆向思维法,就是指为达到一定目标,从相反的角度来思考问题的方法。逆向思维的基本特点是从已有思路的反方向去思考问题,即常规思路不行,就考虑逆推;直接解决不行,就想办法间接解决。逆向思维有利于克服思维定式。常见的训练策略有逆向反转法（包括功能性反转、结构性反转、状态反转和因果关系法）、反常规的方法（反常规的方法思考问题）、重点转移法等。

(三)实践活动的教学策略

学校教育活动的主要组织形式是教学,包括学科教学和活动教学两类。活动教学,是指在教学过程中贯彻"教学做合一"的思想,建构具有教育性、创造性、实践性、操作性的学生主体活动为主要形式,以鼓励学生主动参与、主动探索、主动思考、主动实践为基本特征,以实现学生多方面能力综合发展为核心,以促进学生整体素质的全面提高为目的的一种教学形式。活动教学坚持"以活动促发展"的思想,强调主动学习、主动实践的教育价值,注重学生主体性的发挥,建立以主动学习、主动实践为特征的方法论体系。这种主动学习方式以自主探索、合作学习为模式,具体包括探究型活动方式、交往型活动方式、体验型活动方式、创造型活动方式,可以使学生的创造性得到极大的发展。当然,活动教学对创造性的促进还需要开放、民主、宽松的教学环境作保证。只有在民主和谐的师生关系中,通过学生自主活动,才能促进活动主体的发展,才能培养他们的创新意识和能力。常见的有基础类(是指在常规课程的基础上,增加工艺美术、心理健康、创造教学等新课程,让学生掌握创造的知识和技术)、延伸类(是指对基础类的延伸,将课堂延伸到课外,开设丰富的第二课堂)、创造类(是指要根据学生的兴趣、特长来确定不同的兴趣小组,开展丰富多彩的课外活动,让学生在实验、考察、讨论、设计和制作中得到锻炼)。

六、当代"生活—创造"教学模式的基本程序及几种典型的子模式

(一)总模式的基本程序:生活→创造→生活

[生活]营造健康向上的学校生活、家庭生活,积极参与社会生活。这里有三个层面:第一个层面是优化校园生活,即指"创造健康之堡垒,创造艺术之环境,创造生活之园地,创造学术之气候,创造真善美之人格";第二个层面是学校影响家庭生活,通过家长会、家长学校等活动方式提高家长素质,营造积极向上的生活环境,从而影响家庭生活;第三个层面是学校引导学生参与社会生活。也就是说,教育学生正确认识各种社会生活现象,利用起主导作用的、积极的社会生活,教育学生和引导学生积极参与社会生活。

[创造]生活对人的思想和行为施加影响,从而产生创造。具体地说,第一,生活环境对人的熏陶感染、潜移默化,即"过什么生活,便是受什么教育"。在教育中就会产生创新的想法,这是隐性教育的心理创造。第二,教育者发挥主导作用,积极有效地利用生活中的现象、事实、材料、信息等与教育目标、内容有机结合,使教育生动而富有成效,就会产生创造性的思维方式,如灵感、逆向思维、发散思维。这是显性教育的创造。第三,个体在生活环境中,由于周围的人和事的影响,促使自己内省,通过自我矫正,使自己的思想和行为适应社会和环境的需要或者改造环境的需要。这是自我教育的心理创造。

[生活]受教育者带着对教育的新认识、新观念、新思想，参加生活实践，然后对生活环境产生影响。也就是说，第一是受教育者参加社会生活（包括政治生活、经济生活、文化生活、科学生活）、家庭生活、学校生活等方面的实践活动，在实践活动中，运用书本知识，并在实践中增强能力。第二是影响生活，是指受教育者提高认识后，转化为行动，然后提高自己的生活质量；同时也要对生活环境产生影响。受到的是良好教育，则可能发挥积极影响；反之，则可能产生消极影响。这里指的"提高自己的生活质量"是指随着知识的增长、审美观念的增强、生活情趣的提高，受教育者会自觉地提高自己的生活质量，创造新的生活，创造幸福的生活。"影响生活环境"指的是人既能适应生活环境，也能不同程度地改变生活环境。这在时间分配上有近期和远期之分：近期影响是指学生在学习期间，通过自己的言行对家庭生活和学校集体生活产生直接影响；远期影响是指学生在学习期间所获得的思想、态度、知识、方法和能力会对未来的工作及社会生活产生影响。

（二）当代"生活—创造"教学模式的几种典型的子模式

1. 生活教育的课堂教学模式群

模式名称	模式特点	基本程序
"活学活用"模式	生活中心 活学活用	生活→联系→提高→生活（应用）
"教学做合一"模式	做为中心 双向互动	教→做←学
教学创造模式	面向实际 探索创新	生活→求真→创造→生活
生活提炼模式	源于生活 高于生活	体验生活→提炼生活→反映生活
生活探究模式	思想交流 激发创新	生活资料→探究讨论→小结升华
自主探究性教学模式	面向生活 自主探究	展现生活→自主探究→反馈点拨→用于生活
生活体育的教学模式	体验生活 激发创新	生活游戏→提出问题→讨论启发→实践操作→及时评价→总结升华
研究性学习模式	探索求真	生活→问题→探索→结果→评价
家庭教育模式	潜移默化 榜样习得	生活→榜样→习得→（影响）生活
家庭教育模式（1）	社会实践 行动教育	生活→引导→参与→前进
家庭教育模式（2）	正面引导 选择教育	生活→引导→教育→提高

2. 生活教育中研究性学习的几种典型模式

种类	名称	特点
完全渗透式	学科课题研究模式	以学科知识为背景,与课题式研究性学习相似
	综合学科课程模式	以各学科综合知识为背景,学会研究性学习
	学科研究模式	教师提供学科材料,并引导学生研讨问题
	实验研究模式	将验证性实验改为探究性实验,让学生研究
不完全渗透式	问题探究型	学生对教材中的疑难问题,查阅资料探究
	拓展深化型	以教材某个知识点为圆心,拓宽研究
	实验求证型	让学生对结果再探究,通过实验验证正误
	比较研究型	相似的问题,给出材料用比较法寻找异同

以上这些子模式群都体现总的模式,即在生活中创造,在创造中生活,即生活→创造→生活。

七、当代"生活—创造"教学模式的实践

采用以生活为基础的"生活—创造"教学模式的教育,强调把学生的个人生活、家庭生活、社会生活、自然生活搬到教育教学中去设置教学情景,巧妙地突出重点、突破难点、辨析疑点,通过学生的自主学习、合作、探究等,从而达到创造的目的。现以实证的方法来说明以生活为基础的创造性人才培养模式。

(一)"生活—求真—创造—生活"教学模式的实践

语文老师为了使学生深入生活,体验生活,组织学生收集杨家坪地区广告标语中的错别字和不规范字,然后到课堂进行归类、比较和纠正,提高学生的认识,也使学生在今后的生活中注意用字规范;化学老师组织学生调查桃花溪的污染情况;物理教师组织学生参观电厂。这些实践活动的目的就是使学生学习的书本知识与生活实际发生联系,在生活中学习,在学习中创造,在创造中生活,就这样去解释生活中的现象,去解决生活中的问题。这样才能真正有利于提高学生的能力和创造素质。

在这里以杜老师教学的高二生物课的《生殖和发育》中动物的个体发育为例具体说明该模式的应用。

个案举例

[展现生活]用录像带放映《动物世界》的片段,即蛙的个体发育过程和放映《人体的个体发育》片段。鲜艳的画面引发学生的情感,激发学生大脑的兴奋点,在较短的时间内集中注意力,以饱满的热情投入课堂教学之中。

[依标导学](多媒体显示)

思考题:

(1)蛙的受精卵有何特点?其特点与受精卵有何关系?

(2)什么叫卵裂？卵裂期有何特点？其特点与受精卵的发育有何关系？

(3)什么叫原肠胚？原肠胚有何特点？

(4)原肠胚的各个胚层进一步发育出哪些组织器官系统？

[学法指导]带着上述思考题，边看黑板的挂图或教材中的图片，边阅读教材。

[自主探究]留足够的时间让学生按"依标导学"环节的要求自学。

[讨论交流]学生自我探究后，对不懂的问题可与同组的同学相互讨论解决，仍解决不了的疑难问题交给老师。

[反馈点拨]重点讲清卵裂、囊胚和原肠胚各有何特点，老师答疑或评价。

[练习反思]教师针对学习目标，精心设计了蛙的胚胎发育的几个阶段示意图，要求学生据图回答问题。学生回答后，老师要求学生反思本节内容，给学生5分钟左右的时间，要求学生对教材内容提出问题。实验班的黄某举手发问："我对教材内容有怀疑，能否让我们把家乡土鸡的胚胎培育出来看一看？"此时，老师抓住机会，让该同学担任实验小组组长，找了9位同学利用课余时间对土鸡的胚胎发育过程进行了研究。在研究过程中反复实验，直至成功。学生写出观察记录21篇，拍出照片48张，分别制作不同时期的胚胎浸制标本14瓶，查阅了大量的资料，终于写出了《土鸡胚胎发育过程实验研究报告》。

（二）"活学活用"教学模式的实践

总模式		生活→创造→生活		
项目	子模式	生活→联系→提高→生活（应用）		
政治（何老师）	到附近商场调查商品的品种、名称、用途、价格等	与《商品》一节的教学内容相联系	对商品形成价值规律认识	解释：如彩电等商品价格波动现象
语文（陈老师）	到"大坪—杨家坪"地区调查标语及广告错别字	与规范汉字书写任务相联系，正确书写汉字	归类分析，自觉规范汉字书写，纯洁语言文字，办语文小报	
数学（党老师）	分析某地沙漠绿化工作，含沙漠绿化和绿地沙化两种情况的相关数据	和函数、数列不等式等知识相联系	分析相关数据，进行数学建模	运用数学建模的方法，结合相关数学知识，解释分析，并指导相关生产生活实际问题
外语（陈老师）	外语交际语言需要	情境交际法，模拟联系生活实践	学生创造学习，灵活运用，丰富内容	提高交际能力，用英语自由表达（用英语向家长介绍）
物理（董老师）	洗澡上岸冷风扇人凉，院坝洒水凉爽	与"蒸发带走热量"这一原理相联系	液态水分子在汽化过程中带走热量	人发烧可用酒精擦拭额头降温；火箭、导弹用易蒸发的油降温

总模式		生活→创造→生活		
项目	子模式	生活→联系→提高→生活(应用)		
化学 (杨老师)	火锅馆使用的固体酒精燃料	与《酒精》一节的教学内容相联系	认识可燃性是酒精的化学性质	解释固体酒精的形成过程及原因
生物 (邹老师)	家庭做"醪糟"需要隔绝空气,闭封产生酒和气泡	与酵母菌无氧呼吸相联系	无氧呼吸分解葡萄糖产生酒精和二氧化碳(气泡)	解释生活现象:深水烂秧是由于无氧呼吸产生酒精毒死水稻
地理 (金老师)	家中水槽放水时的旋涡;家中汽车玻璃上的水雾	空气运动(气旋、反气旋);空气中水蒸气的凝结	地球上水平运动物体的偏向;理性认识水蒸气凝结的条件	飞机飞行、轮船航行、导弹飞行;人工降雨、机场驱雾器的发明等,城市上空的低云比郊区多而厚
体育 (王老师)	抗洪抢险救伤员	与50米跑以及掷实心球项目结合	模拟抗洪抢险,认识健身的社会意义	其中体尖生在家练负重跑、跳跃,老师表扬
音乐 (邹老师)	从生活中来:学生迷恋流行音乐	与音乐鉴赏课联系	提高审美情趣,认识流行音乐的局限性	学生买贝多芬等著名音乐家的唱片,扩大音乐视野
思想教育 (李老师)	某同学贪玩、迷恋电子游戏,逃学,书包掉了无数个	与学习目的,规范学生行为的教育任务联系	进行学习目的及人生观的教育,提高认识转变思想	对班集体生活产生良好影响;竞选班长成功,获校级演讲二等奖,考上上海同济大学

本模式的意义:用于教学,可活学活用知识,体现科学的价值观,亦体现创造;用于思想教育,针对学生生活中出现的活思想进行创造性的思想教育,针对性强,实效性高。

(三)研究性学习模式的实践

研究性学习模式:生活→问题→探索→结果→评价

[生活]观察生活,向生活学习。

[问题]留心生活,发现生活中的问题。

[探索]带着问题求解,或深入调查研究,或搜集资料,或咨询等。

[结果]问题的解决。

[评价]自评或他评,是否真正解决问题,解决问题的程度和意义。

个案举例

有的人对生活熟视无睹,有的人却留心生活发现问题。有同学发现九龙坡区桃花溪被污染,为了解污染源及污染情况,学生利用双休日沿溪溯流而上采集样本调查研究,又在生物教师和化学教师的指导下写出了小论文。教师对"小论文"作出评价:联系实际,能进行自主性研究性学习,对桃花溪的污染作出了初步的调查研究,具有一定的现实意义。

（四）家庭教育模式的实践

家庭教育模式：生活→榜样→习得→（影响）生活

[家庭生活]"家庭是一切教育的第一场所"，什么样的家庭生活就有什么样的教育。勤劳、俭朴、卫生、和谐、进取的家庭生活就是勤劳、俭朴、卫生、和谐、进取的教育；相反，懒散、奢华、邋遢、争吵、消极的家庭生活，就是懒散、奢华、邋遢、争吵、消极的教育。

[榜样]家长是孩子的第一位教师，家长的言行起着示范作用，家长是孩子自然效法的榜样。

[习得]小孩自觉或不自觉地向家长学习。年龄愈小，小孩模仿成分愈大，家长的影响愈大。不断地学习模仿、不断地强化巩固，形成一系列条件反射，即动力定型，也就是生活习惯。

[影响生活]小孩的生活习惯一旦形成，对自身生活、家庭生活及校园中的班级生活都会带来正面或负面的影响。

个案举例

以学校为主导影响家庭教育模式，通过家长、学校和家长会，教育家长起好榜样作用，营造良好的家庭生活环境。

例如学生王某，父母闹离婚上诉法院，导致该生不读书，半期考试不参加。班主任老师把父母双方请到学校，做工作达成不离婚的协议，若要离婚等到孩子中学毕业后再离婚，父母遵守了协议。孩子在上海举行的"周总理诞辰100周年纪念全国演讲比赛"中夺得第四名，高中毕业考上重点大学。后来父母才离婚。这就是学校影响家庭教育模式的范例。

（五）社会教育模式的运用

①社会生活→引导→参与→前进

[社会生活]选择什么样的社会环境，什么样的教育内容，什么样的典型事例来教育学生，反映了一定的教育思想和价值标准。根据我们的教育目标，利用有积极教育意义的社会环境来教育学生。同时，教育内容、活动方式都要与学生的知识水平、年龄特点及心理特点相适应。要把最有积极意义的教育因素加以强化、突出，以便引起学生的注意和兴趣，以期达到教育的目的。

[引导]教师引导学生抵制消极的社会生活，选择和利用积极的社会生活，让学生参与。

[参与]学生亲身参与社会实践，在思想上、行动上经受实践锻炼，包括社会服务、公益劳动、社会调查等。

[前进]在实践中认识社会、了解社会,学会生存,最终体现为思想、学业、行为上的进步。

个案举例

重庆市育才中学积极引导组织学生参与社会生活,经受实践锻炼。由团委书记牵线搭桥让高99级6支部开展了与403电车路队共建精神文明线的活动。学生假日参加交通服务,在社会服务中锻炼提高自己,收到良好的社会反响。《重庆青年报》作了专题报道。

②社会生活→引导→教育→提高

[社会生活]选择什么样的社会环境,什么样的教育内容,什么样的典型事例来教育学生,反映了一定的教育思想和价值标准。根据我们的教育目标,利用有积极教育意义的社会环境来教育学生。同时,教育内容、活动方式都要与学生的知识水平、年龄特点及心理特点相适应。要把最有积极意义的教育因素加以强化、突出,以便引起学生的注意和兴趣,以期达到教育的目的。

[引导]教师引导学生抵制消极的社会生活,选择和利用积极的社会生活,让学生参与。

[教育]主要以参观、学习的形式接受教育。

[提高]思想认识和觉悟的提高。

个案举例

为了对学生进行创业教育,选择参观嘉远集团,让学生了解企业成长的艰辛。学生提高认识后,很有感触地在日记中写道:"今天参观嘉远集团,不仅让我了解到一个企业成长的艰辛,更让我明白了自己与这些创业者们之间存在的巨大差距,路漫漫其修远兮,吾将上下而求索……"学生有这样的感受,就是社会生活教育的收获。

综上所述,我们在本节系统阐述了当代"生活—创造"教学模式的内涵、依据、范围、基本要素、特点、原则以及多样化的子模式群,并探讨了当代生活课堂教学中创造性教学的策略以及典型范例等。然而,在各学科具体运用的时候不是僵化的,而是灵活多样的,有很多变式,这在后面几节中将深入地探讨。

主要参考文献:

1. 邹今治,杜东平:《素质教育中的生活教育模式实验研究结题报告》,"重庆论文大系",贵阳,贵州出版社2002年版。

2. 厉以贤:《现代教育原理》,北京:北京师范大学出版社,1998年版。

3. 缪建东:《家庭教育社会学》,南京:南京师范大学出版社,1999年版。

本文载《科学咨询·教育科研》(2005年18期)

多种方法践行陶行知创造教育

学校采取多种途径和方法践行陶行知创造教育思想，会产生突出效果。

陶行知是我国现代在创造教育方面既有实践又有理论的教育家，学习他的创造教育思想，对于实施素质教育，培养跨世纪的创新型人才，尤为重要。我们遵循国家的教育方针，以当代素质教育的理论为指导，依据陶行知生活教育的原理和创造教育思想为指导，构建以学校为主导，以生活为基础，以求真为核心，以提高受教育者的创造力为目的。实行"家庭——学校——社会"的一体化教育，实践陶行知所倡导的"社会即学校"、"生活即教育"的思想，着力体现生活中心、行动教育，发展个性、激发创造。该模式的基本要素：健康的生活环境、和谐的教育、生活的创造。生活的创造，即学生的创造、教师的创造、学校的创造，是教育的落脚点，也是教育的目的。我们采取了多种途径和方法，并取得突出效果。

第一，进行职业理想教育。学生较早树立自己的职业理想，也就是较早确立人生的奋斗目标。如在初中有的班主任召开了"我长大了做什么"的主题班会，同学们道出了当画家、舞蹈演员、运动员、播音员、教师、电力工程师、建筑师等职业理想，高中有不少班主任也进行了职业理想教育。尽管早期的职业定向还有不确定性，但促使他们在绘画、舞蹈、球类、语言、物理等方面多花工夫，使兴趣爱好、个性特长得到发展，这就是创造教育在生活教育的一个着力点。

第二，爱护学生的好奇心，增强自信心，培养进取心。无论发明、发现、创造还是革新，它们都有共同的心理条件——好奇心、自信心和进取心。在物理、化学、生物等自然学科的教学中要尽可能满足学生的好奇心，让他们去观察、嗅、触摸和操作等。"自信是成功的第一秘决"。培养自信心最好的办法是成功的激励。对后进生和后进班，采用"低起点、缓步走"的教学策略，有利于学生一步一个脚印地取得成功。这一次成功，有利于增强信心，战胜困难，在下一次取得成功。另外，班主任要多用表扬的方法培养学生的自信心，特别是问题多的学生，要发现他身上的闪光点，发现长处，通过表扬、鼓励，激励成长，培养自信心。

第三，鼓励学生质疑问难，加强创新性思维训练。在学科教学中，渗透创新性思维技巧训练。例如，突破思维定式，提出问题，信息交换产生新思想。还有发散型思维、收敛型思维、直觉型思维、立体型思维、动态型思维等多种不同的技巧训练。这些需要各科教师在教学实践中探索。

第四，加强自主学习活动，培养独立思考习惯。学生能在学习中摸索出一套适合自身特点的学习方法，这就是创造。如我校丁某就是靠自己良好的学习方法夺得高考的文科状元。

培养独立思考习惯。创造决不是对传统的模仿和从众的结果，它要有思维的独立性。教师要鼓励求异思维，对爱提意见的人，不能视为是爱挑刺的坏学生。如不少老师在教学中，运用讨论方式、探究式教学、合作学习，就是帮助学生摆正自己的主体地位，培养学生独立思考能力的好教学案例。

第五，手脑并用，加强理科实验和课外科技活动。陶行知的教育思想特别强调动手动脑、手脑相长。如开发了物理、化学、生物实验，增加教材以外的实验，大大加强了学生的动手能力、观察能力和实验技能。

第六，搭建平台。大力开展研究性学习。研究性学习是培养学生创新精神、实践能力的载体，学校开发校本教材资料包，设置研究性学习的新课程，引入为学生开展研究性学习的学校管理机制。

第七，加强校本课程的开发，加强选修课、活动课的开设，坚持陶行知建校时开创的"创造节"。以人为本的思想，鼓励学生发展个性特长。

第八，"小主人"的推行。一是学生自治是陶行知创办育才学校时倡导的一种方法，其本质是让学生当家做主参与学校和班级管理，培养学生自我教育、自我管理、自我服务的能力。

第九，"小先生制"的推行。推行"小先生制"的主要作法有：小先生上讲台讲课；小先生答题；小组互帮互学；"小先生"批改作业；小先生课前三分钟表演制度；"值日生讲演制度"；小先生十分钟读书汇报；小先生生活事例角色扮演；小先生上活动课，拓展学习空间等多种作法。推行"小先生制"的效果，能激发自主学习的动机，提高学习兴趣，培养学生自主学习能力以及管理和自我管理的能力；倡导"即知即传"的互助精神；师生平等教学格局。

第十，加强科学竞赛、辩论和演讲活动。学科竞赛和智力竞赛活动是通过课外活动的渠道来活跃思想，启迪智慧，也为某方面的专门人才奠定基础。

"小主人制"推行的时代价值让学生当家作主，培养学生自主教育，自主管理，自主服务。

——杜东平

第十一，组织学生集体活动，加强体育和艺术活动，增强群体意识，合作精神。让学生在集体活动中学会表达，学会交往，学会处理人际关系，学会组织管理。而这些都是创造型人才所应具备的基本素质，这些素质的形成单靠课堂教学或者书本学习都是难以奏效的。因此，集体活动有独特的育人效果，这是课堂教学不能替代的。学校通过多种渠道让学生去组织一些安全、健康、有益的集体活动，如班会、集体竞赛、集体劳动、集体参观、集体郊游、联欢会等。学校要大力开展球类班级竞赛、军训、歌咏比赛、艺术节、集体参观等活动。

体育活动除培养学生特长，一般增强学生的体质而外，主要通过体育锻炼和竞赛活动。培养竞争意识。培养吃苦耐劳的精神，团结协作精神，以及顽强拼搏的意志品质。学校在培养体育特长生方面成绩突出，一共向大专院校输送数十名体育专业人才。

此外，学校还可加强"学校、社会、家庭教育一体化活动"。创造人才特质的培养离不开良好的家庭教育。学生的品德和行为习惯与家庭环境的影响关系十分密切。学校组织学生利用寒暑假开展生活和科技小制作活动，学生制作了飞机、汽车、军艇模型、生物标本、生活器皿、多彩多姿的剪花……展示了学生的聪明智慧与创造。

主要参考文献：

1. 胡小凤：《创业教育论集》，成都：四川教育出版社，1995年版。

2. 杨春鼎编著：《创造艺术》，长春：吉林大学出版社，1993年版。

本文载《重庆陶研文史》（2009年1期）上网：维普咨询网：www.cqvip.com

学习陶行知教育思想
探索中学生人格素质教育

　　运用陶行知的人格教育思想,研究中学生人格素质教育,得到以下结论:人格素质教育的关键:懂得爱、付出爱;人格素质教育的重点:理解与和平;人格素质教育的难点:自由与责任;提高人格素质的手段:学会自我调节。

　　我国近代著名教育家陶行知先生教育思想的核心就是教人学会做人,做一个"真人"的人,做一个"爱人"的人。他在重庆创办育才学校时,反复强调本校师生工友以集体的力量,实现"五项创造",其中要求"塑造真善美之人格"。这也是人文主义教育的终极目的和核心难点。在现在的社会里,人们吃够了来自四面八方的假冒伪劣现象的苦头,开始呼唤人的道德品质和真情。于是,大家都希望把年轻一代培养成善良而富有责任感的公民。陶行知先生说得好:"教育改良个人天性。人之性情有善有恶,教育能使恶者变善,善者益善……教育乃取恶性中之善分子,去善性中之恶分子。"把我们国家建成充满人性、人情的现代文明的国家,把人类建成真、善、美的世界。

　　那么,如何运用陶行知的人格教育思想,来培养中学生的人格素质呢? 这正是我们一直在努力实践和探索的问题。

一、人格素质教育的关键:懂得爱、付出爱

　　不少专家呼吁,教育自己现在已经生病,"病"在哪里,病就病在缺少爱,而更多的被利欲所代替。爱是和睦相处,与人为善的,助人为乐,见义勇为,"天下兴亡,匹夫有责"的根本,也是人格的根本和重要标准,且是人间物质。缺少了爱心,人就不是人,而是动物;人间就变成了"动物世界"。人的爱是"老吾老以及人之老,幼吾幼以及人之幼"的爱,是为别人付出,而不求回报条件的爱,是对事业、集体、人民、祖国和世界的爱。这些是动物不能的。

　　陶行知有一句名言:"捧着一颗心来,不带半根草去。"这就告诉人们爱的秘诀就是付出。困难中的人,伤心的人,一旦拥有一朵花,就觉得拥有了整个春天。所以,只要您向他献出一片暖暖的关爱,那么您的心就给了另一颗心一座真正的天堂。

　　您想得到爱,唯一的办法是付出爱。虽然您不是为爱而爱,但是,别人都是"爱着您的爱","幸福着您的幸福"。孟子曰:"爱人者,人恒爱之;敬人者,人恒敬之"。教育改革家魏书生也说,心要像高山一样,你对着对方心灵的高山呼唤:"我爱你——"那

么对方山谷的回音也是"我爱你——"这是一个自然规律，也是爱的法则。陶行知先生更具有"爱满天下"的博大情怀。

你，如果是一位老师，您爱教育事业吗？您爱学生吗？只有充满爱心的老师，才能培养出具有真、善、美人格的学生。陶行知先生1941年4月6日在他创办的重庆育才学校的朝会上向全校师生说："由于物价飞涨，反动派的封锁迫害，学校经费已临山穷水尽，难以维持之境。最近几位好心朋友对我说，环境如此难丢下育才吧！你何必顶着石臼做戏，抱着石头游泳呢？我不是抱着石头游泳，而是抱着爱人游泳，越游越起劲，要游过急流险滩，达到胜利的彼岸。"苏霍姆林

索取不是爱，献身才是爱。
——魏书生

斯基要求他学校的每一个教师都要有一颗真诚透明的爱心，把学生当作"我的孩子"去关心。他的女儿介绍说："祖母曾经用一句话概括了父亲的教育思想的精髓，这就是：亲爱的人啊，你们学会做一个爱人的人吧！"

二、人格素质教育的重点：理解与和平

尊重，理解，关怀，帮助，原谅，是每个人活在世上的发自内心的强烈的心理需要，是每一个伟大的、高尚的、快乐的人格完善的必由之路。因此，我们首先要学会尊重、理解、关心、信任、原谅他人。几乎每一个人都有一百个原谅自己的理由，就是没有一个原谅他人的理由。自己的错误是有原因的，合理的，应该的；别人的错误是无理的、不该的，不可思议的。其实每个人都需要对方的理解与合作。

中国的孩子认为：别人的帮助与关怀，理所当然，何足挂齿。他们从小就只要别人为自己服务。在家里，他们习惯接受父母之爱，但不付出爱。由于缺乏付出，缺乏细腻的人生体验，所以理解不了付出的艰辛和真情，也不会向别人付出真情和爱。

你对别人好，就是对自己好；相反，你对别人恶，也是对自己恶。陶行知说，你骂我，我骂你，不过是用别人的嘴来骂自己。以恶待恶，滋长了恶，恶性泛滥。作恶的心理得到强化，作恶的能力得到锻炼。

有人要问：我帮助没有良心的人，也能得到他的帮助吗？其实，"人之初，性本善"。人人都有良心的，只要精诚所致，金石也会融化。就算别人暂时没有回报，你也得到两个帮助。第一，你帮助了别人，提高了自己的帮助觉悟和能力。第二，因为你没计较别人对你怎么样，你的胸怀就更宽阔了。如果你计较别人的回报，你心里就不平衡，多折磨，自寻苦恼。你应该多作这样的思考：别人没回报，就是最好的回报。他帮助你战胜人性恶的一面，帮助你创造真、善、美的人格。

三、人格素质教育的难点：自由与责任

陶行知认为："民主没有深奥的意思，通俗说法：就是大家有份。在倒霉的时候是

'有祸同当',在幸运的时候是'有福同享',在平常的时候是'大家的事大家做,大家谈大家想'。"这就告诉我们自由与责任是相辅相成的。每一个人都有自己的自由,同时都应维护他人的自由,否则,都将失去自由。维护他人的自由,就是一种责任。当代人文主义教育将自由与责任视为现代伦理生活的核心价值,强调既关心自己,又关心他人,集体以至整个人类。伏尔泰有句名言:"你说的话,我一句也不赞成,可是我要拼命捍卫你说这话的权利。"

有些中国人缺乏听别人讲话的修养。你去卡拉OK厅坐坐,你会发现,面对唱得不好的娱乐者,在座的多叹息,多白眼,多讽刺,而少掌声,少"鲜花"。听别人唱歌的修养自明。其实,你要听唱得好的,你到音乐会去呀!这里是大众娱乐,自娱自乐。你有娱乐的自由,别人也有娱乐的自由。尽管别人唱的你一句也听不进去,但你要努力捍卫别人唱歌的自由。歌声犹如阳光,你不能让丑的人永不见阳光。还是陶行知先生说得好:"自己要谈话,也让别人谈话,最好是大家商量。自己尽可能做事,也要让别人做事,最好是大家合作。自己要吃饭,也让别人吃饭,最好是大家有饭吃。自己要安全,也让别人安全,最好大家平安。自己要长进,也让别人长进,最好是大家共同长进。"

学会面带微笑,注视对方,认真倾听别人讲话,也是人格素质教育的内容。CSC赴美夏令营去迪斯尼、索尼参观的路上,美国的山姆、沙丽精彩地讲述着迪斯尼、索尼,而中国的孩子喧闹着,或大笑,或谈无聊的事,打断别人的介绍,尽管这是别人认真准备了很久的介绍。中国老师特别难受。美国的吉米是一个不轻易发火的人,总是在认真地倾听、快乐的微笑。这种鲜明的对比警醒我们:必须加强人格素质教育。

四、提高人格素质的手段:学会自我调节

自我是什么?话得从弗洛伊德的精神分析学说说起。弗洛伊德在他的一系列著作中反复论述了人的三重心理结构:本我、自我和超我。

本我,即"伊德"(Id),代表生活本能冲动,按"享乐原则"活动。本我,主要是满足人的本能需要,不受理性支配,是非理性的。如:眼睛受太阳光刺激,很不舒服,于是本能让你闭上眼,就舒服了。

自我,是在本我需要与环境之间协调的一种心理机智。人的本能不一定能满足,就与现实发生矛盾。而"自我"代表现实化了的本能,居于中间地带,按现实原则活动。自我出自本我却又控制本我,并形成人格之基本核心。邱少云被火烧时想活,但不能不顾部队安危而活。否则,人格就低下。自我使人与环境协调、顺应、一致。一个人的自我心理好,他就可以得到发展。否则就获取不到成就。

超我,代表"道德化的自我",包括社会良好和自我理想两方面,按至善原则活动。它是传统观念、价值、理想在人们心理上的反应。超我要求人该怎么做,以指导

自我却限制本我活动为主要职责。如：邱少云以"舍生取义，杀身成仁"的超我指导自我限制本我的生存欲望。

可见，本我代表一个极端，"我要怎么做"；超我代表另一个极端，"我应该怎么做"，如法律；自我在中间平衡、调节，如法官，指出"我只能怎么做"。

我们的学生自我调节素质较差。CSC赴美夏令营的孩子们有幸被山姆带到了索尼电影公司，参观一部大片的制作过程。进去之前，山姆再三要求孩子们，安静！安静！结果这批人一进去就大喊大叫。站在一旁的中国老师极为难堪。这群孩子只按"享乐原则"行事，不按"现实原则"行事，原则误用，自我调节能力极差。这又警惕我们加强人格素质教育！

教育干什么？教育完善一个人的人格，提升一个人，就发展一个人。"生育"有两层意思：生的是一个自然人，育的是一个社会人。人不管其生理怎么发达，也只是生物机能的完善。人是社会化了的动物。只有人的共同生存意识增强，人才是一个不断提升的人。

社会是相互联系的人构成的。一个人不可能与他人"绝缘"。因此，人格素质教育就是教学生学会与他人共处、共生、共谋发展。一个人格高尚的人，共生能力强；一个人格低下的人，共生能力弱。人格素质教育应从学会共生做起。人格是共生的基础，共生是人格的体现。我们要高唱陶行知当年创办育才学校的校歌："真即善，真即美；真善美合一。让我们歌颂真善美的祖国，真善美的世界，真善美的人生，真善美的创造。"

主要参考文献：

1. 贾培基：《陶行知》，重庆：重庆出版社1991年版。
2. 国家教育行政学院编著：《基础教育新视点》，北京：教育科学出版社2003年版。
3. JJ等：《爱满天下》，北京：国家出版社2001年版。

本文载《西南师范大学学报》（2001年增刊）

以陶行知为楷模探索新时代的师德教育

> 老师对教育事业要有忠心,对学生要有爱心,对工作要有创造之心,对学习要有恒心。

江泽民同志在《关于教育问题的谈话》中指出"老师作为'人类灵魂的工程师',不仅需教好书,而且要育好人,各方面都要为人师表"。著名教育家陶行知先生也认为:"在教师手里操着幼年人的命运,便操着民族和人类的命运。"对师德师风他也提出过十分严格的要求:"各人一举、一动、一言、一行,都要修养到不愧为人师的地步。"面对新世纪的知识经济时代,我们以陶行知先生为楷模,学习他的师德教育思想,对于探索新时代的师德教育,有非常重要的价值。笔者这里提出新时代的师德教育应加强"四心"教育,供同仁参考。

一、对教育事业要有忠心

陶行知深信"教育是立国之本",深信"教育是国家万年根本大计",深信"教育是大有可为的事"、"是永久有益于世"的事。他从理性的高度认识到教育对国家和民族的重要意义,从而热爱与忠诚于人民的教育事业,为人民教育事业奋斗终生。陶行知高尚的师德首先就体现在他对人民教育事业的一片忠心上,体现在他对人民事业"捧着一颗心来,不带半根草去"的无私精神上。

陶行知深信"教育没有独立的生命,它是以民族的生命为生命,唯有以民族的生命为生命的教育,才算是我们的教育"。在陶行知生活的年代,中华民族的生命维系于民族解放。因此陶行知明确指出"现在中国的教育只有一个目的:民族解放。如果教育不能帮助中国成为一个自由、独立的国家,那么教育就没有意义了"。

我们今天忠于教育事业,要把教育事业十分重要的理性认识转化为搞好教育教学工作的实际行动。今天中华民族的生命唯系于国家富强,我们应该坚信,当今中国的教育也只有一个目的:国家富强。如我国教育不能帮中国成为一个富强、民主、文明的社会主义现代化国家,那么教育也没有意义了。

教师有了对教育事业的一片忠心,就会认定"教育乃最有效力之事业","教育乃一种快乐之事业",就能认识到"教师的服务精神,系教育的命脉。金钱主义,最是破坏教师职业的尊严",就能抵制贪图享乐,金钱至上等消极思潮的影响,就能获得全面推进素质教育的强大政治动力,就会有创造性地搞好教书育人工作的积极性。

二、对学生要有爱心

陶行知先生提倡"爱满天下"。陶行知是对学生充满爱心的典范。这特别体现在他办育才学校时期。1941年育才学校经济十分困难，已到山穷水尽，难以维持的地步，有人劝陶行知停办育才，但他下决心坚持到底，说："除非我自己，我的朋友，整个中华民族都没有饭吃了，那时也只有大家饿死，而没有自动停办。"有人说他办育才是抱着石头游泳，他说是抱着"爱人"游泳，非达彼岸不止。在最困难时，他所想的不仅是使育才能生存下去，而且要为育才谋求发展。甚至连每个学生要有一套礼服这样的事也在他的筹划之内。陶行知对学生的爱更主要表现在全面关心学生，以使学生健康成长，成为国家民族的栋梁之材。陶行知的高尚师德集中体现在他对学生无微不至的全面关爱上。

陶行知对学生的关爱启示我们，没有对学生的爱是当不了一个好教师的。爱生是师德的第一要点。面对新时代，笔者认为爱生首先是要了解学生。陶行知说"小孩所需要的不是爱而是了解"。为什么？因为"爱的教育容易捧，容易哄。溺爱是有害的，把小孩拉住使他不能向前跑"。因此，爱学生首要的是了解学生。只有了解学生的爱好、才能、个性特点和精神世界，才能引导他们成为有志向、有智慧和有健全的个性的人。不了解学生的兴趣、爱好、才能、禀赋、倾向，爱学生也就成了一句空话。

爱学生就是面向全体学生。公平地对待所有的学生，对所有的学生一视同仁，绝不厚此薄彼，绝不凭个人好恶偏爱、偏袒某学生或冷落、歧视某些学生。面向全体学生，公正对待所有的学生，这是教师能够得到学生信任的先决条件。陶行知先生毕生办教育，和各种各样性格的孩子生活在一起，他是孩子的教师、长辈，又善于做孩子的知心朋友。早在1930年春办晓庄师范时，他就写了一首《糊涂先生》的诗来提醒教师要面向全体学生，热爱每一个学生，不要对学生轻易下结论，更不能体罚学生，这首诗中有两段写道：

"你这糊涂的先生！你的学堂成了害人坑！你的墨水笔下有冤魂！你说瓦特庸，你说牛顿笨，你说像个鸡蛋坏了的爱迪生，若信你的话，哪儿来火轮？哪儿来电灯？哪儿来的微积分？

"你这糊涂的先生！你的教鞭下有瓦特，你的冷眼里有牛顿，你的讥笑中有爱迪生。你别忙着把他们赶跑，你可等到：坐火车，点电灯，学积分，才认他们是你当年的小学生。"

爱学生还要尊重学生的人格，与他们平等相处，共同生活。他提倡教师不仅要教学生，还要向学生求教，向学生学习，和学生一起研究学问，真正做到教学相长。他很尊重学生，如他写了一首诗，其中第二句是"大孩自动教小孩"，他给学生读这首诗后，学生提了几条意见。第一条小孩也能教小孩。第二，小孩也能自动。陶行知认为小孩讲得好,后来发表这首诗第二句就改为"小孩自动教小孩"。他还赞扬他们说,黄泥腿的小孩改洋博士的诗,应该拜他们为一字师。这告诉我们,关爱学生的教师会发扬民主,信任学生,尊重学生,把学生视为自己朋友和共同创造、共同探索真理的伙伴。

三、对工作要有创造之心

陶行知早在1919年就发表了《第一流的教育家》的短文,提倡"敢探未发明的新理"的创造精神和"敢于未开化的边疆"的开发精神。这篇短文发表于《时报》的《教育周刊》,该刊专栏主笔梦麟认为陶行知的一席话"可算是教育界的福音"。

教师工作上的创造之心,主要表现在不满足于做好一般日常教育教学工作,而要做教育教学工作中的"有心人",要经常进行"教学反思"。陶行知在《创造宣言》中说得好:"创造主未完成之工作,让我们接过来继续创造。"又说:"教育者不是造神,不是造石像,不是造爱。他们所要创造的是真善美的活人。"还说:"教师的成功是创造值得自己崇拜的学生。说得正确些,先生创造学生,学生也创造先生,学生先生合作而创造出值得彼此崇拜的活人。"他还重复说明一个道理:"处处是创造之地,天天是创造之时,人人是创造之人,让我们走两步退一步,向着创造之路迈进吧。"这些都告诉我们,教师可在平凡的工作岗位上干出不平凡的事业来,教师的创造是创造学生的精神生命。

教师也要学会搞一点教育科研。要认识到教育的复杂性和艰巨性。陶行知曾指出:"中国兴学二十多年,对于教育学术贡献太少,就是因为教育界的人把教育问题,看得太普通、太浮泛了。"今天,我们看看教育也不乏是犯这样的错误吗? 因此,在新时代里,首先真正要正视教育的复杂性;其次要学会认识教育问题的复杂性;第三要探索适于教育问题的复杂性的独特研究方法。

教师有了工作的创造之心,也就有了探索教育规律、改进教学方法、提高教育质量的内在动力,能使教师尽自己所为在教育事业上有所作为,有所创造。

四、对学习要有恒心

陶行知本人一生好学。他说:"做先生的,应该一面教一面学,并不是贩卖某些知识来,就可以终身卖不尽的。"又说:"我们做教师的人,必须天天学习,天天进行再教育,才能有教学之乐而无教学之苦。"还说:"唯其学而不厌,才能诲人不倦;如果天天卖旧货,索然无味,要想教师生活不感到疲倦是很困难的。"

现在知识更新速度加快,不学习就会落后,教师和其他职业的成员一样,入门培训已经绝对满足不了日后工作的需要,必须在整个工作期间通过再学习更新和改造自己的知识和技术。

教师学习上有恒心,还可为学生做出榜样,"要想学生好学,必须先生好学。唯有学而不厌的先生,才能教出学而不厌的学生"。教师学习上的恒心,是教师不断提高自身素质,不断提升教育质量的重要保证。

　　总而言之,学习陶行知,研究陶行知,以陶行知为楷模,探索新时期的师德教育是一个实践性很强的课题。师德教育最终表现在帮助教师树立起科学的正确的世界观、人生观,这更是一个人一辈子的事。

主要参考文献:

1. 华东师范大学教育科学研究所编:《陶行知全集》,长沙:湖南教育出版社,1984年、1985年版。

2. 王世杰:《陶行知创造教育思想》,合肥:安徽教育出版社,1991年版。

3. 郭斯萍,万翼:《智慧之门——创造力开发》,南昌:江西教育出版社,1998年版。

　　本文载《交流协作》(2001年6期),转载《重庆师范学院学报》(2001年)、《基础教育》(2001年5期)两杂志

"师爱"、"施爱"与"爱满天下"

> "师爱"是师生情感交融的基础,"施爱"是师生情感交融的关键,"爱满天下"是情感交融的目标。

今天,不少专家呼吁,教育自己已经生病了,"病"在哪里,病就病在缺少爱,而更多的被利欲来代替。现代著名教育家陶行知是对学生充满爱心的典范。他大力提倡"爱满天下"。学习和研究陶行知"爱人"的思想,对于当前治疗教育的"病",具有重要的价值。本文通过学习和研究他的"爱人"思想,就"师爱"、"施爱"与"爱满天下"谈谈笔者之见解,供同仁商榷。

一、"师爱"是师生情感交融的基础

"师爱"是爱的情感在我们学校教育的特定环境中发展形成的结果,是教师所特有的职业道德感,是一种高尚的情操。它与母爱、友爱等一般的爱相比,具有如下特性。

1. 师爱具有高度的责任性

教师对学生的爱,不是出自个人的恩怨,而是出自社会的需要,教育的需要。它代表着成人社会对下一代的关怀和爱护,体现国家、民族对下一代的深情和期望。这是一种包含着深刻社会内容和社会意义的情感。陶行知先生1941年4月6日在他创办的重庆育才学校的朝会上向全校师生说:"由于物价飞涨,反动派的封锁迫害,学校经费已临山穷水尽,难以维持之境。最近几位好心朋友对我说,环境如此艰难丢下育才吧! 你何必顶着石臼做戏,抱着石头游泳呢? 我不是抱着石头游泳,而是抱着爱人游泳,越游越起劲,要游过急流险滩,达到胜利的彼岸。"这个事例告诉我们,教育家陶行知的师爱是稳固、深厚的,是与教师所肩负的社会责任紧密联系的。

2. 师爱具有彻底的无私性

陶行知有一句终生的座右铭:"捧着一颗心来,不带半根草去。"这说明教师对学生的爱不图个人回报,是一种无私的奉献。爱得越深,奉献得越多。教师献给学生的是自己的知识、智慧和时间、精力,他们所企盼的只是学生茁壮成长,早日成才。因此,这种爱是高尚的、纯正的,是与教师职业所提倡、奉行的"蜡烛精神"一致的。

3. 师爱具有明显的广泛性

教师对学生的爱,不局限于个别的对象,而是面向全体学生。教师所肩负的是对一代人的教育使命,并非对个别人的教育任务。无论学生的外貌形象如何,也不论学生行为举止是否合乎自己的心意，学习成绩是否优良，教师对所有的学生都应怀着同样的深情和爱心。绝不凭个人好恶偏爱、偏袒某学生或冷落、歧视某些学生。陶行知坚决反对这样的教师，他曾写了一首《糊涂先生》来提醒教师，这首诗这样写道：

你这糊涂的先生！你的学堂成了害人坑！你的墨水笔下有冤魂！你说瓦特庸，你说牛顿笨，你说像个鸡蛋坏了的爱迪生，若信你的话，哪儿来火轮？哪儿来电灯？哪儿来的微积分？

你这糊涂的先生！你的教鞭下有瓦特，你的冷眼里有牛顿，你的讥笑中有爱迪生。你别忙着把他们赶跑，你可等到：坐火车，点电灯，学积分，才认他们是当年的小学生。

这首诗体现了陶行知"让各个学生都抬头走路"，让每一个学生都感受到教师的爱，这正是"爱"的基本施爱方针。因而，这种爱是真正的、无偏的，是与教师的基本职业道德相联系的。

4. 师爱具有突出的教育性

教师对学生的爱，不是无原则的，而是始终与学生的严格要求结合的。1918年3月，陶行知在南京高等师范学校代理教务主任，由于他"办事认真，对学生学习要求严格，同学们最敬畏，因此呼为'老虎教务长'"。这说明爱中有严，严中有爱，爱而不宠，严而有格，慈严相济，正是师爱的一个重要特性，是社会对下一代的深情和期望在师爱中得到和谐统一的表现。高尔基曾说过："爱孩子，这是母鸡也会的事。可是善于教育他们，这就是国家的一桩大事了，这需要才能和渊博的知识。"因而，这种爱是有导向性的，分寸感的，是与教师的教书育人工作的根本任务相适应的。

简言之，师爱是一种稳固而深厚，高尚而纯洁，公正无偏，有导向性和分寸感的情感。具有高度的责任性、无私性、广泛性和教育性。作为一线教师，只要做到这些，教师和学生之间的情感交融就有了坚实的基础。

二、"施爱"是师生情感交融的关键

在教学实践中，我们常会发现，有的教师纵然怀有对学生的一腔热情，却并未被学生感受到，有时甚至可以说学生并不领情，师生情感就不融洽。究其原因就是教师没有抓住"施爱"这一条。抓住"施爱"是师生情感交融的关键。

"施爱"就是教师将自己的爱生之情化为满足学生某些需要的行为。这里强调两点，一是教师不仅有爱之情，而且有爱之行，这样爱才能产生巨大的效能；二是教师有爱的行为，但却不能满足学生的某些需要，也同样无法引起学生积极的情感反应。在师生交往过程里，儿童、青少年学生以人际关系定向来分，较强烈的主要有依恋的需要、尊重的需要、理解的需要和求德的需要。教师若能在教学活动中处处注意到学生的这些需要，并将之化作满足学生需要的行为，就会引起学生的积极反应，由此导致师生在教学中的情感交融。

1. 在教学中满足学生依恋的需要

依恋的需要是一个人的基本社会需要之一，表现为要求他人对自己的关心、理解和爱抚。1938年10月4日，陶行知与作曲家任光一起参观武汉战时儿童保育院，发现一位癞痢头小朋友——陈贻鑫，乐感极好，经任光指点，能正确地指挥小朋友唱歌。办起育才学校后，陶先生惜才如命，把这个孩子从保育院接到育才培养，并千方百计寻医找药给其治疗，2个月后陈贻鑫乌黑的头发长得满满的，半年以后，那头发长得好极了。据冯玉祥著的《我认识的蒋介石》一书第69章"用黑名单杀陶行知的蒋介石"一节记："由此可以看出，陶行知先生真是爱人如己，谁想这样被敬爱的陶先生会被蒋介石迫害死了！"陈贻鑫小朋友没有辜负陶先生的关心和教导，他在育才刻苦学习，进步很快，最后成为新中国第一批音乐家。

2. 在教学中满足学生尊重的需要

儿童、青少年随着年龄的增长，他们不仅能经常自我评价，而且也非常注意周围人对自己的评价，要求他人尊重自己的需要日益强烈，对他人是否满足自己的这种需要引起的情感体验——自尊也表现出来。在教学中，要注意平等施教。陶行知很尊重学生，他曾写了一首诗，其中第二句是"大孩自动教小孩"，他给小孩读这首诗后，学生提出了两条意见。第一，小孩也能教小孩。第二，小孩也能自动。陶行知认为这小孩讲得好，后来发表这首诗第二句就更改为"小孩自动教小孩"。他还很赞扬他们说，黄泥腿的小孩改洋博士的诗，应该拜他们为一字师。这告诉我们关爱学生的教师应发扬民主，贯彻"教学相长"的精神，决不能"居高临下，摆出一副说教面孔。在教学管理上，注意保护学生自尊心。制止、纠正或处罚一些违纪行为，往往与学生发生冲突，教师尤应头脑清醒，针对学生的违纪行为，而不是违反行为的学生"。

> 爱中有严，严中有爱，爱而不宠，严而有格，慈严相济，这正是师爱重严特性。
>
> ——杜东平

3. 在教学中满足学生理解的需要

理解的需要也是人际交往中一种基本的社会需要。例如于漪老师在上《木兰诗》时，有学生当场发出疑问："同行十二年"，怎么会不知木兰是女郎？不说别的，她的小脚便会露馅。当于老师解释了南北朝时妇女尚未裹脚后，还有学生寻根究底，提出中国妇女究竟何时兴裹脚之风的问题。这却是于老师备课始料未及的，把她给难住了。遇到这种情况，有的教师会恼羞成怒，训斥学生胡纠蛮缠，节外生枝，学诗词怎么会搞到考证妇女裹脚的起始朝代！但于老师并不这样想，她理解学生好奇、好问、好独立思考的心理特点，不但不反感，反而尽可能去寻找资料回答学生，直至在《陔余从

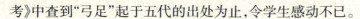

考》中查到"弓足"起于五代的出处为止,令学生感动不已。

4.在教学中满足学生求德的需要

人们在相互交往中会依据一定的道德准则来约束自己的言论、举止,同时也以一定的道德准则来审视、评价和要求他人,从而产生相互的求德需要。如果教师的道德风貌能满足学生的求德需要,会大大改善教师在学生心目中的形象。陶行知的许多学生都在回忆录中讲到这一点。比如"谦和有礼"。怎样叫"谦和有礼"呢?两人相见要行礼;如狭路相遇应避道,让人先走。他的学生回忆说,我们见到陶行知时,陶行知都很有礼貌也跟他们打招呼,而且让开路让他们先走。校长都这样,学生怎么会不这样做呢?陶行知的这种以身作则,为人师表,有力促进了他的学生对他的积极情感倾向,几十年后,回忆起来,还会记忆犹新,念念不忘。除此以外,对学生要公正合理,无私无偏,满足学生求德的需要,这也是师爱的基本特性。

三、"爱满天下"是师生情感交融的目标

"爱满天下"是陶行知人生追求的最高境界,也是他育人的目的。他在《育才三方针》中说:"爱是其中的一方针,并解释为:根据孩子们愿意帮助人的倾向,透过集体生活,我们培养和引导他们对民族发生更高的自觉的爱。"他要求学生爱人类,爱中华民族。他写的一首诗叫《中国人》:"我是中国人,我爱中国,中国现在不得了,将来一定了不得。"体现了他对祖国的希望,作为中国人的自豪感。他的"捧着一颗心来,不带半根草去"告诉人们爱的秘诀就是付出。现在的学生绝大多数是独生子女,人称"小皇帝",只知"获得",不知"付出",应教育学生:您想得到爱,唯一的办法是付出爱。教育改革家魏书生曾教育学生说:"心要像高山一样,你对着对方心灵的高山呼唤:'我爱您——'那么对方山谷的回音也是'我爱您——'。"这是一个自然规律,也是爱的法则。所以"爱满天下"不仅仅是培养学生博大情怀,而且也是教会学生学会"付出",学会关心他人,学会爱他人,爱祖国,爱人类,这是我们师生情感交融的目标。

总之,在加强素质教育,针对教育存在的突出问题的今天,应大力弘扬陶行知的"爱满天下"的思想,培养学生学会"爱人"的人格,对于学生走向知识经济社会具有重要的现实意义。

主要参考文献

1.JJ:《陶行知教育思想》12讲,合肥:安徽教育出版社,1993年版。

2.魏书生:《班主任工作漫谈》,桂林:漓江出版社,1993年版。

3.贾培基:《陶行知》,重庆:重庆出版社,1991年版。

本文载《重庆师范大学学报》(2001年)

"学校—家庭—社会"一体化育德实践

——"小主人"的实践研究

"小主人制"是陶行知创办译者学校倡导的学生自治办法,在当代学校实践中是"学校—家庭—社会"一体化育德实践的有效作法。

作为世界文化名人、伟大的人民教育家陶行知先生人格精神的化身和他深精弘博的教育思想的直接继承者——重庆育才中学不仅有着深厚的教育文化积淀,而且还在长达64年的办学历史中形成了优良的办学传统和鲜明的教育特色,是全国著名的"师陶圣地,育才摇篮"。

该校是早年陶行知先生躬行实践生活教育实践的学校,科研兴校是该校的办学特色之一。从20世纪80年代以来,学校就开始一系列的教学改革,并展开了实验研究,同时承担市级、国家级教育科研课题多个,在德育研究过程中取得了新的突破,具有开创性和实效性。

现就多年来对"小主人"的实践研究的情况报告如下:

一、研究的指导思想

以学校为主导,以德育生活为中心,以提高受教育者"真、善、美"的人格为目的,构建"学校—家庭—社会"一体化教育。

二、研究的目的

通过对"小主人"实践的研究,以德育生活为核心,构建"家庭—学校—社会"一体化教育,让"小主人"在实践中"培养生活力","创造真善美人格"即"学做真人"。

其育人的目标如下表:

育人目标		"培养生活力","创造真善美之人格"即"学做真人"。
目标的细化	"生活力"	在家庭生活、学校生活及社会生活中的生存力。具体指生活自理能力、终身学习的能力、合作共事的能力、实践能力、创新能力等。
	"真"	追求真理,有科学知识、科学精神、科学方法和态度,以及终身学习的愿望等。
	"善"	社会价值标准所规范的思想、品行,即善良、和蔼、正直、忠诚、合作、团结、守纪、爱国等。
	"美"	良好的审美观念和审美情趣。能欣赏美,创造美,以及较高要求的心灵美、语言美、行为美、身体健壮美以及"优美和乐之情感"。
相应的人格素质		自信、进取、坚毅、兴趣广泛、富于独创、勇于冒险。

三、研究理论依据

素质教育的基本内涵："全面贯彻党的教育方针、以提高国民素质为宗旨"。实施素质教育的重点："以培养学生的创新精神和实践能力"为重点的素质教育，坚持以德育为核心，加强德育，培养学生树立科学的正确的世界观、人生观和价值观，树立爱国主义、集体主义、社会主义思想，这是素质教育的灵魂。这一灵魂是"小主人"实践的理论依据。

生活教育的含义，陶行知解释为"从定义上说，生活教育是给生活以教育，为生活向前、向上的需要而教育"。生活教育理论的基本原理——"生活即教育"、"社会即学校"、"教学做合一"、"人人是创造之人"。其中蕴含着的生活德育是生活教育的灵魂，旨在教人做"完美人格"的"真人"。陶行知的"真人"是指：一是学做真人，不做假人，做追求真理的真人；二是做"人中人"，不做"人上人"；三是做有道德的人；四是做一个完整的人；五是做一个立志改革，勇于创造的人；并且认为，塑造"真人"要进行以集体主义为核心的思想道德教育。

陶行知先生的一生是伟大的一生。他是集爱国主义精神、国际主义精神和革命精神于一身的光辉典范。他的思想和事迹是学校德育工作的瑰宝。陶行知先生十分看重思想道德教育，他认为："道德是做人的根本。根本一坏，纵然你有一些学问和本领，也无甚用处，并且，没有道德的人，学问和本领愈大，就能为非作恶愈大。"他在《育才十二要》中要求学生"要诚实无欺；要谦和有礼；要自觉纪律；要自助助人；要勇于为公；要坚韧沉着；要力求进步……"陶行知还要求学生要有"科学精神"，要有"坚强的人格和百折不回的精神"，要成为"自主"、"自立"、"自动"的共和国民。陶行知先生还强调集体生活的教育。陶先生这些思想对于实施素质教育，加强德育工作，具有很强的现实意义。这些也是构建"学校—家庭—社会"一体化教育，小主人实践的理论依据。

四、主要做法及效果

以学校为主导，以生活为中心，以提高受教育者素质为目的，构建"家庭—学校—社会"一体化教育。构建"家庭—学校—社会"一体化教育，关键是学校发挥主导作用。把家庭教育纳入素质教育的轨道，学校要用教育方针、先进的教育思想和方法来影响家长，影响家庭生活，既要配合好学校教育又要发挥好家庭本身的教育功能。学校对社会教育的主导作用，是有选择、利用的权利，社会生活是万花筒，具有多样性和复杂性，有积极和消极的社会生活。学校可以选择利用与教育目标相符合的积极的社会生活来教育学生。构建"家庭—学校—社会"的一体化教育是实践陶行知"社会即学校"的思想，使学校教育成为充满时代气息和生命活力的开放系统。

五、让"小主人"在学校生活德育中成长

(一)学校"小主人"和"小先生制"的推行

1."小主人"的推行研究

"小主人"——学生自治是陶行知创办育才中学时倡导的一种方法,其本质是让学生当家做主参与学校和班级管理,培养学生自我教育、自我管理、自我服务的能力。我们重点从学生参与学校管理和一日班长制两个方面进行了研究。现分述如下:

(1)学生参与学校管理——学生自治。

①学生自治的有效作法:在刘萍莉、邓玉洪等老师的《学校学生自治问题的研究》中的有效作法是:A. 依靠校团委和学生会建立学生自治组织;B. 明确自治内容;C. 开展自治工作:a. 参与学校德育考核和两操——课间操、眼保健操考核;b. 食堂就餐值勤和饭菜的质量监督;c. 协助生活教师对寝室纪律、清洁卫生、内务整理、安全进行监督;d. 成立学生文明礼仪监督岗,采用校园巡查方式对学生出勤、胸卡、服饰、文明言行、乱丢乱扔情况进行抽查;e. 参与学校学生活动的策划和组织,例如学生参与创造节、体育节、元旦文艺会演的组织和策划等。在首届创造节中,各班学生充分发挥了"小主人"的作用,自己创作班歌,以班为单位,开展合唱比赛。初2001级2班的班歌《我们二班就是好》获得全校师生高度赞扬,并获一等奖。f. 开展丰富多彩的社团活动。如近两年来相继成立了"英语爱好者俱乐部"、"存在文学社"、"IT俱乐部"、"学生体育协会"、每周学生电影等等。g. 学生自办校报——《育才报》。h. 继承陶行知当年创办育才学校时创设的"精神早餐"——学生在升旗仪式上讲话。这些作法不但体现了学校加强民主管理的思想,更重要的是培养提高了学生自我教育、自我管理、自我服务的能力。

②学生自治的效果。坚持开展学生自治,让每一位学生都成为班级的主人、年级的主人、学校的主人,积极参与学校事务,为学校的发展出谋划策。学生自治,学生的综合素质得到了很大的提高,学校形成了良好的校风和学风。从2001年到2004年,获市级表彰的有:三好学生42名,优秀学生干部18名,文明学生12名,先进班集体6个;优秀团干部30名,优秀团员80名,共青团先进集体12个。校表彰仅以2003至2004学年度为例,在全校70多个教学班,近5 000名学生中,评出文明学生3 187人,占全校总人数的63.6%,评出三好学生、优秀学生干部共1 000人,占全校总人数的20%,先进集体、文明礼仪达标班共50个,占全校班级总数的71%。以2004年度所评的文明学生为例,在全校70多个教学班,共5 000名学生中,表彰文明学生3 650人,占全校总人数的73%。受表彰面之广、人数之多,从实际效果上说明学生自治能促进校风校纪的进步和学生的健康成长。2004年我校参加重庆市保送生综合素质测试,居市全能第一。我校毕业的学生也受到社会的普遍好评。

（2）学生参与班级管理——"一日班长制"。

在班级管理中充分发挥小主人的作用，班主任徐先灵老师的《"一日班长制"的实验研究》中的主要作法和效果是：

①"一日班长制"的主要作法："一日班长制"。即指班上的每一位学生都可以当一天班长。当班长时必须做到：早上第一个到达教室，下午最后一个离开学校；早读开始时，向每一位上课老师介绍自己的情况，并且配合老师管理好课堂纪律；协调好各科教师和学生的关系，处理班上的突发事件；管理和维护好教室的清洁卫生，下午放学后配合做清洁劳动的同学搞好当天的教室和环境卫生，最后，如实地写好当天的班长日记和总结。每一位学生当一天班长的实践，也就是一次自我教育和自我管理的实践，使他们懂得如何处理好集体与个人、共性与个性、协作与独立关系在他们成长过程中的重要性。

②"一日班长制"的主要效果：调查表明，通过"一日班长制"的实验，班级学生在集体意识、自我行为意识、自我管理能力、学习意识、为他人服务的意识、劳动意识、表达能力和胆量、与同学之间的交往能力、组织能力、与家长相处的能力等十二项指标都有了不同程度的提高，特别是集体意识这一项最突出。这说明，"一日班长制"有利于发挥学生的主体作用，增强为人民服务的意识、劳动意识以及形成与他人协作的精神，培养管理能力，交往能力和组织能力，使学生综合素质得到提高。一个性格内向的女生在她的"班长总结"中写到："一日班长，让每一位同学都能展示一下自己的组织能力，感受一下班长的压力和责任，它使我懂得了人与人之间是需要相互协作配合的，只有自己和别人相互配合，才能换来别人对自己的支持。"一位学习基础较差的学生在他的"班长日记"中写到："自幼"我就有一个班长梦，进入初中后我终于有幸圆了这个梦，通过这一天的班长生

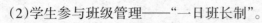

陶行知的"真人"的含义有五层：一是做追求真理的人；二是做"人中人"，不做"人上人"；三是做有道德的人；四是做一个完整的人；五是做一个敢于创造的人。

——陶行知

活，使我懂得了要管好别人，首先得管好自己，当班长也给了我勇往直前、努力学习的决心。"事实上，同学们和家长对"一日班长"的感触是很深的，胆小的同学通过做一天班长的锻炼，胆子大了；不爱劳动的同学，劳动观念增强了；好动的同学有了自我约束能力；独生子女少了娇气，多了成熟。

2. "小先生制"的推行研究

"小先生制"实际是陶行知先生的"教学做合一"的在"教"中学。"小先生制"是陶

行知先生于1934年创立的,并且在山海工学团实行。而今在班级授课的体制下如何推行小先生制呢? 学校瞿明强、陈清勇、张莉等老师经过大量实验研究得出了以下结论:

(1)对"小先生制"的解释:"小先生制"的含义,在"教"的资格上,传统的"教"是教师专有,而"小先生制"中的教的含义是教师与学生共有;在"教"的形式上,传统的"教"是教师单向传授,而"小先生制"是教师与学生,学生与学生之间多向互动,角色互换;在"教"的内容上,传统的"教"是教师单向灌输;而推行"小先生制"后,由于学生的主动参与加上研究与讨论,使教学内容更加丰富生动。

(2)推行"小先生制"的主要作法:A. 小先生上讲台讲课。主要采用了两种形式:学生讲老师点拨;整堂课由学生主讲。单个问题的解决采用前一种形式,某些知识点的新授课采用第二种形式:整堂课由学生主讲。选择适当的课题(如学生能够找到较多相关资料、素材,重点难点比较容易突破的知识点)让学生去备课、授课。这样就扩大了知识面,加深了对知识的理解,激发了学习兴趣。通过这种教学过程,学生加深了对教师的理解,增强了与同学的交流,培养了自信心,学习能力得到了提高。B. 小组互帮互学。如瞿明强老师在数学教学中,组织学生成立了两个课外小组:数学奥林匹克兴趣小组、数学问题探讨小组。数学奥林匹克兴趣小组,作为学校培优计划的一个组成部分,对有兴趣参加数学奥林匹克竞赛的同学进行辅导。在小组活动时,留出时间、问题,让同学们互相探讨,共同学习。C. 小先生上活动课,拓展学习空间。如张莉老师在活动课中,让学生举行记者招待会;分角色扮演课本人物,表演课本情节;自编自排自演小品;举行辩论赛、演讲赛;外出参观等,增强了小先生的主人意识,发展了个性,形成了能力。D. "小先生"批改作文:这是在作文教学中,强化学生主体意识,让学生参与作文批改,动手动脑,锻炼思路。强调学生的主体作用,在当主人的实践方面更能强化当主人的意识,更能够强化作为主人发挥主观能动性的意识。E. 小先生课前三分钟表演制度。F. "值日生讲演制"。G. 小先生"一帮一"活动。H. 小先生十分钟读书汇报。上小先生生活事例角色扮演等。还有多种作法,不一一列举。

(3)推行"小先生制"的效果:A. 激发学生自主学习的动机,提高学习兴趣。B. 培养学生自主学习的能力以及管理和自我管理的能力。C. 倡导了"即知即传"互助提高精神。在准备教授内容时,往往需要与他人团结互助、共同探讨。在教授过程中,与他人共同促进,从而感受到教学的快乐,逐渐培养了团结互助、"即知即传"的思想。D. 师生民主平等,教学相长。

(二)学校"小主人"个性发展的研究

陶先生说:"集体之下,发展民主,尊重个性。"教育的个性化是现代教育的标志之一,多样化的人才基础是学生的个性化。

1. 学生个性发展的主要作法

（1）进行职业理想教育，引发学生的个性。让学生较早树立自己的职业理想，也就是较早确立人生的奋斗目标。职业理想是学生学习的内在动力，它像灯塔一样照亮学生前进的道路。初中部有的班主任组织学生开了"我长大了做什么"的主题班会，同学们道出长大了当画家、舞蹈演员、运动员、播音员、教师、电力工程师、建筑师等许多美好的理想。高中部也有不少班主任对学生进行了职业理想教育。尽管早期的职业定向还有不确定性，但这促使他们在绘画、舞蹈、打球、语言、物理等方面多花功夫，使兴趣爱好、个性特长得到发展，这就是生活教育的一个着力点。我校的李大匙、周永红等班主任在初、高中的起始年级入学时就开展了"职业理想教育"。如一个班学生职业理想统计：医生5人，工程师8人，教师10人，画家3人，音乐家3人，节目主持人2人，记者5人，警察2人，律师6人，厂长经理12人。同时，李大姓老师总结了对学生进行职业理想教育的成功经验，并写了《职业理想是学生学习的动力》一文。

（2）张扬个性。初2001级2班利用两节课时间，举行了一次别开生面、精彩纷呈的"特长展示会"。"小舞蹈家"翩翩起舞，"口琴天使"琴声宛转；一幅栩栩如生的《雄鹰展翅》傲立岩峰，"魔术师"表演纸牌是那样出神入化、变幻莫测；两位"小品演员"令人捧腹不已……同学们个个争先恐后，跃跃欲试，都想亮一手自己的特长。沸腾的教室，成了欢乐的海洋，今天是特长展示，明天也许就是各有专长的人才。

在课堂教学中，不少教师也进行了"尊重学生个性"研究，写出了不少科研论文。如《素质教育中注重学生个性》（杨春平）、《语文教学中弘扬学生个性》（熊少华）、《尊重学生个性、培养创造思维能力》（李小青）等。

（3）校本课程和选修课——学生个性发展的温床

我们进行了子课题《校本课程的开发与开设》的研究和实践。我们编写了校本教材《中学生生活教育》，此教材有三部分内容：一是生活中心，学会做人；二是行以求知，学会学习；三是发展个性，学会创造。全书贯穿了陶行知的生活教育理论和以人为本的思想，鼓励学生发展个性特长。

开设灵活多样的选修课。为充分体现因材施教，因人施教的原则，我们设置了不同特色的选修课类型。A.加深拓宽知识型选修课。如数、理、化、生、信息技术奥林匹克竞赛课，文学鉴赏，交际英语，法律与道德，以及文化知识讲座等；B.应用技能型选修课。如键盘演奏基础、PASCAL语言编程、物理实验操作、化学实验操作、软笔书法等。C.跨学科选修课。如心理咨询讲座、环境监测保护、时事综述等。D.训练思维与研究方法选修课。如强化历史知识框架、培养思维能力的典型物理习题解法指导、高二数学解题、思维方法探讨与研究、阅读思维训练等。E.艺术欣赏类选修课。如交响乐欣赏、名曲欣赏、名画赏析、"奥斯卡金像奖"电影欣赏等。

开设丰富多彩的活动课。我们以学科性课外活动小组为主要形式,大力拓宽课外活动外延,使学生个性特长得以充分发展,如文学社、诗歌朗诵赛与辩论赛、数学创造活动知识竞赛、英语模拟人才招聘会、英语角、国情市情校情知识大赛、生物"百项"科技活动、物理操作表演、化学操作表演、计算机操作表演、"三独"表演、创作班歌竞赛、自编韵律操竞赛、书市展销、美食佳肴展销、书法和美术展等等。

2. 学生个性发展的实验效果

通过近三年的实践,全校学生通过"创造节"展现了学校实施生活教育的物化成果。学生小制作作品600余件,选出优秀的210件,有航空模型、航海模型、汽车模型、动物标本、工艺制品、生活用品等,这些都是学生智慧的结晶。同时,我校获全国数学竞赛一等奖20人,二等奖42人,三等奖58人;全国物理竞赛一等奖15人,二等奖38人,三等奖42人;全国化学竞赛一等奖10人,二等奖34人,三等奖45人;全国英语竞赛获特等奖3人,一等奖4人,二等奖6人,三等奖14人。

3. 优化校园生活,让"小主人"在潜移默化育人环境中成长

校园环境、校园文化具有潜在的育人功能。它使人的心境、思想、人格受到潜移默化,熏陶感染。陶行知先生被联合国称誉为"世界文化名人",被宋庆龄赞誉为"万世师表"。他伟大的思想、伟大的人格是师生们学习的楷模。我们的校园环境着力营造浓厚的学陶师陶的气氛。在进校门的右侧的灰色的壁砖上,镌刻了金色的校训和陶行知语录:"创造艺术之环境、创造生活之园地、创造学术之气候、创造真善美之人格。"校园内在师陶亭矗立了一座陶行知的巨型铜像,在创造广场的正中黑底金字的横碑上镌刻了著名的《创造宣言》。学校每年春季举办"创造节",展示了同学们在实践活动中的物化成果。校园内的文化墙、宣传窗、表彰栏、读报栏、教室内的名人名言等,这些校园生活环境都在弘扬陶行知创造教育的思想,着力形成创新的文化气氛,充分发挥生活环境的隐性育人功能。

六、"小主人"在家庭生活德育中成长

(一)把家庭生活德育纳入素质教育的轨道

子课题《学校对家庭教育的影响研究》在初2003级、高2004级和育才小学进行了初步研究。

1. 正确认识家庭教育

家庭是人才成长的摇篮,家庭是孩子的第一所学校,父母是自己孩子的第一任教师,家庭是培养人才的摇篮。这是因为家庭教育具有以下特点:第一,家长与子女之间有血缘关系,彼此情感容易相通,教育感染力更强。父母之爱是一种强大的力量,它能使孩子感到自己生活在幸福之中,为孩子最初人格的形成打下基础。第二,在家庭生活中父母与子女生活在一起,家庭教育与学校教育相比,更具有灵活性,对孩子

的影响更深广。第三，家庭成员朝夕相处，共同生活，彼此比较了解，家庭教育与学校教育相比，针对性和延续性更强。第四，父母是自己子女的教育者，又是被教育者，父母与子女是相互联系、相互作用的。

家庭教育的优势是具有特殊的权威性。由于父母和子女心连心，情连情，也使家庭教育具有强烈的感染性。从时间上说具有连续性，教育内容具有丰富性，方法上也具有灵活性。这些都是家庭教育的优势。但也要看到家庭教育的局限性，由于家庭状况千差万别，教育条件具有不平衡性。调查表明，"有过失行为"的孩子中78%的家庭属于家庭教育气氛不良，父母常吵架，闹离婚，或喜怒无常的家庭；而"有自尊心，积极向上"的孩子中，95%的家庭是民主、和谐、向上的家庭。另外，一般家庭教育也比较封闭，不少家长在教育子女时往往感情用事，易走极端，这些都是家庭教育的局限性。因此，要把家庭教育纳入素质教育的轨道，学校就要发挥主导作用，正确认识家庭教育，积极影响家庭教育。

2. 影响家庭教育的途径——家长会、家长学校、家长委员会等

我校各年级每学期均要定期召开家长会。一些年级还建立了家长委员会，负责联络家长，沟通学校和家庭的联系。在初2003级和高2004级还分别开办了家长学校。有95%的家长自愿参加了家长学校。家长学校定期开设的系列讲座有："如何教育孩子做人"、"家长的言行对孩子的影响"、"如何全面了解孩子"、"当前社会环境与中学生教育"、"家长如何有效配合学校教育"、"家庭如何引导孩子顺利完成中学生活"等专题报告。家长对此反映良好，不仅按时听课，而且认真作笔记。我们和家长一起研究独生子女的特点及教育方法。

独生子女的心理特点与教育。初2003级学生的调查研究表明，独生子女在挑食、任性、胆小、不尊敬长辈、不爱惜东西、不团结友爱和独立生活能力差等方面比非独生子女的问题更严重。那么，独生子女在心理上究竟比非独生子女优还是劣？调查发现，在身高、体重等个体发育水平上，在常识、词汇、理解、比较、记忆等多项智力测验的平均得分上，独生子女都高于非独生子女，在语言能力、学习能力和表达能力上也都优于非独生子女。我校进行抽样调查结果表明，独生子女语文、数学两门功课的平均成绩，分别为83.25分和85.93分，比非独生子女学生分别高出7分和11.9分。在家庭辅导情况上，独生子女得到经常辅导的占16.3%，而非独生子女只占12.2%。

如果说独生子女在性格上存在弱势的话，往往是由于家庭教育方式不当造成的。独生子女的家庭教育普遍存在"四过"现象：过分宠爱，过分保护，过分照顾，过高期望。过分的要求和期望，强行的灌注，训斥或惩罚性的"严教"，会使孩子过分紧张，不仅会影响学习效率，而且会影响孩子的心理健康，甚至变得神经质。因此，对独生子女的教育方式是很讲究教育艺术的。对独生子女的教育应该注意以下问题：要树

立正确的教育态度,重视孩子的全面发展,特别是良好品德和良好行为习惯的形成。不能只关心孩子的学习,不关心孩子的品德;只关心孩子的身体健康,不关心孩子的心理健康。要了解独生子女的心理特点及其发展规律。

由于认识到家庭教育条件的不平衡性,我们聘请了取得成功经验的家长交流经验,在家长学校中进行范例教育。如家长李钧的发言《教育孩子要从小做起》就是一个成功的典型实例。现摘要如下:

好习惯要从小养成,良好的生活规律要从小养成,健全人格的塑造也得从小事入手。女儿上幼儿园时,有一次我们在她的上衣口袋里发现了一块亮晶晶的半圆形花积木,我问她:"是谁的?""幼儿园的。""为什么在你的口袋里?""我喜欢它。""为什么?""它弯弯的,像天上的月亮,又像水里的小船。""不是自己的东西不能要,不管你多么喜欢它!你把它放在你的衣服口袋里带回了家,你知道这是什么行为吗?是偷!"一听是"偷",女儿"哇"的一声哭了,她拉着我的手着急地说:"妈妈,我不是偷,小偷是坏蛋!我明天就把它送回去。"就在那时她更懂得了"偷"的含义,懂得了不是自己的东西不能要,拾到东西要交公的道理。这件小事在她幼小的心田里播下了高尚道德品质的种子。从小学就教她做力所能及的事:从学洗脸、洗脚、洗手巾做起;从自己叠衣被、整理床铺做起;从自己削铅笔、整理书包做起,六岁时去少年宫学绘画,自己背画板,画板几乎跟她的个头儿一样高。画完后,女儿踮着脚尖站在水槽前清洗调色盒我也不帮忙,只是事后背着她再清理一下。有时我也在想,我这个当妈的是否心太狠了点。不!

时间一长她就养成了爱劳动的好习惯。现在她可是一个擀饺子皮的能手,她一个人擀皮供两人包不成问题,包抄手也是一把好手。

从小培养孩子吃苦耐劳的品德,将使她终身受益。女儿学舞很苦很累,练踢腿、压胯、下腰时,她总是咬紧牙关忍痛坚持。结果她们的舞蹈《大红枣儿送亲人》荣获"华桦杯"团体舞二等奖。在五年的舞蹈生涯中,她曾参加过多次大型文艺演出和慰问演出。女儿就是在这样的苦练中学会了吃苦,陶冶了情操,在这样的坚持中磨炼了意志、毅力,所以她总有一股冲劲,总想接受新生事物,迎接新挑战。

给孩子一个民主、平等、温馨的家。我们家庭成员之间是平等的,谁出错都会主动检讨。一天中午,女儿放学回家找当天的报纸看,没找着,后来在卫生间的洗衣台上找着了。这时她爸赶忙说:"对不起,刚才是我把报纸忘在那里了,我检讨。""不行,爸爸检讨不深刻,今天爸爸是错上加错!""对!再诚恳地接受你的批评。今后再也不在卫生间里看报,再也不把报纸随处乱放了。"我一旁笑着说:"敢于承认错误,是个好爸爸。"又是一阵笑声。

孩子遇到挫折时怎么办?给她打气,给她鼓励。女儿上小学二年级时,班上进行中队委选举,她没当选。回到家里女儿很委屈地对我说:"妈妈,他们拉小圈子,拉票! 我没拉票,选我的人就很少。"我说:"没关系,他们拉票不对,你只要好好学习,多关心集体,多帮助同学,以后大家会选你的。"三年级时她当上了中队长,四年级时,她当选为少先队大队长,五年级时被评为"优秀红岩少年"。孩子现在是育才中学高三理科实验班的班长,学生会主席,已光荣加入中国共产党。

3. 构建和实践了家庭教育模式

模式名称	模式特点	基本程序
家庭教育模式	潜移默化 榜样习得	生活→榜样→习得→(影响)生活

[家庭生活]:"家庭是一切教育的第一场所",什么样的家庭生活就有什么样的教育。勤劳、俭朴、卫生、和谐、进取的家庭生活就是勤劳、俭朴、卫生、和谐、进取的教育;相反,懒散、奢华、邋遢、争吵、消极的家庭生活,就是懒散、奢华、邋遢、争吵、消极的教育。

[榜样]:家长是孩子的第一位教师,家长的言行起着示范作用,是孩子自然效法的榜样。

[习得]:小孩自觉或不自觉地向家长学习。年龄愈小,小孩模仿成分愈大,家长的影响愈大。不断地学习模仿、不断地强化巩固,形成一系列条件反射,即动力定型,也就是生活习惯。

[影响生活]:小孩的生活习惯一旦形成,对自身生活、家庭生活及校园中的班级生活都会带来正面或负面的影响。

个案举例

以学校为主导,影响家庭教育模式,通过家长学校、家长会,教育家长起好榜样作用,营造良好的家庭生活环境。

例如,学生王晓,父母闹离婚,上诉法院,学生不读书,半期考试不参加。班主任把父母双方请到学校,做工作达成不离婚的协议,若要离婚等到孩子中学毕业后再离婚,父母遵守了协议。孩子在上海举行的"周总理诞辰100周年纪念全国演讲比赛"中夺得第四名,高中毕业考上重点大学。后来父母离婚。这就是学校影响家庭教育模式的范例。

4. 构建和实践了社会生活的德育模式

模式名称	模式特点	基本程序
社会教育模式（1）	社会实践 行动教育	生活→引导→参与→前进
社会教育模式（2）	正面引导 选择教育	生活→引导→教育→提高

社会教育模式（1）：社会生活→引导→参与→前进

[社会生活]：选择什么样的社会环境，什么样的教育内容，什么样的典型事例来教育学生，反映了一定的教育思想和价值标准。根据我们的教育目标，利用有积极教育意义的社会环境来教育学生。同时，教育内容、活动方式都要与学生的知识水平、年龄特点及心理特点相适应。要把最有积极意义的教育因素加以强化、突出，以便引起学生的注意和兴趣，以期达到教育的目的。

[引导]：教师引导学生抵制消极的社会生活，让学生参与。

[参与]：学生亲身参与社会实践。包括社会服务、公益劳动、社会调查等。选择、利用积极的行动经受实践锻炼。

[前进]：在实践中认识社会、了解社会，学会生存，最终体现为思想、学业、行为上的进步。

个案举例

我校积极引导组织学生参与社会生活经受实践锻炼。由团委书记牵线搭桥让高2003级6支部开展了与403电车路道共建精神文明线的活动。学生假日参加交通服务，在社会服务中锻炼提高自己，收到良好的社会反响，被《重庆青年报》宣传报道。

社会教育模式（2）：社会生活→引导→教育→提高

[社会生活]：与（1）相同

[引导]：与（1）相同

[教育]：主要以参观、学习的形式接受教育。

[提高]：思想认识的提高，觉悟的提高。

个案举例

根据教育目标选择一定的社会生活环境，学生通过参观接受教育以提高自己。教师为了对学生进行创业教育，选择参观嘉远集团，让学生了解企业成长的艰辛。学生提高认识后，很有感触地在日记中写道："今天参观嘉远集团，不仅让我了解到一个企业成长的艰辛，更让我明白了自己与这些创业者们之间存在的巨大差距，路漫漫其修远兮，吾将上下而求索……"学生有这样的感受，就是社会生活教育的收获。

（二）加强社会综合实践，培养"小主人"，表现出了高尚的道德风尚

中学社会综合实践活动，让学生有目的、有计划地走出校园、走向社会，参与了解社会、服务社会、联系群众的实践活动。

例如，每届高一的军训。我校团委组织学生参与维护交通秩序，参加了孤寡老人的义务劳动，参加"2003年世界杯拳击锦标赛"的宣传活动、谢家湾街道社区"清洁重庆城，争做文明人"的社会服务活动。我们的劳动使电话亭、街道、墙壁焕然一新，受到前来检查的副市长夸赞："你们今天做了一件很有意义的事，你们的劳动既教育了自己，也教育了一部分不爱清洁的市民。"

2004年1月15日居民戴家失火，我校高三年级17人，高二年级25人奋不顾身、冒险救火，表现了高尚的道德风尚，受到表扬。

蒋妮娜和信培两同学拾金不昧也分别受到宏康公司的来信表扬。

类似以上的诸多社会实践活动使我校学生受到社会的好评。

总之，中学社会实践活动作为课堂生活德育的补充延伸与活动课程，构成了课内课外结合的立体化教育体系，不仅拓宽了德育渠道，而且促进了学生个性的全面和谐发展，是学校培养跨世纪人才的重要途径，其作用是其他教育形式无法取代的。

六、经验启示

通过"小主人"的实践研究。我们认为：

（1）德育教育必须在"学校—家庭—社会"一体化的生活实践中，让"小主人""自我教育、自我管理"，从而使"小主人"在家庭生活中进行人格陶冶，在集体生活中感化人格，锻炼习惯，在"共学，共事，共修养"，"相师互学"中塑造人格。这样才能使学校的德育具有实效性。

（2）"集体生活"是"小主人"成才的必由之路，"学生自治"是集体生活健康发展的保证，集体生活就是依靠"学校—家庭—社会"一体化来构建其良好的育德环境。

（3）德育教育的针对性在于"小主人"在生活中去感悟，在知识学习中去领悟，在行动中锻造，要用整体的生活（学校—家庭—社会）来培育德性。如果把德育视为一种单独的教育，德育必然就成了离开具体生活情景的空洞"说教"，不但无效，反而令许多学生不喜欢或厌恶德育课。

（4）对陶行知先生的"小主人"的实践研究让我们深深地体会到陶行知行之有效的德育途径的特点是行动的、实践的、生活的，主要有三大途径，即是学生自治、集体生活、情感陶冶。陶行知的德育教育思想博大精深，非常丰富，也有特色。还有许多问题有待进一步探讨。

七、结束语

当今，我国素质教育的核心是德育。研究、开发陶行知先生的生活德育理论对于

凸现当前德育工作有重大意义的思想资源,并创造性地运用和发展,这是历史和时代赋予我们的责任。

主要参考文献:

1. 华中师范学院教育科学研究所主编:《陶行知全集》(8卷),长沙:湖南教育出版社,1992年版。

2. 方与严著:《给青年朋友的信》,上海:上海儿童书局,1933年版。

3. 胡晓风:《生活教育引论》,成都:四川教育学院学报,1987年第1期。

本文载《陶行知教育思想与中学教育实践》(2007年)一书中

当代生活教育的教学模式实践研究

> 在教学理念上，拓展学科丰富的育人价值——使课堂具有生动的色彩，让学生在课堂生活中成长。在教与学的关系上，必须进行教学论的建构——即知即传，小先生制。

在20世纪20年代，传统教育的逻辑起点是教育建立在给学生传授知识的基础上，把学生当成是接受知识的"容器"。美国著名的教育家杜威和他的学生陶行知等通过大量的研究和实践认为，教育的逻辑起点应建立在人生活的基础上，把学生看成具有人性的，可发展的人。一切知识都必须通过"生活"活化，让学生在生活中去感悟和体验，在大脑中去建构知识。

陶行知回到中国把杜威"以儿童为中心，教育即生活、学校即社会"的生活教育的原理，结合中国当时社会和教育的实际，发展成为陶行知自己的生活教育的理论"生活即教育——生活教育的本体论、社会即学校——生活教育的时空论、教学做合一——生活教育的方法论"。杜威和陶行知的生活教育理论在世界上发展到今天已形成21世纪三大现代教育理论思潮——人本主义、建构主义和认知主义。而人本主义、建构主义和认知主义是支撑我国新课程的三大基本理论，这就说明生活教育与当代"三大教育理论"有根本的一致性，具体地说：①都把教育的逻辑起点建立在生活的基础上，强调以人为本；②都强调将通过"生活"材料将知识活化；③都强调培养学生的创造能力和实践能力；④都强调学生学习的认知规律。所以，西方世界的许多学者把杜威和陶行知等的生活教育看成现代教育的基石。

陶行知的生活教育是他亲身实践的结晶，并写成文章、论文、日记和书信等等，他的学生胡晓风等在20世纪80年代系统整理成著作，形成了20多卷著作。生活教育理论在中国乃至世界教育史上产生了积极的重大影响。

因此，继承和发展陶行知生活教育理论，并与当今素质教育结合，与新课程改革有机地结合，就会如鱼得水。那么，如何运用陶行知生活教育理论来解决当今新课程改革教育教学中存在的许许多多的问题呢？笔者正是从这点出发，企图去探索陶行知生活教育的现代价值，来解决当今素质教育中正待解决的问题。

笔者研究认为，素质教育与生活教育的关系，就其概念的内涵来说，二者都是从教育哲学的层面上来界定的。素质教育的内涵着眼于教育目的，即从根本上提高国民素质。生活教育的内涵主要着眼于教育的内容和方法。要达到素质教育的目的，就需要在教学内容和方法等方面进行改革，而通过生活教育所强调的内容和方法，正是达到素质教育目的的有效途径。

一、当代生活教育的课堂教学模式的构建

素质教育的主渠道，是课堂教学，同时，新课程的改革是否成功关键是教师在课堂对新课程的实施效果，那么，如何运用陶行知生活教育理论来解决当今新课程改革的课堂教学中存在的许许多多的问题呢？通过笔者几年来组织部分教师大量实践和研究认为，关键是要构建当代生活教育的课堂教学模式。

（一）在教学理念上，拓展学科丰富的育人价值观——使课堂具有"生命的色彩"，让学生在课堂生活中成长

长期以来，传统教学学科的育人价值局限在掌握知识上。在实践中，就是以"考促学"，强调考试的功能，生活教育的教学观强调课堂要有"生命的色彩"，具体地说，课堂应该是通过"生活"使"师生"之间、"生生"之间精神生命交流、融合，更应是教师的精神生命通过学生的精神生命得以延续和发展，这不仅是陶行知生活教育的精髓，也是新课程的理念之一。如何使课堂具有"生命的色彩"呢？就是要注重四个联系：一是书本知识与学生个人生活相联系；二是书本知识与家庭生活相联系；三是书本知识与现代社会生活相联系；四是书本知识与自然生活相联系。从某种意义上说就是要求教师把学生的个人生活、社会生活、自然生活搬到课堂中来，给学生一个发现问题、分析问题、解决问题，形成知识的"教学情景"和教育资源。

将书本知识重新"激活"，实现与四个方面的沟通：沟通与人类生活的实践；沟通与学生经验的实践；沟通学生成长需要的世界；沟通与人类生活相关的历史。教师把注意力放在教学课程中学生的前在状态、潜在状态、生活经验和发展需要上。

（二）在教学组织上，必须进行教学组织的重建——发现与应用

学生以"认知结构"为主线，以大单位式为单位组织教学，也称"长程两段"设计进行教学组织。第一段是以知识为载体的某一结构阶段——"教学结构"（慢），主要采用发现式——即自主学习、探究式学习、研究性学习和合作性学习——目的是培养学生发现问题和获取知识的方法以及情感态度价值观，学生通过自主、合作和探究的过程，创新精神和实践能力就会得到有效的大大培养。第二段是学生应用阶段——"运用结构段"（快）主要采用以生活为中心新情境问题贯彻双基知识——主要采用有意义的接授式教学，将知识按照认知结构系统化，强化知识网络训练和知识的应用。

以上两段在时间安排上一般为7：3，像这样的教学组织，学生不仅基础知识和经验得到了发展，同时学生创造能力和实践能力也得到发展。这就是现代教育思想下，

与时俱进的生活教育的教学组织行为。同时,综合设计弹性化的教案,也称教学策划。改变了传统的所谓"详案",教学目标、教学过程等都有"弹性区间"。给学生主动参与留下时间和空间,给学生的个性差异留下空间。不仅如此,教学课程设计还要策划教学进行中的教师活动,相应的学生活动,组织活动的形式与方法,活动效果的预测和期望效果的假设,师生间的互动方式等方面,最后形成综合的、富有弹性的教学方案,废除一刀切模式,为学生主动参与创造条件。

（三）在教与学的关系上,必须进行教学论的建构——即知即传,小先生制。对课堂而言,即知即传,小先生制可新释为"多元互动、动态生成"

所谓多元互动,动态生成的内涵:传统的教学论是教师为主导,学生为主体,而教学论的建构为"多元互动、动态生成"。所谓"多元互动"就是指教师与学生互动、学生与学生互动、学生与小组互动、小组与小组互动;学生与文本（课本、教辅、参阅的资料等）互动、学生与媒体互动。所谓"动态生成"是教师、学生、文本和媒体共同生成、生长、成熟。教学过程也称为生成过程、生长过程、成熟过程三个阶段。其教学过程的内在逻辑为:一是通过开放式的问题、情境、活动,要求学生联系自己的经验、体验、问题、想法

> 生活教育的课堂是具有"生命色彩"的课堂,教师应当把注意力放在前在状态、潜在状态、生活经验和发展需要上。
> ——杜东平

或预习时收集的信息,进行多种形式的交流,开发学生的"原始资源",实现课堂教学过程的资源生成——简称为"共同生成课程";二是在教师初步汇集资料的基础上,生成与教学内容相关的新问题"生长点"——"生长过程"的生长点;三是通过网络式的生生、师生多元互动,形成"生长元"多解的"方案性资源"——"生长过程"的生长;四是教师汇集不同的方案性资源,组织学生进行讨论比较、评价、互补、修证,形成较为不同方案性的资源更为丰富、综合、完善的新认识,并引发出新的开放性问题——"生长课程"的成熟。这四个连续过程是一个相对完整的教学过程的逻辑环,可以在一节课内完成,也可以在多节课内完成。

从表现形式上看,传统的教学论是讲什么就考什么,考什么就学什么。而生活教育的教学论强调在生活中学习,在生活中创造。要求学生和教师都追求主动参与,合作学习、探究真谛,研究实际。把教学根植于生活及实践的沃土,在接触生活中感悟,在感受生活中体验,在感受和体验中学习和创新。从这个意义上说,生活教育的教学论就是给生活的教育,感受生活的教育,实践和创造生活的教育。也就是新课改倡导的自主性学习、合作性学习、探究式学习和研究性学习等。

（四）当代生活教育的课堂教学模式群

笔者通过大量实验研究，提出适应新课改的当代生活教育的课堂教学的模式群。

模式名称	模式特点	基本程序
教育模式	生活中心活学活用	生活→联系→提高→生活(应用)
"教学做合一"模式	做为中心多向互动	教→做←学
教学创新模式	面向实际探索创新	生活→求真→创新→生活
研究性学习模式	探求求真问题中心	生活→问题→探索→结果→评价

在大量的实验研究中，教育模式比较适用于语文、政治、历史、班团队会等课程；教学做合一比较适用于物理、化学、生物、数学、音乐美术体育等课程；教学创新模式、研究性学习能够适用于各个学科课程。

这些模式群概要的表述即是：生活决定教育，教育引导生活，教育从生活中来，到生活中去；在生活中创造，在创造中生活。

二、当代生活教育的课堂教学模式实践举隅

"生活中心"是"教育以生活为中心"的简称，强调把学生的个人生活、家庭生活、社会生活、自然生活搬到课堂中去设置教学情景，巧妙地突出书本上的重点、突破难点、辨析疑点。现在用学科教学为例来说明以"生活中心，活学活用"为特点的教育模式。

例如：化学教学。

从生活实际导入新课。

用投影向学生展示，昨晚新闻报道关于空气质量检测结果：北京、银川、武汉、重庆等地污染指数。然后问学生重庆等地为什么要以二氧化硫为首要污染物？学生思想活跃，回答踊跃。再从酸雨危害导入"硫氧化物"的新课。

在教学实际中联系生活。

讲二氧化硫和水生成亚硫酸就可以和现实生活中的酸雨形成联系起来，并请收集酸雨资料小组汇报"酸雨的地区分布以及形成的原因"。讲二氧化硫的漂白性就请收集"二氧化硫在生活中漂白的利与弊"小组介绍，这样二氧化硫在生活中来漂白纸浆、草帽有利的一面联系起来。不法商人用二氧化硫来漂白银耳的有害的一面也联系起来了。

引导学生将所学知识用于生活。

学生掌握了二氧化硫的基本性质后，再和导入新课问题相回应。则进一步问：空气中的二氧化硫主要来源是什么？我们又从哪些方面去减少二氧化硫的污染，进而

减轻酸雨的生成?

让学生在生活中得到全面提高。

布置课后作业。在生活中收集一些与二氧化硫或环保有关的材料、论文、图片和歌曲等,然后以大组为单位,自编《环境小报》;另外,了解本市对二氧化硫污染物的治理措施。通过这样的方式学生就走入了生活,在一个更加广阔的空间里学到了更多的知识。

语文课的老师为了使学生深入生活,体验生活,他们叫学生收集杨家坪的标语广告中的错别字、不规范字,然后到课堂,归类比较纠正,提高学生认识,也使学生在今后的生活中注意用字规范。

生物组和化学组的老师组织学生,调查桃花溪的污染情况。物理教师组织学生参观电厂,这些实践活动,目的就是使学生学习的书本知识与生活实际发生联系。去解释生活中的现象,去解决生活中的问题,才能使抽象的固化的知识活化。也才能真正有利于提高学生的能力和素质。

生活教育的课堂教学模式有利于真正提高学生的素质,顺利进行新课程改革,真正体现和落实素质教育的主渠道是课堂教学,以达到培养学生创新精神和实践能力,努力形成创新的人格素质和多样化人格素养的目的。

主要参考文献:

1. 陶行知:《陶行知全集》(12卷),成都:四川教育出版社,2002年版。

2. 戴伯韬著:《陶行知的生平及其学说》,北京:人民教育出版社,1982年再版。

3. 邹今治,杜东平:《素质教育中的生活教育模式实验研究课题报告》"重庆论文大系",贵阳:贵州出版社,2002年版。

在重庆市教育学会教育管理专业委员会第二届论文评比中荣获一等奖,载《科学咨询教育科研》(2005年16期)

以生活教育为中心的研究性学习模式探索

> 　　课题式研究性学习主要是学生以小组的形式到课外完成,占用时间约3/4,但也要用1/4时间在课内依靠老师教学指导,在实践中提炼出了:①提供资料背景课;②研究方法介绍课;③创新思维训练课;④展示交流课。

　　早年由伟大的人民教育家陶行知先生创立了生活教育理论,结合当代新一轮课程改革中的研究性学习的实施得到有效性开展,通过几年艰苦的探索,提出了"以生活教育为中心的研究性学习模式"。

一、"以生活教育为中心的研究性学习模式"的内涵

　　以当代素质教育的理论为指导,依据陶行知生活教育的原理,以优化教育整体结构,全面提高学生素质,发展个性特长,培养创造力为目的,努力实施研究性学习的多样化的教学模式。

二、总模式的基本程序和子模式群

(一)总模式的基本程序:生活→创造→生活

(二)子模式群:

模式名称		模式特点	基本程序
综合性研究学习	"生活为中心"的课题研究性学习模式	探索求真问题中心	生活→问题→探索→结果→评价
学科内研究性学习	"教学做合一"模式	做为中心双向互动	教→做←学
	活学活用模式	生活中心活学活用	生活→联系→提高→生活(应用)
	为真创新模式	面向实际探索创新	生活→求真→创新→生活(应用)

三、以"生活教育为中心的研究性学习模式"的运用举隅

　　现以实证的方法来列举两个子模式说明其运用。

　　(一)"生活为中心"的课题式研究性学习模式的运用

　　"生活为中心"的课题研究性学习模式,具有生活→问题→探索→结果→评价等多个环节。体现了生活性、问题性、求真性、创造性。具体操作如下图所示。

要指出的是课题式研究性学习主要是学生以小组的形式到课外去完成，占用时间约3／4，但也要用1／4时间在课内依靠老师教学指导。

教师如何指导学生完成这些小课题呢？最理想的教学方式是每个课题都配备一位导师，以课题组为单位组织教学。但是由于受师资的限制和考虑到教育的成本，对研究性学习还必须有班级课堂教学进行辅导，面对班级教学形式如何进行教学指导呢？通过大量的实践研究提炼出以下几种课型。

1. 提供资料背景课

研究性学习选题非常重要。课题选得怎样，关系到研究有无价值，研究能否顺利进行等一系列重要问题。两次获诺贝尔奖的巴尔丁博士曾说，决定一个研究能否取得成效，很重要的一点就是看他所选择的课题。教师提供资料，给学生提供选题的背景，这是研究性学习的首要课型。

（1）教育目标：主要为学生的选题提供背景资料，为学生对研究此课题提供学习"情境"，激发学生兴趣，拓宽学生知识视野，有利于学生选题。

大力倡导研究性学习，不仅是改变学生的学习方式，更重要的是改变学生的生存方式。

——杜东平

（2）教学程序：热点与问题——学生选题参考——查阅文献书目——学生活动案例。

（3）模式特点：这类课有别于传统的知识授课，确定的问题应该是生活中的热点和矛盾交织的点。老师不仅要教会选题的方法，更重要的是激发学生的研究激情，从而为学生选题提供参考。

（4）实践举例：

王熙凤性格初探

唐老师在指导学生研究《红楼梦》时上了一堂精彩课题资料背景课。

她先讲了作者撰写这本小说的经过，突出了《红楼梦》是我国古代小说中最杰出的现实主义作品，代表了中国古典小说艺术发展的最高成就，也是世界艺术宝库中的一朵奇葩。通过贾家荣、宁两府的兴衰败落，表现了社会生活的各个方面，被誉为"中国古代的百科全书"。《红楼梦》以男女主角贾宝玉和林黛玉的爱情悲剧为主要线索，塑造了几百位性格鲜明的人物形象。以其鲜活的艺术形象让人们的情感一次又一次激荡，其中许多艺术典型已成为中国百姓家喻户晓的人物。电视连续剧央视版《红楼梦》的播出，2002年3月1日澳门发行《红楼梦》人物邮票，2002年11月，"中募委"发行了精美的人物彩票，再一次掀起了"红楼梦"热。

……

唐老师的这段讲解，营造了一种良好的学习氛围，有效地激发了学生的阅读兴趣和研究的欲望。

接着又讲了在《红楼梦》众多的人物中，刻画得最为成功的一个莫过于王熙凤。这正如何其芳所说："她在哪里出现，哪里的空气就活跃起来，就常常有了热闹和欢笑。"通过研究凤姐的性格特征，从一个极小的侧面去解读《红楼梦》这部经典。希望通过这个外表玲珑剔透而内里辣味无比的"凤辣子"引领着大家走进红楼，踏进名著的天地，在经典的世界里邀游……

老师又播放央视版电视连续剧《红楼梦》中王熙凤去世的画面，并配以曲调哀婉的红楼梦曲《聪明累》。共同探讨了该曲内容与王熙凤的命运……

老师讲要研究凤姐的性格特征，必须研究第三回。第三回中王熙凤的出场历来为人所称道，"未见其人，先闻其声"，显示了她在贾府的特殊身份和地位。

老师问：凤姐有哪些性格特征？

生答：

外貌衣着——唯利是图，贪得无厌

戏称辣子——笑里藏刀，残忍毒辣

初见黛玉——见风使舵，阿谀逢迎

回王夫人——精明能干,麻利泼辣

......

通过这节课图并茂的讲解,引导学生提出了研究性学习的选题如:

1. 王熙凤服饰研究

2. 王熙凤研究

3. 王熙凤性格研究

最后通过学生讨论,"王熙凤服饰研究",这个课题不太现实,因为这些服饰都是作者想象的,把这些想象变成现实经费太大。"王熙凤研究",这个课题实在太空,不具有可操作性。最后学生们终于确定出研究的课题为王熙凤性格研究。

最后,老师列举课题研究主要参考文献和书目。

几天后,学生制订计划,实施研究,形成活动案例。

以上这个案例,抓住了这个模式最重要的特点——激趣,既是生活中的热点,又有视频资料、音像资料,又是中国古典文学名著,很能吸引学生的注意力,这样学生对选题就具有强烈的研究渴望。

2. 研究方法介绍课

课题研究的基本方法主要有文献法、实验法、调查法、经验总结法、行动研究法和个案介绍法等。但是绝不能给学生讲理论,而是要让学生利用已有的知识经验对自己的小课题作一种具体的指导。

(1)教育目标:要根据学生已做过的课题的具体案例,有针对性地进行具体的有效的指导,最终掌握研究方法。

(2)时间和方法:学生成立了课题小组以后,分别对不同的课题组进行具体引导。方法是:一般采用探究式,应首先将每一个课题在具体研究中存在的问题搜集起来,教师再专心备课,通过大量案例探究式地教学,切忌学术化倾向。

(3)教学程序:研究方法的案例评点——研究方法中的问题——课题研究的常见的方法。

(4)模式特点:讲解时需要深入浅出,化抽象为具体,结合生活中案例讲解。

(5)实践举例:

按高中《生物》(试用修订本第一册)课本,有三个课题要求学生完成。学生在已完成课题《调查媒体对生物科学技术发展的报道》结题的基础上,要求学生完成课题《青蛙的发育过程的培养与研究》,系统地学会搜集和处理生物信息的方法。

杜老师的方法介绍课是这样做的:

本节课以搜集整理提炼生物信息为主线,以学生汇报、交流、讨论、活动为主体。教师辅之引导和点拨。重点是掌握文献、调查、实验资料的搜集和整理,难点突破实验资料的搜集和处理。整节课分四小块：活动背景、汇报交流、案例点拨、小结探索。在汇报交流中，让三个课题组的学生分别上台交流在做《调查媒体对生物科学技术发展的报道》中文献资料是怎样搜集和处理的？调查资料是怎样搜集和处理的？

接着通过老师展示并讲解《胚胎发育过程的培养与研究》实验资料，要求学生讨论实验资料是怎样搜集和整理的？师生共同归纳，最后小结。即搜集和处理生物学信息的方法有三个步骤：第一步：搜集资料，该搜集文献、调查、实验三方面的资料。第二步：整理资料，对于文献资料在阅读的基础上写批注、做摘要、写札记等；对于调查资料则要做统计表、统计图和统计曲线等；对于实验资料就要做实验的原始记录、制作生物标本、绘制生物图等。第三步：提炼资料，提炼自己的观点，在整理的资料中寻找证据来论证自己的观点，撰写成文。像这样采用不完全归纳法，并针对性地解决问题，就杜绝了学术化的倾向。

3. 创新思维训练课

(1)教育目标：训练学生创新思维能力，学会批判的能力，并提出新观点，为撰写论文作准备。

(2)时间和方法：是在学生体验、搜集课题资料之后，撰写论文之前。找到每篇文章的中心和观点，让学生通过逆向思维、发散思维、直觉思维训练提出新的观点。

(3)教学程序：学生阅读搜集整理资料中的观点，写好阅读笔记——讨论、头脑风暴（逆向思维、发散思维、直觉思维），批判别人的观点——树立自己的观点——寻找自己观点的论据，找出需要补充的论据。

(4)模式特点：本模式最重要的点是会运用三种求异思维，会批判他人的观点，树立并证明自己的观点。

(5)实践举例：

何老师在引导课题《项羽是人杰吗？》充分调用了逆向思维，一反传统项羽是人杰的说法，提出疑问："他是人杰吗？"在列举推荐题目时，则运用发散思维，从项羽的各个侧面引导学生进行思维，为中心论点提供有力的支撑。

学生最终写出了《我看项羽》的论文来。

4. 论证(或鉴定)课

每个课题的论证，都包括下面六个方面的内容，一是本课题国内外研究现状述评；二是选题的目的、意义；三是本课题研究的主要内容；四是研究方法、手段、途径等；五是已有相关成果；六是主要参考文献。此种课型如何教学呢？

(1)教育目标：主要为了提高学生分析问题、判断的能力，帮助学生形成研究成果意识。

(2)时间和方法：一般在小课题完成的最后一个阶段。首先一般由教师提供价值判断的基本思路,接着每个课题组作3分钟的演示报告,演示每个课题要具有多样性,再让学生开展讨论答辩。主要由学生选出评委评定。预先组织要设计好是决定这种课型成功的关键。教师要精心策划和组织,要搞好点评。

（3）教学程序:教师提供基本原则和思路——各课题组3分钟演示报告——各课题组答辩——教师点评。

（4）模式特点:该模式最中心的环节是质疑、答辩和点评。

（5）实践举例:

高二·八班"成语古今词义的演变和运用"课题成果论证会选3个老师,4个学生作为评委。评委协商拟定了评价标准。本课题组成员讨论、补充。评委亮分,并简述理由。老师学生质疑,课题组成员答辩。最后指导老师进行综合评点。该案例能从课题论证的各项内容进行评价,而且价值判断明确,科学,不但评分,还要解说原因,让小组成员和听众明白其优点和不足,为课题的修正和将来的研究打下了基础。

5. 展示交流课

多样化的展示交流是上好展示课的关键。

（1）教育目标:主要是让学生介绍和交流研究过程中获得的知识、经验和体验,或从遇到的挫折和失败中总结教训,以便其他同学受到启发和借鉴,教会学生学会分享。

（2）时间和方法:各课题组已经完成的时候,一般由学生介绍,其他学生体验交流。

（3）教学程序:学生课题组负责人介绍和展示资料——学生相互传阅资料——师生找出各课题的长处和不足——学生写出交流中的体会。

（4）模式特点:该模式的核心在于学生课题组负责人组织小组成员务必精心准备展示材料,尽可能完全展现本组的劳动成果,教会学生学会分享。

（5）实践举例:

唐老师指导学生《走近屈原》,请屈原作品研究小组介绍。

甲生:我研究的是《离骚》,《离骚》写的是……

乙生:我研究的是《九章》,《九章》写的是……

丙生:我研究的是《九歌》,《九歌》写的是……

丁生:我研究的是《天问》,《天问》写的是……

老师尽量让学生采用多种方式展示课题成果,学生效果好。

以上五种课是课题式研究性学习课堂教学指导,这里只是抛砖引玉。愿广大同仁在研究性学习教学指导中有更多的方法和课型。

（二）"活学活用"模式的运用

总模式		生活→创造→生活（应用）		
项目	子模式	生活→联系→提高→生活（应用）		
政治	到附近商场调查品种、名称、用途、价格等	与《商品》一节的教学内容相联系	对商品形成价值规律认识	解释：如彩电等商品价格波动现象
语文	到"大坪——杨家坪"地区调查标语及广告错别字	与规范汉字书写任务相联系，正确书写汉字	归类分析、归因订正	生活中自学规范汉字书写，纯洁语言文字，办语文小报
数学	分析某地沙漠绿化工作，含沙漠绿化和绿地沙化两种情况的相关数据	和函数、数列不等式等知识相联系	分析相关数据，进行数学建模	运用数学建模的方法，结合相关数学知识，解释分析，并指导相关生产生活实际问题
外语	外语交际语言需要	情境交际法，模拟联系生活实践	学生创造学习，灵活运用，丰富内容	提高交际能力，用英语自由表达（用英语向家长介绍）
物理	洗澡上岸冷风使人凉，院坝洒水凉爽	与"蒸发带走热量"这一原理相联系	液态水分子在气化过程中带走热量	人发烧可用酒精擦拭额头降温；火箭、导弹用易蒸发油降温
化学	火锅馆使用的固体酒精燃料	与《酒精》一节的教学内容相联系	认识可燃性是酒精的化学性质	解释固体酒精的形成过程及原因
生物	家庭做"醪糟"需要隔绝空气，闭封产生酒和气泡	与酵母菌无氧呼吸相联系	无氧呼吸分解葡萄糖产生酒精和二氧化碳（气泡）	解释生活现象：深水烂秧是由于无氧呼吸产生酒精毒死水稻
地理	家中水槽放水时的旋涡 家中汽车玻璃上的水雾	空气运动（气旋、反气旋）空气中水汽的凝结	地球上水平运动物体的偏向 理性认识水汽凝结的条件	飞机飞行、轮船航行、导弹飞行 人工降雨，机场驱雾器的发明等，城市上空的低云比郊区多而厚
体育	抗洪抢险救伤员	与50米跑以及掷实心球项目结合	模拟抗洪抢险，认识健身的社会意义	其中体尖生在家练负重跑、跳跃，老师表扬
音乐	从生活中来：学生迷恋流行音乐	与音乐鉴赏课联系	提高审美情趣，认识流行音乐的局限性	学生买贝多芬等著名音乐家的唱片，扩大音乐视野
本模式的意义：用于教学，可活学活用知识，体现科学的价值观，亦体现创造。用于思想教育，针对学生生活中出现的思想进行创造型的思想教育，针对性强，实效性高。				

主要参考文献：

1. 李亮等:《研究性学习活动过程管理》,重庆:重庆出版社,2006年5月第1版。

2. 杜东平:《研究性学习和研究型过程的实践与探索》,重庆:重庆出版社,2002年8月第1版。

3. 钟启尔:《现代课程论》,上海:上海教育出版社,1999年版。

本文载《教学交流》（2007年12期）

试论学校办学特色形成的有效途径

以学校为本位,以学校为基础,以学校为主体,充分发挥学校自身的主体性、能动性和创造性是促进办学特色形成的有效办法。作者认为,构建校本管理是促进办学特色形成的前提,大力开发校本课程是促进办学特色形成的保障,以校本培训为依托构建学习型组织是促进办学特色形成的关键。

学校特色是指管理者和教育者,根据现代教育思想和本校独到的办学理念,从学校的实际出发,在教育实践中努力挖掘、继承和发扬并积极创造某一方面和某些方面的优势,所形成的鲜明的个性、独树一帜、成效显著的运行机制、办学风格和教育教学模式。其内涵是,学校特色体现了个性化的教育思想和办学理念,立足本校,从本校的实际出发,密切结合学校实际的产物,实践出优势、实践出产物,学校特色必须具有鲜明的个性,是独树一帜的、与众不同的,人无我有,人有我优,人优我特。那么,如何促进办学特色的形成?笔者认为,积极推进校本发展策略,以学校为本位,以学校为基础,以学校为主体,充分发挥学校自身的主体性、能动性和创造性,是促进办学特色的形成的有效办法。现就校本管理、校本课程、校本培训如何促进办学特色的形成进行探讨,共同仁参考。

一、构建校本管理,是促进办学特色形成的前提

大多数学者认为,校本管理是一种地方性组织方式,改变了教育形式,代表了权威向地方组织分权方向的一种转变,把学校确认为发生教育变化的首要单位,学校获得教育决策权。与我国的所谓的校级管理的不同点,在于更强调把学校作为一个整体来运作,主张教育活动"校本化",以学校本身的特性和出发点进行管理工作。这既是促进办学特色形成的起点,也是促进办学特色形成的前提。

(一)校本管理有利于扩大学校的自主权,促进办学特色的形成

校本管理的核心是使人性得到完美的发展。实施校本管理的目的是促进校内人、才、物等各种资源的合理配制和有效利用,使教育改革反映社会的需要和学生的需要。校长成为学校的管理中关键的组织者和协调者,以校长为中心,立足于本校具体情况进行决策,制定学校发展的规划,学校教职工、学生父母和教师代表等,更多的参与学校决策,他们通过参与各种发展项目的规划和实施,促进学校的发展,最终目的是提高教育质量,促进学生的发展。这不仅体现教育活动"校本化",而且拥有可进

行的创造性劳动的办学自主权和决策权。这样，使学校内部产生符合自身需要的一些教育改革计划，他们就具有可持续发展的根基，就能长期而持久地进行，长此以往，有助于学校实施并检验自己的教育理念，促进办学特色的形成和优良办学传统的形成。相反，一些来自外围的改革指令，非但调动不起人的积极性和责任心，且来去匆匆，难以对学校发生真正而深刻的影响。

（二）校本管理的高效能，为学校特色的形成提供良好的运行管理机制

实施校本管理并不只是要求学校自主权的扩大，而是要求整个学校机构及资源的重组。它要求学校内部人员在预算、人事和课程这样敏感而关键的领域拥有真正的权利。综合国外一些学校实施校本管理的具体情况有如下共同点：一是学校权利分散，不但学校内部的校长、教师进行学校管理，而且校外的家长、社区成员，企业和商业人士都对学校的发展有发言权，更多的人参与学校决策。二是学校变成保持信息通畅，管理者和参与者充分掌握学校各方面的情况，促进决策的科学化。在学校的传统的自上而下的管理体系中，信息的流通的渠道较为单一，而校本管理的信息流通则强调多渠道，信息不只是来自上下级，而且还可来自校内，来自社区，甚至还反而向上级部分传递信息；掌握学校各方面的情况，促进决策的科学化。三是建立合理的激励机制，学校根据自身实际，通过目标激励、参与激励、经济奖激励、领导行为激励、支持激励等激励手段。对教师而言，就意味着对其成绩的肯定，以及成为他进一步努力的动力；对集体而言，激励合作精神与和谐进取的工作氛围。四是校长作为核心的领导者，同时也是教师的服务者和强有力的支持者。五是要选取课程和教学改革为良好导向。课程和教学改革是校本管理的落脚点，校本管理是否有效将体现在课程和教学改革的效果上，也就是说最终体现在学生的变化上。

最值得一提的是，学校管理的对象是教师，教师的劳动特点是脑力劳动。而脑力劳动的特点是看不见，摸不着的。其劳动强度和质量在很大程度上取决于人的自觉性和责任感。并且对于创造性的脑力活动，其量如何确定，进度如何控制，都成为管理者遇到的新问题。因此，学校进行校本管理本质就是突出以人为本的管理思想。校本管理也就是学校发展中的人本管理，就是学校领导在管理过程中要把教师的作用放在一个主导地位上，通过一些好的办法使教师各方面的素质得到良好发展，在各项活动中都应该以调动、发挥人的主观能动性和创造性为根本，使管理中的全体成员在明确学校目标和自身职能的前提下，充分发挥每一个人的聪明才智，主动积极地去完成各自的任务，要充分发挥人力资源的作用，从而为学校的管理活动的顺利开展和管理效率的真正提高奠定基础，使他们为学校的发展做出贡献。这就为学校特色的形成提供良好的高效的运行管理机制。

二、大力开发校本课程,是促进办学特色形成的保障

首都师大徐玉珍教授认为,校本课程的开发是指在学校现场发生的,以国家及地方制定的课程纲要的基本精神为指导,依据学校自身性质、特点、条件及利用或开发的资源,由学校成员自愿、自主、独立与校外团体或个人合作,开展的旨在满足本校所有学生学习需求的,一切形式的课程开发活动,是一个持续动态的改进过程。校本课程的开发不仅有利于学生的个性发展,也有利于教师专业的创造和发展,更有利于学校办学特色的形成。从实践方面看,三级课程管理政策、校本课程的本质、校本课程开发的程式等,都给学校特色的形成提供了现实背景。

(一)新课程政策为学校特色形成提供了必要条件

1999年6月我国明确提出:调整和改革课程体系、结构、内容,建立新的基础教育课程体系,试行国家课程、地方课程与学校课程。国家实行三级课程管理政策目的之一,就是尊重地方差异和学校差异,给学校一个空间,让学校在国家总目标之下,能够根据自身客观的现实(学生、家长、社区的需求)确定自己学校的教育哲学(通常用学校办学目标或办学宗旨来表示)。这就是说,学校可以根据师生特点、教育资源、学校以及教育者的办学兴趣,来确定学校自己独特的发展方向。这样,国家就在政策层面上保证了学校可以有它的教育哲学,以便办出学校特色。例如"全面发展、人文特长"、"合格+特长"等等。很显然,这是学校教育哲学在达到国家规定的培养目标基础上,充分考虑自己学校的具体情况提出的,也是学校特色的很好表征。

(二)课程开发程式为学校特色形成提供良好机会

课程开发程式可以分为两种类型:国家课程开发和地方课程开发。第一种程式由国家权力机构,掌握着整个教育系统的资源与权力的组织、分配,也规定着学校的所有课程。课程开发是全国统一的;采用自上而下的"研究开发推广"程序,注重全国性课程方案的建构。第二种程序,即校本课程开发程式则是由学校、教师、学生、家长、社区人士等参与课程的开发,注重各校的具体情况和客观差异,采用的是"实践评估开发"的程式。前者强调单一、统一、集中,后者强调个性、特色与差异共生。没有差异也就没有特色,校本课程开发的理论与实践为学校课程在个性和特色建设上提供可能。因为校本课程开发的立足点就是根据各类学校的具体差异,满足学校和社区的特殊需要,学校可以根据学校、社区环境,师生的独特性与差异性,挖掘其潜在的课程资源,开发具有社区或学校特色的课程,以满足学生需要。如重庆市育才中学充分利用"全国陶研基地"这一优势,挖掘办学历史文化,开发出了《育才歌声》在学生中传唱。在各年级中开发出符合学生身心特点的、特别受学生欢迎的"韵律操"课程,成为该校又一道亮丽的"风景线"。

（三）校本课程是形成办学特色的基础

课程是教学的心脏，课程改革是教育改革的关键所在，一切的教育改革最后都落实到课程的实施上。可以说课程是一个学校特色的基础和保障，任何学校特色都需要一定的课程作为支撑，没有一定的课程支持，学校特色是难以形成

以学校为本位，以学校为基础，以学校为主体，充分发挥学校自身的主体性、能动性和创造性，是促进办学特色形成的有效办法。

——杜东平

的。要形成学校特色，就必须首先关注课程的差异性。而国家课程主要关注的是基础性与统一性，在关注课程的差异性上明显不够。校本课程开发则主要关注差异性，校本课程的开发与实践，能充分地体现不同学校不同的教育哲学、培养目标、教育方式，并产生不同的教育成果。因而，笔者以为，学校特色的形成，校本课程担负着极其重要的使命。事实上学校特色也主要是由校本课程实现的。如果学校以"熟悉电脑，见长双语（语文、外语）"为特色，那么就必须用校本课程来保障。同样，基于"人人都能网上学习，人人会开汽车"为特色，当然要有配套的课程来支持。可以说，校本课程是学校特色形成的一种具体保障。

三、以科研和校本培训为依托，构建学习型组织是促进办学特色形成的关键

构建学习型组织不仅是未来学校发展的需要，也是促进学校特色形成的需要。美国著名管理学家彼得·圣吉认为，学习型组织应该具有五项修练。即是自我超越、改善心智模式、建立共同愿景、团体学习和系统思考。这五项修练是一种心灵的转变，一个人思维模式的改变，一个组织的系统变革，它是促进办学特色形成的关键。因此，这个过程是一个比较艰苦和复杂的过程，它必须以校本培训为依托。

（一）通过科研和校本培训改善心智模式，实现学校的自我超越

在学校管理中，经常有许多好的构想无法付诸实施，这是因为它和人们心中已有的，对于周围世界如何运作的看法和行为相抵触。例如素质教育难以实施，这与教师已形成的"应试教育"心智模式有关；"减负"难以贯彻，这与教师的"分数决定升学"心智模式有关；学校管理的民主化难以摊开，这与领导者长期形成的"专制"心智模式有关。如何将心中的心智模式摊开，并加以检验和改善，有助于改变人们心目中的对于周围世界如何运作的已有看法，在学校大力实施教育科研就是最好的方法之一。学习班组织的实质就是创新，是学习的创新，管理的创新和工作方式方法的创新，最根本的创新就是心智模式的改变。而创新的落实就是要进行科学研究，科研的过程就是创新的过程。"科教兴国"已经成为全体公民的共同意识，而"科研兴校"也应成为广

大教职工的意识。在科研过程中,我们应该树立新的科研意识。从研究者来说,研究者应该"向内看",认真审视自己的知识结构,不断改善已形成的固定思维模式,从研究的内容上看,应着重研究各种教育现象背后的"人"的因素;从研究形式上看,应讲究研究的多渠道、多样化,并注重团体学习和团体研究。通过科研不仅达到改善自己的心智模式,也帮助组织其他成员,改善他们的心智模式。在具体操作上应该设立科研机构,健全科研制度,保障科研信息资料供应,落实科研经费,确定科研课题,走科研与教学教育相结合,科研为教育教学服务之路。

科研需要高素质的教职工队伍,教学同样需要高素质的教职工队伍,高素质的教职工队伍从何而来呢? 这一方面需要靠严格挑选,另一方面需要靠加强培训。无疑为我们学校的校本培训工作提供了这样一条思路:对教职工的培训工作,应把业务培训和素质培训有机结合起来,其中,以素质培训为主。学校培训工作应该由校长主抓,设置学校教职工培训机构,并制定相应的培训制度,把培训与教职工的工资、职称等挂钩。培训内容上看,重点是素质培训,主要是对师生员工的敬业精神,毅力品德,工作态度和业务能力进行培训,尤其是教育教学思想和教职工思维方法,培训的终点是人,而不仅仅是技术。从培训的渠道方面看,一方面应该继续完善现有的学历提升培训,继续教育培训等,另外一方面还应该广开渠道,根据不同教师的实际情况分类培训,培训方式可以在职培训,也可离职培训,也可通过电脑网络培训,但重点应在工作中培训,在培训中工作。培训原则应讲究实用性和实效性,将个人愿望、工作要求和实际情况有机结合,差什么训什么,专业差的教师训专业知识,教法差的训教法,教学技术差的训技术,心理素质差的训心理素质,管理能力差的训管理能力。培训工作应注意全面培训,全过程培训,全员培训,并把培训工作与个人的自觉学习有机结合。

(二)确立有特色的办学思想,使之转化为团体学习和个人学习的"愿景"

学校达到了自我超越,改变了心智模式,就为确立有特色的办学思想,转化为团体学习的"愿景"提供了平台。创建学校的特色,其灵魂与核心是确立有特色的办学思想和办学理念。学校的特色要有办学思想支撑。从某种意义上说,学校特色就是实际特色办学思想的结果。是特色办学思想付之实践、转化为学校办学行为的结果。圣吉所提到的自我超越和改善心智模式,不仅要靠团体学习来完成,而且学校确立有特色的办学思想,使其转化为团体学习的"愿景",更要依靠团体学习来完成,使它转变为学习型组织的个人"愿景"。

所谓"愿景"是指最终要达到的目的,有特色的办学思想转化为团体成员的个人"愿景"就是我们要达到的目的。就学校团体而言,形成学校团体学习风气往往显得比较困难,这一方面是由于团体学习的基础是个人学习,另一方面是由于学校多数情况是个体劳动,集体收获,这就客观上使得团体学习在学校中较难开展。为此,我们在学校团体学习方面，一是要高举有特色的办学思想的旗帜，二是要解放思想，三是建立组织，四是开展交流活动。所谓高举有特色的办学思想的旗帜，就是要求把有特色的办学思想转化为团体学习的"愿景"，从而转化为教师的个人"愿景"。二是解放思想方面，教职工应该克服文人相轻的狭隘世界观，进行坦诚的"真诚交谈"，"克服习惯性防卫"；在组织建设方面，以校本培训为依托。一方面应该加强教研组、年级组和后勤组的团体培训。例如可针对课题研究，依靠培训机构合作培训，针对学教育信息进行校际合作培训，针对青年教师培养进行"师徒"培训，针对校教育的突出问题进行培训。另一方面提倡——交谈，志趣相投者的深度交谈，做到正式团体学习和非正式团体学习有机融合。第三，应该把学校特色的办学思想，渗透到丰富多彩的各种团体学习活动之中。诸如组织各类谈心活动，举办各种竞赛，进行各类教研专题活动等。由此帮助教师确定有特色的办学思想，敢于深入剖析自己在教学中的不足，敢于在公众面前暴露自己的缺点，大家互帮互学共同提高。当然，反过来又不断地修正学校特色的办学思想和理念。这样，校长、教师自身的素质的大大提高，直接促进学校特色的创建，影响着学校的发展。可以说，校长是学校特色的影子，教师是学生特色的影子。校长有特色，学校才可能有特色；教师有特色，学生才可能有特色，才可能有特色的学校。大凡成功的学校，名牌学校，必定是以特色见长的学校。这些学校办学实践和成功经验充分说明，学校的特色是与校长、教师的特色成正相关的。甚至可以说，学校的特色往往就是校长、教师的特色。校长、教师的创造性个性、专长直接影响、制约着学校的特色，校长、教师的人格魅力直接影响、制约着学校的办学特色的风格和魅力。可见，校长、教师自身素质的大力提高是学校特色形成的关键因素。

　　毋庸置疑，彼得·圣吉的系统思考是要求把创建学校办学特色纳入学校战略决策之中，进行系统思考，与学校常规工作的整合。认为系统思考最重要，它是彼得·圣吉提出的五项修炼之核心。

　　总而言之，我们要大声疾呼，以学校为本位，以学校为基础，走向"校本"，积极推进校本发展策略，促进学校办学特色的形成。创建学校办学特色是时代的呼唤，是教育竞争的客观需要，是学校自身生存和发展的需要，归根到底，创建学校特色是为了推进素质教育，促进学生全面发展和个性健康成长。

主要参考文献：

1. 崔允漷：《校本课程的开发：理论与实践》，北京：教育科学出版社，2000年9月版。

2. 邹今治，杜东平：《全国教育科学"九·五"规划国家教育部重点科研课题〈素质教育中的生活教育模式实验研究〉》，载西南《重庆论文大系》，2002年3月版。

3. 王建军：《教师参与课程发展：理念效果与局限》，载北京《课程·教材·教法》，2000年6期，月刊。

4. 靳玉乐:《现代课程论》,重庆:西南大学出版社,1995年版。

5. 杜东平:《构建中学研究性学习的大课程体系》,载《师资建设》,2002年2期。

6. 北京中国人民大学书报资料中心:《中小学学校管理》,2002年1—12期,电子期刊。

7. 郑金洲:《走向"校本"》,《教育理论与实践》,2000年06期。

本文荣获中国教育学会第18次学术年会二等奖(中国教学会,2005年10月),载《重庆陶研文史》(2003年3月)

研究性学习

YANJIUXING XUEXI

研究性学习是中小学综合实践活动课程，是培养学生创新精神和实践能力的载体课程，是实践中小学实施新一轮课改的突破口和亮点。从2001年开始，我就积极参加课改交流和教育试验。参与编书6本，发表文章多篇，并撰写大量的实践案例。

将学生由接受式学习改变为研究式学习，不仅是改变学生的学习方式，而且改变学生的生存方式，为自由社会、民主社会、多文化社会、开放社会、法治社会培养人。

我们应当大力倡导研究性学习，落实好综合实践活动大课堂。

课题式研究性学习档案袋评价方式的探索

课题式研究性学习如何评价,通过大量实践研究借鉴档案袋评价方式效果好,本文对此进行了深入分析,并介绍了作法。

由于教育评价具有导向、调节、激励等作用,因而课题式学科研究性学习评价是整个学科研究性学习过程中的重要环节,目前,已有许多学者对研究性学习评价进行理论探讨,开设研究性学习课程的学校也在进行着研究性学习评价的实践,但研究性学习在普通高中实施的时间不长,因此,能体现研究性学习评价的价值取向、可操作的评价方案还未成熟,本文对笔者近几年来的课题式学科研究性学习档案袋评价进行了大胆的实践和探索,仅供同仁参考。

一、课题式学科研究性学习评价可以借鉴档案袋评价的依据

教育评价是指根据一定的教育价值观或教育目标,运用可操作的手段,通过系统地搜集信息、资料,分析、整理,对教育活动、教育过程和教育结果进行价值判断,从而为不断自我完善和教育决策提供依据的过程。教育评价概念由美国的泰勒教授在20世纪30年代首次提出,他认为教育评价就是衡量实际活动达到教育目标的程度,而测验是它的手段,他的报告书被称为"划时代的教育评价宣言",宣告了教育评价理论的诞生。在此之后的数十年间,人们对评价理论与实践进行了广泛的研究,从定量评价走向定性评价,教育评价理论有了长足发展,特别是20世纪80年代以来,许多西方国家的中小学教育经历了一场评价改革运动,教育评价在发展上出现了一些新的特点和趋势:第一,以质性评价整合取代量化评价;第二,既重视学生在评价中的个性化反应方式,又倡导让学生在评价中学会合作;第三,强调评价问题的真实性与情境性;第四,评价不仅重视学生解决问题的结论,而且重视得出结论的过程。

档案袋评价就是一种从实践中涌现出来的质性评价方式,在国外教育实践中的应用迄今为止已有十多年的历史,但人们很难给它一个确切的定义,从语义分析来看,档案袋,其英文单词为portfolio,有代表作选辑的意思,应用到教育评价上,通常指"由学生和教师有系统地收集相关资料,以检查学生的努力、进步、过程和成就",档案袋制作的过程,涵盖了一项任务从起始到完成的整个跨度。档案袋评价主要是形成性的评价:注重评价学生的学习过程、进步过程等,这与研究性学习所倡导的重过程、重体验相一致。档案袋评价的优点之一是具有灵活性:可以评价广泛领域的任务和

活动,学生可以在一段时间内,根据自己的兴趣、特长收集与学习目标相一致的资料装入袋中,这一特点在研究性学习评价中较适用,研究性学习的内容面向学生的整个生活与科学世界,广泛的学习内容及其明显不同的学习过程很难用测验或其他标准化程度较高的评价方法来进行评价,而运用档案袋评价,则可以"描绘"学生在各自的专题学习活动中的进步与成就。档案袋评价的优点之二是具有交互性:档案袋评价要求学生经常反思,看一看前一阶段哪些方面令人满意,哪些方面需要改进;要求教师及时对学生的档案袋进行反馈,看看学生进行了哪些活动、取得了哪些进步,及时肯定进步与成绩,教师与学生经常讨论怎样创造有价值的作品,这里的"作品"是广义的,可能是一件小发明、一幅国画,也可能是一份调查表,甚至可以是一封求助信。例如,学生设计了一份比较好的调查表,教师可以给予充分肯定,并鼓励学生付诸行动,如果这份调查表有些缺陷,教师可提出修改意见,学生可以陈述修改或不修改的理由,这种交互式的评价有利于激励学生积极参与研究性学习活动,获得体验。档案袋评价的局限性是时间问题:虽然档案袋内容的收集、编排、保存工作可以由学生在教师的指导下完成,但教师要对学生档案袋内容进行回顾与反思,要鼓励学生对自己的作品进行自我评价,这样每次需要大约20分钟,若教师为每个学生每月反馈一次,每个教学班级为50名学生,则教师要花费大量的时间,这对于本已十分忙碌的中学教师来说,在学科教学中使用档案袋评价是一个很大的障碍,而研究性学习的组织形式通常是以小组为单位,分别聘请指导老师,这样,每个教师只要面向少数学生,因而时间问题可以解决。综上所述,我们认为,档案袋评价是课题式学科研究性学习可以借鉴的评价方式。

二、课题式学科研究性学习的档案袋评价的特征

我们在与各地兄弟学校的交流中了解到,当前的课题式研究性学习评价主要存在三个带有普遍性的问题:其一,评价的内容过于繁杂。过分地求全不利于学生的个性发展,同时也不易操作;其二,过于强调评价的甄别功能,将许多过程性、体验性评价要素人为地加以模糊量化或综合量化。这不仅背离了研究性学习评价是发展性评价的基本宗旨、降低了评价的科学性(因为有些过程性因素不宜量化),而且也大大增加了评价的工作量;其三,过于注重学习结果的评价。追求学习成果获奖,客观上促使研究性学习从"大众教育"异化为"精英教育"。

为了避免出现上述三个方面问题,我们设计了课题式研究性学习的档案袋评价方案,在实施研究性学习发展性评价方面作了一些有益的探索:在诸多影响学生研究性学习的因素中,选取一些最有价值的因素作为评价内容,充分考虑到实施评价的科学性、有效性和可操作性。

本方案概括起来有以下四个显著特点:

第一，明确而科学的导向性。将部分评价内容以学习手册中评价表的形式交给学生，使学生充分了解研究性学习的目的，以便确定自己的努力方向。

第二，交互性。在学习过程中，在小组成员之间及师生之间的交流、讨论中完成过程性评价，评价也由此实现了与课程、教学的整合。

第三，多元评价、易操作。以"作品"形式收集能体现学生个性特征的评价信息，过程性评价在师生、生生交流中完成，师生共同参与评价，而且，评价的书面形式仅需在相关的评价内容之后打几个"钩"，填写简短的评语即可，操作起来既省时又简便。

第四，不求全、鼓励学生实践、创新。在认定研究性学习成绩时，以"合格"与"不合格"的形式呈现，合格的认定并不要求学生面面俱到，这样，学生不必全面"应付"，更不必在每个项目中都争取A等级，有利于学生发挥个性特长。

本评价方案在我校高中学生的研究性学习评价中实施，目前已有79个课题研究小组结题，初步的实践表明，本评价方案的实施，在培养学生创新精神、保证学生参与研究性学习全过程，以及获得体验方面起到了积极的作用。实践中，我们也认识到本评价

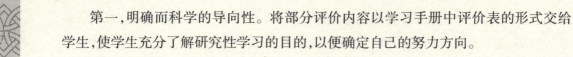

> 档案袋评价具有灵活性、交流性的优点，对中小学生的评价应提倡这种评价方法。
> ——杜东平

方案目前还不够完善，例如，还缺乏更合理的成绩报告单，在同样认定为合格的学生中，毕竟还存在明显的个体差异，有的学生在交际方面发展较好，有的在口头表达能力方面发展较好，有的则在收集资料的能力上发展较好，如何设计更合理的成绩报告单，充分利用档案袋中的信息，对学生的研究性学习收获进行客观报告是需要继续研究的课题。我们相信，随着研究性学习的深入持久的开展，本评价方案将在实践中不断补充、完善。

三、课题式学科研究性学习的档案袋评价的目标定位和基本内容

(一)课题式学科研究性学习评价的目标定位

研究性学习评价的价值取向是重过程、重应用、重体验、重全员参与，因此，强调以下教育目标：第一，培养创新意识，获得亲自参与研究探索的积极体验。第二，培养科学态度和科学道德。第三，发展对社会的责任心和使命感。第四，培养信息收集和处理能力。第五，学会沟通与合作。第六，激活以某学科知识为背景，沟通相关学科知识之间的联系，尝试相关知识的综合运用。

(二)课题式学科研究性学习评价的基本内容

研究性学习有助于发展学生提出问题、解决问题等多方面的能力，其研究结果也可能是真正意义上的创新、发明，但我们不能期望每一个学生通过一段时间的研究性学习便得到全面的发展，而且，追求评价内容的全面性和指标的统一性可能导致学生

在各方面平均使用力量。为了鼓励学生勇于实践、创新,我们以研究性学习的目标为主要依据,选择以下基本内容对高中学生研究性学习进行评价。

1. 创新意识

创新意识是根据客观需要而产生的强烈的不安于现状,执意于创造、创新的动力。这种动力是指心理上的一种内在驱动力。研究性学习要求学生积极参与研究活动,获得体验,逐步形成一种在日常学习与生活中喜爱质疑、乐于探究、努力求知的心理倾向。具体评价内容为:①善于提出问题,②有独特见解,③课题研究思路新颖,④课题研究采用的方法恰当和多样。

2. 科学态度与科学道德

学生在研究性学习过程中,总会碰到这样那样的问题和困难,必须学会面对现实,解决问题,克服困难,学会从实际出发,通过认真踏实的探究以获得结论。具体评价内容为:①坚持参加课题研究的各项活动,②求真、求实,研究内容贴近现代生活,研究过程的方法现实可行,③学会尊重他人的想法和成果,引用他人成果时注明出处。

3. 社会责任心与使命感

研究性学习使学生与社会发生广泛的联系,有助于增强学生的社会责任心与使命感。具体评价内容为:①关心人类的生活质量。②关注环保问题。③关心社会进步、人类的命运。④关注经济发展。

4. 信息的采集与加工能力

要求学生在研究中采用可能的信息收集手段去搜集信息,评估、分析、组织和呈现有用的信息以支持研究。具体评价内容为:①了解获取信息、资料的一般途径。②采用可能的手段去搜集信息。③有效利用信息。

5. 沟通与合作能力

要求学生在研究中既善于与人合作沟通,又具有一定的表达、写作方面的能力。在研究性学习中,为了达到共同的目标,小组成员之间必须经常进行交流,妥善地解决可能出现的各种矛盾,互相帮助和支持,在社会调查、访谈、外出收集资料、向专家请教等活动中,不仅需要合作伙伴的同心协力,还需要独立地运用社会交往技能去争取成功。具体评价内容为:①组内成员分工协作、平等交流。②开展社会调查、访谈等活动,人际交往广泛。③尊重人、理解人、能与人友好相处。乐于助人,善于争取别人的帮助。④能集思广益,有效利用他人智慧解决问题。⑤关心集体,有集体荣誉感和团体竞争心理。⑥能较准确、流畅地表达自己的研究过程与结果。

6. 问题解决能力

要求学生在课题研究中以适当方式应用问题解决策略,这种策略既可以是常规性的也可以是创造性的。具体评价内容:①能独立完成规定的任务。②在课题研究中解决了重大问题或解决了许多小问题。

四、课题式学科研究性学习评价的步骤与方法

1. 准备阶段

（1）编制《学生课题式学科研究性学习课题研究形成性手册》

我们以研究性学习评价的基本内容为主要依据，编制四份研究性学习评价表，并将四份评价表和其他的相关指导资料一起汇编成《学生研究性学习课题研究形成性手册》。这些相关资料包括：①"学生研究性学习活动须知"；②"研究性学习开题报告"；③"课题研究活动进程表"；④"指导教师记录表"；⑤"档案袋资料清单（列表）"。

学生课题式研究性学习评价表一（学生自评表）

课题名称				
姓　　名				
评价内容	评价等级			
	A（收获很大）	B（有一定收获）	C（尚需努力）	D（没有收获）
研究课题的过程				
研究计划的确定				
研究进程 解决问题的能力				
研究进程 信息选择和利用的能力				
研究进程 交流与合作的能力				
研究进程 反思的能力				
论文写作过程				
附：一份你认为最有价值的反思记录				
组长签名：				

注：请根据你在研究过程的收获，如实填写上表（在表中打"√"）。每人填写一份。

学生课题式研究性学习评价表二(小组成员互评表)

课题名称		评价等级			
姓　　名					
评价内容		A	B	C	D
科学态度与道德	坚持参加课题研究的各项活动				
	从实际出发,通过认真、踏实的探究获得结论				
	尊重他人的想法和成果,引用他人成果时注明出处				
沟通与合作	尊重人、理解人、能与人友好相处。乐于助人,善于争取别人的帮助				
	关心集体,团结竞争、合作意识加强				
	能集思广义,有效利用他人智慧解决问题				
问题意识与解决问题的能力	善于提出问题				
	在课题研究中解决了重大问题或解决了许多小问题				
	能独立完成规定的任务				
综合评价					

组长签名:

　注:小组为每一个成员填写一份评价表,若为个人项目,则此表当作自评表填写。

教海泛舟（上）

学生课题式研究性学习评价表三（指导教师评价表）

课题名称						
课题组成员			指导教师			
评价内容			评价等级			
			A	B	C	D
课题内容	科学性	内容真实、可靠				
	创造性	①课题研究的思路新颖				
		②课题研究采用的方法多样或很合适				
	可行性	①贴近现代生活、贴近学生				
		②分量适当、难易适当				
学习进程	对社会的责任心和使命感	①关心人类的生活质量				
		②关心社会进步、人类命运				
		③关注环保问题				
		④关注经济发展				
	执行研究计划	①课题研究的前期准备充分				
		②课题研究的资料收集丰富				
		③课题研究过程有详细记录				
		④能及时进行反思和评价				
		⑤有较为详细的研究总结				
研究结果（论文、小制作或其他成果）综合评定						
评语：						
			签名：			

注：指导教师对整个课题小组进行团体评价。

学生课题式研究性学习评价表四(论文答辩评审表)

课题名称				
姓　　名				
评价内容	评价等级			
	A	B	C	D
论文表述 (或其他成果介绍)	完整、清楚	较完整、清楚或 完整、较清楚	一般	较差
成果的可信度	高	较高	一般	不可信
小组成员之间的协作	出色	较出色	一般	较差
回答问题	好	较好	一般	较差
时间运用	合理	较合理	一般	不合理
综合评价: 　　　　　　　　　　　　　　　　　　　　　　　签名:				

(2)让学生了解研究性学习评价的内容及过程

对学生进行研究性学习的动员,分发《学生研究性学习课题研究形成性手册》,通过学习,使学生与指导教师一开始就了解学校将根据档案袋中提供的信息给每位学生的研究性学习确定成绩等,并记入学生成绩册;使学生知道在课题研究过程中应从哪些方面努力,从正面引导学生,发挥评价的导向功能。

2. 实施阶段

学生的课题研究活动开始,评价信息的收集工作和过程性评价也随之开始进行。主要从以下几个方面着手进行:

第一,请学生为每一个课题准备一个档案袋,并指导学生注意搜集以下内容放入袋中:①学生研究性学习课题研究形成性手册。②你认为有价值的与选题有关的资料(如选题说明、背景资料等)。③能体现你在课题研究过程中做出努力的资料(如你提出的问题、工作时间表、信函复印件、伴有说明的草图、访谈表、实验设计、课题研究过程与结题中搜集的资料列表等)。④与该课题研究有关的反思记录(内容可包括:课题研究是如何开展的,研究过程中遇到的问题或困惑以及解决办法,在解决问题或困惑时的收获体会等)。⑤指导教师的评价、指导记录。⑥课题研究成果(论文或调查报告或其他作品)。每收入一份资料,都要及时填写“档案袋资料清单”,内容有:编号、资料内容(如工作时间表、致某某信函复印件等)、完成时间、由何人完成。这样做,一方面使学生养成存放资料的好习惯,以便随时查阅,另一方面,在小组内部,一定程度上反映个人在整个研究进程中所作的努力,在激励学生积极参与上能起一定的作用。

第二，学生填写"课题研究活动进程表"，内容有：时间、地点、出席对象以及很简单的活动内容摘要。

第三，指导教师根据学习进程的需要，对学生进行指导，每一次指导都是一次评价活动，学生汇报一段时间内的学习情况，教师听汇报、看档案袋资料，对学生的表现及时评价，鼓励进步、指出不足，帮助学生解决课题研究中的问题，并填写"指导教师记录表"。

第四，学校组织对学生课题研究成果的评价，在班主任指导下，各研究小组在班级内进行课题成果展示汇报：进行论文答辩或成果介绍；在班级划出一角，展示各小组的档案袋。对于表现突出的学生，学校给予表扬，对于具有真正意义上的研究成果者，则通过参加各级成果展示会、评奖等方式进行评价。

第五，组织学生对照评价表中的指标进行自评、互评，并填写评价表，把评价过程作为反思、交流的过程，同时，老师也根据小组课题研究的具体情况填写相应的评价表。由于整个课题研究过程中学生之间、师生之间交流较多，师生都掌握着较多的评价信息，同时档案袋中也收藏着许多评价信息，所以上述评价活动能够顺利进行。

第六，成绩认定，学校研究性学习指导组阅读相关的定性评价、统计各项评价的等级，给参与研究性学习全过程、80%以上项目达到C级以上要求的学生记"合格"。

主要参考文献：

1. 金一鸣著：《教育原理》，合肥：安徽教育出版社1995年版，1999年重印。

2. ［瑞典］胡森（Husen. T）、（德）特尔威斯特（Thwaite. N. P）主编，许建钺等编译：《教育测量与评价》，1992年版，1999年8月重印。

3. 顾明远主编：《素质教育的督导与评估》，上海：上海教育出版社，1996年版。

4. 王孝玲编著：《教育评价的理论与技术》，上海：上海教育出版社，1999年版。

5. 蒋建洲编著：《发展性教育评价制度的理论与实践研究》，长沙：湖南师范大学出版社，2000年版。

本文载《重庆陶研文史》（2003年20期），转载《高中学体研究性学习理论与实践》一书中，该书主编为杜东平

渗透式研究性学习的模式初探

在2001年我第一次提出渗透式研究性学习的概念,并在重庆重点中学开展部分试验,在实践中大力进行该模式的构建。请看本文详细介绍。

研究性学习泛指学生主动探究的学习活动。它是一种学习理念、策略、方法,适用于所有学科的学习。它有两层含义:一是它作为一门独立课程,是指在教学过程、研究过程中以问题(或小项目设计)为载体,创设一种类似科学研究的情境和途径,让学生通过自己收集、分析和处理信息来实际感受和体验知识的生产过程,进而了解社会,学会学习,培养分析问题、解决问题能力和创造力。二是它为一种学习方式,指仿照科学研究的过程为学习科学内容,从而在掌握内容的同时,体验、理解和应用科学研究方法,掌握科研能力的一种学习方式。前者我们称为课题式研究性学习,后者称为渗透式研究性学习。在这里我们重点探讨渗透式研究性学习的模式的构建与实践。

一、渗透式研究性学习模式的构建和几种变式的实践

我们认为,渗透式研究性学习就是学科课堂教学中的探究模式,它是以学科知识的逻辑性和系统性为主线的,主要通过设置问题情境,让学生独立自主地发现问题,通过动手动脑探索实验、搜集资料处理信息、改变和重组经验,表达与交流、思辨与比较等活动经历探索过程,"再次发现"已有的知识,从而获得探究新知的方法和途径,以研促学,获得探究能力、实践能力和创新能力的不断提高,获得丰富多彩的情感体验,掌握探究解决问题的方法。

渗透式研究性学习活动的模式一般包括以下几个阶段:

(1)老师设置问题或情境,鼓励学生发现问题,提出问题;

(2)指导学生个人或分组经历实践探究活动;

(3)引导学生归纳整理上升为理性知识,写出研究结果报告、论文或心得体会等;

(4)应用研究结果于社会生活解决实际问题。

渗透式研究性学习活动模式可用下面框图来示意(见下页图):

第一种变式:以文科的知识背景,一般主要采用文献法和思辨探究法,其渗透式研究性学习活动的模式是:

(1)老师设置情境,让学生发现问题,提出问题;

（2）实践探究——引导学生个人或分组查阅（可在课前完成）引证资料、思辨分析、讨论交流；

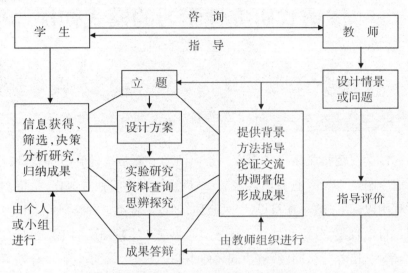

渗透式研究性学习活动过程模式示意图

（3）师生归纳总结，整理上升为理性知识；

（4）迁移应用于学习或社会生活解决实际问题。

如上海市松江一中周菊妹老师指导的《课程式研究性学习》，通过"温故——导入——交流——知新——感悟——拓展"的活动流程，引导学生多角度多层面地学习和思考课文，突出了拓展阅读和学习研究。这种模式以课程规定的学科课文为学习研究对象，以培养发展学生的探究意识、态度和创新能力。

第二种变式：以理科的渗透式研究性学习，主要采用实验研究法，其渗透式研究性学习过程管理模式是：

（1）老师设置情境，让学生发现问题，提出疑问；

（2）指导学生实践探究——实验验证；

（3）学生归纳整理上升为理性知识；

（4）应用于学习和社会生活解决实际问题。

> 我在长期实践研究中，发现渗透式研究性学习具有科学性、开放性、探究性、实践性等特征，是当代中小学最值得推广的模式。
>
> ——杜东平

第三种变式：文理综合式研究性学习：是以文理学科知识为背景，这种模式是以文理知识为背景与课题式的一种整合，它把学生课上学得的学科知识与课题式实践活动有机结合在一起,使知识转化为学力———一种实践创新的能力。

实例:文理综合式研究性学习活动

指导教师:上海市江宁学校　钟雪琦

课题:自觉维护公共卫生

运作流程:在学生熟悉了教材中孙惠一家与社区居民一起改变脏、乱等不卫生面貌的故事后,引导学生采访"上海市城市卫生市民巡访团"团长杨存义老人的先进事迹,启发学生组成"小小市民卫生巡访团",深入社区,运用拍照、摄像、检测实物与采访调查等手段,采集公共卫生方面存在的问题,而后在课堂上集体交流、讨论、分析不卫生习惯的社会心理原因,寻找对策;然后再以"巡访团"的形式,走向社会,从自己和自己家庭做起,并向公众做好公共卫生宣传动员和卫生监督岗及卫生治理等工作。

专家点评:这是一堂品德课、社会课与社会实践课相整合的交叉式综合课。它把小课堂变大,变活,变新,把学习,研究与社会实践有机结合在一起,让学生在学习中研究、在研究中学习,在社会实践中升华,使德育收到了实效。这种模式是大课程改革、大教学改革发展的产物,是一个突破,是一种创新。(上海师大黄云龙提供资料并点评)

二、渗透式研究性学习模式的特点

渗透式研究性学习活动模式的特点主要有:

(一)学科性

渗透式研究性学习就是把研究性学习的理念、思想、目标、评价渗透于语数外、理化生、政史地、音体美等各门学科课堂教学中的研究性学习活动,也就以研究性学习的方法和步骤来解决学科教学中的疑难问题。它是以学科教学中发现的问题或课题为基础和起点的,一般是单一学科的问题,因此首先要体现学科特色。离开了学科内容,就不是渗透式研究性学习了。

(二)开放性

在2003年颁布的新课程标准中积极提倡"自主、合作、探究"的学习方式,实际上就是在学科教学中运用研究性学习的思想和方法。渗透式研究性学习模式的开放性体现在研究性学习的选题内容、探究的形式和方法上。研究内容不仅仅是某一种特定的知识体系,而且是来源于学生的学习生活和社会生活,来源于教材,我国早就有"文史哲不分家","数理化是一家"的说法。它立足于研究解决学生关注的一些社会问题或其他问题,涉及的范围非常广泛。在选题内容上它可以是某一学科的,也可能是多门学科的交叉综合;研究形式既可以在课堂上进行,又可以在课外或网络上进行,探究方法既可偏重于实践研究,也可偏重于理论探索;在同一主题下,由于个人兴趣、经验和研究活动的需要不同,研究视角的确定、研究目标的定位、课题切入口的选择、研究过程的设计、研究方法手段的运用以及结果的表达等可以各不相同。具有很大的灵活性，这为学生发挥个性特长和独特才能提供了广阔的空间和舞台，从而形成了一个开放的学习探究过程。

（三）探究性

渗透性研究性学习非常注重学习过程的主动探究，强调同学们自己提出问题，自己设计解决方案，自己动手探索实践，自己解决研究中遇到的问题。所以研究性学习离不开问题的发现、提出和解决，没有问题，研究性学习就成了无源之水、无本之木、无米之炊。正如朱熹诗云："问渠哪得清如许？为有源头活水来。"

（四）实践性

学科教学都具有很强的实践性，研究性学习更是实践性很强的学习，你必须亲自去做，才能体会到"如何做"，从而得到"如何去获得知识"的体验，是一种"真正的体验活动"。研究性学习就是一种"在做中学"的学习方式，更加确立了学生的主体活动在教学中的地位，它有别于以前的以教师讲授为主的教学形式，必将使传统的教学过程发生一系列的变革，体现出以下的新特点：①研究性学习是以学生主动实践探究的"做"为中心的学习方式。②研究性学习过程是注重活动性体验的过程。③研究性学习过程是以学生的现实生活为依托的教育过程。人民教育家陶行知早在20世纪30年代就提出了"生活即教育，社会即学校，教学做合一"的生活教育思想。他强调教育要以生活为中心，要把教、学、做三者统一起来，以"做"为核心，在做上教，在做上学，以"会做"为目的，使之合为一体，学校以社会为广阔的课堂。这就充分论证和强调了学科教学和探究的实践性特征。

主要参考文献：

1. 解尚智编著：《研究性学习理论与实践》，北京：高等教育出版社，2003年版。

2. 霍益萍主编：《让教师走进研究性学习》，南宁：广西教育出版社，2001年版。

3. 杜东平，唐新明著：《研究性学习和研究型课程的实践与探索》，重庆：重庆出版社，2002年版。

本文载《科学咨询　教育科研》（2005年16期）

研究性学习选题的基本策略

> 教师要正确引导学生选题，选好题就成功了一半。

中学在开展研究性学习时，摆在学生面前的常常是许多眼花缭乱的小课题，面对这么多不同类型的小课题，学生又该如何取舍，而最终确立适合自己研究的课题来呢？笔者在近几年的实践中总结提炼出如下选题的基本策略，那就是"选题要小，少有人搞；题小意深，难度适中；条件具备，周期要短"。现分述于下：

一、选题要小，少有人搞

所谓"选题要小"，是指学生选择研究的研究性课题不要涵盖的内容太宽泛，越是宽泛的内容越难研究好，而且容易造成研究的方向不明确，研究的目标模糊等，甚至在研究过程中会造成无法进行的弊端。比如有的学生非常关注中国加入世界贸易组织的相关消息，于是提出《加入WTO对中国经济发展的影响》等比较大的课题，然而在选题论证的阶段，学生就感到了课题研究的难度，预见到了可能在研究中遇到的障碍，而主动放弃了这一课题的研究。而有的同学根据自己的学习情况与生活的实际环境，提出《我校学生的消费情况调查与研究》，立足于本校，着眼于学生们所关心的日常生活问题，便得到了广大学生的支持与配合，课题研究取得了圆满成功。从这两个例子可以看到，选题太大了就空有其表了，看起来轰轰烈烈，但实际上却没有研究下去的可能性，使研究浮于表面形式，有悖于研究性学习课程开设的初衷；而有些课题看起来很小，但研究起来却很有价值，能真正锻炼同学们的能力，发挥他们的聪明才智，有新意、有创造，便达到我们的目的了。

同样，在研究性学习确立课题的过程中，一些"少有人搞"的课题是非常有价值的，它不仅可能让学生走出一条研究成果的新路，而且在其本身的价值方面，"含金量"也会显得更高，研究过程会变得更加"出彩"。例如：重庆市育才中学高2004级的学生课题中，很多学生的课题集中在一些中学生消费、实验器材的改进、社会存在的热点问题等课题，而10班的几位同学却把眼光放在了就在广大学生面前的、平时接触很多的学校门口的谢家湾立交桥上，就立交桥的结构设计、地下通道、人行天桥给出行人们带来的便利与不便，立交桥本身给行人带来的交通隐患进行了思考，提出了《生命的呼唤——关于谢家湾立交桥交通隐患问题的研究》这样一个非常适合学生研究的课题，达到了预想不到的效果，引起了学校及有关部门的重视，最后还在学校常发生交通事故的北门口设立了红绿灯,解决了广大师生出行的交通安全问题。

二、题小意深,难度适中

"题小意深、难度适中"的课题是实践经验中证实了的可以真正锻炼学生的好课题。在选题过程中,学生研究的课题是否有价值,它能给我们带来一些什么样的思考,都是我们指导老师在指导学生选择课题时要常思考的问题。在研究过程中,学生所要面对的困难不仅我们指导教师要非常清楚,也需要学生对此有一定的了解。这样才有利于课题在研究过程中得

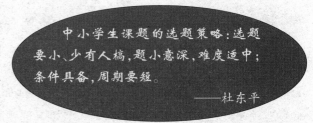

中小学生课题的选题策略:选题要小、少有人搞,题小意深,难度适中;条件具备,周期要短。

——杜东平

以顺利地进行下去。在各校学生的研究课题中,很多课题都体现了"题小意深、难度适中"这一特点。如云南省曲靖一中的周晖、杨光、张钰等同学,在任玲老师的带领与指导下参加了网络虚拟夏令营的研究性学习。在确定课题时,同学表现出了对少年问题的热心关注,同学们都想通过自己的努力为那些流落街头的少年找到一条出路,在课题确立前的讨论中又把范围扩开了,最后确定为"问题少年情况分析与对策"。可以说这个课题真正是"题小意深"的课题!通过这个课题的研究,既能促使同学们关注现实生活,关注同龄人的成长遭遇,又能让他们了解问题少年成长过程中"搁浅"的种种因素,让自己多一份来自他人的经验和教训。

三、条件具备,周期要短

"条件具备,周期要短"也是指导学生在选题过程中,指导教师要提醒学生注意的问题。由于学生的研究性学习所研究问题的特点,不可能作出一些非常大的,有巨大社会意义的成果来。结合学生学习的实际水平,学生的精力、财力、物力等具体情况,要特别注意切合实际,不仅要条件具备,而且由于学生的学习期间还有很重的学业负担,因此周期要短也是学生在选题、确立课题时必须注意的问题。如《黑板擦的改进研究》等课题就是学生进行研究性学习非常适合的课题。如重庆市铜梁中学唐娜等8位同学注意到自己所生活的家乡铜梁县境内气候温和、雨量充沛、水资源丰富、交通便利,是最适宜柑橘生长的壤质土,而且铜梁县种植柑橘的历史悠久,改革开放后又得到了进一步的发展,便想通过对家乡柑橘产业发展现状及前景进行调查和研究,增加对柑橘产业方面知识的了解,并对县农业局规划柑橘产业发展提供参考依据,于是提出了《铜梁县柑橘产业发展现状及前景调查》这样一个课题。课题立足本县,以文献法和调查法为主要研究方法,并对县辖区内的巴岳山果园、凤山果园、平滩果园、侣俸果园、岚槽果园等地进行实地调查,向当地的柑橘果商了解市场情况,活动相当充分,历时近一年,圆满完成了这样一个课题。

值得一提的是在研究性学习开展活动中教师还看到要想让学生在研究性学习课程中真正得到锻炼与提高,指导教师在教学生选题时还要教会学生一些选题的技巧,如要学会选热点、空白点和特点等等。这对于提高小课题本身的新颖性,对于拓宽学生视野,进一步激发学生研究潜力,展现学生的能力素质有很大的帮助,而且更能让学生在研究中体会自己的选题的价值和成就感,对广大学生的终身不懈的研究性学习有着深远的意义。

主要参考文献:

1. 霍益萍主编:《研究性学习教师导读》,广西:广西教育出版社,2001年版。

2. 李常明,杜东平等主编:《高中学科研究性学习的理论与实践》,重庆:重庆出版社,2003年2月版。

3. 崔允郭总主编,杨明华、吴刚平主编:《研究性学习案例研究丛书》,北京:高等教育出版社,2004年3月版。

　　　　本文载《研究性学习选题课本策略》,载《科学咨询　教育科研》(2005年10期),转载《重庆论文大系》(2005年版)

课题式研究性学习课堂教学指导的几种课型

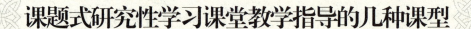

我在2002年开始，大力进行教育试验，逐渐提出了课题式研究性学习指导的5种课型，敬请同仁阅读。

在全日制普通高级中学的教科书（人民教育出版社出版）中，各学科都出现了要求学生完成的研究性学习小课题，绝大多数学者都对这种小课题称为课题式研究性学习。课题式研究性学习主要是学生以小组的形式到课外去完成，占用时间约3/4，但也要用1/4时间在课内依靠老师教学指导去完成。教师如何指导学生完成这些小课题呢？最理想的教学方式是每个课题都配备一位导师，以课题组为单位组织教学。但是由于受师资的限制和考虑到教育的成本，对研究性学习还必须由班级课堂教学进行辅导，面对班级教学形式如何进行教学指导呢？这是教师棘手并遇到的新问题，笔者通过大量的实践研究提炼成以下几种课型，仅供同仁参考。

提供资料背景课

研究性学习选题非常重要。课题选得怎样，关系到研究有无价值，研究能否顺利进行等一系列重要问题。两次获诺贝尔奖的巴尔丁博士曾说，决定一个研究能否取得成效，很重要的一点就是看他所选择的课题。教师提供资料，给学生提供选题的背景，这是研究性学习的首要课型。

1. 教育目标：主要为学生的选题提供背景资料，为学生对研究此课题提供学习"情境"，激发学生兴趣，拓宽学生知识视野，有利于学生选题。

3. 教学程序：热点与问题——学生选题参考——查阅文献书目——学生活动案例。

4. 模式特点：这类课有别于传统的知识授课，确定的问题应该是生活中的热点和矛盾交织的点。老师不仅要教会选题的方法，更重要的是激发学生的研究激情，从而为学生选题提供参考。

5. 实践举例：（略）

研究方法介绍课

课题研究的基本方法主要有文献法、实验法、调查法、经验总结法、行动研究法和个案介绍法等。但是绝不能给学生讲理论，而是要让学生用已有的知识经验对自己的小课题的一种具体的指导。

1. 教育目标：要根据学生已做过的课题的具体案例，有针对性地进行具体的有效的指导，最终掌握研究方法。

2. 时间和方法：学生成立了课题小组以后，分别对不同的课题组进行具体引导。方法是：一般采用探究式，应首先将每一个课题在具体研究中存在的问题搜集起来，教师再专心备课，通过大量案例探究式地教学，切忌学术化倾向。

3. 教学程序：研究方法的案例评点——研究方法中的问题——课题研究的常见的方法。

4. 模式特点：讲解时需要深入浅出，化抽象为具体，结合案例进行讲解。

5. 实践举例：

按高中《生物》(试用修订本第一册)课本，有三个课题要求学生完成。学生在已完成课题《调查媒体对生物科学技术发展的报道》结题的基础上，要求学生完成课题《青蛙的发育过程的培养与研究》，系统地学会搜集和处理生物信息的方法。

杜老师的方法介绍课是这样做的：

本节课以搜集整理提炼生物信息为主线，以学生汇报、交流、讨论、活动为主体。教师辅之引导和点拨。重点是掌握文献、调查、实验资料的搜集和整理，难点突破实验资料的搜集和处理。整节课分四小块：活动背景、汇报交流、案例点拨、小结探索。在汇报交流中，让三个课题组的学生分别上台交流在做《调查媒体对生物科学技术发展的报道》中文献资料是怎样搜集和处理的？调查资料是怎样搜集和处理的？接着通过老师展示并讲解《胚胎发育过程的培养与研究》实验资料，要求学生讨论实验资料是怎样搜集和整理的？师生共同归纳。最后小结：搜集和处理生物学信息的方法有三个步骤：第一步：搜集资料，该搜集文献、调查、实验三方面的资料。第二步：整理资料，对于文献资料在阅读的基础上写批注、做摘要、写札记等；对于调查资料则要做统计表、统计图和统计曲线等；对于实验资料就要做实验的原始记录、制作生物标本、绘制生物图等。第三步：提炼资料，提炼自己的观点，在整理的资料中寻找证据来论证自己的观点，撰写成文。像这样采用不完全归纳法，并针对性地解决问题。这就杜绝了学术化的倾向。

创新思维训练课

1. 教育目标：训练学生创新思维能力，学会批判的能力，并提出新观点，为撰写论文作准备。

2. 时间和方法：是在学生体验、搜集课题资料之后，撰写论文之前。找到每篇文章的中心和观点，让学生通过逆向思维、发散思维、直觉思维训练提出新的观点。

3. 教学程序：学生阅读搜集整理资料中的观点，写好阅读笔记——讨论、头脑风暴(逆向思维、发散思维、直觉思维)，批判别人的观点——树立自己的观点——寻找自己观点的论据,找出需要补充的论据。

4. 模式特点:本模式最重要的是会运用三种求异思维,会批判他人的观点,树立并证明自己的观点。

5. 实践举例:

何老师在引导《项羽是人杰吗?》这一课题中,充分调用了逆向思维,一反传统项羽是人杰的说法,提出疑问:"他是人杰吗?"在列举推荐题目时,则运用发散思维,从项羽的各个侧面引导学生进行思维,为中心论点提供有力的支撑。学生最终写出了《我看项羽》的论文来。

论证(或鉴定)课

每个课题的论证,都包括下面六个方面的内容,一是本课题国内外研究现状述评;二是选题的目的、意义;三是本课题研究的主要内容;四是研究方法、手段、途径等;五是已有相关成果;六是主要参考文献。此种课型如何教学呢?

> 每位教师都应当成为指导学生研究性学习的能手。
> ——杜东平

1. 教育目标:主要为了提高学生分析问题、判断的能力,帮助学生形成研究成果意识。

2. 时间和方法:一般在小课题完成的最后一个阶段。首先一般由教师提供价值判断的基本思路,接着每个课题组作3分钟的演示报告,演示每个课题要具有多样性,再让学生开展讨论答辩。主要由学生选出评委评定。预先组织要设计好是决定这种课型成功的关键。教师要精心策划和组织,要搞好点评。

3. 教学程序:教师提供基本原则和思路——各课题组3分钟演示报告——各课题组答辩——教师评点。

4. 模式特点:该模式最中心的环节是质疑、答辩和点评。

5. 实践举例:

高二·八班"成语古今词义的演变和运用"课题成果论证会选3个老师,4个学生作为评委。评委协商拟定了评价标准。本课题组成员讨论、补充。评委亮分,并简述理由。老师学生质疑,课题组成员答辩。最后指导老师进行综合评点。该案例能从课题论证的各项内容进行评价,而且价值判断明确,科学,不但评分,还要解说原因,让小组成员和听众明白其优点和不足,为课题的修正和将来的研究打下了基础。

展示交流课

多样化的展示交流是上好展示课关键。

1. 教育目标:主要是让学生介绍和交流研究过程中获得的知识、经验和体验,或从遇到的挫折和失败中总结的教训,以便其他同学受到启发和借鉴,教会学生学会分享。

2. 时间和方法：各课题组已经完成的时候，一般由学生介绍，其他学生体验交流。

3. 教学程序：学生课题组负责人介绍和展示资料——学生相互传阅资料——师生找出各课题的长处和不足——学生写出交流中的体会。

4. 模式特点：该模式的核心在于学生课题组负责人组织小组成员务必精心准备展示材料，尽可能完全展现本组的劳动成果，教会学生学会分享。

5. 实践举例：

唐老师指导学生《走近屈原》，请屈原作品研究小组介绍。

甲生：我研究的是《离骚》，《离骚》写的是……

乙生：我研究的是《九章》，《九章》写的是……

丙生：我研究的是《九歌》，《九歌》写的是……

丁生：我研究的是《天问》，《天问》写的是……

老师尽量让学生采用多种方式展示课题成果，学生效果好。

以上五种课是课题式研究性学习课堂教学指导，这里只是抛砖引玉。愿广大同仁在研究性学习教学指导中有更多的方法和课型。

主要参考文献：

1. 李亮主编：《研究性学习活动过程》，重庆：重庆出版社，2006年5月版。

2. 杜东平著：《西部地区研究性学习活动过程的阶段研究报告》，载《重庆当代教育论文大赛》，云南民族出版社，2003年版。

3. 成巧方著：《语文研究性学习的主要途径：个性化阅读》，载《中学语文教学参考》，2003年第1—2期。

本文载《科学咨询　教育科研》(2005年12期)

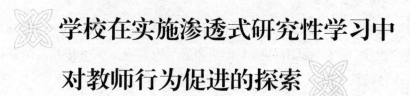

学校在实施渗透式研究性学习中
对教师行为促进的探索

> 改革传统的教学模式，构建多样化的"自主合作探究"模式的重要途径是渗透式研究性学习。

通过大量的实验研究认为，学校对研究性学习活动过程的管理除了课题式研究性学习活动过程管理外，还有渗透式研究性学习活动过程管理。这一管理在新课程教学实施中是尤为重要的管理，其本质是将研究性学习的目标、评价以及研究性学习思想和方法渗透到学科课程当中去，改革传统的教学模式，构建多样化的"自主、合作、探究"模式，从而构建起研究性学习的大课程体系。这种管理当然蕴含了计划、组织、指挥、协调和控制等组成的整体性活动过程。在这里笔者仅对学校实施渗透式研究性学习中如何对教师行为促进问题作如下探讨，供同仁商榷。

一、校长对教师教学期望的促进

学校在实施渗透式研究性学习中，要对教师的教学提出正式和具体的要求，以规范教师教学行为。如某学校不仅制定了渗透式研究性学习的条例，而且还制定了对教师的教学行为规范和具体的要求。校长通过各种会议，大力宣传实施渗透式研究性学习的重要性，希望通过教师大胆的实践，改变传统的教学结构，提高教学质量，从心理学角度上说，这就是学校校长对教师的教学期待，这必将对教师的行为起促进和明显的规范作用，效果较为突出。

二、教研组对教学行为的促进

重视教研组或年级组建设。教研组和年级组的教师易形成具有不成文的良好规范，但却对教师教学行为产生显著的促进作用。如重庆市育才中学政治教研组长期以来都热衷于搞"课改"，有系列的不成文的规范，即依靠集体力量将政治课中《一国两制》改成《对台湾问题的研究》，由青年教师李秀玲老师执教，该"课改"彻底改变了传统的说教式的讲解，班上的学生组成的多个课题组，有的课题组从地理位置的角度，有的课题组从历史的角度，有的课题组从音乐和歌曲的角度，有的课题组从诗人和诗词的角度当中去研究和论证台湾是我国的领土，这就是渗透式研究性学习的课堂教学，效果很好。此课获得2003年全国优质课大赛一等奖。这恰恰就是依靠教研组具有不成文的良好规范对教学行为的促进作用。

三、激励对教师教学行为促进

通过激励,在某种内部和外部刺激的影响下,使人始终维持在一个兴奋状态中。就教学工作来说,激励的方法主要有:第一,目标激励。目标激励通过目标的设置激发教师的工作动机,如"把研究性学习渗透到学科教学中去"在全国新课程的背景下对当代中学教师就具有很强的激励性。它是一种内在的积极向上的激励,直接激发教师教学行为动机。第二,信息激励。许多信息对教师的教学行为是有激励作用的。将教师教学成果的信息及时反馈给教师,能使教师产生一种胜任感、成就感,从而使其以后的教学行为处于一种持续积极状态。第三,环境激励。为了搞好渗透式研究性学习,某学校给每位教师配备笔记本电脑,提供学科软件新课程资源包和大量研究性学习的资料包。第四,荣誉激励。对绩效良好的教学行为给予各种形式的荣誉,以此来强化其教学行为。如重庆市育才中学在2004年全市以《研究性学习》为"龙头"的中青年优质课大赛中有8位教师获一等奖,位居全市第三。2005年市级初中以《综合社会实践活动》为"龙头"的新课程优质课大赛,位居全市所有中学的第一位,并有8名教师获一等奖。学校不仅给教师和所在教研组给予物质上的重奖,而且还给予多种精神上的奖励。第五,物质激励。如学校通过发放奖金和课时补贴等手段来实现。如重庆某知名学校教师凡是市级及其以上发表研究性学习的文章和获奖论文,学校都在每年定期召开的学术年会上,拿出几万元给予奖励。同时,适当提高渗透式研究性学习课程的补贴,效果显著。

> 研究性学习的过程管理当然蕴含了计划、组织、指挥、协调和控制等基础评价。
>
> ——杜东平

在这里值得一提的是对教师教学工作进行激励,首先要注意考察教师的优势需要,根据优势需要选择激励手段。其次,要注意多种激励手段的综合使用。

总之,学校实施渗透式研究性学习活动管理,要有利于对渗透式研究性学习的有效促进,最大限度的使教师教学行为和学生学习行为互动起来。大力改变传统的课堂结构,全面推进研究性学习课程改革。这必将把学科学习与研究性学习,课内课程与活动课程、校内活动与校外活动有效地结合起来,形成学科大课程体系。

主要参考文献:

1. 郑金洲著:《教育研究专题》,上海:华东师范大学出版社,2004年版。

2. 萧菲,修义主编:《研究性学习的组织与管理》,桂林:广西师范大学出版社,中央民族大学出版社,2003年版。

3. 江月孙,赵敏主编:《学校管理学》,广州:广东高等教育出版社,2000年版。

本文载《重庆陶研文史》(2006年2期)

我们是这样展示研究性学习成果的

> 这是展示研究性学习成果的好方法，好的范例。

我们重庆育才中学高中二年级5班，有三个研究性学习课题组——甲组、乙组和丙组，每组15人。三个组的课题分别为"校服与中学生形象研究"、"旅游消费的调查实录"、"鸡胚胎发育过程的培养和观察"。三个课题的研究方法各不相同，甲组为问卷调查法，乙组为访谈法，丙组为实验研究法，但都兼用了文献研究法。经过一学期的努力，三个课题组都取得了丰硕的研究成果，但怎样展示研究成果呢？班主任杜老师对我们进行了培训，他用一句话概括："就是如何展示给别人看，让其他不知晓的同学一看就'明'，一听就'懂'，一问就能'答'，一辩论就能'服'。"

我们班全体同学决心将课题成果展示做得更加生动有趣，于是，我们三个课题组就从以下几个方面进行了充分的准备。

一、精心撰写演讲报告和精心设计演讲形式

我们的演讲报告包括课题提出的背景和目的、课题研究的意义、课题研究的方法原则、课题研究的计划、课题研究的实施过程、研究论文或报告的主要内容、研究的心得体会、研究中存在的问题和研究中未能解决的问题以及今后进一步研究的构想等方面的内容。现以甲组的课题"校服与中学生形象研究"为例来说明。

"校服与中学生形象研究"演讲报告（节选）

敬爱的评委、指导老师，亲爱的同学们：

我们在调查中发现：不重视自身形象的中学生几乎没有。98%的学生对校服十分关注，大多数同学认为，校服是中学生形象的一种标志。

调查表明：85%的学生对自身的形象不满意或不太满意，但试图改善自身形象的却只有15%。对于当今的校服，表示不满意的同学占95%，这就不难解释大多数学生不愿穿校服的现象。调查表明，只有35%的学生每天穿校服，50%的学生在必要的时间和场合才穿校服，平时一般不穿校服者占15%，93%的学生是迫于学校规定才穿校服，自愿购校服者仅有0.75%。

造成这一现象的原因主要有以下几个方面。

第一，学生认为有许多因素制约着他们形象的改善。27.5%的学生认为是校规，78%的学生认为是同学、老师的意见，20%的学生认为是父母的看法等。而且现有的

校服与学生理想中的校服不符。对于现有的校服,大多数学生认为过于朴素与端庄,更有不少的学生认为校服很"土",很古板。68%的学生希望校服更活泼一些。

第二,虽然有82.3%的学生认为校服是中学生形象的标志,但是社会、学校、家庭在形象方面对学生的正确引导比较欠缺。调查显示,只有约17%的老师、45%的家长经常与学生谈论形象问题。只有14%的学生会主动与他人谈论形象问题。对于社会上的形象咨询,有93.75%的学生不曾求教,甚至没有这方面的意向。

第三,学生对形象的认识存在误区。虽然大多数学生认为形象可以定义为"修养",但实际生活中,学生以"演艺明星"的风格作为流行参照系。75%的学生有追随"演艺明星"的倾向。有28.3%的学生认为现有校服扼杀了中学生的形象。

调查显示:92.3%的学生认为能处理好"装扮形象"与"学习"的关系。社会、学校、家庭应对学生形象的改善给予更多的帮助与指导。同时,学生对校服的要求比较高,尤其是对于校服的设计要求比较高,我们期待着有更好的校服出现。

课题组成员之一周晶在研究性学习日记中写的一篇体会,题目是《我们学会了发现问题》,写出了同学们的普遍感受:

问卷调查后,我们就要对问卷进行整理和归纳,这与平时的学习不一样。刚开始,我们都难以下手。后来,指导教师王老师告诉我们,对这一组组"ABCD",必须找出它们所蕴含的信息与内在联系,否则,这些数据就没有意义。我们课题组的同学对问卷进行了认真整理和归纳,并与指导教师一起反复讨论。我们发现同学们对自身形象是很重视的,但有些同学对形象的理解存在某些错误的认识,更重要的是学生们对现有校服感到不满。这样,我们便落笔"成交"了——写出了研究报告。在这个过程中,我们学会了在统计数据中发现问题。

更精彩的是课题组成员董英在研究性学习的日记中,写了一篇体会《多一分合作》,她这样写道:

我们课题组共有15人,有A、B、C、D四个小组,课题研究分工合作,相互讨论,相互帮助,相互理解,真正体现了合作的精神。然而,真正体验到人与人之间需要合作的精神是在问卷调查中。我感到调查者与被调查者只有相互合作才能高质量完成问卷调查。有时,遇到一些同学,他们不理解我们,对我们敬而远之。这时候我大脑里突然闪现一个念头:"人与人之间是多么需要合作啊!"我们为了一份问卷,常常要与对方进行很长时间的交流。但在一次次的交流中,我们终于完成了调查任务,每次交流都是一次"合作",每次合作成功后,内心深处所涌出的快乐让我们永远难忘!

在社会中,人与人之间应该多一分互助,多一分理解,多一分合作。这里,我要大声疾呼,我们要学会待人接物,锻炼人际交往。

还要特别强调的是,要精心设计演讲的形式。我们各组的演讲除了精心准备讲稿之外，还特别注意两点：一是采用多媒体进行演示。我们利用计算机截取了动漫作品的经典画面和经典片段，录了著名的动漫作品的主题音乐，在演讲的过程中穿插播放，图文并茂，声像俱全，吸引和感染了观众，同时也非常形象地诠释了我们的演讲。二是在演讲的过程中根据需要展示实物，让观众近距离地审视我们的研究所取得的成果。

二、精心选择和制作"实物"

课题展示不但要"讲"得生动，还要"做"得生动。这就需要根据展示的实际，选择那些能够突出课题研究特色的"实物"给大家观看。

我们三个课题组展示了课题资料多卷，主要内容有：问卷调查表多份、研究性学习笔记多本、研究总结多篇、过程资料多卷、研究报告1篇等等。但由于研究的基本方法不同，展示的"实物"各具特色，各有亮点。

如甲组的亮点在关于校服与中学生形象的"调查问卷"；乙组的亮点在旅游消费的调查访谈"实录和录像片"；丙组的亮点在"实验"过程及其"实验"观察结果。现以丙组的亮点为例。

实验观察结果记录（节选）

我们每取一个胚胎，先观察，后制成浸制标本瓶，并贴上标签。通过实验观察对涪陵土鸡胚胎发育过程记录如下：

1. 取第一个胚胎：

2月8日晨，我们打开纸盒，捡出3个鸡蛋，它们热乎乎的。我们准备了三只碗，一只装有温水，一只用于装蛋清，一只用于装蛋黄和胚胎。我们先将玻片、镊子用纯C_2H_5OH消毒后，放在一边，然后轻轻地将鸡蛋大的一头敲出裂纹，用镊子夹开一个小洞，光滑的蛋清就流出来，待蛋清流完，就将蛋黄倒入另一个空碗中。这时，我们惊奇地看到：蛋黄中嵌着一片鸡蛋形状的血丝球，大的一头血丝稀疏，小的一头血丝密集，呈鲜红色。旁边还有些零碎的絮状丝，并夹杂着一些颜色略有不同的小圆点，圆点中间有黑色物。我们想，这一定是胚胎，就用镊子将丝撕断，接着用温水冲洗掉蛋黄，洗净血丝，留下胚胎。制成玻片，最后制得标本瓶（一）。

2. 取第二个胚胎：

2月10日晨，我们按照取第一个胚胎的方法和程序，从盒中取出3个鸡蛋。只取得一只胚胎，观察到：胚胎已长大，头部很小，出现了眼睛，还长出尾巴。尾巴后面带着放射状的血丝，连着一个较大的气泡，气泡壁有黏液。整个胚胎呈半透明状，表面光滑。我们用刀子割去血丝和气泡，取出胚胎，制得玻片，最后制得标本瓶（二）。

3. 取第三个胚胎：

2月12日晨，我们取出了3个胚胎，发现胚胎体积很小，仔细观察能看见头部较大,眼睛似两个小灯泡。有了身子,蜷缩成一团,但不能明显地分辨。我们制成玻片,最后制得标本瓶(三)。

4. 取第四个胚胎:

2月13日晨,我们按照原方法,首先打破一个鸡蛋,打开蛋壳时,发现鸡蛋大的一头有个空隙与蛋清间隔了一层膜,用镊子将膜刺破,有腥臭味,呈暗红色,胚胎表面覆一层白膜,腹部连着脐带。脐带与血网交错相连。眼占头部1/3,颈小,脚、翅也很小。用镊子夹起白膜,再用剪刀把白膜剪断,制得玻片,最后制得标本瓶(四)。

5. 取第五个胚胎:

2月14日晨,我们取出3只鸡蛋,打开第一个发现为未受精蛋,第二个蛋腥味加重,异常,同学们说它像"木乃伊"。再破第三个鸡蛋,只见胚胎头部有灯泡状的眼,头部占整个身体的比例依然很大,有细长的颈,翅和脚都能被看出。我们制成玻片,最后制得标本瓶(五)。

6. 取第六个胚胎:

2月15日晨,我们和往常一样,取一只鸡蛋,鸡蛋较大的那头与蛋壳之间空隙变大,而且薄而硬;蛋黄浓而且少,胚胎已死。我们又破第二个蛋,发现头、颈、躯干、双足都能明显被看清楚,躯干的比重加大,于是割断与腹部相连的脐带,最后制得标本瓶(六)。

7. 取第七个胚胎:

2月17日晨,我们破一只鸡蛋,依照前面的方法取出胚胎,发现为死胎。破第二个鸡蛋,又为未受精的鸡蛋,我们就耐心地破第三个鸡蛋,得到一个胚胎。它眼睛有些凹陷,脊椎的形状有些突出,羽毛较长,切断脐带,撕开薄膜,制成玻片,最后制得标本瓶(七)。

8. 取第八个胚胎:

2月18日晨,我们共取6个鸡蛋,有4个为未受精蛋,一个与蛋壳粘得太紧,只有一个蛋内的胚胎发育正常,有头、颈、躯干、四肢。眼大,颈小而长,翅膀也变大了,尾部后翅有少许浅黑色的毛,制得玻片,最后制得标本瓶(八)。

9. 取第九个胚胎:

2月20日晨,我们又取了4个鸡蛋,其中只有1个是发育正常的胚胎,蛋内胚胎变大,整个胚胎被一层透明膜包住,又被蛋清包住,蛋黄也被一层布满血丝的膜包住。取出胚胎,用温水洗净,与2月18日胚胎相比,发现形体更大,黑色的毛,已由头、颈到躯干的背侧连成一条线,脚和翅膀分化明显。制得玻片,最后制得标本瓶(九)。

10. 取第十个胚胎:

2月24日晨,我们同样取出4个鸡蛋。一个为死胎,一个为未受精蛋,破开第三个蛋,我们能看见它的头、脚在摇动,整个胚胎成螺旋状。胚胎的肚脐和蛋黄上布满血丝的膜相连,我们小心取出胚胎,用小刀割断,洗净,发现这幼体比起2月18日的幼体完全变了样,不仅个体变大,而且全身布满黑色的绒羽,只有尾部除外,好像鸡的模样。制成玻片,最后制得标本瓶(十)。

11. 取第十一个胚胎:

2月26日晨,我们又取出一个鸡蛋,胚胎比2月24日的那个还大,蛋黄明显减少。洗净,发现幼体发育得更大,全身被黑色羽毛盖住。制成玻片,最后制得标本瓶(十一)。

三、临场答辩

临场答辩是在课题展示演讲之后,课题组成员直接回答"评委"(一般是由同学、老师和有关专家组成的)提出的问题,甚至和"评委"展开辩论。这就要求我们在"评委"口头提出问题之后,立即用简明准确的语言对问题进行阐释或辩论。"评委"运用这种方式可以直接检查我们课题研究的真实性;可以进一步考查我们演讲的主要内容是否忽略了比较重要的细节;可以直接考查我们理解问题、分析问题和解决问题的能力;还能够考查我们的口头表达能力和随机应变能力。

老师和同学们对我们三个组的课题都十分感兴趣。课题成果的展示过程,不但赢得了老师和同学们的阵阵掌声,还引得评委提出了一些非常有趣的问题。比如,你们为什么要选择这一课题进行研究?你们课题研究中的"中学生的形象"主要是指哪些形象?旅游消费对中国经济的积极影响具体表现在哪些方面,消极影响表现在哪些方面?我们到底应当怎样来看待旅游消费?鸡胚胎发育过程的培养和观察的生物教育价值在哪里,对当地的经济价值如何体现?

对上述这些问题,我们都结合课题研究进行了力所能及的"解答"和说明。值得庆幸的是,我们三个课题组在演示中都发挥得很好,获得了评委和老师的赞赏,同学们的夸奖!

四、制作展板

利用展板来展示研究性学习成果也是成果展示的一种重要形式。我们根据指导老师的要求,三个小组各创办了一块以自己研究性学习为主题的展板。同学们精心撰写文章,将研究的精华部分展现了出来,并选择了精彩的图片来点缀,使整个展板图文并茂,生动有趣。

五、回顾反思与心得体会

"学而不思则罔,思而不学则殆",亲身经历研究之后;更重要的是对所做的研究进行全面的回顾与深刻的反思。通过回顾,我们才可能总结经验;通过反思,我们才可能吸取教训,进而促进研究的进一步开展。

为了更好地反思,我们采用了如下方法来总结:

①组织课题组成员座谈讨论,交流各自在课题研究过程中的实际感受和收获;

②明确要求每一个学生就自己的研究撰写1000字以上的心得体会;

③将心得体会发表在校刊(校园通讯)上,供其他同学参考;

④积极参加学校组织的研究性学习成果展示。

概括起来,我们的体会主要有以下几点:

1. 通过研究,我们三个课题组的同学各有所获,都对本组的课题有了更加全面科学的认识。

2. "钓胜于鱼",课题研究所获得的成果固然重要,但我们认为更重要的还是研究过程。在这过程中,我们的汗水和文字凝结出了成果,我们体验到真实而丰富的艰辛和欢乐。我们正是在课题研究的过程中学会了选择课题、搜集和整理资料、采用适当的方式方法进行研究、选择合适的形式表达研究成果以及生动形象地展示课题研究的过程和结果。可以说,我们在研究的过程中学会了研究。

3. 研究性学习改变了我们的学习方式,使我们养成了积极思考、勤于探索的良好习惯;培养了我们实事求是的科学态度和面对困难不屈不挠的奋斗精神。在研究过程中,我们的创造性不仅得到了发挥,更得到了提高。

当然,我们的课题研究中仍存在很多不足之处。比如,我们的课题范围似乎"大"了,这使得研究可能浮光掠影,不易深入。研究方法略显单一,并且可能缺乏理论的深度。甲组课题的问卷设计显得有些粗疏;乙组访谈的内容简单和对象单一;丙组实验制作标本观察还是描述性的,层次浅。这些问题有待于我们在今后的研究中去解决。

> 学生的学习成果的展示,将给学生"身""心""灵"带来无穷的力量。
>
> ——杜东平

问题拓展

上述内容详细阐述了如何展示研究性学习成果。请你结合上述三个课题的研究过程,思考并回答下列问题:

1. 用文献研究法来研究课题,应怎样搜集、整理和提炼资料,撰写研究报告?

2. 用调查法来研究课题,应怎样搜集、整理和提炼资料,撰写研究报告?

3. 用实验法来研究课题,应怎样搜集、整理和提炼资料,撰写研究报告?

尝试实践

问题一:根据你所参加的一个研究性课题活动,自己独立或者和同学一起尝试写一篇课题成果研究报告,并设计报告的形式。(提示:既可以是研究性学习活动的最终成果,也可以是阶段性成果)

问题二:根据你所参加的一个研究性课题活动,在课题小组内或者课题小组之间模拟进行一次课题成果展示答辩会。

问题三：根据你所参加的一个研究性课题活动，自己独立或者和同学一起尝试设计一个成果汇报展板，要求功能突出、美观大方，新颖而富有创意。

信息资源库

1. 研究性学习专题网站

http://www.yj.pte.sh.cn

2. 研究性学习成果展示

http://www.docin.com/p—246280.html

3. 研究性学习课题结题报告相关要求

http://tzrch.blog.163.com/blog/static/44006534200926717175740

本文载《研究性学习活动指导》（高一下册）教材（重庆出版社出版）

"少年形象"的追求

——"初中生服装的穿戴与中学生形象"研究的实录

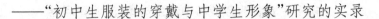

> 这是一个典型的值得推广的"人与自我"的研究性学习范例。

2002年8月,育才中学决定在初中开设研究性学习,并将其作为综合社会实践课程之一。同年10月,研究性学习在初二年级正式启动。学生可自行提出符合自己兴趣的研究课题,组成课题组,开展研究。在学生上报的课题中,有一个是"初中生服装的穿戴与中学生形象"的研究。相比之下,这个题目与中学生的实际生活密切相关,研究范围比较集中,可操作性强。提出这个课题并且自愿参加的有卓英等16位同学。王萍老师被学生指定为指导教师。

一、研究方案的设计与开题报告论证会

课题组的同学在王老师的指导下,经过热烈的讨论,研究方案大致确定,并在开题报告会上听取了全班同学的意见。

课题组组长卓英在她的日记中写道:

一次别开生面的开题报告会(提要)

今天,我作为课题组组长向全班同学做了课题报告,没想到同学们给了我多次的掌声,更没有想到老师和同学们向我们课题组提出了许多的问题,虽然我们没有全部都答上,但是许多同学对此课题表现出了浓厚的兴趣,使课题组成员对此课题研究取得成功的信心大大增加,全组同学增强了斗志,大家渴望研究成功,以满足全班同学和老师的期待!

更可喜的是,老师和同学们为我们的课题提出了许多建议,有利于课题的研究。在这里,我代表课题组的全体成员向老师和同学们表示衷心的感谢!

点评:

开题报告会是否开得好,直接影响学生完成课题的信心和斗志。通过卓英的日记反映出来,这种形式比较好。

二、调查问卷的设计和问卷调查

(一)调查问卷的设计

为了提高调查的针对性和有效性,在开展调查之前,课题组的同学学习了"调查法"的有关知识,并确定了调查对象、内容等。调查内容主要有两方面:一方面,了解当代中学生对自身形象的评价与期望;另一方面,了解初中生对自身服装穿戴的评

价、意见和建议。

为了做好调查问卷，指导教师王萍给学生做了一次问卷设计讲座，小组同学互学互助，最终设计出一份调查问卷。

"初中生服装的穿戴与中学生形象"的调查问卷

您好！

我们是育才中学的学生。让我们一起来参加"初中生服装的穿戴与中学生形象"的研究课题。为了使我们能真实了解情况，请您如实填写我们的问卷，感谢您的支持！

初二年级"穿戴与形象"课题组

一、选择题

1. 你是否把"形象"作为对其他同学评价的主要依据？

A. 是　　　　　　B. 否　　　　　　C. 无所谓　　　　　　D. 不知道

2. 你对自己的形象重视吗？

A. 很重视　　　　B. 比较重视　　　　C. 无所谓　　　　　　D. 从不关心

3. 限制你对自身形象重视最主要的因素是什么？

A. 校规　　　　　　　　　　　　B. 同学、老师的想法

C. 父母的看法　　　　　　　　　D. 其他

4. 你是否会追逐"电视明星"的流行形象？

A. 是　　　　　　B. 否　　　　　　C. 可能会　　　　　　D. 不知道

5. 你认为重视自身形象是否会影响成绩？

A. 是　　　　　　B. 否　　　　　　C. 可能会　　　　　　D. 不知道

6. 你出于何种目的穿戴现有的服装？

A. 方便　　　　　B. 美观　　　　　C. 学校要求　　　　　D. 家长要求

7. 你认为穿戴的服装是否能体现你的个人形象？

A. 能体现　　　　B. 较能体现　　　　C. 不能体现　　　　　D. 无所谓

8. 你认为"服装的穿戴"与"中学生形象"有何关系？

A. "服装"代表"中学生形象"　　　　　　B. "服装"完全不代表"中学生形象"

C. "服装"不完全代表"中学生形象"　　　　D. "服装"与"中学生形象"没有关系

9. 你希望少年服装具有哪种风格？

A. 朴素型　　　B. 端庄型　　　C. 活泼型　　　D. 流行型　　　E. 其他

二、简答题

请用四句话写出你心目中的中学生形象。请用两句话写出你喜欢穿戴什么样的服装。

点评：

对于初中生而言，问卷设计的内容从总的来看还是可以的。不足之处，服装的穿戴与中学生形象内在联系的试题设计得较少。

（二）问卷调查

课题组成员分成四个小组，每组4人，并到邻近的4个普通中学作调查。（见下表）

组别	组长	调查学校
A组	卓 英	组星中学
B组	付 秀	杨家坪中学
C组	周 明	铁路中学
D组	王 寒	建设六中

分别开展问卷调查。发出1832份，收回问卷283份。这样的调查对他们来说是第一次尝试。面对别的学校素不相识的同学和老师，力求用自己诚恳的态度和真挚的语言，赢得对方理解和支持。调查进行得基本顺利。同学们都感到在调查中通过问卷获得信息的同时，还得到了一次人际交往方面的锻炼，获得了十分有益的尝试。课题组B组同学付秀在研究性学习日记中写了一篇题为《在不怕"碰钉子"中微笑》的感受，她这样写道：

10月10日下午，在杨家坪中学的调查中，我们B组大约完成92份调查表。面对陌生的同龄人，鼓起勇气，走上前去，请他接受调查，这真是一场自我挑战。每当面对一名受访者，就要将本人身份和调查目的完整地说一遍，常常是口干舌燥。最"有趣"的是，一些人在听完我们的"长篇大论"后，说："对不起，我没空。"这时，一种难受的滋味涌向全身，出于礼貌，更出于要完成任务的心情，必须送给那位同龄朋友一个"微笑"，并对他说："对不起，打扰了。"

这次活动的体验告诉我，社会上人们的思想性情千姿百态，自己不仅要有与人沟通的良好愿望，还要有不怕"碰钉子"的精神，努力学会人际交往的艺术，才会有真正的"成功"。我真心地感谢这次调查活动。

点评：

从付秀同学的研究性学习日记中可知：通过问卷调查，学生不仅学习了调查研究方法，更重要的是获得了一次"在不怕'碰钉子'中微笑"的积极情感体验，培养了科学态度和合作精神，锻炼了人际交往的能力。

三、问卷信息处理及分析

调查中，收回问卷约280份，并将问卷随机平均分到课题组的A、B、C、D四个小组的同学中。各小组同学对问卷的问答逐一进行了统计。这项工作比较繁琐费时，但又马虎不得，因为王老师强调，问卷统计数据承载着丰富的信息，统计处理的质量直接关系到调查研究质量。

　　问卷数据统计处理之后，小组同学把握信息，寻找调查结论。（对调查数据的分析，体现在同学们撰写的调查报告中，在此略去）

点评：

　　在计算机比较普及的条件下，应当让学生学会用计算机统计问卷信息。研究性学习过程，也是掌握现代化学习手段的过程。

四、撰写课题研究报告与小结

　　除调查之外，课题组的同学还访问了一些专家、学者，并收集有关资料。在认真学习"中学生形象"方面的评价知识、中外少年服装风格比较以及当代少年服装设计思想的基础上，课题组进行了认真探讨，经过六易其稿，最终完成调查报告，并人人写出了一份小结。

> 在中小学要成功组织好研究性学习课程，教师和管理者要非下功夫不可！
> 　　　　　——杜东平

（一）依据问卷调查结果完成调查报告

"初中生服装穿戴与中学生形象"研究的调查报告（节选）

　　调查中发现，有96％的学生对服装穿戴十分关注，大多数学生认为，服装是中学生形象的一种象征性标志。

　　调查表明，75％的学生对自身的形象不满意或不太满意，但试图改善自身形象的却只有20％。造成这一现象主要原因有：

　　一、初中生认为许多因素制约着他们改善形象。25％的学生认为是校规，23％的学生认为是同学的意见，76％的学生认为是父母、老师的看法等。

　　二、虽然有72％的学生认为服装是中学生形象的标志，但在实际生活中，学生以"电影明星"流行形象作为参照系，75％的学生存有追逐"电影明星"流行形象的倾向。这种观念远离了实际现状中的学生自身形象的参照系，这说明社会、学校、家庭等在形象方面对学生所给予的正确引导比较欠缺，学生对自身形象的认识也存在着误区。

　　在这次调查中，82％的学生都认为能处理"形象"与"学习"的关系。一方面，社会、学校、家庭应给少年形象改善以更多的帮助与指导，另一方面，少年对服装的要求比较高，尤其是在服装设计方面，改革现有服装势在必行。大家期待着有更好的少年服装的出现。

点评：

　　从调查报告中可以看出调查结果比较全面，对调查结果的分析较为透彻。

(二)写一份个人参加课题研究活动的小结

课题组成员周明在研究性学习日记中写了一篇体会,题目是《我们学会了发现问题》,他这样写道:

问卷调查后,就要对问卷进行整理和归纳。这与平时学习不一样。刚开始时,我们都难以下手。在王老师的指导下,面对这一组又一组的"ABCD",必须要找出它们蕴含的信息与内在联系。否则,这些数据是没有意义的。我们课题组的同学对问卷进行了认真整理和归纳,跟指导老师一起反复讨论,发现同学们对自身形象是重视的,但也发现有些同学存在错误的观点,更发现了学生们对现有服装普遍地不满。这样,我们便落笔"成交"了——写出了研究报告。我们真正培养了自己在统计数据中发现问题的能力。

课题组成员董英在研究性学习日记中写了一篇体会——《多一分合作》。她这样写道:

我们课题组共有16人,有A、B、C、D四个小组,在课题研究上分工负责,相互讨论,相互帮助,相互理解,真正体现了合作精神。

然而,真正体验到人与人之间需要合作,那应是在问卷调查中,我感到调查者与被调查者两者需相互配合,只有相互合作,才能高质量地完成问卷调查。有时候,遇到一些同学,他们不理解我们,对我们敬而远之。这时候,我大脑突然闪现一个念头:"人是多么需要合作啊!"为了一份问卷,常常要与对方进行很长时间的交涉。但在一次次的交涉中,我们终于完成了调查任务,每次交涉都是一次"合作",每次合作成功,内心的深处都感到一种幸福,令我们永远难忘!

在我们的社会中,人与人之间应该多一分互助,多一分理解,多一分合作。这里,我要大声疾呼:我们同学多么需要学会待人接物、加强人际交往的能力啊!

点评:

从这两个学生的小结中可以看出,学生在研究过程中,情感体验得到提升与巩固,体现了研究性学习较接受性学习的独特优势。

五、评价

课题研究活动结束后,课题组召开了一次小结交流会。会上,A、B、C、D四个小组组长各自小结。王老师参加了小结交流会,对四个小组长在调查研究中的表现,也进行了简述性的评价。

专家评析

这是育才中学在初中开设研究性学习的一个成功实例。此课题是一个十分贴近中学生生活、有一定研究价值的题目。在教师的协助和指导下,16位同学围绕课题,经历了一次完整的调查研究过程。有以下几个方面值得肯定:

（1）调查研究过程比较成功。选题贴近学生生活，学生既有兴趣又切实可行；研究方案制订合理，调查问卷设计尽管存在不足，但对初中生来说，其问卷形成过程的价值仍应肯定。

（2）课题研究过程中，教师、学校、社会为学生提供了充分的空间，学生自己边学习、边思考、边实践，相互合作，共同完成，学生真正成为了学习的主人。同时，同学们以小组合作的方式开展研究性学习活动，使每个同学都有收获，还锻炼并提高了学生的自主学习和合作精神。

（3）同学在外出调查过程中学会在"碰钉子"中微笑，锻炼并提高了学生的社会交际能力、与人合作的能力，培养了学生健全的人格。

以上三点体现了研究性学习的优势所在，也是传统接受性学习的不及之处。所以，研究性学习作为一种学习方式，弥补了接受性学习的不足。当然，该课题还可以从服装的购买、服装的款式、服装色彩与青少年的关系等方面进一步去开发一些小课题，让初中学生开展研究。

教学资源库

一、研究的热点问题

1. 选购服装时的"三看"

服装选购过程中要注意质量的检查，做到"三看"。一看外形质量：前面看领头是否平整、服帖、对称，前胸是否挺括饱满，后面看上半部的肩部是否宽舒例行，领围是否平服，下半部是否挺插平服，侧面看肩缝是否顺直，腋窝、袖子是否圆顺均匀；二看内在做工：车缝是否平直，有无跳针漏缝，拼接是否符合要求，夹里是否合适平服，拉链是否光滑，扣子是否牢固；三看服装面料：颜色是否均匀，表面有无疵点、跳纱、虫蛀、霉点，花和格子是否对称等。

2. 对服装面料的认识

服装面料大致分为四类：棉织品类，化纤织品类，毛织品类，丝织品类。

棉织品特征：保暖、吸汗，但易起皱，且缩水性大。棉织品一般用来做贴身衣物和床上用品。

化纤织品类又分为人造纤维和合成纤维。①人造纤维：吸湿、透气，手感、穿着舒适性都比棉织品好，而且面料色彩鲜艳；但起皱后不易恢复，缩水性大。②合成纤维：强度大，耐磨，便于洗涤；但其吸湿、透气性差，易产生静电，起毛结球，因此这类面料适合做外衣材料。

毛织品类：保暖性好，吸湿性强，但易霉易蛀。多用来做冬衣服装面料。

丝织品类：是由蚕丝制作的面料，手感柔软、光滑、轻薄，透气性好，保暖性好；但易起皱，对洗涤要求较高，且容易褪色。

3. 服装色彩常识

(1)服装色彩应适合自己的体形与肤色，根据每个人的特点，选择合适的颜色。

(2)根据色彩学原理：浅色使人产生向外扩展感，深色使人产生收缩感。因此体瘦人宜穿浅色服装，体胖者宜穿深色服装；肤色白者穿什么颜色都好看，肤色黑者不宜穿浅嫩的颜色；在花纹的选择上，体胖者应以直条纹或小花纹为好，体瘦者穿上横条和大花纹服装显得更匀称。

(3)流行色是时装的要素之一，并不是每个人都适合，服装的色彩必须与每个人的个性和气质结合起来，因此同学们不能盲目效仿。

4. 服装款式与青少年着装

(1)服装的款式种类繁多，各个年龄段、不同职业、不同场合对服装款式的选择有不同的要求。

(2)青少年着装要求是：首先，服装不宜过小，以适应正在长身体的需要，同时由于青少年运动量大，服装要便于手脚活动；其次，服装应体现青少年朝气蓬勃的精神风貌，因此衣裤不宜过长，款式造型上不能过于奇特，更不能袒胸露臂，应显得大方、得体、自律。作为一名中学生，经济尚未独立，因此服装不能太高档，应以经济、朴素、耐磨、便于洗涤的材料制成的服装为主。

二、选题参考

1. 购买服装有学问

2. 服装的款式与青少年着装的研究

3. 服装的色彩与人体体形的研究

4. 服装选购与个人"爱好"

三、网络资源

1. 生活周刊 http://www.why.corn.cn

2. 艺术会刊 http://www.outsofchina.com/yshk.htm

3. 中国科技信息 http://www.chinainfo.gov.cn

四、图书资料

1. 戴鸿著：《服装号型标准及其运用》，中国纺织出版社，2001年版。

2. 陈东生著：《服装卫生学》，中国纺织出版社，2000年版。

3. 孔寿山著：《服装美学——穿着艺术与科学》，上海科学技术出版社，1999年版。

本文载《综合实践活动实施指南》一书(2003年9月)(人民教育出版社出版)，杜东平为此书编委

香烟的"毒"与"害"

——青少年"吸烟危害"的调查与研究

> 这是一个典型的值得推广的"人与自然"的范例。

2002年9月，研究性学习在初三年级开始启动。学校在教师和学生中征集了一批研究题目，供学生参考。学生也可以自行提出符合自己兴趣的研究课题，组成课题组，开展研究。班主任周老师发现自己班上有几位学生在暗中抽烟，就在班会上引导学生讨论"青少年抽香烟是有利还是有害？"全班学生讨论热烈，气氛也非常民主，班主任发现暗中抽烟的一位学生王明发言积极，并认为抽香烟是"男子气，很帅"，惹得全班学生哄堂大笑。班主任不但没有批评他，反而抓住时机，委以重任，当场宣布，以王明为组长，承担青少年"吸烟对人的身心是有利还是有害？"的课题，谁知道几个暗中抽烟的学生都自愿参加了该课题组，周老师暗暗地高兴，认为不仅能让学生学会研究性学习，而且还可以让暗中抽烟的学生在实践中亲身体验认识到"吸烟"的危害，从而纠正其不良习惯。报名的最终结果是该课题由15名同学组成。班主任周老师当然被学生推举为指导教师。

点评

针对学生暗中抽烟的问题，引导学生选题，这种选题不仅切入点好，而且具有实效性和教育性。

周老师不仅是该班的班主任，也是该班的生物教师，他擅长组织学生课外科技活动，很乐意地接受了使命。

点评

将课题组分成小组，查阅、收集、阅读资料，从而明确选题背景，确定课题研究方向，这也是课题研究最基础的一步。

一、选题背景和确定研究方向

在周老师的指导下，课题组组长王明将课题组的同学分成了三个小组，第一小组在网上查阅并收集资料，第二小组在报刊中查阅并收集资料，第三小组将第一、二组

---

① 选自李常明主编：《重庆市高中研究性学习优秀案例选编》，西南师大出版社，2002年版。有删改。

收集的资料阅读,草拟课题选题背景和确定课题研究方向。三个小组分工完成后,课题组的全体学生进行了充分的讨论,终于完成了课题"选题背景"的文字表述,并且确定了研究方向。该课题的选题背景是这样写的:

吸烟对人类的危害,已经不只是一个医学问题,而且已成为一个严重的社会问题。吸烟不仅危害自己,也影响和危害他人,对社会、国家、民族都会造成不可低估的损失。中国有几亿烟民,其中有1/3甚至更多的人是从中学时代开始接触香烟,或者偶尔以好奇之心品尝香烟,从而走向吸烟的漫漫长途的。如何让更多的人,特别是中学生从内心深处认识到吸烟的危害,在中学时代不沾染吸烟恶习,并且终生不吸烟呢?

带着这些问题。我们确定了研究方向:一是对香烟的毒性进行研究,二是调查中学生对吸烟危害的"认识"程度。

二、确定研究目标和研究内容

围绕着研究方向,在周老师的引导下,课题组的同学认真讨论,认为研究目标应确定为:通过实验方法验证香烟是否有毒性,从而去体验科学实验研究的基本方法;通过调查分析中学生对吸烟危害的认识情况,让学生去体验调查研究的基本方法;让学生去分析解决问题,明确香烟的危害,倡导无烟生活,增强环保意识。

点评

在研究中通过具体的两个实验设计来证明香烟的危害性。实验设计是科学研究至关重要的环节,突出了学生在研究过程中的实践性特点。

课题组的同学在周老师的指导下,依据研究目标和已学知识进行反复讨论,最终确定的研究内容如下:

(1)香烟烟雾对人体的危害是多方面的,其中一氧化碳对血红蛋白尤具危害作用。课题组设计了用光学显微镜观察——经用香烟烟雾处理过的鸡血中血红蛋白的实验,验证香烟烟雾对血红蛋白的危害作用。

(2)香烟在燃烧时肯定发生多种化学变化。香烟烟丝是否含有有害物质?课题组设计了用香烟烟丝浸出液对小白鼠会产生何种作用的实验来验证。

(3)当代中学生对吸烟危害的认识怎样?课题组将围绕这一问题进行调查分析。

三、课题的实施

依据研究内容,课题组15名同学又进行了重新分组,分成甲、乙、丙三个小组,每组5人,对任务分头进行实施。

甲组:研究香烟烟雾对血红蛋白是否有害。

首先,他们在网上查阅大量资料,通过阅读、整理、归纳,初步认为香烟的烟雾成分有焦油、还原性物质、二氧化碳,以及少量的醛类物质,有可能是甲烷、乙烷、丙烯等。此外还有烟碱，又含有尼古丁。

其次，开展实验。小组的实验设计是用洗耳球、针筒等"吸烟"，再将烟雾注射到含有新鲜鸡血的试管中，一段时间后将鸡血取出少许，放在一个载玻片上，同时取少许新鲜鸡血放在另一个载玻片上，在光学显微镜下观察二者是否有差异。

点评

用实验来验证假设、并分析实验现象是十分重要的。学生在研究过程中修订实验设计，改进和完善实验方案，这是科学探究中常有的事，这样做能增强学生对科学探究的理解，也培养了他们科学探究的能力。

在此实验的实际操作中，课题小组遇到的难题主要有两个：一是新鲜鸡血不久就凝固，致使无法实验。课题组的同学在周老师的引导下，通过查阅资料，发现加入柠檬酸钠可以防止血液凝固。二是用洗耳球、针筒等来"吸"烟，但烟雾产生慢且量少，实验效果不理想，经过多次摸索，改为用打气球的手压式塑料气泵很好地解决了这个问题，一支烟仅半分钟就被"吸"完了。实验中明显观察到通入烟气后，鸡血由鲜红变为暗红，取少许变暗的鸡血与新鲜的鸡血分别置于两个载玻片上，并在显微镜下观察发现，烟雾导致血液中红细胞的破裂，这说明烟雾可以破坏血液中的红细胞，导致红细胞损伤。

乙组：香烟浸出液对小白鼠作用的实验。

把6支香烟去掉纸皮、揉碎，放入小烧杯内，倒入蒸馏水50毫升，以完全浸没烟丝，用酒精灯煮沸数分钟，待煮沸溶液呈黄色时，过滤除去烟丝，再将滤液倒入小烧杯中，继续煮沸浓缩，直到滤液呈褐色，最后仅剩下6毫升为止，将制备好的烟草浸出液装入试管瓶中备用。

第一次实验时，同学们先将香烟浸出液1毫升注入小白鼠腹腔内，小白鼠在5~15分钟内逐渐兴奋，30分钟后精神萎靡不振，1小时后仍然存活。第二次实验改为在小白鼠皮下注射1毫升香烟浸出液，10秒钟后小白鼠出现搔扒兴奋；20秒钟后呼吸加快，焦躁不安；30秒钟后出现原地打转、竖毛发抖的现象；40秒钟后出现头下垂、闭眼、对敲击杯壁无反应等症状；1分钟后死亡。但小白鼠究竟是被烟丝浸出液毒死，还是注射了一定量水而死？为了弄清这个问题，同学们又进行了第三次对比实验：挑选两只体重一样的小白鼠，向其中一只注射1毫升的生理盐水，另一只注射1毫升香烟浸出液。注射盐水的小白鼠依旧活蹦乱跳，第二天仍存活，而注入香烟浸出液的小白鼠出现了第二次实验症状并死亡。

丙组：在做香烟烟雾的实验时，该组同学设计了对青少年吸烟危害认识的问卷调查，并对问卷进行了有关的数据分析。

点评

第三次实验进行了对比实验,排除了生理盐水对小白鼠有毒性的可能性,更进一步准确证实了香烟浸出液对小白鼠有毒害。用对比实验方法是最科学有效的。

首先,该组进行了问卷设计。

在开展调查之前,小组同学学习了关于课题研究的基本方法——调查法的有关知识。并确定了调查对象、内容等。调查主要包括两个方面:①了解当代中学生吸香烟的现有状况;②了解中学生对吸烟的认识以及有无戒烟的想法。

设计问卷,学生起初觉得新鲜有趣,认为设计有什么难的呀,但提起笔来却束手无策。周老师建议同学们自己在网上收集一份调查问卷进行研究、分析,提出自己的看法——如何来做好一份调查问卷?在问卷设计过程中,同学们开始感到课题研究的严肃性和操作过程中对个人素质的要求,主动要求周老师开展相关的知识讲座。经过同学们共同努力,一份调查问卷终于完成了。

调查问卷

您好!我是育才中学初三(5)班学生。我们在做一个十分有趣的课题——"青少年吸香烟究竟是对人体有利还是有害?"为了使我们能真实了解情况,请您如实填写,不记名,不讨论,独立完成。在此,谢谢您的支持!

一、单项选择题

1.您喜欢吸烟吗?(　　　)

A. 喜欢　　　　　　B. 不喜欢　　　　　　C. 无所谓　　　　　　D. 有瘾

2.您的烟龄已有多长时间?(　　　)

A.0年　　　　　　B. 一年左右　　　　　　C. 二年以上

3.您想吸烟的主要理由是什么?(　　　)

A. 好奇　　　　　　B. 寻求刺激　　　　　　C. 跟别人学的　　　　　　D. 跟同伴学的

4.广播、电视等宣传香烟有危害,您认为呢?(　　　)

A. 有危害　　　　　　B. 没有危害　　　　　　C. 很多好处　　　　　　D. 没想过

5.您认为吸烟对学业有影响吗?(　　　)

A. 有　　　　　　B. 没有　　　　　　C. 没有想过　　　　　　D. 不知道

6.您认为吸烟对自己身心有影响吗?(　　　)

A. 有害　　　　　　B. 有利　　　　　　C. 既无利,也无害　　　　　　D. 不知道

二、多项选择题

7.您喜欢在什么场所吸烟?(　　　)

A. 校外同伴玩时　　　　　　　　　　B. 校内寝室、厕所

C. 公众场合　　　　　　　　　　　　D. 阴暗角落

8. 您吸烟时心里有何感受？（　　　）

A. 舒服　　　　B. 很神气　　　　C. 解闷　　　　D. 无所谓

点评

对于初中生来说，能够设计此问卷应给予肯定。

三、若你现在吸烟，你想戒烟吗？若想戒，请提出戒烟的方法。

其次，该组进行了问卷调查，并进行有关数据分析。

该组对本校学生和邻近学校的学生进行了对吸烟危害认识的问卷调查，并进行了有关数据分析。

接受调查人数为1342人。有吸烟经历的138人，占10%以上，其中13人已有两年以上的烟龄，占7%以上，而绝大多数学生仅因好奇、寻求刺激等简单原因接受了这个隐形杀手。在这些同学中，尽管有2/3尝试戒烟，可真正成功的不足1/3，可见吸烟容易戒烟难。

半数以上的同学对香烟的危害知之甚少。31%（416人）的同学认为吸烟对学生不会有任何影响，33%（473人）对此不置可否，60%的同学处于被动吸烟的境地，但仅有47%的同学认为这对他们的健康有影响。幸运的是，70%（1002人）的同学思考过吸烟对身心的危害，77%（1102人）的同学都认为自己的生命很重要。

三个小组的课题完成后，周老师把甲、乙、丙三个组的学生集中在一起，采取边汇报、边分析、边质疑、边答辩的形式，对青少年"吸烟危害"进行分析。课题组的同学对"吸烟有害"坚信不疑。课题组组长王明及其他几个暗中抽烟的同学，受到了一次深刻的教育。

> 研究性学习是新课改最亮点，学校应当坚持并一以贯之这一课程。
> ——杜东平

王明在研究性学习日记中这样写道："……我抽烟的原因，确实是认为有'男子气，很帅'，现在想来十分幼稚和好笑。每当想起实验时的小白鼠被香烟浸出液毒死的悲惨情景，我就作呕，每当看到香烟，我似乎就看到了小白鼠，我必须向父母和老师保证'香烟与我远离'，并且我要和课题组的同学一道大力宣传吸烟危害，劝告我们的同伴和社会上所有的烟民戒烟。"

点评

从王明日记的真情实感中看出，从一个"烟民"转化为无烟生活的"排头兵"，我们更清楚地认识到了周老师引导学生选择此课题的重大价值。

是的，课题组的全体同学在周老师的领导下，向全班同学报告了"吸烟危害"的结果。在校长的支持下,以该班为"龙头",以该课题组为"排头兵",在全校深入开展了一次较长时间"无烟生活"的宣传活动。我们有理由相信:绝大多数同学,在了解吸烟的种种危害后,能够真正做到拒绝香烟、远离香烟。

四、收获与体会

1. 通过本次研究性学习,课题组对香烟的毒性、青少年吸烟心理以及青少年控烟教育、国际控烟公约、"世界无烟日"等有了较深的理解,共写出小论文5篇。

2. 在全校举办"吸烟的危害"、"世界无烟日"宣传栏,自己制作多媒体课件向其他班级宣传吸烟有危害,向全校同学发出"无烟生活"倡议书,将自己的研究成果转化为社会效应,体会科学研究的社会意义。

3. 通过宣传栏、多媒体课件、倡议书等,受禁烟教育学生达2 000人左右,向家长宣传人数也在3 000人以上,提高了大家的环保意识,达到了一定的教育目的。

4. 培养了学生设计实验、动手操作及分析问题、创造性解决问题的能力,使我们体会到将所学知识用于解决实际问题的乐趣。

点评

注重研究过程的体会和感悟,体验了探索的艰苦,体验了实践的乐趣,从而学会了研究,学会了学习。

五、讨论与反思

1. 通过本次研究性学习,同学们对吸烟的危害有了一定的理性认识,但其中涉及的病理学及毒性知识还有待同学们进一步去了解。

2. 对青少年"吸烟的危害"问卷调查的分析还停留在浅层次上,有待同学们进一步深入研究。

点评

对研究过程、研究成果进行客观的自我评估,能深化认识、提高水平,值得肯定和倡导。

专家评析

当我们步入这一例课题研究的天地,一起走完这段探究之旅的时候,就感受到在中小学开展研究性学习的实际价值。20世纪以来,传统知识观不断受到挑战并发生变化。杜威早在20世纪初,就对传统的知识哲学提出了挑战。他认为,知识不应被视为被动承受的艺术,人不仅是能知的动物,同时也是能动的动物,知与行、理论与实践本身就是紧密相联、不可分割的。在此种思想影响下,在活动中求发展逐渐成为了现代知识论的核心理念。然而,当前我们的课程与教学实践明显落后于知识的发展,而且在应试教育影响下,"满堂灌"式的接受学习模式仍然存在,因而,研究性学习活动正好弥补了这一不足，学生在课题实践、探究、发现等主体活动中，培养了许多"可学并不可教"的能力，这正是研究性学习的理性价值所在。

本课题值得肯定的有以下三点：

1. 课题选得"巧"，贴近学生生活。学生选题是自主的，但教师的引导也不可忽视。指导教师周老师发现班上有几个暗中抽烟的同学，就引导学生去选这方面的课题，不仅可以让学生学会研究性学习，而且还可以让暗中抽烟的同学在实践中亲身体验认识到抽烟的危害，从而纠正抽烟的不良习惯，真是"一箭双雕"，真正体现了学生的自主探究、自主学习、自我教育。

2. 运用多种研究方法，发展学生的探究能力。在课题实施中，学生不仅运用了文献研究、问卷调查，而且还进行了实验研究；不仅有自身的实验设计，而且有对比实验。在探究过程中，不断修订、改进实验设计方案，这样不仅增强了学生对科学探究的理解，更培养了学生科学探究的能力。

3. 课题成果转化，增强了学生的成果转化意识。学生借助"吸烟危害"这一课题研究的成果，在全校深入开展了一次较长时间的无烟生活宣传活动，从而使学生领悟到了科学的力量，增强学生的成果转化意识。

最后还值得一提的是，课题组两次分为课题"小小组"，体现了分工负责和合作学习的精神。本次研究性学习基本达到了研究性学习的目的，学生在"做中学"、"做中求发展"，训练了学生问题探究、信息收集、沟通合作等能力。

从这个研究性学习的案例中可以看出：指导教师的高素质是学生开展研究学习的先决条件之一。时代呼唤研究型教师，从某种意义上说只有研究型教师才能指导学生的研究性学习。当然，本课题还可以从社会"烟民"、经济消费、环境污染等角度去开发一些小课题，开展研究性学习。

教学资源库

一、热点问题

近30年来，许多国家的医务工作者，对纸烟的烟雾成分进行分析检测，对吸烟与人体健康进行了广泛深入的观察和研究。现已查明，纸烟的烟雾中含有4000多种有害物质，包括焦油和尼古丁等。气体占90%，其余为微粒（每毫升约含10亿微粒）。焦油中有多环芳烃、亚硝基胺以及苯芘等40多种致癌物质。尼古丁、一氧化碳和氰化氢等均为易吸收的毒物。吸入尼古丁7秒钟后，便进入脑组织，是致癌的主要物质。它作用于交感神经节、副交感神经节和肾上腺，释放一种物质，使心率加快，血压上升，心脏排血量增加，产生短暂兴奋感。一氧化碳占烟雾的1%~5%，它与血红蛋白结合力比氧大21倍。由于大量吸烟者血红蛋白摄氧能力降低，心肌缺氧，因而容易发生冠心病。还原血红蛋白使动脉内壁水肿，血液循环滞留，血小板和胆固醇沉积，形成动脉粥样硬化。烟雾中的氰氢酸损伤支气管上皮细胞,使之增生、纤毛脱落。苯芘、亚硝基胺、多环芳烃等,可使支气管上皮组织发生变异,甚至形成鳞状癌变细胞。

国内外大量医学资料证明:吸烟是肺癌、慢性支气管炎、肺气肿的主要病因之一;吸烟能导致冠心病、高血压、消化性溃疡病以及多种癌症的发生。由于吸烟人数众多,不仅危害吸烟者本人,而且烟卷燃烧必然严重污染周围环境,甚至对胎儿、婴幼儿带来严重危害,因此吸烟已成为当今世界上主要的,也是可以预防的公害之一。

1979年7月23日,中国国务院批准了卫生部、财政部、农业部、轻工业部联合发出的《关于宣传吸烟有害与控制吸烟的通知》。1979年9月1日,国家教育部颁发的《中学生守则》明文规定:中学生不准吸烟。体现了党和政府对人民,尤其对青少年的关怀和爱护。

二、选题参考

1. "烟民"的经济消费问题的调查

2. "烟民"与环境污染的研究

3. 某地区"烟民"的调查研究

4. 人体疾病与"吸烟"关系的研究

三、网络资源

1. 中国科技信息网 http://www. chinainfo. gov. cn

2. 科学美国网 http://www. sciam. com　　科学美国人网:http://www.scientificameri-can.com/.

3. 中国科普博览网 http://www. kepu. com. cn/astronomy

四、图书资源

1.《绿色家园》,中国科协青少年工作部编,北京:中国科技出版社,1999年版。

2.《大众医学》,北京:《大众医学》杂志社,2002年版。

3.《中小学心理健康教育》,北京:《中小学心理健康教育》编辑部,2002年版。

本文载《综合实践活动实施指南》一书(2003年9月)(人民教育出版社出版),杜东平为此书编委

旅游消费知多少
——丰都名山旅游消费的调查实录

> 这是一个典型的值得推广的"人与社会"的范例。

研究性学习是目前教学改革的又一道"风景线"。我有幸参加了丰都县教委组织的部分中小学校长、教研员以及骨干教师考察团，赴上海专门考察研究性学习。回校后，学校决定于2002年9月在初三年级对研究性学习的课程进行试验性尝试，目的是改变学生的学习方式，真正把学生置于学习的主体地位，进一步培养学生的创新精神和实践能力。

一、研究什么

我作为辅导老师向同学们介绍了全国研究性学习课程在中学的开设情况，向他们说明我们也要进行这方面的尝试。为此，我给学生开设了讲座，主题是"消费者权益保护法"，主要讲了当前热点、选题方向、参考书目和网址等系列问题，然后我发动学生以"消费者权益保护法"为主要内容，自愿结合成课题小组，选出课题小组长，确定课题和制定计划。学生的反响很好。其中有一个小组的成员设想并提出了四个课题来找我，要与我共同商讨确定的课题。我对他们说："你们还是自己确定吧。看看哪个课题对你们更有吸引力，有可操作性。"课题组的同学经过热烈讨论，最后决定完成"丰都名山旅游消费的调查研究"这一小课题。同学们一致认为：①选此课题操作性强。原因是我们平都中学地处丰都城的中心，丰都城及背靠的名山是全国有名的旅游胜地，每年国内外游客达上千万。"十一"旅游黄金周（国庆节假日的简称）马上就要到了，可作旅游消费的调查。②有现实意义。今年全国"五一"黄金周（五一节假日的简称），部分旅游点的组织管理都暴露出不少问题，现在"十一"黄金周又要到了，作此方面的调查是很有价值的。

点评

给学生开设课题讲座，有利于启发学生思维，开阔学生视野，激发学生进行课题研究的兴趣。让学生自己寻找课题和选定课题，并说明选题的理由，体现了学生选题的自主性。

二、怎样研究

课题组的同学经过热烈讨论，制定出了研究方案并要我审阅。我认真仔细地读了方案，发现课题组的分工很明确，该课题组一共由7人组成。但是此方案的调查目的不明确,内容不具体。我本来预想学生除进行基本的数据统计外,还能分析现象产生的客观原因,看来我的设想超出了学生的实际。我立即与该课题小组的同学商量,建议他们在报刊和网上查阅有关资料后进行补充完善。经过认真修改,一份成熟的方案终于出来了。

点评

从某种意义上说,资料的多少,将影响课题研究的深度和广度。

旅游消费调查方案(摘要)

一、研究目的

对旅游者的消费心理进行调查,并且了解《消费者自身权益保护法》的执行情况。

二、准备阶段

1. 调查内容:国内外游客在消费中一旦发现自己的利益受到损害后,应该采取哪种方式来保护自己正当的消费权益。

2. 调查对象:中外游客

3. 调查方法:主要是采访和问卷调查

4. 调查时间:"十一"黄金周

5. 调查地点:丰都名山旅游区

6. 调查人员分工:(从略)

三、实施阶段

制定问卷,实地调查,做好调查记录

四、总结阶段

1. 整理调查材料,分析调查结果,撰写调查报告

2. 成果展示,个人小结交流

执笔人:刘琴

2002年9月

三、怎样实施

(一)制定问卷

课题组同学初步拟出一份中文问卷给我看,我提出意见和建议后,同学们又对问卷进行了一次修改和完善,更具有实效性。接着,同学们遇到的最大困难是怎样将中文译成英文。课题组的同学充分发挥集体智慧,合作译成英文初稿,并通过课题组的杜敏茜同学,找到了其在大学读书的姑姑将初稿修改和完善,然后又请了学校的英语教研组组长修改、润色,最后由课题组马成梅同学完成"中英文"式问卷初稿。课题组同学黄华出面,请来"专家"校对检验合格后,交给课题组刘琴同学打印。就这样,一份"中英文"式问卷调查终于诞生了。

点评

学生在研究过程中遇到了困难，但他们千方百计去解决，最终战胜了困难。这就体现了研究性学习的优势，培养了学生在实践中解决实际问题的能力。

（二）完成实地调查

课题组的准备工作结束后，调查行动正式开始执行了。

刚开始第一天似乎不太顺利，一般游客都不太愿意接受学生的调查，而外国游客更是踪迹难觅。碰了几次壁后，课题组的同学经过商议，迅速调整了"作战策略"——找国外游客要多待在宾馆和饭店的门口，一见他们就采取"抢逼围"的战术，结果成果颇丰；调查外地游客，要找那些在路边休息的，这样成功率达98%。

万事开头难。有了第一次成功的经验后，同学们胆子也大了许多，接着一切都很顺利，两天后就完成了调查任务。

四、怎样总结提炼

（一）调查结果分析

课题组的同学在调查结束后，便对调查的数据进行了统计和研究，并着手翻译外国人对中国旅游消费所提出的意见和建议。现把学生的调查统计结果及原因分析附注于后：

共调查52人，其中国内游客32人，国外游客20人。

我主张中小学校校长要把研究性学习课程作为头等课程来抓，它是促进学生创新精神和实践能力最有效的课程。

——杜东平

第一，游客认为旅游消费不合理的有11人，占被调查总人数的21.2%，其中中国人占被调查国内游客总数的21.8%，外国人占被调查国外游客总数的20%。不合理的原因是消费昂贵，如旅游景点的门票和纪念品；同时服务不周，如导游服务、购物和吃、住、行的服务等。

第二，如果在旅游的过程中，自身利益受到损害，会到有关部门投诉的中国人占50%，外国人占25%；与店方交涉的中国人占15.6%，外国人占85%；自认倒霉的中国人占31.3%，外国人占5%。原因是：①觉得应该用法律保护自己合法利益的中国人占50%，外国人占80%；②到有关部门投诉，精力和时间不允许，但又觉得自己合法权益应当受到保护的中国人占15.6%，外国人占25%；③无法再回当地解决的中国人占22%，外国人占35%；④法律程序繁琐，为这点钱不值得花这么多时间的中国人占19.6%，外国人占30%。

第三，您对中国现在的旅游消费有何意见和建议？国内游客主要意见是交通拥挤、公交车难找、消费昂贵等。外国游客主要意见是机票昂贵、交通拥挤、自身的合法权益得不到保护，希望司机能有一定的英语水平，希望中国人也要了解自己的历史文化,以方便外国游客了解当地的风土人情。

课题组的同学从数据统计中可以看出,当自身的利益受到损害时,很少游客会去找有关部门进行投诉,而选择了与店方交涉。自认为倒霉而不了了之的游客也不在少数。许多商贩正是抓住了外地游客这种心理以及客观上来去匆匆的特点,在一些价值低的商品上大做文章,弄虚作假,以次充好,这也是各旅游景点存在不少问题的原因之一。因此,政府要花大力气整顿旅游消费市场,有效进行监督管理,以保证消费者的合法权益得到保障。

(二)个人的体验和感受

课题组杜敏茜同学在《难忘的社会调查》中写道:记得第一次举行问卷调查的前夜,想着第二天就要跨入社会,同各种各样的人打交道,兴奋得难以入眠。我还暗自得意,认为自己的交际水平不错,完成调查肯定不难,我完成任务后还能帮助别人呢! 但是,当自己真正去做时才发现和想象的截然不同,做问卷调查真的很累! 当初的那股劲已消失得无影无踪了。一上午站在那里,不停地游说别人来配合调查,可真正全部完成题目的人还是不多,有的人做了一半就不愿意再做下去了。可我只能对他们笑笑,想尽办法请他们继续下去。虽然完成了预期任务,但自己已经口干舌燥,苦不堪言。在对外国游客作调查时,即使他们有急事,没有时间,也会礼貌地同我们打招呼,说声"sorry",增强了我们的自信心。但在我们采访的国内游客中,却有相当一部分人拒绝了我们的调查,更有甚者,在做完调查后得知我们只是在校学生,没有"好处费"和纪念章时,当场就数落起来。这次经历让我们感到:人要在社会上做一件事,必须要有持之以恒、自我挑战、克服困难的勇气,不断地提高社会交际能力,同时,我们也体会到国民素质还需大力提高的重要性。

点评

从这篇日记中可以看出学生已认识到了参与社会实践的重要性,达到了研究性学习的重要目的之一。

五、怎样展示成果

学校展示成果的时间快到了。课题组上交了活动日记、心得体会以及整理成文的调查报告,活动时拍摄的照片等资料收入资料袋,并为成果展示会做了初步的准备,进行了具体的分工:

由王英介绍整个小组的概况;孙新介绍了课题组研究的前期准备工作;黄华介绍活动的经过;陈健介绍后期研究工作;杜敏茜选讲几则"调查花絮";刘琴谈谈心得体会;马成梅负责在一旁通过实物投影展示照片、表格、报告等资料。

点评

课题小组通过分工负责和集体力量来展示成果,这种方法值得借鉴。

课题组的成果展示会如期举行并取得了成功。老师、同学们给予的好评无疑是对课题小组工作成绩的最好肯定,它将激励课题组的同学在以后的日子里朝着更高的目标阔步前进。

专家评析

该校以"旅游者的权益保护"为主题,指导学生开展研究性学习,点燃了学生智慧的火花,培养了学生科学的探索精神和探究能力。在探究能力的培养上具体体现为:

(1)解决问题的能力。学生在研究中,需以适当的策略解决面临的问题,这种策略既可是常规性的,也可是创造性的。通过本次研究性学习,学生在这两方面均得到了锻炼,如在将中文问卷翻译成英文问卷的问题上,组员们充分发挥了集体智慧,完成了"汉译英"的问题;又如在实地调查中,采取了"抢逼围"的战术访谈国外游客,完成了调查任务。

(2)沟通与合作的能力。这要求学生在研究中,既要善于与他人合作沟通,又应具有一定的表达、写作等能力。本课题成果是7位同学合作的结晶,在研究过程中,他们自始至终配合默契,不仅在课题研究方案中分工明确,而且在遇到困难时也"各显神通",最终成果展示也体现了分工的明确性和集体智慧。这不仅是学生体验研究性学习的过程,更重要的是对实际生活中表达、协调、沟通等能力的训练。

当然,本课题还可以从两个方面进一步开发小课题:一方面,可从旅游资源、旅游知识、农村地区的旅游前景和旅游生态等角度开发小课题;另一方面,可以从消费观念去开发一些有价值的小课题,供中学生研究性学习使用。

教学资源库

一、热点问题

1. 旅游资源的开发

旅游资源的开发,就是运用适当的资金和技术手段,使尚未被利用的资源能为旅游业所用,从而产生经济价值及其他多种价值,或使已被利用资源的广度和深度得到加强,从而提高综合价值。旅游资源的开发,有时是单项资源的开发,有时是多项资源的开发。一般情况下,单项资源的开发很少,更多的是多项资源的综合开发和整个旅游点与旅游区的开发,因而在实践上必须有一个综合开发的规划。其内容不仅涉及自然和人文旅游资源的选择、布局和规划,还要对交通等基础设施进行规划,甚至会涉及管理机构的建立、有关人员的培训、资金的筹措和分配等诸多方面。因此,旅游资源开发工作实际上并非局限在对旅游资源本身的开发上,还包括在选定好旅游资源的基础上,为了开拓利用这些旅游资源并对与之有关的各方面条件进行开发和建设,以便把旅游资源所在地营造成为一个有吸引力的旅游环境或接待空间。旅游开发的基本原则:一是突出特色的原则,二是人工美与自然美相协调的原则,三是维护生态平衡的原则,四是经济效益与社会效益并重的原则。

2. 消费观念

消费观念属于社会意识的范畴,是人们关于市场、货币、消费等经济生活现象比较系统的、稳定的见解和看法,是世界观和人生观的组成部分。随着年龄的增长和思想的成熟,人们的消费观也逐渐形成。消费观的形成,受到个人所处的家庭和社会经济环境以及民族传统文化、个人文化素质、宗教信仰等非经济因素的强烈影响。消费观念是一个历史的范畴,不同的时代和社会,有着不同的消费观念;不同阶级和国家,其消费观念相差甚远;处在同一时代和社会以及同一国家的人们,其消费观念也是不同的。影响人们的消费观念的因素有很多:①社会发展程度决定着社会消费;②量入为出;③民族传统文化;④消费者的文化程度;⑤宗教信仰;⑥国家的消费政策。

二、相关选题参考

1. 现代中学生旅游消费的调查研究

2. ××地区旅游开发

3. ××地区旅游资源的保护

4. 现代中学生消费观念的调查

三、网络资源

1. 中国旅游咨询网:http://www.chinaholiday.com

2. 特种旅游网:http://www.chitlspeciattravel.net

3. 中国消费者网:http://www.china—consumer.org

四、图书资源

1. 陈志宏著:《社会主义消费通论》,北京:人民出版社,1994年版。

2. 王玉波等著:《超越传统——生活方式转型取向》,北京:京华出版社,1997年版。

3. 孙文昌著:《现代旅游开发学》,青岛:青岛出版社,1999年版版。

4. 班武奇主编:《中国旅游资源》,北京:首都师范大学出版社,1994年版。

本文载《综合实践活动实施指南》一书(2003年9月)(人民教育出版社出版),杜东平为此书编委

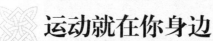

运动就在你身边

——"九龙坡区两个健身小区的调查"实录

> 这是一个典型的值得推广的"人与社会"的例子。

今年一月起,我在班级中对学生进行发动,向学生介绍国内外小课题的研究成功的案例,并向学生发放了资料,激发学生参加研究性学习的兴趣。全班40个学生经过发动后,先后组织了5个小组,各组选择了自己感兴趣的课题展开了研究性学习。其中有一个小组提出了"同一社区的两个健身区,为何一个热闹,一个冷清?"这个调查课题,并聘请我担任指导老师。在这之前我没有指导课题研究的经验,在一年中边学习,边指导,与同学一起探讨,共同完成了这一课题。

一、引导学生选定课题和制订计划

如何选题呢?课题组的同学开展了讨论,他们说今年暑假学校向我们发放了社会实践卡,要求我们关心社会生活,参加社区活动。我们不妨以社区为对象开展社会调查,了解和参与社区的情况和活动。但又不知从何入手,非常苦恼。了解学生的想法后,我及时鼓励他们,并建议他们到实地观察生活,以自己的眼光去发现问题,提出课题。同学们采纳了我的建议。他们多次到学校附近的九龙坡区去观察,后来发现了一个问题:同一社区的两个健身区,一个热热闹闹,门庭若市;一个冷冷清清,无人问津。这个现象引起了学生的深思,为何同一社区里的两个健身区会产生如此大的反差呢?原因何在?他们决定以此为切入口,开展调查研究。

课题选好以后,就要指导学生制订课题研究计划。第一次参加"研究性学习"的初中生对此来说一无所知。我和学生便一起学习讨论,用旁例来引导学生思考。学生从我的介绍中得到启示,他们纷纷抢着说:"老师,课题计划是否可以从课题的来源、研究的意义、内容、方法、具体步骤等方面来拟订?"我点头赞许,学生们都兴趣盎然,跃跃欲试,热烈讨论起来,在集体的协作下,一份课题计划制订出来了。

课题研究计划

一、研究目的

区政府十分重视社区建设,各社区都开展了创建文明小区的活动。在该项活动中,有一个重要内容:为居民办实事——在社区建造健身小区,实现"运动就在你的身边"的愿望。有些社区尽管建造了健身区,但有的热热闹闹,有的冷冷清清,成为一种摆设,原因何在呢?我们决定以此为课题开展调查,找出原因,提出改进的建议,更好地开展创建文明社区的活动,为"全民健身"运动服务。

二、准备阶段

1. 调查内容:同一社区的两个健身小区,为何一个热闹,一个冷清。

2. 调查对象:学校附近九龙坡区的两个健身小区。

3. 调查方法:观察法、采访法和问卷调查法。

三、实施阶段

进行实地调查,做好调查记录。

四、总结阶段

整理调查材料,分析调查结果,撰写调查报告。

五、个人小结、交流

执笔:杜茜茜

2002年8月

二、帮助学生拟订调查方法和设计问卷

为了让学生掌握一些基本的科学方法,于是我组织学生到图书馆查阅有关的资料,学习调查方法。然后组织学生讨论,大家一致决定选用观察法、采访法和问卷调查法。我将小组再分为3个小小组,每个小小组分别负责不同的工作。

观察小组到实地观察了解健身区的地理位置、周边环境、运动器具、活动人次、参加对象等情况;采访小组采访40人次,主要对象是小区的居民,了解居民对小区健身活动开展的反应以及对运动器具设置、管理等方面的意见;问卷调查小组到两幢居民楼里,做问卷调查。三种方法中,问卷设计是一个难点,因为问卷的质量直接关系到调查的成效。设计问卷时,学生起初觉得新鲜有趣,认为没有什么难的,但到提笔时,却束手无策。我建议同学各自回家对一份调查问卷进行研究、分析,提出自己的看法——如何来出一份调查问卷? 在问卷设计的过程中,同学们开始感到课题研究的严肃性和操作过程中对个人素质的要求,认识到课本之外有许多知识需要学习。设计问卷的过程,对于学生的意义远远超过了设计成功的问卷本身。

经过同学共同的努力,一份包含5个单项选择题、3个多项选择题、1个简答题的调查问卷终于完成了。

调查问卷

您好! 我们是育才中学高一年级(1)班学生。为了过好一个愉快、充实的暑假,我们以九龙坡区的健身活动为课题来此调查。为了使我们能真实了解情况,我们出了份问卷,请您填写,在此感谢您的支持!

课题组

一、单项选择题

1. 你喜欢经常去(   )健身区

A. 教育学院   B. 水电局

2. 你喜欢健身区建在(   )

A. 进出方便的地方   B. 开阔地带   C. 随便

3. 你认为健身区周边环境(   )好

A. 教育学院小区   B. 水电局小区

4. 健身区器材的保护(   )好

A. 教育学院小区   B. 水电局小区

5. 你认为健身区的管理(   )好

A. 教育学院小区   B. 水电局小区

二、多项选择题

6. 你认为健身区应改善(   )

A. 卫生环境   B. 地理位置

C. 器材(种类)   D. 其他(如照明、管理)

7. 若你去过健身区,你对它的看法是(   )

A. 挺好   B. 里面所作的运动不适合你

C. 没有说明,不知如何使用 D. 其他

8. 若你没去过健身区,你不去的原因(   )

A. 宣传力度不够,没听过此事 B. 由于要收费

C. 太忙,没兴趣   D. 其他

三、你对社区健身活动的开展有何建议?

执笔:杜茜茜

2002年8月

三、监督和协助学生完成实地调查

在调查过程中,教师既要放手让学生去做,又要对学生加以监督和协助,使每个学生都能认真地完成各项任务,确保活动正常有序地开展。

课题组同学选择了学校附近的九龙坡区教育学院和水电局两个健身小区作为调查的对象。学生对小区的居民进行了采访和问卷调查。这样的调查对他们来说也是第一次,这些学生大多数是独生子女,父母呵护,老师关爱,学校家庭两点一线,因此,在与陌生人交谈时难免感到紧张、害羞,不知如何开口,一些学生曾有放弃的想法。我了解情况后,及时鼓励他们勇敢面对陌生人,力求用自己诚恳的态度和真挚的语言赢得居民的理解和支持。调查终于基本完成了,同学们通过观察采访和问卷调查获

得信息的同时,更重要的是获得了一次积极的情感体验,王敏梅同学深有体会地说:"成功,在于执着的追求。在困难面前,不轻言放弃,这是调查结束后我最大的收获。我和袁震遇到困难时,都曾想退缩,但困境也激起了我们决不轻易放弃的决心,正是这决心使问题迎刃而解。我们不仅感到了在社会上做成一件事的不易,也懂得了面对困难必须迎难而上,才能解除困境的道理。"

同学们由此还培养了科学的态度、求实敬业的精神,也锻炼了交际能力。王芳芳同学这样写道:"遇事要冷静,学会思考分析。我去居民楼做问卷调查时,一家家敲门,许多居民不愿开门,使我们无法接近居民做问卷调查。我想,也许居民以为我们去搞推销,不愿搭理,何不找一位和居民熟悉的人为我们作向导呢? 刚才进楼时,看到很多人进出都和门房大叔打招呼,看来他和居民关系不错。我们就去请求大叔帮助。把我们的来历告诉了大叔后,他爽快地答应了。在大叔的帮助下,我们顺利地完成了调查任务,在这次调查中,我懂得了遇事要冷静,学会思考分析,问题就会迎刃而解。"

此外,在整个过程中,我还从以下几个方面进行了监测和协助:

1.了解学生的分工、工作的进度及过程中的困难。

2.留意研究过程中是否偏离课题目标。

3.定时检查工作的记录。

四、指导学生处理、分析信息,撰写课题研究报告和小结

同学们经历的调查研究的过程是比较完整的,我要求学生将信息数据进行处理分析,依据调查的结果完成调查报告,并写一份个人参加课题研究活动的小结。

(一)依据调查的结果完成调查报告

九龙坡区健身活动调查报告(节选)

为了更好地了解同一社区的两个健身区一冷一热的原因,我们现场采访了40位居民,对两幢居民楼的25位居民作了问卷调查。

调查中发现,85%的人喜欢去教育学院健身小区活动,45%的人喜欢健身区建在进出方便的地方,50%的人喜欢建在开阔地带,90%的人认为教育学院健身小区周边环境好,运动器材的管理也好。对调查得到的信息经过分析处理,我们找到了同一社区的两个健身区一冷一热的原因主要有:

一、与健身小区建造的地理位置有关;

二、与健身小区的周边环境有关;

三、与健身小区运动器材的保养有关;

四、与健身小区管理制度有关。

根据以上四点我们提出四条改进建议,希望小区的健身活动能更好地开展起来,

真正实现"运动就在你的身边"的诺言：

一、区内的健身小区作适当调整，将健身小区建在开阔、出入方便之处，给更多的人带来方便。

二、改进健身小区周边的环境，营造一个绿树成荫、鸟语花香、整洁美丽的开放健身小区。

三、加强运动器材的保养和清洁，清除四周的杂物，确保运动的安全。

四、对运动器材定期检查，增设一些居民喜闻乐见的运动项目。

(二)学生参加课题研究的体会

加强了社会交际能力

高一学生往往是学校、家庭两点一线。但走出课堂后，我们面对的将是复杂的社会环境，若束手无策，便会错失大好时机。多参加学校开展的实践活动，比如课题研究活动，与社会上形形色色的人打交道，增加自己的阅历，学会人际交往。进入社会以后，便会觉得天地的广阔，看到自己的不足。比如，与陌生人开口说话就不容易，若是多参加社会实践活动，就不会有类似的烦恼，能够独立自主地面对它。

——张贝贝同学小结(节选)

学会了写调查报告

我们还学会了怎样写调查报告。首先，要深入、周密地调查，充分掌握材料。调查是写调查报告的前提与先决条件，调查时要留心看、虚心问、仔细听、详细记、认真想。只有这样，才能充分掌握第一手材料。

其次要认真研究，科学地分析材料。调查是为了研究问题，得出科学结论，因此需要对调查得出来材料进行分析、综合。

第三要如实报告。在报告时，可以选用一些有说服力的数据、有代表性的语言。

——杜茜茜同学小结(节选)

五、师生互动共同评价

课题研究活动结束后，课题组召开了一次小结交流会。会上，12位女同学交流了各自的小结，我参加了小组交流会，学生们对各自在调查研究中的表现(包括参加活动的态度，完

当前，中小学开展研究性学习这么难，最根本的问题是缺乏师资，我建议师范大学应开设这门课程

——杜东平

成分工的情况，讨论时发言的质量，与同学合作互助的精神，处理问题的能力，个人小结的收获)进行了互评，最后我也作了简单的描述性评价。

六、个人体会

研究性学习最大的特点在于改变了学生的学习方式。它是一种主动探究知识并

重视解决实际问题的学习方式,整个学习是以问题为线索的。这种学习方法,不仅激发了学生的兴趣,让学生了解了课题研究的全过程,学习了研究的方法,更重要的是让学生获得了一次积极的情感体验,培养了他们的科学态度、求实敬业的精神,也锻炼了他们的人际交往的能力。

课题研究活动评价表

学生:王芳芳

项目	自评	互评	认定
参与活动的态度	优秀	优秀	优秀
完成分工的情况	优秀	优秀	优秀
讨论发言的质量	良好	良好	良好
合作互助的精神	优秀	优秀	优秀
处理问题的能力	优秀	优秀	优秀
个人小结的收获	优秀	优秀	优秀
学生的话	王芳芳同学在这次活动中表现出色,参与活动态度积极,遇到问题能冷静分析,想办法解决,与队员合作默契。		
教师的话	在课题研究活动中,能主动积极地探索,实践能力、自信心和解决问题的能力有了增强。		

专家评析:

这是育才中学高一年级学生开展课题研究的一个案例。"九龙坡区两个健身小区的调查"是一个关心社会生活,参加社区活动,有一定研究价值的题目。在教师的协助和指导下,8位同学围绕课题经历了一次基本完整的调查研究过程。在此过程中,他们通过自己的学习活动增长了知识和能力,获得了过去未曾有过的学习体验。从他们研究的过程看来,有以下几方面应值得肯定:

1. 学习的主动性被充分调动起来。

从选定课题题目,课题计划的制定,调查方法的确定,设计问卷、实地调查、处理、分析信息、撰写研究报告和小结,都是学生自己边学习边思考边实践,相互合作、共同完成的。教师、学校、社会为学生提供充分的时间空间,学生真正成为学习的主体。教师在全过程起引导、监察和协助的作用。

2. 指导教师在学生开展研究的过程中,角色地位比较合理,在一些重要环节上,教师的点拨和指导比较适时,也比较适度,既不"越俎代疱",也不放任自流。

3. 掌握了调查研究的方法,学会写调查报告,获得了开展科学研究的体验。

4. 8位学生到社会实施问卷调查,与陌生人交谈时难免感到紧张、害羞,但终于战胜困难,获得了一次积极的情感体验,锻炼并提高了社会交往能力,培养了人际合作精神和口语表达的能力,是培养健全人格的重要方面,同学们小结中无一例外地谈到了在这方面的感受。这在传统课程的接受式学习中恰恰是薄弱环节。

5. 从学生参与课题研究的态度、责任、精神和能力等进行定性的自评、互评,并且还有学生和教师用评语式的综合评定,这样的评定效果有特色。

作为一次研究性学习过程,现提出如下建议:

(1)在选定课题后,如果组织学生对"健身区"的有关问题进行大量的文献查阅,让学生对此问题有较多理性认识后,研究的结果应该说会上升一个"质"的飞跃。

(2)"监督和协助学生完成实地调查"不仅是监督和协助学生完成课题的情况,更重要的是对学生实施暗中监护,16岁左右的学生是未成年人,要适应复杂的社会,客观地说是较困难的,他们的安全理所应当保护,这是教师的责任。

从本课题的内容上看,还可以从体育健身的价值观,如何培养自己对体育健身的兴趣,体育健身的自我设计,体育与自己的身体发育的影响,肥胖症与体育健身的影响等去开发小课题,开展研究性学习。

本文载《综合实践活动实施指南》一书(2003年9月)(人民教育出版社出版),杜东平为此书编委

支持未来研究性学习的有效策略

——电子导师制

研究性学习有效的开展,电子导师制是未来发展方向。

以美国为代表的西方国家充分利用电子导师制来指导研究性学习,这是一种充分利用社会教育资源让学校来进行研究性学习的有效策略,在许多国家如英国、加拿大、新加坡等的中小学广为运用研究性学习。随着我国经济的快速高效的发展,现代教育技术的普及和网络平台在我国各级各类学校构建,在不远的将来实施电子导师制就成为可能。本文就对电子指导制的内涵、电子指导活动的分类及优点,以及意义等问题作简要探讨。

一、电子导师制的内涵

绝大多数学者认为,电子导师制是指导与电子交流相结合的一种指导形式,主要借助电子交流手段在年长的导师与缺乏技能或经验不足的学生之间建立的一种关系,目的是形成和发展被指导者的技能、知识、信心以及文化理解能力,以促进其成功。在国外,电子导师制被广泛运用于高等教育机构与中小学中的师生交流。

二、电子指导活动的分类及其优点

(一)电子指导活动的分类

国外研究表明,电子指导活动分为三类:

1. 问专家:问专家的形式一般是一对一的交流,学生提出问题,由该领域的专家来进行回答,有时,这些问题和答案都粘贴在网站上,让学生自由浏览。

2. 配对指导:配对指导在学生和志愿者之间建立长期的关系,以达到教育和社会化发展的目标。指导者通过运用电子邮件、文本、声音和录像提供学习机会、提高学生对某一具体论题领域的理解,发挥模范作用。

3. 小组指导:在小组指导时,通过技术媒体,一个或一组专家与一组学习者配对。小组指导可以是一次性交流,也可以建立持续一段时间的关系。

(二)电子指导活动的优点

由于技术的发展,在学校、图书馆、工作场所、家庭等地方都可以利用电子交流手段,使传统的指导摆脱了时间和空间的限制。电子交流可以创造一种灵活的交流环境,便于指导者与被指导者进行同步交流,成为指导过程中可以运用的一种理想媒介。电子指导的同步交流性使得长期以来制约传统指导关系形成和发展的瓶颈——

时间与空间的限制——迎刃而解，从而减少了形成指导关系的障碍。灵活的交流环境使得校园外的广泛社区以及广大热心教育的人士可以加入到指导学生的队伍中。没有时间与学生面谈的指导人员可以在办公桌前，在工作场所或者在家里与学生进行交流，提出建议、提供资料，积极支持学生的研究性学习。因此，电子指导制扩大了指导机会，使得更多的学生能够得到指导，使更多由

电子导师制指导研究性学习是未来发展的方向。
——杜东平

于时间和空间的限制而不能参与学生指导的人员有了为教育做出贡献的机会。

三、电子指导活动对研究性学习的意义

电子交流的独特交流性质也促进了电子指导制的发展。电子交流可以形成开放性的、支持性的关系，淡化与隐藏了指导者与被指导者之间悬殊的地位，促进两者之间进行平等交流。另外，在借助网络、电话以及其他电子设备进行同步交流的同时，运用电子邮件进行交流，可以使学生充分地构思书写内容，避免了口头交流中存在的要做出立即反应的压力。

电子交流技术也改变校园内交流的特点，增加了教师、学生和教辅人员之间的交流。在网络化的学校环境中，学生之间、学生与教师之间的交往更多，参与网上讨论的学生与参加面对面讨论的学生相比，他们之间的联系更多，获得的知识更多，能取得更好的成绩。在网络环境中，学生有机会与更多的教职员工进行交流，电子交流的这些特点可以表明它是一种可以迅速形成的开放性、支持性，指导关系的有效工具。电子指导制度在对处境不利群体的指导与社会化经验方面也发挥了积极的作用。

电子导师制可以减轻教师的工作负担，使教师在学生的研究性学习过程中能更好地发挥促进者的作用。学生在电子导师的指导下，能够更全面地投入到研究性学习的项目中，将研究、写作、学习、实验等各种技能结合到项目中，研究自己感兴趣的课题，关注自己的独特兴趣。学生根据自己的兴趣确立自己独特的研究项目时会更加负责，电子导师制利用社会上专业人员的技能和知识。这些专家向教师提供新的专业知识来源，将课堂与真实世界联系起来。学生接受校外专业人员的指导，接触到新的榜样。他们了解不同的职业、生活方式和文化，通过与指导人员进行交往，学生逐步理解责任的重要性。

通过以上分析，说明电子导师制是社会对研究性学习的一种有效的策略，可预测我国在不远的将来随着中小学、大学，以及社区的网络平台的构建与联通，用电子导师制指导研究性学习就会在我国各级中小学开展起来。

主要参考文献：

1. 应俊峰著：《研究型课程》，天津：天津教育出版社，2001年版。

2. 袁振中主编：《教育原理》，上海：华东师范大学出版社，2004年版。

3. 余进华，高卫星主编：《研究性学习在农村》，上海：华东师范大学出版社，2004年版。

　　本文载《综合实践活动实施指南》(2003 年 9 月)(人民教育出版社出版)一书，杜东平为此书编委

西部地区制定研究性学习目标的策略

> 西部地区的特殊性,决定了研究性学习目标的策略制定的特殊性。

研究性学习作为一种校本课程,其目标必然由学校来制定。学校如何制定研究性学习目标的策略呢? 从总体上说,可根据西部地区的实际制定研究性学习的目标。西部地区实施研究学习的主要困惑表征为:一是传统的教育评价的阻力。目前,我国的评价体系还未根本变革,应试教育在各级教育行政部门、学校领导、教师、学生和家长中还有很大影响,特别是在西部地区,高考升学是学生"跳出农门"和"摆脱贫困"的主要途径,社会评价学校和教师的标准主要是看高考升学成绩。因此,对于研究性学习的开设,一些教师、家长、学生持保留甚至否定的态度。二是师资数量和水平不足。要指导学生进行课题研究,教师必须要具有一定的研究能力。长期以来,我们的教师已经习惯了应试教育,对于应试教育可谓得心应手,要适应研究性学习必须有一个观念更新和知识更新的过程。因此一些教师感到有心无力。三是物质资源严重不足。西部地区这一问题特别突出,如资金问题、图书资源、网络资源、实验室资源、场地等都很缺乏,学生活动离开教室就很难开展。四是不安全因素太多。交通隐患,治安情况不令人放心,学生自我保护能力差等,学生在校外开展活动学校已无法承担较大的人力和物力。那么,各校应采取哪些策略制定研究性学习的目标呢? 笔者认为有以下几种策略供同仁参考。

一、突出重点,因校制宜的策略

制定研究性学习目标时不求面面俱到,要从学校实际出发,以符合学校、学生和当地社会经济的发展需要为出发点,突出重点,具有可行性和实效性。每个学校都有自己不同的实际条件,如社区资源不一致,教师的教育思想、学识水平、教学能力不一致,生源不一致,各校的物质资源不一致,城市与农村不一致,大城市与小城市不一致,重点中学与非重点中学不一致,这就决定了在制定和实现目标时,各校也不应完全一致。如在社区资源比较差的西部农村学校,课程目标的侧重点可以考虑促进社区与学校共同发展。如在教师教育思想比较落后,学识水平比较差的学校,课程目标的侧重点可以考虑提升教师的理论素质,加强教师队伍建设。如在生源较差的学校,可以侧重培养学生的生利技能。如在学校物质资源比较缺乏的学校,课程目标的侧重点可以考虑培养学生理论与实际相联系的能力,等等。

二、学校领导行政推动的策略

我们不能回避这些现实的困难,学校领导对此要进行行政支持。一是通过专家引领转变教师、学生和家长的观念。专家引领教师包括我们为什么要开设研究性学习这门课程,教师如何指导学生开展研究性学习,研究性学习有哪些基本流程等,即为什么做和怎么做的问题。学校还要召开学生大会、家长大会,对学生和家长进行宣传、讲解,转变学生和家长的观念。从已经实施的情况看,学生一般对研究性学习课程都比较感兴趣,家长持观望态度的要多一些。因此,学校要花大力气转变家长的观念,最好的办法是让学生通过自己的实际感受向家长宣传,一定要千方百计取得家长的支持。二是学校要想办法从经费上、物质上保障这门课程的开设。如教师的工作量计算。一般来讲,学校没有专门的研究性学习课程的教师,都是各学科的教师兼任,而作为学科课程的教师,他们基本上都是满工作量,因此,兼任研究性学习课程实际上是教师的额外工作。学校在计算教师的工作量时,要以能调动教师积极参加研究性学习课程为原则。还有课题开展过程中必要的车、船费、资料费等,学校要承担一定的费用。三是学校领导要与社区协调,充分利用社区资源。由于教育投入的经费少,一些学校连维持正常开支都很困难,拿不出经费为学生开展活动所用。学校可以加强与社区的联系,请社区支持学校的工作。如社区图书资源的无偿使用,一些场馆的无偿使用,联系一些工厂或农村作为实习基地等。学校要取得社区的支持,一要向社区宣传,取得社区的理解,二要对社区的支持,进行多渠道的回报。在西部地区,由于

> 研究性学习在中小学作为综合实践活动课程,在相当长的时期内还需要教育行政部门和校长强有力的推动,才可能有效实施。
> ——杜东平

各方面面临的困难更大,更需要学校从行政的角度做多各方面的工作。

三、整体考虑、分年级设定的策略

制定研究性学习的目标应该遵循学生的年龄和心理发展规律,遵循学生对研究性学习的了解有一个由浅入深的过程的实际,遵循中学学生课程负担的实际。从高中三年每年都必须设置这个要求出发,作通盘考虑。根据高中不同年级的培养目标、社区环境及学生的需求,从态度、能力、方法等不同角度分别设定。

重庆市某校在开展研究性学习时,采取了分年级开展的策略。高一年级学生主要是开展综合课题研究,学生可以从社会、生活、自我选择各种课题,如"九龙坡区桃花溪水污染及其治理的研究"课题。通过一年的实施,学生了解研究性学习的一般流程,初步掌握文献法、调查法、实验法等研究方法,培养了学生的交际能力、实践能力,增强了学生的社会责任感和使命感。

高二年级主要是开展学科内课题研究。高二开始时学生一般面临着文理分科的问题，相当一部分学生要适应新的班级和新的教师，学生学习压力越来越大，如果还继续开展综合课题研究，学生、家长会有意见，时间也不允许。因此，学校要求学生主要是从学科内选择课题进行研究，如学科学习方法，学科内某一个疑难问题，或者与生活相关的问题等，如"关于高中数学开放性试题的研究"课题。通过研究，使学生的学科知识得到拓展，学科思维能力得到发展，培养学生善于发现问题，以科学研究的方法解决问题的能力，促使学生亲近学科，提高学习兴趣等等。

高三年级主要是开展学科间综合课题研究。高三学生面临升学压力，这是一个谁也无法回避的事实，既要推动研究性学习，又要保证学生升学，我们必须找到这两者的结合点。开展学科间综合课题研究使研究性学习在高三有了生命力。目前西部基本上采取的是3+文（理）科综合的高考模式，对学生综合运用知识解决问题的能力有了新的要求。因此，我们要求学生从社会热点中，从与各学科知识相联系的角度选择学科间综合性课题。通过研究，使学生学科知识进一步得到拓展，能够发现不同学科知识的联系，学会用不同学科知识解决问题的意识和能力，提高学生应付文综和理综考试的能力，培养学生的社会责任感和使命感，学以致用的态度。

四、实践中不断调整完善的策略

实践出新知，实践是发现真理的关键，实践是检验真理的良方。研究性学习是一门新课程，是一门实践性课程，也是一门生成性课程。目前，除上海实施研究性学习时间较长、比较成熟以外，国内其他地区对这门课程的开设刚刚起步，上海的经验对于指导其他地区开设这门课程有重大的作用，但是，我们却不能照搬上海的成功经验。尤其是西部地区远远落后于上海，必须结合西部的实际，在实施研究性学习的实践过程中不断总结经验教训，形成在西部地区具有可操作性和生命力的课程经验。因此，在制定研究性学习课程目标时不求一步到位，可在实践中作调整、充实，逐步完善。

学校在实施研究性学习课程时，一开始主要是考虑发展学生的三维目标，而很少考虑提升教师综合素质，发展学校和促进社区共同发展的目标。最初过于信任教师的素质，放手让教师去指导学生，结果很多教师都无所适从，学校只好反复的培训，示范，使学校认识到实施研究性学习课程中教师综合素质的提高是关键。

五、以点带面，典型示范的策略

对教师和学生进行示范是必须的。研究性学习课程是一门崭新的课程，应当多开展许多实际的一些操作性和案例性的示范性培训。

示范分三种情况：

一是专家的示范。专家见多识广，理论功底也很深，可以以实际例子深入浅出地进行讲解。比如某校在培训教师时,学校的教科室主任就以他过去亲自做过的一个案例"涪陵土鸡胚胎发育的过程的培养与研究"为例,对教师进行示范,取得了良好的效果。

二是骨干教师的示范。在实施研究性学习的过程中,总有一些教师素养更好,领会更快,在实际的操作中,也显得更有办法。学校要有意识的培养这些教师,使他们成为研究性学习的骨干教师队伍。特别要注意对班主任教师的培养,要让班主任成为研究性学习的骨干教师,因为班主任对一个班的各个课题组都有管理之责。在课程实施的各个环节,建立教师与教师定期或不定期交流的制度,经常组织其他教师观摩骨干教师的操作。

三是学生课题组的示范。班与班之间,教师能力有大小,课题组与课题组之间,学生能力有大小,总有一些课题组脱颖而出,这些课题组的学生可以进行榜样示范,也可以充当小先生,对其他课题组进行指导。如某校在开展研究性学习时,在各个环节都进行学生示范。该校一个年级就有16—18个班,每个班都有五个左右的课题,如果不进行示范,指导教师的工作量会大大增加,而且,开展的水平肯定也参差不齐,学校要求每个班推荐一个开展得比较好的课题组进行示范。又如开题报告,学校集中这16—18个推荐的课题组在研究性学习课程的时间,集中进行开题,每个课题组轮流上台进行开题答辩,由学校组织一些骨干教师进行开题评议,每个班各课题组派两个代表列席学习。还如成果交流,该校要求每个课题组制作一张展板,把整个研究性学习的流程详细地展示出来,在全校进行展示,然后邀请学校的一些专家选出一些比较好的作为示范,进行再展示。在西部地区,教师与学生之间的差异更大,以点带面,典型示范,是顺利实施研究性学习的一种非常实用的方法。

除此之外,还可采取依靠社区名人推动的策略,依靠发达地区资源的策略等等。

主要参考文献:

1. 李彦军等编著:《中国当代教学流派》,济南:山东教育出版社,2003年版。

2. 李常明等主编:《中小学研究性学习教师指导》,重庆:重庆出版社,2003年版。

3. 萧菲等主编:《研究性学习的组织与管理》,桂林:广西师范大学出版社,2003年1月版。

本文载《当代重庆教育论文大系》(2006年)一书

基于校本研究

JIYU XIAOBEN YANJIU

所谓『校本』，其义『在学校中』、『基于学校』和『为了学校』。

教学是教师职业生涯中最为重要的日常生活方式，也是教师将其全部身心用于浇铸的职业生命形态。

校本教研其目的在于行动研究，行动研究进而转化为校本培训，最后的落脚点实现有效教学，唯其如此，广大一线教师的职业生命才不会枯竭，才会获得源源不断的职业生命升华之源泉。

浅谈唐僧的管理艺术和学生的管理

> 我们应当大力借助唐僧的管理艺术去管理学生，拥有像唐僧一样坚定的事业心。

重庆市育才中学杜东平暑假看《西游记》很有感触，表面上的一部引得儿童喜爱的电视剧在细细地品味中也能看出人生百态、咂摸出为人处世的学问。尤其是唐僧的处世艺术值得探究。唐僧虽是金蝉子化身，但是却没有什么降伏妖魔的本领，既不会变化也不会法术，但却在每次遇到困难时，徒弟们都尽力去救。为什么？因为大家都想取得真经，和他一道完成取经事业。

教师在工作中，如果拥有像唐僧一样坚定的事业心，还有打动不了学生的吗？教育工作是塑造人的工作，是心与心的交流。我们常常看到老师抱怨学生如何不听话，如何不会写作文，如何不体谅老师的苦心等等。但是，其实，我觉得老师更应该反省一下，在抱怨的同时你教会学生如何拥有感恩的心吗？你是否因注重知识传授而忽略了对于学生的人格塑造？作为老师，你自己的写作水平如何？你是否不断提升过自己的写作水平呢？

很多时候，我们都应该反躬自问，我在不断地充电没有？我是否拥有对于教书事业的热爱？我今天与学生的心理距离近了还是远了？怎么才能更近一些？我的专业知识水平在一天天地提升没有？

人非草木，孰能无情？学生是可以被打动的，一旦你打动了他，他就会爱上你这个老师，从而，爱上你这门学科。那么课堂组织教学也就不成问题了。

其次，抓住学生的头儿，发挥精英的作用。唐僧在路途中每一次碰到困难后，徒弟们都会全力以赴，为什么？因为孙悟空发挥了骨干作用。而唐僧恰恰抓住了孙悟空这个关键人物。孙悟空是取经队伍中的灵魂人物，每当困难当道的时候，他都会想尽办法。催促八戒与沙僧一起协同解决困难。

学生的管理亦如此。老师应该抓住班级中有号召力，有影响力的学生，抓住了他们，也就抓住了全班学生，教师的管理也就会有成效，这既有利于锻炼"孙悟空"们的能力，促使学生们的成长，也可以使教师省心，从而腾出更多的时间钻研教材。

再次，必要的严厉和适度的距离。随着新课程改革的实践和素质教育理念的推广，师生平等的观念深入人心，大家常常提倡一种朋友型的师生关系。但是，现实中往往出现,有的老师在贯彻朋友型关系的时候由于没有掌握好分寸,而使自己与学生之间成了"兄弟伙""哥们儿",最后由于与学生的距离太近而使自己在学生面前不再有威信,从而失去了管理学生的威力和必要的威信,最终导致课改失败。

《西游记》中唐僧对孙悟空可不这样,当孙悟空有错的时候,唐僧往往以紧箍咒惩罚甚至以驱逐孙悟空出取经队伍以示警戒。而悟空也在这一次次的惩戒中成长。

教师的必要严厉是应该有的,如果教师与学生没有起码的距离,那么最终是教师威信与威力的丧失,学生也就不再"买账",最后,结果是课改失败。这样的例子我们可以经常在报刊或生活中看到。

第四,适度的放手,让学生在活动中相互磨合,促使他们在磨合中成长。唐僧与徒弟之间往往是靠他们自己去磨合,每一次妖魔当道的时候,唐僧都没有具体安排他们怎么去驱除妖魔,而是让三个徒弟自己去商量怎么做,自己决定怎么去处理。通过一次次问题的处理,徒弟们也越来越知道如何协作,共渡难关。

其实,学生有他们自己的潜在能力,我们应该让它得以发掘。在教学活动中,我们应该适度放手,有意识地培养他们的社交能力及群体适应能力,以保证他们进入社会后不成为"高分低能"的呆子,而成为有着无限潜能与发展可能的人才。

老师们应该意识到:21世纪更强调团队的协作与集体的共同努力,在平日的教学中应该注重这方面的培养。教师应该在管理中适度地放手,让学生自己去磨合,让学生自己学会做一些事情,通过对这些事情的处理学会人际间的协调能力与集体协作的精神。

我们常常可以看到社会上很多人有很强的专业知识,但由于不太适应社会

> 教育就是获得运用知识的艺术。这是一种很难传授的艺术。
>
> ——[英]罗素

而遭到排挤与打击,最终导致能力不能得以正常的发挥,得不到恰当的展现平台。其实,这是由于他没有学会群体适应能力,他不能通过合理的渠道和恰当的方式展示自己的才能。作为教师,我们与其去感叹他们的怀才不遇,不如低下头来实实在在地培养我们身边的学生拥有一些踏踏实实的处理人际关系的实际能力,拥有集体合作的精神,免得重蹈那些人的覆辙,岂不是更好吗?

在日常的教学中,我们应该适当放手让学生去组织一些活动。让学生在日常集体的活动中心智得到成长。比如,我让学生分成三个小组上《雅舍》这篇文章。先让他们讨论,在讨论中提问、思路得到升华,在活动中有一个小组就出现配合不积极的状况。我让小组长自己去解决,通过努力,她终于说服了那几个不太配合的同学回到了集体中。我知道,通过这个讨论学生学会了交流与磨合。那个小组的小组长通过说服同学增强了组织能力。通过后来的分小组推代表上课,学生拥有了团体的荣誉

感与协作精神。

第五，必要的信任。在平时我们常常看到有的老师事无巨细都包揽在手，中午读报课或者班会课的时候，班级大大小小的事情都非常操心。其实，这是源于对学生的不信任。

在《西游记》中，唐僧每每被妖魔掳去，面临被蒸、煮的时候，都是临危不惧。这源于对徒弟的信任，他始终坚信徒弟们拥有营救他的能力。作为老师，我们也应该对学生有起码的信任，不要一切都替学生操心完了。

前几天在《中学语文教学》（2006年10期）上读到一篇文章，《2006年"带考"杂感》，里面有一个细节："带考的老师从一拿到准考证起，就忧心忡忡；随身带，还是放在办公室？随身带，如果路上包被偷被抢怎么办？放在办公室，万一小偷光顾翻遍了办公室的每一个抽屉却找不到值钱的东西，而发火把纸片片乱丢乱踹一番（这样的事情曾发生过多次）怎么办？如果那样，那些重如性命的准考证不也就被小偷当作普通纸片而遭殃了吗？……"老师把一切都包办了，连准考证都是老师保管。

其实，这不是个别现象。为什么我们连起码的锻炼都不给予学生呢？其实，我们希望学生不仅学会知识，更要学会如何为人处世，如果我们教育出来的学生是除了做题还是做题的呆子，那么，我们是失败的。

曾经，有一次听到一个校长在会上说到某个在全国推广示范的学校，谈到一个细节——管理宿舍的老师要在学生回寝室之前，把热水器的水温调到最恰当的温度（校长的意思是在赞扬该校教师的责任心）。我很疑惑，如果我们培养的学生连热水器的温度都不能自己调节的话，那么，我们的未来还有指望么？如果过分的泛滥、放大我们的责任心和爱心，那么被我们惯坏的学生将来能承受、能面对什么？

教师应该经常让学生得到锻炼机会，而不能只是"保姆式"的教育，什么事情都由教师越俎代庖，这是目前教育的一大通病。有句话叫作"懒娘出勤快的女儿"，在教育过程中，我们的老师不妨故意的"懒"一点。

唐僧表面上无为而实际却有为，最终成就了取经大业。我们教师也应该多多地学习他的管理艺术。

主要参考文献：

1. 程红丘著：《创新思维与作文》，上海：复旦大学出版社，1999年版。

2. 语文编辑室编：《普通高中语文课程标准（实验）》，北京：人民教育出版社，2003年版。

3. 孙灿成：《学校管理概论》，北京：人民教育出版社，1993年版。

本文载《科学咨询 教育科研》（2007年4期）

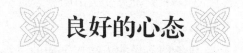

良好的心态

　　悲观的人的特征是他相信坏事都是他自己的错,这种心理会毁掉他的一切,会持续很久。乐观的人在遇到同样的厄运时,会认为现在的失败是暂时的,每个失败都有它的原因,不全是自己的错,可能是环境、坏运气或其他人为带来的后果。

　　要获得学习的成功,必须具备良好的心态。那么,什么样的心态才是良好的心态呢? 要知道这个问题,我们必须弄清心理健康的标准是什么? 如何培养和提高健康心理? 如何树立自尊? 下面我们来讨论这几个问题。

一、心理健康的标准

　　现在,越来越多的人开始懂得:一个人身体和心理都健康,才称得上真正的健康。身体的健康状况可以通过检测来判断。中外心理学家对心理健康标准有不同的提法,归纳起来有下面几个方面:

　　1. 智力正常能适应环境

　　人与人之间存在智力差异。就群体来说,大多数人的智力是正常的。智力正常是正常学习、生活和工作的基本心理条件,是人们与周围环境相适应的取得心理平衡的心理保证。因此,智力是否正常是衡量心理健康最重要的标准之一。智力正常主要表现为乐于学习,智力发展好;能努力掌握知识技能,自觉完成学习任务,有强烈的求知欲望和浓厚的探索兴趣,勇于克服学习、工作、生活中所遇到的困难,具有智力活动的积极性,没有智力发展障碍,能正确认识现实,基本适应学习生活和周围环境。

　　2. 心理特点与年龄相符

　　人在一生中,有不同的年龄阶段,有着相适应的心理特点。一个人的举止言行符合其年龄特点,是心理健康的表现。青春期特点表现为精力充沛,活泼开朗,朝气蓬勃,热情大方,进取心自尊心强,有一定的独立性和创新性等;具有与自己年龄相符合的生活能力,学习能力,学习兴趣,情绪体验与意志行为;具有较多的好奇心和求知欲望。如果还像儿童那样喜怒无常、幼稚任性或像老年人那样老气横秋、老态龙钟,与青春期的心理特点不相符合。是心理不健康的表现。

　　3. 有健康的情绪

　　心理健康的情绪表现为情绪稳定,心情愉快,无论遇到什么事情总能适度控制自己的喜怒哀乐，整个身心处于一种积极向上的状态；无论是在顺境或逆境中对人生都充满希望，能体验成功的喜悦而不骄傲，能忍受失败的痛苦而不气馁。

4. 乐于交往，具有和谐的人际关系

人生活在世界上，总是要与各种各样的人结成不同的关系。如能正确地对待这些关系，便会有正常的心理适应而表现出健康的心理。和谐的人际关系具体表现为：有自己亲密的伙伴，乐于与他人交往，并能建立良好的人际关系；在与人相处时积极方面的态度（如尊重、信任、友爱等）总是多于消极方面的态度（如仇恨、嫉妒、怀疑、畏惧、憎恨等），待人诚恳、谦虚、公平和宽厚，能忍让、体谅、尊重、乐于助人，对集体有一种休戚相关、安危与共的情感，总是表现出关心热爱集体，并乐于作出自己的贡献，在集体中是受欢迎的成员。

5. 具有正确的自我意识

能正确感知自己，对自己有适当的了解，有比较正确的态度。能正确客观地评价自己，也能正确客观地认识评价他人和社会；能进行自我评价，对缺点基本上能冷静对待；能控制调节好自己的言行。既不妄自尊大，也不自轻自贱；能在现实的学习生活中把"理想自我"与"现实自我"有机统一起来，摒弃不切实际的幻想，努力发展自己，主动地进行自我教育，自我完善。

6. 有健全的人格

心理健康的青少年，胸怀坦白，言行一致，表里如一。其所想、所说与所做的是统一的、稳定的。相反，言行不一，当面一套，背后一套；在学校里是一套，在家里又是一套；思想杂乱，行为前后矛盾；做事虎头蛇尾，这都是人格不完整、心理不健康的表现。

7. 有较好的自我调节、控制能力

由于人们是生活在一个复杂多变的社会中，随时可能遇到各种过激、不良甚至危险的刺激影响，对心理构成威胁。而自我控制和调节则是自我保护，避免心理损伤的重要手段。

一般来说，青少年学生自我控制的发展，与他们意志力的成熟有密切关系。一些控制和自我调节能力较差的学生，在意志和品质上往往也表现为错误的选择，极易受到暗示，行为盲从，易形成某种心理行为习惯，明知是不好的习惯，却无法控制，而表现为顽固和执拗。因此，加强意志力的锻炼，提高自我控制能力和调节能力，是心理健康发展的重要内容。

以上几点是衡量心理健康的基本尺度。但在现实中，由于各种因素的影响和变化。也会使其心理发生变化。一般来说。心理健康与否，是指在较长一段时间内持续存在的心理状态是否正常。偶尔的、短暂的出现一些不寻常的心理和行为，并不意味着心理不健康。

二、努力提高心理健康水平

针对自身心理健康可能存在的问题，一方面要不断提高自己的心理承受能力，另一方面要学会保持心理健康的方法。

如何提高自己的心理健康水平，应从以下几个方面入手：

第一，青少年应了解自身的生理和心理特点，提高对自身生理和外部环境的适应能力

一方面是要提高对自身生理发展变化的适应能力。青少年学生正处于青春期，从生理上看，身高、体重迅速发展，大脑机能进一步完善，性机能逐渐成熟。在心理方面，情绪冲动，自我控制能力差。自主、自尊感明显增强，喜欢冒险，富于幻想，做事喜欢自作主张，不希望父母、老师干涉，渴望独立，但生活能力和社会经验不足。一些学生由于对自己生理和心理变化特点不甚了解，甚至在有些方面产生错误的认识，导致苦闷、烦恼、猜疑、恐惧等心理状态。因此，我们只有通过学习了解自身的生理和心理特点，常常进行自我调适，才能防止这些消极的心理状态发生。

另一方面，要提高对环境的适应能力。在我们一生中，环境总是不断变化的。在环境发生重大变化时，如：升学、离开父母、亲人病故等，这时几乎每个人都会有不安，只是有的人能随着不安而很快适应，而有的人则过分焦虑，导致出现各种精神症状甚至有躯体症状。因此，我们应该对变化的环境有正确的认识，提高自己的独立生活能力和生活自理能力，尽快适应所面临的新的环境，因地制宜，塑造自己新的生活方式，以提高自身的适应能力。

第二，提高心理承受能力

耐受力是指个体对精神刺激或压力的承受能力。不同的个体，其耐受力是不同的。对精神刺激的反应也是不同的。有的同学成绩考差了，便觉得世界末日到了，无颜见老师同学，不敢进学校；而有的同学则会变压力为动力，改进学习方法，改变不良的学习习惯，使成绩赶上去。心理承受能力水平的提高更多的是依赖于自觉地确定远大理想、确立生活信念以及在生活实践中锻炼出来的坚强意志。没有崇高的人生目标，没有科学的信仰，没有为真、善、美奋斗的理想，对生活中出现的变故和精神打击往往是难以应付的。

第三，提高自我控制和调节能力

人是可以对自身的情感表达、情绪反应的强度、动机的趋向与取舍、思维的方法和过程进行控制和调节的。我们应该加强对自己的心理过程的自我监控，以使我们的言行、表情与所处环境相符合。

第四，提高注意力品质

注意力不易集中往往是某种严重精神疾病先兆。如果一个人不能专注于某项工

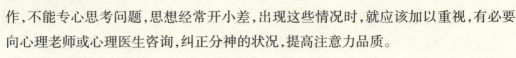

作,不能专心思考问题,思想经常开小差,出现这些情况时,就应该加以重视,有必要向心理老师或心理医生咨询,纠正分神的状况,提高注意力品质。

第五,发展交往能力

交往是人类社会的基础。人类心理活动得以产生和维持,有赖于社会交往的发展。如果一个人毫无理由地与朋友断绝往来,把自己孤立起来并变得冷漠无情时,就要考虑他是否出现心理障碍。相反,迫切交往,无选择地广泛交往,并十分热情和兴奋,则要考虑他是否属于躁狂状态。交友时,应能择友而交,不仅有目的性,而且着眼于品德才学、政治思想等方面。同学们应刻意锻炼自己的社会交往能力,维护心理健康。

第六,提高康复能力

它是指蒙受精神打击和刺激后心理创伤的复原能力。人生在世都难免会遭受打击。有的康复能力强、较快,即使以后提起都只是一笑了之;有的虽也能康复,却需较长时间,而且一旦忆及往事,仍会耿耿于怀;也有人不能完全康复,在心理、行为乃至躯体上留下严重的痕迹。我们应对心理创伤抱正确的认识,每个人都会受到各种打击。但是与其担负起沉重的心理包袱,不如放下包袱,轻松如常,提高自己的康复能力。

以下11条保持心理健康的方法,仅供我们共同参考:

①当苦恼时,找您所信任的,谈得来的,同时头脑也较冷静的朋友倾心交谈,将心中的郁闷及时发泄出来,以免积郁成疾。

②遇到较大的刺激或遭遇挫折、失败而陷入自我烦恼时,最好暂时离开眼下的情境,转移一下注意力。暂时回避,有利于恢复心理上的平静,将心灵上的创伤填平。

③当情感遭到激烈震荡时,宜将情感转移到其他活动上去,忘我去干一件自己喜欢干的事,如写字、打球、唱歌等。

④对人谦让,自我表现要适度,有时要学会当配角和后台工作人员。这对现在的许多独生子女来说尤其重要,因为在他们生活的家庭中,他们是双亲以及众长辈注目的对象,串换角色对他们心理健康意义重大。

⑤多替别人着想,多做好事,可使自己心安理得,心满意足。

⑥做一件事要善始善终,当面临很多难题时宜从最容易解决的问题入手,逐个解决,以使自己信心十足地完成任务。

⑦性格急躁的人不要做力不从心的事,并避免超乎常态的行为,以免紧张、焦虑、心理压力过大。

⑧对别人要宽宏大量,不强求别人一定要按自己的想法去办事。能原谅别人的过错,给别人以改过的机会。

⑨保持人际关系的和谐,注意人际交往技能的训练。

⑩自己动手,破除依赖心理。要有自主意识,并能为自己的目的亲自行动。

⑪制订一份能使自己愉快,又切实可行的修养身心的计划,给自己以盼头。

总之,天天都要面对现实生活,保持自己有一个乐观向上,积极进取的心态。

三、能承受挫折

挫折,按照心理学的解释,是指个体在从事有目的的活动过程中,遇到障碍或干扰,致使个人动机不能实现、需要不能满足时的情绪状态。挫折是每个人都无法避免的,中学生当然也不例外。古人云:"人生不如意事常八九",这是恰当的。

纵观古今中外的那些名人,他们的人生经历无一不充满了种种挫折,他们的奋斗历程真可谓"百折不挠"。爱迪生一生中经受了数不清的失败;司马迁曾遭受了残酷的宫刑;张海迪是高位截瘫者;林肯的婚姻生活痛苦不堪;一代伟人邓小平,政治生命中有三落三起;我国古代伟大的军事家,《孙膑兵法》的作者孙膑曾被人废去了双腿;奥斯特洛夫斯基是躺在病床上靠口述写出《钢铁是怎样炼成的》这部文学名著的。

对于我们中学生而言,升学考试失败了;不幸身染顽疾;同学之间人际关系紧张;受到了老师的严厉批评;由于担心考试成绩而导致失眠;受到了老师或同学不公正的待遇;父母情感不和,经常吵架;由于紧张,对老师的课堂提问常

多改变自我,天高地阔;
埋怨环境,天昏地暗。

——魏书生

常答错而感到无地自容;与异性同学交往发生的种种危机;对自己的身体发育状况不满意,感到自卑;尽了自己最大努力,学习成绩却无明显提高,因而迷茫、痛苦……凡此种种,都是我们生活中常见的挫折。

在挫折面前,不同的人反应是不一样的。我们在生活中常常遇到这样的情况:遭遇同样一件事情,有的人觉得受了很大的刺激,有的人却无动于衷。这表明不同的人对挫折的承受能力是不一样的。能够经得起压力和打击,有摆脱困难的能力,是承受挫折能力较强的人;反之,承受挫折能力是较弱的。

1995年6月6日,中央电视台"焦点访谈"报道:有一个中学生,成绩优异,曾获得省级优秀学生称号,某天为一小事情与母亲发生争吵,之后竟自杀身亡。这位同学对挫折的反应表现得这样强烈,说明他抗挫折的能力极低。

怎样提高抗挫折能力呢?

第一,善于进行自我开导和排解

在挫折面前,要清醒地认识到所谓的"一帆风顺"只是个美好的愿望而已,人生在世,遇到一点波折,不足为奇。说服自己多想有利因素,少想不利因素,采用一些针对性的名言警句提醒自己要正确对待,如"塞翁失马,焉知非福","有志者事竟成"等。

第二，调整期望，增强信心

中学生受挫，常常是因为对自己期望太高，对现实过于理想主义，结果往往由于理想与现实差距太大，一旦达不到期望值，就产生受挫失望。所谓"心急喝不下热粥"，"一口吃不成胖子"。对我们所期望的事情，不能把希望的目标定得太高，要一步一步地来。就像小孩子没学会走之前是绝对不能也不会跑一样。所以，学习不如意的同学，不可能一下子就会使成绩变得很好，而要一个小目标一个小目标地去达到。这样成绩就会越来越好，心情也越来越愉快，学习起来也会越有信心。

第三，参加文体活动，宣泄心中不快

当忧愁、烦闷、苦恼的时候，可以到球场上去"冲锋陷阵"，出一身汗，会使人顿觉心情开朗，浑身舒坦。也可以全身心地投入到欣赏音乐、放声歌唱中去。或者，一个人到操场跑几圈，到空旷的地方大喊大叫，甚至痛哭一场，由此可使不良情绪得到排解，消除。

第四，寻找补偿与升华

当目标受挫，遭受打击时，可以寻找另一方面的成功来加以补偿。通过补偿性的满足，紧张情绪得到缓解，精神境界获得升华。"屈原放逐，乃赋《离骚》；左丘失明，厥有《国语》；孙子膑脚，兵法修列"，因此，任何一个中学生都不要因为受挫而意志消沉，应该深信"天生我材必有用"，如果学习成绩实在不行，就审视自己在音乐、体育或动手能力方面是否有特长，努力寻出一条属于自己的人生之路。另外，遇到挫折打击时，也可将痛苦、忧愁等不良情绪，转化为积极而有益的行动中去，达到"升华"。例如，考差以后情绪低落，但如能"吃一堑，长一智"，振作精神，对学习成绩优异者不服气，奋起直追，力争赶上，这样就把消极情绪转化为积极的行动了，这就是升华的体现。

此外，"放松训练法"也对消除心理上的不平衡，缓解心中的紧张状态起作用。

四、学会独立

我们从小学进入中学，意味着告别无忧无虑的童年，开始步入青春期。在小学时，我们更多地依赖于成年人的照顾、保护。青春期则标志着个体真正开始成为独立的社会成员。但目前的中学生却普遍地存在着依赖性，这是很不正常的。其主要表现在学习上的依赖、生活上的依赖、管理上的依赖等。那么，我们应怎样来培养自己的独立性呢？

首先，要培养自主、自强的意识

要逐步克服以往的依赖心理，增强独立生活的自信心，克服以往的依赖家庭、老师，事无巨细都要人包办的习惯。对生活中遇到的种种困难，首先要相信自己能独立处理好，并努办寻求自己解决的办法，决不轻易求得父母、老师、同学的帮助。要明确，每个人都不可能永远生活在父母、老师的庇护之下；人生的道路要靠自己去开拓。

其次,要培养独立学习的能力

进入中学后,首先面临的问题就是学习情况同小学相比有了显著的变化。知识量增加了好几倍,同时难度也加深了。此外,在教学方法上也有所改变:小学老师用"包"的办法,我们不会老师就手把手教,直到教会为止;中学老师则用"导"的办法,引导学生独立思考。这时,如果我们再像小学时那样听课和学习,自然就会出现问题,学习起来非常吃力。这就需要特别注意有关学习方法的问题,要培养自己良好的学习习惯,学会独立思考,独立分析问题解决问题。只有这样学会学习、学会思考,才能提高学习的效率,花时少收效大,学起来轻松。否则,学得很苦、很累、很厌,时间花了很多效果却不好。因此,我们一定要优化学习方法,培养独立学习的能力。

第三,要加强生活自理能力的培养

要知道,每个人都不可能一辈子在父母的关照下生活,最终都要离开父母独立生活。在生活上学会自理,是青少年长大、独立的重要标志。因此,我们应加强生活自理能力的培养,从衣、食、住、行等小事入手,培养自我管理,自我服务的能力。比如,对家长给的学习费用、生活费用,要学会合理开支,计划开支,不能见好东西就买,几下子就把钱用光。还要学会洗衣服、煮饭、炒菜、整理房间等生活本领。只要坚持学、坚持做、坚持实践,就一定能培养生活自理能力。

五、树立自尊

自尊,就是尊重自己,尊重他人,善于与人合作。我们只有树立自尊,才能对学习、生活充满信心,建立和谐的人际关系,获得积极向上的健康心理。树立自尊也是学习、事业获得成功的必备条件。

我们中学生如何树立自尊呢?

(1)悦纳自己

悦纳自己就是尊重自己、相信自己、接纳自己或者说是爱自己,自爱。数学家巴伯基和文学家玛阿特,曾是同班同学,同时又是班上考分最差的一对学生。有一回他们的老师令他们站在椅子上,当众奚落说:"大家瞧! 这两个人是没出息的,希望大家不要成为他们这样的人!"可是,这个班的学生中后来取得重大成就的,恰恰是这两个人。爱迪生小时候是被学校开除的"低能儿",但他最终成为了大发明家(1 000多项发明专利);爱因斯坦未考上大学,但他最终成为科学巨匠。可见,只要接纳自己,相信自己,认准目标,满怀信心努力奋斗,就一定能获得成功。因此,我们每个中学生都不要自己看不起自己,更不要自暴自弃,而应接纳自己、相信自己,相信自己只要努力就一定能成功。

(2)尊重别人

尊重别人就是对人谦虚恭敬、讲礼貌、举止文雅。只有尊重别人,才能赢得别人的尊重，赢得别人的信任和支持，才有利于自己的学习和工作。明朝文学家宋濂，家境贫寒，想读书而无钱买书。于是，他很有礼貌地向有书的借书来抄，抄完后按时归还。冬天砚台里的墨结冰，他就用嘴呵气把冰融化坚持抄书，保证按时还书，他经常是抄完书就跑着去还，并一再向别人表示感谢。由于宋濂有礼貌、守信用，别人都愿意借书给他。这样宋濂读了很多书，也结交了很多朋友，终于成了为人称颂的一代有名的文学家。相反，如果自己不尊重别人，就不会得到别人的尊重。比如，在拥挤的公共汽车上，自己不小心踩了别人的脚，倘若你能马上向对方表示道歉，有礼貌地说一声"对不起"，对方便可能因此而有礼貌地回答一句"没关系"。但倘若你踩了人还无动于衷，对方责怪你，你又辱骂对方，那么矛盾就会由此激化，甚至打架。"尊人者，人尊之"，我们在学习、生活中一定要尊敬师长，尊重别人，对人有礼貌，这不仅是人际交往和个人修养的需要，也是每个人学习、事业成功的需要。

（3）善于合作

善于合作就是善于与人相处，与他人关系和谐。善于合作是人们学习、事业成败的另一个重要因素。试想，如果我们不善于与人相处，矛盾多，心情经常处于压抑愤懑、烦躁之中，我们能静下心来专心学习吗？社会化的大生产使得我们绝大多数的工作都必须由多人协作，共同完成，如果不善于与人相处，能合作成功吗？现代科学上的发明创造，往往是共同合作的结果。据美国学者统计，在诺贝尔奖设立的第一个25年中，合作研究获奖者为总数的41%，在第二个25年中，这个比例为65%，而到了第三个25年，则上升到79%。因此，我们在学习、生活中一定要学会与人友好相处，与人协作，共同进步。我们中学生的主要任务是学习，在学习中，应善于和同桌同学、前后座位的同学或好朋友进行"合作学习"，共同探讨、相互考察、相互评价，共同完成学习目标。这不仅有利于发挥各自的聪明才智，取长补短，共同提高，而且有利于我们建立和谐的人际关系，训练与人协作的能力。

主要参考文献：

1. 刘中信主编：《社交绝招与沟通高手》. 北京：中国物资出版社，2008年11月第一版。

2. 东缨著：《泛舟海海》. 沈阳：沈阳出版社，1996年4月版。

3. 魏书生著：《班主任工作漫谈》. 桂林：漓江出版社，1993年8月版。

本文载《创新学习》（初二年级）（2003年8月），重庆市地方教材

中学生心理困惑与障碍疏导三例

> 中学应当有心理学教师上心理健康课,应当有心理咨询室,中学生心理问题越来越多,学校、社会、家长都应当高度重视。

通过《心理咨询与心理治疗》(钱铭怡编著)的学习,大胆在学生中积极、稳妥地进行心理咨询。一年来,共接待31人次的咨询。特别值得一提的是,在咨询过程中,笔者成功地干预、制止几起比较严重的心理问题行为。现从中选取了三个较典型的案例。

案例一:一位17岁女生的经历

她,打扮时髦,举止有教养,外显活泼大方,但时常出现忧郁神情。

据她的班主任介绍:该生出生在一个知识分子家庭,父亲从事文化工作,家境较好。她从小就是"乖乖女",学习成绩好,是家中弟弟、妹妹的"榜样"。

自从她到涪陵实验中学就读高中以来,时常在考试前称"病",不参加考试。

据她母亲介绍,这种现象愈来愈频繁。父母要她坚持参加考试,她则以死威胁,后勉强答应到学校,实则整日躲在公园以泪洗面。

到高二时,则把自己关在房间,拉上窗帘,毁坏自己过去十分心爱的东西,嘴里还不停地念叨小时候曾干过的坏事。在这种情况下,她根本无法继续完成学业。在母亲的陪伴下,来到笔者家中接受心理咨询和治疗。

笔者根据该生的种种表现,将其诊断为较严重的考试焦虑症,即一般在考试前就预料到有了威胁性刺激,而自己又无能为力去应付,是处于无助状态下不能采取有效方法去适应所产生的痛苦反应情绪。该症状的原因为:

(1)不适应困难。不适应高中特别是重点高中的学习生活。

(2)耐挫折和应付挫折能力差。该生从小到大一直处于顺境,没有接受挫折的体验,而到高中后,由于学习成绩下降,失去原有学习领先的地位,引起自我评价降低。自己认定"我是差生"、"我无法完成重点中学的学习任务"、"我无能"。面对挫折只会采取消极回避的方法,而不具备积极的应付挫折的能力。

(3)认知上的矛盾。亲人的高期望值成为其学习的负担,而又无法找回过去的感觉。

针对这种情况,笔者从以下几个方面对她进行了帮助指导:

（1）提供宣泄的机会的场所和氛围。让其勇于将自己的心理负担向朋友、老师和同学诉说，使其既可以宣泄自己的情绪，又可以知道有考试焦虑感的不只自己一个人，从而使其心理恢复平衡，放下包袱，放松情绪，减轻紧张感，增强自信心，心理机制得到调节。

（2）调整认知。通过谈话使其正确认识成绩和名次的真正含义，鼓励其以积极的态度去争取自己力所能及的名次。

（3）取得家庭的配合与社会支持。

（4）教授其掌握对付考试焦虑症有效而且最基本的方法——自我治疗法。教会其在考前进行自我调节，抓紧白天的学习时间，注意用脑卫生，劳逸结合，在考试出现怯场时，让其进行积极的自我暗示："我紧张，别人也一样。""别人能行，我也能行。"或采用深呼吸和意念转移法，保持心情平衡，头脑冷静等等。

通过近一个学期的咨询治疗，该生又重新变得开朗、乐观，基本适应了高中学习，不再逃避考试，成绩也有所提高，她还代表班集体参加"市级生物知识大赛"，获得二等奖。又与同学合作组织了音乐欣赏主题班会，获得好评。在生活中她渐渐增强信心，也融洽了与同学的关系。

这位女生说："咨询老师打开了我心中的千千结，我看到了希望。是他搀扶着我走过了我17岁的'心灵雨季'。"

案例二：一位13岁的初中一年级学生。

她，性情温和，沉静内向。走到笔者面前时，眼含泪水，神情忧郁，较长时间欲言又止。

在笔者的多次启发诱导下，她终于脱口而出："我想死，想从楼上跳下去，救救我吧！"

据了解，该生在小学学习成绩尚可，进初中后成绩不理想。最近期中考试成绩下降了。她心里十分着急，吃不下饭，睡不好觉，心跳加快，手心冒汗，不知怎样向家长交代，故萌发了死的念头。

考试不久，母亲到学校开家长会，得知其成绩下降的情况后，又骂了她，要租房叫她独自在外面住。

母亲的责难，使该生感到无脸见人，觉得无人理解自己，活着已失去了意义，于是在药店买了安眠药，想不活了。幸好，被同学发现，立即报告了笔者。

笔者得知情况后，立即会同校政教处，班主任等进行会诊。确认该生的问题属于学习知识不良而引起的心理危机，是一种内心恐惧、自卑等矛盾冲突加剧而又无法宣泄所出现的一种极端行为，需要及时采取措施，加以制止，否则后果不堪设想。

出于该生的问题还涉及其母亲的指责等原因，在学校有关部门的配合下，笔者立即与其母取得联系，共同从以下几个方面采取了措施：

（1）笔者与该生共同分析考试失败的原因，并提出具体改进学习方法的建议。

（2）通过晤谈引导该生认识挫折在人一生中的意义，使该生认识到考试失利，原因在自己，要想办法，而不应消极地以死来逃避；轻生的念头和行动，是对自己、父母、社会的不负责任。

（3）笔者和学校各方面配合，要求其父母要理解孩子由于考试失误而承受的心理压力，要给孩子以家庭的温暖，帮助孩子度过危机期。

（4）笔者与学校有关部门的人员联系，在保密的前提下，共同协商制止该生自杀的具体保护措施，如陪同、跟踪、分散注意力，等等。

案例三：某男，17岁，高中三年级学生。

幼年时期身体很好。十二三岁时对班上一位女同学产生了好感。后来看到电视中男女亲热的镜头，便有了欲念。晚上有时手淫，但能克制。高中二年级时，就常和女同学在一起做功课，不时想到恋爱方面的事。此间虽常手淫，但没有什么不适，也没有影响学习。

进入高三，要准备高考了，就想把时间和精力尽量用在学习上。一有性的联想时，就努力克制。谁知越想克制，越不能集中精力，脑子里老是出现女同学的形象和一些性联想。于是拼命和自己抗争。听说手淫"过度"有害于健康时，就再三告诫自己，但总是无法控制，事后又后悔。后来发展成睡不好觉，吃不好饭，甚至在考试时联想性方面的事。恨自己没有出息，道德败坏、品质恶劣，真是痛苦不堪。找一些关于品德修养的书来看，却发现大多都是"套话"，什么"要树立远大理想、集中精力学习"，"要控制自己的感情，不要早恋，杜绝手淫"等等。其危害是知道了，却仍然不能克制自己，以致学习成绩逐渐下降，整日萎靡不振。班主任建议暂停学业回家休息，在迫不得已的情况下，方把真情简单告诉了父亲。也曾到当地精神病院去咨询，医生说是强迫病。服药后不见好转。经朋友介绍，找到了笔者求助。

这位同学非常焦急，迫切希望医生给予帮助，克制自己不再手淫。

笔者在与这位学生接触发现：他虽然自认为已经有病了，但实际上不过是由于对正常生理和心理现象不了解而产生的恐惧反应。针对此情况，笔者花了一小时来讲解人进入青春期生理和心理的变化，告诉他这个年龄段内的青少年变化，联想到性事，甚至有性冲动，都是正常的；只要没有不正当的行为，就不是道德败坏和品质恶劣。性兴奋时，借助手淫求宣泄一下也是可以的，不必过于压制。应

中国每所中小学都应当有心理学教师，着力搞好心理咨询室，上好心理健康课。

——杜东平

顺其自然，手淫不是病态，更不是强迫病。

　　一周后第二次见面时，他说心情轻松多了，还写了书面体会。其中说："以前对青春期的生理、心理知识不了解，对这两年在自己身上发生的事大惊小怪，越想控制越适得其反。现在懂得了科学道理，放下了负担，脑子里杂念少了，也能集中精力读书了，心情也愉快多了……"

主要参考文献：

1. 吴维库著：《情商与影响力》，北京：北京机械工业出版社，2006年5月版。

2. 盛忠兴等：《应用心理学》，重庆：西南大学出版社，1996年8月版。

3. 李磊等主编：《管理心理学》，天津：南开大学出版社，2006年1月版。

本文载《重庆教育》（1998年10期）

培养研究型教师适应
学校新课程改革的需要

　　本文站在适应新世纪新时代的学校课程改革的需要的高度,大胆地在实践中探索出研究型教师的特征及其基本条件,培养研究型教师的策略及其成长必备的条件。

　　现代教育处在科学知识剧增、技术革新不断,竞争愈演愈烈的背景下,因而与之相适应的素质教育必须是创新的教育。只有创新的教育,才能培养创新的人才。如若墨守成规,不思进取,教育必然要落后于社会发展的形势,也不可能实现适应现代社会要求人才培养目标,就基础教育而言,课程改革是基础教育的核心环节,教师就成为组织和实施课程最关键的因素。因此,有什么样的课程就需要什么样的教师,有什么样的教师就培养什么样的学生。本文站在新世纪新时代学校课程改革(即国家教委新一轮的基础课程改革)需要的高度,大胆地在实践中探索如何培养研究型教师。现分述如下,供同仁参考。

一、新时代的学校课程决定了我们必须培养研究型教师

　　创新的教育离不开创新的学校课程。适应创新教育的学校课程是当前教育改革的核心。现行中小学课程的主要缺点:一是课程内容与结构基本是维持19世纪西方理性主义课程。重视学科经典内容的学习,强调科学体系的严密性,忽视学生学习习惯和人生态度的培养,忽视学生的实践和经验,在课程实施中以教材为中心,基本采用单一传递式教学,忽视多面的讨论式、启发式,忽视交流和合作,被动接受知识。二是课程意识陈旧。父亲学的教材内容,子女仍然是这些内容。三是教材知识绝大多数是陈述性的知识,极少有程序性知识和策略性知识以及元认知知识。四是过分重视结果评价,忽视过程评价。五是课程缺乏弹性。教师没有开发和编写教材的自由。

　　在这21世纪,面向新时代以适应创新教育的基础教育课程(即国家教委新一轮的基础课程改革)里贯穿如下理念:一是教育民主;二是国际理解;三是回归生活;四是关爱自然;五是个性发展。同时在课程与教育政策导向方面呈现四个共同特征:一是国家课程标准不是"最大限度地控制"而是"最小限度地控制"。二是课程内容选择不是"囊括"而是"精选"。三是学习能力目标定位不是"以量取胜"而是"以质取胜"。四是教学方式的取向不是"教师中心"而是"学生中心"。课程按照制定级别划分:国家课程、地方课程、校本课程;按学生学习能力来划分:基础课程、拓展课程、研究性课

程;按学校空间划分:学科课程、活动课程、隐性(潜在)课程。这新一轮的课程改革笔者认为对教师提出了如下要求:①要具有以人为本的教育理念;②由于有校本课程,教师要具有开发、研究、实践、编写校本教材的能力;③随着课程的改革,学生学习方式从过去的接受性学习改变为既有接受性学习,又有研究性学习,教师应具有开发研究性课程和指导研究性学习的能力;④新一轮课程对教学评价和考试方式的多样化,改变了过去的单一的笔试。即不但重视学生的学习结果,也要高度重视学生的学习过程。这就要求教师研究和正确把握评价标准。

要适应这一轮基础课程的改革,必须具有创新的教师。根据"实践出真知"的马克思主义基本原理,教育教学实践是教育创新的土壤,处在教育教学工作第一线的广大教师是实现教育创新的主力。要创新立足实践,加强研究,研究社会经济、研究教育规律、研究教育对象、研究新时代的学校课程、研究教育内容、方法、途径和手段。简言之,教师要用研究的眼光去看待教育,要用研究的眼光去看待课程,要用研究的眼光去看待学生,要用研究的眼光善待自己的工作。离开研究,就会陷入盲目实践,就不可能有真知灼见,也就无所谓创新。从这个意义上讲,新一轮基础课程改革,全面实施素质教育,实现现代社会的人才培养目标,其关键在教师。要使教师真正适应素质教育的要求,承担起新时代符合创新精神和实践能力的学校课程的重担,必须切实加强教师队伍的建设,不断促进教师从传统经验型向研究型转变。简而言之,新时代的学校课程决定了我们必须培养研究型教师。

二、研究型教师的特征及其条件

研究型教师的培养对教师发展的重要意义在于:新时代的学校课程改革贯穿了素质教育这一种全新的教育思想理念,在未来的实施过程中,难免会产生与陈旧的教育思想理念的碰撞,在探索素质教育途径、方法和手段时,难免会遇到许多从未遇到过的情况和问题,只有面对它、分析它、研究它,从而摒弃其中陈腐的东西,并在新教育思想理念的指导下,采取相应的措施解决它,才能找到实施素质教育的有效途径、方法和手段,推进素质教育不断向前发展。

研究型教师的基本特征表现为研究型教师对教育实践中遇到的各种情况和问题进行分析和研究,就必须具备进行分析和研究的基本条件,最主要的是思想条件、能力条件和必要的物质条件。具体地说就是:

1. 树立正确的价值观,具有强烈的事业心和责任心,敬业爱生,教书育人,为教育事业乐于奉献。

2. 具有新型教师的角色形象。深刻地理解到"教师是教育世界的专业创造者",工程师的创造是创造新产品,教师的创造是创造学生的精神生命,教师应是一个创造者的形象;教师是"用自己的生命点燃学生生命"的形象,而不是照亮别人毁灭自己的

"蜡烛"形象;教师要有自己独立的教育理念、教育思想,而不是成为教材、考试的奴隶;教师不仅照亮学生,也要照亮自己。早在20世纪40年代我国著名的教育家陶行知先生说:"先生之最大的快乐,是创造出值得自己崇拜的学生","教育者也要创造值得自己崇拜的创造理论和创造技术。""说得正确些,先生创造学生,学生创造先生,学生先生合作而创造出值得彼此崇拜之人。"

3. 不断更新教育观念,能在现代人才观、质量观和以人为本促进主动发展的教育观的指导下,组织实施教育活动。

4. 掌握一定的现代教育理论,对现代社会及其教育的基本特征,现代教育目标任务、方法和手段等有明确的认识。

5. 具有较强的教育教学能力研究能力,善于在教育教学中实践发现问题、分析问题,在科学理论指导下针对问题进行实验研究,并善于把研究实践中获得的感性认识总结上升为理性认识,把握一般规律,用以指导教育教学实践活动,求得提高教育教学质量和实际效益。

6. 具有较强的创新意识,能通过各种信息传播手段广泛获取现代教育教学信息和教育教学改革经验,并善于结合教学实际,创造性地予以运用、博采众长,形成特色。

7. 要具有与他人合作的精神。学会与学生合作,学会与同事合作,学会与领导和专家配合。

8. 具有终身学习的强烈意识。只有再学习,才有再创造,只有再创造,才能使工作永远保持活力,充满"情"、"趣"。

三、研究型教师的培养策略

研究型教师的培养是一项系统的工程,是一项长期艰巨的任务。在一所学校范围内,要实现教师从传统经验型向研究型转变,必须从上到下,在各个层面上,采取有力措施,组织开展多种方式的教师自培活动,创设浓厚研究氛围,实现有利于研究活动的广泛开展的管理机制。

1. 构建完善管理机制的策略。在以定岗定责、竞争上岗、定期考核、奖优罚劣等主要内容的学校内部管理改革,把理论学习,立题研究、撰写论文、参与校级和校级以上课题研究等要求引入其中,从而为研究型教师提供机制保证。如我校每年召开学术大会,让教师进行教研教改的论文交流,并对优秀论文以及论著,教育科研成果颁奖,以引导、激励教师向科研型教师转变。

2. 科研育师的策略。中学搞教育科研不仅仅是出成果,为学校"装点"门面,提高学校知名度的问题,更重要的是促进教师在参与教育科研的过程中,自觉地转变教育观念,自觉地接受先进的教育方法,不断探索、研究,创新。如我校是重庆市普通中学唯一承担国家教育部"九五"重点科研课题——《素质教育中生活教育模式实验研究》的。在此课题的研究过程中，通过人人动手搞科研，做课题，有效提升了教师的科研意识和科研能力。据统计，共有112位教师参与该课题研究，先后撰写论文295篇，出版书籍12本。有力促进了课堂教学的改革，新的教育理念、新的教学方法在各学科的课堂教学中不断有所体现，教师撰写的教学心得、教学论文的理论水平明显提高。

3. 为教师提供学术研讨机会的策略。马斯洛的需要层次理论认为，人的最高层次的需要是自我实现的需要。让教师在研究中获得满足，获得成就，是教师最高层次的需要。如我校是重庆市陶研会副理事单位，是中陶会中学专业委会副主任单位，是全国知名中学联合体的理事单位。两年来，一共参加学术活动12次，教师参与学习、研讨、观摩交流共计252人次。不仅加强了我校与全国知名中学之间的联系，扩大了办学影响，实现了教育资源的合作与交流，而且大大提高了教师素质和科研能力。

4. 校本培训策略。提高教师的理论素养的研究和实践，寻求有效提高教师理论素养的途径、方法和相关制度。通过一周一次理论学习制度，坚持集体学习和个人自学相结合，学习原著和学习辅导相结合，理论学习和心得交流相结合，组织开展"读现代教育论著""听现代教育报告""看现代教育活动""谈理论学习心得体会"等活动。学校除了组织理论学习外，还为教师自学提供服务，诸如介绍提供现代教育论著、开设教师阅览室和资料室、摘录翻印报刊理论文章片段、缩印现代教育理论语录册等等。实践证明坚持三个结合、组织理论学习是实现理论灌输，提高教师素养之有效方法。

> 老师应当是用自己生命点燃学生生命的教育世界的专业创造者。
> ——杜东平

5. 校本研究策略。一切从学校实际出发，所展开的各类研究，所设计的各门课程等，都应考虑学校，挖掘学校存在的种种潜力，让学校资源更充分地利用起来，让学校的生命活力释放更彻底。如我校是1939年人民教育家陶行知创办的，他的生活教育理论就是在这里成熟的。我们研究整理陶行知教育思想，带动全校教师结合实际，组织学校教师编写并公开出版的《中学生生活教育》校本教材，全书贯穿了陶行知的教育思想和人本主义教育思想，今年秋季已开始在校和全国部分陶研基地学校使用，有45位教师参与编写，这些教师在编写时学会了收集信息资料，学会了研究方法，提高了书面表达能力。

6. 全员参与研究的策略。创新教育的研究和实践，旨在促进教师运用现代教育理论指导教育教学实践，促进教育教学活动中创新氛围的形成。陶行知在创办育才学校时说得好，"全校师生工友，要实现五项创造，其中要创造学术之气候"，从而达到运用现代教育理论，提高教师的创新能力，涌现教育创新成果的目的。每年我校组织开展了"创造节"活动。在师生员工中大力倡导"人人手中有课题"、"人人教育有创新"、"人人都能写论文"活动。如2000年我校两名教师在指导学生研究性学习中,沈静同学发明的《尿液收集器》和《计算机指法练习》获国家专利。这就是研究型教师实践中指导学生进行研究,培养学生的创新精神和实践能力的典型事例。

四、民主管理和科学质量的评价是培养研究型教师的必备条件

研究型教师的培养是现代学校管理的重要策略之一。教育的改革,肯定应该是管理的改革,包括管理理念的改革、管理体制和机制的改革以及管理方法、手段的改革。如若沿袭陈旧的管理理念、体制、机制和方法、手段去管理学校,管理师资队伍,管理教育教学,那么素质教育不可能落到实处,研究型教师的培养也不可能得到保证。

(一)研究型教师的培养要有校长正确超前的治校理念作保证

教育界有句名言:"一个好的校长就是一所好学校。"一所学校办学层次的高低,不仅仅看其硬件建设的水平,从根本上说取决于校长的管理水平。苏霍姆林斯基说过这样一句话:"校长对学校的领导首先是教育思想的领导、业务上的领导,其次才是行政管理。"从某种意义上讲,校长职务是一种学术地位,校长也是一种学者的风范,校长要把自己正确的超前的理念去影响带动教师,把自己的办学思想转变教师的行动。因此,校长要加强学习和修养,努力做学者型、专家型校长,不断提高自己的品位和格调,要有兼容并包的博大胸怀,让研究型教师的个性在学校得到张扬,激发其创新精神;并用自己真善美的强大人格力量去影响教师,在制度管理的基础上施以情感管理和观念管理,让研究型教师茁壮成长。

(二)研究型教师的培养要依靠民主管理作为保证

研究型教师的培养要靠民主管理作保证。一方面对各级干部,包括年级组长、教研组长、教导处等各部门推行有责有权的管理机制,既要有明确职责,又要委以职权,充分发挥各级干部的积极性和创造性。另一方面要在全体教师中发扬民主精神,充分尊重教师的民主权利,充分尊重教师点点滴滴的创造性劳动,并努力为教师的工作创造良好的人文环境和物质条件。我校领导班子成员经常深入课堂听课,随时发现教师的创新火花,及时给予肯定,并鼓励教师写成心得文章或论文,及时在校刊上发表。民主管理的实行,在校园内形成了敢想、敢说、思想活跃的良好局面。

(三)研究型教师的培养要依靠科学的质量管理作保证

研究型教师的培养要靠科学的质量管理保证。学校管理的根本目的在于提高学校的教育教学质量,提高受教育者的整体素质,实现人才培养目标。讲到质量,就存在一个质量观的问题。传统的质量观就是分数第一,用考试分数的高低作为标准去衡量教育教学质量,从而误导教师采取各种手段来追求高分。在这种情况下,教师不

可能静下心来学习现代教育理论,不可能静下心来研究现代教育方法、手段,也无须撰写心得体会、学术论文,那么,研究型教师就很难培养出来了。只有通过科学的质量管理,才能为研究型教师的培养创造出好的外部条件。我校在这个问题上作了一些尝试,明确提出了衡量教学质量的三个"看":一看学生成绩提高与否和提高幅度的大小,二看课堂教学过程中学生是否主动参与和参与程度高低,三看教师是否随时进行教学反思,撰写教学心得、教育教学论文。实践证明,这"三看"为教师松了绑,解除了思想束缚,学习理论和开展研究的积极性得到了调动。

总之,努力探索培养研究型教师,适应新世纪新时代的学校课程是时代赋予我们的历史任务。

主要参考文献:

1. 方明主编:《爱满天下》,北京:同心出版社,1999年6月版。

2. 邹今治、杜东平执笔:《素质教育中的生活教育模式实验研究》结题报告(全国教育科学"九五"规划国家教育部重点科研课题,2001年5月版。

3. 刘良慧,张生华著:《教育观念的革命》,重庆:重庆大学出版社,2000年4月版。

4.《上海教育》(2001年1—16期)

5.《人民教育》(2001年1—7期)

本文荣获中国教育学会第18次学术年会一等奖,载《当代重庆教育论文大系》
(2006年)

加强校本培训　提高教师素质

我们大量实践研究认为,校本培训有五种策略:一是针对课题研究依靠培训机构合作培训;二是针对教育信息进行校际合作培训;三是针对青年教师培养进行"师徒"培训;四是针对校内突出问题培训;五是针对学科教学问题教研组的培训。

郑金洲教授认为,所谓校本培训,就是为了满足学校和教师的发展目标和需求,由学校发起组织在学校中进行的一种教师在职培训形式,与其他培训形式相比,突出的优点是具有很强的针对性,它是以学校和教师实际需求为出发点,又以其具体的实践为落脚点。它与一所学校的校情紧密相连,与教师的工作相伴行。我们在实践中大胆探索,初步认为有以下培训策略,仅供同仁参考。

一、针对课题研究依靠培训机构合作培训。学校针对承担上级教育科研部门的课题,为完成课题,学校就必然和大学、教育学院进行合作,常以"合约"的方式,请专家到学校进行培训。如我校在1997年开始承担了国家"九五"规划重点科研课题——素质教育中的生活教育模式的实验研究,学校派科研骨干教师20多名参加了西师大的心理系课程研修班的学习。通过四年"以学促研,以研促学",不仅课题顺利结题,而且通过人人动手搞科研,做课题,有效提升了教师的科研意识和科研能力。据统计,共有112位教师参与该课题研究,先后撰写论文295篇,出版书籍12本,有力促进了课堂教学的改革,新的教育理念、新的教学方法在各学科的课堂教学中不断有所体现,教师撰写的教学心得、教学理论水平明显提高。

二、针对教育信息进行校际合作培训。校本培训可以通过校际合作来进行,几所学校互通有无,确保了信息的及时性。如我校与市教委其他6所学校轮流做'主',召开学科教研组联席会,不仅交流学校之间的信息,而且还交流了学校之间在国内外各地获取的信息。教研组长再在教师中交流,保证信息的及时性,使教师了解到教育的动态,不断地更新教育观念,新的教育和教学方法以及先进教育技术。

三、针对青年教师培养进行"师徒"培训。青年教师的成长可以依靠学校的骨干教师或优秀教师通过"合同制"的形式固定下来。学校引入制

学校最核心的竞争力是教师素质。提升教师素质最有效的办法主要是校本培训、校本教研和校本科研。
　　　　　　　　　　——杜东平

度和机制加强管理,并明确师徒双方的权利和义务,定期检查。如我校国家级骨干教师陈琪,5年来带出青年教师3名,每位教师的教案以及论文都亲自批改,每次上公开课都亲自指导。又如有许多知名重点中学的新教师上岗前,必须听老教师的课一年以上,每期听老教师的课不得少于30节等等,增强了青年教师培养的实效性,加快了青年教师的成长速度。

四、针对校内教育的突出问题进行培训。校长可根据学校当前存在的教育教学的突出问题进行培训。如教师有体罚和变相体罚学生的现象可请司法部门的专家进行法律讲座。又如教师对研究性学习和对研究性课程的开发不甚了解,学校组织教科室的老师有计划有目的地进行培训,从而提高教师业务能力。我校是1939年由人民教育家陶行知创办的,他的生活教育理论就是在这里成熟的。我们研究整理陶行知教育思想,带动全校教师结合实际,组织学校教师编写并公开出版的《中学生生活教育》校本教材,有45位教师参与编写,这些教师在编写时学会了收集信息资料,学会了研究方法,提高了书面表达能力。

五、针对学科教学问题的教研组进行培训。在教研组内的培训:一是经验交流,包括新老教师的交流,优秀教师和其他教师的交流等。二是案例分析。案例分析是一个问题解决的过程,也是一个培训的过程。教师集结在一起,就某一案例进行商讨研究,各抒己见,各种思想火花在此碰撞、融合,培训的目的是在无组织的学习中达到的。三是课堂研讨。课堂上捕捉到的信息是最直接的研讨,而且与教学息息相关,对课堂上教师的言行举止、学生反应等的记录与评价,都是培训的内容。

总之,校本培训活动是针对性很强、实效性最大的、最经济的一种培训方式,我们应该高度重视校本培训,通过培训为学校注入更多的活力。

主要参考文献:

1. 袁振中主编:《教育原理》,上海:华东师范大学出版社,2004年版。

2. 李彦军等编著:《中国当代教学流派》,济南:山东教育出版社,2003年版。

3. 江月孙、赵敏主编:《学校管理学》,广州:广东高等教育出版社,2003年版。

本文载《重庆陶研文史》(2002年2期)

试论校本课程开发的价值

　　本文在实践中探究了校本课程开发的价值,认为校本课程开发有利于学生的个性发展、有利于教师专业知识的创造和发展、有利于学校特色的形成,并阐明了三者相互依存、相互促进的关系。

　　学校实施的课程是推进素质教育的核心,它集中体现了一所学校教育价值的取向,也制约着教育活动方式,直接影响到学生发展和整体教育质量的提高。新一轮基础教育课程改革实行国家、地方、学校三级课程管理,提高了课程的选择性与适应性。这一新变化,使校本课程的开发成为21世纪初期我国课程改革乃至教育改革的热点问题。但就实践的情况来看,部分学校和教师对什么是校本课程以及为什么要开发校本课程等问题不甚明了。这既不利于校本课程开发的理论建构,也不利于校本课程开发实践的运行与完善。本文结合笔者对近几年来校本课程的开发与实践,着重就校本课程开发的价值问题进行探讨,与同仁商榷。

一、校本课程的开发有利于学生的个性发展

　　现代教育作为一种培养人的综合素质的活动,其目的是使每个人的个性得到充分而自由的健康发展,力图使每一个人都具有高度的自主性、独立性和创造性。要真正全面实现这一目的,必须依靠校本课程载体的实施。

　　(一)校本课程的开发体现"以人为本"

　　校本课程的开发,在形式上看是"以校为本",而隐藏其背后的真正的哲学理念是"以人为本",即既让全体学生都得到全面发展,又注重和尊重学生的个性差异,让每个学生都成为与众不同的自我主体。正是如此,校本课程在开发形态上是以满足学生们的不同需要,以促进学生的最大限度的发展为指针的。也就是说,学生独特而充分的发展是校本课程开发的着眼点,因而校本课程开发不是以学科为中心,也不是以教师(或学科专家)为中心,而是以学生个体为中心。以学生个体为中心,就注意到了课程与学生已有经验的联系,注意到了学生的"最近发展区",注意到了教育在学生的"未来发展"与现实课程关系中的作用。我校以承担全国教育科学"九五"规划国家教育部重点科研课题《素质教育中的生活教育模式实验研究》为契机。通过五年的实践编写出重庆市唯一公开发行的校本教材《中学生生活教育》。以生活为中心,学会做人;行以求知,学会学习;发展个性,以学会创造为核心,以陶行知先生的生活教育理

论为指导,以该校办学历史久远流长、教育文化底蕴深厚为背景,有机地联系了学生原有的生活和学习经验,强调学生发展的主体性、主动性,鼓励学生发展个性特长,从而真正确定"使每个学生都得到充分的发展"的理念。

(二)校本课程开发给学生的发展留下空间

个性发展要求有一定的自由空间,没有空间无法发展。随着校本课程开发力度的不断加大,学生自主学习空间也将愈加清晰和扩大,学生可以参照校本课程的清单,从中圈点自己感兴趣的课程。不仅如此,学生在某种程度上还将参与课程决策的权利,既可以明确告诉教师自己想学什么,不想学什么,让教师去取舍,也可以不选某些课程而让它自动消失。如在研究性学习过程中,学生在确定研究课题时总是会选择自己最感兴趣的课题,而且可能是与自己的职业理想有关的课程。如在一个班的职业理想的统计中我们就发现,同学们的职业理想是多种多样的,其中,医生5人,工程师8人,教师10人,画家3人,音乐家3人,节目主持人2人,记者5人,警察2人,律师6人,厂长经理12人。尽管早期的职业定向还有不确定性,但这种定向性选择必然会影响到他们对校本课程的选择。校本课程开发不能漠视这种现实因素的客观存在,必须予以高度重视,开发出真正使学生能得到长足发展的课程。

(三)校本课程开发因学生需要而存在

校本课程是根据学生的需要而开发的,是为学生的发展而存在的。没有个人需要的满足,是不可能有个性发展的。如我校三年前共设置了六大类型、二十八门不同特色的选修课,现淘汰了11门选修课,增设了15门课,目前有30门选修课供学生选修。但是仍不能满足学生的需要,因为学生的需要是不断变化的。这样,一方面,需要不断地修订、完善已开发的校本课程,另一方面,又要不断地开发出新的校本课程以满足学生的需要。整个开发过程,都是以学生合理的需要满足为前提的。因此,校本课程的开发,体现为不断发展变化的动态过程。学生的需要是校本课程动态变化的决定性因素。

(四)校本课程开发真正实现了因材施教

校本课程开发给学生提供了自我个性张扬的现实条件。每个学生都可以对自己所学的内容作系统安排,根据自己的需要形成具有独特性的个别化课程,从而养成学生的个性。在这种新的课程形态中,教师是学生学习活动的组织者和指导者。教师必须了解和研究每一个学生的需要及其发展的可能性,注意学生的差异性,注重个别指导尽可能满足学生的不同需要,真正实施因材施教。如笔者曾参加我校初2001级2班举行的一次别开生面、精彩纷呈的"特长展示会"。"小舞蹈家"翩翩起舞,"口琴天使"琴声悠扬,《雄鹰展翅》画傲立岩峰栩栩如生,"魔术师"表演纸牌出神入化变幻莫测,"小品演员"的表演令人捧腹……同学们个个争先恐后,跃跃欲试,都想亮一手自己的特长,教室成了欢乐的海洋。今天是特长展示,明天也许就是各有专长的人才。这就是校本课程开发中教师对不同学生的兴趣和爱好实施了个别化课程的结果,是教师因材施教的结果。

二、校本课程开发有利于教师专业的创造和发展

课程的变革不仅仅是变革教学内容和方法,而是变革"人"。比较而言,校本课程开发更重视教师的专业创造和发展。

(一)校本课程的开发能促进知识结构的完善

教师在参与课程的开发过程中,能够更多地享有课程的决策权力。这种权力可使他们更多关注自己的教育教学过程,对学生学习发展动向,自己与学生的互动状况进行理性分析,从而自主地提出改进策略。此外,通过参与课程规划的制定,教师会加深对教育教学的理解,不仅能加深对学科专业知识的理解,而且能丰富教育学和心理学知识,积累教学实践经验。同时,教师就会自觉养成终身学习的习惯,使自己的知识结构不断改善,趋于更加合理。促进教师教育"适度超前"的教育理念,让教师真正成为时代文化知识传播的先驱。

(二)校本课程开发能促进教师教学和科研能力的提高

实践证明,教师参与课程开发,可以激发他们对教育活动进行研究的兴趣和积极性,努力使自己以一个"反思的实践者"和"反思的研究者"身份进入教育活动之中,使教师从"经验型"向"专家型"发展。教师的研究是为了加深对自身行为的认识并提高实践活动的质量。在研究过程中,教师往往要通过对自己教学行为的反思,逐渐形成适合自己的教学方式和教学风格,最终全面提高自身的教学水平和研究能力。此外,参与课程开发可以增进教师的工作满足感和责任感,使教师对教学研究工作能有更多的投入,自觉地更新其教育理念,拓展其教学思路,挖掘其教育潜力,促使他们用研究的眼光去看待学生,用研究的眼光去看待教育,用研究的眼光去看待自己,真正为成为一个时代呼唤的研究型教师而时刻准备。

(三)校本课程开发能促进教师成为教育专业的创造者

校本课程开发把一部分权力下放给教师和学生,课程开发由国家垄断的局面就不复存在,教师成了课程开发的重要的一员,而不仅仅是作为课程的消费者参与课程。教师在课程开发中的地位变化将使教师关注课程内容与实践,使他们发扬参与精神、合作精神,加入到课程创新的活动中来。他们将不再把教学视为刻板训练的例行公事,而是把它看成是一个施展自己个人才华和创造能力的机会,从而真正明确教育创造对教育本身的重要性。我校在"九五"期间的校本课程的开发中,参与教师122位,撰写论文290篇,教师观念得到更新,教育教学质量也大幅度提高,真正促使教师由过去的"园丁"、"蜡烛"、"工程师"向"教育专业的创造者"的形象转变。

三、校本课程的开发有利于学校特色的形成

从实践方面看,三级课程管理政策、校本课程的本质、校本课程开发的程式等都给学校特色的形成提供了现实背景。

(一)新课程政策为学校特色形成提供了必要条件

一个学校应该有办学特色,尤其是办学质量高、办学效益好、注重学生综合素质发展的学校,都有独具匠心的办学特色。1999年6月我国明确提出:调整和改革课程体系、结构、内容,建立新的基础教育课程体系,试行国家课程、地方课程与学校课程。国家实行三级课程管理政策目的之一,就是尊重地方差异和学校差异,给学校一个空间,让学校在国家总目标之下能够根据自身客观的现实(学生、家长、社区的需求)确定自己学校的教育哲学(通常用学校办学目标或办学宗旨来表示)。这就是说,学校可以根据师生特点、教育资源、学校以及教育者的办学兴趣来确定学校自己独特的发展方向。这样国家就在政策层面上保证了学校可以有它的教育哲学,以便办出学校特色。例如"全面发展、人文特长"、"合格+特长"等等。很显然,这是学校教育哲学在达到国家规定的培养目标基础上,充分考虑自己学校的具体情况而提出的,也是学校特色的很好表征。

> 没有智慧的头脑,就像没有蜡烛的灯笼。
> ——[俄]列夫·托尔斯泰

(二)课程开发程式为学校特色形成提供良好机会

课程开发程式可以分为两种类型:国家课程开发和地方课程开发。第一种程式由国家权力机构掌握着整个教育系统的资源与权力的组织、分配,也规定着学校的所有课程。课程开发是全国统一的,采用自上而下的"研究→开发→推广"程序,注重全国性课程方案的建构。第二种程序,即校本课程开发程式则是由学校、教师、学生、家长、社区人士等与课程的开发,注重各校的具体情况和客观差异,采用的是"实践→评估→开发"的程式。前者强调单一、统一、集中,后者强调个性、特色与差异共生。没有差异也就没有特色,校本课程开发的理论与实践为学校课程在个性和特色建设上提供可能。因为校本课程开发的立足点就是根据各类学校的具体差异,满足学校和社区的特殊需要,学校可以根据学校、社区环境、师生的独特性与差异性,挖掘其潜在的课程资源,开发具有社区或学校特色的课程,以满足学生需要。如我校充分利用"全国陶研基地"这一优势,挖掘办学历史文化,开发出了《育才歌声》在学生中传唱。在各年级中开发出符合学生身心特点的、特别受学生欢迎的"韵律操"课程,成为我校又一道亮丽的"风景线"。

(三)校本课程是形成办学特色的基础

课程是教学的心脏,课程改革是教育改革的关键所在,一切的教育改革最后都落

实到课程的实施上。可以说课程是一个学校特色的基础和保障,任何学校特色都需要一定的课程作为支撑,没有一定的课程支持,学校特色是难以形成的。要形成学校特色,就必须首先关注课程的差异性。而国家课程主要关注的是基础性与统一性,在关注课程的差异性上明显不够。校本课程开发则主要关注差异性,校本课程的开发与实践,能充分地体现不同学校不同的教育哲学、培养目标、教育方式,并产生不同的教育成果。因而,笔者以为,学校特色的形成,校本课程担负着极其重要的使命。事实上学校特色也主要是由校本课程实现的。如果学校以"熟悉电脑,见长双语(语文、外语)"为特色,那么就必须用校本课程来保障。同样,基础"人人都能网上学习,人人会开汽车"为特色,当然要有配套的课程来支持。可以说,校本课程是学校特色形成的一种具体保障。

总之,学生个性发展、教师专业发展、学校特色形成,是校本课程开发的价值追求。这三者是相互联系、相互依存的,是一个问题的不同方面。学生的充分自由发展,离不开教师的引导和学校熏陶;同样,教师的专业发展以学生的发展和学校的发展为依托;学校的特色的形成更离不开教师和学生的共同努力。也就是说,学生的发展水平越高,教师的专业发展也就越快,学校特色也更易形成;教师的专业程度越高,学生发展的可能性也就越多,学校的社会声誉也会更高,而一个学校有特色,学生相应地也有特长,教师专业发展的机会也就越多。总而言之,校本课程的开发的立足点,在于追求学生个性发展,为了实现这个追求,就必然要追求教师的专业成长,在校本开发与追求的过程中,会自然形成学校的特色。换言之,学生的个性发展是目标,教师的专业发展是条件,学校的特色形成是结果。

主要参考文献:

1. 崔允漷:《校本课程的开发:理论与实践》,北京:教育科学出版社,2000年9月版。

2. 邹今治,杜东平:《全国教育科学"九五"规划国家教育部重点科研课题〈素质教育中的生活教育模式实验研究〉》,载《重庆论文大系》,贵阳:贵州出版社,2002年3月版。

3. 王建军:《教师参与课程发展:理念效果与局限》,载《课程·教材·教法》,2000年6期。

本文载《师资建设》(2003年2期)

校长"主体型"管理风格的初探

> 校长是学校工作的中心人物，他的优秀素质对教师来说具有最明显、最生动、最鲜明的重要影响力。

校长"主体型"管理风格是一种以校长为首，全体师生为主体，实施主体性教育为目标的学校管理风格。"主体型"管理是相对于"依附型"管理而言的。过去，在计划经济体制下，学校管理依附于上级教育行政机关，是一种被动的从属关系，上面安排什么，下面做什么。校长可以不必为学校的生存和发展考虑。只要守好摊子，抓好教育教学工作，对上级负责就可以了，这种弊端就是极大地扼杀了校长的创造性和教师的创造性，学校发展速度缓慢，教学质量无法全面提高，更谈不上办学特色的形成。随着我国现代化建设的发展和社会主义市场经济的建立，时代对学校提出了新的要求，也就是"校长有个性、学校有特色、教师有特点、学生有特长"。这就必然促使学校呼唤着"主体型"管理风格的校长的形成。校长除了需要从观念和行动完成由"应试教育"向"素质教育"转变之外，还需要完成由"依附型"管理向"主体型"管理的转变。

一、"主体型"管理是新时期学校改革与发展的必然趋势

随着我国新一轮基础教育改革的不断深入，作为学校改革发展和管理的主体力量只能是包含校长在内的全校教师和员工。只有极大地调动师生员工的主动性、积极性和充分发挥其创造性，才能不断推动学校的进步。因此，在学校管理中必须以人为本，把师生员工，特别是教师视为管理的主体，而不是被动的客体，更不是由校长主观意志任意摆布的工具。事实证明，办学理念超前，管理艺术高超的校长关键在于坚定依靠教职员工这一主体力量，充分发挥其积极性和创造性。

随着实践的发展，依靠组织与技术方法已难以达到管理的目的，其最主要的缺陷是忽视人在工作或生产中的能动作用。校长要避免只注意对物和工作的管理，忽视对人的管理；只强调高效而忽视对人的各种需求的最大满足；只把人看成有经济需求的经济人，而忽视非正式组织对其成员行为的影响作用。随着当代生产能力的迅猛发展，信息化程度的提高与进步，特别是信息技术的发展，学校管理大家共同关心的核心问题就是让广大教职员工成为管理的主体，充分唤起每个成员参与学校管理责任的责任心，把每个人的才能及经验贡献给集体。这就要求学校管理必然是"主体型"管理。

二、"主体型"管理要充分发挥以校长为基础的管理者的主体作用

以校长为首的管理者都是学校管理的认识主体和实践主体。作为认识主体,应主动承担起学习教育科学理论和国家教育法律、法令、政策的责任。明确教育思想,重点培养具有创新意识及实践能力的、全面发展的社会主义建设者和接班人,以"三个代表"重要思想为指导,适应社会主义市场经济和现代化建设需求的新的办学思路和教育教学发展思路。

校长要在学习理论、总结自身和他人经验的基础上,自觉思考并研究本校特有优良传统和发展方向的教育思想,以此为指导制定学校改革与发展的规划。作为实践主体,校长及管理者不应是被动地执行上级机关下达的工作要求,而是独立、主动、创造性地实施各项改革与发展措施。同时通过多方争取政府等方面的支持和帮助,积极主动改善学校校舍和设备条件,改善教师的工作环境和生活环境,从而为提高学校教育教学质量和整体办学水平提供很有力的物质保证。教师工作为认识主体,除了认真学习研究科学的教育思想外,还必须具备科学的教学思想,克服那种由教师单向灌输知识,以考试分数作为衡量教育成果的唯一标准,把学生视为知识的盛器的倾向。作为实践主体,教师应独立、主动、创造性地从事教育、教学工作,既要讲究科学性,又要提倡艺术性,构建符合客观规律的教学模式,创造具有独特教学风格的教学方法。

> 今天的校长都喜欢自居为官员或董事长,我说,校长应当努力成为教育家,这是历史的责任,社会的期盼,也是校长自身发展的需要。
>
> ——杜东平

三、"主体型"管理要求从少数人管理转向全员管理、学校管理学生转向学生自我管理

"主体型"管理不仅把教职工视为管理对象,更把他们看成管理主体,使他们由被动接收管理转向自主管理、参与管理。要让教职工参与学校目标、学校规划的制定,参与学校的决策,同时还应赋予他们一部分权力和责任,使其具有自我调节、自我控制和自我改善的功能,从而使他们意识到领导和组织对他们的信任,增强他们的责任感和事业心,激发他们的主动精神和创造性。

"主体型"管理就是要体现出从学校管理学生转向在教师指导下实现学生自我管理,改变"依附型"管理片面强调管理者的控制、调节作用,而忽视学生主体能动作用,学校管理成了一种被动的机械的过程。"主体型"管理除了吸收教职工、社会和家长参与管理外,还应注意扩大学生的管理权。讨论涉及学生重大问题时,要交给学生。

主要参考文献：

1. 严谈如等主编：《新型活动课程指导》，南京：南京大学出版社，2000年版。

2. 周德藩等主编：《给校长的建议—101》，南京：南京大学出版社，2004年8月版。

3. 孙灿成主编：《学校管理学概念》，北京：人民教育出版社，2004年7月版。

本文载《重庆论文大系》（2005年）

校长"学习型"管理风格的初探

> 校长要当好"师者之师",重要的是不断加强自身学习,不断加强自我修炼。

　　校长"学习型"管理风格是一种在创建特色学校过程中,校长实现从传统教育体制下的"等级权力控制"的管理向创新教育体制下的"学习型"管理转换的风格。在管理学上,曾形成两种不同的管理范式:"等级权力控制型"和"学习型"。前者是以等级为基础,以权力为特征,从上级负责的垂直型的纵向线性系统,强调"制度+控制"使人"更勤奋地工作",达到学校目标。"学习型"管理是以共同愿景为基础,以团队学习为特征的对下属负责的"扁平化"的横向网络系统,强调"学习+激励",不但使人勤奋工作,而且尤为注意使教师"更聪明地工作",以增强学校教师的学习力为核心,提高群体智商,使教师实现"自我超越,不断创新",达到学校"财富速增、服务超值"的目标。

　　很显然,传统教育中的管理是一种"等级——权力——控制型"模式,是以"管"为主,而管的重点主要是管辖、管束,采取的办法是以制度约束人,甚至是人治,"管"的对象只能被动地接受;创新教育中的管理则应该是一种"学习型"管理,是以"理"为主,而理重点主要是建立学习型组织,采取的办法主要是建立组织的愿景,理顺组织的结构,理清团队的思想和观念,"理"的对象才会主动地参与,才能为组织奉献精力和才干。学校管理的对象主要是人,失去了管理者与被管理者的互动,创建特色学校将成一句空话。

　　学校要进行教育创新,要实现以"理"为主的特色学校创建的管理,校长是关键。建特色学校,校长的首要使命就是进行学校教育组织再造。教育组织再造是指学校在新的时期,根据学校发展的实际,以培养学生为根本宗旨,对学生培养的过程进行实质性改造,组成一个充满活力的教师团队,形成一个学校长远发展的愿景,在师生的共同努力下,创造一个新型学校。这就要求校长要积极培养和形成学校的"学习型"管理风格,并具体着力于以下方面:

　　第一,校长要努力形成学校发展的愿景。"学习型"管理风格理论认为:共同愿景是组织中人们所共同持有的意象或景象,它创造出众人是一体的感觉,并遍布组织全面活动,而使各种不同的活动融会起来。校长制定的学校长期战略规划,就是塑造学校的愿景。因此,在变革的年代,一个校长是否针对学校的实际情况制定科学、合理的发展规划就成为衡量一个校长是否具有战略眼光的重要因素。从一定意义上来说，制定战略规划的过程就是学校形成愿景的过程，也是学校教职工思想形成共识的过程。

在培养和形成"学习型"管理风格时，一个重要的前提就是校长对学校未来的一种创造激情、对学校改革和特色学校创建的勇气、对教师的感召力、对学校长远的战略考虑、对未来客户——学生需求的把握、对学生培养过程的改变和关注等。在校长创建特色学校的具体实践中，校长个人魅力的形成：基于校长的良好素质和"学习型"管理风格的体现。

第二，校长要积极组建专业化的教师团队。积极组建专业化的教师团队就是在"学习型"管理过程中，要把学校建设的重心放在队伍建设上，要形成教师团队。对学校而言，校长除重视塑造学校的愿景之外，首要任务就是组建一支专业化的教师队伍。校长的作用在于建立教师交流机制，使团队学习的成果向整个组织普及，校长还要保持这种学习观点共享关系的持续。如教师科研经验交流会制度，参与新技术、新观念、新课程学习制度等等。

这就要求校长在组建专业化的团队时，要学会使教师更聪明地工作。教师在建特色学校中担负着重要使命，学校教育教学管理的创新最终要通过教师实现。

因此，校长要和教师交朋友，要与他们真诚交流，要信任和学会欣赏他们。教师蕴含许多宝贵的财富，而这种财富只有在人与人心灵产生碰撞的时候才可能被挖掘，才会欣赏他们的校长，才可能享受到这些财富而成为精神的富翁。爱岗敬业，为人师表，是衡量教师的一个尺度，也应该成为每一位校长的基本道德标准。校长只有做到这一点儿，才会把工作当责任，才会变压力为动力，才会把"一切为了学生"当作准则。

第三，校长要引导教师改变学生培养方式。在"学习型"管理风格形成过程中的一个重要任务就是要对现有的学校教育组织进行再造，而再造的最终目的就是对人才培养的各个环节和流程进行改造，以利于人才的成长。因而，学校的一切和创新都应围绕人才培养来进行。对于中小学来说，改进人才培养要重视以下环节：一是要改变课堂教学。课

> 一个校长处理好人际关系艺术绝非是他个人的行为，将影响班子的团结，干群的凝聚、外部的协调，是事业成功的基础。
> ——杜东平

堂教学是学校实施教育的最重要的环节。目前，教学缺乏兴趣引导已经成为学生厌学的重要因素之一。因而，校长要把教师课堂教学方法的改进作为评价教师的重要指标。要改进传统的教学方法，把知识传授变为兴趣培养，把知识传授变为方法培养，把知识传授变为能力养成。二是要减轻作业负担。我国中小学作业引起学生负担的主要表现为作业量大、难度大、重复多，学起来缺乏兴趣等方面。所以，作业留得

多少,留得是否得当,是否能真正发挥应有的作用就成为研究的一个重要课题。校长要重视学生作业环节,使学生从"作业负担"中解脱出来,使学生做作业成为一种乐趣。三是要创新课外活动形式。现在,许多学校的课外活动真正成了"第二课堂",成为学生的额外负担。因此,校长必须把课外活动形式的创新放在重要的位置,使课外活动变成真正意义上的兴趣活动。

　　只有抓实上述各个环节,才能通过对学校原有的培养学生方式流程的重新塑造,使学校不仅取得培养学生业绩上的巨大提高,更重要的是使学校培养学生的形态发生革命性的转变,真正在再造学校教育组织中体现学校的"学习型"管理风格。

主要参考文献:

1. 孙灿成主编:《学校管理学概论》,北京:人民教育出版社,2004年7月版。

2. 周德藩等主编:《给校长的建议—101》,南京:南京师范大学出版社,2004年8月版。

3. 吴维库著:《情商与影响力》,北京:机械工业出版社,2006年5月版。

文载《当代重庆论文大系》(2006年下半年版)

校长的"人文型"管理风格的探索

> 人既是管理的出发点，也是管理的归宿，在管理中既重视人管理过程中的能动性，又重视管理过程中的自我完善。

校长的"人文型"管理是一种"德治"与"法治"相结合的管理，是以人为本的管理。"人文型"管理也讲个人权威，但这种权威是建立在校长个人人格魅力基础上的权威。它也讲法规，但强调法规是为人服务的。这种管理风格尤其讲管理文化，强调人的观念和情感在管理中的作用。"人文型"管理既重视人在管理过程中的能动性，又重视人在管理过程中自身的完善，人既是管理的出发点，也是管理的归宿。通过笔者几年来研究发现，校长"人文型"管理风格必须具有以下特点：

一、校长必须坚持校本管理"心中有人"

学校管理的主要对象是"人"和"物"两大类。管理工作中无时不遇到"人"和"物"的关系，在处理二者关系时，必须坚持"先人后物"的原则，不能"先物后人"，更不能"见物不见人"。因为学校管理系统与其他管理系统最大的不同体现在两个方面：第一，作为学校管理的核心要素的教师具有双重性存在方式，他首先是学校管理的对象，又是塑造学生、管理学生的主体；在角色功能上，他要实现教育的二级传递。第二，学校管理系统的目的是塑造人、发展人，是生产人的思想，提升人的无形资产的水平；而其他管理的目的是生产"物"、生活消费品，提升人的有形资产的水平。从学校管理的特殊性来挖掘学校文化管理的基本原理，不难得出结论，它应当聚集在对人的关注上。

"人文型"管理风格要求校长始终把人作为管理的主要对象和管理的最重要资源，尊重人的价值，全面开发人力资源，以谋求人的全面自由发展为最终目的。它的现时代含义包括两个层次：一是通过强调人在管理中的主导地位以及调动人的主动性、积极性和创造性的核心思想，而将资源中的人回归到了人；二是通过以人为本的管理活动，追求组织高效运转进而实现组织自标的过程，来锻炼人的意志、脑力、智力和体力，通过竞争性的生产经营活动，达到完善人的意志和品格，提高人的智力，增强人的体力的目的，使人获得超越于生存需要的、更为全面的自由发展，这才是"人文型"管理风格应有的哲学含义和理想境界。

作为学校校长，要将"人文型"管理思想渗透于学校管理的各个方面，如，在考虑校园环境建设时,对图书馆、实验室、计算机教室等学校教育资源的管理,是只把东西看管好的"看摊儿"式管理,还是利用其资源及设备充分为师生服务——前者就是"见物不见人",而后者就是以人为本。"东西用坏了不可惜,放坏了可惜",这应该成为对教学设备管理的一条原则。又如,教学中如何处理教材、教学内容与学生的关系,也同样有个是否"心中有人"——以人为本的问题。学校教育中,如何看待学生与分数的关系,也有一个正确处理"人"和"物"关系的问题。在二者发生矛盾时,宁可牺牲一点"物"(分数),也要保护"人"(学生),这就是"心中有人"。

二、校长必须重视群体观念在校本管理中的定向和指导作用

校长在培养和形成"人文型"管理风格过程中,要注重群体的观念,这种群体观念包括群体精神、群体意识和群体作风等。一个集体有了统一的观念,才能有统一的目标、统一的意志,才能万众一心,否则就会思想涣散,一盘散沙。因此,校长要通过大力提倡、培植、宣传,形成学校的群体精神和群体意识,树立良好的校风。群体精神和群体意识服务于统一意志,它是从价值取向方面对师生员工的一种引导,是学校目标的一种指向。例如,在市场经济大潮的影响下,"一切向钱看"的思想在一些教职工中有所滋长,有的教师搞第二职业,到校外上课挣钱,搞有偿家教,思想涣散,主要精力不在本职工作上,严重影响了学校的教育教学工作。针对这种苗头,北京师范大学第二附属中学及时总结了学生处、数学教研组、物理教研组等部门的先进思想,大力加以提倡表彰,并逐渐提升成为二附中的群体精神——奉献、务实的精神;尔后又树立起二附中的群体意识——一流的意识。

群体作风虽是非纪律性、非规章制度性的,但却是规范群体成员的无形准则。它无须强迫,却能造成良好的舆论和氛围,很好地影响和规范师生员工的行为。二附中经过多年的积淀,形成了"勤奋、廉洁、奉公"的校风,"正己、敬业、爱生"的教风和"勤学、文明、朴素"的学风。由这三种作风组成了学校良好的"人文型"管理的风气。

> 校长原本就是教师。但是作为一校之长,必须时时、处处、事事意识到自己不但是学生的老师,更是老师的老师,既要为人师表,又要为师师表。
>
> ——杜东平

三、校长必须发挥情感的亲和力与凝聚力

在一所学校中,校长要培养和形成"人文型"管理风格,就要以人为本,以学校为本,学校管理体现人为关怀。因为人是有情感的,情感在人的工作和生活中有特殊的作用。有了情感才有同情、有理解、有爱心、有热情,它在学校这样的集体中能起一种亲和与凝聚的作用,所以校长要重视情感在管理中的作用。

首先要尊重。要尊重教师的人格,校长与教师在政治上和人格上是平等的。校长同教师之间除了是领导与被领导的关系外,更是同事的关系、朋友的关系;尊重教师在学校中的地位,强调发扬教师在学校的教育和管理中的主人翁精神;尊重教师的创新精神,鼓励和支持教师的教育创新;还要尊重教师自我完善的要求,主要是完善人格的要求、完善知识能力的要求等。其次是宽容。校长对人要宽容,"严以律己,宽以待人"。只有宽以待人才能够有包容,大家才有"安全感",才能形成较宽松的环境,才有民主的气氛,学校才有生气、有活力。这里说的"宽"是指不能求全责备,是指要宽宏大量、有气度、容得下,要不计前嫌,特别是要像善待普通人一样善待曾经错误对待过自己的人。再次是激励。校长要重视激励的管理功能。因为人的需要既有物质方面的需要,也有精神方面的需要,因此激励也应有物质的激励和精神的激励。对知识分子来说,在物质待遇得到基本保障之后,更看重的是精神的激励,校长要注重在"人文型"管理中经常使用目标激励、信任激励、肯定激励等,最大限度地调动教职员工的积极性、主动性和创造性。

四、校长必须营造博爱的高品位校本文化

"人文型"管理风格体现学校高品位校本文化。特别注重学校的管理文化,倡导博爱思想。重视营造高品位的文化氛围。博爱是一种崇高的思想品德。博爱就是要爱人、爱群、爱物以及爱一切美好的东西,"爱人",既是一种传统精神也是一种现代精神。它是现代人文化的核心精神,是学校管理人性化的集中体现。"爱人"就是要爱学生、爱教师、爱同事、爱周围所有的人;"爱人"还要爱惜人的才能。用人之长,避人之短,充分发挥人才的作用。校长要强调:学校领导班子每个人都不是完人,但每个人都有自己的长处。各发挥长处,班子就可以是一个较为完美的班子。"爱群",就是要爱自己所归属的大群体、小群体,并为之做出贡献。"爱物",就是要爱惜人类的劳动成果,爱护环境、热爱自然。一切美好的东西都具有真、善、美的属性。所以爱一切美好的东西就是爱真、善、美。

"人文型"管理风格常常体现出把"爱生"作为师德规范的核心要求。"爱生"就是要爱所有的学生,就是要满足每一个学生的需要。任何一个学生都需要引导,需要鼓励,需要呵护,教育工作者必须明白这个道理。同时,还要把"求真、崇善、爱美"和"爱国家、爱集体、爱社会主义"作为学生人格培养的重要内容,把环保教育作为道德教育的组成部分,以全方位地体现出"博爱"的"人文型"管理思想。

主要参考文献:

1. 孙灿成主编:《学校管理学概论》,北京:人民教育出版社,2004年7月版。

2. 李磊等主编:《管理心理学》,天津:南开大学出版社,2006年1月版。

3. 张惠芬编著:《中国教育简史》,上海:华东师范大学出版社,2001年11月版。

本文载《当代重庆教育论文大系》(2006年上半年版)

教育现代化思想在素质教育中的作用

> 树立教育现代化的思想观念是实施素质教育的前提，构建符合教育现代化的思想的课程体系，是素质教育的根本，运用教育现代化的思想造就学者型校长和科研队伍是实施素质教育的关键，站在教育现代化思想的高度上配备教育设施、技术力量是素质教育的条件。

目前，我国基础教育正在由"应试教育"向素质教育转轨。在"转轨"的过程中，各地经验不少，但是，笔者认为，要实现真正的"转轨"，必须以教育现代化的思想为指针，否则，就会名不符实。既然如此，笔者从教育现代化思想的角度，探讨它在素质教育中的作用。

一、树立教育现代化的思想观念是实现素质教育的前提

小平同志生前站在国家民族未来的命运和世界发展趋势的高度，用高度概括的语言提出了"教育要面向现代化，面向世界，面向未来"。它的核心是教育要面向现代化。这既强调了现代化建设对教育的依靠关系，又说明了教育要主动适应现代化建设的需要，这就要求教育进一步面向国民经济和社会发展的需求，改革与现代化建设不相适应的教育体制。在我国实现从计划经济体制向社会主义市场经济体制的转变，经济增长方式从粗放型向集约型转变的新形势下，教育面向现代化，最根本的是要教育现代化。笔者认为教育现代化必须具备以下特征：

——我国教育现代化将是既符合社会需求，又符合受教育者身心发展规律的两者和谐统一。即一方面要按照社会主义现代化对青少年的知识需求、能力需求、道德需求教书育人，同时这种培育的方法和途径又必须符合青少年的个性心理发展规律。

——我国教育现代化将是以传统文化和民族精神为基础，以先进科学文化知识为支柱，构筑而成具有中国特色的社会主义育人大厦。无论在何种教育层次上，这种基础和支柱都是一致的，不可动摇的。

——我国教育现代化是将多种体制的学校教育和多种渠道的社会教育彼此配合，互相促进的教育。即教育将是大教育，开放教育和全面教育。

——我国教育现代化对教师素质提出更高要求。专业知识加教育科学是最基本的知识结构，同时必须具备未来社会需要的多种能力。

具体而言，教育现代化就必须贯彻《中国教育改革和发展纲要》，深化教育体制改

革,调整教育结构,合理安排教育发展规模、速度和布局,进一步提高全民族的科学文化水平和思想道德水平,造就大批能满足现代建设需要的,又红又专的各级各类专门人才,培育较高素质的现代化建设劳动大军,以实现我国社会主义物质文明和精神文明建设的跨世纪宏伟目标。因此,我国教育工作者首先必须用教育现代化思想武装头脑,牢固树立教育现代化思想的观念。

二、构建符合教育现代化思想的课程体系是素质教育的根本

当前,由"应试教育"向素质教育转轨的过程中,全国各地经验不少。但是笔者认为转轨的根本问题是构建符合教育现代化思想的课程体系问题,否则转轨是句空话。

教学改革的核心是什么?是课程和教材体系的改革。根据教育现代化的思想促进学生个体自主和谐发展来构建课程体系,其体系就必须具备科学化、未来化、多样化、综合化、实践化、人格化等特征。

课程的科学化是指课程内容必须反映现代科学技术成果,课程在实施中要运用现代科技手段,而且要在传授科学技术知识时注重学生科学精神、科学态度、科学思维方法的培养,使学生在科学的课程的影响下能正确地认识科学、研究科学,并且能灵活运用。

课程的未来化是指向未来改革课程,加强基础学科和设置未来课程。加强基础学科是提高学生知识水平和对未来职业适应能力的需要,而设置未来课程则是目前增设具有现代气息的课程如数学中编入集合理论,程序设计;物理中增加量子、核子等空间科学;生物学中增加进化理论、分子生物学、遗传学等。在此基础上,逐步增设如控制论、预测科学、系统分析、运筹学等未来课程,促使学生增长适应未来社会的能力。

课程的多样化是指课程设置要考虑到学生的年龄特征以及他们的志愿和能力,并据此而提供多种类型的课程。即能为不同年龄、不同学历、不同学习目的的人,提供可自由选择的灵活而广泛的课程和教材。切实改变"千校一面,万人一书"的状况。如美国的综合中学,有的开设课程多达200种以上,内容广泛,涉及道德方面、劳动教育方面、综合技术方面,对学生职业定向指导方面等等,从而为受教育者提供了不断自我完善和自由选择各种学习内容的机会和条件。

课程的实践化,指课程教材与实际生活相联系,强调对学生实践能力的培养。为此,一方面要求注重理论中的实践环节;另一方面加强劳动训练和基础的职业技能训练课程。英、美、日等发达国家,都较为注重实践性和职业性课程,注重学生的职业预备教育和职业定向指导,从而使学生能理论联系实际,发展其动手能力,以适应现代经济发展和现实生活需要。

课程的人格化是指重视课程教材的精神价值,以完善学生人格。世界性的教育改革从重视培养学生"学会生存"到"学会关心"，课程改革也愈益重视公民教育课程、思想品德教育课程、情感教育课程等。一句话，重视人格和个性的开发，使青少年一代都得到全面发展，成为有社会主义觉悟的，自我革新的，能够建设美好社会的人。

三、运用教育现代化的思想造就学者型校长和科研型教师队伍是实施素质教育的关键

素质教育对广大教育工作者提出了更高的要求。它要求的学者型校长既是教育、教学的内行，教育科研带头人，又在学术上有一定成就。他们精通教育科学的基本原理，懂得社会学、人才学、管理学、经济学等相关学科知识，具备一定文化艺术修养，是一位具有多方面知识的复合型人才。学者型校长并不是书呆子，而是具备开放意识和攻关能力，有相当威望的社会活动家。

素质教育需要科研型教师，已不再是那种盯班盯得紧、作业留得多、多批改、勤补课的园丁，而是具有教育现代化思想意识和较强改革意识的教师。他们注重理论学习、教材研究，认真备课，关心国内外动态，认真收集教改信息并加以归纳和分析，进行教改探索，从而不断提高自身素质和教改水平，提高工作效率。

提高教师队伍素质首先应使教师具有良好的职业道德。教师良好的思想品德对学生心灵的影响是任何教科书、任何道德箴言、任何奖惩都无法代替的一种教育力量。教师应端正教育思想，树立正确的人生观、质量观，面向全体学

教育要面向世界，面向现代化，面向未来

——邓小平

生，以学生为发展的主体，注重学生的个性和谐发展。第二，要鼓励教师重视专业继续教育和学历教育。第三，要通过心理学讲座、心理咨询等方式，让教师了解心理学知识，运用心理学理论指导教学工作，提高教师心理健康水平，克服教学活动中及自身的种种心理障碍。学校还应积极创设外部条件，使教师的工资、福利有保障；职称评定、评优、评先等特殊待遇倾向科研型教师，吸引优秀师范毕业生从教，并引导他们走科研兴校之路。

四、站在教育现代化思想的高度上，配备教育设施、技术力量是素质教育的条件

现代科学技术与教育结合，它不仅可改变人们的教育观念和形态，更重要的是能为教学提供大量丰富的教育资源和最先进的育人工具，它可解决以下矛盾：

——人类知识高度发展与课程教材的内容设计有限的矛盾。如在20世纪60至70年代，科学家为了处理科学研究的数据需要整整一个房间大小的计算机，而现代一台486计算机就能代替。今天一台手提式笔记本电脑比20世纪60年代的计算机运算

速度提高了 2 500 倍。美国科学家在 1995 年估计，再过 25 年，一台计算机可以达到现在美国 10 个州和整个硅谷的所有计算机效能总和。

——人类知识的高度信息化与教师的教学手段、学生学习手段落后的矛盾。人类 20 世纪的历史上，由于电子技术和现代通讯技术的迅速发展，出现了一浪高一浪的信息化浪潮的复印机、传真机、可视电话、国际互联网、全球通信系统等，人们进入了电子办公时代。文件传递、信息查询等现代化为人类交往、工作、购物、娱乐、学习等各个领域提供了崭新的方式。特别是多媒体引入教学，网络化教育，使我国教育逐步进入高度的信息时代。

总之，现代技术引入，必将提高教师的工作效率、学生的学习效率。它能解决教师的教学手段和学生学习手段落后的矛盾，为素质教育创造良好的环境。

五、建立教育现代化思想的督导评估体系是素质教育的保证

在教育现代化思想的指导下，建立各种要求的督导评估体系，对学校的办学方向、特色以及对加快现今的考试内容和形式改革具有导向功能。

评估体系的制定要遵循教育规律，即将有关方针、政策、法规等具体条理化、指标化，成为可操作、可量化的评估实施细则。

评估体系的内容首先要体现依法治校，即将《教育法》《教师法》《义务教育法》的主要条款和办学的硬指标作为评价的主要内容，它能体现党的教育方针；其次，要落实素质教育的种种要素，设计德、智、体、美、劳、心协调发展的分值和特色项目的导向指标；第三，要制定关于针对减负、辍学、乱收费、学制改革等问题的导向指标。

在评估学校的办学水平的操作运行上，要以学校自评为基础，督导部门组织人员对学校逐一评估，统一打分，统一标准，分类定级，根据评定的结果实行奖惩。

总之，从"应试教育"转为素质教育要真正落到实处，必须以教育现代化的思想为指导，从教育观念、课程体系、校长和教师的素质、办学条件、督导和评估等方面着手，才会真正奏效。

主要参考文献：

1. 舒达等主编：《素质教育全书》，北京：经济时报社，1997 年 6 月版。

2. 靳玉乐主编：《现代课程论》，重庆：西南大学出版社，1995 年版。

3. 东缨著：《泛舟海海》，沈阳：沈阳出版社，1996 年 4 月版。

本文载《重庆教育》（1999 年 6 月）

在继续教育的教学中必须着力于"五个突破"

> 教师的终身学习是教师专业发展永恒主题,继续教育是教师终身学习的有效手段。

我国现阶段小学教师的继续教育,是指已经取得国家规定的合格学历的小学教师以提高政治思想素质和教育教学能力为主要目标,以适应社会经济不断发展变革和生产技术的不断更新需要的高层次教育。继续教育与传统的学历教育比较,存在着极其明显的特殊性质。马克思主义哲学认为,世界上任何事物都有其自身的特点和规律,否则这一事物就不复存在。继续教育也是如此,有它自身的特点和内在规律,认识这些特点,抓住其本质和规律,使这种工作顺利开展,就成了摆在我们面前的首要课题。从教育的内部看,继续教育的中心问题是教学问题,它是能否真正提高教师的政治素质和教学能力的关键所在,也是继续教育是否具有强大的生命力所在。因此,探索进修校教师教学工作,也即探索继续教育的教学规律,已成为教师的当务之急。通过实践,笔者认为要适应继续教育,教师的教学工作必须在"五个突破"上狠下功夫。

一、在教学思想上,要突破传统的学历培训的办学思想,树立起面向小学实际,面向小学教师实际,着力素质和教学能力培训的办学思想。

大量试点经验证明,继续教育培训必须坚持面向小学、了解小学、研究小学、服务小学的原则;坚持提高小学教师政治素质和教学能力为目标。前者是继续教育的立足点,后者是继续教育生命力所在。两者是相互依存,是辩证的统一。因此,在培训中,我们必须纠正教学与需要脱节,学习与应用脱节的倾向。

二、在课程设置和教学内容上,要突破传统学历培训的那种知识的完整性和系统性的框框,牢固树立起"按需施教"的思想观念。培训中,应以岗位规范作为教学计划的依据,以提高小学教师素质为目标,以提高教师从事岗位工作所需为重点。在目标明确的前提下,课程设置和讲义编写必须遵循以下几项原则:

1. 核心性原则:在继续教育中,无论设置多少课程,都应该而且只能有一个核心,这个核心就是培养专门人才为核心。如自然教师培训。我们开设《物理基础与自然教学》、《化学基础与自然教学》、《生物基础与自然教学》、《天文地理基础与自然教学》、《小学自然教材教法》等五门课程,而这些课程的核心是对小学自然教材教法的研究,这一点是区别于学历培训的根本点。这是因为学历培训是培养通才,而我们是培养专才。

2. 限制性原则:在继续教育中,课程设置、编写大纲和讲义,虽然以专业为核心设计知识和能力结构,但不必也不能与此专业有关的所有知识都开设课程,或随意延伸知识深度。作为核心的课程内容,学员必须系统掌握;较为密切的课程内容,可开设选修课;相关课程内容,可以不开,这就是限制性原则。

3. 实效性原则:在继续教育中,要特别重视实践性课程,重视实验、实习、教案设计、论文答辩、试教等。同时,各课程及讲座,均针对参加培训学员的实际水平和教学现状,着眼于"需",落脚于"用",体现实效。

4. 提高性原则:在继续教育中,培训的课程要能促进学员的整体素质提高,即促进学员的思维、知识、职业技能,职业心理和创造能力等方面的提高。我们的学员都是在岗教师,他们知道自己履行岗位职责需要学什么,如果课程设置不能紧密结合岗位需求,就不能激发学员的学习动机,更不能提高学员的整体素质。

5. 层次性原则:在继续教育中,培训的不同对象,有不同的培训目标,应根据不同的目标,确定不同的课程。小学高级、一级、二级、三级教师的培训目标是不同的,不能将培训小学高级教师的课程用来培训其他级别的教师。教学内容既不能拔高,也不能借口实用而降低水平。

总之,继续教育不应片面追求知识的系统性,而应强调知识的实用性。不是单纯学知识,而应注重知识的应用和能力的转化。

三、在教学方法上,要突破传统教育中"讲义——黑板——笔记"的填鸭式模式,创立成人教学特点,发挥成人学习优势,改进教法,提高课堂教学效果的新模式。

教育在发展,教育的对象在变化,教学方法也应随之改革。由于学员忙于日常教育工作,加之基础薄弱,记忆力减退,学习起来很不容易。但也有其优势,如有明确的学习动机,较为丰富的实践经验,有较强的理解能力等等。如果教学过程中,注意研究成人学习特点,改进教法,充分发挥其优势,教学效果是会好的。实践告诉我们,以下几种教法比较受学员欢迎。

1. 从小学教材的体系上看,变顺序讲解为知识结构讲授法:

教师按照小学教材顺序讲解是正确的,但是往往容易忽视知识的内在联系。我们针对成人理解、概括能力较强的特点,对教材进行专题分类,把知识结构展现给学员。即教给学员"知识链",使学员对所有知识有全面系统了解。如我们在举办小学自然教师培训班时,对小学自然教材的287个知识点,分成天文、地理、化学、物理、生物、生卫等,教师本着源于小学教材,高于小学教材,又回规小学教材的整体结构原则,分块进行教学。通过100天培训,采用知识结构讲授法,使学员基本掌握整个自然教材编排体系,增强了他们履行本职工作的能力,提高了他们的专业素质。

2. 从教学过程上看,变单纯的知识传授为"讲解——讨论"相结合的方法。

所谓"讲解——讨论"相结合方法,就是先由教师讲清一章或一节内容后,根据教学内容提出讨论题,再分组讨论,集思广益,从而找出答案。如我们举办一年制校长函授培训班,主要采取这种方式教学,效果好,很受学员欢迎。

3. 从启发式教学法看,变一般性提问为典型范例迁移法。

有人错误地认为,所谓启发式是老师问,学生答,不分主次难易,凡教材内容一一设问,有的设问根本没有思考性。其实启发式的本质在于让学员处于积极"愤"、"悱"的状态,再去"启"、"发",从而充分调动学员的主动性。特别是成人,他们有一定的理解力,而理解在于少而精的重难点。特别通过典型范例的讨论,可促使知识的正确迁移,使知识转化为能力。如我们在送教上门的专题讲座《小学数学语病分析》中,就是用这种方法讲的,受到小学教师的欢迎和上级教育行政部门高度评价。又如在自然课的教学中,"应激性"和"向光性"两个概念的讲解可用范例迁移法。"向日葵,金灿灿,朵朵花儿向阳开",这现象在生物学中称为什么?说明什么?通过学员讨论,辨清"向光性"和"应激性"的概念,及其内在联系。反过来,让学员用这两个概念去解释植物的"向地性"、"向肥性",昆虫的"趋化性"和高等动物的"反射"等,使学员知识得到迁移。

4. 从教学手段上看,变呆板的定量定性推导式突破教材的重难知识为应用电教手段突破重难点。我们举办一年制的函授校长培训班和自然教师培训班,充分应用幻灯、录像等电教设备(占总课时约1／4)效果较好。

5. 从成人教学特点上看,变传统的实验实习为实验技能和教育教学能力的强化训练。

在实验实习中,重动手能力培养,"教学做合一"。在实验课中,重学员对实验技能的熟练程度,重实验步骤的分析(即为什么本实验按这一实验过程操作?),而不去死记硬背实验步骤。在野外考察实习中,重观察、采集和论文书写,而不是走马观花。在教育实习中,重备课、试教和评课。特别是在评课上狠下功夫。实践证明,学员试教后,及时评课效果好,学员长进快。

四、在考核与成绩评定上要突破以知识为主的传统笔试考试,建立起政治素质、教学能力的宏观评估和微观考核的新的考核办法。

考试和考查是检查教学效果的主要方法和手段。如果考试方法得当,则能客观反映出教学的实际效果和学员的真实水平。我们认为下列方法较好:

教师应当是学养丰富的教育专家。

——杜东平

1. 知识考核。重在考核学员必备的基础知识和基本理论的掌握。命题要标准化,题目要小而灵活,知识的履盖面要大,主客试题要分开,以理解、分析为主,减少死记硬背题型。

2. 技能考核。为了培养"应用型"人才。对学员教育教学能力的考核十分重要。包括社会调查、实验、实习、野外考察、教案设计、试教、标本制作、自制教具、论文答辩等。这部分是考核学员成绩的重要内容,在考核时,重在动手能力的熟练程度上。要把握"基本掌握"、"掌握"、"熟练掌握"的尺度。

3. 教育教学能力的考核。包括学员的组织能力,表达能力。普通话教学、板书、教案设计、试教等。

至于学员成绩怎样评定,我们认为用结构成绩评定较好。结业成绩不仅仅反映学员的知识水平指标,更重要的是要反映出学员的素质和教学能力的综合指标。所以,我们将知识考试(理论考试)、技能考核(实验技能,教具制作、标本制作等)、教育和教学能力考核(包括组织能力、口语表达、教案书写、试教、优秀教研论文、实验报告等)以及学习态度考核(包括学习行为、考勤、作业等)等,按一定的比例,实行结构记分,较全面地反映了学员的真实成绩,充分体现了学员的综合运用能力。

五、在教学研究上,要突破传统单一学历培训的教材研究,树立起继续教育的科研具有广阔性的观念。

继续教育从对象上看,它包括已经取得国家规定的合格学历的全部小学教师,还包括今后毕业从事教育工作的新教师,具有全员性和普及性;从内容上看,继续教育不是学历教育的重复,而是知识的延伸、补充、拓宽、更新和职业技能上的不断提高,具有连续性;从性质上看,继续教育不是"一次性终结型"教育,而是一个周期接着一个周期,循环往复的"终身教育型"培训,因而具有永远性,这就决定继续教育研究具有广阔性。它不仅包括对小学教材、普师教材教法的研究,而且更重要的是要着眼于政治素质和教学能力的高层次的研究,这就要求进修校教师不仅要熟悉小学大纲、教材、小学教学现状、国内外教改动态,而且还要求熟悉小学教师职业劳动特点、思想政治素质、文化科学素质、身心素质和能力等,建立起继续教育教学研究的科学体系。

总之,继续教育客观地要求进修校教师不仅要有高尚的师德修养、雄厚的知识功底、娴熟的教学技能,而且要有永不满足的求知欲和献业、创新精神。因此,作为教师,就必须改变自身陈旧的知识结构,加深、拓宽,补充各种知识。由专才向通才方向转化,使其尽快适应继续教育工作。

主要参考文献：

1. 肖永春等主编：《成功心理素质训练》，上海：复旦大学出版社，2005年8月版。

2. 单中惠等主编：《西方教育名著提要》，南昌：江西出版社，2004年4月版。

3. 王建军主编：《教师参与课程发展：理会效果与局限》，载《课程、教材、教法》，2000年6期。

    本文被评为全国中小学教育教学优秀论文三等奖（全国中小学教育教学信息交流学会编辑部，1993年12月）

中学教育科研

『科研兴校』已成为广大中小学教师共识，『科研』何以能『兴校』呢？

首先，教育科研有助于明确办学思想和教育的追求——办学思想是一所学校的灵魂，是一方向问题。方向对了，路再远，也会有抵达的那一天。

其次，教育科研有助于先进的教育思想凝聚人心，鼓舞士气，渲染良好的育人氛围。

再次，教育科研给予教师的空间和发展机会，有助于丰富教师工作的动机和明确努力方向，从而使教师获得更快、更好的成长。

最后，在学校中探索本身具有教育的价值，因为探索带给人们的是开放的心态，学习的需要，超越的意向和成长的渴望。

论中学教育科研探索和实践

> 中学教育科研的价值在哪里？性质是什么？有何特点？类型有哪些？

中学教育科研是科学研究的一个特定领域。广大中学校长要有效地进行学校管理工作，全面贯彻教育方针，全面提高教育教学质量，应积极开展教育教学研究活动，以科研促教研，以科研推进教育教学改革。反过来，学校的大量教育实践，需要教育科研的方法进行理论的提升。因此，有必要探讨中学教育科研的价值、性质、特点和类型。

一、学校开展教育科研的价值

社会主义市场经济体制的建立，社会主义现代化建设的推进，对我国中小学教育提出许多新的课题，需要我们"加强教育改革和发展的理论研究和试验"，这就是陶行知教育实践的有效策略和有效方法，当年创办育才学校就界定为是一所试验生活教育理论的学校。加强中小学教育科研工作，发挥教育科研对教育改革和发展的促进作用。特别是中小学校长作为一校之长，理所应当是学校教育科研的带头人和组织者，不仅自己要结合工作实际参加教育科研实践，而且要发动广大师生员工积极开展教育科研。学校教育科研的价值主要表现在以下几方面：第一，开展教育科研有助于教育者转变教育观念，努力寻求推行校本实际的素质教育的教育模式、策略和方法。第二，开展教育科研有助于提高科学育人和推进学校科学管理的水平。第三，开展教育科研有助于推进学校的教育、教学改革。第四，开展教育科研有助于提高学校校长的理论素养和科研水平。第五，开展教育科研是提高教师素质的最佳切入点。第六，"科研育人"是培养创新人才的重要途径。

二、中学教育科研的性质和特点

（一）中学教育科研的性质

任何领域都有自己特殊的性质，有其自身质的规定性。这种特殊的性质就决定不同领域在内容和方法上的差别。中学教育科研是系统地搜集和评价中学教育信息的探索过程，是有目的、有计划地采用科学的态度和方法认识教育现象的特殊的认识活动，也是一种十分复杂的实践活动。

1. 中学教育科研是一种创造性的认识活动

科学研究是一种创造性的认识活动，创造性是一切科学研究的本质特征。对于中学教育科研来说,就是探索中学教育领域中的未知,发现新的规律,得出新的结论,同时创造出新的更科学的研究方法。中学教育科研的任务,不是去复述前人已解决的问题,而是在接受前人成就的基础上,深入钻研,进入前人还没有进入或没有完全征服的领域,解决前人所没有解决或没有完全解决的问题。通过教育科研,把人类对中学教育问题的认识推向前进,为改革和发展中学教育提供新的理论依据。也就是说,中小学教育科研是开拓人们关于中学教育认识新领域的活动。

教育科研具有继承性。所谓继承性有两层含义:一是利用前人或他人所建立起来的知识体系作为我们继续研究的工具,二是将前人或他人没有完成的事业继续下去。因此,对于研究者来说,系统地继承前人或他人的研究成果是从事研究的基本前提。但是,教育科研仅仅继承前人或他人的研究成果是不够的,还必须在前人或他人研究成果的基础上,利用新的资料和新的方法,站在新的角度研究新的问题,从而提出新的见解,发现新的规律,这就是创造性的工作。

2. 揭示中学教育领域的本质和规律

中小学教育科研的基本阶段有两个,一个是掌握研究对象所具有的丰富和真实的材料,达到感性的认识,另一个阶段是对所积累的丰富材料进行理性加工,以获得教育现象,揭示其内在规律。例如我们要认识青少年的生长发育及心理发展的规律,就要研究青少年学生的心理现象,以及认识社会对教育的影响和作用,就要研究教育与社会的关系,探索新的教学思想等等,就要研究教学并进行实验,要借鉴、吸收古今中外的先进教学思想和教育经验,就要广泛收集资料,进行比较研究。总之,人们对教育本质和规律的认识,教育活动中的每一项改进措施,都要通过教育科研,使感性经验上升到理性认识,反过来用理论指导教育实践,正是遵循实践—认识—再实践—再认识的规律,促使教育理论在实践中发展,教育科研也才能通过探索教育的本质和规律来指导教育实践。

(二)中学教育科研的特点

认识和把握中学教育科研的特点是开展教育科研的基础,它有助于我们全面正确地认识教育现象的本质和规律。

1. 教育性

中学教育科研的教育性是由学校的教育任务和教育目标所决定的。中学教育科研总是服务于一定的教育任务和教育目标,以一定的教育任务和教育目标为导向,它是根据青少年接受教育的特点,研究和探索更科学、更合理的教育内容和方法,努力提高教育质量,促进青少年身心主动地生动活泼地发展。中学教育科研必须把教育人、培养人、塑造人作为出发点和归宿,把教育性贯彻于教育科研的全过程,体现在教育科研的各个环节之中。

2. 应用性

中学教育科研的主要目的和任务是研究教育工作中急需解决的现实问题，为中学教育实践、教育改革服务，通过实践、研究，再回到实践中去，就是陶行知先生强调的"行—知—行"，这是中学教育科研发展的轨迹。中学教育科研只有置身于教育、教学实践之中，面向实际、面向教育改革，着眼于应用，才会有强大的生命力。实践证明，只有当中学教育科研与日常的教育、教学工作密切联系，这些研究才能得到广大中学教育工作者的欢迎和支持；只有当研究成果能在实践中应用并取得了一定效果，中学教育科研活动才能进一步开展，并得以坚持。注重研究的应用性，将教育科研工作置于理论与实践的结合点上，是中学教育科研的最大特点，也是其优势之所在。

3. 群众性

开展中学教育科研，必须依靠三支队伍：一支是专业理论队伍，他们有坚实的理论基础和较高的学术造诣，有一定的教育科研能力，应当充分发挥他们的指导作用；一支是教育行政人员，他们有丰富的领导教育工作的经验，能掌握宏观全局的教育情况，可以依靠他们的行政权威，发挥组织协调作用；还有是广大的中小学教师，他们数量最多，工作实践在第一线，有大量的教育实践经验；掌握着丰富生动的第一手材料，他们是中学教育科研的主力军。只有建立三结合的教育

> 中小学应当把教室作为教育实验室，学生作为研究对象，教师作为研究者，不仅培养出自己崇拜的学生，而且还创造出教育方法、技术，以及教学艺术！
>
> ——杜东平

科研大军，才有可能在教育科研基础上切实地指导教育工作富有生命力。群众性的研究、实验与推广，是教育科学的基础理论、应用理论与应用技术相结合的必由之路。中学教育教学研究，绝不仅仅是专家学者的事，而是一项群众性的事业，必须充分调动广大中学校长和教师参与中学教育科研的积极性。群众性是中学教育科研的显著特点，是中小学教育科研发展、繁荣的条件和基础。

4. 迟效性

中学教育科研的迟效性，是指中学教育科研成果的显现以及在实践中的推广运用需要有一个过程。它不是立竿见影，而是一个长期显现和持续发展的过程；也是面向社会发展的未来和个体发展的未来，具有超前性。因此，不能因为近期效应不显著就否定其价值。一般来说，教育科学研究从课题的选择，提出并验证假设，形成成果，进而到实验、应用推广，往往需要几年、十几年，甚至是几十年时间。一般来说，自然科学的新发现、新创造，只要得到社会承认，就能迅速地得到推广应用。需要指出的是，尽管中小学教育科研成果的显现具有迟效性，但是我们又必须看到，在从事中学

教育科研的过程中,广大中学校长、教师的科研热情得到激发,科研积极性得到调动,从事教育工作的事业心、责任感得到提高。这种潜在的积极效应的影响是久远、深刻的。总之,中学教育科研作为探索性的认识活动,具有科学性、创造性等科学研究的共同特点,又具有教育性、应用性、群众性、迟效性等自身的不同于其他科研的特点。

三、中学教育科研的类型

从研究的范围划分,中学教育科研可分为宏观研究、中观研究和微观研究。作为学校更强调微观研究,即对中学教育问题进行具体细微的研究,它往往直接针对某一个实际问题,例如中学教育贯彻教育方针、政策,实现教育目的的具体措施、学校德育工作研究、学科教学方法研究、考试方法研究、学科评估研究等。可以是教学工作的一般理论问题,也可以是具体学科的教学内容和方法的研究。微观研究范围很小,具有较强的应用性、灵活性和单一性。

从研究的层次划分,中小学教育科研可分为阐释性研究、综述性研究和创造性研究。阐释性研究是指将中学教育的规律和理论,通过自己的理解和验证给予叙述和解释。这种叙述和解释具有验证性质,在整个研究类型中层次较低。但是,它也是一种不可缺少的研究形式,有利于教育科学的普及。综述性研究是把分散的不全面的观点综合在一起,以形成整体的系统的观点。它是对信息资料进行加工,通过贮存、分析、鉴别、整理,使零散的知识系统化、体系化。例如中学课程改革特点研究等。综述性研究的特点是对教育现象进行高度的概括和总结,既有系统的介绍,又有系统的分析,形成系统的结论。创造性研究,是用已知的教育信息探索创新,产生出新颖而独特的教育思想、教育理论和教育成果,具有改革中学教育的实际价值和理论意义。

从研究的时序划分,中学教育科研可分为历史研究、现实研究与超前预测研究。历史研究中以总结教育史上的经验,继承优秀教育遗产为主线,批判性地探究历史事件及其相互关系,以达到古为今用的目的。现实研究是对某一教育现象或教育对象目前的基本特征进行研究。超前预测研究是根据研究对象的发展规律及现实情况,对未来发展进行研究。

从研究的方式上还可分为理论研究、实验研究、追因研究、调查研究和应用研究。理论研究是指在占有大量文献资料的基础上,以思辨的方法从哲学和科学方法论的高度分析教育诸因素之间的关系,揭示教育现象的本质和规律。实验研究是在教育理论或假设指导下通过实验探究规律的活动。追因研究是不直接控制自变量而追溯某些教育现象产生的原因,它是从结果求原因。如学生学习的态度、父母的文化背景等对学生、学业成绩的影响,家庭环境与个性品质的关系都需要进行追因研究。调查研究则是通过各种方法与手段,有计划地搜集教育现象或教育对象的材料,以发现规律的问题,获得研究性的成果。应用研究是运用关于教育基础理论知识,解决教育工作实际问题的研究。这一概念包含两层意思：一是"应用"教育的基础理论知识；二是解决实际问题，产生实践效益。这两层意思合起来构成应用研究，两者缺一不可。应用研究着重研究如何把教育科学的基础理论知识转化为教育技能、教育方法和手段，使教育科学理论知识同实际教育教学衔接起来，达到这种预定的实际目标。这些实际问题可以是宏观的、中观的，也可以是微观的应用研究。应用研究具有如下的特点：第一，应用性。它的研究目的和任务是运用已有的理论知识，解决实际问题，为教育实践服务。第二，效益性。应用研究能够产生实践效益，这种效益是多种多样的，可以是教育效益、社会效益，也可以是经济效益等。效益是衡量一种应用研究取得成果的主要标志，也是应用研究达到推进教育实践的主要指标，所以追求最大效益是应用研究的主要目标。第三，灵活性。与基础研究比较稳定的特点相比，应用研究则比较灵活。这表现在应用研究的选题灵活，完成一项研究后可迅速转移去探索其他的课题，它也可因形势发展的需要做出灵活的变动。

应用研究最常见的有行动研究、经验总结法。所谓行动研究就是指在自然教育的情景及动态的教育实践中，以获得实际工作的成功为目的，以提高行动质量，以解决实际问题为首要目标，使实际工作过程变成一个研究的过程，研究的过程又变成一个理智的过程，即"实践—研究—实践"的过程。经验总结法是指在不受控制的自然状态下，依据教育实践所提供的经验和事实，分析概括教育现象，认识教育措施、教育现象与教育效果之间的必然与偶然联系，从中得出规律性认识，上升到教育高度的一种研究方法。此外，还有个案研究法、观察法、问卷法、比较研究法等，这些方法操作简便易行，在中学科研中运用广泛。

总之，中学教育科研是有目的、有计划地采用科学的态度和方法认识教育现象、揭示教育的本质和规律的一种特殊的认识活动。其研究对象是现代社会公民所必须经历的中学教育，是中学教育活动。中学教育科研具有科学性和创造性等科学研究的一般特点，又具有教育性、应用性、群众性、迟效性等自身的个性特点。

四、教育科研与教育工作、教研的关系

（一）教育科研与教育工作的关系

在教育科研活动中，许多教师常常以教育工作代替教育科研。而教育科研与教育工作之间是有区别的，主要表现在：第一，目的不同。教育科研的目的是研究教育现象，探索教育规律，解决教育领域中的新问题；教育工作是以完成教育任务为目的。第二，依据不同。教育科研依据教育理论和教育事实；教育工作依据教育规律、教育方针和教育法规、政策。第三，过程不同。教育科研的过程是从未知到已知；教育工作的过程是从已知到落实。

当然，教育科研与教育工作之间有区别，但也有联系。根据教育工作的需要来研

究,在教育工作实践中进行研究,为教育工作服务。教育工作需要科学的决策,应有研究的因素,同时教育工作又为教育科研提供场所和条件。

（二）教育科研与教研的关系

教研即指教学研究。教育科研与教学研究,从根本上说是一致的,两者有着密切的联系。从纵向上看,教研是教育科研的基础,教育科研是教研的发展;从横向上看,教研是教育科研的重要组成部分,教育科研包含教研;从两者的作用来看,教研给教育科研提供条件,丰富教育科研内容,教育科研促进教研,指导教研工作。但二者也有区别,主要表现:第一,研究的范围不同。教学研究的范围较窄,主要指教学领域的研究;教育科研研究的范围较广,包含教育领域中的所有研究。第二,层次不同。教研的层次较低,主要是应用教育规律;教育科研的层次较高,主要是探索教育规律。第三,过程不同。教研的过程不够严密,一般无课题,无严密计划;教育科研过程严密,一般要有课题,有严密的研究计划。第四,结果不同。教研的结果比较模糊,一般多是经验型的,主要为下面基层学校服务;教育科研的结果要求精确和准确,一般多是科学型的,既要为上层领导决策服务,又要指导基层学校的教育教学工作。

主要参考文献:

1. 张世平等主编:《中小学教育科研管理与评价》,重庆:重庆出版社,2001年12月版。

2. 刘克兰主编:《现代教学论》,重庆:西南师范大学出版社,1996年4月版。

3. 钱铭怡编著:《心理咨询心理治疗》,北京:北京大学出版社,1994年5月版。

本文载《教育为公　爱满天下——以当代生活教育为特色的学校建设研究》（2008年1月）一书

教师的专业发展的探讨

> 教师专业发展的新视角——关注生命；教师专业发展的理想境界——追求卓越；教师专业发展生命价值的实现——自在与自为的统一。

从学校教育和教学实践看来，教师的专业成长，除在职培训外，更重要的是进行"行—知—行"教研和教育科学研究。

一、教师专业化发展的新视角——关注生命

教育必须关注人的生命，关注人的生命存在的价值。由于现代社会理性和科技文化的异化，教育也随着全方位的科学化遮蔽了生命发展的需求，教育异化为知识、技能的简单传递，学校变成了现代化生产的"流水线"，教学等于"告诉"，教师成了"教书匠"，教育背离了"为了人"的初衷，"作为有目的、有计划、有组织地传授知识技能、培养心智和发展健全人格的教育反过来成为对人性的压迫和摧残"，所有这一切都彰显着教育中生命意识的缺失。教师与学生是教育活动中两个互为依存又各自独立的矛盾统一体，他们都生活在教育的生命场中，要想获得各自生命的全面而和谐、自由而充分、独特而创新的发展，必须依赖教育活动中两个生命主体间的交往和互动、理解和支持，依赖对教育活动中两个生命主体关注的对等性。教育要关注学生生命，关注学生生命的教育必须由教师来承担，而现实中教师的生命价值往往被挤在学生的生命、国家的行政指令和教师职业角色的夹缝中而变形和萎缩。

21世纪是一个全球经济一体化和信息化的时代，在这个急剧变化的社会背景下，学科要想发展，就不得不研究"自我"和"环境"。世界教育改革的核心——教师教育课题的深化，必然加快教师专业化的进程，提高教师职业的专业性，使得教师工作更富挑战性。教师专业的突破性发展，如果还仅仅是依赖教师专业发展的事实特性，即事实要求、一般要求来完成是无望的，因此还要挖掘教师的自我专业发展意识，依赖于教师专业发展的价值特性，在事实特性的基础上，激发教师的内在生命价值和生命活力，使其把教育活动当作一种事业，一种境界加以追求——实现卓越。为此，我们要坚持教师专业发展的事实导向与价值导向的双重统一，把教师的生命成长融入其专业发展的历程，激发教师生命的自为价值，寻找教师生命发展的空间和机会。这就显示了教师教育及教师专业发展对教师生命的关注和理解。由此可见，现实社会变革的强烈需求及教师专业发展的内在呼唤，推动和催生着对教师专业成长的生命关照。

教育现实中生命意识的缺失与屏蔽和教育变革中教师专业发展对生命价值的内在需求的矛盾，激起了教育学学者的忧患和反思。从生命的视角看学校教育，主张学校教育的生命性体现在丰富多彩的学校生活对个体具有生命资源的价值上，进一步揭示"教育的起点是人的生命"的教育生命内涵，等等。从以个体生命的立场反观教育，其价值在于为教育的运作和功能的实现提供一种自觉的人性关怀，也为教师专业发展研究中生命观照新视域提供了理论上的可能和研究上的导向。

同样，近年来在有关教师专业化发展的研究中也出现了关注教师生命价值和个体生命发展的探究。如叶澜教授在1997年提出必须看到"课堂教学质量对教师个体生命质量的意义"，教师除了教书育人之外，还要"育己"，把教师对创造的追求和实现，视为"教师职业内在尊严与欢乐的源泉"，探究了教师职业生命价值实现的途径。有研究还认为"新世纪教师"应该是自主选择、自主反思、自主建构、可持续发展的教师，即"自主成长型"教师。还有的研究从"教育理论实践与教师的价值关系"的探究中追问如何才能让教师自觉意识到课堂教学是自己生命价值和自身发展的体现，从我国传统文化中关注生命的品格来理解教育专业化，从而促进教师专业化实现，以教师自我更新为取向进行教师专业化研究，等等。

总体来说，这些从教师专业化的视角反观教师的专业发展，虽然缺少了从教师自身、从教师生命成长规律及教师生命价值特点出发去分析教师专业发展的内涵，缺少真正从教师自我成长的基本动力——教师内在生命需要的视角来研究教师的专业发展，但仍开拓了一条分析和研究、理解和探索教师专业发展的新视角和新路向。

生命的目的在于成就其伟大，使其能竭尽所能地、无所不能地发展，因此生命就其之所以为生命而言，只要有发展的机会，就能无所不能地发展。大自然中所有生命发展的特性显示，除非受到限制，不然它们将无限地发展。人的生命就其内在的发展要

> 教师应当成为促进学生生命和谐发展的专家，同时成为让课堂焕发生命活力的专家。
> ——杜东平

求而言，是要求无限地发展，需要超脱有形制度及限制的学习内容。因此，培养生命的尊严，建立一个适合每一个人发展的环境，使生命在其发展的每一个阶段中，都可以拥有无限的可能，进而提升生命的意义，这是教育的内涵。所以，以生命卓越衡量教师的成长也是教育的必然。

二、教师专业发展的理想境界——追求卓越

从生命底线来思考教师专业化活动，提供了以生命为基础融合科学与人文两大文化的新视野，是提高教师专业化水平的本体追求。教师专业化策略制定的理论基础，也为教师专业化的现实发展开拓了思路。"卓越"，指的是以关注生命为基点，伴随

着教师专业发展过程始终的一种专业追求的理想境界,体现了教师生命价值在其专业发展活动中的和谐统一。

1. 成为促进学生生命和谐发展的专家——关注学生的生命成长

一个追求专业发展理想境界——卓越的教师,应该具有高度的学生生命意识,成为促进学生生命和谐发展的专家。他应该珍爱学生的生命,了解学生的生命特征,高度尊重学生的内在本性,珍视学生精神发展的自主权,让每个学生的心灵更为自由;懂得唤醒学生自我发展的内在动力;能够创造一个有助于学生生命安全、生命舒展、生命涌动、生命创造的民主、开放、多元包容的环境;张扬学生生命的个性,使知识回归生命的意义,使每个学生在知识中寻找自我价值,尊重学生在学习过程中的独特生命体验。一个卓越的促进学生生命和谐发展的专家应对学生生命特征有这样几点认识:

第一,生命的整体性。任何一种活动,人都是以一个完整的人的生命体方式参与和投入的,而不只是局部的、孤立的、某一方面的参与和投入。学生每天来到学校,并不是纯粹的致力于学习的人,他们总是要把形形色色的个性展现在我们面前,他们是作为完整的人而存在。教育说到底是对人整体发展的一种成全,让学生以整个生命投入、参与教学的全过程。如果不从人的整体性上来理解和对待学生,而只限于单纯传授知识和训练技能,不考虑学生主动发展和整体发展的需要和可能,那么教育将类似于"驯兽",教学难以取得预期的效果。教师应该把学生作为完整的人来对待,还给学生完整的生活世界和展示生命的时间、空间和舞台。

第二,生命的独特性。生命是独一无二,无可取代的。每一片叶子都有它独特的形状,每一朵花都有它特别的香味,每一个人都是世上独一无二的个体。在这个世界上,没有两个人是完全一样的,所以学生也有权利和义务去发展、探索属于自己的生命特色。卓越的学生发展专家应通过创设生命的"跑马场",提供给学生把生命的意义充分展示、发挥出来的机会。

第三,生命的可能性。人的生命是有限的,"一个人不得不等到生命的尽头,因为只有在濒死的时刻他才能通观他的生命整体,并从这个整体出发确定各个生命部分的意义"。生命总是在还没有充分展现其可能性的时候,就已经走到了终点。人的历史没有一个完成的期限,人永远是可能性的存在。所以人的生命不是被决定的,而是永远处于不断地生成和完善之中,是永远向着未来的无限可能性。"生命不能被保证",人的一生都处于一切可能之中——可能向善也可能向恶,可能进取也可能退缩。教育有两种功能:良好的教育催人奋进;不良的教育使人退缩。学生由于弱小、稚嫩,更具可变性。教育的方式、方法、态度总是和学生的生活和命运连在一起的。教育的一个失误可能改变学生一生的命运。卓越的学生发展专家应怀着对生命的敬畏之心,努力达成使学生向善的可能性。

第四,生命的超越性。生命的超越性是生命与生俱来的能量与活力。柏格森认为生命是创造的进化,"要么是创造,要么就什么也不是"。西美尔提出,生命有超越生命的能力。生命过程是不断超越生命本身,不断发展自身的过程。它不仅创造更多的生命来时时更新自己,而且从自身创造出非生命的东西,这些东西又具有它们自己的规律和意义,正如教育、文化、艺术和科学。"人不满足于周围的现实,始终渴望打破他的此时——此地——如此存在的界限,不断追求环绕他的现实——其中也包括他自己的当下的自我现实。"如果说人的生命的有限性在于人被抛入了世界的实质,人无法选择,无法逃避,这使得人的存在具有一种悲剧性的色彩,那生命的无限、可能性和超越性则指出了人的生命的自由性和能动性,表现着生命的价值、意义等等,这都是生命存在的独特方式。卓越的学生发展专家应注重每一个人(生命)的不平凡处,引导学生理解只要能活出自己生命的全部、自己生命的圆满,就绝对可以活得平凡而伟大。只要相信,生命的每一个环节,都有它的意义和价值,无论是顺境或逆境,兴奋或沉闷,群居或独处,我们都可以让它发出光芒,这样就可以在平凡中缔造出丰富、充实而有意义的生命。教师在认识学生生命的成长特性的时候,其自身也在反观自我生命特性的成长。二者是共振的,是相互作用、共同"进化"的。

2. 成为让课堂焕发生命活力的教学专家——关注职业的生命成长

一个追求专业发展理想境界——卓越的教师,应该确立教学的生命意识,成为让课堂焕发生命活力的教学专家。教师应该明确教学不仅仅是一种"告诉",更重要的是提供"知识生命体"的情境,让学生在情境之中主动地实践、体验、理解、体悟生命。尊重学生的"生命生长","依靠学生的生命自身去形成涵养他们的生命体悟的底蕴,依靠生命活动去发展其自身的素质。这也是教育的核心和根本部分,可以说是基础教育之基础"。在现实的教育实践中,依然存在着大量的"告诉"教学,拘泥于教学的知识目标,忽视学生生命的生长,在这种教育中,学生的个性被泯灭了,才情被淹没了,智慧被冰封了;而赋予生命的教学实践就是要让每一位教师都强烈地意识到教育工作直接面对的是鲜活的"生命体",而非简单的"认知体";就是要变"知识本位""教师本位"为"生命本位""学生本位",引导教师对人的命运和心灵的关切,对人的发展和完善的关切,对人性的完美和丰富的关切。只有拥有许许多多这种珍爱生命的教师,我们才会看到真正的教育,也就是充满生命活力的人的教育;我们才会看到真正的课堂,也就是充满生命活力的人的课堂;教师才能真正体验"课堂教学质量对教师个人生命质量的意义";教师将不再把教学当作现存知识直接传递——告诉的过程,而是看作生命与生命平等对话、交往与沟通的过程。有了这种以人育人、以生命育生命的教育,才能实现对人的主体精神的有效培养,教育才能与时代共同前进。第一,面对学生。教师要能够赢得学生的尊敬，能激励学生的学习，能维持学生的学习兴趣，并使他们积极参与学习，能将新旧知识进行整合，科学地呈现给学生，帮助学生对其主动地建构，使学生真正成为学习的主体。第二，面对复杂的课堂环境。教师作为教学专家要具有较高的感知学生、理解知识的敏感能力，具备迅速判断、组织和搜索信息的能力，具有高度自觉的自我监控和协调能力，从而使教师的课堂教学具有高效性，能充分利用自己思维的资源，创造和支配课堂学习环境，能在课堂复杂的环境中轻松自如并流畅地完成教学任务。第三，面对教学工作的挑战。教师要具有高度的反思质疑和创新能力。第四，面对现代教师专业素质要求。我们把卓越教学专家的突出专业素质概括为以下五个方面：一是关注所有学生的学习并抱有较高的期望，根据学生的个别差异及文化的差异等来调整教学；二是熟悉所教学科内容，并知道如何将它们传授给学生，帮助学生提高学习能力；三是较强的课堂教学的组织、协调及应对课堂复杂环境的能力，具备教学及评价的技能技巧；四是具备较强的教学反思能力，并从经验和环境中进行学习，愿意进行终身学习；五是教师是学习共同体成员，参与课程编制和教学评价，对学校、社区、家庭教育资源有合理利用和组织的能力。

3. 成为主动探究、积极反思、终身学习的育己专家——关注教师自身的生命成长

一个追求专业发展理想境界——卓越的教师，应该具备自我生命发展意识，成为主动探究、积极反思、终身学习的"育己"专家。在生命理念观照下，教师已不仅仅是一种职业，教书已不再是"谋生"的手段，而应成为生命存在的一种方式，一种使人类和自己都变得更加美好的生命存在的形式。为此教师应努力成为自觉创造自身职业生命的主体，成为充满生命活力的自我主体，唤醒自我生命意识的觉醒，成为具有自主选择、自主反思、自主建构、可持续发展的自主成长型教师。教师要努力激发内在积极要求发展的需要和动机，不断探究，促使自己不断反省自身使命，加强专业发展意识，培养强烈的道德责任感，并能通过执着的自我努力而达到理想的境界；不断反思，参考专业化发展的一般路径，不断对自己的专业化发展过程进行批判性反思，并将此作为采取进一步专业发展行动的依据；不断进取，实现光大自身生命与提高自身生命质量的全面发展和人格完善，成为一个"拥有现代教育观念的教育者，一个在学习化时代具有可持续发展能力的学习者，一个具有课程开发能力的教学内容组织者，一个在实践中不断反思、自我建构的研究者"。教师只有在不断的自我生命成长的体察、反思中，才能善于从师生共度的生命历程中获得一种生命体验与满足，一种生命的创造和成长，感受与学生共同成长的快乐，得到生命的一份满足和升华，教师自身生命价值和意义也要在其中得以体现和延伸。教师作为生命的个体，也应该主动地在教育过程中心存对自己的生命价值和生命意义体验的期盼。只有这样，教师才能真正去体悟职业责任，自觉履行其义务，才能真正体验到课堂教学质量对教师个人生

命质量的意义。

三、教师专业发展生命价值的实现——自在与自为的统一

教育始于生命，达于精神。教育活动的开展既需要现实的基础——自然生命(生命个体)，又要把提升人的生命境界、完善人的精神、追求高尚的人格作为永恒的价值追求，努力实现人的价值生命。

第一，环境基础。学校是教师专业发展的重要场所。学校的领导要关注教师的基本生存需要及更高层次的成长需要，自我满足的需要，给教师创造良好的生活环境、工作环境，营造适合教师专业发展的良性生态环境；根据教师专业发展的内在规律，帮助教师克服专业发展过程中的惰性，激发教师向上的信心、勇气和动力，追求卓越，成就事业；培养他们的参与意识和奉献精神，使学校成为教师的另一个家园，成为教师力量的源泉和教师发展的生命平台，为教师的生命发展提供能源。学校还要特别重视生态环境的建设。研究者、学校、教师、学生都是这一内生态的共同创造者，也是共同享用者和其中的生存者。内生态环境的改善包括每个相关成员的个体素质、教师的师范精神和卓越的追求、科学文化素养、自主学习及积极探索的意识和创新、各种教育教学能力的提升；教师之间相互合作学习和学习型组织的创建；教师民主、宽松、合作互动的学习、工作环境的营造；学校教学研究文化的创建；促使教育理论研究工作者与学校、教师等实践工作者"合作研究共同体"及"教师专业发展学校"的构建等。教师专业发展内生态环境的营造不仅直接影响教师的专业发展，而且会间接影响外生态环境即社会各界对教师职业的专业认同和尊重及支持力度，最终将影响学生、学校、教师的共同成长和发展。学校要加强理论研究，形成较为完善、合理、更富人性化的教师教育、教学工作的评价体系。教师专业的独特性，使得教师教学工作的成效有很大的差异性和个体性，能否公正地评价他们的工作成效，直接影响其自身价值的体验，进而影响他们的工作积极性和专业价值追求的积极性。建立合理公正的评价体系，才能促进其专业发展的健康成长。

第二，教育基础。宏观的教育政策要构建服务于教师可持续、终身发展的教师教育体系，改革教师专业发展的体制，完善教师专业发展的制度。教师发展的教育基础主要有"教师教育一体化""优秀教师(专家教师)标准的制定及执行""建立教师自主发展、自主反思探究学习提高培养模式"等。

第三，个体基础。要改变人的状况，提高人的素质，需要做很多的工作，其中根本的一件事，就是去重新理解"人"，提高人们"人"的观念，强化人们的人格意识，引导人们走出本能生命的局限，确立人的高尚价值追求。要求每一个人都成为社会每一个职业中的最出色者是不现实的，但要求每一个人不断完善自己则是可能的，人类生命及其价值是无限的，因此要想使有限的个体生命更有价值和意义，每个人都可以设计

自己的明天，追求高尚的人生价值，确立理想的目标，加强个人的人格修养，实现对自己对现实的超越与完善，同时，也实现人的生命由自在走向自为，并最终实现生命价值的自在与自为的统一。人的成长更应该是人在"自为"的实践活动中逐渐地生成的，也就要表现出"自为性"。教师的专业发展也就置于这种自在与自为的统一中，在师生共同的"生命场"的共振活动中，不断成熟和完善。教师与学生一样，其生命的意义及价值是在其生命的历程中显现并得以成就的。教师在奉献、服务的同时，还要从中获得一种生命成长的体验，一种生命的定义感，否则奉献还有什么快乐可言。生命是一种表达方式，是有为的、主动的，向往快乐、崇尚幸福、期盼义务。

　　总之，作为一名教师应该立足校本教研和教育科研，从关注生命的视角，去实现专业发展的现实可能性，去追求教师专业发展的理想境界，也即追求卓越：努力成为关注学生的生命成长，促进学生生命和谐发展的专家；努力成为关注职业的生命成长，让课堂焕发生命活力的教学专家；努力成为关注教师自身的生命成长，主动探究、积极反思、终身学习的育己专家。更要关注教师专业发展生命价值的实现即自在与自为的统一，这就是专业发展的最高境界。

主要参考文献：

1. 孙灿成：《学校管理概论》，北京：人民教育出版社，1993年版。

2. 崔允漷：《校本课程的开发：理论与实践》，北京：教育科学出版社，2000年9月版。

3. 靳玉乐：《现代课程论》，重庆：西南大学出版社，1995年版。

　　本文载《教育为公　爱满天下——以当代生活教育为特色的学校建设研究》（2008年1月）一书

中学教育科研常见的几种研究方法

> 科研方法,中学教师应当尽快掌握这些方法,是很受益的。

中小学教育科研常见有哪些研究方法? 笔者这里介绍常见的适合中学老师的几种教育科学研究方法,仅供老师参考。

一、控制实验法

控制实验法是研究向客观事物发问的工作方法。这是一种特殊的发问,是研究者为了解决某一教育问题,根据一定的教育理论或设想,在对无关因子进行了控制的教育现场,按设想中制定的方法措施,组织有计划的教育实践,到一定时间(实验结题)后,就实践效果进行比较分析,从而得出有关的科学结论的研究方法。

控制实验方法的主要特点在于:实验是在受控条件下进行,排除了一些无关因素的干扰,使实验对象觉察不到是在接受实验,从而比较准确地探索出事物间的因果关系。

控制实验法的工作程序是:①针对教育工作者和受教育者感到烦扰的问题进行观察;②对烦扰问题的产生原因进行分析推论;③从教育心理学角度提出解决烦扰问题的假设;④确定实验中要用到的各种术语的内涵和外延;⑤详细列出所研究的变量;⑥根据设想制定具体的实验措施;⑦确定实验组和控制组,并对两组现有水平进行检测;⑧按照实验措施组织有计划的教育实践;⑨实验周期结束进行效果比较检测;⑩根据实践效果做出科学结论。

例:某研究者看到师生都为作业量问题感到烦扰,于是他就观察了数名教师在这一方面的处理情况和各种反映,便对烦扰原因进行了分析推论:恶性的量变导致恶性的质变。这些感到烦扰的老师布置了大量的作业,属于恶性的量变。接着,研究者从教育心理学角度提出了假设:控制作业量,要求量质同步,以良性的量变促进良性的质变。然后,他确定了实验中要用到的种种术语的内涵和外延,列出了所研究的各种变量,制定了实验方案,在某校同一年级确定了实验组和控制组,检测了两组现有水平后,即按实验方案进行了实验:实验组每个生字准写三个,要求一个比一个写得好,教师对好的字画圈肯定;对照组每个生字写一排(11个),教师从总体上打一个评价优劣的分数。实验结束后,研究者对两组进行了效果比较检测,发现实验组学生的能力明显优于控制组学生的能力。于是,研究者证实了自己假设的科学性,由此作出了科学的结论。

控制实验法有三种基本方法：①单组实验法；②等组实验法；③轮组实验法。运用控制实验法，一个组可以进行实验前后的纵向对比，也可以与另一个或几个实验组进行横向对比，还可作其他的一些对比，如与往年常模、重点学校对比等。

运用控制实验法时要注意区别恒性与变性的无关因子；消弭执行或参与实验者的偏向，避免由于转移影响所产生的误差；去除由于时间不同所产生的误差；要随时（最好是逐日）记载实验的详细经过。

二、个案研究法

个案研究是判断和处理行为问题的学生的一种工作方法。个案研究的目的不是发现一般的行为倾向、规律或关系，而是处理有某些行为问题的个别学生。最终是帮助学生解决所遇到的实际问题，使学生更好地适应当前的学习。

进行个案研究，首先是对那种使学生本人或教师、家庭、同学等感到烦扰的行为进行观察，从而作出对于行为性质或原因的某些判断（假设）。其次，研究者从学生过去的操行评语、测验成绩、家庭情况以及和学生谈话中搜集材料，看看这些材料是支持还是怀疑，或者否定这个临时性的假设。当取得一个可以接受的假设时，就对可能采用的处理办法是否正确进行验证。下面结合具体问题对这种方法的操作实施加以说明：

王明同学是本学期转学来的初二年级学生，他在最近的一次数学测验中，成绩在全年级最差（行为问题的提出）。针对这个问题教师查对了一下，发现王明在过去的一段时间里只有两次完成了他的数学家庭作业，并且在前

中小学教师只有会做教育科研，才会感觉就像是登上最高的一座山峰，回首望去，一览众山小。
——杜东平

一单元测验中不及格。也许是王明智力迟钝（最初的观察和假设）。如果这样，王明的其他学科也会很差（推论和演绎）。查对王明的学习记录，教师发现他的语文和其他学科成绩比一般学生好些（进一步观察，对最初的假设产生了怀疑，于是排除）。会不会在这新的学校环境中情绪有些不稳定（新的假设）？如果是这样，就应当在其他学科中也表露出来（新的推论）。但是学科成绩记录已表明王明并不是这样（排除这个假设）。王明也许在数学某一方面缺乏能力（第三个假设）。如果这样，进行诊断性学习目标测验将有助于把这个问题搞清楚（演绎）。在诊断性学习目标测验中，教师发现王明虽不会做代数乘除，但是其他的数学演算做得很好（假设得到支持）。如果王明所遇到的困难在于这种特殊的演算上，那么只要教会他怎样做，就能使他进步（第三个假设的进一步演绎）。通过补习和随后的结果，就可以导致或肯定或者否定，

或者改变这个假设。

个案研究法虽然不完全是一种研究的方法,但是它对于检查假设比较方便,同时也是构成新假设的有效来源,这种新假设以后可用更好的方法加以检验。

三、现场观察法

现场观察法是研究者了解实验对象在接受某种训练后的行为变化的一种工作方法。它是研究者在自然(不加控制)的条件下有目的、有计划地在教育现场对实验对象进行考察的一种方法。

研究者在作现场观察时,既可以作为参与者,也可以不作为参与者。作为一个参与的观察者,他和被观察者具有面对面的关系,因而可以在自然的生活情境中参与被观察者的活动,搜集到他的资料。参与的观察者既可扮演主动的角色,也可扮演被动的角色。主动的参与者要比非参与者更能了解被观察者,能洞察到被观察者的动机和态度。被动的参与者会减少观察者与被观察者之间的相互影响,若在儿童面前表现出异常的行为,他就会变成无助的"替罪羊"的角色,或者被儿童认为是一种潜在的危险。

现场观察的方法与途径因人而异,通常包括:参观、听课、列席学生召开的种种会议,参加学生的各种集体活动等。

进行现场观察,研究者为了取得成功,必须注意以下问题:①在自然状态下进行;②观察对象必须重复出现;③观察要尽可能全面;④要用科学理论作指导;⑤切忌主观和片面;⑥要排出假象的干扰;⑦不要放弃偶然的意外现象;⑧要尽可能从多方面多角度进行观察;⑨要边观察边研究;⑩每次观察只应研究一种特殊行为;⑪有准备地、尽可能完整地把材料记录下来;⑫对观察到的行为应当尽可能地作出客观的解释;⑬在对观察的结果做结论时,要记住当时的具体条件和状况,不要把特殊性当作一般性。

现场观察可分两种方法:①直接观察方法。指研究者在自然环境下,直接用自己的眼睛、耳朵等各种感觉器官去感知观察对象的方法。由于个人的感知器官有较大的局限性,可由几个人同时观察,并核对各个独立的观察者的意见是否一致,借以增加观察的可靠性。②间接观察方法。指利用仪器或其他技术手段对事物或现象进行观察的方法。这种方法,一般是研究者在视听器官对某种现象看不见或听不到的情况下使用。

运用现场观察法应注意:必须坚持观察的客观性、全面性、目的性和计划性;选择观察对象要有典型性;要与观察对象建立良好的关系。

四、经验总结法

经验总结按其对教育与心理现象提示的深度和其科学化、理论化水平的不同,可分为以下两种类型或层次。

1. 经验性总结

经验性总结即在经验思维水平的总结，研究者（或实验者）往往以具体实践事实为基础，采用罗列事实，叙述已发生现象和过程状况，通过对照、比较、分类等简单的分析方法，对现象与事物在形式上的、现象方面的共同的普遍的东西进行简单的抽象和概括，它只能认识个别事实、外部的因果关系和表面的现象。如人们可以凭借长期观察天气变化的经验，总结出像"燕子低飞蛇过道，大雨不久就来到"的谚语，但这种经验总结往往不知道为什么会有这样的关系，没有把握到空气温度的变化是造成上述现象的内在原因。

在教育与心理研究中，经验性总结包括具体经验总结和一般经验总结。具体经验总结又称实践性总结，以具体的教育实践为基础，总结一次多次具体的教育实践，其内容生动具体，易于学习和模仿，它是广大教师普遍采用的方法。如教师日常的"教学一得"、"教学活动后记"等，记叙教师开展教学活动的过程、效果和体会。将这些教育实践经验进行初步的筛选、整理、编辑，形成教师"经验汇编"，用以指导相类似的教育、教育实践活动。

一般经验总结，以经验为基础，从中概括出经验的一般形式，将实践经验提炼为教育教学原则、规程和方法等。这种经验具有更大的普遍性，是进行不同教育的实践。经验概括为"夫子教人，各因其材"，这就是广为人知的"因材施教"原则。这种经验总结能指导的教育、教学实践范围要比具体实践经验广泛些、深刻些，比较接近于理论思想水平。从当前我国的教育经验总结实践来看，大多数的经验总结是在经验性总结层次上，特别是广大身处教学实践第一线的老师和领导，在他们之中蕴藏着极其丰富而生动的实践经验，但由于缺乏理论和方法指导，他们的总结常常停留在经验思维的水平。

经验性总结具有两方面不足：一是它主要是以"果"定"因"，因而它不能解决经验中因果关系的不确定性，难以提示经验的实质。二是经验性总结中的定量分析不足，且不严密，定性分析具有模糊性，把握不住存在于教育现象中的规律。

2. 科学性经验总结

科学性经验总结即在理论思维水平和实践验证基础上进行的经验总结。它是研究者（或实践者）在经验水平的总结基础上，针对具体现象和事物进行分析，运用一系列的概念、判断和推理等理性方法，舍去细枝末节而抽象出其中共同的本质、内在机制和规律，同时通过一定的自然实验研究，验证经验的有效性和实用性。教育、教学的理论通常来源于这种经验总结。近年来，一些教育工作者在实践基础上形成了一些具有理论性、科学性的经验总结，如李吉林考证多年来注重情境教学实践的总结，提出了情境教学法理论;顾泠沅教师小组采用经验筛选法成功地总结了上海青浦县教育经验,提出了大面积提高教育质量的四条原理。科学性经验总结是经验总结的最高层次,具有较高的科学价值,它克服了经验性总结的不足。

五、行动研究法

行动研究法是指在自然教育情境及动态的教育实践中,以获取实际工作的成功为目的,以提高行动质量,解决实际问题为首要目标。使实际工作过程变成一个研究过程,研究过程又变成一个理智的过程。研究者又是一个实施者。如我校的《素质教育中的生活教育模式实验研究》主要采取这种方法研究。

除以上五种方法,还具有文献法、调查法、比较研究法和测量法等。望各位教师在研究某一课题时,采用多种方法综合运用。

主要参考文献:

1. 王铁军主编:《中小学教育科学研究》,武汉:武汉大学出版社,1999年版。

2. 胡中锋编著:《教育测量与评价》,广州:广东高等教育出版社,1999年3月版。

3. 肖川著:《好教育　好人生》,南京:凤凰出版传媒集团,2009年1月版。

本文载《重庆教育课改通讯》(2003年第3期)

理论学习

> 理论学习是搞中小学教育科研的第一要事，是学校教育科研提高水平，促进深化与形成有推广价值成果的需要。

学校教育科研的理论学习是一项重要的基础性工作，同时更是有丰富活动内容与多样化形式的教育科研活动。许多时候学校教育科研重实践，轻理论的做法，使学校教育科研停留在表面层次上，或是形成的成果水平不高，难于推广。加强教育科研的理论学习，是学校教育科研提高水平，促进深化与形成有推广价值成果的需要。

一、理论与理论知识

理论是指人们关于事物知识的理解和论述，是系统化的科学知识，也是关于客观事物的本质及其规律性的相对正确的认识，是经过逻辑论证和实践检验，并由一系列概念、判断和推理表达出来的知识体系。不同学科需要不同的理论指导，同时更有不同的理论知识体系。如学校教育科研，需要有教育哲学的理论、教育心理科学的理论、教育管理理论、教育科研方法的理论和教育教学实践的学科理论等。

理论也是人类在相应的实践活动过程中总结出来的经验。它是人们经过大脑思维过程后的，运用一定表现形式而体现出来的知识系统或体系。理论也并不是永恒不变的知识系统或体系，理论同其他的客观事物运动一样，也是呈现某种螺旋式上升的发展模式。它也同样具有相应的现象、本质及其演化规律。理论家卡勒认为理论有以下特点：一为理论是跨学科的，是一种具有超出某一原始学科作用的话语；二为理论是分析和推测，它试图找出我们称为共性，或语言，或写作，或意义，或主体的东西中包含了些什么；三为理论是对常识的批评，是对被认定为自然的观念的批评；四为理论具有自反性，是关于思维的思维。理论大多是有价值的，经过考验的理论可以提高人与人相互交流沟通的效率。

理论知识是指人们对自然、社会现象，按照已知的知识或者认知，经由一般化与演绎推理等方法，进行合乎逻辑的推论性总结。毛泽东《整顿党的作风》："真正的理论在世界上只有一种，就是从客观实际抽出来，又在客观实际中得到了证明的理论。"邹韬奋《理论和实践的统一》中说："理论和实践是统一的，总是分不开的。"理论知识可以是公理知识，也可以是某个学科领域的理论知识。通过理论知识的学习，一方面可以增强我们对事物内在联系和本质的理解与把握能力；另一面也有助于我们在研究客观事物与人际关系中提出问题、分析问题和解答问题,把握客观事物变化发展的来龙去脉、理解人际关系间的具体媒介问题。学习理论知识,重要的是通过理论的学习、启发和引导自身去发现问题、解决问题。学校教育科研需要有理论的学习,并选择对应的理论去找到被问题困扰而百思不解的答案。

此外,理论学习是培养人的想象力较好的方法。在大量阅读理论书籍的基础上。就会对各种理论综述、各类理论人物、各类理论思想、理论流派之间产生多方面的联想,从而为个人的想象打下良好的基础。

二、学校教育科研的理论学习活动

理论学习活动是学校教育科研的实践操作活动之一。学习理论是资源开发的重要途径。学习者能够站在前人的肩膀上看问题,就会更加有效率地开展学校教育科研活动。别人的研究成果,你可以去学习,然后发现其不对并进行反思,然后去不断地改进其做法。学习理论,可以用理性规则来阐述自己的想法、方案、指导自己做好学校的教育科研工作。

确定理论学习的主题是重要的理论学习操作环节之一。学习理论的目的决不是为了背诵,而是为了运用。为了更好地理解、解释社会生活,更好地指导学校教育科研的具体活动的开展,在理论学习的过程中,不论什么样的教育科研理论学习,最重要的是把握理论的原理与方法,从而去实践它。理论学习的主题规定理论学习活动的方向,指向实践活动的具体问题的解决,并有理论概要的说明性。

(一)科研问题决定主题

理论学习的主题首先取决于学习理论针对科研工作问题。理论本身就是从问题开始或始于问题的,理论无非是关于事物内在联系和本质的说明,理论有正确与错误、科学与荒谬、真实与虚假的区别,但所有理论都对于需要解决的问题有一种针对性,理论是无数个关于问题解决的假设中最能体现科学、合理、有效、简洁解决问题的方向、思路、技术操作等知识的集合。确定一个理论学习活动开展的主题,本身就是确定一个运用理论于科学、合理、有效、简洁解决问题的途径与对策中。

(二)理论学习要有计划或方案

理论学习活动要有一个方案、计划或会议或活动议程。学习总是需要有一个方案或计划,有时理论学习可能是一个长时间的过程,有时也可能是一次性的会议组织活动,也就必须有议程。学校教育科研的理论学习,是分学年段或学期而组织的,如重庆市教育科研部门开展过教育读书活动,××区组织过教育名著伴我行的读书活动,都有一个比较详细的计划。为此,各个学校根据校本教研与校本课题研究的要求,也应制定必要的理论学习活动计划,如在计划中确定学习的主题、学习的管理要求、学习的交流形式、学习的物化记录、学习的汇报内容等。

（三）主题论坛是一种好的理论学习方式

论坛又名电子公告板或公告板服务，是Internet上的一种电子信息服务系统，每个用户都可以在上面书写，可发布信息或提出看法，同时还可以会聚许多有用的信息作为理论学习的原始素材，其交互性强，内容丰富而及时。因此，现在论坛式的理论学习活动如雨后春笋般出现，发展成为了现在学校教育科研组织活动中比较时新的理论学习形式。

目前关于论坛的类型主要有两类：一是理论综合类学习交流论坛，主要是对学校教育科研的常用理论原理与方法进行学习后，所组织的一种包含丰富理论知识，大家都可以说与交流的论坛形式。××区承担了一个"建设网络书吧，提高教师教育理论素养的研究"课题，研究的主要问题之一就是网络书吧运行方式与网络论坛功能发挥问题，研究的主要结论就是关于网络书吧论坛活动很好地调动了干部教师参与教育理论学习，提高了教育理论素养。二是理论学习专题类论坛，这类论坛有许多种组织的形式：如教学论坛、教研论坛、学术论坛、专家论坛等，主题突出、论题创新程度高，同时参与的对象十分明确，对于学校教育科研的理论学习更是能具体解决实践问题。相对于理论综合类学习交流论坛而言，理论学习专题类论坛，能够吸引真正志同道合的科研人士一起来交流探讨，有利于学校教育科研信息的分类整合和搜集整理。

（四）理论学习需遵循循序渐进的规律

为了适应当前教育形势的需要，必须转变学习观念，改变学习方式，扩大学习范围，优化学习方法，分步开展理论学习班活动。学习一本教育理论著作时，先是走马观花的浏览一番，对作者的思路、重要观点有个大概的了解，阅读中做做摘记，写写心得，把著作的一些重要观点与自己的实践和体验相结合，进行创造性再学习，再理解其中的内容。然后再选择急需的内容深入学习，一段时间以后，再回过头来，仔细阅读全作，这样就会有全新的认识，又会有质的飞跃。最后，再一次浏览，加深印象，并对笔记进行整理。

> 只有爱，才能赢得爱。你爱教育事业，教育事业也会爱你，你才能获得事业上的乐趣。
> ——著名教育家：朱永新

（五）理论学习需要增进识别能力

增强理论运用能力，首先是提高识别理论的能力。对于理论的识别，一是从理论是否符合现有的观测事实（这是最根本的，如果不符合，说明它不合理，但也不能认为全错，取合理方面继续修正，直到合理为止）上进行识别；二是从该理论是否推动了相关科学进步（就现阶段来说，科学是认识世界，认识宇宙最行之有效的方法）；三是从该理论是否为大众所认可（一个大多数人都认同的信息，那就是现有的关于解释我们观测结果的科学理论）上进行识别；四是从该理论是否能够完备（很多理论都只是某个统一理论的部分理论）上进行识别。

三、常见的几种教育科研理论学习方式

（一）体验式理论学习

体验是新课程所倡导的一个理论学习重点操作的活动方式。它是通过实践来认识周围事物的过程，也可认为是亲身经历的活动。人类通过体验知识而探寻真理、体验痛苦而求得幸福、体验失败而追求成功、体验死亡而感激生命、体验丑恶而崇尚美善。体验中有身心投入，有情感、心灵、精神的交流与对话，有深层反思，更有认识与实践活动。体验式理论学习让学习者的"参与、操作、实践、考察、调查、探究、经历"等学习方式更适合于理解与运用理论知识。因此，重视体验式理论学习，让体验者在体验式学习中获得理论知识、形成理论学习能力、养成个性的理论学习方式。体验式理论学习的类型可分为：主题确定论证体验、主题研究过程体验、主题结果形成体验等。

（二）主题阅读式理论学习

主题是学习的导向，用一个学校的教育科研课题作为理论学习的主题。能起到更好的理论学习导向性。主题阅读式理论学习在于提高教师对阅读理论书籍的感受、理解、评价、运用能力，在于培养其良好的理论阅读习惯和理论阅读意识，能起到促进教师科研理论知识的积淀。科研情感更多的体验及科研成果良好表达方式的形成，有利于逐步提高理论阅读速度和对理论阅读主题的把握能力。

（三）网络论坛式理论学习

网络论坛集中了现代教育理论与教育科研的方法性知识，让全部教师进入网络世界，同时更多地在学校与区域教育网站开设理论学习栏目，提供互动交流与演讲性的活动平台，及时推荐适合的骨干教师进行理论学习的教育科研、教育原理、教研动态性的理论学习。开展有计划、有目的、有心得、有论述的理论学习活动，就是学校教育科研理论学习应高度重视的一种操作方式。

（四）学术报告式理论学习

学术报告式理论学习是在大家共同对某一理论学习主题进行学习的基础上，由专家对理论的深层次内容进行辅导。并对理论运用进行指导的理论学习方式。这种理论学习方式在学校教育科研的研究中，多数时间是上级领导、高校与科研机构专家对于学校教育科研人员进行的一项专题性的理论讲座与理论分析的学习形式。

（五）研究性理论学习

"研究性学习"作为一种能够充分发挥干部教师学习主动性。培养干部教师探究精神，挖掘干部教师自身潜力的科学学习方式，也是学校教育科研理论学习的有效方式。研究性理论学习活动重点是干部教师教育科研的创新精神和教育科研实践能力

的培养,在于促使教师作为一个独立的个体,善于去发现和认识有意义的新知识、新事物、新方法,掌握其中蕴含的基本规律,并具备相应的研究能力,使教师变得更聪明,对学校教育科研更有责任感。

(六)技能操作性理论学习

主要是通过文献收集,对文献进行分析、归纳、组合,然后提炼出理论学习的若干要点的学习方式。技能操作性理论学习重在对资料收集的技能形成,包括在座谈会上倾听的技能,发问的技能,观察的技能,记录的技能,访谈的技能,调查的技能和文献检索的技能等。当然,技能操作性理论学习的表达和交流也十分重要,能否有效地表达和交流研究成果,如通过论文、实验报告、调查报吉、口头报告等形式表现学习的效果也必须重视。

主要参考文献:

1. 王铁军主编:《中小学教育科学研究》,武汉:武汉大学出版社,1999年版。

2. 程振响编著:《普通高中课程改革新进展》,北京:科学普及出版社,2006年4月第一版。

3. 肖川著:《好教育　好人生》,南京:凤凰出版传媒集团,2009年1月版。

本文载《重庆市教育科研交流会汇编》(2002年)

主题研究确定和主题研究报告

> 本文介绍了主题研究确定的策略,以及主题研究报告类型。

学校教育科研是由学校许多的主题研究活动所组成的。所谓主题研究,是指学校教育科研总是针对学校三个有利于:有利于教育质量提高,有利于素质教育的推进,有利于教师的生活水平与品位的提高而选定必要的活动主题,并在这个主题下进行的活动。学校教育科研的操作,主要是主题研究的操作。

一、主题研究的主题确定

1. 主题的来源

学校教育科研重要的主题来源是教师的日常工作经验。可以说,中小学的每件事情,都是可以研究的,比如每位教师都会遇到学习成绩不好的学生,并要提高他们的成绩,这是日常工作问题。如果把这个问题加工,就可能变成几个主题:学习障碍机制问题、学习困难生转化问题、学业失败现象调研问题、个体学习跟进问题等。

教育主管部门与教研部门行政指令与科研规划中教育问题同样是学校教育科研主题研究的重要主题来源。学校教育教学工作总是受国家的教育方针、政策、发展规划指导的,新的政策与规划的出台,必然带来学校教育科研新问题,如新基础教育课程改革,提出了新教学方式、学习方式,由此创新人才培养、研究性学习、综合实践课程等成为学校教育科研活动新的主题。

社会发展与科学技术的进步,新理论与新发现成为学校教育科研主题的来源。新理论与新发现意味着对事物的一种新认识,或认识问题的一个新角度。学校教育依据新理论与新发现,就会发现一些原来视而不见的问题,或对一些习以为常的现象产生研究兴趣,这样,科研研究主题也就出现了。如现在关于特色学校的建设问题,许多年来应当说学校教育科研都在对学校的优质教育资源形成进行认识,然而如何办好有自身特色,走优质教育发展之路,可以说是新的课程改革背景下提出的新的学校发展的研究主题。

2. 主题确定的原则

学校教育科研的主题,需要遵循一定的确定原则。有研究表明主要的原则为:一是前瞻性原则,科研的主题一定要有一定的高度与教育发展的引领性,要运用前瞻性思维和系统性思维对未来学校教育的前景作出分析与预测,要体现对学校教育现状的改善或改进。二是运用性原则，校本教育科研的主题要具有运用教育原理与方法去认识与分析教育教学问题的价值，能够指导和改善教育实践，能为学校教育改革与发展进行填补空白性的研讨与交流，就有很大的研究价值。三是可行性原则，学校教育科研活动的主题必须与学校的人力资源水平、物力水平、财力大小、信息资源利用水平、科学技术掌握程度等密切结合，不能超越自身的学术水平去开展没有能力研究的主题。如现在有的学校去讨论新课程实施中的课标正确与否和课标的不同国家课程教材编制的问题，这不是一个可行性的主题。四是创新性原则，选题要具有创新精神，要不同于前人、他人的眼光，敢于研究没有人做过或没有人在做的课题，或者虽然别人做过但未能解决或未能完全解决的问题。

3. 确定主题的主要方法

一是突破薄弱法：研究者在思辨、分析中求变、求异，从老论题、旧论题中多角度地寻找薄弱环节；二是关注热点法：研究者把本领域普遍关注的焦点、热点作为研究主题；三是逆向思维法：研究者要摆脱思维定式的禁锢，打破常规的影响，关注那些与现有的结论方向相背或相去甚远的选题意向；四是延伸选题法：研究者对已有课题进行延伸和扩展，通过借鉴、参考他人的研究思路和原创成果，进一步开拓选题的内涵和外延。

4. 主题的表述要求

主题的表述是依据研究目的，通过对研究对象的主客观条件进行分析后而确定的，主题的表述是概括主题内容的要求。主题表述的要求有：一是名称字数要适当，一般限制在20字以内，如《学校文化与特色建设研究》；二是名称表述重点要突出，做到用词具体化，内容明确化，研究的变量关系清楚，如《督导评估信度和效度研究》；三是主题表述要专业化、规范化，如《教师幸福指数研究》等。

5. 主题确定的注意问题

一是要善于限定主题，找准学校教育科研能够驾驭的主题，主题有大小之分，但无贵贱之别，小主题也可以写出新意来；二是注意主题论述的角度，大题可以小作，小题可以大作；三是要善于发现和利用自己的优势主题，学校教育科研要根据自己的优势和特长来选择确定主题，最大限度地调动自己的潜能来挖掘主题。

二、主题研究报告

主题研究报告有三类报告：一是开题报告，主要是结合主题而如何开展主题研究的说明性文件；二是阶段性成果报告，主要是针对主题研究过程取得的成效与产生的影响进行说明性文件；三是结题研究报告，主要是针对主题完成研究后各方面成果汇总并经过理性思考、分析、加工形成的说明性文件。学校教育科研工作，一定程度上质量与水平就落实到三种报告的写作提炼中。

1. 开题报告

就是当主题方向确定之后,课题负责人在调查研究的基础上撰写的报请上级批准的主题研究计划。它主要说明这个课题应该进行研究,自己有条件进行研究以及准备如何开

不要求每位教师都会做研究报告,但我们应当要求教师会做教育科研,让教师学会用研究的眼光,研究的方法,研究的思维策略,去看待问题,是大有裨益的。

——杜东平

展研究等问题,也可以说是对课题的再论证和再设计,开题报告是提高选题质量和水平的重要环节。开题报告的结构包括以下几个方面:背景、界定(对课题的概念进行解释,对课题的范围进行解释)、国内外研究现状、研究内容(每项内容最好以递进的方式罗列,不能并列罗列)、课题研究方法(文献法、统计法等,要回答为什么用,用这个方法做哪些事)、规划蓝图(细致列出工作计划,人员分工,时间安排等)、成果表现形式(预期的和最终的成果)。同时开题报告写作时也需要注意的是:引用文献必须列出装订格式要求——封面(要写出时间、负责人、主持人),目录(列出报告的内容,如:1~3页为课题研究背景,4~5页为课题界定等),封底(一半是学校对课题研究的承诺;一半是专家论证表)。

有研究者对开题报告各部分写作进行了研究,认为开题报告主要包括以下几个方面:课题名称,课题研究的目的意义,国内外研究现状、水平和发展趋势,课题研究的理论依据,课题主要研究内容方法,研究工作的步骤,课题参加人员的组成和专长,现有基础,经费估算等。其中主要方面:国内外研究现状、水平和发展趋势,本主题有没有人研究,研究达到什么水平,存在什么不足以及正在向什么方向发展等。

课题研究的理论依据:主题研究必须有一些基本的理论依据来保证研究的科学性。

课题参加人员的组成和专长:主要看参加人员的整体素质与水平,尤其是课题负责人的水平怎么样。

现有基础:主要是人员基础和物质基础。

经费估算:主题研究需在哪些方面用钱,用多少钱,怎么管理等。

2. 阶段研究报告

阶段研究报告又称为中期研究报告,是在主题研究某一阶段结束后对主题的研究过程和成果进行客观、全面、实事求是的描述,作为科研主题研究向科研主管部门汇报课题研究工作进度的情况及阶段性成果的书面材料,它是科研主管部门对主题研究效果评估的主要材料。

主题研究阶段报告由:主题名称,主题概述(主题来源,起止时间,支持的经费

等），本阶段研究工作的内容、情况和存在问题，本阶段研究进度的评价，下阶段研究工作的计划，参加这阶段工作的人员名单和报告时间等六部分构成。

本阶段研究工作的内容，情况和存在问题写法上应按工作计划上规定本阶段任务条款或按上一次进度报"下一阶段工作的计划"的内容，逐条检查落实，注意写明完成情况，也同时写明存在问题、分析存在问题的原因，如果不具备研究条件而未完成任务应作出说明。这部分写得如何，是衡量进度报告的质量关键所在。

下一阶段研究工作计划写作既要参照课题工作计划写出下一阶段将进行的研究，又要针对上一阶段工作的经验和存在的问题，将未完成的任务移至下一阶段去完成。如果研究工作计划有变动，应写明变动原因并作出新的安排。

主题研究阶段报告写稿中应注意：对单一主题，可采用时序式编写，按任务完成时间的先后写，重点放在本阶段研究工作的进展和结果上。对项目比较多的主题，可采用任务分项式编写，一项一项地写，也可把时序或任务分项式结合起来编写。主题研究阶段报告写作的重点应放在"研究计划完成情况"和"未能按计划完成的工作"两部分上，写作中应如实反映研究的客观实际，正确估价取得的成果。写成绩不要过分夸大，同时要写明存在的困难和问题。

3. 结题报告

主题研究报告落实到课题研究上就是课题研究报告，可分为实证性研究报告、文献性研究报告两大类。主题研究报告是描述教育研究工作的结果或进展的文件，是报告情况、建议、新发现和新成果的文献。对于一个学校科研主题研究来说，撰写结题报告（或叫研究报告）是主题研究的最后一个程序。

撰写一份研究报告是否有意义，取决于它的质量。研究者必须要有"三严"的精神，即严肃的态度，严谨的学风，严密的方法，要根据"四性"要求：一是科学性，研究报告的表述必须观点正确、材料可靠，论证要以事实为依据，无论是阐述因果关系，结论的利弊和价值，结论的实用性和可行性，都必须从事实出发，推理要合乎逻辑，不可无根据地臆断；二是创造性，别人没有提出过的理论、概念、教育教学新方案，新的实验方法，别人没有观察到的现象，在实验和调查中第一次获得的新数据等，都是创造性的研究成果；三是规范性，撰写研究报告要按照一定的格式，不能忽视最基本的规范要求；四是可读性，研究报告的语言阐述必须精确、通俗，在不损害规范性的前提下，尽可能使用简洁的语言。要突出报告的主结构：各种类型的研究报告的写作形式虽是不尽相同的，但都包含了前言、正文、结论这个三段式的基本格局。如实验报告可分为引言，实验方法、过程和结果，讨论和结论等三个部分；经验总结报告可分为情况概述、经验总结、存在问题和今后意见等三个主要部分。

撰写研究报告的基本环节：

一是草拟详细的写作提纲。通过拟定报告撰写提纲,对所从事的研究工作进行全面总结和构思,对搜集到的大量材料,经过比较、提炼,进行必要的取舍和增删,精选出最有价值的论点和论据。

二是撰写初稿。撰写初稿是撰写过程的中心工作,引言是研究报告的开场白,必须说明进行这项工作的缘由和重要性。前人在这一方面的研究进展情况,存在什么问题。本研究的目的,采用什么方法,计划解决什么问题,在学术上有什么意义等。正文是研究报告的关键部分,写作者必须掌握充分的材料,然后对材料进行分析、综合、整理,经过概念、判断、推理的逻辑过程,最后得出正确的观点,并以观点为轴心,贯穿全文,用材料说明观点,做到材料与观点的统一。结论是作者经过反复研究后形成的总体论点,必须指出哪些问题已经解决了,还有什么问题尚待研究,可以提出若干建议,必须总结全文,深化主题,揭示规律。

三是修改定稿。修改初稿首先要经过反复审阅,对那些可有可无的叙述要大刀阔斧地砍掉,毫不痛惜。一篇研究报告经过反复修改后,还应当请人指教,再行修改,只有经过精雕细琢,精益求精,才能达到比较成熟的程度。

主要参考文献:

1. 王铁军主编:《中小学教育科学研究》,武汉:武汉大学出版社,1999年版。

2. 胡中锋编著:《教育测量与评价》,广州:广东高等教育出版社,1999年3月版。

3. 靳玉乐:《现代课程论》,重庆:西南大学出版社,1995年版。

本文载《全国教育科研交流会汇编》(2004年)

小课题研究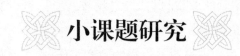

> 做好小课题研究，是中小学教师教育科研的切入点，也是得到高质量科研成果的有效步骤。是解决学校教育问题最有效策略。

学校教育科研工作的操作，更多的是需要教师参与。教师以教学实践为基础，以教学问题为主题，以教学经验为研究的素材，开展必要的小课题研究，解决具体的教学问题，应当说是现在十分重视提高教师教育科研操作水平的一条最优化的途径。

一、小课题研究的基本认识与基本结构

1. 小课题研究的基本认识

小课题顾名思义就是小的研究课题，小的研究项目，它是源于教师教育教学实践的有研究价值的、需要探索解决的现实问题，即是一种源于实践，服务实践，在实践中研究的实验研究，是一种低起点、低要求、重心降低的草根研究。小课题研究的特点可以概括成七个字："小""近""实""活""短""平""快"。

小：从小事情、小现象、小问题入手，研究难度小、周期短，方法简单，容易操作，见效快。它关注的是教师教育教学活动中问题的"某一点"，以及某个细节，并由此层层深入，不断探究，寻求解决问题的最佳途径，从而达到研究的深度，揭示问题的本质和内涵。

近：研究内容贴近教学实际，参与研究是出自教师自身发展和提高的需要，这种需要既包括圆满完成教育教学任务的美好愿望，又包括教师提高自身专业素养的成长动机，在于提升解决教育教学中遇到的实际问题的能力，最终能够将自己的教育教学行为与新课改的召唤水乳交融。

实：小课题研究促进教师从实际出发，量力而行。小课题研究是教师自发进行，自我负责的"常态化"研究行为。也是众多一线教师在日常教学活动中遭遇的最为真实的难题，是影响着教师顺利实施教学活动的现实问题。

活：小课题研究选题自由、方法灵活、研究行动自主。一方面，小课题是生成于教师的教育教学实践之中，根植于教师的课堂教学之中，具有随机性、情景性，常常是不约而至。另一方面，小课题的研究周期显得很灵活，半年、一年或多年，时间周期不等。

短：即周期短。小课题研究的时间视研究的内容而定，可长可短，时间短的两至

三周就可以解决问题,长的三至五个月,最长的一般不超过一年。它不需要固守三五年的研究周期。

平:即符合当地、当时教师的研究水平。与大课题研究相比,小课题研究更贴近一线教师的实际,小课题研究只要具有基本的研究知识,研究只在于获得能够直接应用于眼前工作的知识,小课题在设计的程序上不需要大课题研究那么严格,研究最关注的是研究结果所具有的实践意义,以及对研究者本身和他们同事的教育教学会不会有一些应用价值。

快:即见效快。由于研究的周期短且基于在实际工作中解决具体问题,因而速度快、效率高,一个问题解决了,就可以转入到下一个问题的研究,一个问题解决了,就可以得到一点收获。它不需要触及该问题的方方面面。更不需要形成系统的经验总结,也不苛求一定要将自己的研究心得发表,关键是要让自己体味到"眼前一亮""心头一喜"的愉悦。

2. 小课题研究的基本结构

小课题研究一般分为几个阶段:准备阶段包括材料、方法选择、方案制定等。资料收集阶段包括阅读书籍、查阅历史文献等收集书面资料,通过实地考察、调查、采访、获得直接研究材料,或者通过体验,模拟等取得相关材料。实施研究阶段,整理归纳分析材料,寻找现象之间的内在联系,得出初步研究结论。结题阶段,充实材料,撰写研究报告或论文结题。小课题研究的过程本身是一个动态发展与改进的历程,研究者设想出来的策略并不意味着能够立即解决实际的问题,可能又会回到先前的问题确认。然后再重新澄清问题与提出新的解决策略并付诸行动。更多的是研究者对实施策略不断修改和完善的过程,所以小课题研究的结构是研究者个人不断自我提升的研修过程。教师进行小课题研究一般有四个基本程序:主题选择——资料综述——案例博证——理论提升。

3. 小课题与大课题的区别

大课题主要是指由学校向国家、省、市、县(区)教育科学规划领导小组办公室申报立项的"规划课题"或学会立项课题。有人把大课题称为"专业研究""正规、正式研究",它不同于小课题的地方有五点:一是大课题研究组织过程是政府行政行为,而小课题研究的过程是群众性的自发行为;二是大课题研究带有全局性,研究的范围涵盖各级各类教育和学校教育的各个学科,而小课题研究往往是"以校为本、围绕学科、立足课堂"解决本校、本班、本学科内具体而细微的问题;三是大课题研究具有战略性,选取的问题事关长远,

> 小课题研究的优越性:选题自由,方法灵活,行动研究自主。
> ——杜东平

影响深远,而小课题研究关注的是战术、策略、技术、方法层面的问题;四是大课题研究具有前瞻性,是用发展的思想,发展的眼光对教育发展的未来可能发生的问题做适度超前的预测性研究,而小课题研究更具有现实性,它着眼于解决眼前的具体问题;五是大课题研究具有综合性,研究体现多角度、多学科相互交叉融合,而小课题研究具有单一性,研究的问题就事论事,背景简单。

二、教师参与小课题研究的几点技巧

1. 有效地发现真问题

小课题研究要求研究者选择一个适度的问题去建立一个课题,这就需要发现问题或称为选题。小课题的课题选择一是要审慎地分析拟选课题的价值度和可行性,即:所选课题对我是否有价值、是否能解决实际问题、解决的是不是突出问题等;二是选题要立足"小而精",要在选题过程中选择那些切实可行的研究,研究好的具体实在的问题,也就是真问题;三是查找资料,分析问题,最后结合实际,确定研究课题。一般而言,真问题的来源有三个方面:他人的成果深化问题,运用新的方法、新的视角探索提高教育教学质量的问题,别人研究的终点作为自己研究的起点问题。一个好的小课题研究选题对教师来说应该有六个字:想做(从自己身边选择当前自己最想解决同时也是最需要解决的问题),可做(针对教师自身的条件而言,在分析经验、素养、时间、精力等因素基础上做自己力所能及的事),能做(有明确的教育教学中的具体问题,有个具体明确的切入点,在实践中操作起来相对容易)。

2. 科学地表述课题研究问题

课题名称的表述要准确,题目要简洁,要点明主题,并注意使用科学概念和规范用语,不要出现句式的不规范、文字表达的不清楚、逻辑的混乱等现象,更不要使用夸张等修辞手法表述课题。小课题题目的确定最好用自己的语言表达自己要研究解决的问题。

3. 掌握小课题研究的主要方法

小课题研究的方法有很多,常用而有效的方法主要有:

经验总结法。以教学实践经验的归纳作为一种研究的方法,如某教师根据多年的课堂教学实践和创新总结出启发学生回答问题的十种方法:积极等待法、旁敲侧击法、回忆法、铺垫法、点拨法、激将法、分辨选择法、回述法、暂停法、加深扩展法等,通过总结经验并归纳的方法就是要把过程分条析缕地讲清楚,并突出它的特点。

叙事研究法。教师通过对有意义的校园生活、教育教学事件、教育教学实践经验的描述与分析,从而发掘或揭示内隐于这些生活、事件、经验和行为背后的教育思想、教育理论和教育信念,从而发现教育的本质、规律和价值意义。叙事研究=事物描述(故事)+评价分析(反思)。

案例研究法。案例研究法是通过对教育教学中典型的有价值现象,进行描述总结,从而来探索发现教育规律的过程,教育案例研究是一个教育情境的故事,在叙述一个故事的同时,人们常常还发表一些自己的看法,也就是点评。案例研究=故事+点评。

实验研究法。根据一定的理论或假设,选择一定的研究对象,实行某种教育措施并观察效果,再进行分析比较,对理论或假设做出科学结论。它的基本程序是:选题——构想——尝试(可能有多次反复)——结论(效果)。

4.注意小课题研究成果的表述

小课题研究的成果可以多样化:一是文本成果(如论文、研究报告、调查报告、课例、编著资料、活动资料集锦等);二是印象成果(如学校发展、教师成长与学生变化的案例材料以及相关影像制品等);三是内隐成果(如教师的业务素质提高,教育科研先进学校、骨干教师、名教师增加等)。多数时间上,小课题研究的成果表现为:教育日志、教育叙事、教育案例、教育反思等。"教育日志"是教师对教育教学生活事件的定期记录,是用语言符号和文字梳理自身的行为,记载真实的生活场景,有意识地表达自己;"教育叙事"是以自我叙述的方式来反思自己的教育教学活动,并通过反思来改进自己的教育教学行为,不断提高教育教学质量。"教育案例"是教育教学过程中含有问题和疑难情境在内的真实发生的典型性事件。"教育反思"是个体对自身教育观念及行为的认识、监控和调节。

三、学校对小课题研究的管理

小课题研究不需要有严格的课题申报、立项、结题等过程,在管理指导下可简化为以下步骤:

一是教师选题,填写《小课题研究申请表》,以此说明小课题研究的方向和步骤。

二是以教研组为单位向学校教科室上交《小课题研究申请表》,由学校统一对教师提交上来的题目进行精心筛选,指导教师把研究的题目定位在解决自己教育教学中遇到的问题和总结经验上。

三是由学校教科室代表学校对可行性强、操作有具体内容的小课题进行批准立项,向申报者发立项研究通知书。

四是教师实施研究,积累研究过程资料,学校教科室组织同期研究的小课题研究者进行研讨交流。

五是召开小课题研究阶段性小结会,开展中期成果评议、评审会,对各小课题研究状况进行评估。

六是组织小课题研究结题评审活动,由课题主持人向学校教科室提出结题申请,整理研究过程资料及成果资料并交教科室,教科室组织有关专家听取研究者的报告,对课题进行评审,向研究者宣布评审意见。

七是召开小课题研究成果推广会,对研究成果进行推广和奖励。

主要参考文献:

1. 管向群主编:《中小学校长最需要的新理论》,江苏:南京大学出版社,2010年8月版。

2. 程拓响编著:《普通高中课程改革新进展》,北京:中国科学技术出版社,2006年4月版。

3. 王铁军主编:《中小学教育科学研究》,武汉:武汉大学出版社,1999年版。

本文载全国知名中学学科研究合体的论文汇编(2001年)

成果与评奖

> 学校教育科研最关键的环节是什么？是科研成果的物化，成果是科研物化的具体表现，评奖是促进成果物化的最重要手段。

学校教育科研工作操作上最终的追求是形成科研成果与评奖。科研成果是学校科研工作成绩与效果的综合表现形式，评奖是上级主管部门、学术评审委员会对于学校科研成果的肯定。学校科研成果，有物化形式的成果，如课题研究论文、课题研究报告、课题研究的专著和汇编的过程性资料等，也有如社会影响力一样的非物化成果。科研成果的评奖，有规范性的、政府性的评奖，也有社会学术团体的评奖，还有可能是社会力量资助性的评奖等。

一、科研成果的物化与非物化

学校教育科研成果的表现形式是多种多样的，根据科研工作的任务不同，科研工作成果的表述形式也不一样。一般来说，学校教育科研成果分为三个大的方面：一类是课题研究成果，这是主要的形式；二类是教师素质的提高与学校特色形成的成果；三类是学生的成长过程发生积极变化，学生的能力与个性变化符合素质教育：创新精神、实践能力、自主学习等。

科研成果的物化是指可以通过具体的专著、论文、研究报告、管理制度规定等，直接认识与了解学校教育科研工作取得的成效与成绩，而科研成果的非物化则是指通过一种非正式的媒介、一定的人际行为影响而让人们了解的学校教育科研成效与成绩。

中小学教育科研课题研究成果是课题研究团队通过对某一领域课题经过一段时间的研究探讨而获得的成果，可以分为书面式和产品式两大类。书面式的科研课题研究成果，表述形式主要有两类：一类是教育科研课题研究报告，另一类是教育科研课题研究论文。教育课题研究报告是描述课题研究的过程、结果和发展的文献，是报告课题研究情况、建议、新发现和新成果的文章。而教育科研的课题研究论文，则是以理论分析为主要写作方法，针对课题研究中集中需要解决的具体问题进行多角度、多层面的理性分析，对经验进行概括与总结所形成的书面文章。教育科研课题研究报告或论文的表达方式有共同特点，即所谓"老三段"，包括导言（绪论）、正文（本论）、结论等三部分。如研究报告可以分为引言（课题的提出）、实验过程和结果、讨论和结构等三个主要部分,研究论文分为绪论、本论、结论等三个主要部分。

1. 科研报告

主要分为实证性研究报告和文献性研究报告。实证性研究报告主要指用实用的方法进行研究,描述研究过程、结果和进展报告。如对某个教育问题进行调查研究形成的调查报告,对某种教育现象进行科学实验形成的实验报告,对教育经验进行总结形成的经验总结报告等。文献性报告主要指用文献法进行研究的报告。如教育研究中的文献考证的报告,文献综述等。这类报告都是以对文献的分析、比较、综合、甄别、概括为主要内容,并展示文献的考证过程,说明文献的来源、可靠程度和学术价值等。

2. 科研论文

论文是运用一定的研究方法对于特定的教育问题、现象、文献或理论进行系统的、专门的研究和探讨,得出新结论,提出新观点。做出新解释,进行新论证的一种理论性文章。它以阐述对某一事物、问题的理论性认识为主要内容,要求能提出新的观点或新的理论体系,并做出解释和论证。按照研究的特点和层次主要分为经验性论文、研讨性论文、评述性论文和学术性论文。经验性论文是对教育教学经验、体会的理论总结和认识;研讨性论文指针对教育理论和实践中有关问题的已有成果及其价值进行的专题分析探讨;评述性论文指对某一专门问题进行专项的综述和评析;学术性论文就某一教育问题或原理用概念、判断和推理方式进行论述和解析,以探寻规律,揭示本质的理论文章。

二、科研成果的申报与评奖

1. 成果与效果

成果与效果合称成效,都是经过课题研究后的产物,即研究的结果,它们都是对研究的最有力的佐证。二者的差异在于:一是验证的方式、名称不同:效果是通过结题测查来完成(主要由课题测查组对课题研究方案中的既定研究、措施、管理程序等一系列的运作作出肯定与否的定论),成果是由专家评审组采取通讯或现场结题方式来完成的审核,专家对课题研究成效确定信度,对效果进行质疑,合议形成的结论。二是呈现的形式不同:效果是感性的,如指学生的成绩,师生参赛获奖,社会评价。上级主管部门、学生家长、新闻媒体的评述,学校风气、学生的精神面貌的变化,后进生的突出表现等,成果是理性的,如理论成果指形成的理念、观点、认识等,技术成果指具体的操作策略、基本模式、方法等。三是影响范围不同:效果多用于一个地区的较小范围之内,影响力很有限,成果则推广范围较广,具有普遍的指导意义。

2. 成果的产生

收获就是成果,不同学校的科研课题成果本身有一定的质量层次与研究水平的差异,每一个课题在实际的操作中,会有不同于其他成果的独特之处,成果的产生,重要的就是抓住并展现出这种研究的独特之处,就是见人之所不见(绝对差异——创新),见人之所见(体系深化——创新),见(现)人之所见(个体进步——创新)。课题研究成果产生的三部曲:一为入格,搭建课题成果化的基本框架,呈现真正的问题(研究或解决什么问题)、改革主张或措施(怎么做和为什么这么做)、归纳和呈现效果(课题研究带来的实际变化);二为成果档次的提升,成果质量的固有追求和成果优秀评断的加分点(新两点),根本点(赋课题价值,塑课题特色,提升问题价值、提升成果的学术价值、提升效果价值),着力点(展示典型活动,体现应用价值);三为提升语言表达的水平,做到让评委愿意"听"你的讲述,乐意与你"交流",密切关注标题的信息承载量和特殊表达功能。

3. 成果的三要素

一为理论要素,成果的概念界定外延要准确,体现自主特色,内涵在理论观点、理性认识上要有鲜明的个性特色,逐字推敲,力求精准;二为技术要素,成果的针对性要强,要处处指向主题,体现四个部分:一是模式,二是策略,三是方法,四是途径;三为评议要素,成果经过形成后要多方佐证,争取获得权威认同,上级主管部门的评价,以及社会各界人士的赞同等,提高成果评奖档次的评议点。

4. 成果的申报

成果申报是根据国家与地方对于科研成果评奖的文件要求,将成果汇编成册,与成果申报表一道报送成果评奖办公室的过程。成果申报表是对申报成果的主要事项进行记录,如重庆市第五届科研成果申报表记录内容为:申请成果评奖等级、成果名称、申请人、申请单位、主要参加者成果简介(含突出特点及创新之处、成果采纳及应用情况说明等,限1500字内)、申请理由、各级评奖意见等。成果汇编作为申报表的附件,一般有封面、目录、主报告、附件四个部分。封面上说明课题来源、立题编号、课题名称、课题负责人和承担单位、立题时间和结题时间等,主报告包括课题研究报告、有较强阶段特征的阶段研究报告、相关的研究论文等,附件包括研究过程中设计的相关材料(如调查表、检测方法等)、能说明研究成果的个案研究报告、教学设计(教案)、活动设计(要注意典型性与序列性)、相关成果的获奖证明,以及其他相关材料等。成果汇编不要过度追求包装与厚度,不要将无关的内容和关系不大的材料简单地充入,以增加虚假的分量,学生作品一般不纳入汇编。

5. 成果的评奖

成果的评奖是政府或教育科研主管部门根据国家与地方教学成果奖励条例规定,组织的年度或年段评奖活动,是将年度或年段中形成的优秀成果评比出来,分成一、二、三等奖予以奖励。科研成果的评奖分为两大类,一类是课题研究的成果奖,一类是教育著述或教育科研论文的评奖。科研成果的评奖重点是对科研工作质量、学术水平、实际应用和成熟程度等予以客观的、具体的、恰当的评价，是科研成果管理的一项重要内容。科研成果评奖是一项政策性和技术性很强的工作，直接关系教育科研的发展方向和科研人员的积极性，以及对地方经济建设发展的影响。科研成果的评奖标准主要应从学术价值、经济效果和社会影响三个方面做出明确的规定。对不同类型的成果，虽有不同的侧重，但三个方面都不能偏废。对基础教育研究成果，主要应侧重于教育教学技术研究成果（应用研究）的可行性评

> 一位真正的教师应是学风严谨，下笔郑重，著书授世，而不是轻薄为文，浮光掠影，不求甚解。
>
> ——杜东平

价。在成果的具体评价上，评奖必须坚持科学性、客观性原则，成果评审的方式可以采取学术会议宣读论文、组织专家评审、组织专题报告、论文答辩等方式，具体的评审方法有写出评审意见、推荐宣读、批准发表、投票表决、打分评定等。一般而言，科研成果评奖在组织评审中要注意两点：一是参加评审者必须具有广博和专深的知识，一般都是同行中有一定学术威望的专家或学者；二是着重对成果在阐明某一教育现象、教育特征和教育规律方面有无创见或突破做出评价，并衡量其提出的新概念、新途径、新操作、新方式等的深度和广度。

三、成果公示与成果发布

1. 成果公示

成果公示制度是科研成果鉴定评奖的重要要求之一。成果公示有三个重要理由：一是表明参评获奖成果符合成果的申报条件，如重庆市第五届基础教育科研成果的申报条件为四条：一是参评成果应具有鲜明的科学性、创新性、先进性和时代性特点，科学解释和准确解答教育改革发展中的重点、难点、热点问题，体现我市教育科学研究的最新水平；二是政治思想上坚持马列主义、毛泽东思想、邓小平理论和"三个代表"重要思想，坚持科学发展观为指导，自觉正确运用马克思主义的立场、观点和方法进行教育科学研究；三是学风端正、观点鲜明、资料翔实、数据准确、论据充分、逻辑严密、方法科学，具有创新性和前瞻性，符合学术道德和学术规范要求；四是所提出的新观点、新概念、新思想、新方法在理论探索和实践行动上具有开创意义，在学术界产生较大影响，受到普遍认同。反映教育改革发展的真实情况，针对教育改革发展中的重大现实问题提出具有重要价值的政策建议和改革方案，被党政部门吸收采纳。独创的教育教学思想在较大范围内长期推广，在推动教育教学改革、提高教育教学质量方面取得明显实效。

成果公示的第二理由是尊重学术民主。学术民主在一定程度上，一定范围内是

学术评奖活动组织的一个要求或原则,否则就不能发挥好学术评奖的促进作用。科研成果评奖实现公平、公正的学术评奖,程序公正是至关重要的,成果公示,就是必要的学术评奖操作程序。现在的成果评奖中,不可否认存在"名人效应,照顾学科间的平衡,照顾各单位间的均衡,申报评奖者的所在单位是否有人担任评审委员,申报评奖成果和获奖成果之数量的比例"五个不公平的因素,成果公示,在规定的期限内接受质疑和投诉,这将使得评奖的公正性受到社会舆论的广泛监督,接受各方面的监督审议。

成果公示的第三个理由是职业道德规范。国家要求在从事科学研究(包括教育科研活动)的过程中,研究者应严格遵守中华人民共和国《著作权法》《专利法》,中国科学技术协会颁布的《科技工作者科学道德规范(试行)》等国家有关法律、法规、社会公德及学术道德规范,要坚持科学真理、尊重科学规律、崇尚严谨求实的学风,勇于探索创新,恪守职业道德,维护科学诚信。成果公示体现了研究者必须遵守的基本学术道德规范,研究成果获奖符合科学研究的职业道德规范。

2. 成果发布

成果发布是对科研成果评奖活动的结果通过一定的形式与途径进行公布。如某市对科研成果的公布表述为:"为认真总结推广'十一五'期间我市取得的优秀科研成果,表彰在教育科研工作中表现突出的集体和个人,充分发挥教育科研在教育改革与发展中的先导作用,进一步调动广大教育工作者开展教育科研的积极性和创造性,繁荣教育科研事业,推进我市教育的健康快速发展,市评奖委员会组织专家对全市各单位推荐的优秀成果进行了认真评选,共评选出'构建生命化课堂促进师生成长'等教育科研优秀成果19项,现将名单予以公布表彰。希望受到表彰的优秀成果获得者,珍惜荣誉,开拓进取,以更加饱满的热情和求真务实的态度积极投入到'十二五'教育科研工作中,创新践行,再创佳绩,为推动我市教育内涵发展、特色发展做出新的贡献。"

3. 成果评奖的态度

科研成果的评奖,需要有一个良好的学者态度。真正的学者应该有什么样的评奖态度呢?中国社会科学院研究员王春瑜提出了如何区分学者与文人的标准,他认为:"一个真正的学者,意味着淡薄名利、甘于寂寞、刻苦钻研、学风严谨、下笔郑重、著书授世。"而文人与学者在精神境界方面就有很大的不同了,文人往往是"不求甚解、轻薄为文、浮光掠影、追名逐利"。学者的精神境界是科学研究很重素质,如果学者没有崇高的精神境界,就很难完成"对于人类与民族文化精神价值创造与守护"的历史任务,没有崇高的精神境界,学者的创造力就会匮乏。教育科研工作,需要研究者有"非淡薄无以明志,非宁静无以致远"的治学态度。

主要参考文献：

1. 王铁军主编：《中小学教育科学》，武汉：武汉大学出版社，1999年版。

2. 孙灿成：《学校管理概论》，北京：人民教育出版社，1993年版。

3. 盛忠兴等：《应用心理学》，重庆：西南大学出版社，1996年8月版。

本文载全国知名中学科研联合体的论文汇编（2012年）

教海泛舟 下

杜东平的生物教育实践与探索

杜东平 ○ 著

重庆出版集团 ◉ 重庆出版社

　　杜东平老师不仅在中学的讲台上授课,而且经常赴"老、少、边、穷"农村地区培训教师。(本图片是杜东平老师在 2013 年 10 月 16 日在重庆师范大学讲台上,给"国培"初中生物骨干教师讲学)

作者简介

杜东平,男,中学研究员级(正高级)生物教师,市高评委成员。2009年获重庆市"名师"称号,同时,获重庆市有"突出贡献的中青年专家"称号。2011年被遴选为重庆市"未来教育家"培养对象。

曾获市级骨干教师、地级科技拔尖人才、多次被评为重庆市"教育科研先进个人"和市级"优秀教育科室主任"和市级"督导先进"个人称号。

现任重庆市育才中学校教科室主任,并担任高中生物教学和奥林匹克竞赛主教练;兼任中国陶行知研究会中学专业委员会副秘书长、重庆市陶研会副秘书长、重庆市动物学会副秘书长等职务;重庆师范大学生命科学院客座教授,硕士生导师;重庆市继续教育中心教师教育培训专家;重庆市中小学教材审定专家。

从教近40年以来,形成了他自己独特的育人魅力和生动有趣、高效创新的教学风格,教学成绩突出。赛课获市、国家级一等奖9项。辅导学生获全国生物奥赛及全国"生物百项"一等奖共60多项。

在全国提出并大力宣扬了"自主性学习"和"生活教育"等多个教学模式,并且在省级及其以上发表的文章和获奖论文200多篇,著书30多本,主研的多项市级和国家级科研成果获重庆市教委一、二等奖7项。特别突出的是作为主研的"九五"规划国家教育部重点科研课题《素质教育中的生活教育模式实验研究》获2004年重庆市第三届基础教育优秀教改成果一等奖,并在全国和世界大力推广,效果突出,并产生巨大的社会效益,并于2009年获重庆人民政府第三届教学成果一等奖。大力培养青年教师300多人,且在全国做讲学报告700多场,产生较大影响。

现已形成中国当代生活教育流派,已被中国多本名人传记收录。

专家、名人题语

在中国基础教育界里，有一群以课堂为教育试验场，以学生为研究对象，以教师为研究者的"未来教育家"，潜心研究教育，这是中国梦所期待的老师，而重庆育才中学的杜东平老师就是其中的代表。

北京师范大学教授，博士生导师

朱旭东

2013 年 9 月 2 日

泛舟教育沧海
立马改革昆仑

——贺《教海泛舟》

中国著名教育改革家、全国教育专家委员会会长、上海原建平中学校长

冯恩洪

2013 年 9 月 1 日

尊敬的杜东平老师：
静能生慧，乐在教中。

中国著名教育改革家、特级教师、盘锦市实验中学原校长、市教育局长

魏书生

2012 年 12 月 12 日

乘风破浪正当时，直挂云帆济教海。

——贺《教海泛舟》

全国知名中学联合体秘书长

王文琪

2013 年 9 月 2 日

快乐和幸福在这里生存。

——题赠杜先生

中国陶行知研究会中学生活教育专业委员会秘书长

戴晓政

2012 年 12 月 12 日

杜东平老师是有思想、有教育情怀,对教育执著追求的好教师。

享受国务院津贴专家、重庆市"五四"青年教师获奖者,重庆市江北区教委主任

马培高

2013 年 8 月 20 日

生活教育是推行素质教育的必由之路。

题赠杜东平先生新著作。

中国陶行知研究会中学生活教育专业委员会会长

姚文中

2013 年初春

生活即教育,教育亦生活。

——祝贺老杜新著

享受国务院津贴专家、全国五一劳动奖章获得者　　人和街小学校长

肖方明

2012 年 5 月 20 日

2013 年 9 月 5 日

杏坛四秩心如镜,教海泛舟书作帆。

——祝贺老杜老师新著

重庆市教育科学研究院副院长、学术带头人后备人选、研究员、特级教师

王纬虹

2013 年 9 月 9 日

新颖之思，珠玑之言，格致之文，育人之作。

——题赠杜先生

中国农业部高级专家库专家、教材建设专家委员会副主任、教学指导委员会委员、

重庆市有突出贡献的中青年专家、重庆市农业学校校长、博士教授

刘光德

2013 年 9 月 1 日

不懈探索，追求卓越。

——题赠杜先生

重庆市教科院副院长、特级教师、研究员

李常明

2012 年 6 月 20 日

心灵的坚守

澄明的情怀

——题赠杜先生

全国模范教师、特级教师、全国教研先进工作者，沙坪坝进修学院院长　龚雄飞

2013 年 9 月 9 日

走在"未来教育家"的路上

中国是个文明之邦,在古代、近代和现代教育史上,涌现出许多著名教育家,他们大多生活在社会急遽变革、动荡、发展的时期。有关研究对我国历史上的教育家,做过大历史跨度的代际分析,分上古时期的教育家、古代时期的教育家、近现代的教育家,分别揭示了他们的时代特征。

改革开放30多年来,政治、经济、文化、社会、生态等都发生着深刻的变革,教育也发生了很大变化:一是为教育普及,国民素质提升而进行的种种努力;二是为经济社会的转型、走向全面小康社会而培养人才,提高教育质量而进行的各种探索。

在实现"中国梦"的征程中,由教育大国走向教育强国,时代呼唤教育家的产生,提倡教育家办学。那么未来教育家应有哪些特质呢?一般说来,未来教育家应该是社会主义的教育家,中西文化兼容的教育家,科学性与人文性统一的教育家,解决中国教育发展中突出问题的教育家。

什么样的教师才能称得上未来教育家呢?我们认为教育家有三条标准。一要长期从事教育工作,热爱教育,热爱孩子,一辈子献身于教育事业,把教育作为自己毕生的事业;二要在工作中肯于钻研,敢于创新,有自己的理论见解和思想体系;三要工作出色,经验丰富,有自己的教育风格,在教育界有一定影响,被广大教师所公认。教育家应有独特的教育理论和丰富的教育实践经验,也就是说,教育家既是教育理论家,也是教育实践家。

怎样才能成为教育家?简单地说,要以育人为本,树立人人成长的观念;要给每个孩子提供最适合的教育;积极倡导探究性学习,成就了一大批学生。杜东平老师,从20世纪80年代至今,成就了一批又一批的学生,整理了他发表的文章和个案共100多篇,形成《教海泛舟》(上、下册)。上册是杜东平中学教育的实践与探索,分为六个栏目:我的教育主张、行知思想研究、践行行知思想、研究性学习、基于校本研究、中学教育科研等;下册是杜东平中学生物教育的实践与探索,分为十个栏目:我的生物教育主张、生物素养探索、教学模式构建、调查实验研究、课堂教学研究、生物学习指导、教师素养研究、素质教育新教案、新课改教案、生物奥赛培训教练等等。通读全书，我觉得杜东平老师的人生是真实的教育人生，充实的教育人生，幸福的教育人生，升华的教育人生，正走在"未来教育家的路上"。正如他自己所说，把教室作为教育实验室，学生作为研究对象，教师作为研究者，深刻思考，脚踏实地潜心研究。从20世纪80年代到今天，始终把握时代脉搏，积极参加教育改革的洪流，勇于实践，不断总结，将成果物化。从杜东平老师的论文水平和生动的个案中折射出未来的教师应当具备以下特质：

第一，未来的教师应当是一个知识结构复合型的教师。正如杜东平老师在他的文章中谈到，教师应当具有学科专业知识、教育理论知识、心理学知识、实践性知识（教学经验）、写作知识以及教育哲学知识。

第二，未来教师应当是实践型的研究者。杜东平的这套书，概括地说，是以学生发展为本，基于校本的研究，基于课堂的研究，基于综合实践的研究，基于学校特色发展的研究，基于教师成长的研究，基于校长成长的研究，基于陶行知教育思想应用的研究等等。

第三，未来教师应当是实践型的创新者。杜东平老师的课题成果获重庆市政府教学成果一等奖，并且与时俱进发表200余篇文章。研究领域广泛深入，主要是三个层面：一个是学校教育研究，二是生物教育研究，三是对陶行知思想研究。这种研究不是为了研究而研究，而是在教育教学管理工作中，遇到什么问题，就去深入研究分析什么问题，解决什么问题。这样的教师就是实践型的创造者。

第四，未来教师应当是实践型的、具有坚强意志的教师。杜东平老师始终在教育教学一线上摸爬滚打，始终做三件事，以"育人教书"为中心，"教书，读书，写书"；以"创新教育教学技术（新的教学法、新的教学策略、新的教学模式、新的教学艺术，以及新的有效的课程设置等）"为中心，"教学，教研，教育科研"；以"搭建育人和教学平台"为中心，"管理，服务，建议"，定时定期将自己的成果发表，这就需要具有坚忍不拔的意志力和坚持力。

第五，未来教师应当具有教育的主张和信条。有什么样的教育思想、理念和教育信条，就会教什么样的书，培养什么样的学生。教师不应当成为教书匠，应当做骨干教师，名师名家，应当有名师名家的教育情怀。还是杜东平老师说得好：站在三尺讲台的教师，要始终坚守，一定要有自己的教育主张和信条，只要有这样的教师心态，教师就会远离浮躁，始终积极向上。教师的行为始终会脚踏实地，教师的智慧才会涌泉长流，教师的价值才能托起未来的太阳……

第六，未来教师应当是实践型的阅历丰富的教师。据我所了解，杜东平老师阅历十分丰富，虽然始终在中学工作，但他在5所学校工作过。教过平行班，实验班，小班，清北班；担过教研组长，年级组长，班主任；当过团委书记，教务主任，学生处主任，后勤主任，教科室主任，年轻时在一所偏远山区的一般高中做过副校长。现在，不仅在中学讲台上上课，还登上了大学讲台上课。不仅带中学生，而且带大学生和研究生的课……所以，未来教师应当立足高远，既要仰望天空，又要脚踏实地，勇挑重担，不计得失，在教育这个"泛舟诲海"里，锻炼出一套符合自己人格特征，有自己风格的真本领，真本事。

第七，未来教师应当是对教育始终具有"忠爱"的情怀。杜东平老师在谈到他的育人人生时说："我热爱教育，热爱教育事业，有深深的教育情怀。"是的，搞教育就要有"忠爱"的精神。文学家夏丏尊先生这样说过："教育没有感情，没有爱，如同池塘没有水。没有水，就不能成为池塘。没有感情，没有爱，也就没有教育。"

"未来教师"是当代教师的范畴，是始终恪守"三尺讲台"的教师。我坚信这本书，会引领年轻教师的学习、思考和研究，会使更多的教师在教育教学实践中成长、成才和成家。真正的教育，真正的教育变革，是隐藏在日常教育经验之中，教师们的日常教育实践也不断地赋予教育变革真实的意义。期望更多的教师在日常教育教学工作中，用心去体悟、发现、研究、挖掘和开发，愿更多的"未来教师"成长、成才、成名、成家！

略陈数语，是为序。

西南大学教育学部教授、博士生导师

李 森

2013年8月1日于学府小区

坚守教育之"爱"

　　我与杜东平老师相识是20世纪末，一次中国陶行知教育思想研讨会上，后来我们学术交流频繁，成为了很好的朋友。

　　这次杜老师系统整理总结前半生的教育教学论文、教学个案以成文集《教海泛舟》，该书即将付梓，作为朋友，我有幸抢先拜读，欣然为本书写几句感言。

　　德国著名哲学家海德格尔在《存在与时间》中说过："人不是在者的主人，人是在的看护者。人在这'更少'中并没有失去什么；相反，他是有所获的——他抵达了在的真理。他获得了看护者本质的赤贫。看守者的尊严在于：他被在本身唤去保护在的真理。"教师正是教育的"看护者"，尽管"贫穷"，但他们依然深爱教育；尽管有过彷徨，但他们依然坚守教育之爱。

　　正如杜东平老师在该书中说，我热爱教育，热爱教育事业，有深深的教育情怀。是的，搞教育就要有"忠爱"的精神。有人说，"教育，对我们社会应该接待的儿童和青年是一种爱的呼唤"。我更要说，老师的爱如母亲的爱，写在大地和天空中，永远珍藏在心底。老师的爱，怀着虔诚之心，拥抱教育，如怀抱自己的孩子。真爱源于对教育的深刻理解。在教师身上承载着教育的光芒，教师不能仅仅把教育当做一种职业，而应作为一种事业——一种充满着梦想和朝气的事业，一种孕育着伟大力量的事业。教育者最可贵的品质之一就是人性，对孩子的深沉的爱是那种父母亲昵的温存和睿智的严厉相结合的爱。

　　纵观当今我国的教育，毋庸置疑，大的发展方向是明朗的，是正确的，所取得的成绩也是丰厚的，是巨大的。但是，教育存在的问题也是有目共睹的。

　　"应试教育"在一些地方愈演愈烈，"素质教育"形式上总是轰轰烈烈，像水上的浮萍，远不落地生根，在理想与现实中徘徊。教师经常置于"两难"境地，教师经常在"夹缝"中生存，已成为不争的事实。

　　不知从何时开始，地方政府和学校考核教育尺码更多地定格于升学率。无暇顾及学生的"身心灵"是否和谐发展，"知情意"是否和谐发展，"德智体美劳"是否和谐发展。现在，中小学教育异化为"生产流水线"、"升级加油站"。虽然基础教育课程改革也提出针对学生进行综合性评价，但是不少学校具体落实到学生"身"上，只有考分可靠。学校成了工厂流水线的生产基地，教师成了"流水线"上机械的操作工，家长成了"流水线"上的"添料"工。有的校长只看升学指标完成就万事大吉，有的向社会打广告，大吹大擂。

古今中外，大批教育人、文化人都主张"坚守以人为本，以育人为本的理念"。陶行知先生说："先生不应该专教书，他的责任就是教人做人。学生不应该专读书，他的责任是学习人生之道"。"分数为本"导致学生内心痛苦，甚至有学生因身心疾病而死亡。在强大的应试教育下，我国教师生存状况堪忧。"无人感到工作的快乐"，"考试让老师无法喘息"，"当教师累"。但我们相信，随着中国改革进程的加快，社会的进步，市场经济日趋完善，教育会回归自然，教师应当"昂首头颅坚守教育之爱"。从孔子的"爱之，能包劳呼"，到夏丏尊的"没有爱就没有教育"，从罗素"凡是教师缺乏爱的地方，无论品格还是智能都不能充分地或自由地发展"，到苏霍姆林斯基"把整个心灵献给孩子"……这些古今中外的教育家昭示着共同的教育之爱，这种爱是师者灵魂，是教育家们昭示着共同的教育之爱，教师之爱。

歌德年轻时，写过这样一句话："人们只能认识自己所爱的，爱或激情越强烈越充沛，认识就越深刻越完整"，在他的一生中，他一再以不同的方式在不同的场合重申这一思想。是的，让我们教师也昂着头去热爱教育，去研究教育，去享受教育吧！

这就是我对杜东平老师《教海泛舟》（上、下册）背后想要"言说"的吧。

是为序！

四川省特级教师、成都市教育专家
中国陶行知研究会中学教育专业委员会秘书长

戴晓政

2013年8月10日笔于成都

澄明但心听

打开《教海泛舟》这本书，我仿佛回到了25年前。丰都一所偏远中学的讲台上，一位老师幽默风趣，旁征博引，教室里总是充满欢声笑语。这位老师，不光给学生们带来了快乐，还给他们种下了无限遐想。他，就是我的先生杜东平。

三尺讲台，杜先生一站就是几十年。他从丰都，到涪陵，再到育才中学；从地级科技拔尖人才，到重庆市首批骨干教师，从名师、"突贡"专家，再到"未来教育家"，一路走来，先生都在用忠诚与智慧诠释着教育的真谛。现如今，师从于他的弟子们，跟先生一样，多已成为各行各业之翘楚。这应该是杜先生教育思想滋养的结果吧！

郭沫若先生曾说："儿童文学当具有秋空霁月一样的澄明，然而决不像一张白纸。"推而广之，教育也大抵如此。为人师者，绝不是在"白纸"上乱涂乱画，而是让学生在孩提时代就彰显自我意识，使其将来能担当起社会的道义和民族的责任。显然，这不单是一个知识传播的过程，更重要的是一种文化传承的过程。古人云："师者，传道授业解惑也。"古人尚知把"传道"摆在首位，而今人本末倒置，这不能不说是一种悲哀。

所幸的是，国家当下正在大力倡导"以人为本"之教育。对此，身体力行并大彻大悟者，杜先生当算其中一人。首先是教育之目的。教育应该是培养一个完整的人，一个健康的人，一个独立思考的人，一个会沟通表达的人，一个有判断和价值辨识能力的人，一个对他人、对民族有用的人，一个人生充实而幸福的人。其次是教育之内容。中国传统文化讲究"成才先成人"，文人儒士最看重的是品格和气节的养成，然后才是知识的渊博。一味"填鸭"式的应试教育，显然与此背道而驰。最后是教育之形式。好的教育模式是"知行合一"，理论与实践相结合，既丰富学生的科学思想，又锻炼学生的实践技能，形成"认识—实践—再认识"的良性循环。做到这一点，学校、家庭、社会不可或缺，三者相长才是正道。

《教海泛舟》两册，既是先生几十年教育生涯之观照，又是先生50余年人生历练之积淀。作为弟子,我感恩于舞象之年多得先生提点,而今不惑之年拜读先生新作,确有"澄明但心听"之感。观先生之教育思想,堪为教育之楷模,后辈之师范。

是为序,再拜师恩。

重庆市人民政府研究室副主任

徐永德

草于癸巳年仲秋

教海泛舟(下)

——杜东平如是说 教育人生

我在中学的"三尺讲台"站了近四十年，始终战斗在学校教育教学一线上。我的工作是极其平凡。简单地说就是做了三件事，一是"教书，读书，写书"，中心是育人教书；二是"教学，教研，教育科研"，核心是探索新的方法，策略，模式，艺术以及技术，去开发学生的潜能，让学生自由而全面地发展；三是"管理，服务，建议"，落脚点是搭建"育人"和"教学"平台。我就是这样在教育教学一线上"摸爬滚打"，在讲台上走过了三十五个春秋，这就是我的教育人生。

虽然当今中国，教师作为一种职业，还不具有足够的吸引力，诸如待遇不高，工作繁琐，心里压力大，劳动时间长等等，我却是乐此不疲。我觉得教师工作尽管又苦又累，但是确实是一项吸引人的工作，主要原因是教师的劳动有"五重丰收"。

一、收获各类人才

教师直接劳动对象是什么，是人。我曾在五所学校工作过，其中两所学校是普通高中，三所省（市）属重点中学，什么样的学生我都见过，教育过，培养过。曾在20世纪80年代教的学生，他们把他们的孩子送到我现在所在的学校读书，我现在是教学生的儿女了。每次我和这些早年的学生在一起，他们都要向我绘声绘色地谈起当时我给他们上课的情景，当班主任教育、批评他们的情景，他们作"恶作剧"的情景……逗得大家都乐开了花。现在我看到他们都成家立业，孩子长大，有的成为上百亿资产的企业家，有的成为厅级以上的官员，有的是大商人，当然也有工人、农民，知识分子，等等。看到自己培养的人才在工、农、商、学、兵、政、党等各行业为全国人民实实在在地作贡献，我真感到幸福、自豪，特别是有的学生不远万里又把他们的孩子托付给我，我望着他们对我信任的目光，望着他们对我所在学校信任的目光，我就心潮起伏，激动万分，对我又苦又累的教师这一职业感到无尚光荣，这确实是一个高尚和体面的职业。

仔细想，学生是人，一个开始知识面很窄，各方面能力很低的娃娃，经过幼儿教师、小学教师、中学教师和大学教师的精心培养，就成了知识较为丰富，有一定分析问题、解决问题的能力，有理想，有抱负的人才了。当然，人才的培养周期不像粮食，机器的生产周期那样短，那样很快就能看到效益，那样容易引起领导重视。唯其如此，才更使教师产生一种为祖国未来而鞠躬尽瘁的历史责任感，产生一种更加神圣的自豪感与幸福感。唯其如此，才使教师不那么急功近利，常常"做小事，想大事"，"做琐事，讲道理"，培养自己较为宽广胸怀，较为远大目光和坚强韧性，从而强化了把自己的命运和国家民族的未来命运紧紧联系在一起的观念。我真爱教育，我热爱教育事业，因为我爱自己劳动收获——各类人才。

二、收获真挚的感情

教师除了收获各类人才之外，还有一个更大的收获就是真挚的感情。

人是有感情的，特别是学生时代培养的感情尤为真挚。师生的心与心之间 就像人们在群山之中得到回声一样，教师对着学生的心灵的高尚呼唤："我爱你，我尊重你，我理解你，我关怀你……"学生在心灵的深处："我爱你，我尊重你，我理解你，我关怀你……"

年复一年，教师就像从一条河的岸边接一届届的新生一般，用满腔热情和真挚之爱，把他们送到理想的彼岸，让他们奔向远大的前程。学生不仅在船上不断地表达对教师的满腔热情和真挚之爱，就在他们奔向远大前程，三年、五年、十年，甚至是几十年以后还不断表达师生这种满腔热情和真挚的爱。公式可能淡忘，定理可能忘记，而师生之间培养起来的真挚感情，却常常长年累月不仅不淡忘，而且越积越深，真是"情深意切，真情深厚"！

三、收获家长的那份渴望和期待

过去家长到学校看重自己孩子的分数，现在不同了，社会进步，民主进程的加快，市场经济社会逐渐成熟，现代文明洗礼的国民，大多数家长期待孩子享受好教育，好人生。

许多家长期待孩子健康人格得到培养，渴望重视人类核心价值的侵染，重视高层次思维训练，更渴望重视学习内容是否能够引导孩子探索兴趣和学习的内在需求，是否充满人道主义精神，是否代表着人类文明进步方向，家长还渴望着教育应当把孩子引向卓越与高贵。

孩子能否上清华、北大等一流大学是孩子的造化，家长不再看重了。家长更期待"孩子长大成一个好人。所以，好的教育力量是一个真正教育者的精神修养。我深深体会到，好教育来自教育者的好人生，而教育者的好人生决定于好社会，也取决于教师自我渴求，我们作为教师一定竭尽全力满足家长的渴望。家长的期待，办好适合孩子的教育，办好人民满意的教育，这是当教师光荣责任，也是当教师的教师——校长的光荣责任!

四、收获创造性劳动成果

教师的工作对象是人,人是千差万别的,要做好教育工作,就得充分发挥其创造性,正是这种工作性质,决定了教师必须学识渊博,并且每时每刻都要开动脑筋,针对当时的社会、经济、文化和学生的差异,创造性地处理各种问题。从这个意义上说,教师随时都有科学研究的机会。

就学校教育而言,德育、智育、体育、美育、劳动教育,就各有数不尽的科研题目。我曾以学生注意力的问题,拟出过上百个科研题目。我觉得教师在科研领域大有可为。

我之所以酷爱教书,重要原因之一,就是觉得教师从事的是最富有创造性的劳动。要么每一段时间,每一段空间都有科研题目,都能有新发现,都能看到学生中新的、积极向上的因素,能看到教师更高层次的潜能,还能够看到环境中的各种有利因素。我总想,每一节(课)内容都有上百种甚至上千种讲法,我们应该研究更科学的讲法,而使今天这种讲法更科学,明天看,可能还有更科学的方法等待我们去探索和研究。

几十年来,我边工作边探索;边教学边教研,边教育科研。承担市级以上的课十多个,先后在各种省级以上刊物上发表文章和论文200多篇,著书30多本,承担、主研多项市级和国家科研成果获省(市)一、二等奖,特别是我作为第一主研的"九五"规划国家教育部重点科研课题"素质教育中的生活教育模式实验研究",获2004年重庆市第三届基础教育优秀教改成果一等奖,并在全国和世界推广,效果突出,并在全国乃至世界产生巨大社会效应,获2009年重庆市人民政府第三届教学成果一等奖。20世纪90年代开始,我深深体会到教师的劳动确实有利于收获科研成果。

我从21世纪开始,我始终把教室作为教育实验室,学生作为研究对象,教师作为研究者。用研究的眼光看教育,常看常新,不仅能增加工作兴趣和热情,还有利于提高工作效率。我现在除了任学校教科室主任外,并兼2-3个班高中生物课,积极参与生物奥赛培训,还有许多社会兼职,如承担重庆师大生命科学学院硕士生导师,本科课程论的兼职教授,市继续教育中心的"师训"工作等。仍能坚持每天撰写1000字左右的工作日记,每天锻炼1小时。靠的是什么,靠的是用科研的角度去工作。

五、收获的是受培训和培训别人的机会

我酷爱学习,我的贮书量不完全统计有三万多册,我非常重视教师的专业发展,当然更重视自己专业发展,近十多年来参加各种长期、短期的培训达10多次,如参加国家教育部跨世纪园丁、国家级教师培训、全国科研骨干教师培训、重庆市"未来教育教育家培训",等等。同时我近十年在全市、全国做了400多场报告,受训教师上亿人

次。我觉得不断充电，又不断地去培训教师，有利于大大促进自己的专业成长。第一，教师的专业素养的提高有助于教师生活幸福指数的提高，如工作过程的乐趣、有极高的自我效能感、变得越来越自信，在工作中那种举重若轻、游刃有余、左右逢源、身心愉快等等。第二，教师的专业素养会极大地影响教师自尊需要的满足。如能赢得认可、接纳与欣赏、学生的爱戴与家长的信任等等。第三，教师专业素养是一个人素养的核心，最重要，最广泛迁移价值的部分。如人际沟通与交流能力，体面和充分自我表达的能力，等等，当一个教师有比较高的专业素养时，也一定享有比较高的生活品质。同时，教师的成长与幸福人生营造可以相互促进，才会收获有滋有味，幸福美好的教育人生。

世界也许很小，学生的心灵领域却很大。教师是广阔的心灵世界中播种耕耘的职业，这一职业应该是神圣的。愿我们用神圣的态度，在神圣的岗位上，把属于我们那片园地，耕耘的更好，让学生内心的澄明，视界的敞亮！

在这里，您手中的两本册子，是我教育人生的驿站，这些教育论文或个案，在不同时期都已发表或获奖或成书。不管您是带着什么心态阅读这两册书，希望能给你一点儿关爱，能给你一点儿信心，能给你一点儿感悟、启迪和一点儿希望！

哦，这就是我杜东平所说的教育人生。

此套书的出版是我教育人生的驿站。

值得一提的是，本套书作为重庆市"未来教育家"培养对象，学习和受教育的成果，为中国教育学会学校文化研究分会"十二五"教育科研规划重点课题"未来生活教育理论和实践研究"成果，也为重庆市"十二五""中学生物自主-合作-探究教学有效性研究"的课题成果。

杜东平

2013年7月30日于重庆市谢家湾

目 录

CONTENTS

我的生物教育主张

WODE SHENGWU JIAOYU ZHUZHANG

中国在长期以来，中学生物教育地位、作用、课程、教学等等，就像大海的渔船飘浮不定，我就像个渔翁任凭风吹浪打，一直坚守着……而今，进入了21世纪，21世纪为生物的世纪，我可以畅想我的生物教育主张和信条。

我的生物教育观和信条

我的生物教育观

1. 素质教育=公民教育+生命教育。教育不仅要开发学生谋生与自立的能力，教育也需要为一个民主、自由、公正、文明的社会培养人——这是教育的社会责任，因此今天我们需要强调公民教育。学校教育不仅应该对学生的升学考试负责，更要对学生终生幸福负责：要为学生的幸福人生奠定一个坚实的教育基础，因此，我们特别需要生命的教育。生物教育教学就应当承当起生命的教育的任务。

2. 学生是未来的家长，教育要唤起生命的尊严。家长的素质在很大程度上影响孩子的成长。我们今天的学生将是明天学生的家长，我们需要在他们的心中唤起生命的尊严的意识，当他们成为父亲或母亲的时候，能够对自己孩子的成长切实地负起责任。生物教育教学就应当唤起生命的尊严。

3. 我坚信生物学是自然科学的一门基础科学之一，是研究生物现象和生命活动规律的一门科学。生物学具有基础性的理由，我认为：一是生物学是农、林、牧、副、渔、医药卫生、环境保护及其他有关应用科学的基础。二是生物科学经历了从生物现象到生物本质的研究，从定性到定量的发展过程，并与工程技术相结合，对社会、经济和人类生活产生越来越大的影响。

4. 普通中学的中学生在中学接受生物教育共5年，除了为学生的升学负责外，我主张要永远给学生留下生物教育思想，有哪些生物思想呢？一是唯物辩证法；二是系统论；三是全息论；四是层级论；五是生命的大分子性；六是适应性和多样性。这些思想通过生物用语为载体，通过日常教学让学生潜移默化，教会学生认识生物世界，适应生物世界，从而改造生物世界，对学生终身有用。

5. 我认为要大力加强生物科学的教学，增加教学内容和课时数，中学应要学6年，强调学科地位。生物学是自然科学中发展最为迅速的科学之一。生物科学研究在20世纪取得许多重大突破，21世纪人类将进入生物科学技术的新时代。生物科学研究成果更加迅速地转化为社会生产力，显示巨大的社会效益和经济效益。生物科学也更加关注人类自身的方向的发展。随着与物理、化学、数学以及其他各科之间，交叉、渗透和融合，生物科学已经成为主导学科。生物科学在解决人口增长、资源危机、生态危机、生态环境恶化、生物多样性面临威胁等诸多问题中发挥的作用越来越大，有力地促进了现代社会文明的发展。

6. 目前，中学生物新课改在继承我国现行生物教学优势的基础上，力求更加注重学生发展和社会需求。更多地反映生物科学技术的最新进展。更加关注学生的已有的生活经验。更强调学生的主动学习，并增加了实践环节。期望学生通过对生物学知识的深入理解，对职业选择和学习方向有更多的思考。期望学生通过对生物学的学习，能够在探究能力、学习能力和解决问题的能力上有更好的发展。期望学生通过生物学学习，能够在责任感、合作精神和创新意识等方面得到提高。

7. 由过去的《中学生物教学大纲》改为《中学生物课程标准》的价值在哪里呢？

我们研究认为，原《中学生物教学大纲》存在种种弊病：从目标上说，只规定了知识方面的要求；从内容上说，往往偏难、偏深、偏窄，对绝大多数学生来说，要求过高；从过程上说，只强调教学过程，忽视课程的其他环节；从要求上说，"刚性"太强，缺乏弹性和选择性。

《中学生物教学大纲》改为《中学生物课程标准》，这不仅仅是一个词语的置换，我们认为至少应包括以下几个方面的理解与考虑：第一，课程价值趋向从精英转向大众教育。第二，课程目标着眼于学生素质的全面提高。第三，从只关注教师的教学转向课程实施的过程。也就是从只关注教师的教学转化为对学生学习过程的关注。第四，课程管理由刚性转向弹性。

8. 生物教学应当树立四大理念：第一，是面向全体学生。让学生全面发展和终生发展、充分发展；第二，是提高生物科学素养，是指参加社会生活、经济活动、生产实践和个人决策所需的生物科学概念和科学探究能力，包括理解科学、技术与社会的相互关系，理解科学的本质以及形成科学的态度和价值观；第三，是倡导探究性学习，生物科学不仅是众多事实和理论，也是一个不断探究的过程，《标准》倡导探究性学习，力图改变学生的学习方式，引导学生主动参与、乐于究、勤于动手，逐步培养收集和处理科学信息的能力，获取新知识的能力，分析和解决问题的能力，以及交流与合作的能力，突出创新精神和实践能力的培养；第四是注重与现实生活的联系。

9. 提高生物科学素养应当理解为，是公民素养的重要组成部分，是指参加社会生活、经济活动、生产实践和个人决策所需的生物科学知识和科学探究能力，以及相关的情感态度价值观。它反映了一个人对生物学领域的核心基础内容的掌握和应用水平，以及在已有基础上不断提高自身科学素养的能力。提高中学生的生物科学素养是本课程标准实施的核心任务。

10. 面向全体学生应当理解为，以学生的全面发展和终生发展的需要，充分发展（个性发展），也就是在教学中既有基本要求，又有要体现因材施教的教学思想。

11. 大力倡导探究性学习。生物科学不仅是由众多事实和理论组成的知识体系，也是由一个不断探究的过程发展起来,探究是学生认识生命世界、学习生物课程的有效方法之一。《标准》倡导探究性学习,力图改变学生的学习方式,引导学生主动参与、乐于探究、勤于动手,逐步培养收集和处理科学信息的能力,获取新知识的能力,分析和解决问题的能力,以及交流与合作的能力,突出创新精神和实践能力的培养。

12. 注重与现实生活的联系。也就是注重使学生在现实生活的背景中学习生物学。倡导学生在解决实际问题中去深入理解生物学的核心概念。运用生物学的原理和方法参与公众事务的讨论或作出相关的个人决策。帮助学生职业方向和学习方向的选择。

13. 初中生物"标准":综合考虑学生的发展、社会需求和生物科学的发展三个方面,"标准"选取10个主题。①科学探究。②生物体的结构层次。③生物与环境。④生物圈中的绿色植物。⑤生物圈中的人。⑥动物的运动和行为。⑦生物的生殖、发育与遗传。⑧生物的多样性。⑨生物技术。⑩健康地生活。

14. 必修三个模块为:生物1,分子与细胞;生物2,遗传与进化;生物3,稳态与环境。我研究发现,这是生物科学核心内容,也是现代生物科学发展最迅速、成果应用最广泛、与社会和个人生活关系最密切的领域。满足学生多样化的发展,有助于拓展学生生物科技视野,增进生物科技与社会的理解,提高学生的实践和探究能力。

15. 选修三个模块为:选修1,生物技术实践;选修2,生物科学与社会;选修3,现代生物科技专题。我研究发现,是为了满足学生多样化的发展,有助于拓展学生生物科技视野,增进生物科技与社会的理解,提高学生的实践和探究能力。

"生物1:分子与细胞"模块。(1)较深入地认识生命的物质基础和结构基础;理解生命活动中物质变化、能量转化和信息传递。(2)领悟观察、实验、比较、分析和综合等科学方法及其在科学研究过程中的应用。(3)科学地理解生命的本质,形成辩证唯物主义自然观。

"生物2:遗传与进化"模块。(1)认识生命的延续和发展,了解遗传变异规律在生产和生活中的应用;(2)领悟假说演绎,建立模型等科学方法及其在科学研究中的应用。(3)理解遗传变异在物种繁衍过程中的对立和统一、生物的遗传变异与环境变化在生物进化过程的对立和统一,形成生物进化的观点。

"生物3:稳态与环境"模块。(1)认识发生在生物体内部和生物与环境之间的相互作用。理解生命系统的稳态,认识生命系统结构和功能的整体性。(2)领悟系统分析、建立数学模型等科学方法及其在科学研究中的应用。(3)形成生态学观点和可持续发展的观念。

"选修1:生物技术实践"模块:重在培养学生设计实验、动手操作、收集证据等科学探究的能力,增进学生对生物技术的了解。本模块适于继续学习理工类专业或对实验操作感兴趣的学生学习。

"选修2:生物科学与社会"模块:围绕生物科技在工业、农业、医疗保健和环境方面的应用,较全面地介绍了生物科技在社会中的应用。适于学习人文和社会科学专业及直接就业的学生学习。

"选修3:现代生物科技专题"模块:以专题的形式介绍了现代生物科学技术一些重要领域研究的热点、发展趋势和应用前景,以开拓学生视野,增强学生的科技意识,为学生进一步学习生物科学类专业打基础。

16. 生命科学(生物学科)与其他学科如物理、化学等学科相比,独有特征:第一,是生命物质基础的特殊性——生物大分子性;第二,是生命自然界的多层次性;第三,是生命是一个复杂的开放系统;第四,是生命活动和信息变换;第五,是生命自然界是一个复杂的网络;第六,是在生命科学中人是研究的主体,又是客体;第七,是生命科学研究方法的独特性。这决定了生命科学在中学其独有的教育和育人功能,独有的课程地位,也就决定了生物教师的专业性。

17. 学校教育要为基本国策的落实贡献力量——控制人口、保护环境,要让人口意识和环保意识深入人心,要人人都内化为生态道德。

18. 生物教学中,生物教学过程和生物教学结果同样重要:在生物学习过程上,应当充分展开高层次思维过程和交互活动;在生物学习结果上,让学生达成对知识的深层理解和灵活应用。

19. 在生物教学中应强调哲理内涵与理性色彩,着力发展学生的思辨能力,特别是批判性的思考力。

20. 我们的教育最缺乏的是对学生实践能力和创新能力的培养,特别是生物教学就应当关注学生已有的生活经验,加强实践环节,发展学生的探究能力、学习能力和解决问题的能力,这是生物教学的首要任务。

21. 我主张生物教师要用敏锐的眼光,发现对生命的科学有特殊兴趣、爱好、特长的学生,应让其享受特殊的教育。

22. 我坚信,合格的生物教师不仅要有上好一堂课的本领,更要有精熟的生物的专业技能和能力,有一套个性化组织生物课外科技活动的本领。

23. 我主张建立积极的课堂环境,使学生有情绪上的安全感。更要建立一个温暖的、学生彼此接纳的、相互欣赏的学习场所。

24. 我主张让生物教学生动有趣,并与学生的生活相联系。帮助学生树立学习的自信心,乐于给予学生需要或渴望的额外帮助。

25. 我主张在生物学习中,让学生感到自己有价值。以某种建设性、乐于激励的方式给予学生快速、准确、翔实的反馈,引导学生制订行为改进计划。使学生感到自己有价值、与他人有联系和被尊重。

26. 我主张要培养学生的选择能力、履行责任的能力。鼓励学生提出有深度、开放性的问题，并且鼓励学生相互回答。

本文摘自《杜东平教育日记》中

我的生物教学观

1. 我主张学生在学生物时,用自己的眼睛去观察;用自己的心灵去感悟;用自己的头脑去判别;用自己的语言去表达;用自己的双手去体验;用自己的双腿去走路!

2. 在生物教学中,大力推行小先生制,构建学习团队,人人有事做,事事有人做。

3. 中国大多数生物教师喜欢用讲授法,我们必须认识其优劣。

讲授法的优势为:①利于教师充分发挥主导作用;②教师可以由易到难、由浅入深地传递信息,利于学生接受;③易于教师控制所传递的内容,所授知识系统性、逻辑性强,单位时间的效率最高;④比较不受学生人数上的限制;⑤可以锻炼教师的多种教学能力。

但我们必须明白,讲授法的局限性在于:①教师需有较强的语言表达能力和组织听讲的能力;②不易发挥学生的主动性、独立性、创造性,易形成以教师为中心的教学模式;③学生要有较高的自觉性和听讲能力,局限于教材系统性强的学科和较高年级的课堂;④只强调学科知识的结论性和接受性,易束缚学生的思维;⑤易削弱实用知识和实验技能的教学,影响学生适应社会生活和实际操作能力;⑥课堂交流局限于师生之间,沟通方式单调,课堂气氛沉闷;⑦学生动手、动口、动脑的实践机会较少;⑧很少有意识地培养学生的能力、发展智力;⑨难以顾及学生的兴趣及需要上的个别差异。

4. 我们生物教师应当努力学会生物探究式教学,要知其"长短"。

生物探究式教学优越性:①培养学生主动学习和探究自然所需要的观察能力、思维能力、探索能力、分析能力及解题的能力。同时使学生掌握正确的生物科学概念,培养良好的个性品质。②过程式教学。以过程为中心,使学生通过主动参与探究的过程掌握科学的思维方法和科学概念。③精选典型的范例性的探究实验,以探究性的叙述代替结论性的解释。④以学生为主体,教师的作用只是诱导、点拨、提供材料、帮助完善实验。

生物探究式教学局限性:①费时太多;②适应人数在20人以下;③对教师的要求高;④课外准备的时间长;⑤要求一定实验的设备和经费。

5. 我们的生物教师只要知道讲法和探究式教学的优越性和局限性,就会取长补短,我们应当继承有意义的讲授法,大力提倡探究式教学。熟练掌握探究式教学的技能和技巧,是未来当代生物教师和未来生物教师专业发展的首要任务。

6. 义务教育课程标准实验教科书《生物学》的编写的特点或指导思想,我研究发现有"五个一":

一个宗旨:以提高学生的科学素养为宗旨;

一个重点:以培养学生的创新精神和实践能力为重点;

一个突破口:变被动学习为主动探究式学习突破口;

一个需求:符合学生发展的需求;

一个反映:反映生物科学新进展及其在社会中广泛应用。

生物教师要有这"五个一",并在生物教学中贯彻始终,学生才能终生发展。

7. 义务教育课程标准实验教科书《生物学》的编写我认为有很多的创新之处:打破传统的科学体系,构建突出人与生物圈的知识体系,传统的科学体系,侧重讲述植物、动物、人体的形态、结构和生理,且以生物进化为主线,从低等到高等分门别类地讲述。新知识体系的构建——突出了人与生物圈、突出人体和人类活动的内容。这样做的理由:①人和生物都在生物圈中生存、延续、发展。②人类的可持续发展决定人和生物圈的关系。③把人也纳入生物的研究对象,利于人学会健康地生活。

当然我们应当明白传统的中学生物教材,优越性在于:知识结构完整;系统性强;层次分明;脉络清晰。缺点是知识容量过大,严重压挤自主、合作、探究的时空;离生活实际太远,不利于学习兴趣的激发和有意义的学习;记忆事实性知识较多,不利于探究能力的培养;动物和人体的内容部分重复。

8. 我研究发现义务教育课程标准实验教科书《生物学》,安排了系列、多样化的科学探究活动:科学的探究活动包括观察与思考、实验、调查、探究、资料分析、模拟制作、进一步探究、演示实验、设计、技能训练、课外实验等。

一是观察与思考:主要是让学生观察实物,练习观察的方法,培养观察能力。如对一些生物或非生物进行比较观察。

二是实验:主要是让学生通过动手操作来增加感性认识,加深对动手操作能力的理解,培养动手操作能力。如:"观察植物细胞"、"观察人的口腔上皮细胞"。

三是调查:倡导走出课堂,到大自然或社会中去,就某个生物有关的问题调查,培养实践能力。如"调查校园、社区或农田的生物种类"。

四是探究:旨在让学生参与和体验科学探究的一般过程,包括提出问题、作出假设、制订计划、收集证据、得出结论、表达与交流等,以培养学生科学探究能力。如"探究种子的发芽的条件。"

五是资料分析:主要是给学生提供图文资料,让学生进行分析,得出结论。培养学生处理信息的能力。

六是进一步探究和课外实践:旨在鼓励学生进行扩张性的探究和实践,大多在课外完成,但教师也应提供机会让学生交流和讨论。

七是技能训练:为培养学生科学探究技能而安排练习的栏目,每个技能训练栏目侧重一种探究技能。如有的训练是"提出问题",有的是"解读实验数据"等。

9. 我研究发现义务教育课程标准实验教科书《生物学》,重视能力培养的梯度设计。总体思路:先安排思维要求较低的活动,如观察身边的生物、阅读和分析资料等,后安排技能要求较高的活动,如制作和观察切片和装片。

实验探求答案中,先安排明确问题、假设、材料用具和方法步骤的探究,让学生在模仿中体验和领悟科学探究的方法。再安排学生设计部分环节的探究,最后安排要求学生全过程设计的研究。

在技能训练中,先安排简单的观察、比较、测量、计算等,后安排实验结果分析、解读实验数据等等。

10. 我研究发现义务教育课程标准实验教科书《生物学》,注重对概念和原理的理解,适当删减记忆的内容。教学内容与基本原理的相关性越强,其时效性越大,对学生的发展的价值就越高。适当减少单纯的记忆知识,可为探究提供时间和空间。还发现注重反映生物科学的新进展。克隆动物、转基因生物、人类基因组计划。

11. 我研究发现,中学生物教师应当从微观和宏观上把握住中学生物学知识的深度、宽度。

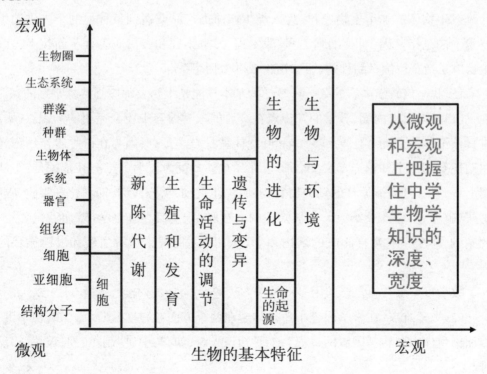

从微观到宏观有11个结构层次,体现了生物的等级性,上一个结构层次包含着下一个结构层次,即一个结构层次是上一个结构层次的要素。

12. 我坚信生物科学是一门实验性科学。现在高中必修共有23个实验,共分为四类:一是显微观察实验类;二是提取鉴定实验类;三是探究性实验;四是模拟调查类;五是验证性实验类。我在教学实践中体会到永远不够,建议在活动课中再扩增两倍。大力加强学生的动手能力、实验能力和探究问题的能力。

13. 我坚信生物科学是一门研究方法的科学。在知识教学的同时要教会学生的生物研究方法。主要有:一是经验进行类推,哲学思辨。二是电子显微镜技术,生物化学、生物物理技术,例如,层析、电泳、X衍射。三是分子生物学研究技术,DNA重组技术,动物细胞工程技术,组织学和解剖学技术,数学模型等。四是细胞及细胞层次以下的微观研究方法,如显微技术、细胞工程技术、分子生物学技术等;五是组织学方法:涂片法、石蜡切片法。四是生理学研究方法:慢性动物实验法;急性动物实验法;整体水平的生理学研究法,如结合化学、物理学,尤其是仪器分析、放射性同位素测定等方法。五是模拟实验,各种水生物的微型实验系统、实验室模拟系统、土壤试验的土壤系统、人工气候箱、野外自然模拟系统。六是数学模型与计算机模拟。七是核酸的分子杂交。八是生物化学的研究方法,如电泳技术、层析分离技术,等等。

14. 我坚信生物科学是一门生物技术的科学。所谓生物技术,是指人们以现代生命科学为基础,结合先进的工程技术手段和其他基础学科的科学原理,按照预先的设计改造生物体或加工生物原料,为人类生产所需产品或达到某种目的。先进的生物技术手段是指基因工程、细胞工程、酶工程、发酵工程和蛋白质工程革新技术。改造生物体是指获得优良品种的动物、植物或微生物品系。

15. 我坚信教学内容的"三点"教学的基本技能是生物教师应当熟练掌握的。

(1)教学重点内涵,教学的知识点在今后的教学内容中还会运用的知识点,例如,讲真核细胞的8个细胞器,线粒体和叶绿体就是教学重点,因为在讲呼吸作用和光合作用还要用两个知识点。又如:讲"心脏"的结构,就为教学重点。其依据是:①从作用上看,心脏是血液循环的动力器官,心脏停止跳动,新陈代谢(即消化和吸收、呼吸、泌尿)就停止,生命就结束。②从知识的内在联系上看,心脏是学习《血液循环》一节的基础,学生只有掌握心脏的结构和生理知识,才能真正理解血液和淋巴循环的过程。

教学重点怎么教? 要求用多种教学方法进行重现和强化。

(2)教学难点,在教学内容中总是体现在两个方面:一是知识太深,如,初中讲"基因和染色体以及转基因鼠的过程";二是知识太难,如,初中讲"制作临时玻片"知识太难。

在讲解"心脏"教学难点时,心脏瓣膜的开放方向和血流方向的关系就是教学难点。依据:一是心脏瓣膜所在位置位于房室之间和心脏与动脉之间,本身学生就不容易观察到,二是初二学生已有的生活经验对瓣膜着生的位置和结构特点、控制血液流动方向、防止血液倒流等是很费解的。

教学难点怎么教? 就必须用大量图片等展示教具,直观教学法进行教学,以突破难点。

(3)教学疑点,就是知识点之间最易混淆点。如应激性、适应性、遗传性的区别和联系。

教学疑点怎么教? 就必须用比较法。如语言比较、列表比较,图示比较,问题比较,等等进行教学。

16. 无论是用讲授、谈话法、讨论式、启发式教学,还是用自主、合作、探究式教学,我坚信生物教学原则始终贯穿科学性和思想性相结合的原则、直观性教学的原则、综合化原则和实践性原则,等等。

本文摘自《杜东平教育日记》中

生物素养探索

SHENGWU SUYANG TANSUO

学生的生物素养、素质的探索是生物学科教学的永恒主题。

在21世纪，一些有远见的科学家、思想家与政治家将日益关注诸多人类社会问题，如人口、环境、食物、资源与健康等重大问题的解决，寄希望于生命科学与生物技术的进步，而生物学科教育也将承担大众的生物素养、素质的探索……

中学生物教学实施素质教育探讨

素质教育如何落实到学科教学之中，又如何落实到生物学科教学中，本文做了认真的探讨。

生物学的教育目标从属于学校教育的总体目标。从横向来看，生物学与其他自然学科的相互渗透日益突出，它们间的发展也紧密关联；从纵向来看，小学自然课中一些浅显的生物学知识为初中生物学课中较为系统的生命现象知识打基础，初中的生命现象知识又为高中生物学课中的生命本质知识打基础。总之，中学生物学的教育目标是逐步延伸和深化的。

通过笔者多年实践，中学生物教学实施素质教育应从以下几个方面着手，以达到对学生实施素质教育的目的，现分述如下：

一、思想道德素质教育

（一）渗透辩证唯物主义观点

辩证唯物主义是关于自然界和人类社会的一般规律的科学，当然包括生物学在内。因为生物学原本就是辩证的、唯物的。例如，从生物的基本特征来看，生物体具有共同的物质基础和结构基础。也就是说，生物体主要是由蛋白质和核酸等物质组成，结构上除病毒属于一种亚生命状态外，生物体都是由细胞构成的；生物体的一切生命活动都依赖于活细胞中的新陈代谢；在新陈代谢的基础上，生物体对内外刺激都能产生一定的反应；生物体都有生长、发育和生殖的现象；在生殖过程中，既能将自身的遗传物质传给后代，又能使后代个体产生某种变异。也就是说，生物物种既能基本上保持稳定，又有可能为其进化提供条件；生物体既能适应环境，也能影响环境。总之，生物的基本特征充分说明，生物体的结构与功能是辩证统一的；生物体的局部与整体是辩证统一的；生物体与环境是辩证统一的。

（二）培养爱国主义情操

我国是生物资源丰富的国家，生物种类繁多。在我国，仅列为国家一级保护动物的就有百余种，如金丝猴、大熊猫、白鳍豚、丹顶鹤、扬子鳄、金斑喙凤蝶等；列为国家一级保护植物的也有8种，如金花茶、银杉、桫椤、珙桐、水杉、望天树等。

自古以来，我们的祖先就知道研究生物的重要性，取得过不少举世闻名的科学成就。例如，北魏贾思勰的《齐民要术》，约成书于公元533—544年间，是我国最早的一部古农书;明代李时珍的《本草纲目》,成书于1578年,是我国药物学、植物学的世界名著;明代徐光启的《农政全书》,成书于1639年,是一部农业科学专著。

近年来,我国的生物学研究成就巨大。1965年我国在世界上首次人工合成具有生物活性的结晶牛胰岛素;1981年又合成了酵母丙氨酸转运核糖核酸;在农业上,我国水稻专家袁隆平培育出的新型杂交水稻,已经跨入世界优良稻种的前列,他本人也先后获得了联合国的发明奖和科学奖,被誉为"杂交水稻之父"。

(三)进行生物学基本观点教育

1. 进化论观点

生命起源于化学进化,即由无机物生成有机物,从有机物逐步演变为原始生命。一旦原始生命出现以后,即开始了生物进化过程。即生物通过自然选择,经历了一个由简单到复杂,由低等到高等,由水生到陆生的生物进化历程。这就从根本上否定了神创论等唯心主义的观点。

2. 生态学观点

在生态系统中,生物有生有死,有迁入和迁出。因此,生物的数量,包括生产者、消费者和分解者,总会有些变化。尽管如此,作为生产者的绿色植物的数量总比作为一级消费者的草食动物多,作为一级消费者的草食动物的数量总比作为二级消费者、三级消费者的肉食动物多。

只有将素质教育贯彻落实到学科教学中,才会真正地提高学生的素质。

——杜东平

消费者的肉食动物多。事实上,在生态系统中各种生物的数量和占有的比例,大体上处于一个相对稳定的状态,此即生态平衡。

使生态平衡遭到破坏的因素,有自然因素和人为因素两类。当前,以人为因素为主。破坏生态平衡的后果是严重的,人类已深受其害。这就需要我们树立正确的生态学观点,以增强热爱大自然和保护大自然的意识。

(四)进行生物学价值观教育

生物学作为一门基础理论学科,除与农、林、医药卫生等事业的发展密切相关之外,其应用范围已扩展到酿造工业、食品工业等领域。当前困扰人类生存和社会发展的人口、粮食、环境、能源、健康等严峻问题的解决无一不与生物学和生物技术的进步有关。

在工业上:石油是工业的重要原料,目前采油是靠天然压力使原油由油井中喷出,据测定,喷出的原油只占储油量的30%。如果将微生物注入油井,由于微生物生活中产生的二氧化碳、甲烷、有机酸等,不仅能降低原油的黏度,而且会增加油井下的压力,对增产原油是十分有利的。又如,绿色植物光合作用所需的原料是二氧化碳和水,假如光合作用的机制彻底清楚后,那么,模拟光合作用的过程来实现粮食生产的工厂化,不是不可能的。

在农业上:通过杂交和诱变培育优质高产的家畜、家禽、农作物新品种有着广阔的前途。例如,目前我国的科学家正在研究将根瘤菌的固氮基因提取出来,转移到小麦、玉米、水稻等作物体内,从而获得自身能独立固氮的高产作物新品种,以达到大幅度提高产量和质量的目的。

在医疗上:对人体基因定位及其功能研究的进展,将有助于人们阐明多种疾病的病因,提出全新的治疗方法。例如,对待人类的遗传病,过去是无能为力的,随着生物技术的进步,利用健康的基因替换或矫正遗传病患者的某些缺陷基因,用以治疗遗传病是有可能的。

在解决能源危机上:已有的煤炭、石油等能源物质的地下储量是固定的,并且是不可再生的,随着人类不断地开采利用,迟早会导致它们的枯竭。因此,寻找新能源,就成为人们关注的新课题。人们发现绿色植物的光合作用所贮存的化学能大可利用。例如,以纤维素为原料,先用微生物产生酒精,然后混入不同比例的汽油,即可作为动力燃料使用。

在环境保护上:随着工业化、城市化程度的发展,环境污染已构成对人类生活的威胁。在治理与保护环境方面,生物学能发挥极其重要的作用。例如,绿化美化环境选用哪些树种较为理想,清除有毒物质,特别是处理污水,利用哪些微生物较为有效等。

(五)规范行为准则

生物性状的形成,决定于遗传因素和环境因素的协同作用。人是生物的一员,其性状的形成同样遵循这一规律。因而人具有一定的生物属性。但是,人不能等同于生物,人是社会人。因为人类社会在其长期的发展过程中,为了维护社会的正常运转,逐步产生了各种社会规范,所以人的行为要受道德与法律的制约。例如,在自然选择中,生物有过度繁殖,人类有优生优育;生物有生存斗争,人类有维护人际关系的准则;生物有遗传变异和适者生存,人类有团结友爱、互助合作的美德。当然,这些素质的培养,在教学中不能是穿靴戴帽、牵强附会,必须是适当地渗透,让学生在学习生物学知识的过程中逐步领悟,逐步规范个人行为。

二、科学文化素质教育

(一)基础知识的掌握

基础知识永远是首位的,离开基础知识其他都无从谈起。当然,不同的学习阶段要求学生掌握的基础知识的深度、广度不会一样。以细胞知识为例,初中只要求学生知道细胞的显微结构,即细胞是由细胞膜、细胞质和细胞核组成的,初步了解细胞是生物体的结构和功能单位。到了高中,则要求学生掌握细胞的亚显微结构,细胞的功能也涉及到了分子水平。又如,生物的遗传和变异,初中侧重于遗传现象和变异现象,至于遗传和变异的原因,仅简单地提到了它们是由遗传物质决定的。到了高中则是从遗传物质的介绍开始,然后是基因对性状的控制,最后是阐述了遗传的基本规律以及基因突变和染色体变异等基础知识。

虽然初中和高中的教学内容深浅程度不同,但无论完成哪一阶段的学习,并不妨碍其终身受益。对不同年龄段的学生来说,这样一个循序渐进的安排,应该说是合适的,是从对学生学成之后能适应现代化生活和社会需求而选择的教学内容。

(二)科学素质的养成

生物学是实验科学,让学生掌握研究生物学的常用方法和养成科学意识,是生物学教育的重要内容。

1. 生物学的研究方法

生物学的研究方法很多,常用的方法包括观察—提出问题—假设—设计并进行实验—整理数据并得出结论等几个基本过程。例如,某科学工作者到甲地去做生态调查,发现常年生活在该地区的一种鸟的数量在不断减少。于是他将"甲地一种鸟的数量为什么会减少"确定为个人的研究课题。天敌或人类的捕杀。根据假设,立即开展了有计划的大量调查和实验。

值得一提的是,在生物学的研究中,观察要仔细、客观,提出的问题要有研究价值,假设要经过周密的思考,实验要有对照组,结论要有充分的事实依据。

2. 科学素质的培养

初中生物学教学大纲的教学目的要求中,在能力培养项下,开始即是要求"通过科学方法训练、培养学生的科学素质"。

科学方法训练是高科技发展以及社会需求的必然。什么是科学方法训练?简单来说,不仅要使学生学会课本上已经验证了的生物科学事实(静态的知识体系),而且要使学生了解这些生物科学的研究过程(动态的知识体系),使基础知识系统化、整体化,使实际的操作技能系统化、整体化,并达到融会贯通,比较熟练地运用的目的。

在教学中实施的基本途径是重视以"发现"、"探究"为基础的生物学知识的传授,区别于先给概念、结论,然后再作解释和说明的教学活动;实验是以探索性实验为基础的科学方法训练,区别于在概念、结论明确之后的验证。如此久而久之,不仅能扭转学生被动学习的局面,而且能使学生的科学素质逐步得到提高。

例如,当一位初中学生学完植物的向性之后,在自己家中竟独立地设计并完成了"磁对植物生长的影响"的实验。他是这样做的:一是以磁铁棒悬空置于灰灰菜幼苗受光的侧面,一是将磁铁棒插在仙人掌花盆的盆土中,分别观察和记录了叶片的生长方向和根系的分布状况，最后写出了小论文。尽管实验设计不够严谨、科学，数据处理和分析判断也还欠成熟、周密，但这种精神是可贵的，这恰恰是我们所要培养的科学素质。所以，通过生物学教学，使学生了解科学探究的基本过程，学会科学研究的基本方法并能付诸实践，这才是科学方法训练的真谛，才是科学素质培养的目标。

三、心理素质教育

中学生正处于青春发育期，在生理变化的基础上，随着家庭、学校、社会的教育和影响，此时的心理发生着剧变。一方面表现为思维敏捷，感情丰富，憧憬未来；一方面又表现为自以为是，好冲动，甚至产生逆反的心理和行为。可以说他们此时是正处于一种半成熟、半幼稚的状态，因而可塑性极强。

（一）观察能力的培养

观察能力，具体到生物学科上是指善于观察生物体的形态结构、生命活动、生活环境等细微变化及其本质的能力。

观察是学习生物学的重要手段，也是获得生物学知识的首要步骤。科学研究中，问题的提出和假设是通过观察产生的，结论也是通过实验中精细、系统的观察获得的。即便在学习课本上大量的早已验证了的生物科学事实时，也同样要重视观察。例如，如何区分单叶和复叶，假如课堂上仔细观察了杨树叶和月季叶并掌握了它们的不同点之后，对我们日常习见的白菜、芹菜是单叶还是复叶等问题都会迎刃而解。又如，探究光合作用的原料、条件及其产物的几个实验，每一项实验中的每一步骤，都要仔细观察，否则，就难于理解光合作用的实质。总之，培养学生正确、客观、敏锐的观察能力，是生物学教学中心理素质教育的内容之一。

（二）实验能力的培养

心理素质上的实验能力不只局限于实验的实际操作能力，它应包括：①通过实验获得知识的能力；②实验技能的整体化以及自行设计不同实验步骤的能力；③记录、分析、整理实验数据以及写出实验报告的能力；④通过实验寻求解难答疑的能力。

例如，北京市的一名初中学生，在辽宁兴城进行的一次生物夏令营活动中，发现距离海滩较近的盐碱地上生长的一种风毛菊的叶片与山坡上生长的同一种风毛菊的叶片有些不同，盐碱地上叶片的网状脉比山坡地上叶片的网状脉要密得多。从而联想到，因不同生活条件引起的叶脉疏密变异的这种适应，会不会也影响叶片其他结构上的变异？于是她将两种叶片采了回来，做了大量切片，进行比较观察。结果是叶片的其他结构也有区别，盐碱地上的气孔有些下陷，栅栏组织由三层细胞组成，且细胞排列较紧密，细胞壁较厚；山坡地上的气孔与表皮平行，栅栏组织由一层细胞组成，细胞排列也不那么紧密，细胞壁也不那么厚。据此，写出了小论文，后被中国植物学会在青少年科技小论文评选中评为一等奖。应该说这位同学的实验能力是比较理想的。

（三）思维与创新能力的培养

在心理素质的智力因素中，如果说观察力是获取知识的门户，记忆力是知识的仓库的话，那么，思维力则是智力的核心了。因为思维活动表现为人对客观事物的本质和规律的分析、综合、比较、抽象、概括和具体化的基本过程。只有通过思考的学，才是主动的学，才能透彻理解与牢固掌握获取的知识。

正像我们前面曾介绍过的两位中学生的典型事例那样，在他们的活动过程中，思维活动肯定是相当活跃的。否则，不可能由植物的向性联想到磁对植物生长的影响；不可能由风毛菊叶片的形态变异联想到叶片的其他结构会不会也发生变异。这种能力的养成，不只限于解决了一两个具体问题，可贵的是使个人遇事能多问几个为什么，在疑难问题面前能寻觅解决问题的途径。更为可贵的是，他们不仅表现出较为理想的思维能力，而且表现出了他们的创造能力。

创造能力是指思维活动在已有的知识和经验水平基础上具有创新活动的能力。创造性活动是与人的心理特征相联系的，具有创造才能的人大多具有强烈的好奇心与顽强的探索精神。

（四）情感与志趣的培养

情感是人对外界刺激所产生的肯定与否定的心理反应，如喜、怒、哀、乐等。兴趣是积极探究某种事物或进行某项活动的心理倾向，如爱不释手、乐此不疲等。同时，情感与兴趣直接影响着人的行为，当然包括学习活动在内。因而理智的情感和高尚的兴趣是提高学习质量和使人主动学习的内部动力，必须引起我们生物学教学的高度重视。

兴趣是获取知识的内部动力。但是不能只停留在对兴趣的培养上，而应该进一步对学生进行志趣的培养。兴趣常常由于某一行为的完成，得到满足之后而告终。志趣则使人产生坚持不懈的追求欲，不论暂时得到满足与否，他将永远保持浓厚的兴趣，甚至把失败看成是再努力的契机，永不丧失其乐于追求和学习的情感。当然，不能忽视兴趣的培养，因为它是志趣培养的基础，是教育的第一步。

四、身体素质教育

中学生物学的几部分教学内容，都有助于对学生进行身体素质教育，但比较集中的还是人体生理卫生的教学内容。这部分内容选材于人体解剖学、生理学和卫生学。它能使学生初步了解人体的解剖结构和生理活动，了解在日常生活中的保健知识，以促使其茁壮成长。因此，在传授基础知识的同时，应该与体育课和学校卫生工作配合，使学生提高体育锻炼的自觉性，养成良好的卫生习惯等。

（一）提高体育锻炼的自觉性

中学生时代正是人生长的第二高峰，经常参加体育锻炼，可以促进各个器官系统的生长发育和功能素质的提高。例如，对运动系统，锻炼可使肌纤维变粗，能量物质增加，骨细胞增殖加快，骨密质增厚，关节灵活；对循环系统，锻炼可使心肌发达，心壁增厚，心跳减慢，血输出量加大，血细胞增加，血脂和胆固醇的含量降低；对神经系统，锻炼可以提高神经系统的反应能力，使动作协调，快速灵活。

当学生了解了体育锻炼的好处之后，他们会自觉地根据个人的健康状况、年龄、性别来安排锻炼的时间和强度，以提高身体素质。

（二）养成良好的卫生习惯

良好的卫生习惯是提高身体素质的必要保证。例如，合理的作息制度，可以保证有充沛的精力进行学习和其他活动；合理的膳食，可以保证有足够营养物质的供应；注意个人、家庭、学校乃至社区的环境卫生，可以预防一些疾病的发生。

中学生正处于青春发育期，男生应注意防止频繁遗精，女生应格外注意经期卫生。

除养成良好的卫生习惯外，对一些有损身体素质的不良行为，通过教学，也应使学生清楚它们的危害所在，并能做到坚决抵制。例如，让学生认识到吸烟、酗酒的危害，吸毒是犯法行为等。

主要参考文献：

1.祁乃成主编：《中学生物学》，山东：山东教育出版社，1999年12月第1版。

2.李秉德主编：《教学论》，北京：人民教育出版社，1994年版。

3.赵锡鑫：《生物学教学论》，北京：高等教育出版社，1988年版。

本文载《涪陵教育学院学报》1997年3期

生物学教学中重视培养学生的科学素质

> 笔者从科学教学中,体悟到应当培养学生实事求是的科学态度,培养学生不断探究新知识的求索精神,以及培养学生理论与实践相结合的原则。

生物教师在有意识地重视生物学知识、基本技能教学的同时,努力使学生初步学会生物科学研究的基本手段和方法,注意渗透、训练和培养学生实事求是的科学态度、不断探究知识的求索精神、辩证唯物的科学思想方法、理论与实际相结合的科学原则等,这些是培养学生科学素质的重要方面。几年来,笔者进行了不懈的探讨和努力。

一、培养学生实事求是的科学态度

笔者在九年义务教育初中《生物》第一册(上)"种子的结构"一课中,首先让学生有序地从种子的外部向内部依次观察浸软了的菜豆种子和玉米种子,对照种子结构挂图,互相讨论,说出种子的结构,比较其异同点,然后综合归纳总结:它们的结构的相同点是都具有种皮和胚,不同点是菜豆种子的胚有子叶两片,无胚乳;玉米种子的胚子叶只有一片,有胚乳。在此基础上让学生利用已获得的知识,再观察分析、比较常见的花生、大豆、蚕豆及水稻、小麦、高粱等作物的种子,从种子胚的子叶数目上比较,理解和掌握有关的双子叶植物和单子叶植物的特征,使学生不但学到了有关的基础知识,更重要的是培养了他们实事求是的科学态度。

二、培养学生不断探究新知识的求索精神

长期以来,课堂教学基本上还是从概念到概念,从知识到知识,从理论到理论。教学方法总是摆脱不了注入式、填鸭式和满堂灌。教学方法上的这种落伍一直困扰着人们。

我在原初一《植物学》教材"植物种子的萌发"教学中设计了过程式教学方案。在课前两周,让学生按实验指导,在实验室内取甲、乙两只烧杯,杯中3/4部分注入黄沙石子,倒入适量的水。在甲杯中每隔两天依次沿杯壁约一厘米深,埋入1~2粒菜豆种子。六次后,在最后一次的1~2粒种子的种皮胀破时,进行观察。在乙烧杯中,也按上述方法埋入玉米种子进行实验。在课堂上,将萌发生长的菜豆种子和玉米种子幼苗标本,按课本上图示的顺序排列。分步观察,讨论菜豆的结构。继而根据种子萌发过程来分析研究大豆、玉米、小麦、水稻等种子的播种期、播种深度、出苗期及播种期

的管理等生产实际问题，完成过程式教学的全过程。

学生在这种过程式学习中，既学到了知识，学会了基本技能，训练了自学观察、实验及思维能力，又不知不觉地培养了学生不断探究新知识的科学求索精神。

你（指教师）可以对他们（指学生）极端冷淡，可以对他们苛刻到吹毛求疵的地步，甚至对他们的爱戴也可以表示冷淡，但是假若你的工作、学问和成绩都非常出色，那你尽管放心，他们会站在你这一边，决不会背弃你……

——［苏］马卡连柯

三、培养学生理论与实践相结合的科学原则

学生扎实地理解了生物学基本概念，切实地掌握了生物学知识体系、生物实验和实验原理后，更要注意引导学生将知识灵活运用于实际，这是一个从学习知识到运用知识的学习深化过程，也是一个知识飞跃能动性的重要表现。在教学中，我注重了从理论认识向实际运用转化的重要途径和方法的有机配合、交替使用，不但增强了学生知识运用的能力，更重要的是训练和培养了学生将理性知识运用于实际的意识。

例如，在教学高中"生物与环境"一章内容后，带领学生参观访问了一个乡村，让学生与村民干部交谈，考察乡村的人工农田生态系统，学生利用所学到的生态学基础知识和生态系统结构，探讨了系统的能量流动和物质循环的过程；讨论了农田生态系统的平衡与破坏；探讨了农村人口与土地、人口与粮食、人口与环境、资源等多因素的辩证关系，意识到建立生态农业，实现良性循环；实行农村人口计划生育，保护农村生态环境的紧迫性和重要性。回校后，学生根据考察情况，撰写了科技小论文，对农村的生态系统、人口、资源、粮食、环境等问题以及今后农村的现代化发展，发表了不少有价值的科学见解和大胆设想。使学生真正理解了生物科学知识来自实践，又要运用于实践，使理论与实际相结合的科学原则。

主要参考文献：

1. 陈浩兮主编：《中学生物学教学方法》，北京：北京师范大学出版社，1987年版。

2. 王甦等主编：《认知心理学》，北京：北京大学科学出版社，1991年版。

3. 施良方主编：《学习论》，北京：人民教育出版，1994年版。

本文载《生物学教学》（1998年3期），荣获全国中学生物教学论文二等奖（全国中学生物教学论文评审会，1998年5月1日）

初中学生学习生物学的心理分析与研究

> 教师必须掌握学习生物学的心理,才能有效地教学。

著名心理学家阿尔费雷德·阿德勒指出:"一定类别的刺激情境所唤起的机能上自主的反应倾向,需外力和内力的和谐。"这就是说,学生要使学习获得成功,必须具备一定条件,除教师的主导作用外,还必须具备有积极的心理因素。因此,为较好地完成中学生生物学的教学任务,提高教学质量,分析和研究中学生学习生物学的心理因素,是十分重要的。

一、中学生学习生物学的心理表现

1. 好奇心、求知欲与兴趣

生物学是一门以观察实验为主的科学,许多生物学的概念、事实、规律都是通过实验获得的。教师出示的标本、实物、挂图以及演示实验,都能大大满足学生强烈的心理需求。在对3.12班调查中学生写道:课堂上教师以耐人寻味的实例,新奇神秘而有趣的实验、实物、标本、挂图将我们带入生物这座充满神奇色彩的宫殿,激发了我们学习生物学的兴趣。

2. 积极的心理定势,有助于生物学学习的正向迁移

调查中发现,因受感知材料的影响,不同学生的思维方式不同,一部分学生思维的方式是积极的,表现在观察生物体,分析生物事实和生命现象较全面,能抓住现象的微小变化,找出共同本质的东西,这些学生学起来感到轻松易懂;另一部分学生常常用特有的思维方式去思考问题,对于生物体及生命现象的观察带有片面性,抓不住事物的本质。这种心理定势为他们学好生物学设置了障碍,使他们感到生物学难学。由此可见,积极的心理定势,有助于生物学习的正向迁移,使学生感到生物学好学,愿意去学。

3. 具有较强的依赖性,缺乏主动、自觉的学习精神

调查中发现,有些学生在生物学学习中具有较强的依赖性,其表现为:教师讲讲,他就听听,上课精神溜号,观察实物、标本、实验看看热闹,完成作业得过且过,缺乏主动,自觉的学习精神,这部分学生虽然是少数,但起着消极作用。

由于个性差异,中学生学习生物的心理表现也是多方面的,那么他们的心理表现是如何形成的呢?依据马克思主义的认识论,剖析思想实质,追溯他们的心理形成过

程,对于我们在教学中因材施教,有其重要作用。

二、中学生学习生物的心理形成过程

1. 从生物感觉到生物知觉

感觉是认识的升级形成,是一切知识的源泉,它属于认识的感性阶段。生物概念、事实、规律的形成都需要经过分析大量的生物的感性材料如实物、标本、挂图以及生物实验的验证,才能使其感知主体,形成对生物事实的整体认识。例如,在学习种子结构时,通过观察菜豆种子和玉米种子的结构后,对种子有了整体认识,使同学感到种子的结构都应具备种皮胚和供胚萌发的营养物质。

2. 从生物知觉到生物的表象

知觉是大脑对客观事物的初步分析和综合的结果,是感觉与思维之间的重要环节。学生在学习中从各种生物表象、实物、标本、挂图实验中通过分析总结出的概念和规律是在知觉基础上形成的生物现象。生物表象虽具有一定的概括性,但它级属于认识过程的感性阶段,仍是事物的直观特征的反映,是从具体的形象思维到抽象思维,既而形成生物概念和规律的过渡和桥梁。

3. 从生物表象到抽象思维

对于生物的实物、标本、挂图等,以及生命现象、实验直接概括形成的生物表象,是以感觉和知觉等基础,属于非本质的东西,很多生物的概念、事实、规律的形成仅靠生物的表象是不行的,还需提示其本质,抓住本质的东西将感性认识上升到理性认识,才能形成正确的概念和规律。例如对"光合作用的过程"只能感知是一个化学反应过程,但其本质是一个复杂的生物化学变化过程,将无机物转化成有机物,把光能转化为稳定的化学能,只有这种由现象到本质的分析研究,才能形成正确的认识。

> 教师除了收获直接劳动成果——学生的成绩,乃至全面发展的人才本身外,还能收获到感性,收获到心意。
>
> ——魏书生

三、中学生学习生物的心理特点

前边运用马克思主义的认识论观点分析了中学生生物的心理形成过程,那么对于不同学生来说,在学习过程中具有哪些心理特点呢?

经心理调查,中学生学习生物的心理特点主要有:

1. 观察特点

调查中有的学生写道:每次演示实验、出示标本和挂图,我都瞪大眼睛,希望能看到鲜明的、生动的、不寻常的生物体以及生物事实生理变化,并想亲手摸一摸,做一做,初中学生这种好奇心和求知欲,对观察能力的培养起着积极作用。

就观察而言,有的学生是有目的、自觉地能从观察现象中发现个别特征,而且能将这些个别特征同微小的生物变化联系起来,但也有个别的学生出于好奇,只看热闹,并不认真思考,只停留在表象的观察上,为使每个学生养成良好的观察品质,在教学中就要时刻注意引导和培养。如:在学习"十字花科"的特征时,学生手中拿着一朵油菜花或白菜花和果实,先看到的是黄橙色的花冠,闻到的是菜花清香味,然后教学要求学生由外向里按顺序进行解剖,观察油菜花有几个萼片,其颜色怎样?花冠排列方式,雄蕊几个,几个长几个短?油菜的果实形状怎样?最后归纳出十字花科的主要特征。

2. 记忆特点

中学生学习生物学的过程中,其记忆的特点是由好奇心、求知欲、探索心等心理因素决定的。表现在对于感兴趣的生物概念、事实、特征、规律愿意记忆、积极记忆。而对于那些缺少实验,枯燥的抽象思维形成的生物概念、规律则不愿记忆或机械记忆。因此,教师的作用在于引导他们由形象记忆转化为抽象记忆。或由机械记忆转为理解记忆是非常重要的,目的在于培养学生正确的思维、记忆方法。例如:在学习人体新陈代谢的概念时,只要把循环、消化、呼吸、泌尿等系统的知识学习后,反过来,强化"新陈代谢"概念时,就不是机械的、抽象的,而是在理解的基础上形成的,这样的记忆是扎实的。人们常说"融会贯通"就是这个道理。

3. 情感特点

初中学生还未脱单纯稚气的兴趣,他们易感情用事,与教师关系融洽的学生,多数偏爱您所教的学科,用他们的话说:"要不对不起老师。"根据学生这一特点,教师应注意与学生的感情交流,增进与学生的关系,亲近他们,爱护他们,热情地帮助他们解决问题。当学生把您当做朋友时,就能较自然地过渡到喜欢您所教的学科,从而提高教学效果。

4. 概括特点

初中学生在学习生物过程中,往往抓住的是不同的生物体和生命现象的个别特征和非本质的属性,而不能把生命现象共同属性抽象出来加以分析、归纳和总结。这就要求教师在教学中注意引导学生认真细致观察生物体形态和结构和生命现象,抓住本质,揭示出共同属性,以培养概括能力。

5. 注意力特点

心理研究表明,单调而毫无变化的连续性活动,不易引起人们的注意。但是,即使是比较脆弱的刺激,若突然发生变化,也能引起人们的注意。很多教师会有这样的体会:往往一节课前半段注意力比后半段好,那么如何保持学生的注意力呢?本人认为,教学中不能较长时间采用单一教学,要不断改进教学手段,调动全体学生的积极参与教学活动,尽可能让学生对教学过程感兴趣,这样才能收到较好的教学效果。

综上所述,大量事实告诉我们:学生积极的心理因素将给我们的生物学教学带来意想不到的效果,研究和掌握学生的生物学学习中的心理活动,对促进教学质量的提高起到无法估量的作用。当前,在教学改革不断深入的情况下,由于社会、家庭的影响以及个性差异的存在,切实研究和掌握学生学习生物的心理因素,对于提高全体学生素质有着极其重要的意义。

主要参考文献:

1. 周美珍等主编:《中学生物学教学法》,北京:高等教育出版,1991年版。

2. [美]珍妮特·沃斯等著,顾瑞荣译:《学习的革命》,上海:上海三联书店出版社,1998年版。

本文获全国中学生物教学论文二等奖(全国中学生物教学论文评审会,1995年5月1日)

浅议生态道德培养

生态道德教育与培养的必要性

　　生态道德反映的是人与自然的关系,是协调人与自然关系的一种行为准则。生态道德教育的目的是维护人类赖以生存的物质基础。因此,生态道德是人类应该具有的基础道德,生态道德修养是个人道德修养的需要和组成部分。

　　生态道德教育和培养是人类社会发展的需要。人类社会发展的标志,就是合理有效地开发和利用自然资源,使物质生产不断地得到丰富,以满足人们日益增长的物质需求。然而物质生产的发展无不依赖自然资源。翻开人类社会发展的历史,不难发现,人类社会的发展是一部人类不断征服自然、开发资源、发展物质生产的历史。在这个过程中,人类对自然是征服者,是胜利者,同时又是失败者。因为人类在征服自然的喜悦中,万万没有想到潜在的危险就在自己的身后。诚然,这种潜在的危险一经出现就会不可收拾而殃及几代,甚至数十代,或根本不可逆转。

　　不是吗? 今日满目凄凉的黄土高原,曾是孕育中华民族古文明的摇篮。据考证,秦汉时代的黄土高原,植物种类繁多,森林覆盖率在60%以上。曾经是山清水秀、物产丰富的沃野,由于长期毁林造田,历代统治者又不断砍伐森林以建造宫殿,不知使多少青山变成荒山。如今几十万平方公里的土地到处是荒山秃岭、沟壑纵横、草木不生。泥沙冲入黄河,使黄河浊浪滚滚,河道淤积,而成为一条有名的害河。昔日中华民族的象征如今却成了中华的耻辱! 难道不是人类无知造成的吗? 难道不是自然对人类的惩罚吗?

　　面对日益恶化的自然环境,人们不能总是束手无策。发展环境科学,治理恶化的环境,或延缓环境的进一步恶化这是历史的必然。但是科学技术只能解决环境保护与治理中的技术性问题。我们提倡提高全民素质,加强生态道德的培养能从根本上解决人对自然的态度问题。只有当人类认识到自己是环境中的主人时,才会自觉地调整人对自然的态度和行为,才会视自然为自己的朋友,才会树立起当人的物质需要与生态规律发生矛盾时,宁可牺牲个人的、局部的、暂时的利益,以求我们的子孙后代能在良好的生态环境中生活的新观念。只有在这种观念的支配下，科学技术才能真正发挥作用，人类才有可能不断进步和兴旺发达。

生态道德的培养是人类道德修养的全部体现。换句话说，人类道德的修养，它包括社会道德和生态道德。社会道德是协调人与社会关系的行为准则。只强调社会道德的修养，是人类褊狭的伦理观念和短视教育的观点。诸如当今社会的一些高级餐厅以其出售熊掌、娃娃鱼（大鲵）、蛇肉、田鸡（青蛙）等山珍而显示其"新潮"与"文明"，消费者则以出入这类餐厅而引以为自豪。这不能不说是人类进步的悲哀！让人痛心的是对滥捕滥杀珍贵野生动物的现象或熟视无睹，或屡禁不止，没有广泛地形成一种社会舆论，即人们心中尚无这种道德观念。对扶老携幼，帮助残疾人的模范事迹，广泛受到社会的称道无可非议。然而这种偏颇的道德教育和舆论导向只能培养出对大自然漠视的人，而漠视自然的人将会受到自然的惩罚。

现代伦理学研究的范围已经打破了人伦关系的固有界限，融进了人与自然的研究。著名的诺贝尔奖金获得者施韦策早在20世纪50年代就指出："个人与自然的关系对人具有主要的绝对意义，它们是伦理学系统中中心的、积极的主导因素。"他还说："我们要恢复文化上的平衡，使自己的思考尽量恢复正常，最简单的办法就是提高对有关人与自然的关系这一简单基本的真理认识，确定一个生态道德的伦理基础。只要做到这一点，就会大大克服人类对自然不关心的态度，就会大大推动人类文明的进步。"

生态道德教育与培养的充分性

人类社会发展到今天，人们开始认识到，人类社会的进步，是过去不惜牺牲大自然，甚至毁灭大自然而换来的暂时繁荣，人类开始检讨自己的行为，调整人类对大自然的态度，并在全人类初步取得共识。近年来连续不断的国际会议就是一个例证。

早在1972年2月5日，联合国在斯德哥尔摩召开了包括中国在内的113个国家参加的"联合国人类环境会议"。与会各国共同通过了一个保护全球环境的计划，并通过了庄严的《斯德哥尔摩人类环境宣言》。同年，联合国大会将每年的6月5日定为世界环境日。

我国政府和人民也积极行动起来。1973年3月，我国召开了第一次环境保护会议，会议提出了我国环境保护工作方针和《关于保护和改善环境的若干规定》。1979年以来，我国相继颁布了《环境保护法（试行）》《海洋环境保护法》《水污染防治法》《大气污染防治法》以及《森林法》《野生动物保护法》等一系列法律法规，使我国环境保护工作走上了法制的轨道。1996年7月我国又召开了第二次环境保护会议，制定了《2000年环境保护的纲要》。上述法规的颁布和实施也必将促进人们生态道德的形成。换句话说，生态道德教育与培养的外部条件已经具备。

生态道德教育与培养的目标

在校园内,随着中学生对事物认识水平的提高,生态道德教育应随着学校其他德育工作而加强,并应该有以下明确的教育目标。

(1)主人翁责任感应该使学生认识到,维护良好的生态环境不只是科学家们的事,而是社会的每一个公民应有的责任,因为环境的优劣直接关系到我们每一个人的切身利益,环境问题就在我们周围出现。鼓励每一个学生应做保护环境的主人而不是奴隶。

(2)生态的善恶感使学生掌握对自然环境的善恶标准,即一切有利于保护环境的行为则为善,而且自己乐意去做;反之,如乱扔垃圾、攀折花木、捕杀小鸟等行为则为恶,并把这种行为视为无知,甚至是野蛮的表现。

(3)生态的良知感是对自然环境所持态度的自我反省,自我评价。培养学生对自己即使无意损害环境也会感到良心的不安并受到良心的责备,使学生在自我反省中受到教育。

(4)生态的正义感是指个人或社会团体的行为符合生态平衡原则,符合人民保护生态的愿望。学生有了正义感,就会自觉地站在公正立场上,站在大多数人的长远利益上对所有危害人类环境、破坏生态平衡的行为作斗争。

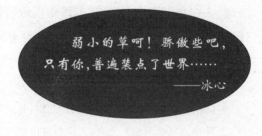

弱小的草呵!骄傲些吧,只有你,普遍装点了世界……

——冰心

(5)生态的义务感是建立在对生态危机及后果的共同认识基础上,在处理人与自然关系上能先考虑公众的利益。生态义务感的养成,是生态道德目标的实现。

充分发挥教师在生态道德培养中的主导作用

(1)树立全面育人的观点,加强生态道德品质培养。尤其是生物教师在完成与其他学科教师同样的教书育人任务的前提下,更应该突出其学科特点,树立全面育人的观点。那就是,我们不仅要培养学生良好的个性心理品质、政治思想品质、社会道德品质;同时应注意对学生加强生态道德品质的培养。只重视前面3个品质的健康形成,而忽视甚至放弃后一种品质的形成,是我们教育思想和观念的偏激和落后的表现。

(2)依据青少年品质形成的特点,坚持工作常抓不懈,个人品质的形成是经过实践、反省(自我评价)、提高认识、再实践、再反省的不断循环而形成的。更何况我们的教育对象是一群可塑性强、知之不多或涉事不深的人,这就决定了我们工作的长期性和艰苦性。我们必须正视现实,坚持工作,常抓不懈,有一抓到底的决心。

(3)充分发挥课内外的教育宣传作用,调动学生维护生态环境的积极性。一是充分发挥教材的宣传、教育作用。初中教学应在动植物的有关章节中,充分联系本地区生态环境的实际说明保护植物、保护动物,尤其是对珍稀动植物保护的生物学意义,以提高学生的认识。有条件的学校,可适当组织学生进行野外调查和走访村民,了解本地区植被的变化情况、动物的种类及其分布情况。初中生理卫生教学则可通过请进来、走出去,了解本地区常见病、多发病及与人类疾病相关的环境因素,提高学生对保护环境、讲清洁(个人与集体)爱卫生、减少疾病的认识。高中生物教学则应重点讲透生态平衡的维护,让学生真正懂得只有维护了生态平衡,才能保证生态系统内部物质循环和能量流动正常进行,才有基础满足人类日益增长的物质需求。二是组织学生定期办好黑板报,宣传保护生态环境的有关知识,或由教师举办生态学知识讲座。在讲座中不仅要讲生态学的基本理论、研究方法,更应该结合本地区的实际,讲环境恶化对人类生存构成的威胁以及人类在自然保护中取得的重大成果,进一步调动学生保护环境的积极性。三是利用寒暑假,或向学生布置任务,或组织学生深入实地调查。调查本地区的森林、草地、荒山、耕地的演变和现有耕地的使用情况;调查荒山的治理、人口增长及计划生育工作中所取得的成绩及社会效益;调查人们对当前实施的计划生育工作的认识和态度等内容,并要求撰写有分量的调查报告。

主要参考文献:

1. 陈浩兮:《中学生物教学方法》,北京:北京师范大学出版社,1987年版。

2. 施良方:《学习论》,北京:人民教育出版社。

3. 中国科协青少年工作会编:《绿色家园:全国青少年和环境科学实践活动指南》,上海:华东师范大学出版社,1999年4月第1版。

本文荣获第五届全国中等学校生物教师优秀论文三等奖(中国动物学会、全国中等学校生物教师优秀论文评审委员会,1997年6月6日),载《中学生物教学》1998年5期

"情感体验"是提高中学生环境道德教育的有效途径

> "美丽中国"应从学生抓起。

人类正面临有史以来最严重的环境危机,已引起世界各国人民的极大关注。我国在20世纪80年代以后,经济获得高速发展的同时,环境问题也日益严重,如何协调人和环境的关系,使我国社会经济获得可持续发展,这是21世纪中国新一代人的重要任务。今天的中学生是祖国明天的栋梁,他们环境道德的高低体现出学生整体素质的高低,决定着国家、民族的命运和前途。可见,环境道德教育是素质教育的重要组成部分,刻不容缓。那么,如何有效地提高学生的环境道德教育呢?笔者通过多年的实践,认为"情感体验"是提高中学生环境道德教育的有效途径。

情感体验是人对客观事物是否符合自己的需要而产生的喜、怒、哀、乐、爱、恶、欲等各种体验,与机体需要相联系的体验为情绪,与社会需要相联系的体验为情感。环境道德的内化是个体将外在的环境道德转化为自己道德本质的过程。在实践过程中,我们始终把"情感体验"贯穿环境道德教育的全过程,唤起学生的环保情感,形成学生自身环境道德,效果突出。现就"情感体验"在中学生环境道德认知和行为教育的有效运用分述如下:

一、"情感体验"在中学生环境道德认知中的有效运用

认知是内化的前提和基础,同时在内化过程中起到升华作用,只有对环境道德有深刻的认识,形成科学的知识体系,其内部精神才会丰富起来,才能学会独立思考,自觉行动。充分运用"情感体验"在中学生环境道德认知中,是环境道德内化和升华的有效办法。

1. 开设环保讲座,以情感人,加强学生环境意识教育

情感教育学认为,人的情感在一定条件下是可以感染别人的,使他人也能产生同样的或与之相关系的情感。为加强学生环境意识的教育,我们充分利用课内外时间给学生作"环境伦理"、"环境污染"、"环境法规"等讲座。结合典型实例,以忧患之情向学生讲述,以亲切的理念向学生简述,以积极的情感向学生倾述。让学生对生态问题有深刻认识,"地球的危机就是人类自身的危机"、"保护全球生态环境是全人类共同的责任",让学生视野得到开阔,内部精神得到丰富。

尤其是我们还敢于用新课程的理念,以创新、开放、讨论等方式,主办题为"生态

平衡"的环保讲座,讲座之前,以极大的热情营造平等、愉悦、融洽的师生关系,并声明:允许大家随时自由提问。此时,学生个个情绪高昂。在讲座中,教师以亲切的仪态,运用多种媒体教具、实物等。如首先播放一段录像:优美的生态环境,以景生情,唤起学生向往美好大自然的激情;然后教师又以悲忧的仪态,播放一段录像:自然环境被破坏,水土流失严重,以境忧人,使其情感平静下来进行理智的分析。在此情景之下,教师根据学生的情绪变化,用精湛的教育艺术,以渲染的情感,通俗地阐述了生态平衡的知识。同时,注意把握时机,激励情感,启发学生列举一些破坏生态平衡的事件,让他们的情感火花迸发出来。如学生列举:1998年七八月份我国暴发了百年不遇的特大洪水,直接经济损失2000多亿元,它带走了千百万人的欢乐。其主要原因是森林面积减少,长江上游地区的森林覆盖率由新中国成立初期的40%降到10%;1998—2000年春我国的沙尘暴等。这样,环保讲座在师生互动中充满着真挚情感的交流中和谐进行,让学生在良好的环保氛围中接受深刻的环境意识教育。

2. 结合课本内容,以情促学,激发学生环保热情

现用高中《生物》教材中,涉及环境保护的知识内容很多,在教学中我们根据情感教育学理论"情感的产生需要有一定的外部条件,依赖一定的情境"。以自己的真诚情感,把教材内容与环境保护观点有机地结合起来,适当引入环境保护的新情景材料,并略加延伸,收到了良好的环境意识教育的效果。

例如,结合"森林在环境保护中的作用"部分内容,教师插入一组数据,用表格的形式呈现在学生眼前,让学生自己进行比较:表格中的数据刺激了学生的感官,使学生惊讶,在情感上产生波动。与世界相比,我国森林覆盖率之低,学生自然而然地在思想上形成了环境的忧患意识。在利用表格进行环境意识教育的同时,教师还深入一步,作如下延伸:

(1)森林在环保中作用的问题:①1公顷的阔叶林,在生长季节每天可吸收多少CO_2? 释放多少O_2? ②一个成年人每天呼吸需要消耗多少O_2? 排出多少CO_2? ③城市居民每人平均应要有多少林木面积,才能得到充足的O_2供应?

(2)森林覆盖率低的原因方面的问题:①我国古代森林覆盖率本来就很低。②我国从古代至今都不保护森林。③森林覆盖率低与我国人口众多有什么关系? ④为什么寺院、陵园中的树林保护得很好? ⑤1949年以后,我国有没有大规模的毁林事件? ⑥1949年以后至今,全国各省市森林覆盖率是提高还是降低?

(3)如何提高森林覆盖率方面的问题:①你为绿化做了哪些工作? ②在绿化造林中,有哪些方面做得还不够,需要改革的? ③森林火灾每年损失严重,在防火方面有哪些需要提高? ④在森林病虫害方面,特别是松毛虫的危害,有什么新的方法和措施?

在教师热情的启发下,学生对上述具有一定思维含量的环保新情境问题,进行了

积极的讨论,大胆发表自己的意见,阐明自己的观点,在讨论中教师对学生提出的富有科学性的建议给予及时表扬,同时又不失时机地纠正一些不科学的想法,这样师生间情与情的交触,不仅激起了学生强烈的环保热情、参与意识和创造动机,而且丰富了自己的生物学知识。

3. 针对社会热点,以情生趣,诱发学生环保动机

某些社会热点问题与生物学有着密切的联系,我们在生物教学时运用情感心理学:使学生进入情境感知情感、发现问题、激发兴趣、积极参与讨论、诱发环保动机,实现教育目标,完成学习任务。

例如,结合"人类对自然资源不合理的开发利用"部分教学时,根据2000年春天我国北方频繁出现沙尘暴天气的热点问题,教师首先用热情洋溢、轻松愉快的语气对学生说:"同学们,最近天气多好啊,春光明媚、鸟语花香,这时候如果几个同学利用假日到野外走走,去写生、去游玩,感受一下春天的气息,该是一件多么惬意的事啊。"此时,学生因受到教师情感的影响,表现出对美好大自然的热爱和向往。"可是,大家有没有注意到新闻媒体的一些报道,2000年春天北方的一些地区频繁地受到沙尘暴的袭击,北京地区最大风力达8级,广告牌被刮倒,汽车被砸,3人死亡,多人受伤。一时间,人们谈'风'色变。同学们,你们思考过没有,为什么会出现这种现象呢?""是啊,这是为什么呢?"随着教师情感的变化,学生已不再是轻松愉快,而变得较为沉重,大家开始相互讨论起来,正是问题情境来自于生活实际,故学生表现出了极大的兴趣,这就促使其积极思考,在教师的启发下讨论分析问题。在此基础上,师生合作小结,教育学生重视环境保护、资源的合理利用、荒山荒漠的改造等,从而使学生意识到保护环境、维持生态平衡的重要性和紧迫性,激起学生关心和爱护我们的生存环境的激情,使其产生心理需要。

二、"情感体验"在中学生环境道德行为中的有效应用

苏联教育学家苏霍姆林斯基曾说过:"让学生体验到一种亲自参与掌握知识的情感,乃是唤起学生特有的知识兴趣的重要条件。"中学生情感丰富且好动,为此,我们组织学生开展多种多样的环保实践活动,让学生亲自参与体验环境保护的重要性,受到良好的环境道德意识的行为教育。

1. 引导学生广泛收集环保资料,强化学生环保能力

为强化学生的环境意识,我们以热心的情感引导学生自己从报刊、杂志、电视、上网及生活的环境中广泛收集资料。学生通过自己在各方面寻找的优美生态环境的图片,激起学生对清洁环境和大自然的情感,同时又通过自己寻找生态破坏和环境污染的一幅幅图片、一组组触目惊心的数据;自己看到灾害性天气给我国和世界各国造成惨重的经济损失;过量开采地下水导致城市地面下降的可怕局面;污秽不堪的垃圾包

围城市后产生不良后果以及有害物质任意排放给人民生活带来的严重威胁等等，使学生强烈意识到我们生活的环境正面临严峻挑战，环境问题与"我"息息相关，每个人都是他人的环境，爱护环境应"从我做起""从生活小事做起""从节约做起"。

2. 让学生亲自做环保小实验，增强学生环保情感

为了使学生感受环境保护的重要性，我们让学生亲自做植被保持水土作用的环保小实验，学生兴趣盎然，热情很高。在野外同一地点取稀疏地皮、茂密草地皮、裸地皮各一块，大小相同，即厚3cm、宽20cm、长25cm，将取回的三块地皮放在3块大小相同（长30cm、宽25cm）的玻璃片上，把三块玻璃固定在用塑料泡沫做成250°的倾角斜坡上，每块玻璃下端用1000mL的大烧杯接好，再用100mL的烧杯盛100mL自来水，用胶头滴管分别在裸地皮和两块不同类型的草皮的距上边缘1cm处的中部滴加清水，分别记录下端开始滴水时用去的清水。结果学生们发现裸地皮滴8mL清水时，下端开始滴水；稀疏草地皮滴18mL时，下端开始滴水；茂密草地皮滴40mL时，下端开始滴水。说明稀疏草地皮、茂密草地皮、裸地皮涵养水分的能力不同，裸地皮最小，茂密草地皮最大。下雨时，裸地皮的水土流失最严重，茂密草地皮的水土流失最轻。经过学生亲自做实验，使他们对植被在涵养水源，保持水土中的重要作用有了深刻的认识，纷纷表示今后要积极参加本地种草植树活动，为祖国山绿水清多做实事。

3. 组织学生考察环境污染，提高学生环保意识

"情感的产生是与情境密切相关的"，为提高学生的环境意识和实践创新能力。我们组织学生对重庆市九龙坡区桃花溪的水质污染情况进行调查。选定桃花溪江河两岸人口居住密度最大、污染最严重的动物园大桥至朱家街，并把学生带到了处于一段中

> 教师站在人们未来专业的摇篮边，因为他应当是第一个能够看出和发展学生能力的……
> ——[苏]凯洛夫

部的金鑫造纸厂。眼前的情境令人目不忍睹。右边的厕所渗出的液体沿着台阶的一边细细地流入河中，左边一大堆生活垃圾从岸上伸入河中。脚下蛆蠕动着，空中的苍蝇飞舞着，河水散发出一阵阵臭气。学生们被这种情境震撼了，失去往日在课堂上讲解"环境污染"时那种漠不关心的平静，生活在这样环境里能不生病吗？潜藏在学生心底的那种危机意识被唤醒，环保情感被激发，创造思维火花被点燃，他们纷纷表示，要到市政府反映情况，要求及时治理桃花溪江河污染。

学生的情感被激发起来了，这是引导学生进入环保探索过程的极好机会。及时引导学生找出原因和治理污染的方法，为上级领导部门治理污染提供科学依据。为了培养学生的主体意识，充分发挥学生的主动性和创造性，我们鼓励学生热烈讨论自己拟定调查方案。最后确定了4个方案：①查找污染源；②走访沿岸部分居民；③调查

水体生物群落;④进行水体污染的分析。为了培养学生的合作精神,全班60人分成4个组,分头进行考察。

第1组的同学徒步从动物园逆水而上,考查了3km的河段,详细地考察记录了污染的来源。其中,沿岸有生活垃圾堆98个,覆盖了13%的河床;生活污水排放口205个,厕所渗漏13处,医院排放废水管3个;酒厂排放废水管3个,小造纸厂排放废水管2个。

第2组同学骑着自行车行程20多公里分别走访沿岸上、中、下游20户居民,查阅了离他们最近的3个诊所和医院的有关资料。总体来看上游居民健康状况最好,中游最差,其中金鑫酒厂和造纸厂附近的居民细菌性痢疾和肝炎病的发病率明显高于上游和下游。

第3组同学集中在动物园大桥至朱家街地段考察。他们沿岸选点14处,采用下河捞、用网拉、仔细看等多种方式,发现水草、鱼、虾、河蚌等水生物几乎绝迹。这是为什么呢? 鱼类在这样的水中究竟能不能生存? 为了探求问题的答案,学生大胆设想,用对比实验,他们到附近的小塘里捞了几条小鱼,再在两大烧杯里分别盛池塘水与河水,各放入几条小鱼,然后对比观察。他们发现池塘水里的鱼一直是活的,可河水里的鱼10分钟后游动缓慢,20分钟就全部死亡了。鱼儿为什么会死呢? 他们做了各种各样的猜测,并等待水质化验的结果的验证。

第4组将河水取样后,在市环保局的帮助下,进行了水质化验,水质分析。

室外调查结束后,我们把4个组的学生集中在一起,采取边汇报、边分析、边质疑、边答辩的形式,对污染的来源、污染的原因,污染的危害进行了深刻而全面的分析,学生发言踊跃、思维活跃。在激烈的争论中逐步理清了思路,从不同的角度分析了桃花溪污染的原因,提出治污措施。同时学生撰写了高质量的调查报告和小论文,突出的是王明同学写的《金鑫造纸厂污染严重》,许艳同学写的《环保,从节约做起》,杜茜同学写的《21世纪环保畅想》获重庆市科协举办的科技小论文一等奖。还合作撰写了《九龙坡区环保与绿化建议》,此建议因具有前瞻性,受到区人民政府的高度重视和采纳,并决定分期治理桃花溪污染。这样,学生的环保活动影响了社会,体现了它的社会价值。

总而言之,中学生生态道德教育形成过程,必须紧紧依靠"情感体验",让学生自我感悟、自我体验、自我教育,让环境道德内化,使学生从心灵上的情感激荡中产生环境道德的需求,由他律转化为自律,促使学生自动养成环境道德的行为习惯,进一步完善环境道德。

主要参考文献:

1. 孙云晓等:《培养独生子女的健康人格》,天津:天津教育出版社,1998年版。

2. 吴相钰主篇:《陈阅增普通生物学》,北京:高等教育出版社,2005年1月第2版。

3. 吴效锋主篇:《新课程怎样教》,沈阳:沈阳出版社,2003年1月第1版。

本文获"2004年全球华人生物科学大会——21世纪中国中学生教育创新研究"征文活动优秀论文二等奖(2004年全球华人生物科学家大会组委会,2004年7月),载《科学咨询·教育科研》(2005年17期)

生物研究型课程的开发与实践

> 生物研究型课程,如何开发与实践,本文提出很多做法。

　　研究性课程是学校生物课程体制改革的一个重要组成部分,是一种新型校本课程。笔者认为生物研究性课程的开发问题从本质上说就是生物研究性课程的构建问题。生物专题研究活动只是生物研究性学习的典型样态,并不是研究性课程的唯一样态,不仅限于生物专题研究活动课程,还应包括实体性的生物学科课程、生物学科教学中非实体形态的研究性课程,当然,应以生物专题研究活动课程为主体,从而构成研究型课程体系。

　　(一)生物研究型课程开发

　　在实践中,笔者认为生物研究型课程开发应从以下几个方面进行。

　　1. 开设创造教育讲座,构建实体性研究性学习微型生物学科课程

　　我们在生物专题研究活动的开展和经验的总结中离不开典型个案的启发和理性知识的指导。为增强学生对科研本质和特征的理解,消除学生对创造的恐惧和误解,激发学生的自信、热情和潜能,并使学生了解同龄人的科研前沿动态和科研课题,掌握创造的一般规律和方法,懂得如何做科研,提高学生创造的自觉性和研究性学习的质量,必须以讲座形式设置一些创造教育的微型生物学科课程。如《创造学常识与生命科学》、《生物实验设计与现代科研方法简介》、《生命科学文献检索》、《生物调查方法》、《生物科研报告与论文的写作》等等。前两门侧重于创造信心的建立、热情的激发和创造规律、创造思维、创造技法与现代科研方法的学习;后三门侧重于介绍生物学科的最新科研成果、同龄人的科研前沿动态,提出选题建议,指导如何选择课题、确定论文题目、搜集材料、形成观点和写作科研报告与论文,等等。这些微型课程既可由本校教师开设,也可以请有关外校专家和学者作讲座,并且必须坚持以案说理或现身说法的原则,从个案研究中得出一般的结论,以增强这些课程内容的启发性、迁移性和可操作性。为此,我校编写《中学生生活教育》校本教材,生物教研组给学生编印了《全国生物百项生物科技活动获奖论文集》作为参考运用。

　　2. 开展生物专题研究活动,构建生物研究性学习活动课程

　　生物专题研究活动的构建首先必须正确处理好与生物基础学科课程的关系,充分发挥各学科基础知识和基本技能的支持作用,使之建立在生物基础学科课程的基

础上。

设置生物专题研究活动课程的目的在于创新能力培养。生物专题研究活动课程的构建，必须牢牢把握其本质特征，以主体性、自主性、研究性、开放性、综合性和实践性原则为指导，以探究体验式学习为基础，以利于充分发挥其价值功能。在价值取向上，应侧重于学生对生物兴趣的激发和培养、个性特长的张扬、创造潜能的开发和综合实践能力的培养，给学生一个发挥特长、展示才能、建立自信、多元发展的机会。在内容上坚持开放性，既可以是生物基础学科内容的拓展和加深，也可以是以前没有涉及的领域，或当今社会生命科学的热门话题；既可以是单科的，也可以是跨学科的；既可以是理论性的，也可以是应用性的。选题内容可分为：①生物学科内的单个课题。只是针对教材中的某个知识点，这种选题比较简单，如验证光合作用的产物、蒸腾作用产生水，人体口腔上皮细胞的观察等。②生物学科内的综合课题。如《重庆市主要食品的营养成分的分析》，要求学生应定量分析食品中的氨基酸、糖类、脂肪、维生素的百分含量，并根据需要对食品优化组合。③生物学科与其他学科的综合课题。知识的发展，使各个学科不断走向综合，结合中学教学实践，学生选题时常会涉及到综合的内容，如与物理的综合提出的《从物理学的角度看体育运动员的举重原理》，与化学的综合提出的《重庆地区酸雨形成实验研究》，与地理综合提出的《重庆长江柑橘带生长环境与果实品质特性的研究》。④生物学科与现实生活的综合课题。研究学习的主要内容是与生活、社会、时代密切相联系的问题。如《青少年的身高与体育锻炼项目选择的关系》、《青少年吃零食对消化系统的影响》、《校园植被的调查》等等。

课题完全由学生从大自然、社会生活、学习生活或教师所列出的建议选题中自由选择。生物研究课题既不宜太大，也不应过分追求理论研究前沿性，而应着力探究当地生态、社会和学生生活中的实际问题和当今社会生命科学的热点问题，侧重于生物基础学科知识的激活和综合应用。其实现形式必须丰富多样，环节必须全面，力争满足学生个性多样化发展的需要，保证课程内容的全面实现。通过选题→制订研究计划→实施研究→处理结果→撰写报告→提交报告交流结果等学习过程的生物专题研究活动，发展独立探索精神，积累科学研究经验，感悟科学研究方法，学习如何搜集、处理和提炼信息，如何应用有关知识解决实际问题，如何在研究中与人交流合作，如何表述或展示研究成果，从而体验科学研究的艰辛和快乐，培养科学态度和科学道德，增强社会责任感。其评价必须突出过程性、差异性、创新性和定性性。生物研究性学习是面向全体、追求卓越的教育，创新性要求是由其性质决定的。当然，这种创新是相对于中学生的水平而言的，并不苛求从无到有的发现或发明，只要学生获得知识的过程和结果对他本人或同龄群体是独特的、新颖的、有价值的，就是创新。总之，生物专题研究活动的整个构建和实施过程，从研究生物课题的选择、研究方案的设计、研究活动的实施,直至结题报告的撰写,都必须贯彻上述原则,充分发挥学生的主体作用,保证学生的自主研究性。同时,应加强学校和生物教师的组织、支持与指导作用,积极争取学生家长和社会力量如科协青少年科技活动部的支持,建立起一支高素质的专兼职导师队伍,强化对生物专题研究活动的指导。我们生物教研组为此作了巨大努力,仍不能满足学生的需要,我校仍有40%的学生提出了进一步加强导师力量和指导作用的要求。因此,生物研究性学习课程构建与实施的多主体性决定了必须充分保证生物专题研究活动能够顺利开展,并发挥其培养创新能力。

3.渗透扩张,构建研究性学习的生物大课程体系

生物研究性学习作为一种以培养学生创新精神和创造能力为目的的新型课程,不仅以相对独立的实体形态存在着,而且以非实体形态存在于学校教育的一切活动过程之中,尤其是生物学科的课堂教学之中。并且教育实践也证明,在当前基础学科课程和课堂教学占优势的情况下,学生创新精神和创造能力的培养仅靠每周2~3个课时的专题研究课,是很难奏效的。为此,如何在保证现行课堂教学系统掌握学科知识优效性的同时,使之获得有利于提高创新能力的学习方式,这是构建研究性学习生物大课程体系的重大课题。

(1)把生物知识的系统性学习和经验性学习结合起来,使生物课堂教学渗透经验性学习。经验性学习是现行课堂教学的缺陷,但却是专题研究、社会实践等课程的长处。因此,现行课堂教学的这一缺陷,可以在不改变其时空的条件下,通过其与实践性活动课程的结合来克服。例如,有些同学发现重庆市九龙坡区桃花溪被污染,为了了解污染源及污染现状,学生利用双休日,沿流采集样本调查研究。又在教师的指导下,对样品进行生物分析和化学分析,写出小论文,并组织这些同学在各班生物课前10分钟报告自己的调查研究过程。这样,学生在生物专题研究课程中所获得的丰富直接经验引入课堂,组织和引导学生对其所获得的经验和实验材料进行辨别、筛选、分析、抽象、归纳、概括、综合,使其经历知识的形成过程,感悟经验材料的分析、处理方法,

人师育人需要感受、体味、思考,并有抒情、达理、造型……

——李燕杰

获得富有生命力的活的知识。因此,在生物学课题研究中,一方面放手让学生自发地完成课题的每一个细节;另一方面,还需要教师不断充实他的知识结构,规范实验操作,从而不断丰富、完善自我,培养能力。

(2)把逻辑的论证与历史的叙述有机结合起来,融入知识发展的过程史和解决问题的方法。例如我们组织课题组同学查阅摩尔根的遗传规律的科学史及其探索过程,写成读书笔记,并让他们在各班生物课前10分钟轮回演讲。这有利于学生了解前

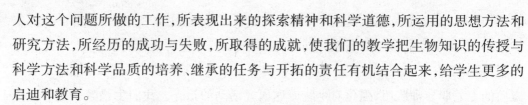

人对这个问题所做的工作,所表现出来的探索精神和科学道德,所运用的思想方法和研究方法,所经历的成功与失败,所取得的成就,使我们的教学把生物知识的传授与科学方法和科学品质的培养、继承的任务与开拓的责任有机结合起来,给学生更多的启迪和教育。

(3)把知识的绝对真理性论证和具体知识结论真理的相对性提示结合起来。创新源于知识的拓展,而知识的拓展又源于知识本身的特征——真理的相对性,即条件性。一切科学知识所表达的具体概念、原理、定理、定律、公式、规律和结论,其成立和适用范围都是有条件的。自觉地还是自发地运用知识的条件性,对学生创新能力开发的条件性分析,提示真理的相对性,不仅有利于学生发现问题、提出问题、确定研究课题,而且有利于启发学生的思路,寻找问题解决的突破口和创新的切入口。

(4)把接受式学习与问题探究式学习有机结合起来。培养学生"具有良好科学素质",应当"运用科学方法和原理"(《美国国家科学教育标准》)。根据这一现代教育实践观,现行课堂教学应当在保持快速高效地掌握学科系统知识的同时,强化学生的主体地位,突出问题在教学中的作用,以问题为中心组织教学内容。我们在实践中,构建了以自主性为主的探究性的生物教学模式,即"展现生活→依标导学→自主探究→讨论交流→反馈点拨→练习反思"的教学活动。积极引导发现问题、探索解决问题的途径和方法,让学生以科学家为榜样,用已知去自主探究未知,最终获得问题解决。如笔者在高二年级生物教学讲解蛙的胚胎发育过程中,针对学习目标,精心设计了蛙的胚胎的个体阶段示意图,要求学生据图回答。待学生回答后,要求学生反思本节内容。实验班的黄飞同学举手发问:"针对教材内容,能否让我们把家乡土鸡的胚胎培育出来看一看?"此时,老师抓住机会让该同学作实验小组的组长,找了9位同学,利用课余时间对重庆涪陵土鸡的发育过程进行了研究,直至成功。学生写出观察记录21篇,拍出照片48张,分别作了不同时期的胚胎浸制标本14瓶,终于写出了《重庆涪陵土鸡胚胎发育过程的实验研究报告》。2001年获重庆市生物百项科技活动二等奖。

(5)把生物知识的传授与生物应用研究指导有机结合起来。我校生物教研组在教改试验中,从中学生自己认识生物界的生命现象和生态环境、微生物的知识热点问题以及中学生生物学习和生活中的卫生习惯经常遇到的问题中筛选32个课题,结合高二生物教学,在传授生物知识的过程中,引导学生进行生物应用研究,让学生感受、了解所学知识和方法在社会生活中的地位和作用,不仅提高了学生的应用研究能力,而且增强了学生对生物学价值的认识,改变认知倾向,形成了主动学习生物课和参与社会生活的意识和要求。

(二)生物研究型课程的开发应把握的几个关系

1. 生物科学知识的学习与实际解决问题能力的关系

生命科学知识是前人实践的智慧结晶,也是后人实践的基础和新起点。人类通过学校教育对学生传授生物科学知识,可以缩短人类认识的过程。实际解决问题能力主要是指在一定的生物理论指导下,使用种种工具、试验操作、制作模型等方面的生物技能和观察、想象、理解、创造等方面的能力。从两者关系看,知识是能力的基础,能力是知识的应用。在教学过程中,不能只让学生从书本知识到理论观点,总是停留在抽象思维的层面上学习,更要关心学生学习过程中的实践活动,根据生物教学大纲与生物知识要求,创设各种情景与任务,让学生在完成任务的过程中,既学到生物科学知识,又培养了解决实际问题的能力。

2. 认知能力培养与情感体验的关系

认知心理学家研究的是关注学生头脑中认知结构的重建或重组,重视学生的思维过程和思维方式。然而,认知学习或认知能力的培养绝非学校教育的全部,因为学校应该使学生各方面都得到发展,所以学校课程要关注学生的情感体验。人本主义心理学家认为,如果课程内容对学生没有什么个人意义的话,学习就不大可能发生。课程内容必须与学生所关心的事情联系起来,才能最有效地、最有情感地投入学习。研究型课程就是强调认知与情感的配合,即通过把情感因素增添到常规课程中去,赋予课程内容以个人意义,如果对此不加注意或注意不够,学生就可能产生厌学情绪。

3. 自主学习与合作精神培养的关系

生物研究型课程旨在提倡学生进行研究性学习。在这样的学习过程中,关键是看学生能否有所发现、有所创造。这首先是学生个体发挥主观能动性,进行自主学习的过程,但是它同样重视师生共同参与,共同承担责任,也强调学生之间互相激发思维,取长补短,密切配合,共同完成课题任务,在实践中培养合作精神。

4. 学生的主体性与教师主导性的关系

毫无疑问,现代教育理论告诉我们,研究型课程的实施反映了一种新型的师生关系,通过实施研究性课程,最终目标是充分发挥学生的主体性,让学生成为学习的主人,使之从作为权威的"固定知识"的束缚中解放出来。与此同时,教师从知识的传授者,知识的占有者的权威地位变为学生学习的引导者、指导者。这种新型师生关系的确定,不仅是一种教学方法的发展,简直就是一种人际关系的"革命"。

这里应该指出的是,开设研究性课程成功与否的关键是教师。崭新的课程,首先要提高教师的理解和认识。西方有学者认为"课程实施的最大障碍是教师的惰性"。这里的"惰性",我们可以把它理解为"习惯做法"。所以,21世纪我校继续教育的任务是培养研究型教师,只有尊重教师在教学中的主导作用的发挥,尊重他们在教学过程中的各种教学尝试，才能担负开设研究型课程的重任。

主要参考文献：

1. 华东师大生物系：《生物学教学》第 1—10 期，生物教学编辑部，2001 年版。

2. 周美珍：《生物教育学》，杭州：浙江教育出版社，1992 年版。

3. 张民生等：《研究性学习》，上海：上海科技教育出版社，2001 年版。

本文载《重庆师范学院学报》（2002 年增刊），转载《师资建设》（2002 年 2 期）

教学模式创建

JIAOXUE MOSHI CHUANGJIAN

从20世纪80年代开始至今，我是全身心投入亲力亲为开展系列教育实验，有的教育实验是公开的，有的教育实验是封闭的，这让我们创建起了几种生物教学模式。

教学模式既是教学理论的具体化，又是教学经验的系统概括。其特点是具有简略性、条件性、针对性。

教学模式的天然局限性要依靠教学艺术来超越。

"渗透STS思想的学生主体性学习"生物课堂教学模式的研究

2001年开始，经过5年的生物教学的定量教育实验效果显著，构建了此种模式。

要打破传统的生物教育观念的束缚、传统生物教学模式的影响，必须探索出新的现代生物教学模式。关于在中等教育中进行主体性教育和STS教育国内外已有许多专家和基础教育工作者作了有效的探索和研究，但将二者有机结合在课堂教学中的案例和教学模式尚不多见，笔者经多年的实践研究，发现在主体教育观思想指导下，构建"渗透STS思想的学生主体性学习"的生物教学模式，运用于教育教学实践，效果显著。

一、"渗透STS思想的学生主体性学习"的课堂教学模式的理性思考

"渗透STS思想的学生主体性学习"的生物课堂教学模式的理论依据应是主体教育和STS思想。

（一）主体性教育在学生身上应体现出来的主要特征

"渗透STS思想的学生主体性学习"的生物教学模式，从学生方面上说，应充分体现主体教育。瑞典教育与文化事务大臣英格瓦卡尔森指出："学校的使命不再是纯粹简单地传授一定数量的知识了（如过去它曾经做的那样）。一所基础学校的根本目的，尤其是指导教学的根本目的，在于使每一个人有可能自由地发展他的才能和爱好。""未来的学校必须把教育的对象变成自己教育自己的主体。受教育的人必须成为教育自己的人；别人的教育必须成为这个人自己的教育。"以教师为主导的学生主体性是指在教育活动中，作为主体的学生在教师的引导下处理外部世界关系时所表现出的功能特征，具体表现为选择性、自主性、能动性和创造性。

学生的选择性。学生在教育活动中的选择性表现在学生对学习对象（客体）的选择上，在整个学习过程中学生从学习目标、学习内容、学习方式、学习手段和信息处理等诸方面无一不是选择的结果。学生选择的正确与否，对学生的身心成长和发展将产生重要的影响。马克思在青年时代说过："选择是人比其他生物远为优越的地方，但是这同时也可能是毁坏人的一生、破坏他的一切计划并使他陷于不幸的行为，因此认真地考虑这种选择——这无疑是开始走上生活道路而不愿拿自己最重要的事业去碰运气的青年的首要责任。"学校及其教育者有义务努力培养学生的选择能力并使自

己的教育活动有利于学生的选择，为学生创造选择的条件，一是要适应学生的认知水平和实践能力，二是能满足学生个人的主体需要。如果教育内容、方法、手段超出学生的学习能力，或者不能满足学生个人的主体需要、兴趣，那么学生在教育活动中就会削弱或丧失自己的主体地位和主体性，导致教育活动的失败。

学生的自主性。自主性说明的是个人在对象性活动中的地位问题，是指在一定条件下，个人对于自己的活动具有支配和控制的权利。学生在教育活动中的自主性，首先表现在他具有独立的主体意识，有明确的学习目标和自觉积极的学习态度，能够在教师的启发、指导下独立地感知教材、学习教材，深入地理解教材，把书本上的科学知识变成自己的精神财富，并能够运用于实践；其次，学生还能够把自己看成是教育对象，对学习活动进行自我支配、自我调节和控制，充分发挥自身的潜力，并利用内、外两方面的积极因素，主动地去认识、学习和接受教育影响，积极向老师质疑、请教，要求答疑，相互研讨，以达到自己所预期的学习目标，这在学生的自学活动中表现得尤为突出。学生的这种自主性，要求教师在教育活动中应深入地了解和研究学生，掌握他们的认知水平、学习态度及思维方式，采用恰当的教育方式和手段，最大限度地挖掘他们的认识和发展潜能，为学生自主性的发挥创设条件和机会，促进学生主动学习、主动内化和主动发展，使他们真正成为教育的主体和学习的主人。

学生的能动性。学生在教育活动中的能动性，是他在与外界包括教育的相互作用中形成和发展起来的。学生能动性的高低、大小，首先取决其经验、知识因素，它包括学生通过自身实践获得的直接经验和在学习中所获得的间接经验。这些经验知识在教育活动中可以为学生学习新知识提供"消化信息"，这些"消化信息"的广度和深度制约着学生学习活动的深度和广度，从而影响学生的能动性；其次还受需要、动机、兴趣、情操、意志等情意因素的影响。学生的需要、动机、兴趣可以帮助学生选择学习内容和信息，调整、控制学习方向，激活情感意志，从而为整个学习活动提供运行动力。情感则源于需要、兴趣、动机的驱使，能够激活知识经验系统中信息间的联系，造成大脑的兴奋状态，为学习活动提供有利的心境和情绪。同时，学习活动也是一种艰苦的脑力劳动，它需要有坚定的信念和顽强的意志品质作为支撑，为认识事物的本质和规律而控制兴趣指向，抵抗各种有碍于学习活动的消极因素，并以其特有的自觉性、坚持性和自制力量维持着整个学习活动。学生在教育活动中的能动性，首先表现在他能够根据社会的要求积极参与教育活动，并以此作为自己今后学习的努力方向。其次，他能以自己已有的知识经验、认知结构和情意结构去主动地同化外界的教育影响，对它们进行吸收、改造、加工或加以排斥。使新、旧知识进行新的组合，从而实现主体结构的建构与改造。例如，在生物知识教学过程中，学生已有的知识经验、需要、兴趣、爱好等构成其内部的"心理环境"，他会以此为构架和参照系去学习新知识，并按自己特有的方式，有选择地把它们纳入到已有的认知结构中去。

学生的创造性。"创造"一词《辞海》的解释是"首创前所未有的东西"，即创造意味着突破，象征着革新，标志着进步，具有非重复性。创造性既是衡量个人主体性的尺度，也是表现社会文明程度的标志。但学生在教育活动中的创造性与人们一般所言的创造性有所不同，学生的学习活动从本质上讲是以简捷、有效的方式继承人类长期积累起来的科学文化知识的一种特殊的认识过程。它既不同于人类的历史的总认识，也有别于诸如科学家、艺术家及其他成年人的一般个体认识，它是在教师引导下，以课程标准、教材（间接经验）为认识客体，其具体方式是"掌握"而不是"发现"、"发明"。这正如布鲁纳所言，学生的"发现并不限于寻求人类尚未知晓的事物，而应包括用自己的头脑亲自获得知识的一切方法"。对学生的学习而言，其创造性也不限于首创前所未有的新知识、新见解，而是相对于学生个体或群体是新的知识、新的见解，应包括以下更多的内涵：在学习上能举一反三，灵活运用知识；有丰富的想象力，喜欢出"新点子"和解难题；爱标新立异和发表与别

> 没有智慧的头脑，就像没有蜡烛的灯笼。
>
> ——[俄]列夫·托尔斯泰

人不同的见解；善于利用所学的知识解决日常生活中遇到的各种问题及喜欢小发明、小制作、小设计、小创造等等。也就是说，创造性这个概念不仅与学生的学习活动及结果相联系，更重要的是指向学生主体的品质、特征和属性。创造性首先强调的是人格，而不是其成就，认为这些成就是人格放射出来的副现象，因此对人格来说，成就是第二位的。自我实现的创造性强调的是性格上的品质，如大胆、勇敢、自由、自主性、明晰、整合、自我认可，即一切能够造成这种普遍化的自我实现创造性的东西，或者说是强调创造性的态度、创造性的人。当今时代，科学技术飞速发展，经济全球化，信息世界化脚步日益加快，社会对人才的评价标准也随之发生变化，掌握知识的多少已不再是衡量人才的唯一标准，重要的是看其是否具有迅速学习掌握新知识的本领和进行创新的能力。

值得一提的是素质教育与主体教育观的关系。素质教育的本质是人的主体性，提高人的素质从根本上讲就是培养人的主体性，素质教育的一个基本特征就是学生主体性的彰显，创造性是个人主体性的最高表现和最高层次，是个人主体性的灵魂。所谓创造性，包含两层含义：一是对外在事物的超越。主体通过变革和改造旧事物，产生新颖的、独特的新事物，它常常与改革、发明、发现联系在一起；二是对自身的超越。主体在改造客观世界的同时，也改造了自己的主观世界，使旧我转变为新我，实现自身的飞跃。创造性既是衡量个人主体性的尺度，也是表现社会文明程度的标志。学生在学习过程中的创造性更多是对学生个体或群体自我的超越。

(二)STS教育在中学生物教学内容上应体现出来的教育价值

STS教育是Science-Techology-Society的缩写,即科学—技术—社会。它是一门研究科学、技术和社会关系的交叉学科。它体现了一种新的价值观、新的科学观、新的教育观和新的社会观。STS教育是STS学科建设的重要内容,它的发展对理科教育产生深刻的影响,因此,加强STS教育已成为当今国际理科教育改革的共同趋势。但总的来说,科学—技术—社会教育还没有引起足够的重视。中学生物教育中渗透STS教育思想的必要性。生物科学是自然科学中发展最为迅速的科学之一。生物科学研究在20世纪取得了许多重大突破,例如DNA分子双螺旋结构和功能的揭示、哺乳动物体细胞克隆的成功、人类基因组计划的实施等。这标志着21世纪人类将进入生物科学技术的新时代。生物科学研究成果更加迅速地转化为社会生产力,显现出巨大的社会效益和经济效益。生物科学也向着更加关注人类自身的方向发展。随着与物理学、化学、数学以及其他各学科之间不断交叉、渗透和融合,生物科学已经日益呈现出主导学科的地位。同时,生物科学在解决人口增长、资源危机、生态环境恶化、生物多样性面临威胁等诸多问题方面发挥的作用越来越大,有力地促进了现代社会文明的发展。可见,在中学生物教学中渗透STS教育具有深远的历史意义。在充满希望与挑战的21世纪,科学技术与社会将发生强大的相互作用,全球性的人口、粮食、健康、能源、资源和环境问题,特别是我国的人口负担过重,环境污染加剧。科学技术水平与发达国家相比差距很大,民族创新意识不强等等社会问题,对基础教育提出了新的要求。生物学科的地位和作用要求我国涌现出一大批站在生物学科前沿的创新型人才。基于这一要求,在生物教学中渗透科学、技术、社会(Science-Technology-Society)教育思想也是十分必要的,STS强调在科学教育中加强科学、技术与社会的关系,以及科学技术在社会生产、生活和发展中的应用。中学生物教学中渗透STS思想有利于培养学生的科学素养、提高学生理解科学对社会的影响及对科学、技术、社会三者关系的认识。所以,在中学生物教学中渗透STS教育具有重要的现实意义。

实施STS教育有利于生物学科教育目标的进步和发展,使生物的学科教育能主动适应科学技术和社会发展的新需要,其价值主要体现在以下几个方面:

(1)有利于提升生物学科教育的育人功能

传统的生物学科教育在育人功能上有一定的局限性,主要局限在使学生较系统地掌握生物学科基础的知识体系,基本技能和基本方法,并激发学生的潜能。它很少涉及学生的科学情感、科学伦理、科学精神、科学价值观方面的培养。生物学科的STS教育充分顾及到了不同学生对生物学的不同价值。在育人的模式上不是单一的,而是多样的,努力做到使生物学科教育既能满足培养专家的学术基础要求,又能满足大部分学生作为公民对生物学方面的知识、技能需要,强调了知识学习对于学生生活的实际意义。它主张以社会为中心组织课程,或者至少要在现行的学科为中心的课程体系内,适度增加核心课程,以加强学生对科学、技术、社会关系的理解,培养学生科学观和社会责任感,从而使学生的生物科技素养能得到协调发展。

（2）有利于提升生物学科的教育的文化价值

传统的生物学科教育的文化价值主要局限在传承文明上,即对生物学科的纵向继承上。这种价值无疑是重要的,那么在课程编制时必然会选择本学科最有遗传余力的那部分知识、技能和方法作为教学内容。这也是导致唯学科中心课程的重要因素。STS教育则有利地拓展了生物学科教育的文化功能,既强调了它的新文明成果传播和新文化的重塑、创造功能。生物学科无论是基础理论还是日常的应用技术都处在突飞猛进中,生物学科、技术达到的高度与社会实践、生活的水平存在着较大的落差,生物学科教育应肩负起新科技文明成果传播的功能。同时也肩负起引导创造新的文明生活方式的社会功能。

（3）有利于提高生物学科教育对科技和社会新发展作出灵敏反应和自我调整的能力

由于受观念、培养目标、文化等因素的影响,传统生物学科教育对科技和社会新发展反应迟钝和滞后,集中体现在:一是教学内容可以游离于这种发展,保持长期不变。二是教学方法千篇一律,凡是对学生学会学习、学会研究、学会适应等能力的培养,STS教育者主张生物学科教育要能及时地反映现代科技和社会新的发展,能满足这种新发展对人的素质的要求。

（4）有利于"教劳"和内涵的拓展

生物学科教育具有"教劳"结合的优良的优良传统,这在一定程度上与STS教育思想是吻合的。但也有本质的区别。STS教育强调问题本身及其对社会、个人的价值。其次是"教劳"结合强调理论联系实际的思想,并使抽象的知识学习得到具体的感性支撑,从而把知识内化得更加牢固,它更较关注的是社会问题,而后从这个逻辑起点出发,解决相应的学习内容。可见,教育赋予传统"教劳"结合新的视野,并有助于内涵的拓展。

（5）有助于构建适应素质教育的生物学科教育新实践类型

教育可以成为生物学科素质教育的一种新的教育思想和教育事件类型,它有别于新的特征:一是引导学生正确认识生物科学、技术与社会的关系,培养学生全面的科技素养。二是具有关注社会的科学问题和生物科技的社会问题的教学内容,且这种内容是不断地动态调整着的。三是具有开放的结构和教学空间,更加强调学校、社会和家庭的联系。强调书本世界与生活世界的联系,强调间接经验和直接经验的联系。

以上这些都说明STS教育在中学生物教学内容上应体现出来的教育价值。

二、"渗透STS思想的学生主体性学习"的课堂教学模式的构建

依据主体性教育在学生身上应体现出来的主要特征和STS教育在中学生物教育应体现出来的特征,构建"渗透STS思想的学生主体性学习"的课堂教学模式。

(一)教学模式因素构成

教学模式除了包括教育理论外、教学目标、教学策略、教学媒体等因素。

1. 教学目标转变和教学内容的拓展

在新课程标准要求的基础上,从教学目标上更重视体现培养学生的主体性,使学生的学习能力得到提高,为其终身学习打下基础,使学生关注科学、技术、社会的关系,理解所学知识的实用价值。正如布鲁纳在《教学理论之建构》一书中所陈述的"教学生学习任何科目,决不是对学生心灵中灌输些固定的知识。而是启发学生主动去求取知识和组织知识。教师不能把学生教成一个活动的书橱,而是教学生学习如何思维,教他学习如何像历史学家研究分析史料那样,从求知过程中去组织属于他自己的知识"。

从实际需要出发,拓展生物教学内容的针对性。在现行中学《生物》教材中增加有关生物科学技术及其应用方面的内容,结合相关的教学内容穿插组织单元教学。从我国现代化经济建设和社会发展的实际需要出发,可以从以下几方面拓宽生物学教学的内容。一是了解生物科学技术的新进展,在现行生物教材的基础上拓展分子生物学、仿生物学、遗传工程、环境科学、生物医学等方面的新知识新技术及其应用发展的情景。使中学生了解当前生物科学技术的新进展。加强与工业农业生产密切相关的知识和技术的教育如花卉、果树、食用菌、药用植物、农业新技术等方面的知识、技术和应用。加强与个人、家庭、社会、生活密切相关的知识和技术教育。如环境污染、癌症、优生优育、性教育和自然保护等等。

2. 教学策略

STS教育更加强调参与,该教学策略中最重要的是教师教学理念的根本转变,变"指挥者"为"引导者"、"参与者"。一是要从学生的角度去设计教学过程,引导学生积极主动地参与到学习过程中去进行自主的学习活动。二是要面向全体学生,重视学生的个性差异。在班级授课制下,如何使班级中不同层次的学生都能通过课堂教学活动有所提高发展,最基本的一条准则,就是要面向全体学生,正视学生的个性差异,因材施教。一般多采用讨论、个案研究、数据分析、角色扮演等等。培养学生的思维能力、人际交往的能力和对问题的解决能力。首先要强化绪论课教学。绪论课教学在让学生了解生物科技史和总体把握科学、技术、社会关系的认识上有其不可替代的独特的育人价值。其次是要选择性地为学生提供相关的阅读材料。如在学习植物矿质营养元素时,提供《固氮技术极其未来的发展》资料。再次是要加强知识的直观性

和知识的直观应用。

课堂教学渗透教学中,要求教师本着源于教材又不限于教材的精神,努力捕捉STS教育时机,把相关的内容渗透进去,要求教师对所渗透的内容作出判断,提高渗透教育的内在质量。

3.教学媒体

一是要为学生的学习和实践创造更丰富的物质条件,如开放的图书馆、阅览室,实验室建设,挂图、模型等等。二是要重视研究多媒体在教学中的应用。在教学活动中,多媒体手段的运用已屡见不鲜,这些多媒体的课件在帮助学生理解掌握知识方面起到了很大的作用,但直接带领学生网上冲浪的较少。因此在研究多媒体计算机在教学中的运用时,要在提高学生的参与性上下功夫,特别要尽量创造条件进行网上的教与学。如带领学生到网上去收集信息资料,去分析问题,解决问题。三是要重视让学生走进社会,走近生活,从实践中去感受科技、应用科学。要把视野指向校外,把社会有教育意义的场所纳入教学设施范畴。可以与社会、生活密切相关的内容,确定一些研究性的课题,让学生去调查、去实践、去研究;也可以根据当地的实际情况,建立一些长期合作的教学实践基地和一些用于学生实践活动的场所,使学生的实践与社会生活联系起来。也可以邀请专家到校作报告。

总之,教学模式是将教学的静态信息转化为动态信息的过程。只有在教学模式设计过程中落实素质教育的思想观念,才能在教学实践上转化为具体的素质教育行为。没有教学设计的素质化,也就不会有课堂教学的素质化。

(二)教学模式操作程序

本操作程序为呈现背景资料→发现问题→信息互通→讨论辨疑→总结反馈。

1.呈现背景材料

提前安排一定时间,将近期的教学内容布置给学生,并和学生一起到网络教室上网,教师向学生提供一些网址和建议一定范围。师生独立上网,如师生中有人发现较有价值的内容,可切换给其他人共享。学生可自己到学校阅览室收集报刊信息。学生可从电视节目中获取信息(如CCTV-1人与自然、CCTV-10科学与教育频道)等等,在信息的收集中要求学生要有针对性地收集生物与环境关系中的社会现实问题、热点问题,科学技术的发展与这些问题的关系。

上课时,教师根据教学目标、重点难点、教学内容、教学媒体和自身优势呈现背景材料,可以是一段精彩的导语,可以是一段录像,可以是一个多媒体课件;或者只是一个标题,根据自己掌握的学生自主探索的情况请学生来呈现一个相关的背景材料。

2.发现问题

由学生从呈现的背景材料中发现并提出问题。如:"生物因素"一课时,教师呈现的是一个多媒体课件。一开始呈现了蜜蜂群、鹿群、洄游的鱼群图片和一段大象群在林中、在水边漫游的画面(有母象跟在小象的后面一起进食、有雌雄象亲密的镜头)。还没有播放完,同学们就表明观点了:这是种内关系,教师进一步引导,同学们提出了生物因素这一节课应讨论的问题。

3. 信息交流

即小组讨论。小组同学围绕问题用各自所收集的信息对问题进行讨论,讨论要联系实际。发言代表汇集小组意见。

4. 讨论辨疑

各小组代表发表本小组意见,相同意见不重复。如代表发言不全面,小组其他成员可补充。鼓励学生发表不同观点,教师不要否定学生的观点,应引导学生通过讨论对事实明辨,有的问题答案是具有开放性的,不必强求一致。鼓励学生树立批判意识。

5. 总结反馈

由教师对学生的参与进行鼓励;对本节课教学目标的实现程度从知识、情感、能力等方面进行反馈,在反馈中要使学生理解科学知识可以转化为技术,技术可应用于社会生产、生活的各个方面,把科学技术转化为现实生产力,发展知识经济。如生态农业、西部大开发等。同时也要让学生理解科学技术的双刃剑作用。

三、"渗透STS思想的学生主体性学习"的生物课堂教学模式实验研究

(一)研究方法

教育实验法——等组实验法和单组实验法。

1. 等组实验法

等组实验法是以不同的实验因子施行于不同的相等的组,然后比较其发生的变化。采用这种实验法最重要的是力求各组条件相等,实验必须在控制无关因素的条件下进行,即实验组和控制组的学生程度、教师水平、教材等情况大体相等,只是实验组增加实验因素,而控制组不加实验因素,这样才能得出正确的实验结果。

2. 单组实验法

单组实验法是向一组研究对象施加一个或几个实验因子,然后测量实验前后发生的变化,借以确定实验因子的效果。

(二)实验研究对象

随机选择自己担任教学的两个班进行测试(前测),结果如下:

对照班前测结果统计表

n	$\bar{x}$	s	$\bar{x}$
甲班	$n_1=63$	$\overline{X}_1=65.03$	$S_1=10.74$
乙班	$n_2=67$	$\overline{X}_2=65.10$	$S_2=10.73$
$Z=0.037<1.96$ 差异不显著，说明对照班水平相当，符合等组试验要求。			

将甲班定为控制班，乙班定为实验班。在这两个班进行等组实验，同时在实验班进行单组自身对照实验。

（三）教学内容：高中生物第七章生物与环境

（四）对照试验：实验班和控制班由同一教师执教、使用全国统编教材

控制班：采用凯洛夫的课堂教学模式进行教学，即组织教学—复习检查—讲授新课—巩固新知—布置家庭作业的五步教学模式。

实验班：划分学习小组：6~7人一组，轮流担当小组负责人，分组按学生电脑水平、学习成绩、自学能力等搭配。

操作程序：呈现背景资料→发现问题→信息交流→讨论辨疑→总结反馈。

（五）实验结果

经过一个半月的教学活动后，通过测试（重庆市高中生物会考）对照班成绩统计结果如下：

等组实验结果统计表（对照班）

n	$\bar{x}$	$\bar{x}$	$\bar{x}$
控制班	$n_1=62$	$\overline{X}_1=81.77$	$S_1=10.06$
实验班	$n_2=67$	$\overline{X}_2=85.15$	$S_2=8.770$
$Z=0.025>1.96$ 差异显著。			

单组自身对照实验结果统计表（实验班）

n	$\bar{x}$	$\bar{x}$	$\bar{x}$
实验前	$n_1=62$	$\overline{X}_1=65.10$	$S_1=10.73$
实验班	$n_2=67$	$\overline{X}_2=85.15$	$S_2=8.770$
$Z=6.995>2.58$ 非常差异显著。			

（六）分析讨论

（1）实验班和控制班测试结果显示 $Z=2.025>1.96$，说明实验结果有显著差异。

实验班实验前后测试结果显示$Z=6.995>2.58$,说明实验前后实验班成绩有非常显著的差异。初步显示该教学模式在中学生物教学中是可行的。学生刚开始不太适应这种与他们以往学习生涯完全不同的方式,但不久学生不仅适应了,而且非常喜欢,乐于接受、乐于学习。

(2)本教学的构建是以学生为中心,在整个教学过程中教师起组织者、指导者、帮助者和促进者的作用,利用情境和各种背景资料、学生相互协作、师生互功、生生互动等学习环境要素充分发挥学生的主动性、积极性和首创精神,最终达到使学生有效地实现对当前所学知识的意义建构、培养学生合作和关注社会的精神、提高学生学力的目的。学生是知识意义的主动建构者;教师是教学过程的组织者、指导者、意义建构的帮助者、促进者;教材所提供的知识不再是教师传授的内容,而是学生主动建构意义的对象;媒体也不再是帮助教师传授知识的手段、方法,而是学生求知的信息源,用来创设情境、进行协作学习和交互的手段,即作为学生主动学习、协作式探索的认知工具。显然,在这种场合,教师、学生、教材和媒体等四要素与传统教学相比,各自有完全不同的作用,彼此之间有完全不同的关系。STS教育的途径很多,其中最常用的一条途径是将其渗透到中学生物或某些教学内容的课堂之中。

实验班与控制班教学活动比较表

控制班教学	实验班教学
教师讲授为主	学生探索学习为主
学生个人的学习	学生集体的合作学习
教师作为知识的垄断者和传播者	教师作为学习的帮助者和指导者
学生被动接受知识	学生积极主动学习知识
媒体是教师传授知识的手段、方法	媒体是学生探求知识的工具
学生以积累知识为主	学生以培养学习能力为主
学生学习基础科学理论	学生将科学、技术和社会相联系

从上表可以看出在信息时代,本教学模式培养的学生较之传统教学是十分优越的,可以使受教育者在创新能力、实践能力、合作精神、关注社会等方面得到全面培养。

(七)结论

"渗透STS思想的学生主体性学习"的课堂教学模式是大面积实施STS教育的重要途径。由于生物学科知识与社会生产、生活实际具有广泛的密切性,生物学科、技术研究新成果的大量涌现等因素,都为生物课堂教学全面渗透STS教育思想提供了现

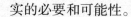

实的必要和可能性。

主要参考文献：

1. 周美珍主编：《生物教育学》，杭州：浙江教育出版社，1992年9月第1版。

2. 王克生主编：《学习心理学》，福州：福建少年儿童出版社，1987年版。

3. 盛昌兆主编：《教育科学研究方法基础》，上海：上海科普出版社，1983年版。

本文获"2004年全球华人生物科学大会——21世纪中国中学生教育创新研究"征文活动优秀论文--等奖（2004年全球华人生物科学大会组委会，2004年7月）

案例教学法在中学生物教学运用的理性思考

本文对引进案例教学法进入生物教学做了一些理性思考,如果能进行定量实验,构建起生物案例教学法,这将是生物教学法的又一突破。

一、关于案例教学法的几个问题

(一)什么是案例?

简单地说,一个案例就是一个实际问题的描述,在这个情景中,包含有一个或多个疑难问题,同时也可能包含解决这些问题的方法。它具有这样一些特征:案例讲述的应该是一个故事,叙述的是一个故事;案例的叙述要具体、特殊;案例的叙述要把事件置于一个时空框架之中,也就是要说明事件发生的时间、地点等;案例对行动的研究等的陈述能反映人的复杂性,揭示人物的内心世界;案例的叙述要能反映出事件发生的特定背景。

(二)什么是案例教学法?

案例教学法可界定为通过对一个具体教育情景的描述,引导学生对这些特殊情境进行讨论的一种教学方法。它是与讲授法相对立的。学生在自行阅读、研究、讨论的基础上,通过教师的引导进行全班讨论。因此,案例教学法既包括特殊的教学材料,又包括了应用这些材料的特殊技巧。在案例教学中,教师与学生承担着更多的教育责任,要求有更多的投入和参与。就教师来讲,它有责任去选择和组织所要讨论的材料,要从大量的资料中选择适当的案例,并且,如果手头没有现成的可以覆盖所教内容的案例的话,他还要自己动手撰写这些案例,并以一定的程序把它呈现出来。就学生来讲,他也担负着一定的责任,要对教师所提供的材料进行分析、讨论,并从中得出对日后的教育和教学有用的结论来。这也意味着学生必须要做好课前准备。在课堂上,每一个学生都是参与者,学生通过教师的引导提高认识问题的能力和解决问题的能力,同时,也通过同学的交流、讨论提高对问题的洞察力,缩短了教学与实践之间的距离。

二、案例教学法是中学实施素质教育的有效方法

笔者认为,在中学恰当地应用案例教学法是提高中学生素质的有效方法。其理由:一是有利于学生创造力和实际解决问题能力的发展。二是有利于学生通过案例教学得到的知识是学生内化了的知识,是一种"做中学"的形式,学生必须将原有的知

识和能力进行"整合"才能处理案例中众多的疑难问题。三是有利学生通过案例教学不仅可以获得认知的知识，而且有助于提高其表达、讨论的技能，增强其面对困难的信心。四是有利学生通过案例教学大大缩短教学情景与实际生活情景的差距。五是案例教学解决了教学中的个性需要和社会需要的完美统一的两难问题。六是学生在案例教学中有较大的自主权，教师实际更多站到了学生的背后，这不仅可调动学生的积极性，更重要地是培养了学生综合素质。

三、案例教学法在中学生物教学中应用的思考

（一）案例教学法在生物教学的适用范围

案例教学在什么情况下实用，对此可从这样一些方面去分析：

1. 理解并掌握中学生物学的原理和基本概念

许多人认为，案例的运用与生物理论学习是相馀的，因为案例总是具体的、特殊的，其表现形式是发生在某时某地的故事，好像它不能也不必用来传递理论知识。其实不然，案例教学在19世纪70年代应用之初，真正的目的就在于一些研究者认为案例可以成为传递理论、原理的最强有力的方式。案例完全可以用来展示生物有关的理论，解释为什么这个事件应该这样处理而不应该那样处理。一旦案例中隐含的理论或生物的基本原理被揭示出来了，就可以用来考察新的生物案例，说明那些已经变化了的情形。这样，先前案例中的基本理论就转变成了面临的新情形的挑战。学生要考虑到生物理论如何应用，如何从新情形中产生不同的变式来。因此，在案例教学中，首

> 要做各种各样的研究，
> 就应当实地去观察而不应当
> 仅仅是念书本。
>
> ——[法]卢梭

先要做的不是匆匆忙忙地去选择若干案例，而是要确定让学生掌握哪些生物原理，然后，再选择出能够说明这些生物原理、理论的案例来。从这个意义上说，案例是一个故事，但故事并不等于案例。

2. 生物界的典型事例

将在生物界中，比较典型的生命现象、事实等案例交给学生进行案例教学，学生从中获得问题解决的多种可能性，以及解决问题最终方法。学生在未来的实践中就可能加以采纳。

3. 生物学的伦理道德准则

在生物与环境中，人与自然之间关系的许多不和谐的案例。如森林的破坏、动物的捕杀、环境的污染等，用故事来让学生了解什么是美好生活，美好生活需要什么样的道德准则，每个人可以做些什么，不可以做些什么，如此等等。在生物案例中，教师可以为学习者提供态度、行为价值观等方面的典范、反面例证，使他们从某一个或某

一群人的行为当中体会自己应该遵守的伦理规范。

4. 策略、反思或思维习惯

中学生通过生物案例教学可大力培养思维能力,训练思维习惯、思维策略和反思方法,培养学生创新能力。

5. 视野开阔与想象力

通过生物案例教学促使学生增大知识容量,开阔学生视野,促使他们去思考解决实际问题的能力。

(二)案例教学法在生物教学的局限性

任何一种教学方式、方法都有其局限,生物案例教学也不例外:

第一,生物案例的形成过程往往花费较大,时间消耗过多,并且需要进行现场核对。

第二,生物案例教学对教师要求较高,难以达到预期的教学效果。

第三,生物案例教学的效率有时较低。案例教学以学生的积极参与为前提,以教师的有效组织为保证,以精选出来的能说明一些问题的案例为材料,而要做到这些方面的有机结合往往较为困难,有时会产生耗费时间较多但收效甚微的后果。

第四,生物案例是以较短的篇幅的材料来涵盖相当长的时间历程的,很难在内容与时间历程上保持一致,而案例教学一般既要让学生了解过程,更要让学生领会内容,这两者难以兼顾。

第五,案例可能也会使得学生形成一些不正确的概括性认识。

(三)案例教学法与其他教学法有机结合形成具有实效性的案例教学法

正是由于案例教学存在一些局限性,笔者认为,它应该与其他教学法结合形成具有实效性的案例教学法。应该具有如下特征:

(1)根据不同的要求和目的,能够适合长短不一的讨论;

(2)可以利用学校的录音、录像和计算机设备;

(3)与现场考察结合起来使用;

(4)案例中没有决策者;

(5)用于教学内容的问题答案不唯一的教学情景中。

总之,本文笔者仅仅是对生物案例教学的理性思考,案例教学真正的实效性待实践中探索。

主要参考文献

1. 郑金洲编著:《案例教学指南》,上海:华东师范大学出版社,2000年6月第1版。

2. 廖正峰:《教师心理学》,杭州:浙江教育出版社,1985年第1版。

3. 温寒江：《师资培训概论》，北京：北京师范大学出版社，1989年版。

本文荣获重庆市教学论文一等奖（重庆市教育委员会2004年5月5日），载《重庆陶研文史》（2003年4期）

"自主性学习"教学模式的探讨

作者于1997年开始,进行了三年的生物"自主性学习"教学实验,创造出了"自主性学习"生物教学模式。

"自主性学习"的教学模式是与传统的知识传播模式相悖的。在确定"学生是学习活动的主体,教师的职责是组织、帮助和指导学生进行学习"教育观念的基础上,它是以创设和谐、宽松、民主的教学环境为前提,以提高学生的学习策略水平,发展学生的创造性为目标,促进学生知识和能力协调发展的教学模式。

1. 模式的操作程序

在教学过程中,"自主学习的教学"模式始终坚持"三阶段六环节"的教学策略。其过程概括如下:

2. 操作策略

(1)创设情景。一节课开始,教师通过创设与教学内容相联系的愉快、轻松、活泼的教学情景,如引人入胜的故事、鲜艳的图片、逼真的教具、动听的音乐、幽默的语言等,引发学生的情感、刺激学生大脑的兴奋点。在较短的时间内,最大限度地激发学生兴趣,集中学生注意力,以饱满的热情投入课堂教学之中。

(2)依标导学。教师依据教学大纲、教材的要求和学生实际,制订并出示明确的学习目标,其方法有问题式、直入式、信号纲要式、图示等。同时,教师指出相应的学习方法。这样做的目的是使学生在有目标、知学法的情景下学习,有利于增强学习的自觉性、自主性从而高效性。

(3)自主探究。学生可通过自己动手观察实验,观察图片去思考、探究学习目标中的问题从而发现疑难问题,此环节一定要注意给学生足够的时间,让学生做完实验、阅读完教材内容。

(4)讨论交流。学生自我探究以后,对不懂的问题可与同组的同学相互讨论解决,解决不了疑难问题交给老师。讨论的小组视其学情可两人一组、三人一组或四人一组。

(5)反馈点拨。教师根据学习"目标"全面反馈,让学生根据反馈,矫正自主学习中的错误,其方式有练习式反馈、问题式反馈等。在"反馈"过程中,对学生难以理解的疑难问题进行精讲。

(6)练习反思。教师针对学习"目标"精心设计练习题。可设反馈题、设计实验题、综合运用题等。学生做完练习后,鼓励学生大胆反思,去怀疑既学知识。这种质疑一般直指教材要求,带有非常明显的创新性。对于这一阶段的质疑要求学生写在作业本上,进行个别指导,以满足学生强烈的求知欲。对于明显超过教材内容的可形成"小课题",鼓励学生去研究、创新。

3. 模式的显著特点

（1）和谐性。和谐性是"自主性学习"教学模式的基本前提。在课堂教学中教师首先创设一个和谐、宽松、民主的教学环境,充分调动了学生的学习积极性,教师乐教、学生乐学,在师生融洽的合作气氛中,全体学生得到和谐的全面的发展。

（2）自主性。自主性是"自主性学习"模式的核心。此模式在教师相信学生潜能,尊重学生的人格的前提下,学生由原来的被动接受转变为主动参与者,学生成为知识的探究者和意义建构的主体。

（3）探究性。探究是"自主性学习"教学模式的关键。教师的角色由原来处于中心地位的讲解员、传授者转变为学生的指导者。学生依据学习目标和学法,依靠实验、教材等去自主探索,自己动手,联系新旧知识,发挥想象力,发现疑难问题激发他们渴求解决问题的欲望。给学生思考问题的时间、空间,学生在具体的实践活动中去获取知识,培养多方面的能力。

（4）策略性。"自主性学习教学"模式能促进学习策略的发展。学生的学习策略构成了一个"学习—学习经验—学习（进一步的）"的学习能力的螺旋式循环上升的机制。而学习策略发展的源动力是"旧策略"与新问题的矛盾。无论是学习策略的形成,还是学习策略的发展,都必须经过学生自己的体验,并通过这种体验"内化"为知识、经验和技能技巧。否则学习策略难以形成和发展的。

4. 实践举隅

初中生物学(人教版初中《生物》第二册)"心脏"一节内容既是本章的重点,又是本章的难点。下面以此为例来说明该模式的具体操作过程。

一创设情景,依标导学(5分钟)

1. (创设情景)用投影片复习旧知识,并用提问方式导课

种类	位置	结构特点	生理作用
动脉			
静脉			
毛细血管			

(投影片)

(提问)请大家想一想:"血液为什么能在血管中不停地定向流动?"出示课题二"心脏"。

2.(依标导学)明确目标,导以学法

用投影片展示:

(一)位置

1.请同学们用右手在自己的胸部寻找一下心脏的部位,同时打开课本看图一,说出心脏的位置。

(二)观察心脏的形态大小

2.大小怎样?

3.形态怎样? ①区分上下;②区分背腹;③区分左右。

(三)心脏的结构

4.心脏是什么组织构成的? 按位置来分具有几个腔? 各是什么名称? 它们是否相通?

5.心壁的厚薄怎样?

6.房室瓣膜的位置和作用各是什么? 动脉瓣的位置和作用分别是什么?

7.与心脏连通的血管各是什么?

(四)心率

8.什么叫心率? 正常值范围如何?

(五)心输出量

9.什么叫每搏输出量? 什么叫心输出量? 心输出量、每搏输出量和心率三者的关系如何?

(六)心脏的锻炼和保健

10.青少年经常参加适宜的体育运动有何好处?

11.经常饮酒对心脏有哪些害处? 为了自己的健康,我应怎么办?

同时用小黑板展示并指导学法:

(一)阅读

要求学生将书用跳读法看一遍,再仔细阅读P131倒数第二自然段为止。

(二)实验观察

1.将心脏按P32《演示实验》中的左图放置,并分清形态的上下、背腹、左右。用手捏心房壁和心室壁,比较心房壁和心室壁的厚薄。用手摸心室两侧的壁,比较哪一侧的心室较厚,哪一侧的心壁较薄。并回答投影片中的(一)、(二)问题。

2.按P32《演示实验》中的右图虚线所示,剖开心室的壁,再剖开心房的壁,参照彩图五,观察其结构,回答心脏结构的有关问题。

二 自主探究、讨论交流(25分钟)

3.[自主探究]学生边实验、边观察、边阅读。老师巡视。

4.［讨论交流］同组讨论交流解决自己的疑难问题，每小组组长把小组内不能回答的问题记下来交给老师。

三反馈点拨、练习反思（15分钟）

5.［反馈点拨］

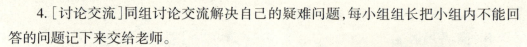

教师的成功是创造出值得自己崇拜的学生。

——陶行知

将投影片提出的问题全面反馈，着力点拨以下问题：

（1）用心脏的结构模型，讲述心脏的结构，主要弄清以下几点：①心脏主要是由心肌构成；②具有四个腔（左心房、右心房、左心室、右心室）；③心壁特点：心室壁比心房壁厚，左心室壁比右心室壁厚；④与心脏连通的血管。

A：心房通静脉

B：心室通动脉

（2）用心脏瓣模型向学生演示，让学生观察、搞清以下问题：①房室瓣：位于心房与心室之间，控制血液从心房流向心室。②动脉瓣：位于心室与动脉之间，控制血液从心室流向动脉。

用形象比喻方法说明瓣膜是怎样防止血液倒流。

（3）请同学仔细阅读P32倒数第一自然段—P33，回答投影片中（五）、（六）的问题。从而弄清本节疑点。

投影片为：

例：某人安静状态时，测得每搏输出量是70毫升，又测得该人的心率75次／分，那么该人的输出量是多少？5分钟内的输出量是多少？饭后的心输出量可以增加30%左右，则心输出量是多少？情绪激动时约增加50%～70%，心输出量是多少？输出量可以是安静时的5～7倍，心输出量是多少？

6.［练习反思］

（1）用投影片打出心脏的结构图，并识图作答：

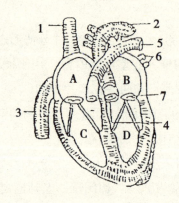

练习：上图为心脏的结构：①心脏主要由_____构成。②图A、B、C、D所在部位的名称依次是：_____、_____、_____、_____。③图中[7]_____，其作用是保证血液从_____流向_____。④图中[2]是_____，其内具有防止血液倒流的_____。⑤图中所指下腔静脉、肺动脉、上腔静脉的序号依次为[   ][   ][   ][   ][   ][   ]。⑥左右心室的壁厚薄不同是与心室功能相适应的。⑦下列各项中能正确表示心脏血流途径的是(   )

A. [2]→[D]→[B]→[6]　　　　　　B. [6]→[B]→[D]→[2]

C. [1]→[3]→[A]→[C]　　　　　　D. [5]→[C]→[A]→[1]→[3]

(2)要求学生反思：提出一个自己的疑难问题在自己的作业本上。

在该内容的教学过程中，采用"三阶段六步骤"的教学模式，充分利用人体内脏器官的彩图、心脏结构图、小黑板以及P32的演示实验改为学生分组实验等提供的观察材料，教师有效地组织学生进行自主性学习。学生在正确理解心脏的形态结构和生理的同时，学生的观察、自学、思维和探究等能力得到训练，从而培养学生的创新意识和实践能力。

主要参考文献：

1. 张代芬主编：《生物教学法》，昆明：云南教育出版社，1989年版。

2. 王策三主编：《教学论稿》，北京：人民教育版社，1985年版。

3. 赵锡鑫：《生物教育心理学》，黑龙江：东北师范大学出版社，1988年版。

本文载《生物通报》(2001年增刊)，转载《教育理论与实践》(2001年增刊)

生物引导式教学探索的范例

作者于1994年开始经过三年的引教导方法的教育实验，效果显著，构建生物引教导方法。

一、知识点及达标层次

内容		知识篇	达标层次		
			了解	理解	掌握
生物与环境的关系	概述	1. 生态学的概念	✓		
		2. 研究生态学的意义	✓		
	环境对生物的影响	1. 生态因素的概念及其种类		✓	
		2. 非生物因素:阳光、温度、水对生物的影响及实例			✓
		3. 生物因素			
		(1)种内关系的概念		✓	
		(2)种内互助和种内斗争及其实例			
		(3)种间关系的概念			✓
		(4)共生、寄生、竞争、捕食的概念及其实例		✓	
	生物对环境的适应	1. 适应的普遍性			
		(1)适应的普遍性的含义			
		(2)保护色、警戒色、拟态的概念及实例			✓
		2. 适应的相对性			✓
		3. 生物与环境的相互关系		✓	
种群和生物群落		1. 种群的概念及实例			✓
		2. 种群的特征			✓
		3. 生物群落的概念及实例			✓
		4. 生物群落的结构			✓
生态系统	生态系统的概念和类型	1. 生态系统的概念			
		2. 生态系统的类型			
		(1)森林、草原、农田、海洋和淡水等生态系统的特征	✓		✓
		(2)森林、草原、农田、海洋和淡水等生态系统的生物种类		✓	
		(3)森林、草原、农田、海洋和淡水等生态系统的群落结构		✓	✓
		(4)森林、草原、农田、海洋和淡水等生态系统中各种生物的适应性特征		✓	

内容		知识篇	达标层次		
			了解	理解	掌握
生态系统	生态系统的结构	1.生态系统的成分	✓		
		(1)非生物的物质和能量			
		(2)生产者、消费者和分解者			✓
		2.食物链和食物网			✓
		(1)食物链和食物网的概念		✓	
		(2)食物网形成的原因			✓
		(3)营养级			
		(4)生态系统的营养结构	✓		
	生态系统的功能	1.生态系统的能量流动			
		(1)生态系统的能量来源	✓		
		(2)流经生态系统的总能量	✓		
		(3)能量流动的起点	✓		
		(4)能量流动的过程			✓
		(5)能量流动的形式			
		(6)能量流动的渠道			
		(7)能量流动的特点		✓	
		(8)研究能量流动的目的	✓		✓
	生态系统的功能	2.生态系统的物质循环			
		(1)生物圈的概念	✓		
		(2)生物地球化学循环的概念		✓	
		(3)碳循环的过程			✓
		3.能量流动和物质循环的关系		✓	
	生态平衡	1.生态平衡的概念			✓
		2.生态平衡的原理			
		(1)生态平衡的自动调节能力			✓
		(2)影响生态系统自动调节能力的因素			✓
		3.破坏生态平衡的因素			
		(1)植被的破坏		✓	
		(2)食物链的破坏		✓	
		(3)环境的污染		✓	
		4.保持生态平衡的重要意义		✓	
环境保护		1.环境污染和破坏的主要原因	✓		
		2.森林在环境保护中的作用		✓	
		3.草原的利用和保护	✓		
		4.保护野生动、植物资源	✓		
		5.自然保护			
		(1)自然保护区的概念	✓		
		(2)建立自然保护区的目的		✓	
		(3)我国重要的自然保护区	✓		

· 教学模式创建 ·

二、引教导学

这一章主要讲授现代生物学中宏观方面的生物学基础知识，使学生初步学会用生态学观点认识生物界，认识保护环境的重要性，增强环境意识。虽说属于宏观知识，但由于生态学的名词概念繁多，知识抽象，头绪纷杂，思想性强。因此，要根据教材的重点、难点和疑点，采用不同的方法进行教学。

（一）用综合归纳法，理清生态因素的概念和所包含的内容及主要作用

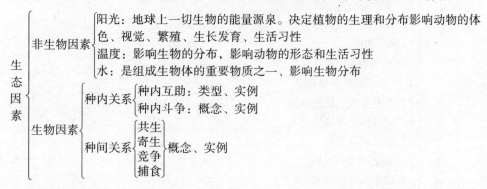

这里应注意两点：

（1）各种生态因素对生物起作用不是孤立的，而是综合在一起对生物起作用。

（2）在特定的环境条件下，有的生态因素起主导作用，如阳光对绿色植物的主导作用，水对沙漠生物的主导作用等。

（二）列表比较有关内容

表1　比较种间关系的几个概念

	概念	实例
共生	两种生物共同生活在一起，相互依赖，彼此有利，如果彼此分开，则双方或者一方不能独立生存	地衣中的真菌和藻类白蚁和肠道内的多鞭毛虫
寄生	一种生物寄居在另一种生物的体内或体表，从那里吸取营养物质来维持生活	体外寄生：蚊、虱等 体内寄生：蛔虫、血吸虫等
竞争	两种生物生活在一起，由于争夺资源、空间等而发生斗争	草原上的羊和牛
捕食	一种生物以另一种生物为食	兔子吃草、狐狸捕兔子

表2　比较保护色、警戒色、拟态

	概念	特点	实例
保护色	动物适应栖息环境而具有的与环境色彩相似的体色	不易识别	冬天里的白色雷鸟，变色的避役
警戒色	某些有恶臭或毒刺的动物所具有的鲜艳色彩和斑纹	易于识别	黄蜂、舞毒蛾
拟态	某些动物的外表形状或色泽斑，与其他生物或非生物异常相似的状态	不易识别	竹节虫、枯叶蝶

表3　比较种群、群落、生态系统的概念

	概念	实例
种群	在一定地域内同种生物个体的总和,具有一定结构,一定遗传特性,相互可进行杂交,具有种群密度,年龄组成,性别比例,出生率,死亡率等特征	一个湖泊中的全部鲤鱼 一块棉田中的全部棉蚜 一片森林中的全部山毛榉
生物群落	生活在一定的自然区域内,相互之间具有直接或间接关系的各种生物的总和,是生态系统中有生命的那部分组织	一个池塘中的全部生物 一片草原上的全部生物
生态系统	在一定的空间和时间内,在各种生物之间,以及生物与无机环境之间,通过能量流动和物质循环而相互作用的一个自然系统	最大的生态系统——生物圈陆地生态系统 草原生态系统

(三)通过实例说明生物适应的相对性及原因

生物的适应是普遍性的,但适应是相对的,完全的、绝对的适应是不存在的。其原因是外界条件是不断变化的。如冬季雷鸟羽毛换成白色,以适应降雪的环境,但是,如果冬季降雪晚而少,则白色羽毛反而易被捕食者发现。百灵鸟的保护色,难逃脱嗅觉发达的狐狸的捕食等等。

(四)生态系统的结构,可采用归纳法并阐明其特点

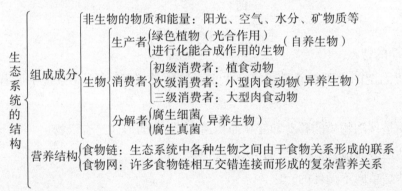

在此基础需说明:

(1)生态系统的特点:反映一定地区的空间和时间,结构紧密,形成网络;有明确的、独立的、特定的功能(能量流动和物质循环);具有自我调节能力。

(2)一个生态系统的生物成员中,倘无生产者或分解者,生态系统就不成立;若有生产者而无分解者,生态系统也不成立;如有生产者和分解者而无消费者,生态系统可以成立,因此,生产者是生态系统的主要成分,分解者在生态系统中占有重要地位。

> 没有爱,就没有教育。
> ——斯霞

（五）食物链的特点可采用课文插图进行分析归纳

（1）食物链的第一个营养级（起点）是生产者，主要是绿色植物。

（2）应具有三个或三个以上的营养级才成为链，两个营养级应不成其为链。

（3）一条食物链一般不超过五个营养级。

（4）消费者的各个营养级位并不是固定不变的。

（5）用箭头表示彼此间的食物联系，箭头的方向是从低营养级指向高营养级。

（六）生态系统的功能应结合课文中的图解进行教学

1. 生态系统的能量流动

（1）生态系统能量流动的图解（如图1）

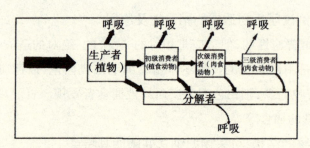

图1

（2）能量流动的特点

①生产者所固定的太阳能总量是流经生态系统的总能量，是生态系统中所有生物能量的源泉。

②能量流动是伴随物质的移动和变化而传递的，流动的形式是有机物。

③能量流动逐级递减，传递效率为10%~20%。

④能量流动是单向不循环的。

（3）为什么能量流动是单向不循环的。

①食物链中各个营养级的排列次序不可逆。

②能量贮存于物质的化学键中，只能使用一次。

③流经各营养级的能量，部分以呼吸热的形式散失。

（4）为什么能量流动逐级递减，传递效率只有10%~20%？

①能量流动时，各个营养级因呼吸作用而消耗掉相当大的一部分能量。

②各营养级的生物中，总有一部分能量不能被下一个营养级所利用。

2. 生态系统的物质循环

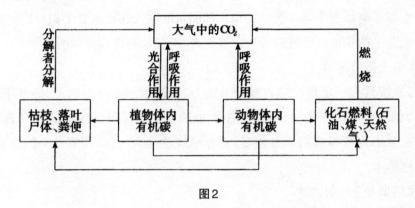

图2

生态系统的物质循环是指组成生物体的基本元素在生态系统的生物群落和无机环境之间所形成的反复循环运动,碳是构成生物体的主要元素,占生物体重的49%。没有碳就没有生命。碳是以CO_2的形式通过光合作用进入循环的,其循环过程如上(图2):大气中CO_2的来源有三个方面:一是来自生物的呼吸作用放出大量的CO_2,这是主要来源;二是来自动植物等尸体,被微生物分解产生的CO_2;三是化石燃料燃烧时放出的CO_2。

(七)明确生态平衡的概念及其原因

生态平衡内容抽象,可用池塘生态系统平衡示意图3(或其他生态系统平衡示意图)明确生态平衡的概念及原因。

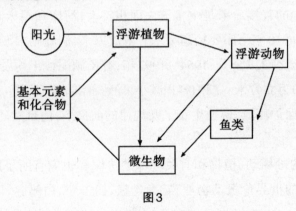

图3

1. 生态平衡的概念

其内容包括:

(1)生态系统有一个从发生发展到成熟,从不稳定到稳定的阶段,生态平衡是指生态系统发展到成熟而稳定的阶段状态而言。

(2)生态平衡的稳定状态是指构成生态系统的生物成员(生产者、消费者、分解者)的种类组成和数量比例,保持相对稳定。

（3）生态平衡是指生态系统中的物质和能量的输入和输出处于相对稳定状态。

（4）生态平衡是亿万年地球历史发展的产物,是长期自然选择的结果。

2. 生态平衡的原因

生态系统具有一定程度的自我调节能力,通过系统的反馈调节,使其维持平衡。平衡能力的大小取决于多种因素,但主要取决于生态系统的组成成分和营养结构。一般认为,生态系统组成的成分越多,营养结构越复杂,自动调节平衡的能力也就越大,反之则越小。

3. 破坏生态平衡的因素

使生态平衡受到影响和破坏的因素,包括自然因素和人为因素。

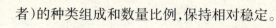

破坏生态平衡的因素 {
自然因素：火山、地震、台风、水旱灾害、流行病等
人为因素 {
植被的破坏
食物链的破坏
环境的污染
}
}

人为因素是破坏环境的主要因素。如1998年长江特大洪灾,截至8月22日止各地估报直接经济损失达1666亿元。除气候因素外,可以说生态环境遭到人为严重破坏更起到推波助澜的作用。众所周知,森林具有涵养水源、保持水土、调节径流、消峰补枯的功能。一公顷林地与裸露地面相比,至少可多储水3000立方米,因此森林有"绿色水库"之称,然而,长江流域长期以来屡遭乱砍滥伐,致使森林植被大幅度下降。长江上游森林覆盖率由新中国成立初期的30%～40%,下降到现在的10%左右。森林植被减少的直接后果是水土流失面积扩大,河床和湖床因泥沙淤积抬高。据调查,长江干流每10年河床要抬高一米。解放以来,洞庭湖内淤积泥沙40多亿立方米,使湖床年均淤高3.7公分;1954—1997年,鄱阳湖泥沙年均淤高达8公分,使湖泊溶水量减少3800万立方米。湖泊容积减小,导致蓄洪能力下降。因此,人们应该吸取惨重的教训,在保护环境、遵循生态平衡规律的前提下,使自然环境更好地为人类服务。

（八）对我国的珍稀动、植物和有关环保的法律等也应有所了解

如:我国特有的世界珍贵动物熊猫、金丝猴、扬子鳄、白鳍豚,珍贵植物银杏、银杉、金钱松、珙桐等。又如:我国已制定了《中华人民共和国环境保护法》等;我国定于每年的3月12日为植树节;我国森林覆盖率已达到13.92%;联合国定于每年6月5日为"世界环境日"等等,为了保护环境,保护人类自身,对上述内容不但应有所了解,更重要的是付诸于行动!

三、同步训练

练习一　生物与环境的关系

(一)选择题

1. 下列有关生态因素的叙述,其中不正确的是( )。

A. 生态因素即生物生活的环境因素

B. 环境中直接影响生物的形态、生理和分布等的因素

C. 生态因素包括生物因素和非生物因素

D. 阳光对植物的生理和分布起着决定作用

2. 影响植物在不同季节开花的主要生态因素是( )。

A. 空气　　　　B. 阳光　　　　C. 温度　　　　D. 水

3. 海洋中,藻类植物分层分布的主要原因是( )。

A. 不同水层的温度不同

B. 不同水层的pH值不同

C. 不同水层的O_2含量不同

D. 不同水层的光照不同

4. 人体血红蛋白含量与所居海拔高度有正比关系,影响人体血红蛋白含量的生态因素是( )。

A. 温度　　　　B. 土壤　　　　C. 水分　　　　D. 空气

5. 限制陆生生物分布的非生物因素是( )。

A. 水分　　　　B. 土壤　　　　C. 温度　　　　D. 阳光

6. 仙人掌的茎肉质化,叶特化成刺,这种现象在生物学上称为( )。

A. 保护色　　　B. 警戒色　　　C. 拟态　　　　D. 多样性

7. 沙漠狐的耳朵、尾比极地狐大,影响狐在形态上出现这一差异的是( )。

A. 阳光　　　　B. 温度　　　　C. 大气　　　　D. 水分

8. 夜鹭白天休息而晚上出来觅食,每年9月从北方飞到江南过冬,影响夜鹭具有这两种习性的生态因素分别是( )。

A. 阳光和阳光　B. 温度与温度　C. 阳光与温度　D. 阳光与食物

9. 影响高山植物分层分布的主要因素是( )。

A. 光照　　　　B. 温度　　　　C. 水分　　　　D. 空气

10. 赤眼蜂常将卵产在稻螟的卵内进行孵化,这两种昆虫的关系是( )。

A. 捕食　　　　B. 寄生　　　　C. 共生　　　　D. 竞争

11. 下列关于种内斗争的叙述,正确的是( )。

A. 对获胜个体有利,对种的生存有害

B. 对所有个体都有利

C. 对所有个体都有害

D. 对失败个体有害，对种的生存有益

12. 成群的麝牛能有效对付狼群的袭击，则麝牛与麝牛个体之间的关系是（　　）。

　　A. 种内斗争　　　　B. 种内互助　　　　C. 共生　　　　D. 竞争

13. 蝌蚪能从肠道内排出一种有毒物质，使幼小蝌蚪死亡率增加，这种现象叫做（　　）。

　　A. 种内互助　　　　B. 种内斗争　　　　C. 竞争　　　　D. 种间互助

14. 水田里水稻和杂草的关系是（　　）。

　　A. 共生　　　　B. 寄生　　　　C. 竞争　　　　D. 捕食

15. 生活在海藻丛中的一种鱼，当遇到敌害时，身体立即倒立不动，像株植物，从而有效地躲避敌害。这种现象在生态学上称为（　　）。

　　A. 保护色　　　　B. 警戒色　　　　C. 拟态　　　　D. 多样性

16. 生活在青草丛中的蝗虫体色呈绿色，生活在枯草丛中的蝗虫体色呈灰黄色，这种现象不能说明生物的（　　）。

　　A. 变异性　　　　B. 适应性　　　　C. 应激性　　　　D. 多样性

17. 棉红铃虫作茧固然有利于保护自身，然而，金小蜂正是借助它的茧的束缚作用，顺利地将卵产到棉红铃虫体内，使棉红铃虫死亡，而金小蜂得以繁殖，这一事实说明（　　）。

　　A. 共生关系　　　B. 适应的普遍性　　C. 寄生关系　　　D. 适应的相对性

18. 豆科植物的根与根瘤菌的关系是（　　）。

　　A. 共生　　　　B. 寄生　　　　C. 竞争　　　　D. 捕食

19. 下列关于适应的叙述，错误的是（　　）。

　　A. 适应是暂时的　　　　　　　　B. 适应具有普遍性

　　C. 所有生物都能适应环境　　　　D. 不同的生物适应环境的方式不同

20. 产生适应的相对性的根本原因是（　　）。

　　A. 遗传　　　　B. 变异　　　　C. 遗传物质改变　　D. 环境改变

（二）简答题

21. 蚱蝉在24℃以上开始鸣叫，这说明温度能够影响动物的_____，蚱蝉的这种现象说明生物具有_____。

22. 地衣是由_____和_____共同组成的，其中能进行光合作用制造有机物的是_____，水分和无机盐的吸收则依靠_____。

23. 保护色、警戒色、拟态等,都是生物进化过程中,经过长期的_____而形成的适应性特征,警戒色的特点_____,有些无毒蛇具有其周围有毒蛇的鲜艳体色和斑纹,这种现象是_____。

24. 生物的生存离不开环境,必须从环境中获得_____和_____,同时生物的生存也能_____。生物对环境的适应既有_____,又有_____。

练习二　种群和生物群落

(一)选择题

1. 下列实例中,属于种群的是(　　)。

　A. 一个池塘中的全部动物　　　　　　　B. 一个池塘中的全部鱼类

　C. 一个池塘中的全部鲤鱼　　　　　　　D. 一个池塘中的全部生物

2. 影响种群密度的主要因素是(　　)。

　A. 性别比率　　　　　　　　　　　　　B. 出生率和死亡率

　C. 年龄组成　　　　　　　　　　　　　D. 生存斗争

3. 利用人工合成的性引诱剂诱杀害虫的雄性个体,破坏了害虫正常的性别比例,这将使害虫的种群密度(　　)。

　A. 明显增加　　　　B. 明显降低　　　　C. 相对稳定　　　　D. 先增后减

4. 自然界中,生物种群的性别比例是(　　)。

　A. 雌雄相当　　　　　　　　　　　　　B. 雌多于雄

　C. 雌少于雄　　　　　　　　　　　　　D. 因种群不同而异

5. 下列关于种群和生物群落关系的叙述,不正确的是(　　)。

　A. 种群是构成群落的单位

　B. 在一定区域内的生物,同种个体形成种群,不同种群形成群落

　C. 种群和群落没有任何关系

　D. 种群特征和群落结构都与生态因素密切相关

6. 农贸市场上有新鲜的白菜、大蒜,活的鸡、鱼,以及附着在上面的细菌、真菌等生物,它们共同组成一个(　　)。

　A. 种群　　　　　　　B. 群落　　　　　　　C. 生态系统　　　　D. 以上都不是

7. 雀鸟、煤山雀、血雉等在森林中有规律的分布属于(　　)。

　A. 种群垂直结构　　　　　　　　　　　B. 种群水平结构

　C. 群落垂直结构　　　　　　　　　　　D. 群落水平结构

8. 某片竹林中的竹子长势整齐,没有明显的高株和矮株,因此,可以说这个群落在垂直结构上(　　)。

　A. 有分层现象　　　　B. 无分层现象　　　　C. 分层不明显　　　　D. 春天才分层

9. 在一个阴湿的山沟中有一棵朽木，其上有地衣、蚂蚁、老鼠、苔藓、青蛙等，这些生物共同组成一个（　　）。

　　A. 种群　　　　　　　B. 群落　　　　　　　C. 生态系统　　　　D. 以上都不是

10. 在一个当阳的山坡上，分布的植物种类应该是（　　）。　　　.

　　A. 只有喜阴植物　　　　　　　B. 只有喜阳植物

　　C. 既有喜阳又有喜阴植物　　　D. 阳生和阴生植物不可能同时分布

（二）简答题

11. 生物群落的结构包括_____和_____。

12. 种群的年龄组成大致可分为图4中A、B、C三种类型，据图作答：

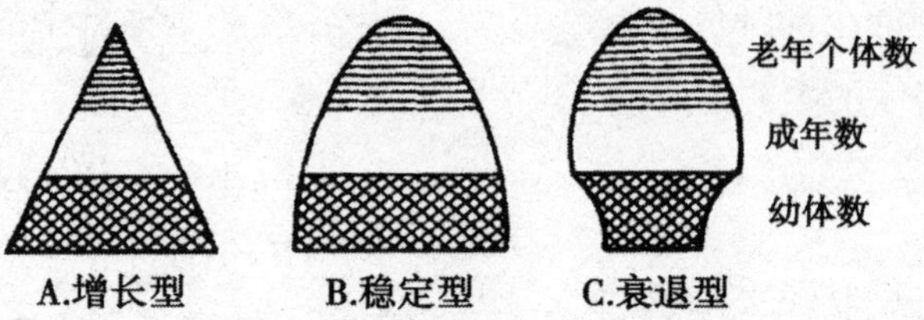

老年个体数

成年数

幼体数

A.增长型　　　　　B.稳定型　　　　　C.衰退型

图4

（1）种群的年龄组成是指_____。

（2）我国50—60年代出现生育高峰，因此造成70年代初期人口的年龄组成为图_____所示的类型。

（3）在渔业生产中，要严格控制鱼网孔眼大小以保护幼鱼，这将会使被捕捞鱼种群的年龄组成为图_____所示的类型。

（4）农业上应用性引诱剂来干扰害虫交尾的措施，有可能使该种害虫的年龄组成为图_____所示的类型。

练习三　生态系统

（一）选择题

1. 生态系统的主要功能是（　　）。

　　A. 能量循环和物质流动　　　　　　B. 能量流动和物质循环

　　C. 能量积累和物质合成　　　　　　D. 物质分解和能量释放

2. 草原生态系统与森林生态系统比较，动植物种类少，且群落结构不如后者复杂，与此有关的生态因素是（　　）。

　　A. 温度　　　　B. 水　　　　C. 阳光　　　　D. 土壤

3. 下列有关森林生态系统中的动植物形态构造和生活习性的叙述，不正确的是（　　）。

A. 肉食动物伏击捕食　　　　　　B. 很多动物营树栖攀援生活

C. 挖洞穴居以逃避天敌　　　　　D. 植物以高大乔木为主

4. 超过200米的深层海域,能够生存的生物是(　　　)。

A. 植物　　　　　B. 浮游植物　　　　　C. 沉水植物　　　　　D. 动物

5. 二氧化碳从生物群落返回到大气中的过程是(　　　)。

A. 光合作用　　　　　　　　　　B. 微生物的分解作用

C. 呼吸作用　　　　　　　　　　D. B和C

6. 农田中进行除草的目的是(　　　)。

A. 调节农田生态系统的生态平衡　　B. 调节农田生态系统的物质循环

C. 调整农田生态系统的能量流动　　D. A和B

7. 流经生态系统的总能量是指(　　　)。

A. 照进该系统的全部太阳能

B. 照到该系统内的所有植物体叶面上的太阳能

C. 该生态系统全部生产者所固定的太阳能总量

D. 该生态系统全部生产者传给全部消费者的总能量

8. 在某生态系统中,如果生产者固定的全部太阳能为100000千焦,若能量传递效率为10%,那么第四营养级同化的能量约有(　　　)。

A. 10千焦　　　　　B. 100千焦　　　　　C. 1000千焦　　　　　D. 10000千焦

9. 造成1998年长江特大洪灾的根本环保原因是(　　　)。

A. 过度开发森林资源　　　　　　B. 森林中野生动物过多

C. 滥捕珍稀动物　　　　　　　　D. 采集动植物标本过多

10. 生态系统的自动调节能力取决于(　　　)。

A. 生产者　　　　　　　　　　　B. 营养结构的复杂程度

C. 分解者　　　　　　　　　　　D. 非生物的物质和能量

11. 某牧草留种区,为了预防鸟食草籽,用网把留种地罩上,后来发现草的叶子几乎被虫吃光,产生这种现象的原因是(　　　)。

A. 环境污染　　　　B. 植被破坏　　　　C. 食物链破坏　　　　D. 缺水干旱

12. 大量捕捉青蛙可造成农作物减产,从生态学角度分析,原因是(　　　)。

A. 植被破坏　　　　　　　　　　B. 食物链破坏

C. 害虫大量繁殖　　　　　　　　D. 蛙的排泄物(有肥效)减少

13. 下列关于生态平衡的叙述,正确的是(　　　)。

A. 生态平衡意味着生态系统中各种生物的数量恒定不变

B. 生态系统一般不会出现平衡状态

C. 破坏生态平衡的主要因素是地震、台风等自然灾害

D. 生态系统维持自身平衡的自动调节能力是有一定限度的

14. 假定在草、鹿、狼组成一个相对封闭的生态系统中，将狼杀绝，鹿群的数量将会（　　）。

A. 迅速上升　　　B. 缓慢上升　　　C. 相对稳定　　　D. 上升后又下降

15. 下列哪项不是森林具有过滤尘埃作用的特征（　　）。

A. 植物叶表面粗糙　　　　　　　B. 植物叶表面有茸毛

C. 植物分泌油脂和粘性物质　　　D. 植物叶有叶脉和气孔

16. 城市绿化常用圆柏、法国梧桐等植物，它们对环境最突出的作用是（　　）。

A. 调节气候　　　B. 杀灭细菌　　　C. 净化空气　　　D. 保持水土

17. 能净化空气、吸收 SO_2 的植物是（　　）。

A. 美人蕉和柳杉　B. 圆柏和月季　　C. 银杏和丁香　　D. 橙和银杏

18. 我国特有的濒临灭绝的淡水爬行动物是（　　）。

A. 扬子鳄　　　　B. 海龟　　　　　C. 白鳍豚　　　　D. 金丝猴

19. 下列植物中，属我国特有的珍稀被子植物的是（　　）。

A. 银杏　　　　　B. 银杉　　　　　C. 金钱松　　　　D. 珙桐

20. 下列关于建立自然保护区的意义的叙述中，不正确的是（　　）。

A. 使生态系统营养结构不变　　　B. 为引种纯化提供科学依据

C. 为大量繁殖提供种源　　　　　D. 为培育新品种提供原始材料

（二）简答题

21. 造成环境污染和破坏的主要原因是_____不合理，_____不合理。因此，保护环境一方面要防止_____，另一方面要对_____、_____和等自然资源进行保护。

22. 两种或两种以上的乔木组成的混交林，比纯马尾松林不易发生单一性的松毛虫危害，据此回答：

（1）混交林内不易发生松毛虫危害是因为混交林内_____繁多，_____比较复杂。

（2）若将混交林变为纯马尾松林后，马尾松林会遭到_____的严重危害，这说明生态系统的_____能力有一定的限度，超过了这个限度，_____就会被破坏。

23. 生态系统能量流动的起点是_____，能量流动的形式是_____，能量流动的渠道是_____，能量流动的特点是_____。

24. 图7-5是碳循环示意图，据图回答：

图5

(1)碳元素在大气与A、B、C之间的流动是以_____的形式进行的,而从B流向A、C和A流向C是以_____形式进行的。

(2)碳元素从大气流向B是通过_____作用实现的,从A、B、C流向大气是通过_____作用实现的。

第七章　生物与环境

练习一　1. A　2. B　3. D　4. D　5. A　6. D　7. B　8. C　9. B　10. B　11. D　12. B　13. B　14. C　15. C　16. C　17. D　18. A　19. C　20. D　21. 生活习性、应激性　22. 藻类、真菌、藻类、真菌　23. 自然选择、色彩鲜艳,易于识别、拟态　24. 物质、能量、影响环境、普遍性、相对性

练习二　1. C　2. B　3. B　4. D　5. C　6. D　7. C　8. A　9. B　10. C　11. 水平结构、垂直结构　12.(1)一个种群中各年龄期的个体数目　(2)A　(3)A　(4)C

练习三　1. B　2. B　3. C　4. D　5. D　6. C　7. C　8. B　9. A　10. B　11. C　12. B　13. D　14. D　15. D　16. C　17. A　18. A　19. D　20. A　21. 工业和城市建设的布局、自然资源的利用、环境污染、森林、草原、野生动植物　22.(1)生物种类、营养结构　(2)松毛虫、自动调节、生态平衡　23. 生产者、有机物、食物链和食物网、单向不循环、逐级递减　24.(1)CO_2有机物　(2)光合　呼吸

主要参考文献:

1. 布卢姆主编:《教育目标分类学》,上海:华东师范大学出版社,1986年版。

2. 王文先主编:《学习心理学》,福州:福建少年儿童出版社。

3. [日]山闪忠哉著,李蔚等译:《学习与教学心理学》,北京:教育科学出版社,1986年8月版。

本文载《高中生物引教导学》一书中,杜东平为该书的主编之一

生物"生活—创造"教学模式探索

作者于2003年起经过3年生物"生活—创造"教学的教育实验，创建了生物"生活—创造"教学模式。

当代"生活—创造"教学模式在生物教学中的运用

在生物学教学上，陶先生倡导教学与生活的结合。陶先生曾亲自指导学生研究南瓜花和植物种子的发芽。生物科学本身就是人们从生产、生活和科学研究中获得的一门知识，具有很强的生活性和实践性。在生物教学中也是这样。《高中生物课程标准》提出了"提高科学素养、面向全体学生、倡导探究性学习、注重与现实生活的联系"等基本理念，每个方面都强调了生活、探究和创新的要求，力图改变学生的学习方式，引导学生主动参与，乐于探究，勤于动手，逐步培养学生搜集和处理科学信息的能力、获取新知识的能力、分析和解决问题的能力以及交流合作的能力，突出创新精神和实践能力的培养。

生物课程标准要求在教学中注重与现实生活的联系，倡导探究性学习，重在培养学生的创新精神与实践能力。这些基本理念与陶行知先生的生活教育理论的基本精神是一致的。

（一）该模式在生物教学中运用的变式

"生活—创造"教学模式，总体来说，是从生活出发，最后落脚到创造。中间的过程根据课程内容的不同，可以采用不同的方法，基本类型有以下几种。

1. 活动体验型。这种学习更强调学习过程中的生活体验，从生活体验引申发散到探究与此相关的其他知识，得出创新的结果。体验型学习的内容，包括对人类共同的或学科特有的情感、态度、价值观的体验和对生物学知识发生过程的体验。模式特点是体验生活、激发创新。模式的基本程序可表述为：生活→活动→体验→创造。教学过程流程如下图所示：

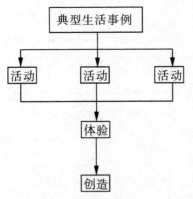

2. 探究发现型。这是研究性学习课型。学生针对生活提出问题,然后在教师的指导下,设计探究实验,得出结论,学习过程中学生观察、思考和动手实验,探究原因,寻找规律,不断创新。这是一种全新的学习方式,学生在探究过程中对发现的知识比课堂上灌输的知识理解更透彻,记忆更深刻,而且学到了科学的探究方法,培养了动手能力和创新精神。这种模式的特点是面向生活、探究创新。模式的基本程序可表述为:生活→提出问题→探究→分析→结论→创新。教学过程流程如下图所示:

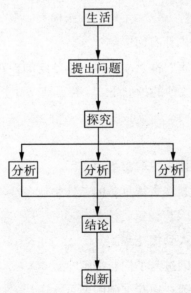

3. 逻辑演绎型。这种类型的教学主要适用于教师借助典型的生活事实进行分析、推理、演绎,使学生发生知识迁移,由旧的结论推出新结论,在旧知识的基础上学习新知识。该模式的特点是思想交流、分析演绎。模式的基本程序可表达为:生活→生活事例→提出问题→分析、推理、演绎→结论→应用创新。教学过程流程如下图所示:

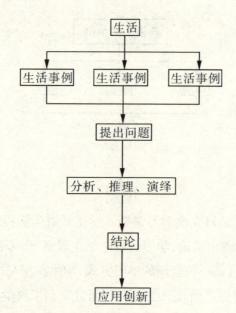

案例：逻辑演绎型教学模式在生物教学中的运用

[生活事例]多媒体展示基因工程成果，有通过基因工程生产的胰岛素、干扰素等药物，有基因诊断和基因治疗，最后，定格在抗虫棉上。

[提出问题]（1）虫害对棉花有何影响？

（2）怎样防治棉花的虫害？能否生产害虫不敢吃的棉花？

[分析、推理、演绎]在教师的指导下，学生学习教材上的知识和阅读教材上的插图。

教师相继提出问题：

（1）怎样从苏云金杆菌体内提取毒蛋白基因？

（2）什么是运载体？运载体必须具备的条件是什么？

（3）怎样把毒蛋白的基因装载到质粒上？

（4）怎样让重组质粒进入到棉花细胞？

（5）怎样知道毒蛋白基因进入了棉花细胞？

（6）怎样知道毒蛋白基因在棉花细胞中是否表达？怎样调控基因表达？

（7）抗虫棉的出现对生态是否会产生影响？怎样避免发生负面影响？

……

> 教师不仅是知识的传播者，而且是模范。
>
> ——[美]布鲁纳

这样，以抗虫棉的培育为主线，通过众多问题把基因工程的一般操作内容联系起来，使其环环相扣，由浅入深，层层递进，紧凑而不凌乱，学生始终处于一个个问题的思考和解决之中，最终构建出新的知识体系。

[得出结论]总结整个抗虫棉培育过程,得到基因工程的一般步骤。

[创新]假若使用基因工程的方法来治疗人类遗传病,应该如何操作?

(二)该模式在生物教学中运用的教学策略

1. 主动地联系生活。生活是多姿多彩的,生物学知识就在学生身边的生活中。把生物学知识的学习融于生活中,学生学到的知识可以应用于生活中,学习就不再枯燥,知识就不再单薄。例如学生学习了病毒特点和免疫知识后,能将知识应用到艾滋病、禽流感等社会热点的分析中;学习了人体三大物质代谢,就能够将预防脂肪肝、糖尿病、低血糖等知识应用于生活。

2. 积极地挖掘生活。有人认为生活是生活,知识是知识,两者没有多少可以联系的,特别是一些微观的东西,看不见摸不着,怎么联系生活? 其实,知识来源于生活,是生活的总结。能否联系生活,取决于对生活挖掘的程度。如植物的吸水和失水,也是一种微观现象,但日常生活中的盐渍萝卜丝,卖菜的农民给菜浇水保鲜,施肥过浓"烧苗",甚至咸菜、蜜饯的耐贮藏等都是与此有关的生活现象。

3. 充分地感悟生活。学生对生活的感知不能仅停留在书本上和口头上,更重要的是要深入生活,亲身去体验生活,感悟生活。感悟的方法,一是研究性学习。探究也是学生认识生命世界、学习生物课程的有效方法之一。在探究的过程中,了解生物科学知识在生活、生产、科学技术发展和环境保护等方面的应用,积极参与生物科学知识的传播,促进生物科学知识进入个人和社会生活。二是深入实际,体验生活。如学习了生态系统稳定性的知识后,亲手制作生态瓶,体会保持生态系统稳定性与生态系统各成分的关系。

4. 形象地再现生活。逝去的生活虽不能亲身体验,但可以依靠现代高科技再现。一些伟大的发明和发现、一些科学史上的经典实验,都可以通过多媒体实现形象再现。这样引导学生领悟科学家的思维和方法,体会知识的形成过程与发现过程,从而有效地激发学生探究知识的原动力。

主要参考文献:

1. 王甦等主编:《认知心理学》,北京:北京大学出版社,1991年版。

2. [美]珍妮特·沃斯等著:《学习的革命》,上海:上海三联书店出版社,1998年版。

3. 邹今治、杜东平:《素质教育中的生活教育模式实验研究报告》,贵阳:贵州出版社,2002年版。

　　本文载《教育为公　爱满天下——以当代生活教育为特色的学校建设研究》(2008年1月)一书中

调查实验研究

DIAOCHA SHIYAN YANJIU

随着科技进步，定量的调查实验研究是未来教育实验研究的走向。我大胆地使用教育测量方法，虽然处理数据复杂，但仍然是很有效的。

可能有许多教师觉得较难，是的，一个有事业心和使命感的老师，理当作为教育的探索者，正如一首歌所唱的：「每一个人都是一个完整的故事，每一个记忆都有未曾翻开的日历」。

"高中生物教学实施素质教育特性"
的教改实验研究报告

　　作者从1991年开始,连续进行了4年教育实验,顺利完成了"高中生物教学实施素质教育特性"的教改实验。

　　通过我们4年的实验研究,认为应牢牢抓住素质教育的特性(包括全体性、全面性、发展性、主体性和开放性),贯穿在生物教学之中,这才是实施素质教育,全面提高教学质量的关键所在。因此,我们要大声疾呼实施素质教育的主渠道是学科教学。

一、引言

　　生物课是高中学生的必修课。根据现行大纲要求,高中二年级开设一年。从生物的教学上看,过去总是以升学教育为主,大部分学生的学习动机是"学好了生物学将来考大学",把生物课当成叩开高等学府大门的一块"敲门砖",国家决定从1993年以后,废除这块"敲门砖",即取消生物高考,实施"3+2"高考方案。这样,学生心目中产生了"情感沙漠",于是出现"学生不愿学,老师难教"的局面。就全国而言,生物教学处于低谷。

　　为改变其不良状况,关键是废除"生物应试教育"的教学,实施生物素质教育的教学,全面提高教育质量。我们以"教育面向现代化、面向世界、面向未来"为指导方针,实施素质教育,即在生物教学中充分体现全体性、全面性、发展性、主体性和开放性等特点,全面提高教育质量。并依据美国当代著名教育家布鲁姆的"应是选择适合儿童的教育,而不是选择教育的儿童"的理论,以及根据现行高中生物大纲和教材的要求实施素质教育。

二、实验概况

　　取消生物高考后,"高中生物教学实施素质教育特性"的教改实验,从1993年1月起到1997年1月为止,共4年时间。在涪陵市实验中学高95级、高96级、高97级三个年级的高二年级展开三轮实验。以高94级作为实验对照年级。从对照年级到实验年级整个实验过程的实施者和设计者均为涪陵实验中学杜东平老师,对实验条件的控制和干扰因素的排除较好。学校领导十分关心和支持,区教科所副所长张华义同志多次亲监指导,实验外部条件好。因此,教改实验顺利完成,基本达到实验的目的。

三、实验的目的要求

通过此实验论证在高中生物教学中实施素质教育的全体性、全面性、主体性、发展性及开放性等特点,全面提高教学质量,减轻学生课业负担等途径和规律的科学性、可行性和实效性。

四、实验内容和措施

生物教学实施素质教育主要是在教学中始终贯穿全体性、全面性、发展性、主体性及开放性等五大特点:

1. 全体性:指必须面向全体学生,应试教育问题症结就在于只重视了少数尖子生的培养而忽视了对后进生的教育,面向全体学生的着力点应是转化后进生。

2. 全面性:指受教育者的基本素质必须得到全面和谐的发展,它应包括对学生的思想道德素质教育、文化科学素质教育、身体素质教育和审美教育等。

3. 发展性:不仅重视学生知识和技能的掌握,更重视学生潜能和个性的发展。

4. 主体性:尊重学生在教育过程中的自觉性、自主性和创造性。

5. 开放性:不仅局限于校内、课内和课本,更要开拓其他教育途径。

以上五大特点在生物教学中采取多种措施。主要措施为:

1. 我省已决定从高94级起对学生实行毕业会考制度,高考执行"3+2"新方案,生物不再高考,这以后应对学生学习高中生物的心理状况进行调查,这是实施该实验的基础。

2. 激发学生的兴趣,点燃学生对生物"爱"之火花,实现教学民主,让学生成为学习的主人,培养学生的主体精神,让学生主动学习知识,进而培养学生诸项能力,这应是实施素质教育的主体性的措施。

3. 重视课堂教学的管理心理,将会产生一定促进作用,有效管理必须重视生物课堂教学中学生的心理因素,教师应成为课堂教学的领导者,从而提高教学效益,减轻课外负担。这不仅重视学生知识和技能的掌握,更重视学生潜能和个性的发展。这应是实施素质教育发展性的措施。

4. 加强生物实验和社会实践,增强学生实验技能和实际应用能力,这应是实施素质教育的发展性和开放性的措施。

5. 定期开设专题讨论,开拓学生视野,进一步培养学生思维能力和表达能力,这应是实施素质教育的全面性和开放性措施。

6. 加强生物教学常规管理,促进后进生的转化,是面向全体学生,全面提高教学质量,实施素质教育的全体性的措施。

五、实验结果与分析

1. 通过检测证明"高中生物实施素质教育特性"实验年级的学生的自学能力、观

察能力、思维能力、实验能力等与对照年级相比差异显著。（见表1）

表1　实验前、后四种能力对比表

时间	加权 项目		自学能力	观察能力	思维能力	实验能力
	级别 项目		10分	10分	10分	10分
实验前	实验年级	$\bar{x}$	7	6.39	7.18	5.66
		S	0.93	1.71	1.53	1.89
	对照年级	$\bar{x}$	6.24	5.79	6.54	5
		S	1.04	1.53	1.12	1.8
	差值	$\bar{x}$	0.76	0.60	0.64	0.66
		S	−0.11	0.18	−0.41	0.09
实验后	量标		10分	25分	30分	20分
	实验年级	$\bar{x}$	8.8	22.50	27.80	1.81
		S	0.77	3.42	3.22	1.14
	对照年级	$\bar{x}$	7.2	18.50	17.80	13.15
		S	1.23	4.08	5.23	1.78
	t 值		7.27	2.38	5.16	7.42
	p 值		$p<0.001$	$p<0.05$	$p<0.001$	$p<0.001$

实验年级各项指标的平均值提高较大，高于对照年级。其中自学能力提高46%，而对照提高17.24%，T检验$P<0.001$。观察能力提高26.1%，而对照年级16.1%，T检验$P<0.001$。思维能力提高20.41%，对照班没有提高。同理，实验能力的T检验$P<0.001$。动手能力实验年级大大超过对照年级，说明实验年级跟对比年级有显著差异。该实验证明了在高中生物教学实施素质教育，即在教学中始终贯穿全面性、全体性、主体性、发展性和开放性等，学生的能力就会大大提高，并且进行一系列措施是科学的、可行的和有效性的。

2. 通过对实验年级实施素质教育的主体性后和对比年级两次生物会考结束后，进行抽样问卷心理调查，发现学习目的的明确性、学习兴趣性大大增强。（见表2）

教师是一切美好的化身和可资效仿的榜样。
——［苏］凯洛夫

表2　实验年级和对比年级学生心理问卷调查差异对比表

调查项目	调查情况	年级	人数	百分比(%)
你学习生物学的目的何在?	①将来更好地工作学习	实验年级	121	43
		对比年级	95	44
	②对生物有兴趣	实验年级	138	53
		对比年级	69	32
	③学校安排的只好上	实验年级	6	3
		对比年级	13	6
	④高考不考,只是为了会考	实验年级	19	2
		对比年级	39	18
如果您对生物无兴趣其原因是?	①高考不考	实验年级	16	21
		对比年级	53	82
	②枯燥无味	实验年级	26	10
		对比年级	12	18
如果您对生物有兴趣其原因是?	①电影和电视片	实验年级	49	28
		对比年级	47	21
	②老师上课生动有趣吸引人	实验年级	142	88
		对比年级	112	49
	③生物学科用处大	实验年级	92	72
		对比年级	67	30

　　调查可知,学生对生物课无兴趣的原因,"高考不考"对比年级占82%,而实验年级占21%降低了61%。显然,对比年级学习生物积极性荡然无存,实验年级则恰好相反。统计还表明,学生学习生物课目的较明确:"将来更好地工作、学习以及生物课有兴趣",对比班占76%而实验年级96%,提高了20%,因此,有效地上好每堂课,激发学生的兴趣,点燃学生对生物学"爱"之火花,增强责任感,使学生具有主体性,即具有主体意识、主体精神和主体能力。生物教学才能立于不败之地,为把学生领进生命科学大门,在传授学生所关注的问题,引古博今,正反论证,同时介绍现代生物学的发展历史,展望其发展前景,使学生认识到生物科学与每个人的密切关系。从而激发他们探索知识的欲望,树立参与意识和在那即将到来的"生物世纪"一展雄姿的远大抱负,研究表明,只有把学生主动调动起来,让学生成为学习主人,教学才能深入下去,这是实施素质教育的主体性的结果。

　　3.通过对实验年级实施素质教育的全体性和全面性后与对比年级相比和与国家承认的省级会考相比,成绩突出。(见表3)

从表3统计表明，实验年级比对比年级的平均分高11.58，优生率高45.6%，且实验年级的及格率达100%。

表3　实验年级和对比年级省毕业会考考试成绩对比差异表

年级	参考人数	平均分	最高分	优 80~100分		良 70~79分		及格 60~69分		不及格 0~59分	
				人数	占参考人数%	人数	占参考人数%	人数	占参考人数%	人数	占参考人数%
实验年级（高95级）	219	88.46	100	206	94.4	12	55	1	0.5	0	0
对比年级（高94级）	163	76.88	98	79	48.1	47	28.8	20	12.3	17	10.4

备注：1.高94级、高95级、高96级、高97级均为原涪陵市教科所和原市中教科的数据。这里抽签选取实验年级的是高95级。

2.实验年级即高95级、高96级、高97级在原涪陵市37所中学（包括省重点中学）平均分排列第一名，其余各项指标均名列前茅。

在实验过程中，我们从素质教育的全体性和全面性出发，主要采取下列方法：

（1）开阔学生视野，激发学生学习兴趣，同时认真钻研会考纲要，适当降低知识和习题的难度和范围要求，与会考要求吻合，尽力保护学生已激发起来的求知欲、主动性，绝不能教学过深和题目过难，以免使学生的兴趣和求知欲受挫。

（2）改变考试功能，建立新的成绩评定制度是素质教育的全面性的关键。彻底改变过去一次学期考试的卷面成绩记入学生档案的做法。采取结构成绩评定，将知识考试（理论考试）、技能考核（实验技能、标本制作等），以及学习态度（包括考勤、违纪、作业等）按一定比例计入总分，使学生的档案成绩不仅是对其知识的测试的指标，更是能反映学习生物课的态度和行为指标。这种较全面真实地反映学习生物课的情况，客观上促使学生必须有正确的学习态度和良好的学习行为，全面性即是全面发展，使学生有健康和谐的个性。

（3）加强课堂考勤管理。进行课堂违纪登记制度、作业缺交登记、平时考试成绩按等级登记等，为促使后进生转化找到和找准第一手材料。实践中发现：生物学习的后进生有两类：一类是其他学科成绩好，生物课成绩差，另一类是其他学科成绩差，生物成绩也差。前者最根本的问题是思想不重视；后者除思想不重视外，还存在智力因素和非智力因素。据此应该多接触他们，融洽师生关系，与他们交朋友，然后创造良好环境，这又是面向全体学生全面提高教学质量的重要举措。也就是实施素质教育的全面性、全体性的关键。

4.通过检测对实验年级实施素质教育的发展性和开放性的效果也显著。如实验年级自学能力，实验能力与对比年级相比，差异显著(见表1)，同时，实验年级不少学生在"二小作品"和生物百项科技活动中，获地级奖项16个，省级奖项5个，国家级奖项1个，大大超过对比年级。

具体做法：

(1)加强生物实验和社会实践，增强学生实验技能和实际应用能力，这是生物教学实施素质教育的发展性和开放性的措施之一。

(2)定期开设专题讨论，开拓学生视野，同时有目的地外出参观、访问和采集制作生物标本，培养学生思维能力、表达能力和动手能力，这是生物教学实施素质教育的发展性和开放性的措施之二。

(3)发动学生积极参加"二小作品"生物各项科技活动以及有关生物杂志小论文评选活动等，这是实施素质教育的开放性和发展性措施之三。

六、实验结论

"高中生物教学实施素质教育"教改实验课题的研究，初步认为：

实施素质教育应牢牢抓住素质教育的特性，贯穿在学科教学之中。实施素质教育的主渠道是学科教学。坚决反对打着"素质教育"的旗号，实际上是在"扎扎实实"地搞"应试教育"，同时，也反对把实施素质教育的重点放在开展课外活动上，搞"形式主义"。

(一)生物教师要彻底转变教学思想，牢牢树立实施素质教育的观念。在高中生物教学中着力点是改变考试功能，建立新的成绩评定制度，即结构成绩评定制度。同时教学重心应该放在后进生的转化上，是全面提高教育质量的保证。

(二)在高中生物教学中实施素质教育，让学生具有主体性，着力点是采取多种教法，让学生成为学习的主人，是全面提高教育质量的基础。

(三)在高中生物教学中实施素质教育，让学生具有发展性的着力点是在传授知识的同时教会学生学习方法以及思维能力的方法，大力鼓励学生动手实验、学会社会调查方法和自然科学研究方法。这是全面提高教学质量的根本。

(四)在高中生物教学中实施素质教育，让学生具有开放性的着力点是提高课堂教学效益，尽量不留课外作业，减轻学生负担，让学生在第二课堂中，在社会实践中锻炼实际能力，开阔视野，发展学生个性，这是全面提高教学质量的目的。

总之，该实验对于取消生物高考后，高中生物教学实施素质教育，全面提高教学质量已经研究出一条路子，主研人员先后发表有省级以上文章以及各级学术会获奖论文共13篇，专著有4本。但是在高中生物教学实施素质教育的全面性、全体性、主体性、发展性和开放性以外还是否具有其他特性还待进一步研究。同时，对实施素质教育特性的途径和方法还待进一步深入探索。

主要参考文献：

1. 国际21世纪教育委员会：《学习——内在的财富》,北京:中国教育出版社,1998年版。

2. 陈浩兮：《中学生物教学方法》,北京:北京师范大学出版社,1987年版。

3. 祁乃成：《中学生物学》,济南:山东教育出版社,1999年版。

　　本文荣获重庆市第一届中小学优秀教改成果二等奖(重庆市教育委员会,1998年11月2日),载《生物学通报》(1999年6期上)

山区中学生青春期的调查研究报告

作者于1991年对山区涪陵地区四县一市学生青春期调查研究,结论惊人。

　　人类渴望了解自然,也渴望了解自己,这本是很自然的事。在我国的大中城市已进行过性教育的探讨和系列的性教育。但在山区由于经济和文化极为落后,封建意识和习惯势力的影响严重,长期以来,对现代中学生有关性生理、性心理、性意识、性观念的教育存在偏见,青春期性教育被看成一块禁区:在人类新技术革命发展的今天,性领域的禁锢,"性盲"和"恐性"与当今改革开放潮流的冲击,造成了不少青少年的烦恼,悲剧乃至犯罪,作为一位教育工作者,对此不能不进行一番思考,并做了如下调查:

　　调查班级:涪陵市实验中学高一年级6个班,共80名女生。

　　学生来源:地区四县一市,具有一定的代表性。

　　调查方法:问卷法。(不记名,不讨论,独立完成)

　　调查要求:真实、坦率地回答提出的问题。一个人秘密完全受保护,从这个角度看,问卷中的答案包含相当的可信度。

　　调查答案统计如下:

内容	项目	人数	百分比(%)
何时进入青春期?(你乳房发育、月经初潮的年龄)	A.11岁	12	15.7
	B.12岁	27	22.5
	C.13岁	26	46.1
	D.14岁	12	15.7
当你乳房发育月经初潮时,你的感觉是?	A.正常、自然	16	20
	B.好奇、神秘	15	18.8
	C.恐惧、羞怯	32	40.0
	D.倒霉、麻烦	17	21.2
你是什么年龄知道青春发育知识的?	A.12岁	7	8.7
	B.13岁	19	23.8
	C.14岁	20	25
	D.15岁以上	34	42.5

续表

内容	项目	人数	百分比（%）
你对青春期生理、心理卫生知识的态度？	A.很想知道	57	71.3
	B.无所谓	20	25
	C.不愿知道	2	2.5
	D.非常反感	1	1.3
你过去是从哪里开始知道青春期发育知识的？	A.电影、电视	10	9.4
	B.报刊、杂志	30	27.1
	C.老师	10	9.4
	D.同学之间	37	35.8
	E.成人谈论	7	6.5
	F.父母	12	11.8
你喜爱什么内容的青春期发育知识？	A.青春期发育的特点和卫生	21	18.9
	B.青春期心理	34	30.6
	C.锻炼、营养与健康	33	29.7
	D.如何对待友谊和爱情	14	13.5
	E.两性关系遵循的原则	4	3.6
	F.有关性发育的知识	5	3.7

从上面调查分析，我们认为至少有以下结论：

（一）山区中学生进入青春期后，由于性器官发育成熟，伴随而来的性生理和性心理的急剧变化是不以人们的意志为转移的客观存在。

从上面调查数字看，80名女生中，12～13岁出现月经初潮的就有53人，占86.1%。青春期是从童年到成年的过渡阶段，此时每个人在生理上都会在第一性征的基础上出现第二性征。即外形巨变，体内机能增强，生殖器官迅速发育。最明显的表现就是女孩初潮和男孩的遗精，此外，第三特征即男子的气质和女子的气质也明显变化，在心理上已开始意识到两性的判别和两性关系，这是青少年一种特别的、从没有过的心理体验。如果这时没有性知识作基础，没有进行性法制的教育，没有崇高的性道德熏陶，要青少年闯过青春期这一关是很困难的。家长、教师把他们还当成孩子看是非常危险的。

（二）当代最引人注目的人体生理现象之一是世界性青春期发育提前，我国大中城市调查是如此，山区青少年也不例外。

世界性青春发育提前，主要是指性发育迅速加快，性成熟年龄提早。100多年前，欧、美、日本以及我国大中城市的女孩初潮年龄平均15～16岁，而当代初潮则为12～

13岁,提前3~4岁,平均每10年提前3~4个月。从调查表上看,此现象山区青少年也相同,并且11岁月经初潮也占有一定的比例。究其原因:一是生活环境的影响,如国民收入的增加,社会、保健卫生水平的提高,从由植食性食物为主向肉食性食物为主的转化;二是人口素质的提高,社会进步和工业发展造成人口大量流动和亲缘关系较远的人群相互通婚,促进了人类遗传潜力的充分发挥;三是文化交流和生活节奏的促进,现代化的生活节奏加快和环境的刺激促进脑垂体功能活跃,加速了青少年的性发育。从我国看,计划生育,为青少年青春期提前发育创造了条件。所以,我们对青少年性教育,也应该且必须提前时间。

(三)山区中学生进入青春期渴望知道有关性的知识。从调查表上可知,集中在迫切知道的生理知识、锻炼、营养与健康及有关心理、正确的有关友谊、爱情等占92.7%。由于性器官的逐渐发育成熟,并且有一定的性要求,但孩子并不完全理解应该对性所遵循的规范。如果不给予积极的帮助,学生就会自己去"访师"有可能误入歧途。这个领域我们不用科学知识,不用社会主义道德观念去占领,非科学、淫猥的、低级下流的东西就会去占领。

(四)青春期又是青少年自我觉醒、个性品质形成,决定人一生体质、心理和智力发展的关键时期。如果认真注意青春期的卫生保健,以后在漫长的一生中,就可能具有强壮的体魄、充沛的精力,良好的心理状态。一旦遇到疾病侵扰或身处逆境就会有较强的适应和抗御力。

教师的语言——是一种什么也代替不了的影响学生心灵的工具。
——[苏]苏霍姆林斯基

对山区中学生开展和加强青春期教育的建议:

(一)牢牢把握知识与人格相统一的思想。山区中学生因受地域性的影响,封建残余思想较为严重。因此性知识教育与性道德教育应该并重,并且在一定范围内应突出性道德教育。

1.人类的行为具有二重性:自然属性和社会属性。正常的性行为必须受到社会的限制和约束,所以,应对自己在这方面有很强的自控力,用理智来战胜本能,不说不该说的话,不做不该做的事。

2.人类青春期具有二重性:一方面性成熟,生理和心理发生急剧变化,有学者称之为"暴风骤雨时期",另一方面是树立正确的人生观、远大理想的最佳时期。要把握青春感情变化的特点,自重、自尊、自爱、驾驭好感情之舟,防患于未然。讲清"年纪尚小,不要急于谈恋爱"的道理。培养荣誉感、成就感、追求真理和人类的高尚情操,不搞低级趣味的活动。

3. 划清社会中美和丑的界限：要向先进人物看齐，而不要对消极因素进行模仿。文艺作品中（包括电影、电视、戏剧、小说）的人物和情节反映了不同时代、不同社会、不同阶级的情况，有些是美的，有些是丑的。教会学生要善于分辨，善于思考，不要盲目模仿。

（二）性教育必须遵循的基本原则

在把握住知识与人格并重的思想指导下，性教育应该大胆进行，同时又要做到谨慎细致。必须遵守如下原则：

1. 全面进行的原则：性教育可分为性德育、性智育、性体育、性美育几个方面。

进行性品德教育：如女生的自尊、自爱、自重的教育；尊重女性是男子的美德的教育；自觉遵守社会道德规范和法律规范的教育等。

进行性智力教育：就是要使青少年掌握性器官、性发育、性生理知识的教育，消除对性的神秘感。

进行性体质教育：就是要使男、女生通过受教育和锻炼，使身体得到健康、正常的发展。如教育女生不要束胸、束腰，节食减肥；教育男、女生进行适当的健美训练、养成良好卫生习惯。

进行性的美育：就是要使青少年保持形体美和心灵美。在社会生活和文学艺术等方面，在涉及性问题上，应有正确的审美观。

2. 适宜、适时、适度的原则。是指区别对象、区别时间、区别场合。

所谓适宜：比如对初中生就不必进行恋爱观教育，生理知识可多讲些，心理知识可讲得含蓄些。

所谓适时：就是说对于某个特定内容，不能进行得过早或过晚。如果进行得过早，青少年不能正确理解，弄得不好，变成不良行为的诱因，如果进行得晚，不良行为已经养成，需纠正就比较困难了。

所谓适度：就是在进行性教育时，要保持严肃、科学的态度，要光明正大，真诚坦率、不能躲躲闪闪。教育要有步骤、有选择、有针对性，防止泛滥性知识的各种偏向。

3. 整体配合的原则：进行性教育，主要是家庭和学校。从表中可知，从家庭和学校知道青春期知识只占21.2%。因此加强家庭和学校的性知识传授迫在眉睫。学校可以通过生理卫生课，其他生物课，还可以通过班主任、体育课，以及定期办讲座等形式进行。目前由于不少家庭也严重缺乏性知识，所以学校在教育学生的同时还应对学生家长进行必要的辅导，必要时可以把它作为家长会议内容之一。

4. 方法多样化的原则。应综合运用各种方法，力求形式多样化。

5. 对教师素质高要求的原则。性教育是一项涉及学科的综合性很强的移风易俗的社会系统工程。其难度较大，对教师的素质要求非常高。应在学校党政具体领导下,建立一支班主任、校医、生物教师、生活教师及团委学生会专职干部等队伍成为开展性教育的骨干力量。

主要参考文献:

1. 王孝玲主编:《教育统计学》,上海:华东师范大学出版社,1993年6月第1版。

2. 上海师范大学主编:《中学生物学教师手册》,上海:上海教育出版社,1983年12月第1版。

3. 洪如林主编:《高中生物学实验研究》,上海:上海高等教育出版社,1994年8月版。

本文载《涪陵教育学院学报》(1993年1期),转载《纪念"生物学教学"创刊三十五周年全国中学生物教学研讨会论文集》(1993年7月),被评为全国优秀论文一等奖(华东师范大学《生物教学》编委会,1993年7月)

高中学生学习生物学的心理状况调查

> 问卷调查是教育科学重要的研究方法之一，教师要学会这种方法研究教育问题。

我省已决定从高94级学生会考毕业后，开始执行"3＋2"高考新方案。对于生物教师来说，眼前最重要而且最棘手的问题是如何教好生物课，如何提高教学质量。为适应新的形势，笔者在省生物会考结束后，对涪陵市实验中学235名学生进行了一次调查，调查以问卷和个别谈话的方式进行。

一、调查结果

1. 关于学习兴趣方面

调查项目	调查情况	人数	百分比（%）
你学习生物学的目的何在？	①将来更好地工作、学习	95	44
	②对生物课有兴趣	69	32
	③学校安排的只好上	13	6
	④高考不考，只是为了会考	39	18
如果你对生物无兴趣其原因是？	①高考不考	53	82
	②枯燥无味	12	18
如果你对生物有兴趣其原因是？	①电视或电视片	47	21
	②老师上课生动、有趣、吸引人	112	49
	③生物科学用处大	67	30

2. 关于认识过程方面

（1）你在听课时，哪一段精力最集中？

项　目	人　数	百分比（%）
复习提问时	61	27
讲解新课时	94	42
展示教具时	61	27
布置作业时	7	4

(2)你喜欢哪些作业形式?

项　目	人　数	百分比(%)
教师布置作业当堂完成	64	36
买现成作业册依次完成	23	13
教师布置后讲解	74	41
其他	19	10

3.关于联系实际方面

(1)你喜欢哪种实验形式?

项　目	人　数	百分比(%)
自己阅读实验指导书、自己做实验	97	55
老师一边讲课一边实验	57	32
老师演讲一下就行	17	9.6
根本不必实验	6	3.4

(2)你喜欢哪种课外活动形式?

项　目	人　数	百分比(%)
每日布置一定的联系实际的题目,让学生课外讨论	38	18
利用课外活动搞一些生物学讲座	46	22
多到厂、农村去参观,看一些科教片,绘些生物科技图等	121	59
不搞什么活动	3	1

4.关于知识反馈方面

(1)课堂上你喜欢哪种复习提问形式?

项　目	人　数	百分比(%)
教师点名回答问题	22	13
同学集体回答问题	62	34
同学自由回答问题	87	48
直接讲课,不必复习	9	5

（2）你喜欢哪种考试形式？

项　目	人　数	百分比(%)
每单元小考一次，考后讲评	85	36
平时不考，总复习时多考	15	6.4
学生自己出题，交换考试	33	14.2
不必考试，只需把题目讨论	15	6.4
考试可以，但必须讲评	87	37

二、对调查结果分析和建议

从上面调查数据中，我们看到取消生物高考后，学生的一些倾向性意见。因此，为适应新形势笔者想谈以下几点意见。

1. 激发学生兴趣，点燃学生对生物学"爱"之火花，增强责任感，使生物教学立于不败之地

调查可知，学生对生物课无兴趣的原因，"高考不考"占82%，显然学生来自于高考的学习积极性荡然无存，可是青少年时期的中学生却有着广泛的兴趣和强烈的上进心和责任感。统计表明，学生学习生物课目的较明确："将来更好地工作、学习"及"对生物课有兴趣"占76%，因此，有效地上好每堂课，是生物教学立于不败之地的关键。为把学生领进生物学大门，在传授新课时，应尽量收集各方面的资料，对学生所关注的问题，旁古博今、正反侧证，同时介绍现代生物学短暂的发展历史、展望其发展前景，使学生认识到生物科学与每个人的密切关系。从而激发他们探索生命知识的欲望，点燃学生对生物之"爱"的火花，树立参与意识和在那即将到来的"生物世纪"一展雄姿的远大抱负，只要把学生学习的主动性调动起来，下一步教学就能深入进行下去。

> 美德是精神上的一种宝藏，但是使它们生出光彩的则是良好的礼仪。
>
> ——[英]约翰·洛克

2. 改革课堂教学方法，变单纯传授知识为培养诸项能力前提下的主动接受知识

调查可知，学生学习生物的兴趣，主要来自"老师上课生动、有趣、吸引人"因此不再允许以只讲课本、做题、评题、再回扣课本知识，运用课本知识的灌输式教学。而应首先结合学生观察和感兴趣的生活现象，实验现象进一步向学生介绍科学知识及生物学发展的新成就，甚至可以展望前景，提出设想，组织学生展开讨论。这样既能把课本知识传授给学生，又拓宽了学生的知识视野，同时培养了学生的想象力和思维能力。

3.加强生物实验和社会实践,增强学生的实验操作技能和实际应用能力

应试教育的教师讲实验,学生背实验的方式显然不符合社会及生物学发展的要求。调查可知55%的学生希望自己理解和做实验,不希望教师一步步地领着走。因此,应彻底改善生物实验室,尽力去做那些能够做的实验,自行设计一些可以做得到的实验。开辟生物园,以体现实验学科特点,培养学生的基本实验技能,调查还表明"多到厂、农村去参观,看一些科教片,绘些生物科技图"占59%,这说明定期组织学生参观生物科技项目,调查周围环境中的一些社会和自然现象,并结合相应的生物学知识进行讨论、研究防止措施,不仅可激发学生学习生物学的兴趣,增强责任感,而且可以提高学生的实践应用能力和参与意识,加强生物学教学。

4.定期开设专题讨论,开拓学生视野,进一步培养学生的思维力和表达能力

调查可知:利用一些课外活动搞一些生物科学讲座,"每日布置一定的联系实际的题目,让学生课外讨论"占40%,这就要求摆脱高考约束后的生物教学,不必完全拘泥于课堂知识。苏联教育家霍姆林斯基说:"思考习惯的形式,在决定的程度上在于非必修的阅读,如果一个学生只读教科书,把全部时光浪费在准备必修课上,那么学习对于他来说就会变成不堪忍受的负担。"因此,可更进一步针对周围生活中的一些实际问题和学生感兴趣的一些生物科技问题(如"基因工程"等方面的问题,结合劳动技术教育、环境保护)、卫生防疫、青春期教育、人口问题和一些生物尖端课题举行专题讲座,并开展专题讨论,让学生各抒己见,各显其能,既开拓学生视野,增强其主人翁意识,又努力提高自身素质,将所学知识与生产、科技联系起来,同时也锻炼了学生思考问题的能力和口头表达能力。

总之,生物学被取消高考资格后,从某种意义上为生物教师进行教学改革,加强素质教育提供了有利条件。我们应振作精神,脚踏实地,不断地探索和推动新的教学方法,为将中学的"应试教育"转为"素质教育"的教育改革方向而努力。

主要参考文献:

1. 王考玲主编:《教育统计学》,上海:华东师范大学出版社,1993年6月第1版。

2. 周美珍主编:《生物教育学》,杭州:浙江教育出版社,1992年9月第1版。

3. 关甦霞:《教学论教程》,西安:陕西师范大学出版社,1987年第1版。

本文载《中学生物教学》(1994年1期),转载《中学外语及其他各科教学》(1994年12月)

课堂教学研究

教学艺术是作为形成学生的情操、智慧、注意、记忆和心理等方面品质的主要动力艺术。

一位优秀教师具有各种艺术家的高深造诣和才华。

精心备课，具有战略家的运筹术。

心灵攻关，具有军事家的指挥术。

课堂讲授，具有演说家的风采术。

端庄仪表、饱满的情感，恬淡的微笑，奕奕的慧眼……

准确的手势，丰富的体语，适度的幽默；机敏的应答，精巧的发问……

语言节奏不快不慢，像轻风细雨拂过潭面；那语调不高不低，像山泉流水叮咚作响……那音量，像赏心悦耳的独奏……

教学的核心永远是课堂教学，课堂教学的有效性是教师研究的永恒主题。

一个提高生物教学质量的有效途径

> 教师应当重视课堂的管理的心理，有效的管理必须重视生物课堂教学中学生心理因素，依据学生在生物课堂的心理因素，教师应成为课堂教学的领导者。

高考科目中生物学科被取消，中学生物教师经历了困惑、痛苦、失望的思想波动后，大多数能够振作精神、脚踏实地地执著于生物教学。在新形势下，继续教好生物课，如何提高教学质量呢？笔者认为，不管学生如何对待生物课，教师不能放弃自己的职责，应当采取相应的积极措施，为提高教学质量而努力工作。特别是重视课堂教学管理心理，将会产生一定的促进作用。

一、有效的管理必须重视生物课堂教学中学生的心理因素

要使学生有所获，教师就要懂得学生的心理。要"管"人，就要"管"其心。

高中二年级学生，正处在青年初期身心变化快要成熟阶段。从生物教学的外部看：学生考大学之心切，肩负着社会的压力、家长的嘱托，为拼命地学好"3+2"高考课程日夜奋战，自然地要挤占生物课堂教学时间，必然轻视生物学的学习。从生物教学看：过去，总是以升学教育为主，大部分学生的学习动机是"学好了生物学，将来考大学"，把生物课当成叩开高等学府大门的一块"敲门砖"，国家决定废除了这块"敲门砖"，这样学生心目中产生了"动机危机"，认为不再需要学习生物学了，学了也无用，出现对生物学学习的"情感沙漠"。对此，切忌盲目批评学生，伤害学生自尊心。教师即使有不良的情绪，也应面带微笑，以防止师生情绪对立。

二、依据学生在生物课堂教学中的心理因素，教师应成为课堂教学的领导者

为保质保量地完成大纲的教学任务，提高教学质量，教师应理直气壮地引导、激发、控制、督促学生进行学习。笔者的体会和做法是：

第一，端正思想认识，引导学生高度重视生物课，是搞好课堂管理的根本。

在实践中，应千方百计上好绪论课和会考复习前的动员课。多角度、多层次地论证高考不考并非说明生物学知识不重要，说明生物科学是任何学科不能代替的，是解决人类出路的、非常重要的基础课。为说服学生，一方面将有关著名科学家钱学森、吴阶平、谈家桢、陈章良等是如何呼吁全社会重视生命科学的"原文"读给学生听，还要介绍改革开放以来，我国、我省、我地区在生命科学的成就。谁在生物学和生物技

术方面争先,谁就会为自己和社会带来巨大的经济效益。最难忘的是我用非常生动的语言介绍被誉为世界杂交水稻之父的育种专家袁隆平的科技成果,以及在国际、国内获奖的情况时,一位感情丰富的学生霍地站起说:"我原以为不高考就是豆芽课,没想到学好生物学将来不但可获得很高荣誉,而且能挣大钱,我一定下决心学好这门课。"他的发言引起全班学生共鸣,使同学们转变了认识,为以后继学好生物课打下了坚实的思想基础。

另一方面,列举不少生命科学值得研究的课题。诸如固氮水稻的培育、番茄和洋芋的嫁接、人造生物、恐龙的复活,以及利用基因治疗遗传病和癌症等,给学生一个幻想的天地。并且明确告诉学生21世纪是生物学世纪,如果立志从事生物学研究,成才的速度和机会比其他学科大。此外,我注重了"身教重于言教",将自己近几年来在省上、全国教研会的获奖论文和发表的文章给学生传阅,从而使学生真正认识到生命科学的重要性,体验搞生物科研并不是望尘莫及的事,树立起参与意识和为国争光的远大抱负。

第二,开阔学生视野,降低知识难度,激发和保护学生学习生物学的兴趣,是搞好课堂管理的关键。

传授新知识时,应尽量收集学生所关注的问题,在有关章节的教学中,适当穿插介绍现代生物学的发展历史和相关的生物科学家简历等资料。有时介绍生物科学的成果和科学家的成就,有时展望其发展前景,有时介绍生物科学尚待攻破的难题,使学生真正认识到生物科学与每个人密切相关,从而激发他们的兴趣和探索生命知识的欲望,调动其主动性。

> 要想创造科学的中国,必须培养科学人才的幼苗,才能达到目的。
>
> ——陶行知

同时,认真钻研会考纲要,适当降低知识与习题的难度和范围要求,以与会考要求吻合。尽力保护学生已激发起来的求知欲和主动性,绝不能教学过深和习题过难,以免使学生的兴趣和求知欲受挫。

第三,发挥考试功能,建立新的成绩评定制度,是搞好课堂管理的有效措施。

在上完一章新课或复习课之后,都必须进行一次考试。全书会考复习完后,进行2~3次模拟考试,通过考试把会考内容基本覆盖。以考促学,以考促教。既检查课堂教学效果,又提高会考的适应能力。

彻底改变过去一次学期考试的卷面成绩记入学生档案的做法,建立新的成绩评定制度。采用结构成绩评定,将知识考试(理论考试)、技能考核(实验技能、标本制作等)以及学习态度(包括考勤、违纪、作业等)按一定比例计入总分。使学生的档案成绩,不仅是对其知识测试的指标,更是能反映学生学习生物课的态度和行为指标。这种较全面真实地反映学生学习生物课的情况,客观上促使学生必须有正确的学习态度和良好的学习行为,是搞好教学管理的有效措施。

第四,强化生物教学常规管理,促使差生转化,是提高课堂教学效果的保证。

加强课堂考勤管理,进行课堂学生违纪登记、作业缺交情况登记、平时考试成绩登记等,为促使差生转化找到和找准第一手材料。实践中发现。生物学习的差生有两类:一类是其他学科成绩好,生物课成绩差;另一类是其他学科成绩差,生物成绩也差。前者最根本的问题是思想上不重视;后者除思想不重视外,还存在智力和非智力因素。据此,应先多接触他们,融洽师生关系,与他们交朋友,然后有针对性地给予辅导、督促、耐心说服,帮助他们树立信心。这样既为后继课堂教学创造良好的环境,又是面向全体学生,是提高会考质量的有力措施。

总之,在新形势下,有效的生物教学必须取决于有效的管理,有效的管理必须重视生物课堂教学中的心理因素。依据其心理因素,教师应理直气壮地成为课堂教学的领导者。实践证明,这是提高生物教学质量可行的有效途径。

主要参考文献:

1. 林生传主编:《新教学心理与策略》,台北:五南图书出版有限公司,1988年版。

2. 钟启泉编译:《现代教学论发展》,北京:教育科学出版社,1992年版。

3. 高文主编:《现代教学的模式研究》,济南:山东教育出版社,2000年版。

此文载《中学生物教学》(1995年第1期)

加强生物课堂教学的隐性管理

当教师应当加强课堂的隐性管理,在课堂上,教师若能恰当地运用目光示意法、动作暗示法、表情导航法、情感感染法,人际调距法等,就会对学生产生潜移默化的作用,有利于增强教学的吸引力。

所谓课堂教学隐性管理,主要是指教师在教学过程中,采取间接控制或通过潜在力量影响学生行为和心理状态的一种管理方法。在课堂上,教师若能恰当地运用目光示意法、动作暗示法、表情导航法、情感感染法、人际调距法等,就会对学生产生潜移默化作用,有利于增强教学的吸引力。

目光示意法

目光,指眼睛的神采和眼神的流动。它是心灵的表露,很易被人察觉,随人的精神状态和情绪起伏而改变。教师的目光,是课堂上有效的非语言信息传递手段。它可以表示赞同,也可以表示拒绝;可以表示友善,也可以表示厌恶;可以表示显露的欢快,也可以表示显露的忧伤;可以是慈祥的,也可以是严厉的。如常见到这样的现象:上课铃响,学生从室外鱼贯而入。此时,学生的情绪很不稳定,有的陶醉在刚才的嬉笑追逐中,有的还沉浸在课间的趣谈之中,有的正在抢时间做数理化作业。具有这样心态的学生,一下子集中到课堂上来,犹如奔腾的激流突然遇到挡道的闸门一样,会出现反激的浪花和一股回旋的倒流。这时,我常站在教室门口,用目光扫视全班一周,有时甚至紧盯调皮、讲话的学生,教室顿时就会一片寂静。这样就把学生的精力及时吸引到课堂上来。讲课时,更要给学生满腔热情的关注,无论提问、分析,还是解题,都应时常环视前后左右,特别是后排的左右两角。

……我们研究学问,要有科学精神。

——陶行知

教师视野所及,以目传神,促使学生专心听讲。切不可两手撑着讲台,弯着腰,视线紧盯着教材或前几排学生,其余则视而不见。教师的目光能把教师想要表达的愿望、态度、思想感情和言语迅速地传递给学生。如在讲到生物进化中的"特创论"时,以疑惑不解的目光;讲生物进化的证据时,以自信的目光;讲"基因分离规律的应用"时,谈到近亲结婚应该禁止,这是我国的婚姻法中规定的,应投以威严的目光;讲生态平衡一节中"人为因素的破坏"内容时,对破坏生态环境的人和事,给予鄙视的目光。这样，教师和学生在目光中感情相融，从而创造出和谐的课堂气氛。因此，我们应当重视目光示意的隐性调控功能。

动作暗示法

教师的各种动作能传递管理信息，它具有言志、传情、状物的特殊功能，是教师感情的艺术表现。教师的一招一势、一举一动，都具有鲜明的直观性，并随时产生这样或那样的情绪反应。从而把学生的接受意向集中起来，让学生在有限的课堂时空中，按照学习的内容去思考领悟。记得有一次，我正在上课，发现一位女生在做数学作业，我走到她面前，拍了拍她的肩膀，望着她真诚地微笑，她很不好意思，立即收拾好数学作业，并歉意地点了点头。又如，有一次，我正在上课，发现坐在后排的一位男同学照着镜子，用手摸胡子，我并没有停止讲课，只是对他微笑一下，并做了一个摸胡子的动作，该同学立即放下镜子，一本正经地听讲。一个动作，看起来简单，它却具有其它方法不可替代的作用。

表情导航法

教师的面部表情也具有较强的潜在调控作用。人的面孔参与着各种不同情绪的发生和人们之间的各种情绪的信息传递。人们往往通过面部的形态和色彩的变化，把一些难言或不宜用言辞表达的微妙、复杂、深刻的思想感情准确地表露出来。那种表示理解的微笑和思考式的点头，流露出教师对学生的期待和鼓励；那种表示满意的微笑和赞许式的点头，流露出教师对学生的真诚和喜爱。教育心理学告诉我们，若教师在教学时表情温和、平易、亲切，师生间的角色差异给学生造成的心理压力就会减少以至消失，这不仅打通了师生之间感情的通道，而且使学生思维之门为之敞开，接受有用信息的灵敏度也随之大大提高。马卡连柯曾经说过："做教师的决不能没有表情，不

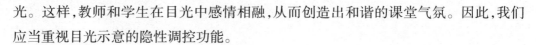

一个改革者应有科学家的头脑，企业家的气魄，未来学家的眼光。

——魏书生

善于表情的人就不能做教师。"这就要求每个教师在研究运用有声语言艺术的同时，充分运用面部表情，以形成知识信息、表情信息对学生的"综合性辐射"。如讲授蜜蜂产卵发育，为何有3种不同的蜂时，我一脸迷惑的表情，把问题抛给学生，调动学生的思维；然后，随着深入地讲，我眉头渐渐地舒展了，直至最后看到学生会心地笑，我也舒畅地笑了。

情感感染法

心理学告诉我们，情感是人们对客观事物是否符合自己需要所作的一种心理反应。任何一种情感都具有信号和调节的功能，即传导意图信息和引导行为方面的功能。教师不能光靠从理论上、逻辑上给学生以知识，也要从感情上感染学生。在课堂

教学中,师生间的情感如何,直接影响教学意图能否实现和效果的好坏。如果教师语言枯燥乏味,没有感情色彩,以一种腔调,冷冰冰地进行知识"发售",就会使学生产生厌学情绪,甚至产生对立情绪。情真意切的教学语言对于提高学生的认识水平和创造能力具有重大作用。情感的产生有一种"认识灶",对事物的认识是滋生情感的主要根源,教师对教学内容应有极为深刻的感受和确切的认识,然后才能将情感融进相应的教学内容中,使教学信息穿上情感的外衣。如讲述蚯蚓运动时,我用右手手掌、手臂表示蚯蚓的身体,左手表示蚯蚓环肌、纵肌的交替舒缩以及体表刚毛的作用,使之一伸一缩运动,同时要求学生跟着我一起比画。在整个教学过程中,我巧妙地运用了情感感染法,"起调"引人入胜,"主旋律"扣人心弦,"终曲"余音绕梁,使课堂教学呈现出张弛结合、起伏跌宕、兴趣盎然的生动局面。

人际调距法

在课堂中,教师可通过调整与学生之间的距离更好地组织教学。如有时教师可站在讲台上;有时可走到学生中去;有时发现个别学生做小动作,或看小说等,可在讲课的同时在教室中走动,似乎是无意,其实是有意走到他座位前,轻轻地敲一下他的头或拍一下他的臂,然后再用目光和表情告诉他不能这样做,均可收到良好的效果。

总之,在目前生物教学处于"低谷"的情况下,生物教师要在有限的课时内,提高课堂教学效益,加强课堂教学的隐性管理尤为重要,它是每位教师不可忽视的一环。

主要参考文献:

1. 周湘:《高中生物实施学习策略训练的探究》,《学科教育》,1999(6)。
2. 高文主编:《现代教学模式化研究》,济南:山东教育出版社,2000年版。
3. 张为民:《美国中学生物学教学一瞥》,《中学生物教学》,2000。

本文载《中学生物教学》(1997年1期)

浅谈生物学自学能力培养

> 自学能力是所有学习能力的核心,在日常教学中加强培养是关键所在。

我国中学生物教学大纲明确规定,培养自学能力是教学目的的能力要求之一。它又是现代社会科学技术的飞速发展给科学教学带来的新课题。说明加强培养学生的自学能力不容忽视。教育家叶圣陶说:"教任何功课,最终的目的都在于达到不要教。"足见培养学生自学能力的重要性了。笔者近几年针对学生自学能力的教学实践培养作如下探索:

一、消除学生的心理障碍、提高自学的信心

根据传统观念,老师讲学生听、老师写学生记,这是天经地义。不少学生及家长都认为不需老师教,学生自己看得懂,还要那么多老师干什么。形成了只有老师教以后才能学得出来的心理因素,缺乏自学的自信。为此,可给学生讲述一些自小就失去上学的机会,然而经刻苦自学却成各方面优秀人才的故事。也可以从当今尖端科学突破,如研究遗传工程,克隆技术科学家,他们的老师是谁呢? 是外星人吗? 不,是科学家们发挥自己的才智刻苦攻关的结果。

著名外语教授许国璋同志在给北京自学青年颁发毕业证书的会上讲了一段话:"古往今来杰出的科学家、艺术家、文学家无不都是靠自己学习,才能有所发明,有所创造。谁能教莎士比亚成为莎士比亚? 谁能教鲁迅先生刻画出阿Q的形象? 自己的学习和创造是前进的一种动力。"莎士比亚和鲁迅,固然都有他们的启蒙老师,但真正把他们带入文学创造和科学发明前沿的"老师"毕竟还是他们自己。许国璋教授的这段话告诉我们,靠自学、靠自己、教自己,这是求知的普遍规律。

二、阅读:通过元学习训练,提高学生的自学能力

为了培养学生的自学能力,应该从阅读做起。每上新课,笔者就在课堂上安排一定时间阅读,并且向学生发放一份自学阅读理解中自学监控问题单,进行元学习训练,提高学生对自我的监控,保证学生自己读书时的有效性,让学生学会自学。如《遗传的生物基础》一节的自学阅读的自我提问的监控如下表:

自学阅读理解中自学监控问题单:

概览——明确目标

1. 这是第×章第×节的×部分内容,共有×页。

2. 从大小标题讲了哪几个小问题,我应把这些问题在笔记本上列成纲要表。

3. 这部分内容讲的主要问题我明确了吗?

初读——扫除障碍

1. 这部分内容涉及到前面哪章的旧知识,我需不需要温习和补上旧知识?

2. 这部分内容有哪几幅生物图我观察清楚了吗? 我记住了图示的名称吗?

3. 我扫除了阅读这部分内容的障碍吗?

细读——找重难点

1. 自己读不懂的地方,在书中标上记号"?"了吗?

2. 比较陌生的生物专业术语用短"—"线勾画出来了吗?

3. 对生物图的各部分名称的指示观察清楚了吗?

4. 此部分的内容重点是什么? 难点是什么?

研读——突破难点

在对旧知识进行复习后,再研读自己的地方,经思索能解决吗? 能解决的打"!"号,不能解决的"?"号,待上课时听老师讲。

自测——任务自查

1. 知道此部分的主要问题吗?

2. 我知道此部分的重点和难点在哪里?

3. 老师所给的自学阅读任务是否认真完成了?

4. 我对自己的预习是否满意? 有什么收获?

在新课前,对学生自学阅读的元学习训练,不仅保证自学的有效性,同时,学生自学过程中找到自己的难点和疑点,并且产生了想尽快掌握这些知识的欲望。为老师上课提高效率,大大提高学生听课的效果。照这样分导和训练学生自学阅读一段时间后,逐渐养成了自学阅读的习惯。为上课时的

自学能力,既是一种优良的品质,又是一种个性特征。

——魏书生

被动听课转为主动带着问题探索知识打下基础。自学阅读一旦成了习惯,自学能力也就一天天的培养起来了。

三、讲课:强化学习方法指导、让学生发展自学能力

著名科学家钱三强曾讲述这样一段话:"什么叫名师? 并不是手把手的教就是'名师',所谓'名师'就是善于启发诱导,让你敢创新。"说明要发展学生自学能力的讲课,应重视学生的传授,有利于学生主体性发挥,我的做法是:根据本章、本节的知识点实际,选择行之有效的方法。如讲授减数分裂这部分内容时,我选择了四种比较有效的学习方法(配合教法)逐步亮给学生:一是采用故意错讲(教法),教学生学会归谬

推进法（学法），解决重难点减数分裂的概念；二是使用综合法，在第一节的基础上进行有机地归纳精子和卵细胞的形成过程和特点，解决教材的重难点"精子和卵细胞成熟的过程和特点"；三是使用比较法，用于学习减数分裂和有丝分裂的关系这个重难点，同时培养求问思维和求异思维；四是使用图解法，经过减数分裂形成配合过程中有关染色体的引初变化图练习来巩固减数分裂的学习，加深对知识的理解和记忆同时指导学生区分易混淆的方法，准确地掌握基本概念，如同源染色体和非同源染色体；联会和四分体，初级精母细胞和初级卵母细胞等。这样在听课过程中，让学生掌握正确的学习方法，学会科学思维，逐步学会自己解决重难点问题，发展学生自学能力。

四、总结：教会学生自己归纳，让学生增强自学能力

要增强自学能力，让学生学会根据自身的学习特点，寻求有针对性的有效学习方法，通过对所学知识的整理，归纳总结可以发现知识的内在联系，连知识点成知识线，交知识线成知识网。如每一单元结束后，教师教以总结归纳的思路和方法，如图示法、列表法、信号纲要法等，学生根据学情，寻求一种方法，去归纳小结完成。如学生第一章细胞第二节细胞的结构和功能一节后，调查发现学生自己归纳总结，用括号式列表占31%，用表格式列表占28%，用真核细胞亚显微结构图示占20%，用信号纲要法列表占20%，其他方法占1%。这说明学生的个体差异性，知识结构只有符合学生的知识结构，才会达到学习的高效性。每次单元复习小结的工作都是在课堂上布置给学生自己去归纳完成，教师予以检查、督促。好的给予表扬，差的指明不足的地方，并予以鼓励。

五、练习：指导学生学会自测，让学生深化自学能力

自学，不是自学阅读的书越多自学能力强，自学效果如何要通过自测来体现。最早的自测试题当然是课后习题。课后习题一般难度不大，且与自学的章节内容同步，大部分习题学生能做得来，这样有利于逐步提高自学信心。但不是题目测试越多越好，而引导归纳分析各类型题的解题思路和方法。如果说做测试题是一种自测，那么学生会自己编试题是更高层次的自测，著名数学家华罗庚教授说过："有的时候是出题困难解题易，题目本身就包括了解题方法，难不在于解，而难在于怎样想出题目来。"会出题会做题更能培养人的能力。在出题过程中要考虑到理论与实际的结合。由浅入深地引导学生将题目的某些条件稍加更改，就可能成为面貌崭新，题更活的另一试题。这样学会出题的自测方式能深化学生的自学过程。如我经常布置作业时，规定编题的内容，题型及数据要求学生自己编题，自练题。中期和期末考试复习时，每位学生命一套题，并做好参考答案，并根据命题质量计分，记入平时成绩。

自测能给学生带来自知，自知又能够给学生带来自励，自励做为动力，自学能力

就必然会得到进一步深化。

　　"学会"这是对学生的基本要求,"会学"这是对学生更高一层的要求。只有在"学会"的基础上做到"会学"。这样的学会在学习上才有希望跟上当今社会发展的步伐,这就是培养学生自学能力的意义所在。

主要参考文献:

1.[俄]赞科夫著,杜殿坤译:《和教师的谈话》,北京:教育科学出版社,1996年版。

2.黄旭:《学习策略的教学问题》,《教育研究》,1992(7)。

3.周美珍主编:《生物教育学》,杭州:浙江教育出版社,1992年版。

　　本文荣获中国动物学会优秀教师论文三等奖(中国动物学会,中国植物学会1999年5月),载《三峡教育论坛》(1999年4期),转载《生物学通报》(1999年论文集)中

在生物教学中加强学生创造性思维的培养

> 创造性思维是培养学生创造力的核心。我应当倡导发散性思维,发展直觉思维、鼓励逆向思维。

　　创造性思维是在一般思维活动发展起来的,它是培养学生创造力的核心。通过有意识的训练、培养,能获得提高。笔者在实践中做如下探索:

一、倡导发散性思维

　　发散性思维是创造性思维的核心,笔者在生物教学中的主要做法是:

　　1. 发散性设问:笔者在授课时激发学生发散思维的问题,引导学生从正面和反面多途径思考,纵横联想所学知识,将对提高学生的思维能力和探索能力大有好处。例如在复习遗传部分时,可设问:"与基因直接相关的内容有哪些?"从而复习①基因的概念,②等位基因,③显、隐性基因,④基因与DNA、染色体的关系,⑤基因分离规律,⑥基因的自由组合规律,⑦基因突变等。由于发散性设问难度较大,必须考虑学生知识的熟练程度和学习能力。

　　2. 变式练习:笔者在教学中用典型习题,以期从不同侧面培养学生的发散思维能力。

　　①一题多变。

　　对于某一知识点的命题,变换形式,从而使思维形式发散。主要包括题型变换和条件变换。

　　例如,有这样一道填空题:一对表现正常的夫妇生了一个白化病女儿和一个正常的儿子,则这对夫妇的基因型是_____;这对夫妇再生一个白化病小孩的概率是_____;这个正常儿子与一个正常女孩(其母亲是白化病)结婚,则不宜生育,因为他们出生病孩的概率是_____。这道题可以变换为遗传图解形式的分析说明题(题略),这样就改变了学生的思维方式。

　　又例如这样一题:在蚕豆叶肉细胞中具有双层膜结构的细胞器是_____。可以将此题条件变化,改为:在草履虫细胞中具有双层膜结构的细胞器是_____。

　　②一题多问。就是针对一个知识点提出多个问题,所提问题可以是递进式的,也可以是辐射式的,这样可以使学生对知识的理解逐步深入。

　　例如:Aa的生物自交后代中,杂合体占显隐性个体的比是_____;Aa的个体连接两代自交产生的个体中,杂合体占_____,显隐性个体比是_____;连续n代自交,后代中杂合体占显隐性个体比是_____。

③一题多解,一道习题有多种解法,要求学生采用多问的思维途径,应用不同的解题方法,找到最佳解题方法,从而提高解题能力。

例如:一个褐眼色觉正常男子与一个褐眼色觉正常女子结婚,生了一个蓝眼色盲男孩,问这对夫妇再生一个蓝眼色盲男孩的概率是多少。

首先应根据所给条件写出父母双方的基因型:AaX^BY 和 AaX^BX^b,求他们子代出现蓝眼色盲男孩的概率的方法有三种:①作出遗传图解而统计出结果;②由于蓝眼色盲男孩的基因型是 aax^bY 肯定是由 ax^b 卵细胞和 aY 精子结合成的,而母方产生 ax^b 的几率为 $1/4$,父方产生的 aY 的概率也是 $1/4$,则出生 aax^bY 的概率为 $1/4 \times 1/4 = 1/16$;③将父母双方的两对性状分开考虑,Aa 与 Aa 产生蓝眼 aa 的概率是 $1/4$,X^BY 和 X^BX^b 产生色盲男孩 X^bY 的概率也是 $1/4$,则同时出现的几率为 $1/16$。这三种方法相比,第三种方法方便准确。

此外,还可用一题多答等变式练习。

二、发展直觉思维

所谓直接思维,是指未经严密推理与论证而径直地猜度推理问题关键的一种思维形式,它表现为一种猜测、预感、设想、顿悟等。它是创造性思维的方式之一。

1.艰苦探索,熟能生巧

直觉思维变称顿悟,不是来正面思考,而是通常借助于熟能生巧的情况,总是在一种不经意的状态下,突然得出平时白思不得其解的答案。

例如:在"家鸽"一节教学中,为了使学生弄清鸟类适于飞行生活的形态结构特点,可这样设问:为什么家鸽能自由飞行? 学生常答因为有羽毛。再进一步:蝙蝠没有羽毛为什么也能飞行? 这个实例使学生对"有羽毛就能飞行"的结论产生了怀疑。思维中体现了疑问,就产生强烈的探究,求知欲望,并要求学生反复阅读有关的教材,反复地认真思考。在学生无法回答,处于最佳状态时,老师才最后讲解本部分内容,布置练习让学生回答,结果学生在不经意的状态下,得出答案,使学生感到成功的喜悦。

2.挖掘大脑潜力,必须让大脑处于最佳状态

例如:在讲述第七章"森林在环境保护中的作用"时,就可以从反面提问:假如地球上的森林被砍光了,我们人类将受到哪些影响? 要求学生反复阅读教材。如此题,一位学生通过几天冥思苦想,总是不能答出。带着惆怅和懊恼,他入睡了,在梦中他梦到了,地球上森林被破坏砍光了的景象。

醒来后,灵机一动,翻身起床,开始回答此问题:如果被砍光了,大自然将失去调

节能力，必然导致 O_2 含量的减少，CO_2 的含量增加，空气严重污染，干旱风沙灾害加剧；水土流失严重；野生动、植物资源灭绝；由于 CO_2 大量增加必然使全球变暖、温室效应加剧，冰川融化，海平面上升，沿海低地被淹等，最终人类将失去生存场所。最后总结得出森林在环境中有哪些作用。

3. 抓住机遇，激活大脑，捕捉灵感的火花

灵感的产生，与外部环境、条件有关，与多方的信息、相互联系、撞击有关。因此，笔者在生物教学中，经常创设学生讨论的教学情景。让学生思维过程中，抓住机遇，激活生物信息，每当学生头脑中闪现灵感火花时，要及时捕捉不可失去，例如：

在讲述叶绿体的分布和功能这个知识点时，正面讲解后假设提问：①如果绿色植物所有细胞内都没有叶绿体的话，植物能否存活？（学生讨论热烈，绝大多数学生回答不能，也有学生回答如果像人类一样摄食也能存活。）在学生积极的思维过程中，学生就会联想到叶绿体的分布，功能、光合作用和呼吸作用等知识。②如果人体细胞内有叶绿体的话，那么人类还需摄食吗？我们体内的消化系统、呼吸系统还有存在的意义吗？（学生议论纷纷，有的学生谈到"只要我们天天去晒太阳就可以"等等）这样又让学生联想到人体新陈代谢、消化系统和呼吸系统等许多知识。③如果有一天将叶绿体基因移植到人体细胞内成功的话，那么我们人类将怎样？自然界又会变成什么样子？（此时学生情绪高涨）有的怀疑它的可能性，有的说整个世界变成了一片绿色，没有动物和植物之分了，等等。学生在讨论过程中可联想到生态系统、遗传变异等许多知识，教师此时可简介现代生物学新技术——基因工程，但不宜扩展，最后说明这仅仅是一些设想，叶绿体只存在于植物细胞内，再因势诱导学生总结叶绿体的分布和功能。

> 处处是创造之地，天天是创造之时，人人是创造之人，让我们至少走两步退一步，向着创造之路迈进吧！
>
> ——陶行知

三、鼓励逆向思维

这是指由目标出发，往回推理从而达到解决问题过程中的思维活动。它在创造思维作程不容忽视的。例如因非同源染色体上的基因重新结合，导致了不同亲本性状的结合；反之，由基因的自由组合规律是否联想到，非同源染色体的自由组合，又如植物的向光性与生长素分布、细胞膜上载体种类与数量同选择透过性特点等，都是训练学生逆向思维的重要课题。

特别是教师因势利导地、不失时机地对学生的那些标新立异、独树一帜，独创一说的做法给予肯定、支持与帮助；鼓励和指导学生用自己的头脑思考问题，而不是重复走别人解决问题的老路、敢于打破思维常规，另辟蹊径，通过反向思考获得独特的

见解,提倡勇于探索、不断创新的精神。这种不迷信权威,不人云亦云的思考方法,会使学生的创造性思维能力获得长足发展。例如:课本、报刊文摘中都将二氧化碳增加产生的温室效应视为坏事。确实气温变暖,对各种生物体、工农业乃至人类生存都会有诸多不利影响,但教师不妨启发学生进行反向思考,请学生大胆设想,气温变暖会给人类带来什么好处? 再如,农业生产中,长期大量使用化学肥料、农药来增加产量的同时,会有什么坏处? 学生会对这类问题抱有极大兴趣,因为青少年学生有表现自己的强烈愿望,渴望能像成年人那样独立处理自己的学习,独立思考课本中没有的内容,都表现出跃跃欲试一争高低的势态。经过热烈的讨论与争辩,学生自己摘下思维的"甜果"。他们达成了共识,认为气温变暖有可能使南极冰川变成美丽的绿洲;气温升高增加海水蒸发,加快了海陆的水循环,沙漠有可能由一片荒凉变成鸟语花香的草原;大量使用化学肥料、农药会污染水源,破坏食物链,使有益虫鸟大量减少,甚至会使生态平衡遭到破坏。由此可见,辩证地看待一件事的发生,可拓宽学生的思路,激发学生的独创热情。

总之,在生物教学中,应采取多种途径加强学生的创造性思维训练,当然,充实丰富学生的知识经验是知识创造的基础。一个人知识经验越丰富,越可能对新问题具有敏感性和创造性。生物学家贝费里奇说过:"在其他条件相同的情况下,我们的知识宝藏越丰富,产生重要的设想的可能性就越大……独创性见解就可能产生。"这说明,创造能力的培养,除了训练创造性思维而外,学生知识经验的丰富程度也存在密切的关系,因此,生物教师还应引导学生积极参加各种实践和科技活动,以充实丰富其知识经验,从而达到最终培养其创造性思维能力的目的。

主要参考文献:

1. 杨春鼎等编著:《创造艺术》,长春:吉林大学出版,1993年版。

2. 周明星主编:《教育创新素质与方法》,北京:中国人事出版社,1992年版。

3. 王甦等:《认知心理学》,北京:北京大学出版社,1991年版。

本文载《三峡教育论坛》(1999年5期)

对"生物知识的理解"的几点思考

知识性理解分为直接性理解、解释性理解、推断性理解和创造性理解，教师只有弄清楚道理的教学才会真正有效。

知识的掌握一般分为知识的理解、知识的巩固和知识的应用三个阶段。理解知识是知识掌握的首要环节，也是新授课的重要任务。就生物教学来说，理解一般指了解教材文字内容的含义，懂得生物术语、符号所标示的生命的特性、变化，认识文字所表述的生命现象、规律的特定含义。

根据中学生物教学内容，笔者认为可将"知识性理解"分为直接性理解、解释性理解、推断性理解和创造性理解几个方面。本文就此四个方面在教学中如何操作，谈一些想法：

一、直接性理解，以文字表述的关键词和符号的关键点为突破口

直接性理解就是对生物用语、符号表面的理解，能用言语准确地表述生物学知识；能识别语言描述中的错误或不妥之处；能运用生物符号、图表、图像叙述生物学的原理，能把原来冗长的内容转化为简明的生物术语；能根据生物学概念的表述直接找到肯定实例和否定实例；能运用自己的语言描述生物学符号的表征意义等。

实现直接的理解。关键要抓住文字表述中重要的字、词、句的不同含义，剖析表征意义，如生物催化剂的概念，"酶是活细胞所产生的具有催化能力的一类特殊蛋白质。"特别要注意"活细胞"、"催化能力"和"蛋白质"等几个重要词的含义。不能任意改为"活细胞"、"催化反应"、"蛋白质"等不恰当的词语。再如在识别《高中生物》必修（人民教育出版社）（1998年4月）图5《植物细胞亚显微结构模式图》的细胞核时，"密集而规则"的密点为核仁，"密集而不规则"的密点为染色质，"稀疏而不规则"的点为核液。

直接性理解是理解的最基本方式，直观性很强的描述。一般可逐字逐句地直接理解，例如"解离"，只要做《观察植物的细胞有丝分裂》实验，将"解离"的定义与实验对应讲解，即可直接理解。

二、解释性理解，要求理顺知识之间及知识与实例之间的关系

解释性理解就是对知识间内在联系的理解。就生物学概念来说，主要指理顺概念之间的上位、下位、同位的关系，将低一级概念归入高一级概念中，深刻理解概念的

内涵和外延,综合考察概念的肯定实例和否定实例;就生物规律和生物学事实及相互关系来说,主要是指能列举生物规律的实例,能将生物学事实归入生物学规律中。寻找生物规律和生物事实之间的相互关系等。

无论是表征学习、概括学习还是命题学习,按照"同化"学习理论,都是在旧知识的基础上展开的。因此,寻求新旧知识之间的相互联系,是理解知识的重要环节,也是解释性理解内涵所在,例如,在初中的植物学教材中,虽然没有出现生命的基本特征——新陈代谢这个极其重要的概念,但实际上在植物学课中讲到种子萌发时,有关营养物质的转化和呼吸作用的加强以及讲授"根对水分的吸收"、"根对无机盐的吸收"、"叶的光合作用"、"叶的呼吸作用"等内容时,我都围绕着"新陈代谢"这个概念,讲授了一些基础知识。又在讲授呼吸作用与光合作用的关系时。对知识进行了概括和总结,即呼吸作用和光合作用的关系是具有相互依存的关系。同样,在动物课中,通过对各种动物的消化、呼吸、循环、排泄等生理内容的讲授,也让学生对动物的新陈代谢有比较深刻的理解,"新陈代谢"这个概念是在生理卫生课中集中形成,并在高中生物学中再加以概括提高的。这样逐步理解新陈代谢的科学含义。

三、推断性理解,寻找大量实例,并以逻辑推理为主要特征

推断性理解就是在充分理解生物学的概念原理、规律的基础上,对生命有关特性、变化、结果、生物事实的真实性方面作出个人判断。推断性理解的结果与原始材料有直接的对应关系。推断性理解要合乎逻辑。

推断性理解需要大量事实为依托,实验、实例和旧知识材料均可以作为推断理解的出发点。用推断性理解方式进行教学,能充分调动学生的积极性,发动学生积极参与,共同探究。例如高中生物讲授光合作用,主要是讲述光合作用的过程,提示该作用的实质,使学生深入理解光合作用的概念和意义。

> 教育就是获得运用知识的技术。这是一个很难传授的艺术。
>
> ——[英]罗素

作为理解性知识的一种方式。推断性理解只局限于逻辑思维推理,需要辩证思维解决问题,不宜于作推断性理解的内容。逻辑推理要慎选程序,任何"跳跃性"的行为都会导致对知识的费解,浪费有限的教学时间。

四、创造性理解,需要充分发挥学生的想象力

创造性理解指摆脱有关材料的束缚,对知识内容提出独特见解。创造性理解是理解的最高层次,是建立在创造性的思维基础上的,其结论应充分针对其原始材料,要合情合理,并不是对概念、原理、规律的歧解,对于许多违反常规的生物事实理解,一般可以运用创造性理解方式教学。

创造性理解需要充分发挥学生的想象力，与相关的知识内容广泛联系，从中筛选出合情合理的观点，达到创造性理解的目的。例如，学生对伴性遗传与常染色体遗传混淆不清，教师可引导学生进行创造性的理解，伴性遗传仍以基因的分离规律为基础，只是因为基因位于性染色体上，因此才表现出其特殊性。例如白化病（常染色体遗传），亲代：Aa（非白化）×Aa（非白化）→子代：1AA、2Aa、1aa（白化）；而色盲（伴 X 染色体隐性遗传），亲代：X^BX^b（色觉正常）×X^BY（色觉正常）。

子代：$1X^BX^B$、$1X^BX^b$、$1X^BY$、$1Xb^Y$（色盲）。它们的共性是：都遵循基因的分离规律，子代正常者占 3／4，患者占 1／4。但对性别而言，前者男女患病机会均为 1／4，而后者女性都正常，男性中有 1／2 患病，这是二者的主要区别之一，也就是伴性遗传的特殊所在——与性别相联系。因此。在教学中教师和学生应注意对它们进行比较分析：①比较被研究基因的存在状况；②比较亲代产生配子的种类、数目；③比较子代的基因型种类、数目；④比较子代性状分离比；⑤分析子代中性状与性别关系。

从知识的材料展开想象，常常会得出某种违反常规的合理解释，创造性理解的"异常性"是各种情形的综合结果，是多种矛盾的辩证统一。仍然有内在合理性，离开了合理性，创造性理解对中学教学来说就毫无意义。

值得指出的是，"知识的理解"的四种方式不是隔离的，有些内容的教学需要运用各种理解方式，不能强求单一，如何使各种理解方式优化综合，达到知识理解的最佳效果，尚需我们不断探索。

主要参考文献：

1. 上海师范学院生物系主编：《中学生物学教师手册》，上海：上海教育出版社，1983年12月第1版。

2. 袁振国主编：《教育改革论》，南京：江苏教育出版社，1992年版。

3. 桑新民：《呼唤新世纪的教育哲学》，北京：教育科学出版社，1993年版。

本文获第九届全国中等学校生物教师优秀论文三等奖（中国动物学会、中国植物学会、《生物学通报》全国中等学校生物教师论文评审会，2001年6月），载《生物通报》2001年增刊

试论生物教学与"变动"

> 教材内容在变,学生在变,教学手段和形式在变,学生的参与形式和评价方式在变,教学如何针对"变",只有"生物教学的变动"与"变动"生物教学统一,才能达到良好的教学效果。

反思这些年的教学,我们发现长时间从事一门课程的教学,尤其是对于教材变动相对较小的课程,易产生"教学僵化"现象,常常一本教案用几年甚至十几年,而中间基本上没有什么变动,也就是俗话说的吃"老本"。这种现象不但会滋养教学的惰性,扼杀教师的进取心,而且长此以往,教学效果很容易下降,甚至在教学中出错,贻害学生。

出现这种现象的根本原因是忽视了教学是一个动态的过程。教学的变动性体现在很多方面,教学过程中的这些变化我们可以称之为"教学变动"。为了达到最佳教学效果,教师在实施教学的过程中必须根据"教学变动"情况,对教学内容、教学方法、教学手段、评价方式等进行相应的调整,这种调整我们可以称之为"变动教学"。只有做到"教学变动"与"变动教学的"统一,才能达到良好的教学效果,而要实现二者的统一,就要求教师随时掌握教学变动的情况,并主动进行变动教学。这是避免教学僵化的有效手段。

一、教学僵化及其产生原因

我认为教学僵化,是指教师长期从事同一门课的教学,久而久之,在思维方法、教学模式、教学内容等方面形成一种僵化的模式,自认为驾轻就熟,不愿意对教学作出变动的现象。教学僵化的表现各种各样,比如很少了解学科的发展动态,备课不认真,忽视学生的变化和特点等,其中比较典型的表现是因为经验至上和因循守旧而导致在教学中出错。

二、教学的变动性

事实上,教学总是在不断变化的。教师要避免教学僵化,首先要认识到教学的变动性。教学的变动性主要体现在以下几个方面:

第一,教材内容在变。如以前选修本免疫这一节中教材只讲述了效应T细胞释放淋巴因子,连老师都以为只有效应T细胞才能释放淋巴因子,而今年关于淋巴因子的释放就作了修改,在图解中明确标明可以来自辅助性T细胞;关于艾滋病,以前讲它使人丧失一切免疫能力,现在则改为使人丧失大部分免疫能力。再如,随着生物科技的进展、细胞工程、基因工程等知识已经作为普及知识走进中学课堂，而不再是过去那种神秘的、可望而不可即的科技信息。还有，有关光合作用的知识不光深入到光反应和暗反应机制，而且深入到四种能量转化方面。

第二，学生的变动。学生每年在换，每一届学生都不一样。特别是随着时代的进步，同一年级不同班的学生知识范围（信息量）、思维能力都有很大差异，兴趣和爱好也各不相同，知识也在不断的淘汰和更新。如，在讲述基因表达过程时，过去我常用发电报的原理进行描述，学生很容易理解。但如果对现在的学生举发电报的例子，学生就会不知所云，因为现在很多学生连电报都没听说过，更别指望他们据此去理解基因表达的过程。

第三，教学手段在变。过去，一支粉笔、几张挂图就可以完成一堂生物课教学，现在除了教具，还有更先进的多媒体教学手段。这对于降低教学难度、提高学生兴趣都非常有利。

第四，学生的参与形式在变。以前经常采用以灌输为主的教学方式，老师只管教，学生只管听，学生主动参与少，被动接受多，使他们对知识背景了解少，对知识的运用能力薄弱。现在的教学理念是学生为主体，老师为主导，学生更多地参与到教学过程中，甚至参与到老师的备课环节，课堂上很多时候都在体现学生的参与活动。

> 求学譬如登楼，不经初级，而欲飞升绝顶，未有不中途挫跌者。
>
> ——梁启超

第五，评价的方式在变。以前的经验就是用考试来评价学生对知识的掌握情况，现在则还可以通过研究性学习的参与度、综合评价等手段考察学生对知识的掌握和运用能力。

三、在变动中教学

人们常说要以不变应万变，但作为教师，在教学中则不能采取以不变应万变的态度，而应当做到以变应变。根据教学变动性，有针对性地对教学进行调整是防止教学僵化的途径。

作为教师，在教学中应注意以下几个方面：

第一，要在备课上下功夫。过去，教材内容经常多年不变，一些老师养成了一本教案用多年的习惯，不太重视重复备课。但近年来，一方面生物教材随着科学技术的发展，新的知识、新的技术、新的理论不断扩展，并充实到教材中，一些高新技术也成为普及知识进入中学教材，使得中学生物教学内容发生了很大变化；另一方面，随着教学改革的深入，中学生物的教学理念、教学内容的编排方式、教学要求等方面也发生了很大变化，这就要求教师要认真备课，及时、准确地把握教材内容和教学信息的变化。

第二，要认真了解教学的对象。随着社会环境的变化，现在的学生与以往也有很大不同，学生的阅历、认知能力、获得知识的渠道等各方面不仅与过去的学生大不相同，而且千差万别，不同届的学生，甚至不同班级的学生，具体情况都不一样。因此，教师要认真了解学生的具体情况，并根据学生的特点，在教学内容的处理和教学方法上进行相应的调整。

第三，充分利用现代教学手段。随着技术水平和经济的发展，中学教学条件也有了很大提高，多媒体等教学手段逐渐普及，一些先进的实验设备也逐步建立起来，教师要充分利用这些先进的教学条件，提高教学效果。

第四，重新认识并摆正教师在学生中的地位。现在的学生不仅敢于质疑老师的观点，甚至敢于公开顶撞老师。在这种情况下，老师必须调整心态，以更加平等的方式调动学生参与到教学过程中。

第五，灵活运用形式多样的考核方式。教师应通过灵活多样的方式，考察学生对知识的掌握情况和运用能力，适时对教学过程和方法进行调整，提高教学的针对性。

第六，注重教师自身的学习提高。生物科技的发展飞速，而我们的教材内容才触及到基因工程，科学已经进入到了后基因工程时代，这也使我们必须不断地提高自身的专业素养，才能在教学中游刃有余。教师仅凭现有的知识、传统的教学观念和教学方法是难以适应现代教学要求的。因此，教师应当加强自身学习，不断充实自己，努力提高教学水平。

综上所述，现代教学是一个动态过程，教学的各个环节都处在不断变化之中。教师在这个动态的体系中应主动学习现代教学理念，把握教材、学生特点，采用灵活的教学手段和方法，克服因循守旧的思想，做到以变应变，以更好地适应现代教学要求。同时要经常反思和改进教学，使教学始终处于"大教材"（课程标准要求下的主干教学内容）、"小讲义"（每节课的具体讲授内容）、"微教案"（因年级、班级等不同微调之后的具体课案）的变动状态中，使之随时间、学生、理念、信息、内容等教学环境的变动而变动，才能取得最佳的教学效果。

主要参考文献：

1. 黄利群主编：《教育科学研究概论》，大连：辽宁大学出版社，1990年版。

2. 施良方主编：《学习论》，北京：人民教育出版社，1994年版。

3. 周美珍等主编：《中学生物教学＊》，北京：高等教育出版社，1991年版。

本文载《重庆陶研文史》（2009年2期）

怎样调节学生注意力

> 在课堂教学中，如何调节学生的注意力，是有效教学的重要途径之一，是生物教师授课成败的关键一环。

生物学被取消高考后，学生对生物课普遍不重视，要提高教学质量，贵在得法。无论采取什么方法，都必须设法调节好学生的注意力。倘若讲者有意，听者无心，任何良好的愿望都难以实现。因此，能否调节好学生的注意力，是生物教师授课成败的关键一环。

怎样调节好学生的注意力呢？我在教学中有以下几点粗浅体会。

第一，每节课的开始，不要机械地忙于按教案程序讲课。因为开始上课的一两分钟，由于翻书、取笔、课间嬉闹余兴等因素，学生的注意力往往不够集中。我曾多次发现已经讲课好一阵了，有的学生甚至连课本都未取出来，个别还公开地做"数理化"作业。对此，我采用了如下做法：每节课开始，或用目光扫视教室，或走下去查看，或提问复习上节课的某问题，或出一道只需三五分钟即可答完的练习题，或讲一个简短而与本课有关的生物学方面的史实、故事、谜语、笑话以及生物科学的进展等作开场白，当学生的注意力被唤起后，才转入正题。在这些做法中，使用得最多的是课前用小黑板出示小练习，每学期约30次。做这种小练习有两个明显好处：一是在不增加师生课外负担的情况下（当堂在小黑板上批改），加强演练；二是调节了起始课的情绪。我的备课本有两本，其中一本常备有结合复习或预习的有关小练习。上课时，一旦发觉学生情绪不良，就出一道小练习，将他们的注意力迅速集中起来；即使还有个别学生仍在做其他事情，教师在巡视中也可以及时发现纠正。

第二，察颜观色，注意信息反馈。在讲课中，倘若学生听课的神色茫然不解，答问吞吞吐吐，含混不清，这说明他们可能注意了，但未听懂。这时，教师如果不采取补救措施，而只是为赶进度依然讲授下去，学生的注意力就会分散。倘若学生听课的神色心不在焉，甚至恹恹欲睡，答问迟迟不语，或者风马牛不相及，这说明他们注意力已经分散。这时教师应及时转换话题或暂停讲课设法调节学生的注意力，才能使课"起死回生"，收到预期效果。例如，我曾在上《减数分裂与有性生殖细胞成熟》一节课的中途，发现学生注意力开始分散，我立即停止讲课，在黑板上写下"考测"二字，出题是："为什么减数分裂是一种特殊的有丝分裂？""染色体数目减半的原因是什么？"学生一见要"考测",思想立刻紧张了,但拿起笔来却又茫然不知所答。这时,我告知他们此题待课讲完后再作答。这种临时弓张而箭不发的措施,既使学生的注意力由分散转入集中,又不致使讲课中断。后来的考测结果也是比较好的。

第三,要注意讲课的"火候"。一般说来,讲授的重点、难点宜安排在一节课的前30分钟内,归纳总结性话语宜于在学生听课情绪到达高潮的时候说出,而且,教师在语调上要加以强调。我体察到,在"满堂灌"教法的课后十几分钟,学生的注意力往往不够集中,特别是在临近下课时,学生的注意力最容易分散。当然,抓住前30分钟讲授重点,突破难点,并不等于说就放弃了后面的时间。殊不知学生往往把单纯用耳听当作"无事干",而把用脑想、用眼看、用笔写等才当作"有事干"。"无事干"时,学生的注意力不易集中,更不易持久。倡导"以教师为主导,以学生为主体,以训练为主线"的"三主"原则,其中也有让学生"有事干",使其注意力集中而持久的因素。因此,我常常用后面的时间,让学生记忆结论及原理,讨论、提问、演练等,目的就是为了调节和持续学生的注意力。

同时,根据学生在上下午精力的分配和持续特点,掌握讲课的"火候",又不能死板。上午第一、二节课和下午第一节,学生精力充沛,情绪正常,注意力较集中,因而宜于以讲为主。而上午第四节课,学生已有疲劳和饥饿之感,下午第三节课学生文体娱乐的兴趣和休息的欲望已经产生,因而这时的课都宜于以练为主。这种"练"是学生动脑、动手、动嘴等综合练习,有利于学生注意力的持续。

第四,讲课的神色和语调要富有情感。教师讲课的口音、声调、神情如能符合学生的口味,激发学生的兴趣,触动学生的心理,那么就很容易调节好学生的注意力。从学生心理情绪上看,喜笑、忧愁、愤恨、惋惜、同情、激动、紧张、生疑、猎奇等等,都有利于注意力的集中。如果讲课无精打采,缠绵无力,就会使学生恹恹欲睡;讲得啰唆重复、颠三倒四,就会使学生产生厌倦情绪。所以,教师讲课的感情和语言表达方式切不可平平淡淡。要做到这一点,必须从日常生活和生产实际中寻找学生的兴奋点来激发他们的情感,使枯燥的问题变得生动有趣。如在讲遗传规律时,我给学生提出了这样几个问题:为什么碧眼褐发两种性状会在一个人身上同时出现? 用什么方法来鉴别和培育纯白色的波斯猫? 通过简单的家系调查,说明近亲结婚的危害性。这时,课堂气氛相当活跃,学生思维得到开拓,在这种和谐的环境中将其教材内容绘声绘色地描述和讲解,是很能吊学生胃口的。以他们猎奇之心启动他们的欣喜之情,注意力当然就容易集中和持续。

第五,要掌握好讲课的深浅难易程度,努力沟通新旧知识联系。认真钻研会考纲要,适当降低知识难度和范围要求,避免沿用高考大纲贻误教学。例如,高考必考基因的连锁和互换规律,而会考却不作要求,对于这类内容,在教学中就不宜再讲。当然，要求学生"掌握"的知识点，绝不能降低到"了解"水平。教师应严格按照"修订大纲"的精神和要求进行教学。

同时，新知识如果不是在旧知识上引发起步的，就会使学生听课思维跟不上，感到问题突如其来，深奥莫测，望而生畏。相反，联系旧知识如果只是"原地踏步"，没有引发新的知识，让学生"更上一层楼"，就会使学生感到乏味而生厌。"生畏"和"生厌"都是兴趣的大敌，是集中注意力的大患。倘若学生每上一节课都能有所得，那么这种新知识的诱惑力就会使他们时常处于兴奋状态。例如，我给高二的学生讲"光合作用"一节时，他们开始认为，光合作用在小学自然常识已接触，初中生物课也专门讲过，对光

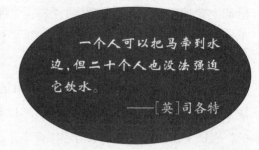

一个人可以把马牵到水边，但二十个人也没法强迫它饮水。

——［英］司各特

合作用的定义、反应式及其意义已经熟悉了，于是他们大有不屑一听之反应。当我把光合作用为什么需要光和叶绿体，水和二氧化碳这些原料又是怎样转变为葡萄糖等问题提出来后，他们才感到对光合作用的理解似是而非，有疑待解，接着引导学生深入学习。这种新旧知识沟通，使他们把死记的概念用活了，把零散的知识贯通了，把浅显的东西深化了。这样的课学生自然兴趣极浓，注意力高度集中。

主要参考文献：

1. ［日］山东光哉著，李蔚等译：《学习与教学心理学》，北京：教育科学出版社，1986年版。

2. 张代芬主编：《生物教学法》，昆明：云南教育出版社，1989年版。

3. 关甦霞主编：《教学论》，西安：陕西师范大学出版社，1987年版。

本文载《中学生物教学》（1996年1期）

让学生成为学习的主人

——教学民主在生物教学中的应用

教学的民主性和民主的教学是教师追求的永恒主题。

教学民主不仅能培养学生的民主意识,灌输民主思想,有利于提高民族素质,推进社会主义民主进程,培养社会主义高素质的公民,而且也能充分调动学生学习的积极性、主动性,使其成为学习的主人。这是现代教学的核心,也是研究"主体"学习的重要内容。本文就此问题进行初步探讨。

1.尊重学生的选择,置学生于主体地位,是教学民主的前提

传统的教学论总是过分地夸大教师在教学中的作用,忽视学生的重要作用,不顾学生的心理要求和接受能力等安排教学内容和教学进程。在这种外在压力下的学习活动,对学生来说,只能是一种沉重的精神负担,谈不上对学习的乐趣,更不可能有积极性和主动性。这种陈腐的教学思想,在理论上虽然被人们唾弃,但在教学实际中的影响仍然根深蒂固。

怎样才能使学生成为学习的主人呢?首先要树立为学生服务的思想,尊重学生的选择,尊重学生的意愿,不强迫学生做一件事,而是让学生心甘情愿地做。在课堂教学中,我经常采用商量的语气,让学生自己选择。在布置课后作业时,我总是对学生说:"愿做就做,不愿做就不做,大家商量一下,举手表决。"在讲解每节课之前,我总是把重点和难点先告诉学生然后问:"是老师讲,还是同学自己看书?同意自己看的举手。"举手,就使学生有了做主人的自豪感,就使学生感受到被尊重的愉快,从而使学生积极主动地投入学习活动中,进而培养学生做学习的主人的意识和能力。

我在课堂教学中的民主思想还体现在让学生畅所欲言,自由地发表意见。为了使学生自由自在地发表意见,创设出宽松的课堂教学气氛,课堂上我常说的一句话就是"大家七嘴八舌地说"。这样消除了学生的心理压力。学生在轻松自由的氛围中,就能无拘无束,各抒己见,有利于创造性思维能力的发展,有利于充分发挥学生的主观能动性,使他们积极主动地学习。

2.授学生以渔,使学生成为学习的主人,是教学民主的根本

"授人以鱼,不如授人以渔。"我正是从指导学生学习方法入手,帮助学生成为学习的主人。如在学习人类色盲遗传时,在讲清色盲基因是隐性基因,它和它的等位基因只位于X染色体上,在Y染色体上没有它的等位基因之后,就指导学生思考:(1)人

类正常色觉及色盲的基因型是什么?(2)可能婚配的遗传图解怎样? 启发学生总结人类色盲的遗传规律,并由此分析近亲结婚的危害等。这样,学生在学习知识的同时,也学会了思考,提高了思维能力和自学能力,并掌握了学习方法。观察与实验是生物学研究的基本方法。因此,在生物教学中,应重视对学生进行观察和实验能力的培养与学习指导,教给学生观察实验的方法,从而培养学生实事求是的科学态度和任劳任怨、脚踏实地的工作作风。如在观察根尖的结构实验中,指导学生运用顺序法自下而上依次观察,运用对比法对比两组根尖的四部分在细胞形态结构上的不同特点,引导学生思考:根为什么能不断伸长? 为什么根毛区是根吸收水分和无机盐的主要部位? 让学生带着问题从观察中找答案。这样既调动了学生兴趣,激发了学习的热情,同时又培养了学生能力。在生物学实验中,如果实验失败了,要指导学生分析失败的原因,找出解决方法,鼓励他们继续努力,培养其不畏困难、敢于挑战的品质。在教学实践中,始终把学习方法的传授落实到具体的教学中去,学生掌握了这些学习方法,就能独立学习,真正成为学习的主人,达到"凡为教,目的是达到不要教"的境界。这是教学民主的根本所在。

3. 面向全体学生,激励后进生的学习主动性,是教学民主的关键

课堂上,要顾及每一个学生,使每个学生都成为学习的主人,都能平等地享受到老师的服务。在教学中,后进生往往是被老师遗忘的角落,我却特别注意激励后进生的学习主动性,调动他们的积极性,使其享受到成功的喜悦。老师对后进生要更加热爱,服务更加细致周到,始终坚持"四跟踪(即听课的体态跟踪、课堂提问跟踪、作业练习跟踪、单元检测跟踪),四优先(即课堂发言优先、课间谈话优先、作业面批优先、课外个别辅导优先)"。这样,就把面向全体学生,因材施教,使每个学生成为学习的主人的教学思想真正落在了实处。这是全面提高教学质量,促进教学民主的关键。

> 用快乐的音符,启迪孩子们的心灵,让他们拥有一个真、善、美的大世界。
>
> ——杜东平

4. 集体决定,赏罚分明,是教学民主的保证

民主像一座搭在师生心灵之间的桥,民主程度越高,这座连通心灵的桥就越坚固、越宽阔。但是民主决不意味着无政府,更不意味着可以为所欲为。民主意味着人们更加严格地按照科学的法律制度去工作、学习和生活。学生举手决策,目的是尊重学生意愿,使"要我学"转化为"我要学",成为学习主人,一旦某意见多数学生赞成后,就必须少数服从多数,个人服从集体,并与学生商量,制定合适的措施,师生互相监督,共同完成学习任务。如我在布置课后作业时,常常跟学生商量,做不做练习? 做多少? 最少做几道题? 最多做几道题? 一旦举手表决后,每个学生都必须坚决执行,

真正体现在"法规"面前人人平等。使学生不仅成为学习主人,而且能互相鼓励、互相监督,共同承担起学习的责任。这不仅加强了学生自我约束、自我管理的意识,也让学生体验到"举手表决"的神圣,防止学生放任自流、不负责任的不良品质的形成。

综上所述,教学民主是提高民族素质的需要,也是现代教学思想和方法论的热门课题之一,因此有必要在教学实践中进一步完善和提高,使其在提高生物学教学质量中发挥更大的作用。

主要参考文献:

1. 钟启泉编译:《现代学科教育学论析》,西安:陕西人民教育出版社,1993年版。

2. 高文主编:《现代教学模式化研究》,济南:山东教育出版社,2000年版。

3. 王克先:《学习心理学》,福州:福建少年儿童出版社,1987年版。

本文载《中学生物教学》(1997年5期)

浅谈生物学日记的功能

生物学日记是生物学习的一种最佳的学习方式。

"生物学日记"就是学生以日记的形式记述他们对每次教学内容的理解和学习体会，评价教师教学和自己学习中的得失，提出自己对教学的要求，向老师请教自己在学习中遇到的知识上和心理上的疑惑等。下面根据我的教学实践，谈谈"生物学日记"在生物学教学中的基本功能。

一、有利于生物学教学发展为生物学教育

在平常的生物教学中，教师往往过于强调生物知识的传播和思维能力的培养，而忽视学生的思想品质和个性品质的培养，利用生物作业进行思想教育更是少见。而"生物学日记"却为利用生物学作业进行思想教育提供了机会。在"生物学日记"中学生会表露其思想状况，教师可以如实地了解学生的思想动态。教师通过批阅日记，写评语与学生进行思想交流，渗透正确的思想观念，引导、教育学生。

把握学生的个性特征，是因材施教，进行素质教育，全面提高教育教学质量的保证。发展学生的个性品质是素质教育的要求之一。如果不是班主任，生物学老师在短时间是难以准确全面地把握学生个性的，而"生物学日记"为我们把握学生的个性特征提供了依据。从"生物学日记"中可以看出不同学生的个性特征。如：有些学生意志薄弱，容易灰心丧气；有些学生非常喜欢生物学；有些学生喜欢钻研，具有远大理想；有些学生大方开朗，信心十足，等等。把握学生的个性特征是培养学生的优良个性品质的基础，教师通过批阅日记，就可以根据学生的个性特征进行个别教育，发展学生独特的个性品质。"生物学日记"是对学生进行生物学教育的一个好方法。

二、有利于认知反馈和情感交流相交融

在平常的生物学教学中，师生的情感缺乏交流，生物学作业的功能局限于教师获得教学信息和学生熟练解法两个方面。"生物学日记"却把学生的认知反馈和师生的情感交流融为一体。

以往教师是通过批改作业，根据学生作业反馈的信息来估计学生掌握知识的程度和教师的教学效果的，但由于学生存在抄作业等原因，并且教师从学生的作业中又只能发现"对"与"错"，其错误原因只能靠教师去估计，因此，这种反馈往往失真。在"生物学日记"中，学生会记述哪项知识易学，哪项知识难学，会记述他们对某一项知

识的理解方式,记述归纳的一个原理或对一个问题独特的解题思路。这样"生物学日记"就克服了平常生物学作业的一些缺点,教师通过批阅日记,就能准确地把握学生对知识的理解程度,能较清楚地发现学生学习成功和失败的原因。"生物学日记"为教师发现人才,全面了解教学效果,有效改进教学提供了可靠依据。

利用"生物学日记"进行认知反馈的同时,也加强了师生之间的感情交流。中学生正处在成长发育阶段,他们的情感日益丰富,他们需要心灵的沟通,情感的交流。但有的家长、教师对学生只有一个简单的要求:

> 爱自己的孩子是人,爱别人的孩子是神。
>
> ——杜东平

考一个好分数。师生、父子之间常出现大家所说的代沟现象。而在"生物学日记"中,学生可以谈学不好的原因,可以谈对教师的要求,可谈自己对某个问题的看法和感受。教师通过批阅日记,交换自己的想法、感受,师生之间充满了理解、信任。"生物学日记"拉近了师生的距离,学生对生物学及生物教师产生情感倾向,提高学习热情;同时,教师通过批阅日记,进行情感交流,消除了学生压抑的心理现象,培养和发展了学生的情感。

三、有利于学生自我教育和教师自我提高

自我教育是现代人必需的一种能力,培养学生的自我教育能力是素质教育的要求。一次"生物学日记"就是一次很好的自我教育。在日记中,学生要回顾所学的知识,要记述理解知识的方式,要寻找学习成功和失败的原因,进行批判性总结。通过回顾和总结,学生会自我获得更上一层楼的信心和勇气,学生会自我寻找继续前进的正确方向,这种自我教育比教师说教式的教育更有实际意义。

学生利用"生物学日记"进行自我教育的同时教师也在利用"生物学日记"进行自我教育、自我提高。在"生物学日记"中学生会记下老师哪一段话最有趣,哪一种教法好,记下哪一个问题老师没讲清,哪一堂课学得枯燥无味,某个题还有哪一种新的解法等。从这些信息中,可看出学生对教师的要求和学生喜欢的教学方法,可看出教师教学的成功和失败。教师通过及时的总结,就可以不断改进自己的教学风格和教学方法,就可以不断地提高自己的教育教学能力。

主要参考文献:

1. 吴赤主编:《外国现代主要教育流派》,长春:吉林教育出版社,1989年版。

2. 钟启泉主编:《国外课程改革透视》,西安:陕西人民教育出版社,1993年版。

3. 张华等著:《谭程流派研究》,济南:山东教育出版社,2000年版。

本文载《中学生物教学》(1999年2期),本文转载《重庆教育》(2000年1期)

我是怎样突破《绪论》课难点教学的

突破教学难点主要方式是直观教学法。直观教学方法在实际教学有多种操作方法。

《高中生物》(全一册)(必修)课本(人民教育出版社)的绪论课的教学难点应确定为：①唤起学生对这门科学的浓厚兴趣，强烈求知欲和高度责任感。②让学生充分认识学习生物学的重要性，更好地达到绪论课题预期的目的和要求。下面介绍笔者在教学实践两则精彩的片段，突破教学难点的方法：

一则

上课一开始，用"讲演法"。通过讲演把学生带入丰富多彩的生物界。

"无论您是在动物园，还是植物园参观游览，您都可见到千奇百怪的动物和植物。这些生物，有的在田野里生长，有的在沼泽里繁殖；有的开出芬芳的花朵，有的结出黄金的果实；有的在蓝天上飞翔，有的在大海里游泳；有的在草原上驰骋，有的在洞穴里潜伏；有的在森林中奔跑，有的在江河中跳跃，有的在屋檐下盘旋。

从白昼到黄昏，从黑暗到黎明，它们活动频繁……特别是春天到来之时，到处是一片生气勃勃的景象，使整个自然界形形色色丰富多彩。然而，请大家思考，这些生物有哪些共同的特征呢？"这就激发学生对生物课的强烈求知欲，引发对生物课浓厚兴趣。

二则

在讲解"生物学的重要性"时，彻底改变传统的"讲授法"，而是让学生自己发现生命科学的地位，采用"学生活动的方法"。我的做法是：

1.方法和步骤

这一教学活动的主要内容是组织学生对综合性自然科学报刊上的内容按学科来分类统计，并以各学科文章的多方为指标，分析生命科学在自然科学中的地位和作用。

课前准备：教师在课前选择一种或两种报刊。所选择报纸或刊物必须至少有一版或一栏是综合地、客观地介绍当今世界范围内科技发展最新动态的内容，如可选择涉及面广、内容新、有权威性的《科学》杂志，或选择能较为及时地反映各国在科技上的新动态的《参考消息》的"科学与技术"版。选定后，要准备好足够数量的同一种报刊,使每个学生或每两个学生有一份。

讲明要求:在活动课开始前,教师要向学生讲明活动的目的,即要发现生命科学在当今科技发展中的地位和状况。然后讲明活动的具体任务和要求。

(1)将报刊上指定范围的或栏目内的文章按不同学科进行分类,如生命科学、计算机、物理学等。

(2)计数或测量。教师根据报刊特点,告诉学生计数或测量的方法。如利用《科学》杂志时,要求学生统计各学科文章在一本杂志中的页数。而分析《参考消息》,则要测量在一版之中,不同学科所占的面积各是多少。

(3)计算。计算各学科在总版面或总页数中所占比例。亦可计算各学科文章的标题数目在总标题中所占的比例。

(4)排列。根据各学科在报刊中所占百分比多少将各学科排列,排出前3名即可。

学生活动:教师说明方法和要求后,学生按(1)~(4)的顺序完成每人的工作。教师同时进行必要的指导。

汇报结果:学生向教师汇报各自的结果,教师将学生汇报的数据写在黑板上。

学生根据全班的数据进行平均值和百分比等计算。有人对17本《科学》杂志进行统计得出如下结果:①17本期刊中每期都

生活中,做个正直的人;
工作中,做个踏实的人。
——杜东平

有关于生命科学的文章;②在一期中,生命科学文章最多可占90%,最少的占20%,平均为50.5%;③在各学科排定的名次中,有16期排第一位,占统计总数的94%,也有人对连续10天的《参考消息》报的"科学技术版"进行分析统计得出如下结果:有关生物学文章的标题占总标题的49%;有关生物学内容占用版面为总版面的50%。

最后,教师可根据统计结果引导学生进行简短的讨论,有的学生说:"不算不知道、一算吓一跳。"讨论后由教师对整个活动进行小结,再次强调生命科学的地位及其强劲的发展势头,并鼓励学生学好这门科学。

2. 活动的时间安排

这一活动时间是20分钟左右。教师应根据绪论课的总体设计将这一活动安排在中间或最后。

上述方法是行之有效的。其突出特点是:①教师希望学生接受的结论和观点不是灌输给他们的,而是学生自己发现的,这样他们更容易接受。另外,对于多数学生来说,结果出乎他们的意料,对他们具有更大的震动并激发更强的兴趣。②学生在活动中经历了测量、计算、讨论等活动。这些经历在绪论课对学生尤为重要,这样的方

法将是今后学习和探究生物学的常用方法。

以上两则是突破《高中生物》绪论课教学难点的好方法,仅供同仁参考。

主要参考文献:

1. 田慧生等编著:《活动教育引论》,北京:科学教育出版社,2000年版。

2. 张祖忻等编著:《教学设计——基本原理和方法》,上海:上海外语教育出版社,1992年版。

3. 周美珍主编:《生物教育学》,杭州:浙江教育出版社,1992年版。

本文载《高中生物引教导学》一书中,杜东平是本书主编之一

如何提高生物说课效果

> 说课与上课的本质区别是什么？说课讲求理论性，说课强调科学性，说课讲求高层性，说课增强预见性。

"说课"是当前教育界学科研究的热门课题。说课有利于调动生物教师投身教学改革，学习教育理论，钻研生物课堂教学艺术的积极性，是提高生物教师素质，提高教学质量的新形式，也是培养造就研究型、学者型教师的切实可行的有效途径之一。但是笔者发现，许多教师说课就是把"教案"说一篇，或者说"上课实录"，或者谈谈教学设想，这就未达到真正的说课效果。

笔者近三年来在教研组内始终坚持教师轮流说课制度，大胆实践，效果显著。下面，笔者仅从说课与备课、上课的根本区别的角度谈谈如何提高说课效果，仅供同仁参考。

一、说课讲求理论性

备课、上课只解决了怎样教，而说课不仅解决了怎样教，而且还要解决为什么这样教。例如在说"软体动物门"（人教版初中生物第一册下）一节时，笔者采取的教法是边实验、边阅读、边讲解。"边实验、边阅读"的依据不仅是尊重学生的主体地位，而且置学生于主体地位，让学生自己动手，去体验、感知知识，培养学生观察能力、自学能力、动手能力以及探究能力。"边讲解"是指教师精讲，是讲解学生在实验观察和阅读理解中提出的疑难问题。选择这些方法进行优化组合，不仅符合陶行知先生的"教学做合一"的思想，而且也是根据教材内容和学生实际来确定的。这就是本节课设计教学方法的理由。这就避免了教学方法的盲目性。

二、说课强调科学性

说课是根据教育科学理论、课程标准、教材和学生实际，科学地确定本节课教学的目标、重点、难点等。例如说"软体动物门"（人教版初中生物第一册下）一节的教学重难点时，教学重点不少教参上都认为河蚌的形态、结构和生理特点是教学重点，这是不科学的。笔者认为，其教学重点应为教材中一切围绕软体动物门的主要特征的知识。依据是，软体动物的种类多达十多万种，形态结构各异，学生只要牢牢掌握软体动物的主要特征，今后在生活实践中就能识别和判定。

本节的教学难点，可从两个角度思考：一是从教材内容上考虑，河蚌的形态、结构和生理特点的知识本身具有一定的难度；二是从学生方面考虑，我校地处西南地区重庆市，河蚌的种类和数量不及沿海地区多，学生了解河蚌知识经验不足，特别是内部结构的消化系统和呼吸系统更陌生，所以把河蚌的形态结构和生理特点确定为本节的教学难点是不妥的。说课克服了教师只凭经验、照搬教参上课的非科学性行为。

三、说课具有高层次性

说课对教师提出了更高的要求，它要求教师钻研教育理论，不仅要照图施工，而且要会设计蓝图，不仅能设计蓝图，还要能阐明设计的依据。例如在说"软体动物门"（人教版初中生物第一册下）一节的教学过程时笔者是这样说的：

教学结构分为创设情景，依标导学；自主探究，讨论交流；反馈点拨，练习反思"三阶段六环节"。具体过程为：

（一）创设情景，依标导学（5分钟）

1.［创设情景］

通过放映录像带让学生感知软体动物的种类及生活习性：如河蚌、蜗牛、乌贼、蚶、蛏、牡蛎、田螺、鲍鱼等。并出示课题：第六章软体动物门。讲清楚软体动物是无脊椎动物的第二大门，种类10多万种。现在，就以最常见的河蚌作为软体动物门的代表，来进行研讨。

2.［依标导学］明确目标，导以学法

用小黑板挂出：

> （一）生活环境如何？
>
> （二）外部形态：①外部形态是怎样？河蚌身体表面最显著特点是什么？这种结构有什么作用？②河蚌的贝壳和身体，怎样区别前端和后端？在身体的哪一部分伸出了肌肉的足？
>
> （三）结构和生理：①在河蚌两片贝壳内面，是否贴着一片柔软的膜？有何作用？②珍珠是怎样形成的？③人工怎样养蚌育珠？④消化怎样？⑤呼吸怎样？

同时用投影片展示学法指导，并讲清楚：

> 1. 要求学生将书用跳读法看一遍。
>
> 2. 再仔细阅读P25~26河蚌的形态、结构和生理。
>
> 3. 然后再观察河蚌，并要求从外到内，逐一解决小黑板提出的问题。

（二）自主探究，讨论交流（25分钟）

3.［自主探究］

学生根据"小黑板"出示的目标，以及"投影片"展示的学法指导，利用课本内容和已准备好P27《实验三》进行自主探究。

4.［讨论交流］

学生自我探究以后,对自己不懂的问题,同桌实验的同学可相互讨论解决,仍解决不了的疑难问题交给老师。

(三)反馈点拨,练习反思(15分钟)

5.［反馈点拨］

将小黑板提出的问题全面反馈,并用剪贴图的方法突破河蚌的结构和生理,特别是消化和呼吸生理。再用投影片打出以下表格:

种类		区别						相同点
		环境	食物	足	运动方式	贝壳	防御敌害的方式	
代表动物	河蚌							
其他代表动物	蜗牛							
	乌贼							

方法:

①请同学回答小结代表动物——河蚌的结构和生理,并填写好表格中第一横格中内容。

②请同学仔细阅读P26中的蜗牛和乌贼,并回答其他代表动物。

③师生共同小结出相同点,引出软体动物的特征。

④请同学思考软体动物与人类的关系。

6.［练习反思］

①P27《动动脑》中的第二题。

②根据本节内容提出一个自己无法解决的疑难问题,书写在作业本上。

以上说课教学模式的设计是通过问题情境的创设,让学生自己把外在的教学目标转化为内在的学习目标,然后组织学生

> 红烛的风采在于燃烧中展现自己的价值,春蚕的意蕴在于羽化时超载重生的境界。
> ——杜东平

进行新知识的学习,当学生在学习过程中发生困难时,教师及时地对他们进行指导和帮助,促进学生通过自己的学习获取新知识和在学习新知识的过程中及时"内化"知识,形成和发展学习能力。

从上可以看出,说课的教学设计不仅说清了是什么,而且说清了为什么。同时,说课教师面对的不是学生,而是素质较高的领导、教研员和老师,这就决定了它的高层次性。

四、说课增强预见性

上课是对备课最可靠的检验。但如果备课失误，即检验的结果是否定的，便会对教学工作造成损失。说课正是为避免这种损失，例如我教研组的一位青年教师在说"心脏"（人教版初中生物第一册下）这节课的难点时，认为心脏结构是难点，其依据是很多教参是这样讲的。他的教学设计也是根据这样来突破难点的。笔者待他说课后，组织教研组的教师反复讨论，一致认为他确定的难点不准确，并纠正说，心脏瓣膜的开放方向和血流方向的关系是本节的教学难点。其依据一是心脏瓣膜所在位置位于房室之间和心脏与动脉之间，本身学生就不容易观察到；二是初二学生已有的生活经验对瓣膜着生的位置和结构特点、控制血流方向、防止血液倒流等是很费解的，并建议改进突破难点的方法。因此，说课正是为了避免上课的这种损失，促进教师在上课前对教学设计进行理性的阐释，接受同行的评价，这就大大增强了教学的预见性。

总之，说课不等于"说教案"，更不等于"上课实录"。"说课"只有真正地讲求理论性，强调科学性，具有高度的层次性和增强预见性，才能促进教师学习教育心理理论，自觉钻研业务，提高自身素质，真正达到说课的效果，从而提高教学效益，向培养研究型、学者型教师迈进。

主要参考文献：

1. 吴文侃主编：《比较教学论》，北京：人民教育出版社，1996年版。
2. 周美珍主编：《生物教育学》，杭州：浙江教育出版社，1992年版。
3. 李咏吟著：《教学原理》，台北：远流出版事业股份有限公司，1987年版。

本文获第九届全国中等学校生物教师优秀论文三等奖（中国动物学会中国植物学会2001年6月），载《教育科学》（2001年增刊），转载《生物通报》（2001年增刊）

生物学习指导

SHENGWU XUEXI ZHIDAO

在这知识爆炸的时代里，在这信息社会里，教给学生学习方法比教给学生知识更重要。生物学习指导就课程而言，有课堂学习指导，有生物科技活动的指导和选修课学习的指导。

加强生物学习指导，是后现代生物教学的一道亮丽的风景线。

巩固生物知识的诀窍——高效记忆法

中学生物的知识概念和专业术语多，学会记忆是最基本的学习方法之一。

要学会生物学习，首先要学会深入理解生物知识的诀巧。只有深入理解知识，才会高效地记忆生物知识。今天，我主要谈的是在生物教学中如何进行高效的记忆生物知识。通过笔者多年的实践，实实在在地让学生掌握一些关于记忆的心理知识。

高效的记忆方法可以分为两类：一类是归纳概括方法，主要用来帮助我们将纷繁复杂的知识条理化、简约化，从而便于记忆，加深理解。另一类是联想法，其作用是使抽象的、本身意义性不强的学习材料变得更加具体、形象、生动，从而更易记忆。

首先，如何对生物学习材料进行归类概括？

我们在记忆纷繁复杂的学习材料时，常用分类归纳法、简语归纳法、诗谣归纳法、图表归纳法等归纳概括方法。

第一，分类归纳法。

例如，在生物奥林匹克竞赛教学中讲非洲的野生动物主要有：斑马、长颈鹿、狮、大猩猩、狒狒、长尾猿、豹、非洲象、鸵鸟、非洲犀牛、河马、鳄鱼等。要把它们都记下来，或者说要对非洲野生动物有一个鲜明的印象该怎么办呢？当然，你可以一个一个地死记，但如果我们对它们进行分类，就好记了。例如，

肉食动物：狮、豹、鳄鱼；

草食动物：长颈鹿、斑马、非洲犀牛、非洲象、河马；

杂食动物：鸵鸟、大猩猩、狒狒、长尾猿。

为了便于记忆，分成的组数和每组内的个数要得当。分成的组太多，记忆起来就费劲，组太少时，组内的个数就会增多。另外，各组之间个数相差太多也不好记。

第二，生物简语归纳法。

用简短的生物字词来归纳所学的生物学习知识，可以大大提高生物学的记忆效果。例如，对"新陈代谢"概念的完整的理解为，新陈代谢是生物体内全部有序的化学变化的总称，它包括物质代谢和能量代谢两个方面。物质代谢是指生物体与外界环境之间物质的交换和生物体内物质的转变过程。能量代谢是指生物体与外界环境之间能量的交换和生物休内能量的转变过程。在新陈代谢过程中，既有同化作用，又有异化作用。同化作用（又叫做物质代谢）是指生物体把从外界环境中获取的营养物质

转化为自身的组成物质,并且储存能量的变化过程。异化作用(又叫做分解代谢)是指生物体能够把自身的一部分组成物质加以分解,释放出其中的能量,并且分解的终产物排出体外的变化过程。"新陈代谢"可用生物简语归纳,表述为"两个代谢"、"两个作用",一个"更新"。这样一来既简单明了,又便于记忆。

第三,诗谣归纳法。

用朗朗上口的、富有韵味的诗或歌谣来归纳所要记忆的知识,能给人以美感,增加记忆兴趣,提高记忆效果。例如,现行高中生物教材中减数分裂过程难度大,老师讲课,虽然学生听懂并理解,但学生容易遗忘,又难记忆,为帮助学生记忆编成如下歌诀:

复一裂二数减半,联四集分是同源;

非源自由又组合,性胞成熟是姻缘。

又如我在讲述现行高中生物教材的有丝分裂时候,学生在知识理解的前期、中期、后期、末期的特点的基础上,进行如下记忆:

核膜消失现两体,赤道板上排整齐;

均分牵拉到两级,膜仁重现两体失。

在高中学生生物学学习中,如高中生物绪论课中的生物的六个基本特征,可归纳为:

共二新三激性,四生育殖六适应;

遗传变异是特性,才能稳定向前进。

以上这些记忆速度又快又好。

第四,图表归纳法。

运用图表归纳知识,也具有形象生动、易记忆的特点。

如高中生物中的两个生物概念"应激性"和"适应性"在试题中是最易混淆出错的,如果用比较的方法记忆概念的区别和联系,就不会出问题,这样便很容易记忆了。

类别	应激性	适应性
定义	在代谢的基础上,生物体对外界刺激发生反应。	生物与环境相适合的现象。
特点	单因素刺激,作用时间较短,是生物体的反应。	多因素的刺激,作用时间较长,是自然选择的结果。
联系	生物体具有应激性,因而能适应周围的环境,因此应激性是适应性的基础。	

又如

种类 项同	真核细胞	原核细胞
大小	较大（$10 \sim 100\mu m$）	较小（$1 \sim 10\mu m$）
细胞壁	主要成分是纤维素、果胶等	主要成分肽聚糖等
细胞器	有发达的各种细胞器	仅有核糖体
细胞核	有核膜、核仁的成形细胞核	无核膜、核仁，有核区
DNA的载体	有染色体、线粒体、叶绿体	无染色体等
生物种类	绝大多数生物	细菌、蓝藻、支原体

其次，怎样用联想法提高记忆效果？

对于本身意义不强的学习材料，如果借助联想来进行记忆，不仅提高记忆效果，而且能使枯燥无味的记忆过程变得生动有趣，提高记忆的兴趣和自信心，同时也有助于同学们创造性想象能力的培养。

第一，歌诀式联想法记忆。例如，如矿质元素的利用，有些矿物元素（如K）进入植物体以后，仍然呈离子状态，因此容易转移，能够被植物体再度利用。有些矿物元素（如N、P、Mg）进入植物体以后，形成不够稳定的化合物，这些化合物分解以后，释放出来的矿物元素又可以转移到其他部位，被植物体再度利用。例如，Mg是合成叶绿素所必需的一种矿质元素，当叶绿素被分解掉以后，Mg就可以转移到叶内新的部位，被再度利用来合成叶绿素。有些矿物元素（如Ca、Fe）进入植物体以后，形成难溶解的稳定的化合物（如草酸钙），不能被植物体再度利用。这就是说，有些矿物元素在植物体内可以被再度利用，有些矿物元素则只能利用一次。可用联想法提高记忆。

K离子，游离态，走江湖，游四海；

N、P、Mg较稳态，叶部衰老就离开；

最稳定是Fe、Ca，稳坐江山不下台。

第二，形象联想法。

这种方法的核心是对学习材料从形象上进行联想，使之与某种生动有趣的奇特形象产生联系，这样就可以促进记忆效果，提高记忆兴趣。例如，在讲解被子植物胚的个体发育的时候，可用"手势打比方"的方法讲解，将双手握拳反向靠拢，让学生发挥丰富的想象力：靠近珠孔的细胞为基细胞，经多次横列发育成胚柄，"珠柄"相当于"手臂"，"顶细胞"经过三次相互垂直的分裂，形成"原肠胚"相当于"双手反拳"，再"两拳"伸开，发育成双子叶。这样讲不仅形象生动，而且，能产生奇特生动的联想，有利于记忆。

此外谐音记忆法的用途也很广,如,谐音记数字,谐音记文字,等等。记不熟悉的生物学科中难记的术语,记植物、动物和生物的专业术语,等等难记的项目,均可用此种方法。特别说明的是,用这种方法也有限制:谐音只能起回忆线索的作用,起"提示"的作用,而不能作为字母或术语的发音根据,发音只能依据国际音标等严格的标准进行练习,待发音达到一定熟练程度时,才能借助于谐音联想法,将"谐音"作为记忆"拐杖"和回忆线索。

> 爱心献给孩子,诚心送给家长,信心留给自己。
>
> ——杜东平

总之,记忆的方法是很多的,同时,我们还可以根据生物科学不同的内容来设计和创造符合自己记忆特点的记忆方法。要灵活、多样、方便,以达到提高学习成绩的目的。

主要参考文献:

1. 张庆林等主编:《高效率教学》,北京:人民教育出版社,2002年3月版。

2. 张奇著:《学习理论》,武汉:湖北教育出版社,2000年3月版。

3. 李素著:《教学动力论》,重庆:西南师范大学出版社,1998年9月版。

本文载《教学交流》(2009年12期)

生物学学习的科学记忆方法

> 记忆方法要科学,事半功倍。

记忆是学习和掌握基础知识的必要条件。记忆要讲究方法,科学的记忆方法可以事半功倍,反之,记忆方法不当,往往事倍功半。

在生物教学中,增强学生记忆的方法很多。主要介绍下面几种:

一、形象记忆法

生物课有大量的挂图、模型、标本和不少实验。样式多变,难以记忆。但每每统考、会考、高考图占的比例较重,造成同学们学习中的一大难题,有形象记忆法效果最佳。如"四分体"的概念,根本不用去背,只要脑子过一下"并排的两个小叉子",立即想起一对同源染色体有4条染色单体,即为四分体。又如,"肾小球"顾名思义呈球形,就把它比作妈妈打毛衣的毛线团。再进一步联想,毛线团是由许多毛线交叉绕成一个团,于是就不难想象它是肾小球。再加之,绕毛线常有进线和出线,这样人球小动脉和出球小动脉便有了。同理,把关节模式图像想象成农村舂米的碓窝和杵;把脊椎侧面图联想成我们的拳头……这样,如果我们善于观察生活,善于联想,用生活中的实物来加深记忆这些图像,那么记忆起来就容易且快。

二、比较记忆法

客观事物的性质、特征,常有类似相同之处,但又有区别。因为类似容易混淆,需要辨别,我们若利用其相似之处进行联想对比,就能掌握其主要特征。这样能使我们获得正确的理解和牢固的记忆。例如有丝分裂和减数分裂的图加起来有几十个,背和默画都不容易记忆。但要注意比较,如减数第一次分裂同源染色体一对一对地集中在赤道板上,有丝分裂则不配对,这样很快就记住了。无论填充选择题或填图题,涉及这方面内容都能很快再认与重现出来。又如判断某种是单子叶植物还是双子叶植物,可从种子、根、茎、叶、花各部特征来鉴别,用列表对比的方法就很快记住了。

三、提纲记忆法

如"生物的新陈代谢"概念是高中课本中文字陈述最长的概念,可简化为"一个代谢、两个作用、一个更新";又如对向光性的解释,可记四个字:背、光、多、快。就是说燕麦胚芽鞘背光一侧生长素分布多,生长快,结果发生向光弯曲。简言之,记一段话费劲,记几个字则很容易,一展开就是完整答案。

四、语言韵律化记忆法

韵律化的语言读起来顺口,也能提高记忆效率。在生物教学中教师常常用谚语、歌谣、比喻或编些顺口溜便于学生对一些概念、原理、操作技能的记忆。例如在透彻理解减数分裂过程的特点的基础上,可编成如下歌诀就容易记忆了。

复一裂二数减半,联四集分是同源,

非源自由又组合,性胞成熟是姻缘。

五、规律记忆法

生物学知识中有许多内在的规律性,如生物体结构与功能,局部与整体,生物与生

没有爱就没有教育,没有兴趣就没有学习。

——杜东平

活环境的统一性,生物的进化发展等。掌握了这些规律有助于记忆。例如,适宜于水中生活的鱼用鳃呼吸;蛙的幼体在水中用鳃呼吸,成体在陆上用肺和皮肤呼吸;适宜空中飞翔的鸟用肺和气囊进行双重呼吸;哺乳类动物用肺呼吸。又如鱼的心脏是一心房一心室,只有一条循环路线;蛙的心脏是二心房一心室,两条循环路线;鸟类和哺乳类动物的心脏是两心房两心室,有两条循环路线,动脉血和静脉血完全分开。

六、尝试回忆法(俗称"放电影")

有人单纯反复地去念、去记,叫"单纯重复记忆法"。有人则是看书、回忆、再看书、再回忆,直到记住,叫"尝试回忆法"。有人担心尝试回忆费时间,其实不然。回忆或者说自己"考"自己,表面看是信息输出,实质上在输出过程中进一步对知识加工和强化,尝试回忆次数越多,记忆越牢。算算总账,不是时间用多了,而是节约了。

七、点面结合记忆法

有人平时复习尚可,总复习就手忙脚乱了,感觉需要记忆的知识太多,压力过大。总复习不同于平时复习,平均使用力量行不通。点面结合法是:面上的东西概略性的复习,不须特别深入,提纲挈领地抓几点,考试时见到题能想到出自何处,有个大概印象,不感突然。重点问题,特别是认知层次要求高的部分,则要多下功夫,理解还要注意从哪些方面联系实际,那么遇到应用,分析水平的考题就不怕了。总的来说,就是不要平均使用力量,而是要有弹钢琴的本领。

主要参考文献:

1. 张庆林等主编:《高效率教学》,北京:人民教育出版社,2002年3月版。

2. 张奇著:《学习理论》,武汉:湖北教育出版社,2000年3月版。

3. 李素著:《教学动力论》,重庆:西南师范大学出版社,1998年9月版。

本文载《名师谈学法》一书中,杜东平为本书主编

调查媒体对生物科学技术发展的报道

——《学会搜集和处理生物学信息的方法》教案

> 如何教会学生研究性学习的基本方法，这是一个真实有效的范例。

一、教学目标

1. 通过课题交流活动，了解和掌握课题研究收集和处理生物科学技术信息基本方法。

2. 通过交流，向他人学习，启发思维，挖掘潜能。

二、教学重点

掌握常见的几种生物信息（即文献、调查、实验资料的收集、整理和提炼）搜集和处理的方法。

三、教学难点

实验资料的收集和处理。

四、教学过程

（一）活动背景

导课教师一边用多媒体展示："陶行知先生肖像"和"人人都可以做研究工作"，"处处是创造之地，天天是创造之时，人人是创造之人"，一边演讲：

伟大的人民教育家陶行知先生发表了一篇著名的文章——《创造宣言》。他在《创造宣言》中指出，"人人都可以做研究工作"，"处处是创造之地，天天是创造之时，人人是创造之人"。从他发表文章到21世纪的今天，已走过近60年的历史，他的这一思想已转化为学生的学习方式，那就是研究性学习。研究性学习已"走入"了我们的生物教材，"进入"了我们的生物课堂，变成了学生的行动。开学的第一周给大家讲了教材第8页的第一个研究性课题："调查媒体对生物科学技术发展的报道。"现在请我班课题组总负责人孙玲同学汇报一下课题情况。

孙玲同学上台汇报该课题的情况同时课件展示如下：

高二〇〇四级八班生物课题成果一览表 　统计时间：2002.12.2

序号	课题负责人	研究报告或文章题目	字数（约）
1	叶文娟	对生命科学地位的调查——21世纪生命科学成果排列第一	2000字
2	邱漫	探索改变生命的基因	1万字
3	夏募	走进克隆	8000字
4	李鸿	揭开转基因神秘的面纱	7000字
5	黄达飞	关于脑科学研究进展的报告	5000字
6	王春	基因解密	1万字
7	蒋洋	生物科学与疾病治疗	2万字
8	夏婧	生物科学的发展历程	7000字
9	孙玲	研究转基因生物	1万字
10	曾鹏	探索基因	7000字
11	杨薇	"突变"的世界	8000字

孙玲同学汇报的内容：

开学的第一周在老师的指导下，全班分为11个小组，每小组3~6人，各小组现在已完成了选定课题，制订研究计划，查阅、搜集资料，整理、提炼资料，并写了论文或课题研究报告共9篇的任务。

2002年12月3日下午第三节课，学校生物组五位老师专门听取了11个课题组的演示报告，并作出如下鉴定。现在，我宣布鉴定如下：

11个研究小组的论文和研究报告，据不完全统计共撰写11万字。文章最短的一篇约2000字，题目是《对生物学科地位的调查——21世纪生命科学地位排列第一》；文章最长的一篇约1.2万字，题目是《生物科学与疾病治疗》。11个研究小组研究的内容涉及5个方面：一是对21世纪生命科学地位的调查，研究结果发现21世纪生命科学成果在物理、化学、天文、地理等学科是排列第一。二是对生命科学的学科的发展历程的研究，研究的结果发现有无数科学家在生命科学中呕心沥血，艰难探索，同时发现"真理"是相对的，是可发展的。

例如，一位课题组的同学在他的文章中写道："在20世纪30年代科学家提出'酶是一种具有生物催化作用的蛋白质'，到20世纪80年代，美国科学家切赫和奥特曼发现少数RNA也具有生物催化作用，于是就推翻了酶是一类蛋白质的观点，应树立一种'酶是活细胞产生的一类具有生物催化作用的有机物'这一新观点。"二是对基因，基因突变、转基因的研究和生物克隆技术的研究，写出了《探索改变生命的基因》、《基因解密》、《揭开转基因的神秘面纱》和《走进克隆》等文章。四是生物科学与疾病治疗的研究。五是关于脑科学进展等研究。

生物学习指导

145

从文章中，我们看到了同学们的创造潜能，收集处理信息资料的能力、写作能力和协作能力；看到了同学们的研究热情和坚韧不拔的毅力；看到了同学们的团结合作的精神。我校生物组老师一致同意结题并希望完成好教材的其他课题。

在为我班的课题圆满完成感到喜悦的同时，我们要对担任我班生物课的老师——杜老师的指导表示感谢！

老师启发：

同学们，刚才我们听了孙玲同学的课题汇报，大家都非常高兴。我坚信同学们坚持研究性学习这种新的学习方式，会取得更大的成果。

（二）汇报交流

1. 文献资料的搜集与整理

老师课件展示：

教师不仅关注同学们课题研究的成果，更关注课题研究的过程。

动动脑：

文献资料是怎样收集、整理、提炼的？

现在请大家推荐三个课题组组长上台，在多媒体展示台上展示一下所做课题是怎样收集整理、提炼文献资料的？大家欢迎。（接着三个课题组长上台展示。老师提醒同学注意，要求做笔记，归纳总结三个课题组是如何收集、整理文献资料的。）

汇报完毕后，各课题组讨论并发言，教师引导归纳并课件展示：

文献资料的搜集和处理的三个步骤：

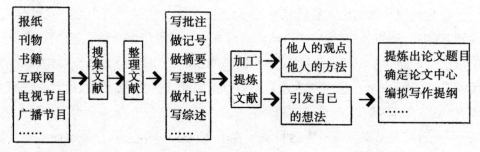

2. 调查资料的搜集和处理

请叶文娟课题组上台展示文献调查资料是怎样搜集和处理的，接着老师补充一个课题资料《对重庆九龙坡区桃花溪的调查》的实地相片，请大家讨论：调查资料是怎样搜集和整理的。请同学回答后，老师展示课件并小结：

课件展示：

在文献资料搜集和处理的基础上应补充：

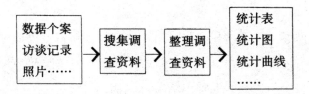

3. 实验资料的搜集和处理

由老师通过课件和展台演示《涪陵土鸡胚胎发育过程的培养与研究》的实验资料。

要求让学生讨论实验资料是怎样搜集和整理的,学生回答后,老师课件展示并归纳:

课件展示；

在文献和调查资料的搜集和处理的基础上,应补充:

(三)小结探索

老师引导学生探索小结并课件展示：

搜集和处理生物学信息的方法有以下三个步骤:

第一步:搜集资料

应该搜集文献、调查和实验三方面的资料。

第二步:整理资料

对于文献资料在阅读的基础上写批注、做摘要、写札记等;对于调查资料则要做统计表、统计图和统计曲线等;对于实验资料就要做实验的原始记录、制作生物标本、绘制生物图等。

第三步:提炼资料

提炼自己的观点,在整理资料中寻找证据来论证自己的观点,撰写成论文。

老师课件展示:

实验研究课题:

青蛙的发育过程的培养与研究。

要求:首先,通过自己查阅文献,设计青蛙发育过程的实验方案,两周内交老师。

其次,由老师筛选出十个优秀设计,由同学们推出十个课题组组长,制定十个课题研究方案。在本学期期末交老师检查。

最后,今年寒假期间作好准备,明年三月以后开始课题实施,明年六月交实验报告。

想一想：此课题大概要搜集哪些材料？整理哪些材料？提炼哪些材料？

请同学思考上述问题并讨论，要求学生回答上述实验研究课题大概要搜集、整理、提炼哪些资料？学生回答老师小结后，就结束本节课。

[教学反思]

第一，本节课上什么内容？

根据研究性学习课程的生成性特征，研究性学习课程没有固定的教材，老师根据学生课题研究的实际确定课程，确定课程的依据必须遵循学习目标的多元性、学习内容的开放性、学习过程的主动性和自主性、学习效果的创造性、学习形式的灵活性、课程类别形式的多样性决定课程。按照高中《生物》(试验本必修第一册)课本，有三个课题要求学生完成。本节课是在学生已完成课题《调查媒体对生物科学技术发展的报道》结题的基础上，要求学生完成课题《青蛙的发育过程的培养与研究》。系统学会搜集和处理生物学信息的方法。

第二，本节课是怎样进行教学设计的？

本节课以搜集、整理、提炼生物信息为主线，以学生汇报、交流、讨论、活动为主体。教师辅之以引导和点拨。重点是掌握文献、调查、实验、资料的搜集和整理，难点是突破实验资料的搜集和处理。整节课分

> 真情打动学生，诚心感化学生，心灵聆听学生。让学生内心澄明，视界敞亮。
> ——杜东平

四块：活动背景、汇报交流、案例点拨、小结探索。既小结已完成的课题，从中提炼出系统地搜集和处理生物信息的方法，同时布置下一个课题并让学生到课外去进行研究性学习。

第三，本节课的效果如何？

听课老师反响效果好，40位左右教师要求需要课件。学生反响效果好："我们胜利啦！"专家认为是学科研究性学习的一种教学模式。我自己的感受较好，是对课堂教学模式的探索。

[点评]

杜东平老师的教学案例《学会收集和处理生物学信息的方法》有两个值得肯定的地方：

1. 学生主动参与、探究合作，充分展示了研究性学习中教授生物学科研究性学习的特点——生活性、主动性、实践性、前沿性和发展性。

2. 教师注重能力、促进发展，充分体现了研究性学习中角色的变化——学生学习的组织者、合作者、引导者，其根本角色是学生发展的促进者。

"授之以鱼,不如授之以渔"。本节课在学生完成课题研究的基础上,通过教师的引导,学生对课题研究中遇到的几种科学研究的方法——文献法、调查法、实验法进行了分析归纳,寻找规律,得出结论。这对培养学生的科学思维,掌握科学研究方法,学会终身学习具有重要的作用。

（王利亚　渝中区教师进修校高级讲师）

主要参考文献:

1. 王洁:《研究型课程初探》,《上海教育科研》,2000年第1期。

2. 张民生主编:《普通高中研究性学习案例》,上海:上海科技教育出版社,2001年4月版。

3. 孙云清:《普通高中研究性学习》,上海:上海科技教育出版社,2001年6月版。

本文载《重庆教育课改通讯》(2003总第3期)

鸡胚胎的培育和观察

这是一个生物学科研究性学习方法指导的真实、典型的案例。

涪陵市实验中学:黄　飞　吴林生　胥　讯
指导教师:杜东平

老师巧妙地应对学生在生物课堂学习中所存在的疑问,引导学生选题,这种选题延伸、拓宽了生物学科知识,让学生在研究性学习中去解决书本的疑难问题,开阔了学生的视野。

在学习高中生物"动物的胚胎发育"专题时,重庆育才中学高二年级生物教师杜东平,以生动精彩的语言举青蛙为例讲解动物的个体发育。杜老师针对学习目标,精心设计了蛙的胚胎发育各个阶段的示意图,要求同学们据图回答问题。待同学回答后,要求大家用5分钟左右的时间反思本节内容,要求学生对课本内容提出问题,班上的黄飞同学举手发问:"我对课本内容有怀疑,能否让我把鸡的胚胎培育出来看一看?"此时,杜老师灵机一动,抓住机会,决定成立一个课题研究组,课题研究的基本方向定为"通过对鸡的胚胎进行培养,明确高等动物的胚胎发育过程",实验小组组长当然非黄飞莫属。

黄飞同学本着自愿的原则,找了有兴趣的18位同学成立了研究学习小组,杜老师当然被学生推举为指导教师。

一、确定研究目标、研究内容和研究方法

围绕着研究对象和研究方向,在杜老师的引导下,课题组的同学认真讨论后认为研究目标应确定为:

①学习涪陵鸡的孵化方法。

②了解鸡胚胎的形成和发育过程。

③制作鸡的浸制标本。

课题组的同学,依据研究目标和已学知识进行反复讨论,最终确定了基本的研究方法和研究内容,现分述如下:

1.用访谈法,对鸡的生活环境进行实地深入调查。

2.自己动手设计、制备鸡胚胎发育孵化装置和制备不同胚胎发育时期的浸制标本。

3. 自己动手培养鸡胚胎,仔细观察胚胎的发育过程,选取和制备不同时期的胚胎制作成浸制标本,并写好详细的观察记录。

> 明确研究内容和与之相适应的研究方法,是研究问题的最关键的一步。

二、课题的准备过程

依据研究内容,课题组18名同学分成了甲、乙两个小组,每组9人,甲组负责调查工作,乙组负责文字资料的收集。

甲组同学专门来到重庆市涪陵区李渡龙桥镇石塔村。对鸡的生活环境、习性等做了具体调查,主要结果如下:

鸡主食玉米、水稻、小麦、蚯蚓等食物,是杂食性动物,喜欢在山上、土坡上活动,在水源充足的地方更适宜喂养。一般一天一只鸡产一个鸡蛋,喂养差一些的可能会两天产一个鸡蛋,有时候,母鸡会连着三天一天产一个鸡蛋后又要隔一天再产蛋。

农民还介绍了识别鸡蛋的受精与否的方法:用电筒照鸡蛋小的一端,眼睛对着鸡蛋大的一端看进去,如果没有黑团团的东西,那就是"寡鸡蛋"(未受精的蛋),如果有黑团团的东西,那就不是"寡鸡蛋"。

甲组同学还向专家做了卵的孵化方法和设备制作方法的咨询。

专家告诉我们:"人工孵鸡最好要有恒温器,保持在36℃左右,起初温度要高,慢慢地温度要逐渐降低,因为胚胎到末期要自发热。孵化到第三天时要检查一下,把未受精的蛋剔除出去。气孔要逐渐加大,并且每隔2小时要翻动鸡蛋一次,既可以让胚胎活动,还可以防止受热不均,这样就不会出现畸形胎或粘壳的现象。人工孵蛋需要非常仔细,并且时时要注意孵化的情况。孵化时加上灯罩,效果会更好一些。"专家还详细地给我们介绍了几种孵化设备的制备。

甲、乙两组同学通过整理、归纳,明确了怎样自制孵化箱和怎样自制标本瓶。

> 课题组通过实际走访调查和请教专家,为课题的实施作好了充分的准备工作。

孵箱(盛蛋的保温容器)的制作:设计为人工电灯泡孵化装置,大小为40.2cm×30cm×20cm,外形为长方形纸盒。盒内底面铺谷糠,其上面铺有一层棉花,为隔热填充料。在盒盖的几何中心塞进一只电灯泡,并保持灯泡不掉进盒内,从而提高盒内温度,箱体一侧开一个气孔,并且安置有调节气孔大小的装置。在箱内的一侧放置小水瓶一个,可保持湿度,并在箱内插入温度计和湿度计,便于观察,如图1及图2所示。后来在杜老师的指导下,又作了些小修改和完善,在盒内四周放了一件薄毛衣以减少热量的损失,孵箱的制备工作最终大功告成。

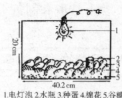

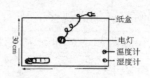

1.电灯泡 2.水瓶 3.种蛋 4.棉花 5.谷糠

图1　人工孵化装置侧面图　　　　图2　人工孵化装置俯视图

让学生自己制作孵箱和标本瓶,培养了学生的动手能力,这是生物学科训练创造性思维的一种有效策略。

制作标本瓶准备:30%~35%的福尔马林溶液、解剖器2套、标本瓶11个、渔线等药液和器具。

通过启动孵化装置反复试温、调节,最终摸清孵化器的"脾气"。相对湿度保持在62%左右为孵化的最适宜环境。

我们重新分为6小组,每组3人,昼夜轮流值班。我们细心调试好孵化箱内的温度和湿度,准备好认真地去观察鸡的胚胎发育的全过程。

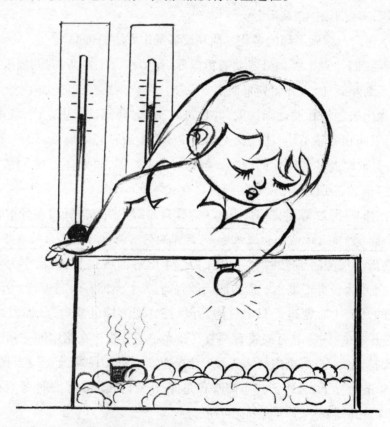

三、实验过程及其实验观察结果

"观察、观察、再观察",这是生物学科研究问题的最基本的方法。而对"生命活体"的观察研究是生物学科独有的观察方法。

我们每取一个胚胎,先观察,后制成浸制标本,并贴上标签。通过实验观察对涪陵土鸡的胚胎发育过程记录如下:

1. 取第一个胚胎

2月8日晨,由于是第一次观察,我们都很兴奋,我们打开纸盒,捡出3个鸡蛋,又将纸盒盖好。这几个鸡蛋热乎乎的,我们准备了3个碗,一个装温水,一个装蛋清,一个装蛋黄和胚胎,我们先将玻片、镊子用酒精消毒后,置在一边,然后轻轻地将鸡蛋大的一头敲起裂纹,用镊子夹开一个小洞,光滑的蛋清就流出来,待蛋清流完,就将蛋黄倒入另一个空碗中。这时,我们惊奇地看到:蛋黄中嵌着一片鸡蛋形状的血丝球,大的一头血丝稀疏,小的一头血丝密集,呈鲜红色。旁边还有些零碎的类似瓦丝状的丝,并夹杂着一些颜色略有不同的小圆点,圆点中间有黑色物。我们想,这一定是胚胎,就用镊子将丝撕断,接着用温水洗出蛋黄,洗净血丝,留下胚胎。制成玻片,最后制得标本瓶(一)。

2. 取第二个胚胎

2月10日晨,我们照取第一个胚胎的方法和程序,从盒中取出3个鸡蛋。只取得一个胚胎,观察到:胚胎已长大,头部很小,出现了眼睛,还长出尾巴。尾巴后面带着放射状的血丝,连着一个较大的气泡,气泡壁有黏液。整个胚胎呈半透明状。表面光滑。我们用刀子割去血丝和气泡,洗出胚胎,制得玻片,最后制得标本瓶(二)。

3. 取第三个胚胎

2月12日晨,我们取出了第三个胚胎,发现胚胎体积小,仔细观察能看见头部较大,眼睛似两个小灯泡。有了身子,蜷缩成一团,但不能明显地分辨。我们将其制成玻片,最后制成标本瓶(三)。

4. 取第四个胚胎

2月13日晨,我们首先破一个鸡蛋,依照前面几次的方法,打开蛋壳时,发现鸡蛋大的一边有个空隙与蛋清间隔了一层膜,用镊子将膜制破,有腥臭味,呈暗红色,胚胎表面覆一层白膜,腹部连着脐带,脐带与血网交错相连,眼占头部1/3,颈小、脚、翅也很小。用镊子夹起白膜,然后提起,依靠自身重量,再用剪刀把白膜剪断,制得玻片,最后制得标本瓶(四)。

5. 取第五个胚胎

2月14日晨,我们取出3个鸡蛋,打开第一个为未受精蛋,第二个蛋,腥味加重,异常。同学说它像"木乃伊"。再破第三个鸡蛋,只见胚胎头部有灯泡状的眼,头部占整个身体的比例依然很大,能看出细长的颈、翅和脚。制成玻片,最后制得标本瓶(五)。

> 胚胎发育观察的原始记录很重要,记录越详细,越准确越好。

6. 取第六个胚胎

2月15日晨，取第一个鸡蛋，鸡蛋大的一边与蛋黄之间空隙变大，并且薄而变硬；蛋黄浓而且少，胚胎已死。又取第二个蛋，发现头、颈、躯干、双足都能明显地看清楚，躯干的比重加大，于是割断与腹部相连的脐带最后制得标本瓶（六）。

7. 取第七个胚胎

2月17日晨，我们先破一个鸡蛋，依照前面的方法取出胚胎，发现为死胎，破第二个鸡蛋，又为未受精的鸡蛋，我们仍耐心地破第三个鸡蛋，发现其胚胎眼睛有些凹陷，脊椎的形状有些突出，羽毛较长，就切断脐带，撕开薄膜，制成玻片，最后制得标本瓶（七）。

8. 取第八个胚胎

2月18日晨，我们共取6个鸡蛋，有4个未受精，一个与蛋壳粘得太紧，只有一个蛋内的胚胎发育正常，有头、颈、躯干、四肢，眼大，颈小而长，翅膀也变大了些，尾部、后翅有少许浅黑色的毛。制得玻片，最后制得标本瓶（八）。

9. 取第九个胚胎

不同时期的胚胎标本的制作，学生在实践中反复训练，就能掌握。

2月20日晨，我们又取了4个鸡蛋，其中只有1个是发育正常的胚胎，其蛋内胚胎变大，整个胚胎被一层透明膜包住，又被蛋清包住，蛋黄也被一层布满血丝的膜包住。取出胚胎，用温水洗净，与2月18日的胚胎相比，发现其形体更大，黑色的毛已从头、颈、躯干的背侧连成一条线。脚和翅膀分化明显，制得玻片。最后制得标本瓶（九）。

10. 取第十个胚胎

2月24日晨，我们同样取出4个鸡蛋。因为整个实验的成功与否就在这几天，所以我们都很细心。在这4个蛋中，一个为死胎，一个为未受精蛋，破开第三个蛋，我们能看见它的头、脚在摇动，整个胚胎成螺旋状。小心取出胚胎，因为胚胎的肚脐和蛋黄上布满血丝的膜相连，用小刀割断，洗净。我们发现这幼体比起2月18日的幼体完全变了样，不仅个体变大，而且全身布满黑色的绒羽，只有尾部除外。也初具鸡的模样。制成装片，最后制得标本瓶（十）。

11. 取第十一个胚胎

2月26日晨，我们又取出一个鸡蛋，破开一看，胚胎比2月24日的那个还大，蛋黄明显减少。洗净，发现幼体发育得更大，全身被黑色羽毛盖住。制成装片，最后制得标本瓶（十一）。

鸡的胚胎发育的浸制标本共11瓶

四、收获与体会

1. 通过实验,我们学会了因时因地制宜、自制孵箱的生物技术。学会了鸡的孵化方法,以及温度和湿度的调节技术。

2. 学会了制作浸制标本的生物技术。制成了鸡的胚胎浸制标本11瓶,这11瓶标本依胚胎发育时间由小到大的顺序排列,反映了胚胎发育的全过程。

3. 学会了生物活体实验过程中的观察,并知道了做好观察记录是研究问题的最基本最原始的资料来源。本次实验原始记录2万字左右。本次实验查阅文字资料20多万字,实际调查材料10万字左右。学会了生物活体观察法、文献法、调查法等基本的研究方法。

孩子的笑脸是校园最灿烂的阳光。
——杜东平

4. 研究的价值:它为重庆市初中九年义务教育活动课程乡土教材的教学提供了直观的标本,同时,也为我们中学生观察胚胎发育过程以及区分不同时间胚胎的形态差异提供了好材料,为重庆山区的地方土特产商品提供了宝贵的研究资料。

5. 问题反思:通过本课题实验研究,使我们深刻认识到,我们青少年动手能力较差,创造性思维需要进一步训练,科学实验方法以及写作能力等综合素质有待进一步提高。

若能制取鸡的受精卵到第二天前的胚胎标本,就更加完美。

注重研究过程的体会和感悟,体验了探索的艰苦,体验了实践的乐趣,从而学会研究,学会了学习。

对实验研究过程、研究成果进行客观的自我评估,能深化认识提高水平,值得肯定和倡导。

五、问题拓展

上面是我们对鸡胚胎发育过程的培养和观察。其实动物的个体发育还有变态发育如家蚕,与鸡胚胎发育过程相差很大,同学们可以进行纵向型的研究;同学们也可以研究有趣的动物的行为——如蚂蚁的行为,进行发散型研究;还可以研究被子植物的种子的胚中子叶营养物质的储藏量,如大豆高产实验的研究,进行横向拓宽型研究,等等。

六、尝试实践

问题一:观察家蚕的生殖与发育。(提示:通过饲养家蚕的方法,了解家蚕的生殖与发育过程)

_____

_____

_____

_____

问题二:探究蚂蚁的行为。(提示:观察蚂蚁的各种行为,重点观察和探索其觅食行为)

_____

_____

_____

_____

问题三:大豆高产实验的研究。(提示:可从选田、播种、摘心、断根、追肥、管理去探索)

_____

_____

_____

_____

七、信息资源库

学生选题参考

1. 对学校草坪施肥的研究。

2. 重庆酸雨对植被影响的研究。

3. 对蚂蚁搬家的研究。

4. 对重庆市城乡统筹建设的生态环境调查的研究。

5. 对重庆市农村水稻害虫稻飞虱的发育过程的研究。

6. 电辐射对植物生长发育的影响。

7. 噪声对动物发育的影响。

8. 农药对水果影响的调查。

9. 微生物改造土壤的研究。

10. 居室中蟑螂的活动规律。

参考文献及相关网址

1. 袁克昌：《生存威胁——污染》，南京：江苏科技出版社，1997年版。

2. 潘瑞炽：《植物生理学》，长春：东北师范大学出版社，1987年版。

3. 中国大百科全书编委会：《中国大百科全书·动物学》，北京：中国大百科全书出版社，1985年版。

4. 美国科学网 http://www.sciam.com

5. 中国科普博览网 http://www.kepu.com.cn

6. 中国植物保护网 http://www.ipmchina.net

本文载《教学交流》(2009年11期)

涪陵山区黑斑蛙蝌蚪发育的形态观察报告

——鳃盖的形成，外鳃成为内鳃

这是杜东平教师指导学生生物百项科技活动的真实、典型案例。

重庆涪陵市实验中学高99级2班彭莉

重庆涪陵市实验中学辅导教师杜东平

一、实验目的

蝌蚪发育是两栖动物小体发育过程中一个重要阶段，观察理解蛙的发育过程，掌握每个阶段的形态结构，理解动物从水生到陆生的进化过程具有最重要的意义。

二、实际方法和过程

1997年3月我在涪陵地区山区的池塘、水沟和小河用手抄网获取约35000枚卵块，其中得到黑斑蛙的卵15000粒，把它养在一只铺有石子和水草的鱼缸里，水须天然池塘水，切忌用自来水，用自然观察法和显微镜观察数周，并进行详尽记载和细致观察，发现蝌蚪一连串的变化——变态，成为黑斑青蛙。

三、观察结果

根据观察得出如下结果：蝌蚪确实是两栖动物变态发育的幼体阶段，并且惊人发现我山区黑斑蝌蚪鳃并未消失，而是长出鳃盖，使外鳃成为内鳃，简要阐述如下：（如下图所示）

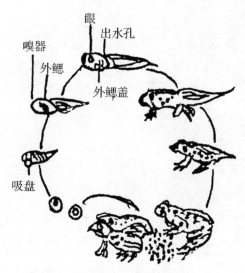

涪陵山区黑斑蛙生活史图解（彭莉　制）

1. 黑斑蛙蝌蚪的早期发育：受精卵在18~20℃条件下开始孵化出来，最初啃食胶膜，放大镜下观察发现没有口、没有眼，靠吸盘附在水草上，以体内残留的卵黄为营养，具有尾芽。

2. 有外鳃的蝌蚪发育：发育成早期蝌蚪后5~10天，逐步有口形成了，口里有"牙齿"——角质腭，便开始了植食性，主食藻类，也发现食其他微生物，头的两侧长出羽状的外鳃，在水中进行呼吸，解剖观察心脏只有一个小空隙——腔（如图1所示）。

3. 内鳃的蝌蚪发育：外鳃的蝌蚪是怎样发育为内鳃蝌蚪的呢？通过对833例的外鳃蝌蚪的观察惊奇地发现是长出的鳃盖包住外鳃形成内鳃，而并不是外鳃消失，重新长出内鳃。这时，发现它的心脏已有两个腔，成为名副其实的蝌蚪，最后长出后肢蝌蚪—幼蛙—成蛙（如图1、图2所示）。

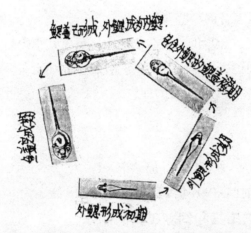

图1 鳃盖的形成，外鳃成为内鳃的蝌蚪发育过程（侧面观）（彭莉 制）

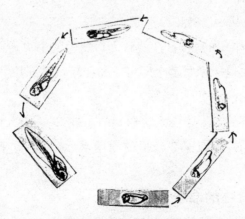

图2 鳃盖往外鳃形成内鳃（腹面观）（彭莉 制）

四、实验结果分析和讨论

本实验结果跟中学教科书说的变态发育过程是基本相同的,其不同点教科书说蝌蚪外鳃消失,长出内鳃跟本山区的黑斑蛙的蝌蚪长出鳃盖包住外鳃,形成内鳃是相悖的。其主要原因是:黑斑蛙蝌蚪受涪陵山区地形、气候、水质、食性、温度等因素的影响,造成同一物种的个体发育在不同地域性的微小差异。据《上海市中小学生物(环保)科技指导丛书》中记载:上海郊区黑斑蛙的鳃的发育也得此结论。本山区其他种类的蛙的幼体发育是否有此现象,还待进一步研究。特别强调的是,我的实验结果跟中学教科书并非对立和矛盾,而只能是对教师内容的重要补充和完善,正说明了同一物种在不同环境中导致发育的一些差异。

努力把自己当成一个孩子,是当老师的首要角色转换!
——杜东平

生命的奥秘是无穷无尽的。从我涪陵山区黑斑蛙小蝌蚪形态的观察研究体会到生物学是一门很深奥的学科,生命的秘密是取之不尽的,努力研究和开发涪陵山区的生物资源,是我们涪陵青少年崇高的理想。

附:

原始记录(一)

记录人:彭莉　时间:1997年2月15日—3月10日

一、采集蝌蚪的工具和饲养工具的制作

在杜东平老师的指导下完成三大制作工具:

1. 手抄网:我制作了十五到十六号的铁丝按图弯成,剪一块直径40厘米的塑料窗纱,用线直接缝成网圈即可。(如图3所示)

2. 采集网:此为蝌蚪的盛器,在塑料大口瓶盖的中央剪一个通气孔,垫一张大于瓶盖的塑料窗纱和大口瓶紧紧盖上即可。如在瓶口颈部扎一根细绳作拎绳野外采集极为方便(如图4所示)。

3. 自制饲养蝌蚪的人工生态系统蝌蚪的水缸:买一个人们常在客厅观赏的鱼缸,铺上一些石子和水草,用离家2公里的池塘水,切忌用自来水养上水草(主要是藻类),养缸约10天左右。

二、饲喂蝌蚪食物的准备

1. 在市场购买养幼鱼的饵料,其营养成分主要为食物中的碳水化合物(糖类)、蛋白质、脂肪以及各种维生素等。这是在老师指导下完成的蝌蚪饵料的配制。

2. 定期采集野外常见的藻类,如衣藻、硅藻等。

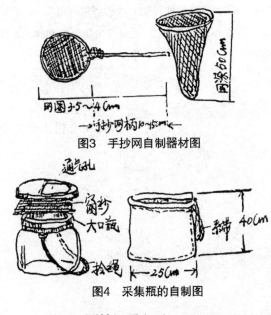

图3 手抄网自制器材图

图4 采集瓶的自制图

原始记录(二)

记录人:彭莉

记录时间:1997年3月12日—4月20日

观察方法:自然观察法,光学显微观察解剖镜下进行观察。

1. 对黑斑蛙卵块的识别主要是老师在200倍的放大镜下,在约35000枚卵中,选择出15000粒卵。

2. 蝌蚪发育过程的时程和发育状况,详细记录如下:

(1)蝌蚪的早期发育:1997年3月12日—3月17日将卵块放入水缸发育成蝌蚪有尾的突起——尾牙期。3月18日至3月25日每天观察三次或三次以上发现经历了肌肉效应期——→心跳期——→生长的外鳃循环期——→开口期——→尾循环期。

(2)鳃盖的发育逐渐包往外鳃形成的内鳃:3月26日至3月29日发现大量外鳃并未消失,而是在外鳃的外面长出"褶"逐渐被合。我惊奇地问老师,老师说,鳃盖"褶"此时期称为"鳃盖褶期"。3月20日至4月10日,我们发现鳃盖的右侧新闭合包住包鳃使外鳃形成右侧内鳃。在发现左侧鳃盖新包住外鳃形成左侧内鳃,左右两侧外鳃并未消失而是伸出鳃盖包住外鳃,此段时间我和老师反复观察共853次蝌蚪花了11天,花时间共13小时,完全确认无疑,其结论并非是中学教科书上的外鳃消失长出内鳃,而是鳃盖逐渐形成即新形成"鳃盖褶"后形成鳃盖包住外鳃成为内鳃。

辅导老师:杜东平整理

实验者:彭莉笔录

主要参考文献：

1. 杜东平著：《研究性学习和研究型课程的实践与探索》，重庆：重庆出版社，2002年8月第1版。

2. 中国科协青少年工作新编：《绿色家园：全国青少年生物和理论科学实践活动》，重庆：重庆出版社，1999年4月第1版。

3. 靳玉乐等主编：《教学改革论》，重庆：西南师范大学出版社，1998年4月版。

本文获全国生物百项科技一等奖（1997年）

对"三峡库区××溪流水污染现状的调查研究"设计的说案

> 研究性学习怎样进行教学设计,杜东平老师的案例设计,典型而且真实,在2003年在重庆市重点中学中广为流传。

一、课题的背景分析和学情分析

三峡电站是影响世界的第一大电站。三峡库区环境直接影响库民的生活。对三峡库区流水污染的研究具有其重要的意义。

高中学生对环境污染已有一些直接生活经验和知识基础。有一定的科学素养,掌握一定的科学探究的方法。但是要作为课题研究深入下去,还有待学习和提高。

二、本课题研究的学习目标

1. 通过本课题研究使学生获得亲身的体验,逐步形成善于质疑、乐于探究、勤于动手、努力求知的积极态度,产生积极情感,激发其探索、创新的欲望。

2. 通过本课题研究,引导和鼓励学生发现和提出问题,设计解决问题的方案,收集和分析资料,学会调查研究、实验研究和文献研究的基本方法,培养学生发现问题、解决问题的能力。

3. 通过本课题的研究,培养学生收集和利用信息的能力。

4. 通过本课题的研究,学会分享与合作,使学生学会交流和分享研究的信息、创意及成果,发展乐于合作的团队精神。

5. 通过本课题的研究,培养科学态度和科学道理。磨炼不怕吃苦,勇于克服困难的意志品质。

6. 通过本课题的研究,培养对社会的责任心和使命感。学生要深入了解人与自然环境的关系,学会关注人类与环境和谐发展,形成积极的人生态度。

三、本课题研究过程的预设(课题研究过程设计、学生困难的预测、教师指导和帮助策略)

(一)引导学生选定课题和制订计划

教师指导策略和困难帮助:

(1)课题讲座要图文并茂、生动具体,能激发学生的兴趣和热情,拓宽知识视野。

(2)鼓励并建议学生到生活中去发现问题,在问题中发现课题。选题的原则是课题要小、我要能搞、条件具备、周期要短、经费要少。

选题问题的技巧：热点、特点、空白点。

（3）编组要求学生自由组合，男女搭配比例恰当，能力互助。

1. 教师依据课题收集长江三峡库区环境污染的研究的资料，给××班学生开一个讲座，讲座的内容有三部分：（1）研究的热点与问题；（2）学生选题参考；（3）学生活动的案例。并向学生发放了资料，激发学生参加研究性学习的兴趣。全班学生经过发动后，先后组织了3~6组。鼓励并建议学生到自然环境中的实地观察生活，以自己的眼光去发现问题，并结合选题参考提出课题。

2. 课题选好以后，就要指导学生制订课题研究计划。课题计划是否可以从课题的来源、研究的意义、内容、方法、具体步骤等方面来拟订？

现在，以该班某一组"三峡库区××溪流水污染现状的调查研究"为例来说明之。

教师用案例启发引导、教会学生撰写《课题研究计划》。

课题研究计划

一、课题的界定：所谓流水污染，是指排入水中的污染物超过流水的自净能力，达到了破坏水体原有用途的程度，从而使水质恶化的现象。

二、研究目的：通过我们对三峡库区××溪流水污染现状的调查研究，分析污染的原因，使人们对溪流有较清楚的了解。提醒人们和政府应彻实保护水源，并在此基础上提出我们的几点建议。

三、准备阶段

1. 调查内容：

2. 调查对象：

3. 调查方法：实地考察法、采访法和实验法等。

四、实施阶段：分甲、乙、丙三个小组，做好调查研究记录。

甲小组：查阅资料，走访专家。

乙小组：实地考察，采集生物标本和污水样本。

丙小组：对污水样本进行实验分析。

五、总结阶段

整理调查材料，分析调查结果，撰写调查报告

六、个人小结、交流

执笔：×××

2005年9月

（二）帮助学生拟订调查研究方法和实验设计

1. 甲小组：查阅资料，走访专家和库区××溪附近的居民。为了认识三峡库区××溪水质情况，我们到图书室、网上查阅有关资料，走访市环保局宣传教育科，请来了水质

专家×××,听取了"关于三峡库区××溪流水污染现状的报告"。访问居民水质污染的情况。

2. 乙小组:实地考察,采集生物标本和污水取样。

由于溪流域很长,我们仅对中下游进行了考察,所经路线为××溪大桥(1段)—××动物园(2段)—××溪中段疗养院(3段)。

每段主要调查以下问题:一是水流情况;二是附近工厂排放工业污水的情况;三是生活用水的排放情况;四是人畜粪尿排放情况;五是植物生长情况,特别观察环境污染的指示植物;六是对重要植物标本的采集;七是对污水取样。

其中水样采集方法设计如下:用一个带双孔塞的塑料瓶,一孔插入直玻管,另一孔接上长约10米的塑料软管,将塑料软管用止水夹夹住,塑料瓶绑上一块砖头。把塑料瓶沉入溪水的中心,然后放开止水夹,让瓶内的气体由塑料软管溢出,由于压强差,江水便由直玻管进入塑料瓶中,随后,将水样转入试剂瓶保存。

首先,让各小组学生自己讨论,其次甲、乙、丙三小组分别按自己的任务有针对性地在网上查阅和报刊收集相关资料,要求:甲小组写出访谈计划,乙小组写出实地考察,采集生物标本和污水取样的计划,丙小组对污水样本进行实验分析设计。然后师生共同讨论定稿。

在小组的分工教师要关注人人有事做,事事有人做。每个学生都要明确做什么?怎么做?要准备哪些用具和材料。

其中生物标本的采集设计如下:主要采集3类标本:一是环境污染的指示植物——地依;二是"喜污"低等植物——藻类;三是"喜污"高等植物——草本植物;四是"喜污"低等水生动物——多细胞动物的生长情况。主要考察并记录这些生物生活的环境、习性、营养生长状况。并将生物标本采集回校后,植物制作成干制标本和蜡叶标本,动物制成侵制标本。

3. 丙小组:对污水样本进行实验分析设计。

水样的分析:

①水样的pH设定

用精密的pH试纸(pH=5.5~8.0)测定当天采集的各水样的pH,表格设计如下:

水样	对比样本(天然水)	1段		2段		3段	
		样号1	样号2	样号3	样号4	样号5	样号6
pH							
结论							

②常见离子的测定

分别取水样少许于试管内,各加入少量稀溶液 HNO_3,将水样酸化,以排除可溶于

酸的沉淀的干扰。最后分别加入等量的AgNO₃、BaCl2、KSCN等试剂,现象如下表:

现象　　水样　　试剂	对比样本(天然水)	1段		2段		3段		结论
		样号1	样号2	样号3	样号4	样号5	样号6	
AgNO₃溶液								白色↓?
BaCl₂溶液								白色↓?
KSCN溶液								红色↓?
结论								

③此外在县环保局的帮助下,还可进行水质的生化需氧量(BOD)、化学需氧量(COD)和氨氮量等6大指标的测定。

其表格如下:

指标	生化需氧量 BOD(mg／L)	化学需氧罩 COD(mg／L)	氨氮量 (mg／L)	总磷 (mg／L)	氧化物 (mg／L)	细菌总数 (个／L)
对比样本 (天然水)						
1段						
超标倍数						

(三)监察和协助学生完成实地调查

在调查过程中,教师既要放手让学生去做,又要对学生加以监督和协助,使每个学生都能认真地完成各项任务。

帮助的方法:

1. 我了解情况后,及时鼓励他们勇敢面对陌生人,力求用自己诚恳的态度和真挚的语言赢得居民的理解和支持,也锻炼了交际能力。

2. 鼓励学生培养了科学态度、求实敬业的精神,不怕困难,具有坚强的意志。

3. 鼓励学生不怕失败。一次实际失败后,必须设计新的实验,坚持下去,直到成功。

估计学生有下列困难:

1. 在查阅资料,走访专家和库区××溪附近的居民中有如下困难:(1)学生对在与陌生居民交谈时难免感到紧张、害羞,不知如何开口,可能有一些学生会有放弃的想法。(2)学生难以坚持写调查日记、访问记录

教育是植根于爱的,充满爱心的人,就会是成功的人。

——杜东平

及学生在实践中的体验和体会。

2.在实地考察,采集生物标本和污水取样中有如下困难:(1)采集的生物标本和污水取样的典型性、代表性不够。(2)学生的安全容易疏忽。

3.对污水样本进行实验分析设计中估计有如下困难:(1)学生做实验过程中观察不细致,不能坚持写原始记录或记录不准确。(2)一种实验设计失败后,要设计新的实验,学生感到非常困难。

(四)指导学生处理、分析信息,撰写课题研究报告和小结

同学们经历的文献调查、实地考察、实验研究的过程是比较完整的,要求学生将信息数据进行处理分析,依据其结果完成调查研究报告,并写一份个人参加课题研究活动的小结。

依据调查的结果完成调查报告

对三峡库区××溪流水污染现状的调查研究报告(节选)

一、问题的提出

二、调查研究的目的

三、调查研究的过程

四、调查研究的结果

五、给人们和政府建议

教师要关注学生的真实的体验和感受,防止"绣花"文章。

加强社会交际能力

——××同学小结(节选)

在实地考察中学习

——手脑并用

——××同学小结(节选)

学会了实验设计

——××同学小结(节选)

学会了写调查报告

——××同学小结(节选)

(五)师生互动共同评价,问题拓展

1.师生互动共同评价

课题研究活动结束后,课题组召开了2~3次小结交流会。会上,小组同学各自小结,学生们对各自在调查研究中的表现(包括参加活动的态度,完成分工的情况,讨论时发言的质量,与同学合作互助的精神,处理问题的能力,个人小结的收获)进行了互评,最后老师也作了简单的描述性评价。

1. 学生组织好成果展示会、交流会是非常重要的缺一不可的环节。帮助学生组织好答辩会和交流会的策划是最关键的一步。

2. 本课题评价最有效办法——档案袋评价法。老师要特别关注学生的原始记录、体会、日记、体验，关注学生的自评、互评的评语式的评价。

教师要关注定性评价。特别关注学生的评语式的评价。

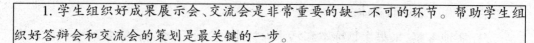

课题研究活动评价表　学生：×××

项目	自评	互评	认定
参与活动的态度			
完成分工的情况			
讨论发言的质量			
合作互助的精神			
处理问题的能力			
个人小结的收获			
学生的话			
教师的话			

2. 问题拓展

在本课题的研究中有新问题的出现，集中2～3个课题——研究。

四、教师反思

重点从教师的观念、教师的角色转变，以及研究性学习对学生学习行为方式的改变去反思。

主要参考文献：

1. 杜东平著：《研究性学习和研究型课程的实践与探索》，重庆：重庆出版社，2002年8月第1版。

2. 孙之清主编：《精通高中研究性学习》，上海：上海科技教育出版社，2001年6月第1版。

3. 张民生主编：《普通高中研究性学习案例》，上海：上海科技教育出版社，2001年8月版。

本文获重庆市研究性学习一等奖（重庆市教委，2003年）

世纪的丰碑——神奇的DNA、基因、染色体

> 这是杜东平老师一节选修课的典型真实的讲义,课堂生动、非常吸引学生,授课后,选修学生数量增倍。

同学们:

你们好!

生命科学飞速发展,新知识、新技术急剧增加。它的研究范围涵盖了一切与生命有关领域,涉及了生物学、农学、医学、药学、环境科学、健康科学、生物工程技术等多门学科。而且,生命科学在数、理、化、工程技术等学科的支撑上,研究的方法不断更新,研究手段应用了最尖端的技术,它的研究成果不断地迅速转化为生产力,对经济、社会的发展产生了巨大的影响。生物体从微观方面上说,生物—细胞—细胞核—染色体—DNA—基因。

基因是有遗传效应DNA的片段。人体约有100亿个细胞,每个细胞内还含有23对染色体。这23对染色体中约含着10万个基因。人类的生长、发育,乃至长寿等全部信息都蕴含其中。

发现新的基因各国科学家关心的焦点。当前,澳大利亚科学家发现了导致心脏病的变异基因;美国科学家发现了导致肺癌和皮肤以及控制肥肿的基因;美国和瑞典科学家发现了与前列腺癌的有关的基因。除此之外,其他各国还发现一些最新的基因。

今天,我们谈谈生物高科技领域里有关"基因、DNA、染色体"的故事吧!

趣事一:抗衰老基因的发现,延年益寿不是梦

我国第一个封建皇帝秦始皇为寻找长生不老药,征发数千名童男童女入海求仙,汉代的汉武帝为求长生不老药花了无数金钱,甚至赔了自己的女儿,最终还是死了。可是在科技发展的今天,防止衰老已变为现实。

日本理化研究室紫田武彦研究小组宣布,发现了对防止老化具有重要作用的基因。

呼吸氧气的生物,其生命活动的过程中所需的能量要在细胞质中的线立体内产生。紫田等人用酵母菌进行实验,弄清了DNA上存在着修复线粒体受伤的基因——MHR1。一个细胞中存在1000～2000个基因线立体,它能产生能量,但在氧过多的环境中,一方面,会受到损伤,另一方面,在位于中心细胞核的修复用的基因MHR1支配

下能修复生机。据认为，到一定年龄后迅速老化的现象，是因为修复基因衰老而使线粒体所受到的损伤不断增加和累计的结果。

美国加州理工大学的科学家们近日在果蝇上发现了一种可以延长其寿命的变异的。以前在线虫发现过这样的基因。他们推测可能所有的生物和人类都存在这样的基因，他们希望研制延长人类寿命的药物。

国家老龄问题研究所专家说，我们现在对待人类的抗衰老基因更有信心了。试验中果蝇的寿命延长35%，从原来的60～80天增加到了100天。科学家们发现这种基因突变，改变了果蝇在细胞膜上受体反应形

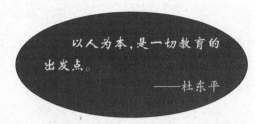

以人为本，是一切教育的出发点。
　　　　　　　——杜东平

态，增加了恶劣环境的实验能力和新陈代谢的能力。他们认为，可以尝试采用药物去刺激人类细胞这个部位，也许就可以起到类似的作用，从而获得延年益寿的效果。秦始皇、汉武帝想长生不老可望变为现实了。

趣事二："天书"破译，导致世界基因争夺战

从古到今，人类一直在认识自身的道路上艰难的跋涉，破译人类梦寐以求的目标。从20世纪80年代中期起，在美国一些学者的倡导下，终于在1988年成立了国际人类基因组织。计划的总体目标主要是在1990年起至2005年的15年内，完成人类23对染色体的遗传图谱、物理图谱的绘制及测定出DNA脱氧核甘酸的全部序列，弄清10万个基因的位置和功能等。1990年10月，这项被誉为生命科学"阿波诺登月计划"的国际人类基因组正式起动，在美、英、法、日、中国的科学家们通力合作和巨大努力，2000年6月提前公布了人类基因组草图，在人类历史上第一次读出了自身遗传密码中的每个化学字母。这部"天书"是描述人类全部基因组信息和遗传基础的"百科全书"。如果将它所含的数据打印出来，所需纸张将堆积如160米高的华盛顿纪念碑。不过，仅仅绘制出基因是不够的，彻底读懂这部"天书"将成为21世纪人类重要而艰苦的任务之一。可以设想我们读懂了这部"天书"便到了揭开生命秘密和各种疾病秘密的那一天。到那时只要将一个DNA序列存入电脑，就可以像查字典般方便地查明白身体有哪些遗传缺陷，有针对性地进行基因诊断、基因治疗和基因干预，导致医学模式重大变革，由治疗型时代变为多学科的预防型时代了。

如果有人问："给你10元人民币，让我抽几毫升血，干不干？你会如何回答呢？"可悲的是，有多少无知或不明真相的人，就是这样被人廉价地得到了自己的全套DNA莫名其妙地被人夺去了自己的压缩隐私和珍贵的财富！请看：

美国哈佛大学与中国6个医学中心签订了合作协议，计划在中国大陆抽取2亿个中国人的血样和基因，每个血样付中国人10元钱！国外一机构，仅用50美元就从我国某

地搜集了两例糖尿病例资料,并把样品带出国外……一位留美中国人每年数次到山西以极其低廉的价格收买我国食道癌及胃癌患者资料和标本,购买肿瘤病历600例左右,非法带到国外……不少窥视着占56个民族的基因,占世界22%人口大国的丰富资源。这是一场看不见的基因争夺战,争夺的对象是基因资源,它是人类最宝贵的财产!

人类的基因只有一套,基因的总量约为10万个,数量有限,其中大约1%为有用的基因。基因争夺战争的目的,实际上就是争夺这些有用的基因,一旦抢夺到手,就能获得知识产权,用基因直接制药,或者通过筛选制药。由于一个有用基因被新发现,就意味着可以获得源源不断的金钱和社会效益。所以,抢夺别国基因,就等于抢夺别国的财富。保护本国的基因就是保护本国的财富!

面对如此激烈的基因战,面对中国基因资源流失,中国科学家正面临挑战。除了防止基因资源外流和被抢夺外,中国科学家要立即参与到抢救基因的行列中,并尽快做好基因知识的普及工作,使中华同胞都了解人类基因组与疾病相关基因研究的意义、目的、现状和情景;了解世界基因争夺的利害关系,理解和支持中国人类基因组的工作。同时于1999年6月获准参加人类基因组计划,在2000年4月,就完成所承担的1%的人类基因组工作框架图,使中国跨入了世界基因大国行列。

趣事三:"分子神探"为死者伸冤

DNA即脱氧核苷酸,是复制和传递遗传信息的主要物质基础。研究发现,它在个人身上会出现细微的差异,在生物学上称为DNA特异性,法学家称之为"DNA指纹"。现在科学家利用DNA指纹来确定或否认犯罪嫌疑人的事实,查清积压多年的悬案。

1988年,我国某县城的杨某失踪多月,其家属却发现杨的自行车停在自家后院。警察发现车的后架及车圈上有血迹,证实DNA为男性AB型血,疑杨某被害。后在杨家整理杨的遗物时发现杨的围巾上有两根毛发,经DNA检测也属AB型,因此,分析车上的血迹可能是杨的,就立案侦查。嫌疑犯王某,在其鞋缝中查出有男性AB型血迹,基因与杨某一致。审讯中王供认图财害命,以买豆花为名,将杨骗至家中,用利斧将杨砍倒,然后碎尸,再用杨的车将包好的尸块分批投入河中和水井里,最后弃车逃逸。

自1985年以来,在全世界掀起了DNA指纹图研究与应用的热潮。1986年开始DNA指纹研究的商业服务;1988年证据进入法庭。我国1987年DNA指纹图研究并破案在侦查中发挥了重要作用。

趣事四:牛的牛奶和牛的人奶——动物的转基因工程

牛的奶叫牛奶,羊的奶叫羊奶,婴儿所吃的母乳只能由人的乳腺分泌,这一天经地义的事即将成为过去。到那时,自然生产的仍是牛奶,经科学家培育的牛可以产人奶,也可以产羊奶,这一结果来自于动物转基因工程。

怎样让牛产人奶

为什么牛的乳汁一定含牛的蛋白质呢？这取决于牛的遗传物质——基因。而人奶之所以含人的蛋白质也取决于人体的基因，因此，若想让牛的乳汁含人的蛋白质，就可通过牛的基因改造而获得，即将人的基因导入牛的体内，使人的基因与牛的基因结合，并且牛能将人的基因代代相传。这样的动物是转基因动物，它能表达导入的基因，获得人所需要的物质，如让牛的乳汁含人的蛋白质。

怎样获得转基因动物

产生转基因动物采用的是显微注射技术，即将外源基因的遗传物质注射到受精卵中，使外源基因整合到动物的基因组上产生转基因动物。结合了外源基因的受精卵，通过细胞分裂、生长发育长成的成年的动物的每一个细胞中都含有导入的基因，而且能稳定地遗传给后代，这就是转基因的动物。

最初的转基因动物技术存在着盲目性，因为外源基因进入受体细胞后是随机插入到受体细胞基因组的任意位置，这可能使受体的基因结构被破坏和失去活性，或激活有害基因（如癌基因）。另外，随机结合的转基因动物能否较好地将基因的信息表达也不能确定。到20世纪80年代，随着小动物胚胎干细胞体外法的建立，已为转基因动物的基因定位整合技术奠定了基础，从而也为动物转基因技术开拓了前景。

让转基因动物成为活的药厂

生物医药产业的发展，经历了天然药物、化学合成药物和基因工程药物三个阶段，基因药物的发展又经历了三个阶段，一是细菌基因工程，二是细胞基因工程，三是转基因动物工程。细菌基因工程是把基因导入大肠杆菌等细菌中，通过细菌来表达，但它有很大的缺陷：细菌是一种低等的生物，高等生物的基因通过细菌往往不表达或是表达了但产物往往无活性，必须经过一系列的修饰加工后才能成为有效的药物。细菌基因工程的缺陷使人们想到用哺乳动物细胞株代替细菌。

转基因动物是遗传学研究史上具有里程碑意义的工程——动物乳腺生物反应器。

好了。同学们！刚才我讲了四基因趣事。有关基因的趣事还多着呢，如基因治疗，让癌症基因"自杀"、"芯片"导致新的"比尔盖茨"出现等等。望大家去图书馆找书阅读吧！

主要参考文献：

1. 郑国锠编著：《细论生物学》，北京：高等教育出版社，1980年10月第1版。

2. 陈阅增主编：《普通生物学》，北京：高等教育出版社，1997年7月第1版。

3. 中国科协青少年工作新编：《绿色家园：全国青少年和环境科学实践活动》，1999年4月第1版。

教师素养研究

JIAOSHI SUYANG YANJIU

我多年研究发现，教师的角色形象在古代是个『问道士』，到了现代教师是一个『教书育人』的职业，到了当代和后现代我们应当理直气壮地说『教师是一个专业创造者』，生物教师是教学专家……

生物：教师要成为让课堂焕发 生命活力的教学专家

生物教师作为教学专家，应当培养学生主动学习，帮助学生建构生物知识，应当适应复杂的课堂环境；应当面对教学工作的挑战；应当更适应现代教师素质要求。

一个追求专业发展卓越的生物教师，应该确立教学的生命意识，成为让课堂焕发生命活力的生物教学专家。只有拥有许许多多这种珍爱生命的生物教师，我们才会看到真正生物的教育，也就是充满生命活力的人的教育；我们才会看到真正的生物课堂，也就是充满生命活力的人的课堂；生物教师才能真正体验"课堂教学质量对生物教师个人生命质量的意义"；有了这种以人育人、以生命育生命的教育，才能实现对人的主体精神的有效培养，教育才能与时代共同前进。然而，现实的教育实践中，依然存在着大量的"告诉"教学，拘泥于教学的知识目标，忽视学生生命的生长，在这种教育中，学生的个性被泯灭了，情感被淹没了，智慧被冰封了；而赋予生命的教学实践就是要让每一位教师都强烈地意识到教育工作直接面对的是鲜活的"生命体"，而非简单的"认知体"；就是要变"知识本位""教师本位"为"生命本位""学生本位"，引导教师对人的命运和心灵的关切，对人的发展和完善的关切，对人性的完美和丰富的关切。笔者经过多年实践，谈谈自己的做法，供同仁参考。

第一，生物教师作为教学专家，培养学生主动学习生物，帮助学生建构生物知识。

一是生物教师要能够赢得学生的尊敬，能激励学生的学习，能维持学生的学习兴趣，并使他们积极参与学习；例如笔者在讲述全日制普通高级中学教科书（必修）《生物》（第一册，人教社）的绪论课的时候，总是很激情的演讲式地导课："首先教师讲演：无论你是在动物园，还是在植物园参观游览，你都可见到千奇百怪的动物和植物。这些生物，有的在田野里生长，有的在沼泽里繁殖；有的开出芬芳的花朵，有的结出黄金的果实；有的在蓝天上飞翔，有的在大海里游泳；有的在草原上驰骋，有的在洞穴里潜伏；有的在森林中奔窜，有的在江河中跳跃，有的在屋檐下盘旋。从白昼到黄昏，从黑暗到黎明，它们的生活频繁……原始的海洋是生物的家乡，特别是春来之时，到处是一片生气勃勃的景象，使整个自然界形形色色，丰富多彩。"当我演讲到这里的时候，全班学生是心潮澎湃，学生想了解和探究生物科学的欲望油然而生，我得到的奖赏是一片鼓掌声，从掌声中我感受到学生对我的崇敬。接着，向同学们提出问题，什么是生物呢？什么是生物科学呢？生物的基本特征是什么？请阅读教材的内容,学生立即进入主动学习,阅读探究状态。二是生物教师要学会能将新旧知识进行整合,科学地呈现给学生,帮助学生对其主动地建构,使学生真正成为学习的主体。如我在讲解正确区分原核和真核生物时,在讲完真核生物后,把真核细胞的生物的特点总结于后,填在表格的左边,使知识系统化,再在此基础上,学生自主探究原细胞的细菌、蓝藻、支原体的大小和结构特征,在总结后,让学生自己将特征填在表格的右边,使学生将原核细胞知识是在已掌握真核生物的基础上建立起来的,这样建构知识不仅符合学生建构主义思想,而且用比较法有利于知识的理解和掌握。同时做到了新旧知识进行整合,科学地呈现给学生。

项目 \ 种类	真核细胞	原核细胞
大小	较大(10~100μm)	较小(1~10μm)
细胞壁	主要成分是纤维素、果胶等	主要成分肽聚糖等
细胞器	有发达的各种细胞器	仅有核糖体
细胞核	有核膜、核仁的成形细胞核	无核膜、核仁,有核区
DNA的载体	有染色体、线粒体、叶绿体	无染色体等
生物种类	绝大多数生物	细菌、蓝藻、支原体

第二,生物教师作为教学专家,面对复杂的课堂环境。

主要是具有较高的感知学生理解生物知识的敏感能力,能面对复杂的课堂环境。要判定学生深入理解知识,必须具备三个条件:一是学习新知识所必备的感性经验或基础知识;二是具有把新学习材料与头脑中已有知识所必须联系起来的强烈愿望;三是具有把新旧知识联系起来的方法和实际操作,这三个条件缺一不可,如果做到了,"课本语言"就在头脑中建立起科学的概念,促进外部知识向大脑转化,这就称为"知识内化"。教师可采取多样化的方法。常见的有:第一,教师启发学生自问理由法。遇事多问"为什么",会有助于对事物的理解和真正掌握,因为"问理由"能促进新旧知识的联系。如:应激性、适应性、遗传性的区别是什么？不仅从理论上弄清楚,而且,要通过设置问题让学生比较,从而达到更进一步的理解。例,蝶类在白天活动,蛾类在夜间活动。这在生物学上称为什么？这说明什么？这种生命现象是由什么决定的？学生会对应激性、适应性、遗传性理解深刻。第二,形象比喻法。形象比喻法有助于把抽象的、难以琢磨的新知识与已熟悉的、形象直观的感性经验联系起来,从而促进新知识的理解和把握。生物教学事例比较多,不胜枚举。第三,异同比较法。将新知识与相关的已有旧知识进行异同比较,促进知识的深入理解。异同比较可分两类,一是"同中求异",一是"异中求同"。例如,生物等学科的教辅资料经常用一些表格法进行比较其相同点和区别。这些就要求同学们在理解的基础上进行强化记忆,并且要学会背诵,研究证明诵读是深入理解知识的快捷途径。例如高中生物教辅资料中就有基因分离规律和基因自由组合规律的区别和联系;基因突变和基因重组的区别与联系;单倍体、二倍体和多倍体的区别和联系;各种遗传病的比较以及遗传的育种等等,在充分理解的基础上强化记忆,就会达到学习高效的目的。第三,感性经验积累法。当同学们学习一个抽象的概念时,如果不具备必须的感性经验,就很难真正形成这个概念,例如,高中学生对生物的同化作用和异化作用理解就往往缺乏必备的科学实验的感性经验,结果很难真正理解这类概念。我们就要采取措施,注重积累学生对植物、动物、人体的生命现象。生物老师在用多媒体的教学时,同学们听课不仅要去享受丰厚的感性资料,更重要的是利用这些感性资料,形成自己的经验,去理解老师将要揭示什么概念、公式、原理等等。第四,自己举例法。学习抽象的原理时,如果背出了语句,并不代表真正理解了知识。如果学习者自己能够"举例说明",并且举例新颖且恰当,那才算真正掌握了抽象知识。目前,我们中学生在学习生物学科的题量较大,各位同学千万记住,做完题后一定要归纳思路。这种"思路"和"方法"还可在什么场合使用或者在什么条件下使用,如果回答不上的题,一定要去阅读参考答案,先读懂后(如果读不懂一定问老师或同学直到理解为止),再独立做一篇,这就达到对理解知识的目的了。总之,为了促进同学们掌

> 教育的艺术是使学生喜欢您所教的东西。
> ——[法]卢梭《爱弥儿》

握所学知识,必须设法帮助他们将新学知识和已有知识经验建立内在联系,不同的同学知识经验肯定存在个体差异,每位同学的成绩真正提高,必须要有深入理解知识的强烈愿望,同时教师要让学生掌握住理解知识技巧,成绩就会大大提高!

此外,教师更要具备迅速判断、组织和搜索信息的能力,能面对复杂的课堂环境。和教师具有高度自觉的自我监控和协调能力。从而使教师的课堂教学具有高效性,能充分利用自己思维的资源,创造和支配课堂学习环境,能在课堂复杂的环境中轻松自如并流畅地完成教学任务。

第三,生物教师作为教学专家,面对教学工作的挑战。

一是教师要具有高度的反思质疑能力。要坚持写教学反思。二是不断参与教育教学研究和教育科研,改变自己的心智结构,教师终生具有创新能力。笔者工作31年以来,不仅形成了他自己独特的育人魅力和生动有趣、高效创新的教学风格,教学成绩突出。赛课获市级一等奖1项,国家级赛课一、二等奖各1项。辅导学生获省级和

国家级奖共47项,其中辅导生物奥赛获全国一等奖8人,二等奖12人,生物百项获全国一等奖8人。近5年来,积极进行教育教学改革。在全国大力宣扬"自主性学习"和"生活教育"教学模式,在多种刊物上发表。在省级及其以上刊物发表的文章40多篇,获奖论文20多篇,专著和参与编书26本,有4项科研成果分别获重庆市教委一、二等奖,特别是承担的"九五"规划国家教育部重点科研课题《素质教育中的生活教育模式实验研究》获2004年重庆市第三届基础教育优秀教改成果一等奖,并在全国大力推广,效果突出,在2009年获重庆人民政府第三届教学成果一等奖。为高等院校和各地中小学,师资培训和讲学报告283场,在全国产生较大影响。已被中国多本名人传记收录。这就是笔者始终坚持终生发展的例证。

第四,生物教师作为教学专家,更要适应现代教师专业素质要求。

通过多年的教学实践,我们认为把卓越教学专家的突出专业素质概括为以下5个方面:一是关注所有学生的学习并抱有较高的期望,根据学生的个别差异及文化的差异等来调整教学;二是熟悉所教学科内容,并知道如何将它们传授给学生,帮助学生提高学习能力;三是较强的课堂教学的组织、协调及应对课堂复杂环境的能力,具备教学及评价的技能技巧;四是具备较强的教学反思能力,并从经验和环境中进行学习,愿意进行终身学习;五是教师是学习共同体成员,参与课程编制和教学评价,对学校、社区、家庭教育资源有合理利用和组织的能力。

总之,教师应该明确教学不仅仅是一种"告诉",更重要的是提供"知识生命体"的情境,让学生在情境之中主动地实践、体验、理解、体悟生命。尊重学生的"生命生长","依靠学生的生命自身去形成涵养他们的生命体悟的底蕴,依靠生命活动去发展其自身的素质。这也是教育的核心和根本部分,可以说是基础教育之基础"。

主要参考文献:

1. 靳玉兵等主编:《教学改革论》,重庆:西南师范大学出版社,1998年4月版。

2. 张庆林主编:《当代认知心理学在教学中的应用》,重庆:西南师范大学出版社,1995年12月版。

3. 祁乃成主编:《中学生物学》,济南:山东教育出版社,1999年10月版。

本文载《教学交流》(2009年10期)

笑对人生是提高心理素质的好方法

近几年来，提高生物教师思想道德素质、业务素质的文章较多。但是，对提高其心理素质的课题几乎没有涉及。笔者通过多年的探索，发现提高生物教师自身心理素质的好方法是采取多种途径提高笑对人生的能力。

一、面对现实

面对目前中学生物教育的困境，专家多次呼吁。教师经历困惑、痛苦、失望后，接着生物教师切身的利益受到不同程度冲击……真是阅尽人间酸甜苦辣。面对逆境，笔者却认为一位生物教师应积极乐观，笑对人生。这样，使学生受到感染，也变得性格开朗、乐观。

笔者便叮嘱自己，要笑对人生，做一名乐观的生物教师，是为了学生，为了同事，更是为了自己。

有人问："生物被取消高考后，学生不愿学，生物教师难当，生物学科在学校地位低下，什么好处也没有份，有时基本待遇都被剥夺了，怎么能笑得起来呢？"笔者反问："难道愁眉苦脸，就能把那些困难吓跑了？就能把既失利益夺回？"

生活像镜子，你对它笑，它就对你笑。反过来，你板着面孔对待生活，那就天天都有值得生气的事情，你若对着镜子哭，它当然也对着你哭。

"在生物教学中有那么多困难整天缠着你，有那么多不顺心的事碰着你，笑得起来吗？""那就要看笑的水平高不高啦！"笑是一种胸怀，也是一种能力、一项技术。应钻研这门技术，不断提高自己笑的能力，不断提高学生笑的能力，这样进行教学，效率高。当然，笑还有其他好处，诸如笑能使心理轻松、思维敏捷、强身祛病、延年益寿、增进团结、吓跑困难等，在这里就不细说了。

二、正确对待名利地位

自从阶级社会产生以来，人类就没有停止功名利禄的纷争。动物也有"为食而亡"、为求偶同胞互相残杀的本性；植物也有争光、争水相互排挤、绞杀的现象。可以说功利之争随时在我们身边发生。据调查，绝大多数中学把参加高考、中考的科目列为主科，学校全部的工作都得为主科服务。正是由此，一系列问题就产生了，教主科的教师就成了学校的骨干教师，年终考核评估，职称晋级等学校都要优先考虑主科教师。说心里话，对于这些事，笔者是很不满意的。但是，我时时用"比上不足比下有余"这句话来提醒自己,心情就平静了许多,有多少忧愁都会天开云散,也就笑得起来了。对待人生不幸要用笑来使它减半。有人说:"戴着镣铐跳舞是阿Q精神。"笔者认为阿Q的精神胜利法的本质是,用自我安慰来为自己的软弱与无能辩解。如果我们为了使自己坚强起来,为了使自己减少忧虑,对眼前的不幸采取幽默和无所谓态度,那有什么不好呢?戴着镣铐跳舞显然比戴着镣铐哭泣更有利于自己的健康。

三、全身心投入教学工作

人只要全身心地投入工作,就什么烦恼都没有了。中学生物教师要爱生物专业,为生物学发展作出自己的贡献。对待教学工作要满腔热情,不能消极怠工。有的教师由于受到冷落,就在教学过程中把不满的情绪转嫁给学生。"有人误我一个人,我就误他一代人。"这种想法或做法是违背教师职业道德的。有良知的教师都知道,学生是无辜的。教师只有教书育人的责任,没有讨价

培养人,就是培养对前途的希望。

——[苏]马卡连柯

还价的余地。现在生物学受冷落,中学生物教师要注重自己的形象,除外表言行美以外,还要靠博学多艺,品格高尚来取信于学生。在学生心目中,树立起自己的威信,争取成为一个合格、乐观向上的生物教师。坚信受人喜爱是成功的重要因素,乐观开朗,笑对人生是受人喜爱的重要条件。

四、积极投入教学研究工作

美国社会心理学家希尔说过:"每种逆境都含有等量或更大利益的种子。"从生物高考学科被取消后,笔者充分利用这"厄运",积极投入教学研究。在各级报刊杂志发表文章20篇,在各级学术会议论文获奖18篇。担任了《新编高中生物应试训练》《名师谈学法》等5本书的主编或副主编。深深体会到教师劳动确实是广阔的,其乐无穷。从研究的角度看教育,常看常新,常干常新,不仅大大占据了"忧愁"的时间和"讨价还价"的时间,而且提高了工作的兴趣,品尝到创造性劳动的快乐。同时也提高了笑对人生的能力。

五、培养广泛的兴趣爱好

常言说:"多一门手艺,多一条路。"对不如意的教师来说"多一门手艺,多解一分愁"。几年来的生活、工作经验告诉笔者,人生要多点兴趣爱好,力求做到在不同的场合都能找到自己会干的事情,学照相、学跳舞、学捕鱼,坚持晨跑。愁的时候、烦的时候,最好听听音乐、唱几支歌,可唱凄苦的歌,也可唱欢乐的歌。几支凄苦歌,全心全意地唱过之后,胸中凄苦往往也随之排遣出去;再唱几曲欢乐的歌,唱的时候要努力做到全身心都沉浸在歌词描绘的境界里,在你大脑荧光屏上放映歌词的丛林、鲜花、奔马、海浪、阳光、山谷等等。这样,很容易重新快乐起来。

六、在社会实践中充实自己

生物学是一门实践性较强的学科。生物教师除尽力搞好学生第二课堂外，应走出学校到社会实践中充实自己，利用所学的知识为社会做一点力所能及的事，如农忙时田边、地头指导一下农民种植；到果园里为果树修枝剪叶；到专业户家观察种植蘑菇；到环保部门参加环保监测等，这样的实践活动很有意义。通过跟人民群众的广泛接触，可以学到书本上学不到的东西，用实践经验丰富课堂教学，达到事半功倍的效果。参加实践的同时，我们也可以从人民群众信任的眼光里找到自己的人生价值。开阔视野，转移自己的注意力，避开日常生活、工作的不良环境，提高了笑对人生的能力。

总之，我们应用高度乐观主义精神笑对人生。有时，现实生活对我们很刻薄，甚至残酷了一点，一笑了之，千万不能失态。学会调整和控制自己的情绪，始终保持着积极向上的心理状态，满怀信心地去迎接21世纪的生物世界。

主要参考文献：

1. 魏书生著：《班主任工作论谈》，广西：漓江出版社，1993年8月版。

2. ［美］奥里森·马登：《通向成功人生的六个阶梯》，北京：教育出版社，1997年7月第1版。

3. 陈阅增主编：《普通生物学》，北京：高等教育出版社，1997年7月第1版。

本文载《生物教学研究》（1998年3期）

素质教育新教案

SUZHI JIAOYU XIN JIAOAN

素质教育的核心是课堂教学，在课堂教育中如何实施素质教育。从2000年开始以国家级重点科研课题为依托，通过全国知名中学，在全国部分中小学进行教育实验，效果显著。

这是当时编写的素质教育新教案……

在这里，你会感悟到，这不是海，却能捞出奇珍，这不是花，却能香诱身魂，这不是水，却能转动思维的水车，这不是电，却能传导心灵的电讯……

素质教育新教案1：

生命的基本单位——细胞

> 素质教育新教案体现素质教育目标，教学重点、难点、疑点及其解决办法，课时安排，教学方法，教具准备，学生活动设计，教学步骤，参考资料等8个板块。彻底打破了传统的教案设计，把素质教育落实到课堂上去。

第一节　细胞的结构和功能

一、素质教育目标

（一）知识教学目标

1. 了解动、植物细胞的亚显微结构图，并比较其不同。

2. 理解细胞的主要亚显微结构及各结构的主要功能。

3. 掌握原核细胞和真核细胞的区别。

4. 理解动、植物细胞结构和功能的区别。

5. 了解细胞生命活动的整体性。

（二）能力训练目标

1. 通过本节名词、概念多，需要记忆的内容较多的特点，训练学生的多种记忆方法，提高记忆能力。

2. 培养学生对重、难、疑点知识进行归纳、比较、分析的能力。

3. 采用不同的题型和方法，对学生进行各细胞结构和功能知识的收敛性训练，培养学生的聚合思维，帮助学生掌握解题技巧和提高解题能力。

（三）情感态度和价值观

1. 细胞的精美结构及功能上体现的主动性是非生命所不具备的，以激发学生探索生命奥秘的兴趣。

2. 对学生进行结构和功能统一及生命物质的特殊性的辩证唯物主义教育。

3. 对动、植物细胞的区别、原核与真核细胞的区别及细胞种类、形态的多样性的比较，树立生物世界共性与个性、多样性与统一性的世界观。

4. 通过细胞结构完整性的复习，对学生进行部分与整体和联系观的辩证唯物主义教育。

二、教学重点、难点、疑点及其解决方法

1. 细胞膜的结构和功能（重点）

2. 主要细胞器的结构和功能（重点）

3. 原核生物与真核生物区别（难点）

4. 染色质与染色体的关系（疑点）

5. 细胞生命活动的整体性（难点、疑点）

其解决方法：见《七、教学步聚——（二）2. 重、难、疑点的解析》。

三、课时安排

三课时。

四、教学方法

讲授法、谈话法。

五、教具准备

多媒体课件《细胞的结构和功能》、细胞器模型。

六、学生活动设计

此节主要在多媒体教室完成教学。其中展现的比较表格比较多，故学生的活动主要是记笔记、归纳、分析并填出比较表格中所列出的有关项目。对教师提出的比较典型例题进行讨论，达到深刻巩固、迁移知识的目的。

七、教学步聚

（一）学习明确目标

学习目标	达标层次			
	了解	理解	掌握	运用
1. 细胞膜 （1）细胞的化学组成 （2）细胞膜的结构和结构特点 （3）细胞膜的功能和功能特性	√		√	√
2. 细胞壁的主要成分和功能	√			
3. 细胞质 （1）细胞质的概念及其组成 （2）线粒体、叶绿体的结构、成分和功能 （3）内质网、核糖体、高尔基体、中心体、溶酶体的功能 （4）液泡的结构和功能	√	√	√ √	
4. 细胞核 （1）细胞核的结构和功能 （2）染色质和染色体的组成、形态及关系		√	√	

续表

学习目标	达标层次			
	了解	理解	掌握	运用
5. 原核细胞与真核细胞的区别			√	
6. 动、植物细胞结构的区别			√	
7. 细胞生命活动的整体性		√		

（二）学生目标的完成过程

1. 系统知识的网络

Ⅰ. 真核细胞结构

（1）细胞膜
- 化学组成（见表2-1）
- 结构
  - 糖被
  - 磷脂双分子层：基本骨架
  - 镶嵌蛋白
- 结构特点：流行性功能
  - 重要功能：控制物质进出细胞、细胞识别、分泌、排泄、免疫等
  - 主要功能：控制物质进出（见表2-2）
- 功能特征：选择透过性

表2-1　细胞的化学组成

化学成分	质量分数（%）
磷脂	约55～57
蛋白质	约40
糖类	约2～10

表2-2　物质进出细胞的方式

方式		运输方式	载体	能量	物质种类
通过细胞膜	自由扩散	高浓度→低浓度	不需要	不消耗	O_2、CO_2、H_2O 甘油、胆固醇、苯等
	协助扩散	高浓度→低浓度	需要	不消耗	葡萄糖进入红细胞
	主动运输	低浓度→高浓度	需要	消耗	氨基酸、K^+等
由细胞膜流动性实现	内吞作用				大分子和颗粒性物质
	外排作用				

（2）细胞壁
- 成分：纤维素、果胶
- 功能：支持和保护

（3）细胞质
- 基质
  - 成分：H_2O、无机盐、脂类、糖类、氨基酸、核苷酸和酶等
  - 作用：活细胞进行代谢的主要场所
- 细胞器：（见表2-3）

表2-3　细胞壁的种类、结构和功能

种类	结构	形态	功能	分布
线粒体	双层膜	粒状、棒状	有氧呼吸主要场所	动植物细胞
叶绿体	双层膜	扁平的球形或椭球形	光合作用场所	绿色植物细胞
内质网	单层膜	由膜结构连接而成的网状物	扩大细胞内膜面积、蛋白运输通道	绝大多数动、植物细胞
核糖体	无膜	椭圆形的粒状个体	蛋白质合成场所	动植物细胞
高尔基体	单层膜	各种囊泡组成	植物：与细胞壁形成有关 动物：与分泌物形成有关	动植物细胞
中心体	无膜	两个相互垂直的中心粒构成	与有丝分裂有关	动物、低等动物细胞
液泡	单层膜	泡状结构	维持细胞形态，储存养料，调节渗透压	植物、原生物细胞
溶酸体	单层膜	泡状结构	水解多种物质	动、植物细胞

(4)细胞核 {
  结构 {
    核膜：双层、有核孔——大分子物质进出通道
    核仁：与RNA的合成有关
    核液
    染色质 ⇄ 染色体 { DNA 蛋白质 } （分裂期/间期）
  }
  功能 {
    遗传物质储存和复制的场所
    细胞遗传和细胞代谢活动的控制中心
  }
}

Ⅱ. 原核细胞与真核细胞的区别

表2-4

项目 ＼ 种类	原核细胞	真核细胞
大小	较小($1 \sim 10\mu m$)	较大($10 \sim 100\mu m$)
细胞壁	成分是氨基酸、壁酸、肽聚糖等	成分是纤维素、果胶等
细胞器	仅有核糖体	有发达的各种细胞器
细胞核	无核膜、核仁的核区	有核膜、核仁的成形细胞核
DNA的载体	无染色体等	有染色体、线粒体、叶绿体
细胞分裂	二分裂、出芽、无有丝分裂	能进行有丝分裂
转录与翻译	出现在同一时间与地点	转录在核内，翻译在细胞质
生物种类	细菌、放线菌、蓝藻、衣原体、支原体	绝大多数生物

2. 重、难疑点的解析

(1)细胞膜的结构和功能

是动、植物细胞水分吸收、矿质元素吸收、物质交换、能量代谢等生理功能的重要基础,因此为本节的重点。可采用学生比较物质进出细胞的三种方式及联系新陈代谢有关知识点来巩固这一重点内容。

(2)主要细胞器的结构和功能

叶绿体和线粒体的结构和功能是学习光合作用和呼吸作用等内容不可缺少的基础,内质网和核糖体的知识是学习蛋白质合成的基础。中心体与细胞的有丝分裂密切相关。这些亚显微结构,看不见、摸不着,比较抽象,故采用《细胞结构和功能》教学课件来复习这一重、难点知识。

(3)正确区分原核、真核生物和病毒

病毒没有细胞结构的生物,与原核生物是并列关系,但学生常把它当成原核生物。原核生物种类比较少,有蓝藻、细菌、放线菌、支原体、衣原体等,在复习和具体分析此类习题时应注意,不要把原核生物与单细胞的真核生物质如草履虫、变形虫、疟原虫等相混淆,同时要区分藻类植物中的原核生物——蓝藻(如色球菌、念珠藻等)与真核单细胞绿藻(如衣藻)、单细胞真菌等。

教师要系统列出并比较以上几类生物的从属关系促进学生明晰这一疑点知识。

(4)染色质和染色体

其主要成分是DNA和蛋白质,还有少质的RNA。DNA与蛋白质的成分是稳定的,RNA主要是转录的产物,染色质与染色体是同一物质在细胞不同时期的两种表现。染色质和染色体的知识是学习DNA的结构和复制,有丝分裂、减数分裂的基础。这一重、疑点可以通过练习跨章节的综合题型突破。

(5)细胞生命活动的整体性

在教师的引导下学生分组讨论:为什么细胞是一个统一的整体。从以下几个方面引导讨论:

①从结构上:细胞核与细胞质通过核孔相互沟通:核膜与内质网膜、细胞膜等相互连接构成完整的生物膜系统。

②从功能上:细胞各部分结构功能虽不同,但其相互联系、分工合作、协调一致地共同完成各项生命活动。如:核糖体合成的蛋白质由内质网运输;叶绿体合成的有机物是线粒体有氧呼吸的原料;线粒体产生的ATP为细胞的各种生命活动提供能量。

⑧从调控上:细胞核内携带遗传信息的DNA控制细胞质的新陈代谢活动,细胞质为细胞核提供营养和能量。

(6)实验:高倍镜观察叶绿体和观察细胞质的流动

通过多媒体展示这两个实验的示范实验的过程及实验中应注意的问题:

A.在高倍镜下,可以看到叶绿体呈现扁平的椭球形或球形,颜色为绿色。由于细胞质不断流动的,因此叶绿体也是不断流动的,而不是静止的。

B. 高等植物的叶绿体在不同的光照条件下,可以运动,改变椭球体的方向,这样既能接受较多的光照,又不至于被强光灼伤。

C. 观察细胞质流动时,以叶绿体为参照物,再观察细胞的流动速度和流动方向。

D. 观察前,最好寻找靠近叶脉部位的细胞进行观察,此处细胞水分供应充足,容易观察到细胞质的流动。

E. 观察时,可以看到叶绿体随着细胞质的流动而流动,并且每个细胞中的细胞质的流动方向是一致的,其流动方式为转动式(旋转式、环流式)流动。

3. 解题技巧导引

【典型题型】

题目:原核细胞都具有的结构(　　)

A. 质膜和核糖体　　　　　　　　　B. 质膜和叶绿体

C. 质膜和核膜　　　　　　　　　　D. 核糖体和线粒体

解析:此属于记忆性题。原核细胞主要特点是没有核膜包围的成形细胞核,细胞质内没有有膜的细胞器,只有分散的核糖体。

答案:A

题目:关于线粒体和叶绿体的共同叙述中,不正确的是(　　)

A. 都具双层膜的结构　　　　　　　B. 都有基质和基粒

C. 所含酸的功能都相同　　　　　　D. 都不存在于原核细胞中

解析:主要考查线粒体和叶绿体的结构和功能:线粒体和叶绿体功能不同,即进行的化学反应不同。所以两者所含酸的功能就不同。

答案:C

题目:白细胞能吞噬绿脓杆菌,与这一现象有关的是(　　)

A. 主动运输　　　　　　　　　　　B. 协助扩散

C. 自由扩散　　　　　　　　　　　D. 细胞膜有一定流动性

解析:考查细胞结构特点。白细胞吞噬细菌是通过细胞的变形运动实现的,与细胞的流动性有关。ABC是小分子物进出细胞膜的方式。大分了物质、颗粒等进出细胞通过内吞和外排的形式,都与细胞膜的流动性有关。

答案:D

【能力提高】

题目:变形虫借助伪足向前运动和摄食,伪足的伸缩依靠复杂的原生质流动。如果紫外线照射使原生质变形,变形虫则不再做变形运动和吞食。

分析:变形虫是单细胞的原生动物。细胞中的原生质的主要成分是核酸和蛋白质。核酸是生命活动的控制者,蛋白质是生命活动的体现者,变形虫的运动正是蛋白质功能的体现。紫外线照射,使蛋白质变性,导致原生质内部结构体系的破坏。这实例正是说明原生质是生命活动的物质基础。

说明:该题主要考查细胞中原生质的成分、蛋白质的功能、巩固细胞膜的结构特点这一知识。解此题需要学生的综合运用知识能力。

题目:胰岛素是由两条肽链共51个氨基酸所组成。请回答:

(1)胰岛素可在人体细胞内的细胞器中合成,指导合成胰岛素的模板是_____,合成的方式叫做_____。

最重要的方法是鼓励学生去实际行动。
——[美]爱因斯坦

(2)合成胰岛素的过程中,至少需脱去水分子个数为_____;在控制胰岛素的基因中至少应有_____对含氮碱基。

(3)若某人胰岛素分泌不足,可引起病,应采用_____方法加以控制。

分析:胰岛素是由人和动物的胰岛细胞分泌的一种激素,其本质是蛋白质,细胞内蛋白质的合成场所是核糖体,指导蛋白质(如胰岛素)合成的模板是信使RNA,合成的方式叫做缩合;合成胰岛素过程中至少应脱去水分个数为51-2=49个,控制其合成的基因(DNA片段)中至少应有碱基对数目为3×51=153;胰岛素具有调节血糖代谢的功能,若分泌不足可引起糖尿病,应采取注射胰岛素的方法加以控制。

说明:此题以考查胰岛素(蛋白质)为起点,不仅考查了蛋白质的结构及与之合成有关的细胞器(即核糖体),还延伸到第五章关于基因控制蛋白质的合成过程以及人体生理知识——激素调节等方面的内容,用来综合检测学生,对前后知识的掌握程度以及连贯理解水平。

例3:内质网与核膜、质膜相连,这种结构特点表明内质网的重要功能是(　　)

A.扩展细胞内膜面积,有利于酶的附着

B.提供细胞内物质运输的通道

C.提供核糖体附着的支架

D.参与细胞内某些代谢

分析:内质网既与蛋白质、脂类的合成、加工、包装有关,又与脂类、胆固醇代谢、糖元的分解、脂溶性毒物的解毒有关。所以,选项均是内质网的功能。但就题干中阐述的结构特点看,其主要功能是提供细胞内物质运输的通道。答案是B。

说明:综合考查学生内质网的功能,对题干信息的提取和分析能力。

【探索创新】

题目:经研究发现,很多绿色植物花瓣上的多种颜色与细胞中含有的多种色素有关,有的植物的花瓣在一天之内能显示出不同的颜色,与花瓣细胞液中含有的一种叫花青素的有机物有密切关系。该种物质在酸性环境中显红色,碱性环境中显蓝色,中性环境中显紫色。试根据花青素及其特征,结合相关的知识回答:

(1)有些植物花瓣上有绿色的部分其色素主要存在于细胞的_____(填细胞器)中。

(2)花青素这种在不同酸碱性环境中显示出的不同颜色的物质与常用的酸碱指示剂中的_____相似。

(3)喇叭花的花瓣清早是红色的,这说明细胞液显_____性;显这种性质的原因是晚上呼吸作用产生了大量_____;该种物质主要产生于_____(填细胞器)。

(4)随着太阳的升起,光照时间的延长,可以看见喇叭花的花瓣逐渐变成了紫色,这是因为_____。

分析:植物的绿色是由叶绿素引起的,而叶绿素位于叶绿体中;在中学化学中最常用的酸碱指示剂是石蕊,因此,花青素的颜色随酸碱变化的特性与石蕊相似。由于花青素在酸性环境中显红色,故喇叭花细胞液清早呈现酸性;这种情况主要是线粒体呼吸作用产生CO_2,导致酸度下降,逐渐接近中性花瓣变为紫色。

说明:该题创新在运用实际问题综合了不同章节的知识及化学知识。促进学生探索运用所学知识解决、解释生活、自然现象的思路。

(三)目标自测

一、选择题(每小题2分)

1. 泪液中含有溶菌酶,泪腺细胞与泪液的合成和分泌有关的细胞器是( )

A. 核糖体,高尔基体,线粒体,中心体

B. 核糖体,高尔基体,线粒体,内质网

C. 溶酶体,核糖体,高尔基体,内质网

D. 核糖体,染色体,高尔基体,内质网

2. 在下列细胞中,含有高尔基体和内质网较多的细胞是( )

A. 神经胶质细胞　　　　　　　B. 汗腺细胞

C. 肌细胞　　　　　　　　　　D. 胰腺外分泌部细胞

3. 下列物质不能穿过膜进出细胞的是( )

A. 水和尿素　　　　　　　　　B. 甘油和葡萄糖

C. 胰岛素和淀粉酶　　　　　　D. 性激素和维生素

4. 在不损伤高等植物细胞内部结构情况下,下列哪种物质适用于除去其细胞壁( )

A. 蛋白质　　　B. 纤维素酶　　　C. 稀盐酸　　　D. 碱液

5. 在生物的生命活动中,能产生ATP的细胞结构部分有(　　)

①细胞核　②细胞质基质　③线粒核　④高尔基体　⑤叶绿体　⑥核糖体

A.①④⑤　　　　B.③⑤　　　　C.②③⑤　　　　D.①③⑥

6. 细胞有能量交换、物质运动、信息传递三种主要功能,这些功能与组成膜的哪种物质有关系(　　)

A. 磷脂　　　　B. 糖类　　　　C. 蛋白质　　　　D. 固醇

7. 嗜中性白细胞伸出伪足,将病原体纳入细胞质形成吞噬体,这个过程表明细胞膜具有(　　)

A. 选择透过性　　B. 流动性　　C. 被动转运　　　　D. 主动转运

8. 有独立遗传系统的细胞器是(　　)

A. 中心体　　　　B. 核糖体　　C. 叶绿体　　　　D. 高尔基体

9. 体现和实现遗传信息的传递过程的最后阶段,是在下列哪种细胞结构中进行(　　)

A. 线粒体　　　　B. 核糖体　　C. 叶绿体　　　　D. 高尔基体

10. 如果植物细胞膜由选择透过性膜变成了全透性膜,则该细胞将(　　)

A. 缩小　　　　B. 膨胀　　　　C. 死亡　　　　D. 生长

11. 噬菌体、乳酸菌和酵母菌都有的结构或物质是(　　)

A. 细胞壁　　　　B. 细胞膜　　C. 核膜　　　　D. 核酸

12. 对细胞核的下列描述中,有错误的是(　　)

A. 人体活细胞都有完整的细胞核

B. 分为核膜、核仁、染色质和核液等部分

C. 遗传物质主要存在的场所

D. 细胞代谢和遗传的控制中心

13. 细胞质基质、线粒体基质和叶绿体基质的(　　)

A. 功能和所含的有机化合物相同

B. 功能和所含的有机化合物不相同

C. 功能相同,所含的有机化合物不同

D. 功能不同,所含的有机化合物相同

14. 下列操作不属于加速黑藻细胞细胞质流动的方式是(　　)

A. 放在光下培养　　　　　　B. 放在20～25℃的水中

C. 煮沸　　　　　　　　　　D. 切伤部分叶片

15. 含有叶绿素和花青素的一组细胞器是(　　)

A. 线粒体和白色体　　　　　　　　B. 叶绿体和液泡

C. 叶绿体和白色体　　　　　　　D. 有色体和白色体

16. 蛔虫细胞与蓝藻细胞中都没有的结构是(　　)

A. 核糖体　　　　B. 线粒体　　　　C. 核膜　　　　　D. 染色体

17. 下列的结构中不含磷脂的细胞器是(　　)

A. 线粒体和中心体　　　　　　　B. 核糖体和染色体

C. 高尔基体和内质网　　　　　　D. 核糖体和中心体

18. 念珠藻是蓝藻的一种,下列内容对它的叙述错误的是(　　)

A. 具有细胞膜　　　　　　　　　B. 具有DNA

C. 无叶绿体　　　　　　　　　　D. 遵循孟德尔遗传规律

19. 下列有关动、植物细胞的叙述中,错误的是(　　)

A. 两者都有线粒体、核糖体、内质网和高尔基体

B. 植物细胞有细胞壁

C. 绿色植物都有叶绿体

D. 植物细胞有液泡,动物细胞无液泡

20. 新陈代谢不能产生水的结构(　　)

A. 液泡　　　　B. 核糖体　　　　C. 线粒体　　　　D. 叶绿体

二、简答题

21. 右图是细胞的亚显微结构图。请据图回答([　]内填入标号):(39分)

(1)此图是_____细胞的模式图,作此判断的理由是:_____。

(2)若此细胞为增殖细胞,该细胞的状态为细胞周期中的_____期,理由是_____。此细胞的增殖过程中,除细胞核将发生一系列变化外,图中的[　]_____也将直接参与此过程。

(3)若此细胞是胰岛素细胞,那么,细胞吸收的氨基酸将在[　]_____上被利用合成相应的蛋白质,这一过程最终受_____的控制,合成的蛋白质再经过[　]_____和[　]_____的运输与加工成相应的分泌物,此分泌物首先进入的内环境是_____。

(4)测定表明,代谢活动越旺盛的细胞耗氧越多,这与细胞中[　]_____的功能有关。与纺锤体的牵拉作用密切相关的细胞器是_____。

(5)甲状腺细胞中碘的浓度远比血液中高,这说明甲状腺细胞吸收碘是通过____的方式。决定甲状腺细胞具有这一功能特点的是结构[　]_____。

(6)若这是人体的骨髓细胞,正处于细胞周期的S期,则该细胞核内所发生的主要变化是_____和_____。

(7)若这是昆虫的飞行肌细胞,则该细胞中的细胞器[　]_____较多,因为该细胞的生理活动需要_____多。

(8)若这是一个人体的肠腺细胞,那么与其合成功能直接相关的细胞器[　]_____的含量会多一些,该细胞器的形成与核内的[　]_____有关。

(9)若这是人体最大的细胞,则其最大的特点是在[　]_____内_____分子数是肠腺细胞内的_____。

(10)若这是人体小肠绒毛上皮细胞,该上皮细胞的游离面有_____,增加小肠的吸收面积。

(11)洋葱根尖生长点的间期细胞与该细胞不同的结构是_____。

(12)若该细胞代表人体血液中的红细胞,则该图不正确的地方主要有_____。

22.用不同荧光染料标记的抗体,分别与小鼠细胞和人细胞的细胞膜上的一种抗原结合,两类细胞则分别产生绿色荧光或红色荧光。两类细胞融合成一个细胞时,其一半呈绿色,一半呈红色。在37℃下保温40min后,融合细胞上两种荧光呈现均匀分布(如右图),试问:(9分)

(1)人和鼠细胞膜表面的抗原属于构成膜结构的_____物质。

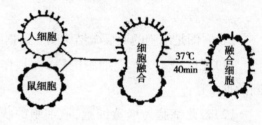

(2)融合细胞膜表面两类荧光染料分布的动态变化,可以证实关于细胞膜结构"模型"的_____观点是成立的。

(3)融合细胞表面的两类荧光染料最终均匀分布,这表明细胞膜结构具有_____性。

23.用玻璃针将变形虫切成两半,有核的一半能继续生活,无核的一半死亡。如果将一个变形虫的核取出,无核的部分能短期生存,但不能繁殖后代;单独的细胞核则无法生存。如果在去核后3天,给无核部分再植入一个细胞核,这个变形虫能够正常生活。实验程序如图所示,请据图回答问题:(12分)

(1)上述实验现象证明,正常细胞中核、质关系是:_____。

(2)去核变形虫仍能生活一段时间是因为_____。

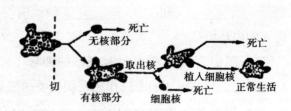

(3)单独的核无法生存是因为_____。

八、参考资料

1. 放线菌

放线菌是一类具有丝状分枝细胞的原核生物。因菌落呈现放射状而得名。放线菌与人类的关系密切,其最突出的特性是产生抗生素。如临床常用的链霉素,庆大霉素等,应用于农业的井冈霉素、庆丰霉素都是放线菌产生的。

2. 溶酶体

溶酶体是一种泡状结构,直径一般为0.2~0.5微米,溶酶体内含有40种以上水解酶,可催化蛋白质、核酸、多糖、脂类等大分子物质的降解。这些酶只有在酸性环境中(pH=3~6)才有活性。如果漏出进入中性的细胞质(pH=7.0~7.3),则会失去活性。溶酶体的功能主要是:分解由外界进入细胞的物质,故具有营养和防御功能;具有自体吞噬作用,对细胞内由于生理或病理原因破损的细胞器或碎片起溶解作用;第三个作用是自溶,当溶酶体破裂后酶释放出来,整个细胞溶解掉。例如,人体衰老细胞的自溶,蝌蚪尾巴的退化掉是尾部细胞溶酶体进行自溶的结果。

溶酶体广泛存在于动、植物细胞,但哺乳动物的红细胞中没有溶酶体。溶酶体如果发育不全,所含的酶的种类不全,就可能引起疾病。例如,有些幼儿的肝细胞中,溶酶体中缺乏水解糖原的酶,糖原不能被消化,因而在细胞中形成大的糖原泡。这种婴儿一般只能维持一年生命。

3. 细胞质与细胞核体积之间的平衡

细胞质中的生理、生化过程都受到细胞核中遗传信息的指导和控制。因此,当细胞质体积太大时,细胞核对这样大范围的细胞质的调节控制作用就会相对地减少,以致造成细胞核与细胞质的不平衡,从而引起细胞分裂,以恢复其细胞核与细胞质体积之间的稳定状态。

第二节 细胞增殖

一、素质教育目标

(一)知识教学目标

1. 了解细胞增殖的意义。

2. 掌握有丝分裂各个时期的特点。

3. 理解有丝分裂的重要特征及意义。

4. 理解动植物有丝分裂的异同点。

(二)能力训练目标

1. 通过理清有丝分裂过程中染色质、染色体、染色单体、DNA的关系,比较它们的区别及联系,归纳出其实质问题,从而培养和锻炼分析与综合能力。

2. 细胞分裂有许多未解之谜,让学生在牢固掌握课本有关已定论的知识基础上,促进其善于发现问题、深入思考,并在对问题的敏感和鉴别的过程中巩固知识,培养自己的思维品质和探索研究的各种技能。

(三)情感态度与价值观

要树立辩证唯物主义的运动发展观、运动的规律及量变和质变的观念。

①运动发展观——细胞分裂是生物生存、发育和繁殖的基础。

②运动的规律性——子细胞与母细胞染色体数相同,保持遗传性状的稳定。

③量变质变——细胞分裂过程。

二、教学重点、难点、疑点及解决方法

1. 重点

(1)有些分裂各个时期的特点。从染色体行为和染色体数目两条线索的角度理解这一教学重点知识。

(2)动、植物细胞有丝分裂的区别。由学生先行比较这两种细胞的各个时期的异同点,之后教师补充,以纠正的方法掌握该知识目标。

2. 难点

染色体、染色单体、DNA三者在不同分裂期的数量关系是一个难点。通过学生填充这三者在细胞周期中的数量并画出相应的坐标图案突破难点。

3. 疑点

(1)纺锤体、纺锤丝和中心体的关系。植物细胞的纺锤体由纺锤丝组成,动物细胞的纺锤体由星射线构成。纺锤丝和星射线的化学成分是相同的,都由微管蛋白组成,在间期的G_2期合成。

(2)中心体和中心粒。每个中心体由两个相互垂直的中心粒组成。中心粒在细胞的S期复制后每对中心粒由一个母中心粒和一个子中心粒组成。

以上两个疑点由教师讲解清楚就可以。

三、课时安排

2课时。

四、教学方法

以读话法为主,辅以讲解法和讨论法。

五、教学准备

多媒体课件。

六、学生活动设计

1. 学生讨论并归纳出动、植物细胞的异同。

2. 填写染色体、染色单体和DNA在细胞周期数量变化。

3. 画出染色体、DNA随着细胞周期的数量变化坐标图。

七、教学步骤

(一)明确学习目标

1. 细胞增殖有什么意义？

2. 细胞分裂的方式有哪几种？真核细胞的主要增殖方式是什么？

3. 什么叫细胞周期？各分裂期是否存在明显界限？

4. 充分理解有丝分裂各个时期的特点。

5. 动、植物细胞有丝分裂的区别在哪些时期？

6. 有丝分裂过程中，染色体、染色单体和DNA三者间有何数量关系？

7. 有丝分裂的特征和意义是什么？

8. 无丝分裂的特征是什么？

9. 制作洋葱根尖有丝分裂装片时应注意哪些方面？如何识别有丝分裂的不同时期？

(二)学习目标的完成过程

1. 系统知识的网络

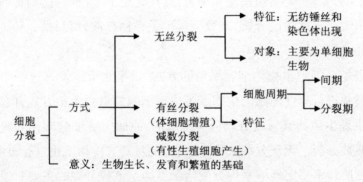

意义：生物的生长、发育和繁殖的基础。

(1)有丝分裂细胞周期染色体行为比较

特征 \ 细胞周期	间期	前期	中期	后期	末期
出现	①染色体复制 ②姐妹染色单体形成 ③中心粒复制	①染色体 ②纺锤体	①着丝点整齐排列 ②染色体、纺锤体清晰	①着丝点断裂 ②染色体向两极移动	①核膜 ②核仁 ③细胞板
消失		①核膜 ②核仁		染色单体	①染色体 ②纺锤体

(2)细胞周期中染色体数目变化规律表

特征＼细胞周期	间期	前期	中期	后期	末期
染色体	2N	2N	2N	4N	2N
DNA	2N→4N	4N	4N	4N	2N
染色单体	0→4N	4N	4N	0	0

(3)动、植物细胞有丝分裂的不同点

区别	植物细胞	动物细胞
前期 (纺锤体形成)	两极发出的纺锤丝形成纺锤体	中心粒发出的星射线形成纺锤体
末期 (细胞质分裂)	赤道板位置出现细胞板细胞形成细胞壁,从而分开细胞质	细胞质从细胞中部凹陷而列细胞质

2. 重、难、疑点的解析

(1)通过问题的形式使学生从宏观上把握细胞三种分裂方式的不同。

无丝分裂的"无丝"是指纺锤丝和染色体(在光镜下呈丝状)这两种"丝"在整个分裂过程中不出现。从此角度分析,减数分裂也是一种有丝分裂,是一种染色体减半的特殊的有丝分裂。

有丝分裂是多细胞生物体细胞增殖的方式,是生物个体发育过程中细胞增殖方式。减数分裂是进行有性生殖的生物产生生殖细胞的重要生殖方式,但注意:原始生殖细胞的产生是生殖器官通过有丝分裂形成的,原始生殖细胞转化为成熟生殖细胞的过程才是减数分裂。无丝分裂又称为直接分裂,其遗传物质也进行复制,但胞质分裂后的遗传物质却不一定能够平均分配给子细胞。该种分裂的主要对象是单细胞生物,动物的间质细胞组织、肌肉组织、乳腺细胞中也经常见到。对于真核细胞的无丝分裂是正常的还是病理的分裂,一直有不同的观点。

(2)银屏展现补充材料:细胞在分裂后可能出现的生活状态;使学生从不同角度理解细胞的增殖。细胞周期正常运转是 G_1 期→S 期→G_2→M。其中为 G_1、S、G_2 为细胞周期的间期,其经历的时间最长,且主要是由 G 期持续时间的差异引起的。G_1 期细胞不断生长,有各种大分子物质如 mRNA、tRNA、rRNA 和各种蛋白质合成;S 期染色体进行复制,DNA 含量增加一倍;G_2 期 DNA 的含量增加一倍;G_2 期 D 的含量不再增加,只有少量蛋白质合成。

从细胞增殖角度来看,细胞可分为三种类型:A 连续分裂增殖细胞(如根尖生长点细胞,小肠上皮腺窝细胞、表皮基底层细胞,部分骨髓造血细胞等)B暂时不分裂细胞(如某些免疫淋巴细胞、肝肾细胞、大部分骨髓干细胞等);C不再分裂增殖细胞(如神经、肌纤维细胞、多形核白细胞等)。

(3)运用数学方法理解掌握染色体、DNA在细胞有丝分裂各时期的变化规律。

染色体和DNA在细胞周期的变化规律,是细胞有丝分裂的重点内容,为了加强该知识点的学习,可以采用表格填出各时期染色体和DNA及染色单体的数目,并利用坐标正确绘制染色体和DNA的变化曲线。为了加深有丝分裂过程中染色体、DNA的变化规律,让学生相应把减数分裂中有关染色体和DNA的坐标曲线一起画出。

3.解题技巧导引

【典型题型】

题目:下列哪一项叙述,表明人的体细胞正在进行有丝分裂(　　　)

A. 核糖体合成活动加强　　　　　　B. 线粒体产生大量ATP

C. 中心体周围发出星射线　　　　　D.高尔基体数目显著增多

解题策略:此题考查细胞周期和动物有丝分裂的特征。解此题要充分了解细胞有丝分裂过程和各细胞器的活动特点:核糖体合成蛋白质的活动加强及线粒体产生大量的ATP都发生在分裂间期,高尔基体与植物细胞有丝分裂的末期形成细胞壁有关。中心体周围发生星射线,形成纺锤体,表明动物细胞正进入有丝分裂的前期。

答案:C

题目:在有丝分裂过程中,DNA含量相同,而染色体数目不同的是(　　　)

A. 间期和前期　　　B. 前期和中期　　　C. 中期和后期　　　D. 后期和末期

解题策略:此题主要考查有丝分裂各时期DNA和染色体的数目变化关系。对于同种生物,在细胞周期中只有后期染色体数目增倍,其他时期都相等。因此,答案中必然有后期,即在C和D之间选择;而中期一条染色体上有2条DNA,到了后期着丝点断裂,染色体增倍,而DNA不变。

答案:C

【能力提高】

题目:一个男婴的体细胞在有丝分裂后期有几种不同形态的染色体?

分析:在人体的体细胞内有23对同源染色体,其中22对为常染色体,其形态种类就是22种。男性的性染色体是XY,虽然也是同源染色体,但从形态上看确实不同,它们是异型染色体。男婴体细胞在有丝分裂后期共有92条染色体,但从形态上看共有24种。

说明:综合考查学生有关细胞与性别决定的知识,既要掌握有丝分裂过程,又要理解男性性染色体为一对异型染色体以及染色体组的概念。

题目:植物细胞有丝分裂与动物细胞有丝分裂相比其主要特点是(　　)

A. 组成纺锤体的基本成分不同　　　　B. 纺锤体是由星射线构成的

C. 细胞质分裂是在赤道面处形成细胞板　　D. 核仁不消失

分析:植物细胞有丝分裂纺锤体是由纺锤丝组成的,动物细胞则由星射线组成,但它们都是由同一物质微管蛋白组成,其成分相同。细胞质分裂是通过在赤道面处形成细胞板,扩展形成细胞壁。动、植物细胞的有丝分裂过程中,核仁在前期消失,在末期重现。故选C。

说明:此题考查学生对动、植物细胞有丝分裂的区别,并且对纺锤体的组成知识上进行了加深。

【探索创新尝试】

题目:在观察植物细胞有丝分裂的实验中,有一同学制作洋葱根尖装片的操作过程如下:切取洋葱根尖2～3mm,立即放入盛有10%盐酸的小烧杯中3～5分钟;用镊子取出放到1%龙胆紫液中染色3～5分钟,取出放到载玻片上,滴上一滴清水,盖上盖玻片,放到显微镜下进行观察。他会观察到的实验现象是①_____;②_____。产生上述现象的原因有①_____;②_____;③_____。

分析:从题目的叙述可知,该同学没有完成"漂洗"和"压片"两个步骤,并且解离时间不够。由于没有洗去盐酸,碱性染料被中和,染色体不能被染色,故看不到染色体;解离时间不够和没有压片会出现细胞重叠的现象。

答案:①细胞有重叠;②看不到染色体;①解离时间不够;②没有漂洗影响染色;③没有压片。

说明:该题是对实验考试的一种形式上的探索;主要考查对实验步骤设置原因的探究,以促进学生根据实验原理,可以重新设计实验方案。

(三)目标自测

一、选择题

1. 有丝分裂过程中,DNA与染色体加倍分别发生在(　　)

A. 间期、前期　　B. 间期、后期　　C. 后期、间期　　D. 后期、后期

2. 连续分裂的细胞,计算细胞周期的开始时间应从(　　)

A. 子细胞形成　　B. 细胞核开始形成　　C. 染色体出现　　D. 染色体消失

3. 春天植物产生幼叶要进行旺盛的细胞分裂,其细胞的分裂方式和DNA复制的情况是(　　)

A. 无丝分裂,DNA不复制

B. 减数分裂,DNA在细胞核中复制

C. 有丝分裂,DNA在细胞核中复制

D. 有丝分裂,细胞核、线粒体和叶绿体中的DNA都复制

4. 动物细胞中能够自我复制的结构是( )

    A. 叶绿体、线粒体、染色体   B. 线粒体、中心体、核糖体

    C. 染色体、中心体、叶绿体   D. 线粒体、中心体、染色体

5. 处于分裂末期的植物细胞,导致细胞分裂的结构变化是( )

    A. 新的核膜出现   B. 细胞板出现并扩展

    C. 赤道板处细胞膜凹陷   D. 染色体解旋成细丝状

6. 用高倍显微镜观察植物细胞有丝分裂中期图像,全部清晰可见的结构是( )

    A. 染色体、纺锤体、细胞壁   B. 染色体、赤道板、细胞壁

    C. 纺锤体、细胞壁、核仁   D. 纺锤体、细胞膜、细胞核

7. 某同学观察一正在发生有丝分裂的细胞,下列各项中说明此细胞是高等植物的而不是动物的是( )

    A. 没有纺锤丝   B. 没有中心粒

    C. 染色体发生复制   D. 核膜消失

8. 用同位素^{3}H标记四种脱氧核苷酸,将其配制到培养基中培养人的白细胞,待细胞恢复分裂后,发现子代细胞中除细胞核外,细胞质中也探测到^{3}H的存在,你认为细胞质中的^{3}H主要存在于( )

    A. 叶绿体   B. 核糖体   C. 线粒体   D. 高尔基体

9. 用一定剂量的秋水仙素处理某一植物的细胞,诱发了植物细胞的变异,使细胞内染色体增倍,秋水仙素最可能在下列的哪项过程中起作用( )

    A. 有丝分裂间期   B. 有丝分裂全过程

    C. 受精作用过程   D. 有丝分裂后期

10. 在人体细胞有丝分裂的前期,可以看到的中心粒数目是( )

    A. 2   B. 4   C. 8   D. 1

11. 在低等植物细胞有丝分裂的分裂期,参与分裂活动的细胞器有( )

    ①高尔基体   ②核糖体   ⑧叶绿体   ④中心体

    A. ①②   B. ②③   C. ③④   D. ①④

12. 人的生发层细胞内有46条染色体,那么在有丝分裂的前期、中期、后期、末期的细胞中染色体数目分别是( )

    A. 46、46、46、46   B. 46、92、92、46

    C. 92、92、92、46   D. 46、46、92、46

13. 若观察动物细胞有丝分裂,材料可以用( )

A. 生活的肌肉组织   B. 新鲜的神经组织

C. 正常发育的卵细胞   D. 发育着的受精卵

14. 在下列细胞中,属于不增殖细胞类型的有(　　)

A. 神经细胞   B. 骨髓细胞   C. 表皮基底层细胞   D. 肝细胞

15. 人的心肌细胞中所含的DNA分子数是(　　)

A. 等于46   B. 大于46   C. 小于46   D. 等于92

16. 在某细胞进入分裂期时,设其染色体m,DNA含量为n,有丝分裂后,每个子细胞中染色体数和DNA含量各是(　　)

A. $m/2$,$n/2$ B. m,n C. $m/2$,n D. m,$n/2$

17. 从细胞周期来看,基因突变常发生在(　　)

A. 间期   B. 前期   C. 中期   D. 后期

18. 由受精卵发育成动物新个体的分裂方式是(　　)

A. 无丝分裂   B. 有丝分裂   C. 减数分裂   D. 以上三项都是

19. 基因型为AaBb的生物,已知Aa和Bb两对等位基因分别位于两对非同源染色体上,那么该生物的体细胞,在有丝分裂的后期,基因的走向是(　　)

A. A与B走向一极,a与b走向另一极

B. A与b走向一极,a与B走向另一极

C. A与a走向一极,B与b走向另一极

D. 走向两极的均为A、A、B、b

20. 制作洋葱根尖有丝分裂装片,在制片时操作的关键是(　　)

A. 使根尖解离充分   B. 使根尖着色好

C. 使细胞分散开   D. 使盖玻片下无气泡

二、简答题

21. 下图是某细胞进行有丝分裂的几个时期的简图,请根据图回答问题:

(1)该图是_____细胞有丝分裂简图,其分裂顺序依次是_____。(用字母表示)

(2)图示作为一个细胞周期还缺少处于_____期的细胞简图。

(3)该图示的细胞分裂结束后,子细胞内含有_____条染色体。

（4）表示姐妹染色单体即将分离的图解是_____。

（5）最早出现染色体、即不存在染色单体的时期是_____。

（6）图B为细胞分裂的_____期,最明显的变化是细胞核中出现_____。

（7）图C为细胞分裂的_____期,染色体的特点是_____。

（8）着丝点数与染色体数比为1:1的图示是_____;着丝点数与染色单体数之比为1:2的图示是_____;DNA分子数与染色体数之比为2:1的图示是_____。

（9）细胞中央出现细胞板的图示是_____,细胞板由细胞的中央向四周扩展,逐渐形成_____。细胞板的基本组成的成分是_____。

22.下图分别表示各种类型的动物细胞进行不同的分裂。据图回答:

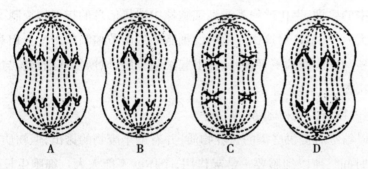

（1）A图表示含4条染色体的_____倍体细胞进行有丝分裂的后期;

（2）B图表示含_____条染色体的二倍体细胞进行减数第二次分裂的后期;

（3）C图表示含4条染色体的二倍体细胞进行减数第_____次分裂的后期;

（4）D图表示含2条染色体的二倍体细胞进行_____分裂的后期。

八、参考资料

1. 有丝分裂器、中心粒和动粒

有丝分裂的特征之一是有丝分裂器的产生。有丝分裂器包括星体和纺锤体,它们是由微管及其结合蛋白组成。星体是围绕中心体向外辐射状发射的微管。纺锤体是由大量微管在赤道板垂直排列组成的中部宽阔,两极缩小的细胞器,形状如梭形。有丝分裂器在维持染色体平衡运动、分配中起着重要作用,保证有丝分裂的顺利进行。

中心粒要经过一个复杂的发育周期,达到成熟后,具有微管组织中心的功能。G_1期细胞有一对互相垂直的中心粒。到S期时,两个中心粒分离并各自在垂直方向上复制出一个子中心粒。G_2晚期到M早期,两组中心粒组织纺锤体和星体。到M末期每个子细胞各获得一对中心粒,每对中心粒,由一个母中心粒和一个子中心粒组成。

动粒也叫着丝点,是有丝分裂的重要细胞器。它是分裂时纺锤体微管与染色体的结合部位,M后期时,纺锤丝变短,将两条染色单体拉向两极,遗传物质平均地分配到两个子细胞中去。

2. 细胞分裂的原因

细胞为什么不能无限地长大而要进行分裂呢?

(1)受细胞体积与表面积之比的限制

细胞不断与周围环境或邻近的细胞进行物质交换就必须有足够的表面积,否则它的代谢就难以进行。当细胞的体积由于生长而逐渐增大时,细胞表面积与体积的比例就会变小,导致表面积不够,而使细胞内部和外界的物质交换适应不了细胞的需要,这就会引起细胞的分裂,以恢复其原来的表面积与体积适宜的比例。

(2)维持细胞质与细胞核体积之间的平衡

细胞质中的生理、生化过程都受到细胞核中遗传信息的指引和控制。因此,当细胞质体积太大时,细胞核对这样大范围的细胞质的调节控制作用就会相对地减少,以致造成细胞核与细胞质的不平衡,从而引起细胞分裂,以恢复其细胞核与细胞质体积之间的稳定状态。

(3)细胞内物质扩散和运输的限制

扩散可以给细胞提供必需的营养物质,并有助于废物的排出,但物质的长距离扩散需要很多时间。所以细胞要正常起作用,个体就不能太大。细胞生长到一定大小时就开始一系列的变化,使它能分裂成两个细胞。

主要参考文献:

1.人民教育出版社生物自然室编著:《生物》(必修)(全日制普通高级中学书、试验书),北京:人民教育出版社,1998年6月版。

2.陈阅增主编:《普通生物学》,北京:高等教育出版,1997年7月第1版。

3.钟启泉主编:《国外课程改革透视》,西安:陕西人民教育出版社,1993年版。

本文载《素质教育新教案》(生物卷)(2000年8月)一书中,杜东平为本书的编者

素质教育新教案2:生命活动的调节

> 素质教育新教案与传统的教案的不同特点,是将教学的重点、难点、疑点及其解决方法凸现出来,形成一条亮丽的风景线。

植物的激素调节

一、素质教育目标

（一）知识教学目标

1. 了解植物的向性运动、生长素的发现过程。

2. 理解生长素的生理作用、植物激素的概念。

3. 掌握顶端优势的概念、原理,生长素的双重性和生长素在农业生产中的运用。

（二）能力训练目标

1. 通过生长素的发现过程的学习,培养学生科学研究方法,以及分析问题和解决问题的能力。

2. 通过生长素的生理作用及顶端优势的学习,训练学生将知识应用于生产实际的能力。

3. 通过植物向性运动的实验设计和观察,训练学生的探究能力、实验操作能力及创新能力。

（三）情感态度与价值观

1. 通过对生长素发现过程的学习,使学生具有严谨的科学态度,不断探索新知识的进取精神。

2. 通过顶端优势的原理的学习,使学生初步形成量变可以引起质变的唯物辩证法的世界观。

二、教学重点、难点、疑点及其解决办法

重点:生长素的生理作用和生长素促进果实发育。

解决方法:通过多媒体动画展示,教师边讲边板画以及用例题巩固强化等方法解决。

难点:生长素的双重性、顶端优势的原理。

解决方法:指导学生看图(教材图4-5和图4-6),比较同一植物不同器官对生长素浓度的反应。

疑点:植物激素与动物激素有何不同,向光性实验中背光一侧生长素浓度高为什么不抑制植物的生长。

解决方法:比较植物激素与动物激素的区别,比较向光性实验中背光一侧生长素浓度与顶端优势中浓度的区别。

三、课时安排

一学时。

四、教学方法

讲述法、谈话法。

五、教具准备

燕麦植株形态图,生长素发现过程的实验系列图,植物向光生长的盆栽植物(实物或图像),向光性原理(动画),顶端优势原理(动画)。

> 我学到的任何有价值的知识都是从自学中来的。
> ——[英]达尔文

六、学生活动设计

1. 课前阅读本节教材,对本节复习内容有基本了解。

2. 联系在上新课时所做的植物向性运动的实验和设计,分析一系列胚芽鞘实验结果,并推测原因。

七、教学步骤

(一)明确学习目标:见《一、素质教育目标——(一)知识教学目标》

知识点	达标层次		
	了解	理解	掌握
1．植物的向性运动			
2．生长素的发现	√		
3．生长素的生理作用		√	√
4．生长素的生产、分布和运输	√		
5．生长素在农业生产中的应用			√
6．其他植物激素	√		

(二)学习目标的完成过程

1. 系统知识的网络

植物的向性运动
概念:植物体受单一方向的外界刺激而引起的定向运动。
例子:幼苗的向光性生长、根的向重力性生长。
意义:是植物对外界环境的适应。
实验:植物向性运动的实验设计和观察。

生长素的发现

①单侧光照射胚芽鞘——胚芽鞘弯向光源。
②单侧光照射无尖端的胚芽鞘——胚芽鞘不生长也不弯曲。
③将胚芽鞘的尖端用锡箔小帽罩起来，单侧光照射击——胚芽鞘直立生长。
④单侧光只照射胚芽鞘尖端——胚芽鞘仍弯向光源生长。
推测：胚芽鞘尖端可能会产生某种物质，该物质在单侧光照射下，对胚芽鞘下面部分产生影响。
⑤接触过尖端的琼脂小块，放在切在尖端的胚芽鞘一侧——胚芽鞘弯向放琼脂块的对侧。
⑥未接触过尖端的琼脂小块，放在切去尖端的胚芽鞘一侧——胚芽鞘不生长，也不弯曲。
结论：胚芽鞘尖端确实能够产生某种物质，并向下运输促使胚芽鞘下面某些部分生长。

产生：主要在叶原基、嫩叶和发育中的种子
分布：多集中在生长旺盛部位
运输：从植物形态学的上端向下端运输

生理作用
促进生长：生长素能促进细胞的生长，从而促进植物生长
双重性
既能促进生长，又能抑制生长
低浓度的生长素促进生长，高浓度的生长素抑制生长
同一株植物的不同器官对生长素浓度不一样
顶端优势
概念：植物顶芽优先生长而侧芽受抑制的现象
原因：顶芽产生的生长素向下运输，大量积累在侧芽部位，使侧芽产生受抑制的缘故
解除：摘掉顶芽

生长素在农业生产中的运用
促进扦插的纸条生根
促进果实发育
防止落花落果

2. 重、难、疑点的解析

（多媒体银幕显示窗台上的盆栽植物向光弯曲和葵花向阳的图像）

教师讲述：植物为什么会有向光性呢？这与单侧光引起生长素分布不均匀有关。光线改变生长素的分布，向光的一侧生长素分布少，背光的一侧生长素分布多（板画），这样，背光一侧的细胞纵向伸长生长得快，结果使茎朝向生长慢的一侧弯曲，也就是朝向光源一侧弯曲。（板画）使茎表现出向光性。出示例题。（略）

教师讲述：生长素对植物生长的作用，往往具有双重性。生长素既能促进植物生长，也能抑制植物生长；既能促进发芽，也能抑制发芽；既能防止落花落果，也能疏花疏果。（多媒体银幕显示其双重性内容）为什么会出现这种现象呢，这与生长素的浓度和植物器官的种类有关。（指导学生阅读教材图4-5,同一株植物的不同器官对生长素浓度的反应）。（请学生回答：同一株植物根、芽、茎生长素的最适浓度分别是多少？）通过此图的观察我们可以得到什么结论？学生回答：低浓度的生长素可以促进植物的生长，而高浓度的生长素则抑制植物的生长。

（指导学生阅读教材图4-6)问这图表现的是什么？学生回答：植物的顶端优势。什么是顶端优势？学生回答顶端优势概念（略），出现顶端优势的原因是（多媒体银幕

显示顶茅产生的生长素向下运输,积累在侧芽部位,抑制侧芽生长的动画图像),顶芽产生的生长素向下运输,大量地积累在侧芽部位,使侧芽的生长素浓度过高,从而抑制了侧芽的生长。问:要使侧芽生长应该怎样处理? 为什么? 答:摘除顶芽。因为顶芽摘除后,侧芽的生长素浓度降低了,侧芽所受到的抑制作用解除,侧芽就可以发育成侧枝了。想一想,在生产实践上,顶端优势的原理已经在哪些方面得到运用。(教师提示:果树、棉花整枝修剪可以提高产量;园林绿化时,对植株进行修剪,可以造成一定形状的树冠,美化环境。)

生长素能促进果实发育。果实是怎样发育的呢?(多媒体显示植物子房和胚珠的模式图、植物双受精及发育文字图)我们知道,雌蕊受粉后,胚珠开始发育成种子,子房开始发育成果实。这时除去正在发育的种子,果实的发育就停止了。问:这种现象说明了什么?(教师引导学生回答:种子是果实发育所必需的条件。)为什么呢,科学实验证明,雌蕊受粉后,发育着的种子内合成了大量的生长素,在这些生长素的作用下,子房就能够发育成果实。根据这个道理,在没有受粉的柱头上涂上一定浓度的生长素,子房也能发育成果实。只是因为胚珠内的卵细胞没有受精,所以果实没有种子,这样的果实就是无子果实。

植物激素是在植物体内(如叶原基、嫩叶和发育的种子)合成的,从产生部位运输到作用部位,并且对植物体的生命活动产生显著的调节作用的微量有机物。动物激素是由专门的器官(内分泌腺)分泌的,并由血液输送到一定的器官发生作用的。也就是说植物激素与动物激素比较,它们产生的部位不同、运输方式不同、作用的部位也不相同。其相同:第一,它们都是微量有机物;第二,对生物体都具有显著的调节作用。

当单侧光照射胚芽鞘时,背光的一侧生长素浓度虽高于向光的一侧,但其浓度仍在促进生长浓度范围内,所以植物向着光源生长。而植物产生顶端优势时,其侧芽生长素的浓度高于促进生长的浓度,因此侧芽的生长受到抑制。

3. 解题技巧导引

【典型题型】

例1 如图 ABCDE 中,燕麦芽鞘直立生长的是＿＿＿＿＿。

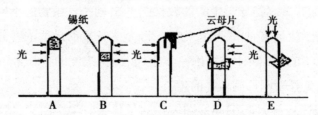

解题策略:此题主要考查学生对茎的向光性的理解,即明确生长素的产生部位、

运输特点、作用部位和生长素的分布与单侧光照的反应。解答此题时学生必须明确以下几点:①胚芽鞘尖端产生生长素并向下运输;②单侧光照射使胚芽鞘尖端的生长素分布不均匀,背光的一侧比向光的一侧分布得多,背光的一侧比向光的一侧生长得快;③胚芽鞘感受光刺激的部位在尖端,向光弯曲部位在尖端下面的一段。图中的锡箔纸不透光;云母片不透水,也不能透过生长素。A图中,感光部位被锡纸遮住,故A直立生长。B图中锡纸遮住尖端下部,不影响尖端感受光的刺激,故B向右弯曲。C图中云母片从中隔断,虽有单侧光照射,但不能使生长素分布不均匀,故C直立生长。D图中,单侧光虽可使尖端生长素分布不均匀,但不能向下运输,因此D不生长,也不弯曲。E图中,光照虽不影响生长素的分布,但是生长素向下运输时,右侧被阻断,因此左侧的生长素较多,E向右弯曲。

答案:AC

例2 在棉花的栽培过程中,需要摘心(打顶),使侧芽的生长素量( )

A.减少,以抑制其生长　　　　B.增加,以抑制其生长

C.减少,以利其生长　　　　　D.增加,以利其生长

解题策略:顶芽是棉花植株生长旺盛的部位,它产生的生长素向下运输,大量积累在侧芽部位,使得侧芽生长素浓度过高,从而抑制侧芽的生长。通过摘心,侧芽部位的生长素浓度降低,以利于侧芽的生长,使侧芽发育成侧枝,从而多开花、多结果,达到增产的目的。

答案:C

例3 栽培的番茄因某种原因不能完成受精作用,可用生长素溶液涂于花上,生长素的作用是( )

A.促进受精作用　　　　　　B.促进染色体加倍

C.促进子房壁发育　　　　　D.促进胚珠发育为种子

解题策略:番茄的受精与否影响到种子的形成,未完成受精作用即意味着该种番茄无法形成种子。而种子在发育过程中产生的生长素能促进子房壁的发育。用生长素液涂于花上,此时的生长素将代替种子在发育过程中产生的生长素而促进子房壁发育成果实。

答案:C

【能力提高】

1.向日葵朝向太阳生长的原因是( )。

A.向光侧生长素多　　　　　　B.向光侧细胞分裂快

C.背光侧细胞分裂快　　　　　D.生长素向光侧分布少,背光侧分布多

分析:单侧光照射引起生长素分布不均匀,生长素分布在背光侧较多,在向光侧

较少,使茎背光侧细胞伸长生长较快,而向光弯曲。

答案:D

说明:本题主要考查植物向光性的原因,考查学生分析具体问题的能力。

2. 植物表现出顶端优势的现象,主要原因是(　　)。

A. 顶芽里的生长素浓度过高

B. 顶芽里的营养物质积累过多

C. 顶芽产生的生长素大量积累在侧芽

D. 侧芽里的生长素浓度不够

解析:生长素的对植物生长的作用,具有双重性,低浓度的生长素可以促进植物生长,而高浓度的生长素则抑制植物的生长。由于顶芽产生的生长素向下运输,大量地积累在侧芽部位,使侧芽生长受到抑制,从而表现出顶端优势。

答案:C

说明:本题考查生长素的双重性和顶端优势等知识点。通过本题练习,让学生学会观察植物生命现象,以及学会分析现象的原因。

3. 一只发育着的幼果,虫蛀后不再生长,主要原因是虫蛀食(　　)。

A. 子房壁　　　　B. 受精极核　　　　C. 幼嫩种子　　　　D. 受精卵

分析:在果实发育早期,发育着的种子里合成的大量生长素可以促进果实的发育。因此,果实虫蛀后不再生长,一定是虫蛀食了幼嫩种子。

答案:C

说明:此题考查学生在新情景下运用所学的生长素与果实发育关系的知识去分析、解决问题的能力。

4. 要得到番茄的无子果实,需将一定浓度的生长素溶液滴在花的雌蕊柱头上,处理的时期和条件是(　　)

A. 花蕾期,不去雄蕊　　　　　　　B. 花蕾期,去掉雄蕊

C. 开花后,不去雄蕊　　　　　　　D. 开花后,去掉雄蕊

分析:果实能否发育决定于生长素,有无种子决定于是否受精。因此,要想得到无子果实,处理一定是在花蕾期,而且必须去掉雄蕊。

答案:B

说明:这是一个理论与实践操作相结合的题。学生虽知道用生长素涂抹雌蕊柱头可获得无子番茄。但究竟怎样操作?什么时候操作?是否去掉雄蕊等都必须考虑周全。

5. 将4株长势相同,具有顶芽的健壮植株分别进行如下处理,其中哪一处理办法最有利于侧芽发育成枝条?(　　)

A. 去顶芽后,在断口上放一块琼脂小块

B. 去顶芽后,在断口上放一块富含生长素的琼脂小块

C. 不去顶芽,在侧芽涂以含低浓度的生长素的琼脂

D. 不去顶芽,在侧芽上涂以琼脂

解析:要使侧芽发育成侧枝,一定要解除顶端优势。B、C、D三项处理都不能解除顶端优势。仅有A处理可降低侧芽生长素的浓度,促进侧芽发育成侧枝。

答案:A

说明:此题中虽有多种处理方法,但是一旦进行具体分析,发现其中最有利于侧芽发育侧枝的,只能是A,因此此题在于考查学生分析问题的能力。

6.摘除顶芽破坏了顶端优势,侧芽部位生长素浓度变化情况是(   )。

A. 增加　　　　　B. 降低　　　　　C. 不变　　　　　D. 先增后降

分析:植物具有顶端优势,是因为侧芽的生长素浓度大于顶芽生长素的浓度,摘除顶芽产生的生长素不能向下运输到侧芽,从而使侧芽的生长素浓度降低。

答案:B

说明:此题考查学生分析问题的能力。

【探索创新尝试】

1.下图是一根切去尖端的燕麦胚芽鞘,若在其中央放置一富含生长素的琼脂小块,从不同方向给予光照,培养一段时间,胚芽鞘的生长情况将会怎样?

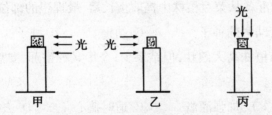

分析:胚芽鞘能否生长取决于是否具有尖端,实际上是取决尖端产生的生长素。胚芽鞘能否弯曲取决于尖端是否感受单侧光的照射,实际上是单侧光影响生长素的分布不均匀而产生的。此题中的甲、乙、丙三图,由于都去掉燕麦胚芽鞘的尖端,所以光照对它们没有影响,即光照不能影响生长素的分布。含生长素的琼脂小块放置在胚芽鞘的中央,胚芽鞘的生长素分布均匀。所以,它们都是直立生长。

答案:甲、乙、丙都将直立生长。

说明:此题是新情景下对学生所学知识理解和掌握的考查。学生虽未接触过此类型的题,但只要能应用已学过的知识,分析出现的问题,就不难得出正确的答案。通过训练可培养学生的知识迁移能力和分析、解决问题的思维能力。

(三)目标自测

一、选择题

1. 将燕麦幼苗甲、乙分别种植在单侧见光的暗盒内,并在甲苗尖端套上不透光的小帽,结果甲苗直立生长,而乙苗弯向光源生长。此实验说明(　　)。

　　A. 植物的尖端是感光部位　　　　　　B. 植物的生长具有向光性

　　C. 植物尖端产生生长素　　　　　　　D. 背光一侧比向光一侧生长分布多

2. 带芽的枝条扦插易成活的原因是(　　)。

　　A. 表明芽的枝条是活的　　　　　　　B. 芽细胞分裂快

　　C. 芽与根不可分　　　　　　　　　　D. 芽能产生生长素

3. 顶端优势现象不能说明的是(　　)。

　　A. 芽能产生生长素　　　　　　　　　B. 生长素生理作用的二重性

　　C. 生长素的成分主要是吲哚乙酸辣　　D. 生长素能向下运输,且为主动运输

4. 松树主干生长旺盛而侧枝生长较弱,主要是由于其侧芽(　　)。

　　A. 缺乏生长素　　　　　　　　　　　B. 产生生长素太少

　　C. 产生生长素多　　　　　　　　　　D. 积累生长素过多

5. 农业生产上用生长素类似物2,4-D进行稻田除草,其原理是(　　)。

　　A. 高浓度促进杂草衰老　　　　　　　B. 高浓度抑制杂草生长

　　C. 低浓度抑制杂草生长　　　　　　　D. 高浓度促进水稻生长

6. 某科学工作者准备从菜豆植株中提取生长素,最理想的部位是(　　)。

　　A. 幼叶　　　　B. 幼嫩的种子　　　　C. 幼根　　　　D. 种子

7. 去年种的番茄植株高大健壮,但结果少;今年又种番茄,要想增加产量,应采取的一项措施是(　　)。

　　A. 施用氮肥　　　B. 加强灌溉　　　C. 适时摘心　　　D. 去掉老的枝叶

8. 农业生产上防止棉花落花落果的措施是(　　)。

　　A. 适时摘心　　　　　　　　　　　　B. 整枝修剪

　　C. 多施用肥料　　　　　　　　　　　D. 用一定浓度生长素类似物喷洒棉株

9. 用带芽的葡萄枝条扦插,能长出不定根;用不带芽的枝条扦插,则难以生根。下列有关解释中,错误的是(　　)。

　　A. 芽能产生生长素　　　　　　　　　B. 植株只有芽才能产生生长素

　　C. 生长素能促进扦插的枝条生根　　　D. 不带芽的枝条几乎不含生长素

10. 下列不属于植物生长素所具有的生理作用的选项是(　　)。

　　A. 促进生长　　　　　　　　　　　　B. 促进果实发育

　　C. 促进植物繁殖　　　　　　　　　　D. 促进扦插的枝条生根

11. 在植物体内,合成生长素最活跃的部位是( )。

A. 幼嫩的种子　　　　　　　　　B. 形成层细胞

C. 顶端分生组织　　　　　　　　D. 包括以上三项

12. 下列各项中,不属于利用顶端优势及原理的措施是( )。

A. 新栽的小树要去掉部分枝叶　　B. 果树的整枝修剪

C. 修剪篱笆　　　　　　　　　　D. 黄瓜打尖后多结果

13. 用一浓度的生长素处理基因型为 AaBb 的幼苗,长成的植株基因型为( )。

A. AaBb　　　B. AABB　　　C. AaaaBBbb　　　D. aabb

14. 把成熟的苹果与未成熟的香蕉密封在一起可促使香蕉成熟,是由于苹果放出了( )。

A. 乙烯　　　　B. 赤霉素　　　　C. 脱落酸　　　　D. 细胞分裂素

15. 下列生产措施,与激素应用无关的是( )。

A. 果树整形修剪　　　　　　　　B. 移栽树苗后去掉部分叶片

C. 培养无子西瓜　　　　　　　　D. 家畜的阉割

二、填空题

1. 月季要经常剪去枝梢才能多开花,这符合_____原理。

2. 一生物兴趣小组进行如下实验:把黄瓜植株上若干朵雌花分成三组,甲组让其在自然条件下生长发育;乙组、丙组在开花前就进行套袋隔离,其中乙组在套袋隔离过程中,当黄瓜开花时涂以一定浓度的生长素溶液。根据理论上推测,三组黄瓜的结果是:

　　甲组:_____;乙组:_____;丙组:_____。

3. 植物生长素能促进植物的生长;细胞分裂素能促进细胞分裂和组织分化;乙烯能促进果实的成熟,这说明植物的生长发育过程,_____,_____。

4. 生长在地里的一条2米长的南瓜藤,仍然迅速成长,而其叶腋处的侧芽,却不能发育成藤,这种现象在生物学上叫_____;如果将南瓜藤的顶端剪去,不久,侧芽也长成一条南瓜藤了,这是由于_____。

八、参考资料

植物的向重性——空间科学研究的热点

在地球重力场上生长的植物种子或幼苗,无论所处的位置如何,总是根朝下、茎朝上生长,即使植株倒伏,其茎秆仍然自行向上生长,这种生长走向主要由重力引起其生长素分布不均匀所致。

近年来随着空间技术的迅速发展,人类探索太空和开发太空产业的活动日渐频繁。然而人类走向太空生活的首要条件之一，就是培养出能在太空生长发育并繁衍后代的植物种群。那么，太空环境对植物的生长走向、形态、生长发育以至繁殖后代将会产生哪些影响？植物又如何克服其中不利的影响，在太空中正常生活？要解决上述问题必须深入研究植物对重力反应及其机理。空间绝无仅有的长期失重坏境为向重性研究提供了有利条件。植物向重性研究已成为空间生命科学中的研究热点。美国航空航天局在空间生物学和医学21世纪的研究战略中，就将植物向重性及其机理研究列为首选课题。

主要参考文献：

1. 人民教育出版社生物自然室编著：《生物》(必修)，第二册(全日制普通高级中学教科书、试验书)，北京：人民教育出版社。

2. 陈阅增主编：《普通生物学》，北京：高等教育出版社，1997年7月第1版。

3. 钟启泉主编：《国外课程改革透视》，西安：陕西人民教育出版社，1993年版。

本文载《素质教育新教案》(生物卷)(2000年8月)一书中，杜东平为本书编者

素质教育新教案3：基因的分离规律

> 在教学步骤这块内容中有明确目标，重点、难点的学习与目标完成过程，总结扩展，布置作业等四个教学环节，突出了以学生为主体，学生学习思维的高层性、思维的深刻性和理解问题的渐进性。

基因的分离规律

一、素质教育目标

（一）知识教学点

1. 理解孟德尔一对相对性状的遗传实验及其解释和验证；

2. 理解基因型、表现型及环境的关系；

3. 掌握基因的分离规律；

4. 了解显性的相对性；

5. 了解分离规律在实践中的应用。

（二）能力训练点

1. 通过从分离规律到实践的应用：从遗传现象上升为对分离规律的认识，训练学生演绎、归纳的思维能力；

2. 通过遗传习题的训练，使学生掌握应用分离规律解答遗传问题的技能技巧。

（三）德育渗透点

除进行辩证唯物主义思想教育外，着重在提高学科科学素质方面进行下列两点教育：

1. 孟德尔从小喜欢自然科学，进行了整整8年的研究实验，通过科学家的事迹，对学生进行热爱科学、献身科学的教育；

2. 通过分离规律在实践中的应用，进行科学价值观的教育。

（四）学科方法训练点

1. 了解一般的科学研究方法：实验结果—假说—实验验证—理论；

2. 理解基因型和表现型的关系，初步掌握在遗传学中运用符号说明遗传规律的形式化方法。

二、教学重点、难点、疑点及解决办法

1. 教学重点及解决办法

基因的分离规律

［解决办法］

(1)着重理解等位基因的概念，因为这是分离规律包涵的基本概念。

(2)在分离现象的解释、测交的讲授中强调杂合体中等位基因随同染色体的分开而分离，因而形成1:1的两种配子。

(3)应用分离规律做遗传习题。

(4)说明不完全显性遗传F_2表现型之比为1:2:1，更证明分离规律的正确性和普遍适用性。

2. 教学难点及解决办法

(1)分离规律的实质。

(2)应用分离规律解释遗传问题。

［解决办法］

(1)运用减数分裂图说明第一次减数分裂时等位基因随同源染色体的分开而分离。

(2)出示有染色体的遗传图解。

(3)应用遗传规律解题——典型引路，讲清思维方法。

3. 教学疑点及解决办法

相对性状

杂交方法

人的高、矮遗传也像豌豆一样吗？

［解决办法］

相对性状＿＿＿＿＿＿＿解释概念，举例说明，并口头测试。

杂交方法＿＿＿＿＿＿＿用挂图说明去雄蕊授粉。

人的高矮遗传＿＿＿＿＿＿＿说明是多基因的遗传。

三、课时安排

3课时。

四、教法

讲述、谈话、练习。

五、教具准备

杂交图、一对相对性状遗传实验图、画有染色体的遗传图解的图、减数分裂示意图、紫茉莉的遗传图解、板书可由银幕显示、多媒体教学器材。

六、学生活动设计

1. 让学生判别相对性状或学生自己举例说明。

2. 课本上几种显性和隐性状让学生相互识别。

3. 测交的内容在教师的引导下自己去做出结果。

4. 分离规律讲述后,阅读理解。

5. 学生做一对相对性状杂交到子二代的遗传图解。

6. 学生做分离规律的遗传习题。

7. 学生做课本上人类显性和隐性的遗传图解。

8. 给学生思考的时间提出有关遗传的问题。

七、教学步骤

第一课时

(一)明确目标

多媒体教学的银幕上显示本堂课的教学目标,让学生明确本堂课应达到的学习目标。

学习孟德尔的科学精神;了解它的研究特点和方法;理解对实验结果的解释;理解基因型与表现型的关系;练习规范地做遗传图解。

(二)重点、难点的学习与目标完成过程

引言:在前面的学习中我们知道了基因是控制生物性状的遗传物质的功能单位和结构单位。那么基因在传宗接代中有什么样的传递规律,得先了解遗传学奠基人孟德尔。

讲述:

介绍孟德尔简历、豌豆杂交实验,揭示遗传学的经典定律——分离规律和自由组合规律,35年后三位科学家重新发现被埋没的真理,重新展现真理的光辉。

孟德尔的研究方法:杂交实验法。

杂交实验法是研究遗传规律的基本方法。

什么是杂交实验法?银幕显示并讲解如何传粉、受精,受精卵是第二代的起点,发育成胚直到豌豆种子。

孟德尔选用的实验材料——豌豆。自花传粉,也是闭花授粉。实验结果可靠又易于分析,这是他研究的特点,也是他研究成功的原因之一。

(一)基因分离规律

讲述:

由高茎豌豆和矮茎豌豆引出相对性状的概念。

相对性状——同种生物同一性状的不同表现类型。

此概念有三个要点:同种生物——豌豆

同一性状——茎的高度

不同表现类型——高茎1.5~2.0m

矮茎0.3m左右

提问:豌豆种子的子叶黄色与绿色是不是相对性状? 为什么?(回答:是。具备相对性状概念包含的三个要点:同一种生物——豌豆,同一性状——子叶颜色;不同表现类型——黄色与绿色)

检测提问:(问题出示在银幕上)

选出下列不是相对性状的一项:

A. 果蝇的红眼和白眼　　　　　　B. 人类的近视和色盲

C. 棉花的长绒与短绒　　　　　　D. 豌豆花的腋生与顶生

答案:(B)。因为近视指视觉的远近,色盲指视觉的颜色,不是同一性状。

讲述:孟德尔研究性状遗传,首先是针对一对相对性状的传递情况进行研究,然后再对多对相对性状在一起的传递情况进行研究——这种研究方法是他研究的特点,也是他获得成功的又一原因。

讲述:交代在遗传图解中常用的符号:

P—亲本　♀—母本　♂—父本　×—杂交　⊗—自交(自花传粉,同种类型相交)　F_1—杂种第一代　F_2—杂种第二代

下面解说孟德尔的一对相对性状实验:

1. 一对相对性状的遗传实验

讲述:银幕出示图像演示杂交实验过程及结果,配合讲述,着重讲清以下三个基本概念:

显性性状和隐性性状——在杂交实验中,把杂种F_1中显现出来的那个亲本性状叫做显性性状(简称显性);把未显现出来的那个亲本性状叫做隐性性状(简称隐性)。

杂交子一代全是高茎,自花传粉也叫自交,即同种类型相交,子二代高茎豌豆与矮茎豌豆的数量比是787:277接近3:1。孟德尔读书时就喜欢数学,因此他在研究中应用了数学统计的方法,对实验结果进行分析,这是他研究的第三个特点,也是成功的第三个原因。

归纳起来:

孟德尔研究的方法:杂交实验法(生物学方法)。

研究特点:①实验材料——选用自花传粉的豌豆。

②分析研究方法——从一对相对性状入手。

③运用数学方法——数学统计。

性状分离——在杂种后代中显现不同性状(如高茎和矮茎)的现象叫做性状分离。

学生活动:联系实际认识显性隐性。对照课本P158中图55,学生相互识别有无耳垂、卷舌与不卷舌、双眼皮与单眼皮,从而了解人类遗传的显、隐性状。

2.对分离现象的解释

提问:什么是基因? 基因位于何处?

学生答:(略)

讲述:(1)基因控制性状

控制显性性状的基因是显性基因,一般用大写字母表示,豌豆高茎基因用D表示。

控制隐性性状的基因是隐性基因,一般用小写字母表示,豌豆矮茎基因用d表示。

在体细胞中,控制性状的基因成对存在,纯种高茎豌豆DD表示,矮茎豌豆用dd表示。

在生殖细胞中,控制性状的基因成单存在,因为核基因位于染色体上,减数分裂时,同源染色体分离,导致生殖细胞染色体数目减半,因此高茎豌豆生殖细胞中基因为D,矮茎豌豆生殖细胞中基因为d。

提问:受精卵为Dd,以后种子的胚及种子播种下去长出的体细胞的基因构成是什么?

受精卵为Dd,即是杂种一代的起点,以后按有丝分裂发育成的胚、豌豆种子、播种后长出的根、茎、叶体细胞的基因构成均是Dd。

讲述:(2)等位基因的概念

在一对同源染色体的同一位置上,控制着相对性状的基因,叫做等位基因。

例如:D和d就是等位基因。

此概念有两个要点:

一对同源染色体同一位置上,如图,控制着相对性状的基因,如高茎和矮茎。

显性作用:等位基因D和d,由于D和d有显性作用,所以F_1 (Dd)的豌豆是高茎。

等位基因分离:D与d一对等位基因随着同源染色体的分离而分离,最终产生两种雄配子。D:d=1:1;两种雌配子D:d=1:1。银幕出示有染色体遗传的图像,结合讲解,着重强调这是孟德尔解释的最核心、最关键的内容。D、d独立存在,它要随同源染色体分离而分离,分别进入不同配子。

(3)3:1的结果:两种雄配子D与d;两种雌配子D与d,受精就有四种结合方式,因此F_2的基因构成情况是DD:Dd:dd=1:2:1,性状表现为:

高茎:矮茎=3:1。

3. 基因型和表现型：

表现型——指生物个体所表现出来的性状。例如，高茎和矮茎。

基因型——指与表现型相关的基因组成。例如，高茎豌豆的基因型有 DD 和 Dd 两种，而矮茎豌豆的基因型只有 dd 一种。

基因型是指生物体内部的遗传物质结构，存在于细胞核（核基因），一般用英文字母表示。

表现型指性状，现阶段我们学习的性状大多可外化于生物体，甚至肉眼可见。表现型大多用中文字母表示。（血型也是性状，但不可见。）

基因型是表现型的内在根据，表现型是基因型的表达形式，是遗传作用的外化。

（三）总结、扩展

孟德尔的研究方法是杂交实验法，用高豌豆和矮豌豆杂交，杂种一代全是高茎豌豆，经自花传粉后，杂种二代发生性状分离。高茎豌豆和矮茎豌豆之比为 3:1。孟德尔解释的关键是杂合体中等位基因随同源染色体分开而分离，分别进入两个配子中。

孟德尔又做了豌豆子叶黄色和绿色等其余六对杂交实验，F_2 表现型的比例均是 3:1，请同学们按板书要求试着做遗传图解。

（四）布置作业

1. 杂合高茎豌豆自交产生的后代中，杂合高茎植株约占后代总数的（   ）。答案：B。

A. 1 / 4   B. 1 / 2   C. 3 / 4   D. 100%

2. 什么叫等位基因？

3. 做遗传图解：

豌豆子叶黄色纯种（YY）与绿色子叶豌豆（yy）杂交，F_1 表现型全是黄色，让其自交后，F_2 发生性状分离，黄色子叶与绿色子叶豌豆之比为 3:1。请做遗传图解到 F_2。

（五）板书设计

二、遗传的基本规律

（一）基因的分离规律

1. 一对相对性状的遗传实验

2. 对分离现象的解释

3. 表现型和基因型

一对相对性状的遗传图解：

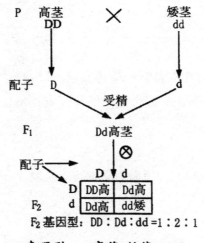

P　高茎　　　×　　矮茎
　　DD　　　　　　　dd

配子　D　　　　　　　d

受精

F₁　　　　Dd高茎

配子　　　D　　d

	D	d
D	DD高	Dd高
d	Dd高	dd矮

F₂

F_2 基因型：DD：Dd：dd=1：2：1

表现型　高茎：矮茎＝3：1

七、教学步骤

第二课时

（一）明确目标

银幕显示使学生明确本堂课应达到的教学目标：

1. 理解测交的概念。

2. 了解科学研究的一般方法。

3. 掌握分离规律。

4. 了解表现型是基因型与环境条件共同作用的结果。

5. 了解显性的相对性。

（二）重点、难点的学习与目标完成过程

引言：通过上节课的学习，我们知道基因型是生物个体内部的遗传物质结构；表现型则是基因型的表现形式，根据大量的实践研究发明，表现型不仅决定于基因型而且还要受环境的影响。

4. 环境对生物表现型的影响

讲述：

（1）太阳红玉米 ——阳光照射→ 红色（叶、穗均红）

太阳红玉米 ——无光照→ 不呈红色

说明太阳红基因在光照下是显性，无光照是隐性。

（2）喜玛拉雅白化兔在30℃以上的温度体色为纯白色，25℃以下身体白色，嘴、耳、尾巴、四肢末端为黑色。

说明：基因型 ——环境影响→ 表现型

提问：什么是等位基因？

学生回答：

略。

引言：孟德尔做了一对相对性状的遗传实验，并用自己的思想做出了解释，这种解释没有实验验证前叫做假说。那么他的解释究竟正不正确，还要经实验验证。下面就讲他的实验验证——测交。

4. 测交

让杂种一代与隐性类型相交，用来测定F_1的基因型。

教师板书：测交：杂种一代 × 隐性类型

        Dd   dd

教师关键指示：按孟德尔的解释，杂种一代Dd，能产生几种配子？比值如何？

学生活动：学生动手做出测交的遗传图解，并请一位学生到黑板上做题。

学生可能这样做：

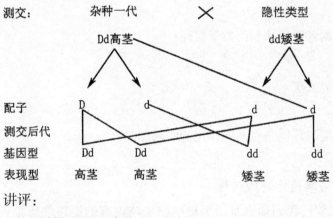

讲评：

（1）这样做也是正确的。

高：矮＝2：2＝1：1

为简化，d、d两种配子相同，即可写一种d表示。

（2）孟德尔亲自到农田进行豌豆杂交实验，得到高茎：矮茎＝30：34，接近1：1。预期结果和实践结果是一致的。测交证实F_1是杂合体，实践是检验真理的唯一标准，因此，孟德尔的解释（假说）应上升为真理。

银幕显示：实验结果→假说→实验验证 $\begin{cases} 验证结果与假说推论结果 \\ 一致 → 假说上升为真理 \\ 二者不一致，否定假说 \end{cases}$

这是科学研究的一般方法（物理、化学等科学通用的科研方法）。

4. 基因的分离规律

讲述：老师表述分离规律。然后银幕显示减数分裂活动图像，进一步讲清分离规律的实质——等位基因随同源染色体分开而分离,分别形成两种配子,明白分离规律的细胞学基础。

提示:分离规律包含的杂合体、同源染色体等几个基本概念务必搞清楚。

学生活动:学生看书,理解的基础上记忆分离规律。

提问:什么是分离规律?

(在进行减数分裂的时候,等位基因随着同源染色体的分开而分离,分别进入两个配子中,独立地随着配子遗传给后代。)

5.显性的相对性

讲述:红花紫茉莉与白花紫茉莉杂交,F_1都开粉红花,F_2则有开红花、粉红花和白花,它们之间比例接近1:2:1。

银幕出示:遗传图。

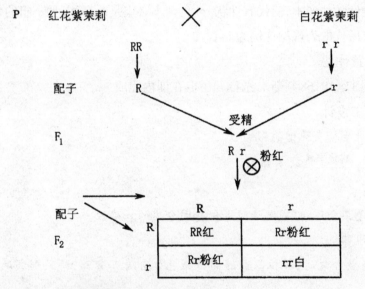

F₂基因型 RR：Rr：rr＝1：2：1
表现型   红花：粉红：白花＝1：2：1

讲述:

提问:它们杂交的F_2表现型不是3:1,而是1:2:1,那么是不是说明,分离规律不适用,而是一种特殊情况呢?

学生讨论回答。

(答案:分离规律适用。而且更证明了分离规律的正确性、普遍适用性。因为实践中的1:2:1和按孟德尔分离规律推导F_2的表现型也是1:2:1,二者一致。)

(三)总结、扩展

分离规律不是指杂交结果的3:1,无论杂交结果是3:1、1:1或1:2:1,分离规律都是适用的,它是指杂合体在进行减数分裂时,等位基因随着同源染色体的分开而分離,分别进入两个配子中,独立地随着配子遗传给后代。

孟德尔揭示的分离规律具有划时代的意义,是对融合遗传的否定。当时流传很广的融合遗传认为双亲遗传物质在下一代发生融合("混血儿"一说即是一例)。孟德尔强调杂合体内等位基因互不融合或混杂,保持相对独立性,在形成配子时还要分离,分别进入两个配子。

扩展应用:应用分离规律,根据亲代、子代的表现型可推知基因型。课本P168四题请大家做。

讲评:解题思路:

(1)首先确定显性性状:相对性状杂交,子一代中,表现出来的性状是显性性状,如紫花,而没表现出来的性状则是隐性性状,如白花。

(2)先确定隐性性状的基因型,必定是纯合体,如白花PP。

(3)显性性状的亲本,后代有性状分离,亲本必定是杂合体,如一组的紫花Pp。

(4)测交后代的表现型比例为1:1。

(四)布置作业

P167(除3题)P168判断4,选择题争取在课内完成。

(五)板书设计

4.环境对生物表现型的影响

基因型 $\xrightarrow{\text{环境影响}}$ 表现型

5.测交:

证实F_1是杂合体;形成配子时等位基因分离的正确性。

6.分离规律

实质:减数分裂时,等位基因随同源染色体分开而分离,结果形成两种类型的配子。

7.显性的相对性

F_1既不是红花,又不是白花,而是粉红,这是不完全显性。

第三课时

七、教学步骤

(一)明确目标

银幕出示本堂课教学应达到的教学目标:

1.了解分离规律在实践中的应用。

2.通过三节课的学习,初步掌握在遗传学中运用符号说明遗传规律的形式化方法。(重点)

（二）重点、难点的学习与目标完成过程

引言：孟德尔的分离规律，第一次从理论上揭示了生物性状遗传的实质，奠定了遗传学的基础。孟德尔的分离规律在实践中也具有重要的指导意义。

8.基因分离规律在实践中的应用

(1)农业育种

讲述：第一，根据分离规律知道杂交的 F_2 开始出现性状分离，其中隐性性状个体能稳定遗传。显性性状中的部分个体在下一代出现性状分离。因此，目前生产上的有效办法是，年年选用适宜的品种，杂交这种杂种优势(优良性状)的利用只局限在第一代。

提问：第二，小麦的某些抗病性状，多数是由显性基因控制的。很多小麦都是杂种，你怎样得到能稳定遗传，即不发生性状分离的纯种抗病小麦？

学生答：(将杂种连续地种植、观察、选择，直到确认不发生性状分离的抗病类型为止)。

提问：第三，小麦的白粒是隐性性状，红粒是显性性状，你要白粒小麦，手中仅有一些杂种的红粒小麦，是否就没有希望选到白粒小麦？

学生答：(根据分离规律用杂种的红粒小麦自交到 F_2，会发生性状分离出现白粒小麦，必是纯种，就能稳定遗传。)

(2)人类遗传病

人类单个基因遗传大约有3368种，大部分是异常性状，少数为正常变型。其中显性性状(常染色体)1827种，隐性性状(常染色体)1298种(X——连锁性状243种——不讲)

显性遗传

多指(如六指)是由显性致病基因A控制的一种常见畸形。

抽两位同学分别作

遗传图解：

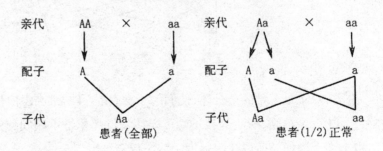

小结：显性遗传(常染色体)。

①正常人不会把这种性状传给子女。

②患者大多数为杂合体，子女有1／2的机会患病。

隐性遗传

讲述：即大家常见的白化病，即洋白头。因缺少黑色素，所以皮肤白色，头发黄色，虹膜带红色（血管颜色），畏光，它是隐性遗传病由隐性基因a控制，正常人由正常A基因控制。

学生活动：请写出以下的基因型

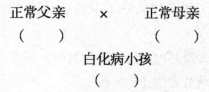

讲评：

①先写隐性性状的基因型，白化患儿必定是aa。

②正常父母必定含有一个正常基因A，父母基因型可暂表示A_。

③基因型aa的白化病小孩，是由受精卵发育来的，必定一个a来自卵细胞，一个a来自精子，也就是说父母都必定含有a基因，那么，根据第2项，父母基因就可表示为Aa。

学生活动：大家做遗传图解，抽两个同学到黑板上做。

讲评：

①在遗传学上，含有一个隐性致病基因的杂合体叫做携带者。

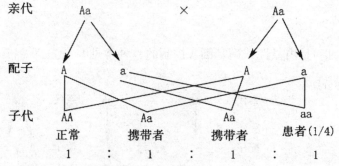

②双亲是正常的杂合体，他们的子女有1／4的机会患白化病。

③近亲结婚，所生的孩子就可能从父母那里继承相同的致病基因，这使后代患病机会大大增加。所以我国婚姻法禁止近亲结婚。

伟大的生物学家达尔文和表姐艾玛结婚生了六个男孩四个女孩，没有一个体格健壮，两个大女儿未成年即夭折，第三个女儿和两个儿子终生不育，其余孩子智力低下而且多病，这就是近亲结婚造成的恶果。

小结:应用分离规律可以指导农业培育良种,提高产量;也可以应用在医学上,避免某些遗传病,因此科学技术是伟大的生产力,我们应该学习科学,热爱科学,应用科学技术发展生产。

学生活动:联系所学知识,议论、提问。

讲评:学生当中很可能有人由豌豆的高茎和矮茎的遗传联想到人类的身高遗传,这是在教学实践中常常有学生问及的,需解释的是豌豆的高茎和矮茎是单基因遗传,人类的身高是多基因遗传,是由很多基因共同作用的结果。

(三)总结

孟德尔揭示的分离规律奠定了遗传的基础,它的分离规律是经典的遗传定律。对于认识植物、动物、微生物及人类遗传现象有普遍的指导意义。基因的分离规律也是随后要学习的基因自由组合规律的基础。

(四)布置作业

1. 用纯合的高茎豌豆与矮茎豌豆杂交得 F_1,F_1 自花受粉得 F_2,F_2 再自花授粉得 F_3,那么,F_3 中矮茎豌豆所占的比例是(　　　)

A. 1 / 4　　　　B. 1 / 6　　　　C. 3 / 8　　　　D. 1 / 8

2. 狗的卷毛是由于一个显性基因控制,直毛是由于它的隐性等位基因控制。有两只卷毛狗交配,产生出一只卷毛雄狗,你用什么方法,判定这只卷毛雄狗是纯合体还是杂合体?

3. 选做题:(供有兴趣的学生提高用)

在人类遗传中,白化性状受隐性基因(a)控制,正常性状受显性基因(A)控制。以下是白化遗传系谱图。

问:(1)1、2、5的基因型?

(2)"5"是杂合体的几率是多少?

(3)"5"若与一个白化男子结婚生一个白化小孩的几率是多少?

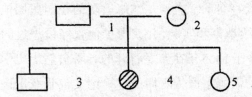

答案:1. 3 / 8　2. 测交。即卷毛雄狗与直毛雌狗交配。若后代全是卷毛狗,则被测卷毛雄狗为纯种,若后代有直毛狗出现,则为杂种。

3.（1）Aa、Aa、AA或Aa

（2）2／3。1与2的后代，基因组合如图，已知"5"图中显示是正常而不是白化aa，所以"5"是剩下的AA、Aa、Aa三种，其中有杂合体的机会有两种，故2／3。

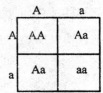

（3）1／3。（2／3×1／2＝1／3，"5"若是杂合体与白化男子婚配后代患白化病的概率为1／2（即Aa×aa→Aa与aa），又因"5"不是100％的杂合体，是杂合体的可能性为2／3。因此，2／3×1／2＝1／3。

（五）板书设计

8.基因分离规律在实践中的应用

（1）农业育种

第一，杂交优势利用，仅限第一代。

第二，选显性性状类型，需连续种植选择，直到不发生性状分离。

第三，选隐性状类型，杂合体自交可选得。

（2）人类遗传

显性致病基因：多指。

隐性致病基因：白化病。

近亲结婚，有可能从共同的祖先那里继承相同的致病基因，从而引起后代发病。

八、参考资料

孟德尔 遗传学的奠基人，生于1822年，他原来并非生物学家，而是奥地利的布龙奥大利修道院的一名天主教神父，当他进入修道院时还是个穷苦的孩子，1847年被授予牧师的职位，1851年被送到维也纳的大学学习自然科学。1853年他回到布龙奥大利修道院并讲授科学，1857年他开始收集市上商人所出售的豌豆品种。作为业余植物学家的孟德尔对这些品种在株高、花色、种子颜色等方面各有差异很感兴趣，他认为这些特征是研究一个简单而又重要的问题的良好材料，这个问题当时还没有一个植物学家曾给予清晰的解释，更不用谈答案了。孟德尔在修道院的花园里用他收集来的豌豆品种静静地进行了8年的连续观察和实验，并获得了他曾经设想过的答案。他把结果和结论仔细地写成论文，并于1865年在布龙召开的春季自然历史学会第二次会议上发表，这就是我们所知道的孟德尔遗传规律。这篇论文曾刊登在该学会的年刊上，并于1866年分送欧美的许多图书馆。但是，无论听过他的论文的人，还是读过他的论文的人都没有发现这篇论文的重要性。另外孟德尔在宣读论文之前，还寄了一份给瑞士著名植物学家内格利，但内格利不以为然，认为数数豌豆对了解真理毫无益处，况且孟德尔又是一个无名小卒，内格利更不会重视他的论文了。

一直到1900年，荷兰植物学家德佛里斯、德国植物学家柯灵斯和奥地利植物学家丘马克三个人各自在同一年里得出了一个和孟德尔在一代人以前所得出的完全相同的结论,当他们三人分别准备发表论文而去查阅文献时,才十分意外地看到了孟德尔的文章。他们的论文都在1900年发表了,每个人的论文里都提到了孟德尔的文章,并且都把发现归功于孟德尔,而把自己的工作说成只是证实孟德尔的规律而已。孟德尔规律的重新发现为遗传学的发展作出了贡献。

分离规律表现在比例上至少有三种形式:

3∶1,这是对多数二倍体生物在完全显性的情况下所表现的形式,如豌豆的高茎与矮茎。

1∶2∶1,这是不完全显性的表现形式,如紫茉莉红花与白花杂交的结果。

1∶1,这主要是单倍体生物,如衣藻、酵母菌、红色面包霉等。

主要参考文献:

1. 人民教育出版社生物自然室编著:《生物》(必修)(全日制普通高级中学教科书,试验书),北京:人民教育出版社,1998年6月版。

2. 陈阅增主编:《普通生物学》,北京:高等教育出版社,1997年7月第1版。

3. 钟启泉主编:《国外课程改革透视》,西安:陕西人民教育出版社,1993年版。

本文载《素质教育新教案》(生物卷)(2000年8月)一书中,杜东平为本书编者

新课改教案

XIN KEGAI JIAOAN

新一轮课程改革，在全国各地学校试验，我始终站在改革的前沿，投身在改革实践中。

这是我撰写和践行的新课程优质教案3例。

在这里你将感悟到：

如果喻学生为鸟，它是群鸟嬉戏的密林，

如果喻学生为弄潮儿，它是弄潮儿的洪波，

如果喻学生为苗儿，它是阳光、雨露。

新课改教案1：

降低化学反应活化能的酶

> 变验证性实验为探究性实验，实现了实验课程新授课的有机结合，真正实现了"先教后做"转化为"先探究后结论"的转变。整个教案设计体现探究自主的学习的思想。

教学目标

结合新课标及本班学生的认知结构和心理特征，设定以下目标：

知识目标

1. 简述酶的发现。

2. 解释酶是生物催化剂。

3. 说明酶的特性。

4. 简述酶的催化作用机理。

能力目标

1. 通过探究酶的特性的实验，提高学生的实验操作技能，培养学生的合作能力。

2. 通过观察实验结果，培养学生观察、分析和判断的思维能力。

3. 培养学生的实验设计能力。

情感、态度与价值观目标

1. 通过讨论酶的发现史，体验科学的一般发展过程，认同科学是在不断地探索和争论中前进的。

2. 通过对实验结果的分析，体验良好的实验设计在科学研究中的重要意义。

3. 通过实验探究影响酶活性的条件，培养学生的探索精神、创新精神和合作精神。

教学重难点

重点

1. 酶的作用和本质。

2. 酶的催化特性。

难点

1. 理解酶能够降低化学反应的活化能。

2. 组织和引导学生完成酶具有高效性、专一性的实验操作，并分析和讨论实验结果。

　　3.学会控制变量的科学方法,引导学生进行影响酶活性条件的实验设计。

　　课前准备

　　过氧化氢溶液、马铃薯、$FeCl_3$溶液、2%蔗糖溶液、1%淀粉溶液、蔗糖酶、淀粉酶、试管、卫生香、点滴板、试管夹、试管架、滴管、水浴锅等。

　　课时分配

　　2课时。

教学设计

教学过程

教学过程	设计目的
一、实验导入新课 1.教师展示过氧化氢溶液被不同处理的两支试管。 过氧化氢溶液+水,过氧化氢溶液+肝脏研磨液,混合后第二支试管中产生大量的气泡,可以使带火星的卫生香复燃。 　　2.教师在马铃薯切面上滴加过氧化氢溶液,出现大量白色气泡。 教师提问:引起这两个实验中出现明显现象的物质是什么?它是如何被发现的?它在细胞中有何作用?在作用时又有何特性?引入新课——降低化学反应活化能的酶。	通过明显的实验现象,学生对动植物体内普遍存在的能促进过氧化氢溶液分解的物质很感兴趣,激发学生学习的热情。
二、酶的发现 1.请同学们阅读教材P78"问题探讨",思考以下问题: (1)为何要将肉块放在笼子中? (2)什么物质使肉块消失了? (3)在体外怎样让肉块分解? 通过对1773年科学家斯帕兰札尼探究鹰消化食物的实验的思考,明确鹰胃内的消化有物理性消化和化学性消化,而使肉块分解的是胃内的化学物质,也就是现在所说的酶。	引导学生分析和讨论,明确在这个实验过程中酶所起的重要作用。
2.酶是怎样被发现的?它的发现经历了怎样的历程?请大家阅读教材P81～P82,总结各位科学家的观点,并完成下面的表格。通过阅读,同学们了解了科学家由于知识背景的不同,因而持有不同的观点,同时也明白了科学观点是要靠实验证据来支持的。教师在回顾酶发现的科学史中,巧妙地设计了问题串,使学生对知识有了整体的认识。如毕希纳将巴斯德和李比希观点中的合理成分有机地整合在一起,解决了对酵母菌发酵的争论。要想继续研究酵母汁中酶的化学本质,下一步应该怎么办?学生会想到提纯酶,科学家萨姆纳正是这么做的,他证明了脲酶是一种蛋白质。教师设问:是不是所有的酶都是蛋白质呢?科学家切赫和奥特曼发现了具有催化活性的RNA,即核酶。最后设计课外延伸的问题:有没有具有催化活性的DNA?(请学生课下查阅)	通过阅读,训练学生提取信息、归纳总结的能力,体验对酶本质的认识是逐渐加深的过程。同时,渗透科学史的教育,激励学生学习科学家实事求是的科学态度和勇于探索的科学精神,使学生认识到科学是不断发展的。

教学过程	设计目的
三、酶的概念 1. 总结酶的概念。教师在让学生总结酶的概念时,着重要求弄清楚以下几个问题: (1)酶的产生部位在哪里? (2)酶的作用部位在哪里? (3)酶的作用是什么? (4)酶的化学成分是什么? 如果能正确理解这几个问题,整合起来,就会得到酶的概念: 酶是活细胞产生的具有催化作用的有机物,其中绝大多数酶是蛋白质,少量酶是RNA。	在教师的引导下,总结出酶的概念。
如果能正确理解这几个问题,整合起来,就会得到酶的概念: 酶是活细胞产生的具有催化作用的有机物,其中绝大多数酶是蛋白质,少量酶是RNA。	
四、酶的特性 1. 高效性 酶有哪些特性?酶的作用受哪些因素的影响?这些内容需要我们通过实验来进行探究学习。在进行实验之前我们要了解实验设计的一些基本原则,以教材P78～P79中的实验为例来进行分析。过氧化氢酶普遍存在于动植物细胞中,可以使过氧化氢溶液分解为氧和水。 教师让学生认真阅读教材P78～P79的内容,思考并讨论如下问题: (1)完成实验讨论题1～4。 (2)3、4号试管的实验结果表明酶具有什么特性? (3)什么是自变量、因变量和无关变量? (4)本实验中的自变量、因变量和无关变量分别是什么? (5)什么是实验组和对照组? 学生通过讨论,结合1、2号试管的实验结果,知道了加热可以促进过氧化氢溶液的分解,因此得到温度可以影响酶的催化活性的实验结论。结合上课开始时的演示实验及对3、4号试管的实验结果分析,表明酶相对于无机催化剂来说具有高效性。对于实验中自变量、因变量和无关变量的概念,可以借助于数学中的简单方程$y=kx$进行理解,自变量相当于x,因变量相当于y。结合本实验强化对自变量、因变量和无关变量的理解。实验中没有做改变的,保持常态的是对照组,改变一个因素的就是实验组,同时强调实验设计的两个基本原则:设置对照和单一变量原则。 2. 专一性 阅读教材P83～P85,思考酶除了具有高效性外,还有什么特性?你能利用以下实验材料设计实验并进行验证吗? 实验材料:淀粉、淀粉酶、蔗糖、蔗糖酶和斐林试剂	通过讨论,结合实验结果,学生得出酶的一种特性和一种影响因素。学生刚开始接触生物学的实验设计,需要借助于容易理解的数学知识理解自变量、因变量和无关变量的概念,以及实验组和对照组的概念,同时要清楚实验设计的基本原则,为后面自主设计实验打好基础。 过渡到酶的专一性。 实验材料比较多,相对来说比较复杂,对学生进行提示实验原理的基础上,将复杂的实验简单化。

教学过程	设计目的
教师在让学生进行实验设计之前,应该做好必要的铺垫,主要有: (1)淀粉被淀粉酶水解的产物是麦芽糖,是一种还原糖; (2)蔗糖被蔗糖酶水解后生成果糖和葡萄糖,也是还原糖; (3)介绍酶作用的最适温度,复习还原糖鉴定的试剂和所需的条件; (4)如果底物被分解,预测实验结果; (5)明确实验设计要遵循的原则:设置对照和单一变量原则,清楚什么是实验组和对照组,什么是空白对照和相互对照; (6)可将两种酶作用于两种底物的实验分解成两组,即一种酶分别作用于两种底物的实验。 学生讨论,然后各组间相互交流,确定方案,黑板上写出概要的实验流程,学生动手实验。 (淀粉酶、蔗糖酶水解淀粉和蔗糖的理想结果) 也有的同学发现了异常的实验现象。 (淀粉酶与蔗糖的试管中出现还原糖;蔗糖酶与蔗糖的试管直接放入沸水中) 3.酶的活性受其他因素的影响 有一同学在淀粉酶与蔗糖的试管中,发现溶液变绿色,能明显看出微黄色,出现了少量的还原糖,这是什么原因呢?另外一同学将加样后的试管没有在50~65℃温水中让酶充分与底物反应,而是直接放到沸水中,结果也能看到砖红色沉淀,检测到有还原糖生成,只是颜色比较浅,为什么? 学生讨论分析。对第一种异常情况,教师可以指导学生从淀粉酶和蔗糖的纯度方面思考,或者是从高温下蔗糖是否会被分解等方面去考虑,然后让学生课下去寻找答案。对于第二种异常现象,结合教材P78~P79的实验中1、2号试管中的实验现象分析,可以得出温度会影响酶的活性,学生很可能得出是高温下有部分酶失活导致还原糖的生成量较少,颜色较浅。 还有什么因素会影响酶的活性?学生经过阅读教材P85图5-3和图5-4,知道pH也会影响酶的活性,然后思考下面的问题: (1)图中横纵坐标代表的含义分别是什么? (2)怎样描述酶活性受温度或pH值的影响? (3)曲线的最高点所对应的温度或pH值分别叫什么? (4)在温度对酶活性影响的图中,低温与高温下曲线与横轴有无交点? 表示什么含义?	展示理想的实验结果,并抓住不同于预测结果的异常现象,拓展学生对不同实验现象的解释,引导学生去分析可能的原因,训练学生的逻辑思维能力。 训练学生的初步实验设计能力,培养严谨的思维习惯。 用问题引导学生思考温度和pH如何影响酶活性,剖析图形背后的区别和联系。

新课改教案

教学过程	设计目的
（5）在pH值对酶活性影响的图中,过酸或过碱条件下曲线与横轴的交点表示什么含义? 教师要利用好这两幅图,并充分挖掘图中的信息,引导学生看到两条相似的曲线背后有着本质性的区别,让学生明白:温度过高、过酸或者过碱都会使酶的空间结构遭到破坏,使酶永久失活,此过程不可逆。而低温只是酶活性降低,没有失活。 小结:酶的特性有高效性、专一性,酶的作用条件比较温和,易受其他因素如温度、pH值的影响。 生物催化剂相对于无机催化剂来说,为什么具有高效性和专一性呢? 酶的作用机理是什么?	及时总结酶的特性,落实主要内容,并引出下一部分内容:酶的作用机理。
五、酶的作用机理 1.酶的高效性机理 首先需要理解一个抽象的概念——活化能,可借助于演示实验来说明。卫生香中含有大量的碳,空气中含有充足的氧气,一般情况下碳并不燃烧,当用火去点燃的时候,碳和氧气生成二氧化碳的反应发生了,在此过程中,碳和氧从常态转变为容易发生化学反应的活跃状态所需要的能量,就称为活化能。 生物体内各种反应的顺利进行,也需要活化能来变成活跃的状态。如果把化学反应比作驾车翻越一座高山,加热加压相当于给汽车加大油门,而用酶做催化剂则相当于帮助司机找到了一条穿山隧道。同无机催化剂相比酶可以降低化学反应的活化能的作用更显著,从而实现了酶的高效性。 2.酶的专一性解释假说 先介绍锁与钥匙学说。 提问:这一假说有没有难以解释的地方? 教师提示内容:已知生物体内有4000多种酶,而生物体内的化学反应远不止4000多种,显然锁与钥匙学说的一对一的关系是不能解释的,而且底物与产物的结构是不同的,具有一定形状的酶的分子的结构不可能既适合底物,又适合产物。 在此基础上教师介绍诱导契合学说,并且现在X射线衍射研究的结果也支持这种学说。 六、作业 学生已知温度和pH值对酶活性影响的曲线,事实是否真是如此呢? 课下请同学们设计温度对酶活性影响的实验方案,或者pH值对酶活性影响的实验方案。	介绍酶的作用机理,扩充教材上的内容,并补充两种假说,拓展学生对酶的深层次理解。 进一步训练学生设计实验的能力,巩固落实理论知识。

板书设计

第1节　降低化学反应活化能的酶

一、酶的发现

二、酶的概念

酶是活细胞产生的具有催化作用的有机物,其中绝大多数酶是蛋白质,少量酶是RNA。

三、酶的特性

1. 高效性;2. 专一性;3. 受温度、pH等的影响(可附影响曲线图)。

四、酶的作用机理

1. 酶的高效性机理:酶显著降低了化学反应的活化能。

2. 酶专一性解释假说

(1)锁与钥匙学说

(2)诱导契合学说

教员不是拿所得的结果教人,最要紧是拿怎样得着结果的方法教人。

——梁启超

专家评价

本节教学设计有如下特点:

1. 变验证性实验为探究性实验的教学,实现了实验课和新授课的有机结合。课堂教学关于酶的高效性和专一性实验,没有采取先传授知识,再通过实验验证这样传统的教学方法,而是先通过《比较过氧化氢在不同条件下的分解》的实验,探究出酶具有高效性;通过《淀粉酶分解淀粉,蔗糖酶分解蔗糖》的实验,探究出酶具有专一性;这样的教学设计进一步让学生明确生物学的概念和原理的得出是建立在实验的基础上的,真正实现了由"先教后做"到"先探究后得结论"的转变。

2. 充分利用实验结果的异常现象,如淀粉酶与蔗糖呈微黄色,蔗糖酶与蔗糖混合后放到沸水浴中出现砖红色沉淀,拓展了学生对不同实验现象的解释,引导学生去分析可能的原因,训练了学生的逻辑思维能力。

3. 酶的发现、酶专一性实验方案的设计等内容充分发挥了学生的自主学习能力,实现了由"教师教"向"学生学"的转变。

主要参考文献:

1. 课程教材研究所著:《生物1:分子与细胞》(必修),北京:人民教育出版社,2007年第2版。

2. 课程教材研究所著:《必修生物1:教师用书》,北京:人民教育出版社,2007年第2版。。

3. 王克先:《学习心理学》,福州:福建少年儿童出版社,1987年版。

新课改教案2：

细胞的能量"通货"——ATP

> 本节课的亮点在于教师首先通过复习核苷酸的结构特点使学生对核苷酸的结构特点有了深刻印象后，再用对比方法引导学生认识ATP结果。这样的效果是降低难度，有利于学生对ATP的记忆。

教学目标

知识目标

描绘ATP的结构；解释ATP在能量代谢中的作用。

能力目标

培养学生分析问题的能力。

情感、态度与价值观目标

初步形成生物体中结构和功能，多样性和共同性相统一的观点。

教学重难点

重点

ATP的结构简式及生理功能。

难点

ATP与ADP的相互转化以及ATP的形成途径。

课时分配

1课时。

教学设计

教学过程

师生活动	设计目的
一、导入 原始大气中易生成的物质——ATP 教师展示:"原始地球假想图"。 教师讲解:生命起源于38亿年前的原始地球,在那个时候原始大气中富含氰化氢,其五聚体就是腺嘌呤,远比其他四种碱基——G、C、T、U 的生成简单得多。在紫外线照射下,腺嘌呤、核糖和磷酸就可生成 ATP。因此 ATP 是广布于生物界的供能物质。	利用原始地球的环境,激发学生的兴趣,引入 ATP 的内容。
二、有关 ATP 的结构 1. 回忆核苷酸的结构 教师提问:腺嘌呤、核糖和磷酸如何组成 ATP? 学生:三类化合物,有多种组合方式。 教师展示:"核苷酸的结构式"(如下图)。 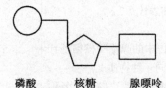 **磷酸　　核糖　　腺嘌呤** 回忆之前所学的核苷酸的知识,叙述核苷酸的组成及种类。 学生回答:根据五碳糖不同,核苷酸分为脱氧核糖核苷酸、核糖核苷酸两类。根据含氮碱基的不同,每类核苷酸又可分为4种,以核糖核苷酸为例,分为:腺嘌呤核糖核苷酸、鸟嘌呤核糖核苷酸、尿嘧啶核糖核苷酸和胞嘧啶核糖核苷酸。 2. 对比核苷酸与 ATP 的结构 教师展示:ATP 的结构式、腺嘌呤核糖核苷酸的结构式。 教师提问:观察下图中两个结构式,分析 ATP 与腺嘌呤核糖核苷酸两者结构之间的联系。  **磷酸　磷酸　磷酸　　核糖　　腺嘌呤**　　　**磷酸　　　　核糖　　　腺嘌呤** **ATP 的结构式**　　　　　**腺嘌呤核糖核苷酸的结构式** 学生回答:ATP 比腺嘌呤核糖核苷酸多了两个磷酸基团,且磷酸基团间的化学键比较特殊。 教师讲解:其中连接磷酸之间的化学键用"～"表示,该化学键称为高能磷酸键,其能量为一般化学键的两倍以上。 【设计意图:以学生已知的"核苷酸的结构"为基础,将 ATP 的结构与核苷酸的结构进行比较,在学生原有认知基础上进行延伸和拓展,可以使学生更顺畅地接受新知识,更全面地认识 ATP 的结构】	充分利用图像,进行抽象概念、生疏名词间的比较,使知识呈现得更直观、更形象,易于学生接受和记忆,有助于学生形成生物体的结构和功能相统一的观点。

师生活动	设计意图
3. ATP的结构与名称间的对应关系 教师提问：ATP的中文名称是三磷酸腺苷,英文名称为 Adenosine triphosphate,对应 ATP 的结构组成,P 指什么结构? T 指什么含义? 学生回答：P 代表磷酸基团,T 是指三个。 教师提问：根据中文名称分析 A 所代表的含义是什么? 学生回答：A 代表腺苷。 教师提问：思考腺苷与腺嘌呤的区别? 学生回答：腺嘌呤和核糖组成的结构称为腺苷。结合 ATP 的结构式,反思 ATP 的中文名称"三磷酸腺苷"的含义。 教师小结：ATP 中 A 为腺苷,T 代表三个,P 代表磷酸基团,ATP 即三磷酸腺苷。 教师提问：以此类推,思考 ADP。 学生回答：二磷酸腺苷,其中 D 代表二个。 教师继续提问：当只含有一个磷酸基团时称为什么? 学生说出：一磷酸腺苷(AMP)。 教师讲解：AMP 同时又是 RNA 基本组成单位中的腺嘌呤核糖核苷酸。一磷酸腺苷和腺嘌呤核糖核苷酸实际上是同一种物质。 【设计意图：建立 ATP "名"与"形"之间的对应关系。将 ATP 名称中的各部分与其结构建立联系,使学生更好地认识 ATP 的整体和局部的关系。通过知识点间的相互联系,培养学生良好的学习方法。调用相关学生已知的英语知识,可以使学生对学习过程更感兴趣】 4. 小结 ATP 结构 教师提问：下图为 ATP 的结构式的另一种表述方式,辨认其中的结构,填出下图中各部分的名称。 学生：1—腺嘌呤；2—核糖；3—腺苷；4—一磷酸腺苷(AMP)或腺嘌呤核糖核苷酸；5—二磷酸腺苷(ADP)；6—三磷酸腺苷(ATP)。	

师生活动	设计目的
三、有关 ATP 在能量代谢中的作用 　1. ATP 的结构特点 　教师提问：HCl、—COOH 等酸性基团，伴随 H^+ 的电离，Cl^-、—COO^- 均显负电，磷酸基团也是如此。那么在 ATP 中三个磷酸基团彼此靠近会怎样？ 　学生：三个负电基团彼此靠近会产生很强的斥力。 　2. ATP 与能量间的关系 　教师提问：根据磷酸基团的电性分析，"合成 ATP 的过程"和"ATP 的分解过程"分别属于吸能反应还是放能反应？解释原因？(找两个以上的同学进行表述) 　学生回答：合成 ATP 的过程属于吸能反应，ATP 的分解过程属于放能反应。因为三个磷酸基团均带负电，需要有能量才能将三者合成在一个 ATP 分子中，在 ATP 分子中三者间储存了较高的能量，在条件适宜的情况下，磷酸基团彼此分开会将储存的能量释放出去。 　教师讲解：ATP 独特的结构，使它可以充当能量转化的中间环节，起到提供能量的作用。 　教师提问：合成 ATP 的能量和 ATP 放出的能量一样吗？ 　【设计意图：根据已学 ATP 的结构的内容，联系相关化学中的知识，设置既超过学生现有知识水平，但又在学生可以达到的拓展范围以内的问题，培养学生分析问题的能力】 　3. 合成 ATP 的反应 　教师提问：哪些反应可以合成 ATP？哪些生物可以进行呼吸作用？ 　学生：所有细胞生物都有呼吸作用。 　教师讲解：呼吸作用是生命活动的共性之一。 　教师提问：呼吸作用是怎样的一个过程？ 　教师展示"呼吸作用过程"的动画。然后提问：哪位同学给大家描述一下该过程中物质的变化？ 　学生回答：葡萄糖和氧气反应生成大量 ATP、H_2O 和 CO_2。 　教师提问：该过程中有哪些能量的变化？ 　学生回答：呼吸作用过程中储存于葡萄糖中的化学能转变为 ATP 中的化学能，同时释放热能。 　教师提问：在呼吸作用过程中，葡萄糖与其最终产物 CO_2 的能量差极大。如果这些能量以一步反应直接完成，会造成怎样的结果？ 　学生回答：会发出大量的热。 　教师讲解：如果短时间内热能大量释放会对细胞造成伤害，而 ATP 起到了很好的中间转换作用，同时生成的 ATP 也可供给许多生命活动利用。 　教师提问：葡萄糖中含有大量的能量，那么自然界中的葡萄糖是如何合成的？ 　学生回答：由植物通过光合作用合成。	以结构和功能的对应关系为平台，为学生搭建思维环境，培养学生分析问题的能力，有助于学生形成多样性和共同性相统一的观点。

师生活动	设计目的
教师展示"光合作用过程"的动画。 教师提问：请同学描述该过程中物质的变化？ 学生回答：由 H_2O 和 CO_2 生成 O_2 和葡萄糖。 教师提问：光合作用过程中存在哪些能量的变化？ 学生回答：光能转化为葡萄糖中的化学能。 教师提问：在光合作用过程中 ATP 是反应物还是生成物？ 学生回答：都不是。在光合作用过程中产生过 ATP，但又消耗了，属于中间产物。 教师讲解：在光合作用过程的各种物质中，ATP 分子所含的能量处于中间位置，同样它很好地起到了能量中转的作用，从而将高能物质与低能物质间建立了联系，否则，高能物质直接转化为低能物质时会对细胞造成伤害。 教师小结。提问：有哪些生理过程可以生成 ATP？ 学生回答：呼吸作用和光合作用。 教师提问：有哪些生物可以生成 ATP？ 学生回答：因为细胞生物均具有呼吸作用，所以均可生成 ATP。 教师讲解：生物种类很多，但不同生物之间存在着许多的共性，而都利用 ATP 供能就是细胞生物的共性之一。 4. 水解 ATP 的反应 教师提问：ATP 如何为细胞提供能量？ 教师展示"肌肉收缩过程"动画。请学生思考该过程中，存在着哪些能量的变化？ 学生回答：ATP 中化学能转变为肌肉收缩时的机械能和热能。 教师讲解：人在激烈运动的状态下，每分钟约有 0.5kg 的 ATP 转化成 ADP，释放能量，供运动之需。由此可见 ATP 与 ADP 相互转化的速率是极快的。 教师提问：实际上生物体的许多生命活动都需要 ATP 直接供能。回忆之前所学的知识，哪些知识涉及了 ATP 供能？ 学生回答：主动运输。 教师展示"主动运输"的动画。 教师提问：主动运输过程中的能量变化是怎样的？ 学生回答：ATP 供能，使载体空间结构改变，可以完成逆浓度梯度的转运，进而将化学能转变为由浓度差形成的势能。 教师展示"萤火虫和神经传导"的图片。 教师讲解：利用 ATP 供能的例子还有很多。如萤火虫体内，ATP 中的化学能可以转化为光能，人们因此受到启发，发明了荧光灯；我们体内神经传导所需的能量也来自于 ATP。 5. ATP 与 ADP 的相互转化 教师讲解：ATP 可以为生命活动提供源源不断的能量。 教师提问：根据 ATP 与 ADP 的结构，完成下列反应式。 ○─○─○─□ ⇌(酶/酶) ○─○─□ + ? + ?	

师生活动	设计意图

学生回答:

教师提问:填写该反应的名称,并进一步完善该反应式。

学生回答:

5. 小结 ATP 在能量代谢中的作用

教师提问:在实际生活中,人们使用货币进行物质交换,而不用贵金属或者实物,原因是什么?

学生回答:容易携带、通用、结算快捷。

教师提问:对比"ATP 在能量转换中的作用"和"货币在物质交换中的作用",两者的共同点有哪些?

学生回答:ATP 和货币都是转换过程中的中间物,普遍、通用、快速。因此人们将 ATP 称为细胞的能量"通货"。

四、ATP 相关知识的延伸

产生 ATP 的主要反应——细胞呼吸。

教师讲解:这节课,我们主要学习了 ATP 的结构和在能量转化过程中的功能。其中所有细胞生物都具有的细胞呼吸可以为 ATP 的合成供能,那么细胞呼吸的物质变化具体是怎样的? 是否所有细胞生物的细胞呼吸过程都一模一样? 这些内容我们下节课将会一起来学习。

设计意图: 为细胞呼吸内容作铺垫,建立知识点间的联系,引导良好的学习习惯。

板书设计

第 2 节　细胞的能量"通货"——ATP

1. ATP 的结构式:A—P ~ P ~ P

2. ATP 在能量代谢中的作用

$$Pi + ADP \xrightarrow[\text{释放能量}]{\text{吸收能力}} ATP$$

(1)生成 ATP 的能量可来自于:细胞呼吸、光合作用。

(2)ATP 释放的能量可用于:主动运输、肌肉收缩和神经传导等。

(3)ATP 与 ADP 之间快速转化,动态平衡。

课后反思

本节课的设计重点突出了对ATP的结构以及ATP结构与功能的分析。通过将ATP与学生已学过的腺嘌呤核糖核苷酸之间进行结构式的比较，形象、直观地突出了ATP的结构特点，使学生能够在已有的知识体系中接纳新知识，易于被学生接受，并且能够形成有效的记忆。利用ATP中三个磷酸基团的电性特点，分析ATP的功能特点，可以锻炼学生分析问题的能力。该问题涉及的化学知识是学生在化学课中已掌握的较容易的知识点，只要情境设计合适，教师引导到位，学生得出答案并不困难，重要的是让学生有思考的平台，有表述的机会，这样才能逐步锻炼学生的能力。

虽然大量应用图片和动画，学生可以形象、直观地理解新知，但本节课缺乏学生动手的环节。如果时间允许，加上"肌肉收缩与ATP的关系"这一实验，甚至另辟课时，设置独立的实验课。通过学生的动手操作，亲眼观察到"肌肉收缩所需的直接能量物质不是葡萄糖而是ATP"，这样做不仅可以增加学生学习生物的兴趣，而且还能提供更好的能力培养平台。

专家点评

对学生来说，ATP似乎是一个既陌生又抽象的概念，很难与细胞中的能源物质联系在一起。教师抓住了"ATP的结构与核苷酸之间有着密切联系"的这一特点，精心设计了本节的教学内容。

教师首先通过复习核苷酸的结构特点，使学生对核苷酸有了更深刻的印象后，再利用对比的方法，引导学生逐渐认识ATP的分子结构。这样做的效果，一是可以降低学生认识ATP的难度，二是可以避免学生对ATP结构的机械记忆。此外，教师还通过引导学生分析有关问题，扩展学习思路，对与ATP相关联的其他物质结构，也都有了一定的认识。教师一些貌似"超纲"的做法，实际上更有益于学生对ATP结构特点的掌握。

此外，教师还能利用学生比较熟悉的、生物体内的一些生理现象，深入浅出地说明ATP作为生物体内直接的供能物质，以及与ADP之间相互转化的关系；与此同时，教师还注意用"结构和功能"相适应的生物学观点，引导学生认识ATP的结构和功能是一致的。

主要参考文献：

1. 课程教材研究所著：《生物1：分子与细胞》（必修），北京：人民教育出版社，2007年第2版。

2. 课程教材研究所著：《必修生物1：教师用书》，北京：人民教育出版社，2007年第2版。

3. 王克先：《学习心理学》，福州：福建少年儿童出版社，1987年版。

本文载《杜东平优质教案》（2010年）中

新课改教案3：

ATP的主要来源——细胞呼吸

> 本节注重对问题设置有梯度，导向性强。教学设计重视学生对实验的探究、分析和交流。概念的形成体现建构主义思想。

教学分析

教学目标

知识目标

1. 说明有氧呼吸和无氧呼吸的原理和过程。

2. 说明有氧呼吸和无氧呼吸的异同。

3. 说明细胞呼吸的概念。

能力目标

1. 通过分析有氧呼吸的过程，培养学生分析问题的能力。

2. 通过学生和教师的讨论活动，培养学生与人交流和语言表达的能力。

3. 学生获得自我构建知识体系的能力和对相关知识进行分析比较的思考能力。

情感、态度与价值观目标

1. 分析有氧呼吸和无氧呼吸的关系，渗透生命活动不断发展变化以及适应的特性，逐步学会自觉地用发展变化的观点认识生命。

2. 联系生产、生活等实际，激发学习生物学的兴趣，养成关心科学技术的发展、关心社会生活的意识和生命科学价值观。

教学重难点

重点

1. 探究酵母菌细胞的呼吸方式。

2. 分析有氧呼吸和无氧呼吸的过程。

难点

细胞呼吸的原理及本质。

过程	场所	条件	反应物	反应产物
第一阶段				
第二阶段				
第三阶段				

4. 列表总结有氧呼吸的过程。(见上表)

5. 引导学生根据上表尝试写出有氧呼吸的反应式。

四、无氧呼吸的过程

1. 学生小组合作,介绍无氧呼吸的过程,仿照有氧呼取过程的示意图,尝试自主绘制无氧呼吸过程的示意图,将其过程直观形象地表示出来。(见下图)

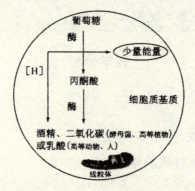

培养学生主动获取知识的能力,学会与人交流的能力。

2. 教师评价学生的活动,并对学生所总结的内容进行适当补充。

(评价的内容包括:①对学生的活动给予肯定;②对学生介绍中的闪光点进行评价;③对学生介绍中的不足进行纠正和补充,提出建议)

3. 为使学生加深对无氧呼吸的理解,教师可根据学生的层次,设计一些问题供学生讨论:

(1)无氧呼吸的产物有酒精和二氧化碳或乳酸,其产物的差异是由什么决定的?

(2)为什么无氧呼吸释放的能量比有氧呼吸要少得多?

(3)酵母菌既能进行有氧呼吸又能进行无氧呼吸,为什么在有氧气存在的条件下,无氧呼吸会受到抑制?

(4)你能举例说明在酒精或乳酸中还贮存着能量吗?

备注

此环节也可以通过问题设置的方法引导学生分析无氧呼吸的过程:

(1)联系日常生活实际提问:为什么苹果贮藏久了会有酒味?为什么人在400 m跑后往往觉得肌肉酸痛?

(2)参照分析有氧呼吸的过程来分析无氧呼吸的过程:

过程	场所	条件	反应物	反应产物
第一阶段				
第二阶段				

（注：教师可引导学生自主设计表格进行归纳）

五、两种呼吸方式的比较

列表比较：

	有氧呼吸	无氧呼吸
反应物	有机物	有机物
反应条件	需酶、氧气	需酶、缺氧
反应程度	彻底氧化分解	不彻底氧化分解
产物	CO_2、H_2O	CO_2、酒精或乳酸
产能多少	大量	少量

培养学生分析比较的思维。

构建概念

根据上述列表，引导学生自主归纳出有氧呼吸与无氧呼吸的概念。

在归纳有氧呼吸与无氧呼吸概念的基础上，引导学生尝试得出细胞呼吸的概念。

当人的世界统帅着他的思维、感觉、意志、活动等一切精神活动领域时，知识就变成了起作用的东西。在创造劳动中培养思维。这是教学技巧的重要表现，凭借这种技巧，教养使人变得聪明起来。

——[苏]苏霍姆林斯基

学生通过归纳总结，主动获得概念。

六、细胞呼吸的应用

为帮助学生更好地理解细胞呼吸的原理和应用，使学生树立学以致用的观点，可以提一些利用细胞呼吸原理的生产实践问题供学生讨论：

（1）蛔虫能否在体外有氧环境中培养？

（2）种子堆放时为什么会发热？

（3）如果有人向你请教，怎么能长期贮存农作物种子、蔬菜或水果，你能利用这节课所学的知识，提供一些有价值的建议或措施吗？

（4）哪些因素会影响细胞呼吸？请简要归纳。

学生讨论、分析，加深对细胞呼吸的理解。

七、练习反馈

1.教师小结。

2. 完成相关的反馈练习。

巩固提高。

如:阅读下面关于甜米酒的酿制过程。

(1)将糯米煮熟。

(2)用开水浇烫小口容器罐的内部后,留作酿制容器。

(3)将煮熟的糯米和适量的酒曲(酵母菌)混匀后,放入酿制容器。

(4)密封容器。

回答问题:(1)为什么要将糯米煮熟?(2)为什么要用开水浇烫容器?(3)为什么要在糯米的中间留出一个空间?(4)为什么要密封容器?(5)在酿酒的过程中总是"先来水""后来酒",为什么?

专家点评

1. 本设计注重通过问题的设置引导学生开展积极有效的讨论和探究活动,体现了学生作为课堂主体、教师作为学习引导者的课程理念。问题的设置有梯度,导向性强,突出对重点内容的分析和突破,能有效帮助学生理解细胞呼吸的实质。

2. 本教学设计重视学生对实验的探究、分析和交流,引入了发展性评价,同时注重联系生活实例,引导学生运用所学知识进行分析,拓宽了学生的知识面,增强了知识的具体化和实用性,很好地促进了学生对细胞呼吸原理的理解、巩固和应用。

3. 本设计充分体现了建构主义在学生获取概念上的应用:将学生对概念的主动获得作为教学的一个重点,并对教材内容作了相应的调整:先分析过程,列表比较两种呼吸方式的异同,最后引导学生积极主动地建构相关的概念。学生通过这种学习方式,对概念的理解更为深刻、持久。

4. 本设计以"备注"的形式为不同条件下的教学活动提供了不同的参考建议,有利于教师根据自身的情况选择合适的教学途径,很好地体现了差异化教学的理念。

相关资料

酵母菌是兼性厌氧微生物。酵母菌在适宜的通气、温度和pH等条件下,进行有氧呼吸并大量繁殖;在无氧条件下则进行酒精发酵。醋酸杆菌是一种好氧细菌。在氧气充足和具有酒精底物的条件下,醋酸杆菌大量繁殖并将酒精氧化分解成醋酸。

谷氨酸棒状杆菌是一种厌氧细菌。在无氧条件下,谷氨酸棒状杆菌能将葡萄糖和含氮物质(如尿素、硫酸铵和氨水)合成为谷氨酸。谷氨酸经过人们的进一步加工,就成为谷氨酸钠——味精。

无氧呼吸如果不用于高等动植物和人体,而用于微生物则叫做发酵。发酵与无氧呼吸的共同点是:H^+和e^-的最终受体都不是氧,并且呼吸底物只是部分地被氧化,所以最终形成的产物有酒精、乳酸等。需要指出的是,发酵工业上所说的发酵,并非完全是无氧的,如醋酸发酵就是需要氧的。

酵母菌和其他一些微生物,在缺氧的情况下,以酒精发酵的形式进行无氧呼吸,这是因为它们的细胞内含有乙醇脱氢酶。

酒精发酵的第一个阶段,与糖酵解的步骤完全相同。然后在缺氧的情况下,丙酮酸就在丙酮酸羧化酶的作用下,脱羧形成乙醛,乙醛则在乙醇脱氢酶的作用下,被糖酵解产物——NADH还原为酒精(乙醇)。酒精发酵的总反应式是:

$$C_6H_{12}O_6 + 2ADP + 2Pi \longrightarrow 2C_2H_5OH + 2CO_2 + 2ATP$$

概括地说,1分子葡萄糖经过酒精发酵后所提供的可利用的能量,只是糖酵解过程中净得的2分子ATP,该葡萄糖分子中原有的大部分能量则存留在酵母菌不能利用的酒精中。所以说,酒精发酵是产生ATP的一条低效途径。

乳酸发酵也不需要氧的参与,1分子葡萄糖经乳酸发酵后,形成2分子乳酸,所提供的可利用的能量,同样只是糖酵解过程中净得的2分子ATP。

葡萄糖分解成丙酮酸的情况与上述酒精发酵相同,只是丙酮酸是在乳酸脱氢酶的作用下还原成乳酸,同时还原型辅酶I(NADH)被氧化成氧化型辅酶I(NAD$^+$),从而保证了乳酸发酵的持续进行。乳酸发酵的总反应式是:

$$C_6H_{12}O_6 + 2ADP + 2Pi \longrightarrow 2C_3H_6O_3 + 2ATP$$

乳酸菌可以使牛奶发酵成酸牛奶或奶酪。此外,泡菜、酸菜和青贮饲料能够较长时间地保存,也都是利用乳酸发酵积累的乳酸,抑制了其他微生物活动的缘故。

主要参考文献:

1. 课程教材研究所著:《生物1:分子与细胞》(必修),北京:人民教育出版社,2007年第2版。

2. 课程教材研究所著:《必修生物1:教师用书》,北京:人民教育出版社,2007年第2版。

3. 王克先:《学习心理学》,福州:福建少年儿童出版社,1987年版。

本文载《杜东平优质教案》中(2010年)

生物奥赛培训教练

SHENGWU AOSAI PEIXUN JIAOLIAN

国际生物奥林匹克竞赛，简称 IBO，是为中学生举办的世界级生物竞赛，旨在考查参赛者生物实验技能和解决生物难题的能力。考查的重点是学生对生物学的兴趣、创造力和百折不挠的精神。

中国生物学奥林匹克竞赛 CNBO，是在中国科技协会、国家教育部和国家自然科学基金委的领导和支持下，由中国动物学会、中国植物学会联合主办，各市、自治区自愿参加的群众性生物竞赛活动。

我亲力主持生物奥赛培训主教练多次。上「生物奥赛」课16年。历经艰辛培育出了大批人才。这是我撰写的优质讲课和生物奥赛培训题的辅导，供同仁借鉴……

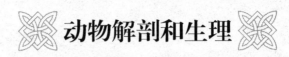

动物解剖和生理

生物奥培讲义设计为"知识网络—疑难剖析—例题精讲—提高训练"四环节，奥培效果良好。

【知识网络】

一、运动的细胞、组织、器官和系统之间的联系

细胞——经细胞分化→组织——组成→器官——构成→系统——→个体：由八大系统（消化、呼吸、循环、排泄、神经、内分泌、生殖、运动）组成。

二、消化系统的结构和功能

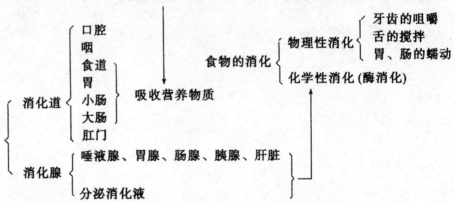

食物的成分：蛋白质、糖类、脂肪、维生素、水、无机盐

消化道 { 口腔、咽、食道、胃、小肠、大肠、肛门 }

消化腺 { 唾液腺、胃腺、肠腺、胰腺、肝脏 } 分泌消化液

吸收营养物质

食物的消化 { 物理性消化 { 牙齿的咀嚼、舌的搅拌、胃、肠的蠕动 } 化学性消化（酶消化） }

三、呼吸作用

呼吸系统的组成 { 呼吸道：鼻腔、咽、喉、气管、支气管 肺：气体交换的场所 }

呼吸的全过程：

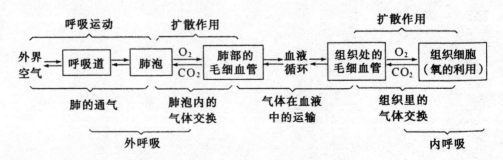

呼吸运动 {吸气动作 / 呼气动作} 过程和原理 — 呼吸肌收缩和舒张 ↓ 胸廓有节律地扩大和缩小 ↓ 肺被动的扩张和回缩 ↓ 肺内气压下降和升高 ↓ 气体进出肺泡

四、循环

（1）血液循环

血液 {
 血液的组成和功能 {
  组成 {
   血浆
   血细胞 {红细胞 / 白细胞 / 血小板} 形态结构，正常值，功能
  }
  功能：运输、防御、调节体温
 }
 血量和输血 {
  血量：约为体重的7%～8%
  输血：以输同型血为原则
 }
}

血管和心脏 {
 血管 {动脉 / 静脉 / 毛细血管} 概念、分布和特点
 心脏 {
  结构 {
   心壁：主要由心肌构成，心室壁比心房壁厚，左心室壁比右心室壁厚
   4个腔 {
    左心房：与肺静脉连通
    左心室：与主动脉连通
    右心房：与上、下腔静脉连通
    右心室：与肺动脉连通
   }
   瓣膜 {房室瓣：只能朝向心室开 / 动脉瓣：只能朝向动脉开} 保护血液按一定方向流动
  }
  心率 {概念 / 正常值}
  心输血量 {每搏输出量 / 每分输出量}
 }
}

循环途径 {体循环 / 肺循环}

血压 {概念 / 测量处 / 正常值}

（2）淋巴循环

淋巴系统的组成 {淋巴管 / 淋巴结 / 脾 / 扁桃体} 位置、功能

淋巴的形成：血浆 ⇌ 组织液 → 淋巴

淋巴循环：毛细淋巴管 → 各级淋巴管 → 总淋巴管 → 左、右锁骨下的静脉

淋巴循环的意义 { （1）调节血浆与组织液之间的平衡
（2）运输大部分脂肪成分和少量毛细血管渗出的蛋白质
（3）防御功能

五、排泄

排泄的概念和途径：

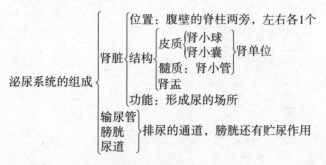

泌尿系统的组成 {
肾脏 {
位置：腹壁的脊柱两旁，左右各1个
结构 {
皮质 { 肾小球 } 肾单位
　　　 { 肾小囊 }
髓质：肾小管
肾盂
}
功能：形成尿的场所
}
输尿管
膀胱
尿道
} 排尿的通道，膀胱还有贮尿作用

尿的形成 {
肾小球的滤过作用：过滤血液，形成原尿
肾小管的重吸收作用和分泌作用：重吸收有用物质，剩余的废物和肾小管所分泌的物质共同形成尿
}

尿的排出：肾单位→肾盂→输尿管→膀胱→尿道→体外

排尿的意义 {
排出废物
调节体内水分和无机盐类的含量，维持细胞的正常生理活动
}

六、调节

人体是一个统一的整体,是由于神经系统和体液的调节作用,特别是神经系统的调节。

（1）神经系统

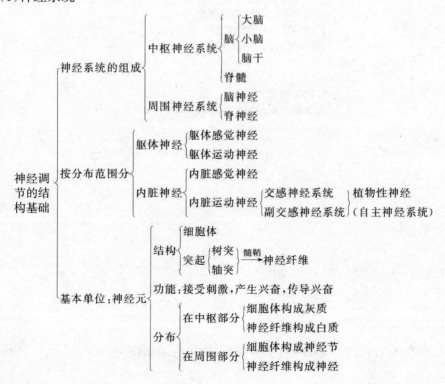

神经调节的结构基础 {
神经系统的组成 {
中枢神经系统 {
脑 { 大脑
小脑
脑干 }
脊髓
}
周围神经系统 { 脑神经
脊神经 }
}
按分布范围分 {
躯体神经 { 躯体感觉神经
躯体运动神经 }
内脏神经 {
内脏感觉神经
内脏运动神经 { 交感神经系统
副交感神经系统 } 植物性神经（自主神经系统）
}
}
基本单位：神经元 {
结构 {
细胞体
突起 { 树突
轴突 } → 髓鞘 神经纤维
}
功能：接受刺激,产生兴奋,传导兴奋
分布 {
在中枢部分 { 细胞体构成灰质
神经纤维构成白质 }
在周围部分 { 细胞体构成神经节
神经纤维构成神经 }
}
}
}

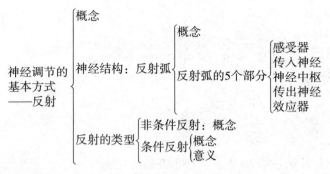

神经调节的基本方式——反射
- 概念
- 神经结构：反射弧
  - 概念
  - 反射弧的5个部分
    - 感受器
    - 传入神经
    - 神经中枢
    - 传出神经
    - 效应器
- 反射的类型
  - 非条件反射：概念
  - 条件反射
    - 概念
    - 意义

感觉器官

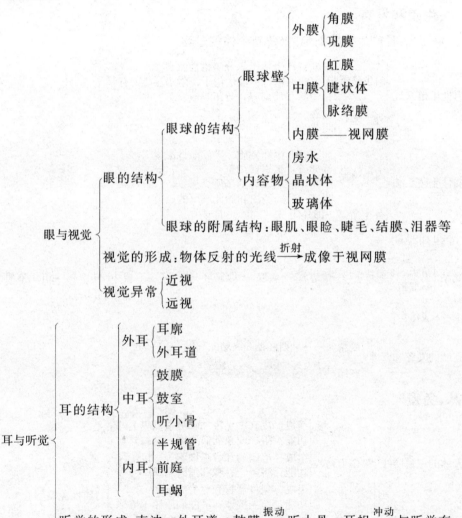

眼与视觉
- 眼的结构
  - 眼球的结构
    - 眼球壁
      - 外膜
        - 角膜
        - 巩膜
      - 中膜
        - 虹膜
        - 睫状体
        - 脉络膜
      - 内膜——视网膜
    - 内容物
      - 房水
      - 晶状体
      - 玻璃体
  - 眼球的附属结构：眼肌、眼睑、睫毛、结膜、泪器等
- 视觉的形成：物体反射的光线 —折射→ 成像于视网膜
- 视觉异常
  - 近视
  - 远视

耳与听觉
- 耳的结构
  - 外耳
    - 耳廓
    - 外耳道
  - 中耳
    - 鼓膜
    - 鼓室
    - 听小骨
  - 内耳
    - 半规管
    - 前庭
    - 耳蜗
- 听觉的形成：声波→外耳道→鼓膜 —振动→ 听小骨→耳蜗 —冲动→ 与听觉有关的神经 —传导→ 听觉中枢→听觉形成

（2）内分泌系统

$$
激素\\调节
\begin{cases}
人体主要的\\内分泌腺
\begin{cases}
内分泌的概念\begin{cases}腺体没有导管，分泌物直接进入腺体内的毛细\\血管里，随着血液循环输送到全身各处\end{cases}\\
脑下垂体\\
甲状腺\\
胰岛\\
肾上腺髓质\\
肾上腺皮质\\
睾丸和卵巢
\end{cases}\\
激素：由内分泌腺的腺所分泌的、对身体有特殊作用的化学物质\\
体液调节：指化学物质通过体液的运动而对人体生理活动进行的调节
\end{cases}
$$

七、生殖和发育

生殖概念：是产生生殖细胞，繁殖新个体的过程

$$
男性生殖系统
\begin{cases}
内生殖器\begin{cases}睾丸：产生精子，分泌雄性激素\\附睾和输精管：输送精子，附睾还能贮存精子\\精囊腺和前列腺：分泌黏液\end{cases}\\
外生殖器\begin{cases}阴囊\\阴茎\end{cases}
\end{cases}
$$

$$
女性生殖系统
\begin{cases}
内生殖器\begin{cases}卵巢：产生卵细胞，分泌雌性激素\\输卵管：输送卵细胞\\子宫：胚胎发育的场所\\阴道：月经流出和胎儿产出的通道\end{cases}\\
外生殖器（即外阴）
\end{cases}
$$

排卵和经期

$$
受精\begin{cases}精子\\卵细胞\end{cases}\xrightarrow{受精作用}受精卵\rightarrow囊胚\rightarrow原肠胚\rightarrow三胚层形成\begin{cases}外胚层\\中胚层\\内胚层\end{cases}\rightarrow组织器官形成
$$

$$
\rightarrow幼体\rightarrow成体
$$

$$
胚胎的发育和营养
\begin{cases}
受精卵\xrightarrow{分裂}早期胚胎\xrightarrow{分化}胎儿\\
胚胎\xleftarrow{二氧化碳等废物}胎盘\xleftarrow{氧、养料}母体
\end{cases}
$$

八、免疫

$$
人体的三道防线
\begin{cases}
第一道防线\begin{cases}组成：皮肤、黏膜和呼吸道黏膜上的纤毛\\功能：阻挡或杀死病原体、清扫异物\end{cases}\\
第二道防线\begin{cases}组成：溶菌酶和吞噬细胞等\\功能：溶解、吞噬和消灭病菌\end{cases}非特异性免疫\\
第三道防线\begin{cases}组成：免疫器官和免疫细胞\\功能：产生抗体，清除病原体（抗原）\end{cases}特异性免疫
\end{cases}
$$

【疑难剖析】

1. 细胞的生物电现象及原理

【剖析】生物电现象是指生物细胞膜在安静状态和活动时伴有的电现象。它与细胞兴奋的产生和传导有着密切的关系。现以神经细胞为例来讨论细胞的生物电现象。

(1)静息电位及产生原理

①静息电位:细胞膜处于安静状态下,存在于膜内外两侧的电位差,称为静息电位。如图1所示,将两个电极置于安静状态下神经纤维表面任何两点时,示波器屏幕上的光点在等电位线作横向扫描,表示细胞膜表面不存在电位差。但如将两个电极中的一个微电极(直径不足1μm)的尖端刺入膜内,此时示波器屏幕上光点迅速从等电位下降到一定水平继续作横向扫描,显示膜内电位比膜外电位低,表示细胞膜的内外两侧存在着跨膜电位差。此电位差即是静息电位。一般将细胞膜外电位看作零,细胞膜内电位用负值表示。

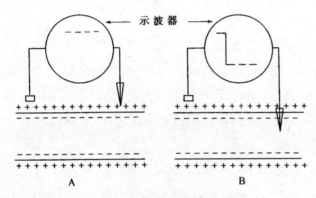

图1 静息电位测量示意图

A.膜表面无电位差   B.膜内外两侧有电位差

同类细胞的静息电位较恒定,如哺乳类动物神经细胞的静息电位为-90 ~ -70mV。安静时,细胞膜两侧这种数值比较稳定的内负外正的状态,称为极化。极化与静息电位都是细胞处于静息状态的标志。以静息电位为准,若膜内电位向负值增大的方向变化,称为超极化;若膜内电位向负值减小的方向变化,称为去极化;细胞发生去极化后向原先的极化方向恢复,称为复极化。从生物电来看,细胞的兴奋和抑制都是以极化为基础,细胞去极化时表现为兴奋,超极化时则表现为抑制。

②静息电位的产生原理:"离子流学说"认为,生物电产生的前提是细胞膜内外的离子分布和浓度不同,以及在不同生理状态下,细胞膜对各种离子的通透性有差异。

在静息状态下,由于膜内外K^+存在浓度差,膜对K^+有较大的通透性,因而一部分K^+顺浓度差向膜外扩散,增加了膜外正电荷。简言之,静息电位主要是K^+外流所形成的电-化学平衡电位。

（2）动作电位及其产生原理

①动作电位：细胞膜受到刺激时，在静息电位的基础上发生一次可扩布的电位变化，称为动作电位。动作电位可用上述微电极插入细胞内测量记录下来。在测出静息电位的基础上，给予神经纤维一个有效刺激，此时在示波器屏幕上即显示出一个动作电位（如图2所示）。动作电位包括一个上升相和一个下降相，上升

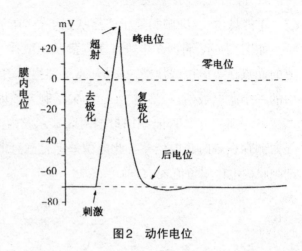

图2　动作电位

相表示膜的去极化过程，此时膜内原有的负电位迅速消失，并进而变为正电位，即由$-90 \sim -70$mV变为$20 \sim 40$mV，出现膜两侧电位倒转（外负内正），整个膜电位变化的幅度可达$90 \sim 130$mV。下降相代表膜的复极化过程，是膜内电位从上升相顶端下降到静息电位水平的过程。

②动作电位的引起及产生原理：细胞膜受到刺激后，膜对Na^+的通透性增大，Na^+顺浓度差和电位差迅速大量内流，从而爆发动作电位。使膜对Na^+通透性突然增大的临界膜电位数值，称为阈电位，阈电位比静息电位约小$10 \sim 20$mV。任何刺激必须使内负电位降到阈电位水平，才能爆发动作电位。

动作电位上升相是由于膜外Na^+大量内流，膜内电位迅速提高，使原来的负电位消失并高出膜外电位，在膜的两侧形成一个内正外负的电位差。简言之，动作电位的上升相是Na^+内流所形成的电-化学平衡电位，是膜由K^+平衡电位转为Na^+平衡电位的过程。

在上升相到达Na^+平衡电位时，膜上Na^+通道已关闭，Na^+的通透性迅速下降。与此同时，膜对K^+的通透性大增。于是，K^+顺浓度差和顺电位差迅速外流，使膜内外电位又恢复到原来的内负外正的静息水平，形成动作电位的下降相。简言之，动作电位下降相是K^+外流所形成，是膜由Na^+平衡电位转变为K^+平衡电位的过程。

细胞膜在复极化后，跨膜电位虽然恢复，但膜内Na^+有所增多，而K^+有所减少。这时便激活了细胞膜上的钠-钾泵，通过Na^+、K^+的主动转运，重新将它们调整到原来静息时的水平，以维持细胞正常的兴奋性。

③动作电位的特点：动作电位具有"全或无"现象，刺激达不到阈强度，不能产生动作电位（无），一旦产生，幅度就达到最大值（全）。幅度不随刺激的强度增加而增加。

④动作电位的传导特点:动作电位在同一细胞沿膜由近及远地扩布称为动作电位的传导。其传导特点有:(a)不衰减性传导。动作电位传导时,电位幅度不会因距离增大而减小。(b)双向性传导。如果刺激神经纤维中段,产生的动作电位可从产生部位沿膜向两端传导。

2. 部分消化酶的具体作用点

【剖析】

①胃蛋白酶(肽链内切酶):切断酪氨酸、苯丙氨酸的氨基端肽键(需酸性环境)。

②胰蛋白酶(肽链内切酶):切断精氨酸的羧基端肽键(需肠激活酶激活)。

③胰糜蛋白酶(肽链内切酶):切断酪氨酸、苯丙氨酸的羧基端肽键(需胰蛋白酶激活)。

④羧基肽酶(肽链外切酶):从肽链羧基端顺序切下单个氨基酸(胰液、肠液中均有)。

⑤氨基肽酶(肽链外切酶):从肽链氨基端(外)顺序切下单个氨基酸(仅肠液中有)。

⑥二肽酶:水解二肽(仅肠液中有)。

⑦核酸酶:水解二种核酸为核苷酸(来自胰液)。

⑧淀粉酶:将淀粉分解成麦芽糖。

⑨双糖酶:将二糖分解成单糖。

3. 血型和输血

【剖析】血型是指红细胞膜上存在的特异抗原类型。红细胞表面上含有的抗原物质统称为凝集原,血清中则含有与之相应的特异性抗体,称之为凝集素。

ABO血型系统依红细胞膜上所含A、B凝集原而将人类血液区分成四种血型A、B、AB、O型。临床上将受检者的血液分别滴入A型标准血清和B型标准血清中,观察是否发生凝集反应以鉴定受检者血型。

人类红细胞含有一种与恒河猴的红细胞相同的凝集原称为Rh因子(猕猴因子)。根据此种凝集原而将此种血型命名为Rh血型。有Rh凝集原称Rh阳性,没有Rh凝集原称Rb阴性。少数民族的阳性率较低;抗Rh的凝集素是获得性抗体,且分子小,可以通过胎盘。

输血:正常成人的血液总量即血量约占体重的7%~8%,失血超过30%时,就可能危及生命。输血可以补充血量,恢复血压,加强心脏活动;提高中枢神经系统的兴奋性。

(1)交叉配血试验与输血原则:交叉配血试验指供血者的红细胞与受血者的血清相混合(主侧),而把受血者红细胞与供血者的血清相混合(次侧)进行交叉试验。如果主侧与次侧两方面均不出现凝集反应为配血相合。如果主侧出现凝集反应,为配血不合。如主侧不发生凝集,而次侧发生凝集,只能一次少量缓慢输血,并密切注意有无输血反应。

(2)Rh血型的特殊意义:依上述Rh血型的特性必须注意:重复输血时必须重作交叉配血;另建议Rh阴性妇女只生一胎。

4.中枢神经系统活动的一般规律

【剖析】在脑和脊髓以及外周神经节内,一个神经元与另一个神经元特化的相接触部位称为突触,是神经元之间在机能上发生联系的部位。任何一个反射活动,其兴奋或神经冲动都要通过突触,突触是信息传递和整合的关键部位。

突触小体内含大量的突触小泡。每个突触可分为突触前膜、突触后膜、突触间隙几个部分(如图3所示)。在中枢神经系统内,不同神经元的突触小泡含有不同的递质。兴奋性突触小体内的突触小泡含有兴奋性递质,抑制性突触小体内的突触小泡含有抑制性递质。

当神经冲动到达突触小体时,Ca^{2+}通道开放,此时膜对Ca^{2+}具有通透性,使膜外浓度高于膜内的Ca^{2+}流入膜内,部分突触小泡移向突触前膜。由于Ca^{2+}的内流,使突触小泡的膜与突触前膜贴附融合破裂,向突触间隙释放化学递质。

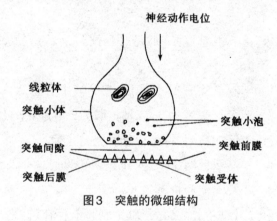

图3 突触的微细结构

放出的递质弥散到突触后膜,递质分子立即与突触后膜上的受体相结合,从而改变后膜对离子的通透性,激起突触后神经元的变化,产生神经冲动。但是这种电位变化在兴奋性突触和抑制性突触是不相同的。

递质在神经系统功能活动中具有非常重要的作用。

(1)递质的种类:人体神经系统有多种递质。按化学结构的不同可分三类:即乙酰胆碱、单胺类(有去甲肾上腺素,5-羟色胺及多巴胺)和氨基酸类(有γ-氨基丁酸及甘氨酸)。

同一种递质对不同的突触后膜可以发挥不同的作用,即对有的突触后膜发挥兴奋作用,而对另一些突触后膜则发生抑制作用。例如,支配心脏的迷走神经末梢分泌的递质是乙酰胆碱,它对窦房结细胞发挥抑制作用,但支配胃腺壁细胞的迷走神经末梢分泌的乙酰胆碱则能促进壁细胞分泌。有的递质只发挥抑制作用,被称为抑制性递质,如γ-氨基丁酸。

(2)递质的分布:不同的神经元释放不同的递质,但一个神经元的末梢则释放相同递质。在中枢神经系统内的递质称中枢递质。据目前研究所知，乙酰胆碱广泛存在于脑和脊髓，以纹状体中含量较高；去甲肾上腺素大部分分布在脑干；多巴胺主要在黑质中形成，沿黑质和纹状体系统分布；5-羟色胺神经元主要位于低位脑干近中线区的中缝核内。r-氨基丁酸在大脑皮层浅层含量较高，甘氨酸大量分布在脊髓及延髓。外周神经末梢所分泌的递质称外周递质。

5. 动物激素的作用机制

【剖析】脊椎动物的激素靠血液循环系统运输。激素分子周游全身，与各种细胞接触，但只能识别它们的靶细胞。这是因为只有靶细胞带有能和激素分子结合的受体。有些激素的靶细胞，表面带有受体，另一些激素的靶细胞，受体不在表面而在细胞内部。这两类激素的作用机制有所不同，分述如下。

（1）受体在靶细胞内部的激素（图4）

脂溶性的固醇类激素，如肾上腺皮质激素和雌激素、雄激素等都属此类激素，此外，甲状腺素也属此类。

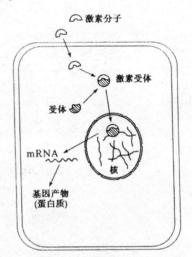

图4　固醇类激素的作用机制图解

这一类激素都是较小的分子，相对分子质量一般都在300左右，都能穿过细胞膜而进入细胞质中。它们的受体是靶细胞内的一些蛋白质分子。激素进入靶细胞后，就和细胞质内或细胞核内的特定受体分子相结合，形成的激素和受体的结合体作用于核的遗传物质，而引起某些基因转录出一些特异的mRNA，从而导致特异蛋白质的合成，这一过程可称为基因活化过程。这一类激素的作用时间多数是较长的，可持续几个小时，甚至几天，并且大多是能影响生物体的组织分化和发育的，如人的性激素能影响人体性器官的分化和发育等。

（2）受体在靶细胞膜表面的激素（图5）

水溶性激素都属于此类，包括多肽激素，如胰岛素、生长激素、胰高血糖素，以及小分子的肾上腺素等。此外，前列腺素是脂溶性的，但它的靶细胞受体也是在细胞表面的，这一类激素不能穿过细胞膜，故不能进入靶细胞，而只在细胞表面与受体结合，结合的结果使细胞内产生环式腺苷一磷酸分子，即cAMP。由cAMP再引起一系列反应而实现激素的作用。所以cAMP的作用好像是转达激素的信号。如果把激素称为第一信使，cAMP就是第二信使。第一信使在达到细胞表面的受体后，由cAMP"接力"在细胞内继续传送，实现第一信使的意图。这一全过程很复杂，现以肾上腺素、胰岛素等为例，扼要说明如下。

肾上腺素与受体结合后,受体被激活而作用于细胞膜内面的腺苷酸环化酶,腺苷酸环化酶被激活而催化ATP转化为cAMP。cAMP的作用是激活细胞质中的蛋白质激酶。活化的蛋白质激酶通过ATP的供能(磷酸化)而使磷酸化激酶活化,活化的磷酸化激酶又通过ATP的供能而使磷酸化酶活化,而一旦有了活化的磷酸化酶,糖原就可水解成葡萄糖了。葡萄糖一部分进入血液,一部分还可经糖酵解而产生ATP。与此同时,活化的蛋白质激酶还使细胞质中的糖原合成酶磷酸化,而失去活性,因而细胞中产生的葡萄糖就不能转化为糖原了。我们知道,肾上腺素大多是在身体处于紧急状态时,才大量释放,而释放的结果则是增加了葡萄糖和ATP,并防止了葡萄糖重新合成为糖原。这就为应急行为(如战斗、负重、奔跑等)保证了能量的供应。

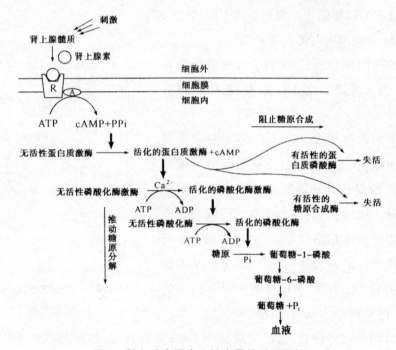

图5　肾上腺素提高血糖含量的过程图解

激素的作用过去后,cAMP含量也恢复到正常的水平。胞质溶浆中有磷酸二酯酶,能使cAMP水解为AMP。在激素分泌时,蛋白质激酶使磷酸二酯酶失去活性,激素消失后,磷酸二酯酶恢复活性而使过量的cAMP迅速水解。至此,激素和cAMP完成了任务,细胞恢复了原初的状态。

胰岛素的作用和肾上腺素相反。胰岛素的受体也是在细胞表面,但胰岛素的受体不同于胰高血糖素的受体:胰岛素与受体结合后,细胞中cAMP的含量不但不升高,反而降低。这就说明,胰岛素使腺苷酸环化酶受到抑制,因而cAMP含量降低,蛋白质激酶的活性下降,结果糖原水解过程受阻,葡萄糖产量降低。还有人发现,胰岛素的作用是使细胞中另一种环核苷酸,即环鸟苷酸(cGMP)的含量升高,而cGMP是与cAMP互相拮抗的,cGMP含量增高和cAMP含量降低的作用是一样的,都是阻止糖原的水解。此外,胰岛素也可能有刺激磷酸二酯酶的作用,因而使细胞中cAMP含量下降。

（3）受体的特异性

不同的激素有不同的对象,即不同的靶细胞,这是因为不同的靶细胞表面有不同的激素受体。例如,肝细胞的表面有胰高血糖素的受体、肾上腺素的受体以及胰岛素的受体等。肌细胞的表面有肾上腺素的受体,而没有胰高血糖素的受体,所以,肾上腺素能使肌细胞的腺苷酸环化酶活化,因而能使糖原水解为葡萄糖,而胰高血糖素对肌细胞就不发生作用。

（4）级联机制

激素的作用过程是一环扣一环的连续过程,每一过程都是依靠酶的作用而完成的。由于酶分子可以反复使用,因而第一个反应产生的激酶可以使第二个反应产生更多的激酶分子,而第三个反应产生的酶分子比第二个反应更多。每增加一个反应,就扩大一部分效果,这就是级联机制的特点。

（5）信使分子

肾上腺素、胰岛素等激素,作为信号分子,不能进入细胞,只能与细胞表面的受体结合而引起细胞内另一信使分子cAMP继续起作用,因此激素分子被称为第一信使,cAMP被称为第二信使。在第一信使和细胞表面受体结合后,第二信使cAMP就开始执行任务,使细胞发生反应。所以第二信使带来的信息才是细胞"懂得"的信息,细胞才发生反应。

除cAMP外还有其他的信使分子,其中三磷酸肌醇和Ca^{2+}最为重要,很多植物激素都是以Ca^{2+}为第二信使的。一些动物激素,以及多种神经递质在和受体结合后也都能使细胞中的Ca^{2+}大量增加,这些Ca^{2+}可再和一种特殊的结合蛋白质,即钙调蛋白结合,而引起靶细胞的特异反应。但是现在已经查明,在激素和Ca^{2+}之间还有一个中间分子,即三磷酸肌醇。因此三磷酸肌醇才是第二信使,而Ca^{2+}则应算是第三信使了。三磷酸肌醇来自细胞膜中的磷脂分子,它能作用于内质网膜,使Ca^{2+}从内质网中大量涌出,使胞质溶浆中Ca^{2+}的浓度大大提高,高浓度的Ca^{2+}刺激靶细胞,发生相应的反应。

【例题精讲】

1. 当兴奋通过神经-肌肉接头时,乙酰胆碱与受体结合,导致终板膜出现下列哪种变化?

A. 对Na^+、K^+通透性增加,发生超极化　　B. 对Na^+、K^+通透性增加,发生去极化

C. 仅对 Ca^{2+} 通透性增加,发生去极化　　D. 对乙酰胆碱通透性增加,发生超极化

[分析]当兴奋通过神经－肌肉接头时,乙酰胆碱与接头后膜的N－型受体结合,引起膜对 Na^+、K^+ 的通透性增加,以 Na^+ 内流为主,使该处原有的静息电位减小,向零值靠近,出现膜的去极化。

本题的答案为:B。

2. 肌肉收缩滑行学说的直接根据是收缩时发生了下列哪种变化?

　　A. 肌小节长度缩短,相邻的Z线互相靠近

　　B. 暗带长度不变,明带和H带缩短

　　C. 暗带长度缩短,明带和H带不变

　　D. 明带和暗带的长度均缩短

[分析]每条肌纤维的全长都是由明带和暗带有规则的交替组成,明带由细肌丝组成,暗带由粗肌丝和伸入其间的肌丝组成。当肌肉收缩时,暗带长度基本不变,细肌丝由两侧向暗带中间的H带方向滑行,使明带和H带都缩短。这样的变化是滑行学说的直接根据。肌肉收缩时,固然相邻的Z线互相靠近使肌小节长度缩短,但不能说明肌丝间的滑行情况,故不能成为滑行学说的直接根据。

本题的答案为:B。

3. 受试者使用其横膈平静地呼吸。在某一时刻测量此人的肺容积。结果如图6所示。关于这些结果,下列哪种说法正确?

①在P瞬间横膈向上运动,在Q瞬间横膈向下运动

②在P瞬间肺气管中空气的相对湿度比Q瞬间的大

　　A. 只有①正确　　B. 只有②正确

　　C. ①和②都正确　　D. ①和②都不正确

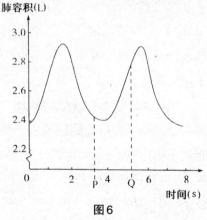

图6

[分析]吸气时横膈向下运动,使胸腔扩大,呼气时横膈向上运动,使胸腔缩小,从图中可看出P瞬间胸腔体积在缩小,横膈应向上运动,Q瞬间胸腔体积在扩大,横膈应向下运动,所以①正确。吸气时外界空气进入肺气管,呼气时肺气管内的气体向外排,一般情况下体内(肺气管内)的空气湿度总是比外界大。P瞬间在呼气,肺气管中空气的相对湿度较大,Q瞬间在吸气,外界进来的空气相对湿度较小,所以②也正确。

本题的答案:C。

4. 关于血浆渗透压的叙述,下列哪一项是正确的?

A. 血浆渗透压等于血浆晶体渗透压

B. 血浆渗透压主要来自血浆中的电解质

C. 血浆蛋白减少时,血浆渗透压将明显下降

D. 血浆渗透压变化时红细胞的脆性发生变化

[分析]血浆总渗透压等于血浆晶体渗透压与胶体渗透压之和,但由于血浆胶体渗透压远远小于晶体渗透压,因而血浆渗透压接近于血浆晶体渗透压。当血浆蛋白减少时,导致血浆胶体渗透压减小,由于血浆胶体渗透在数值上占的比例很小,故血浆渗透压不会因胶体渗透压的减小而有明显下降。血浆晶体渗透压主要来自溶解于其中的晶体物质,特别是电解质,故可以说血浆渗透压主要来自其中的电解质。红细胞渗透抵抗性大小是由红细胞的特点决定的,不是由渗透压高低来决定的。

本题的答案为:B。

5. 图7是三种不同动物:狸鼠、棕鼠和袋鼠的肾切面图,其皮层和髓区的大小按真实肾的皮层和髓区大小的比例而画出。狸鼠生活在淡水中,从不缺水喝;棕鼠可以在几天内不喝水;袋鼠生活在沙漠中,可以很长时间不喝水。问:图中的肾依次属于哪一种动物?

图7

A. 棕鼠、狸鼠、袋鼠　　　　B. 棕鼠、袋鼠、狸鼠

C. 袋鼠、棕鼠、狸鼠　　　　D. 袋鼠、狸鼠、棕鼠

[分析]从图中可看出髓质部分图2最多,而图3最小,说明图2的肾小管最发达,重吸收水分的能力最强,而图3的肾小管最不发达,重吸收水分的能力最弱。狸鼠生活在淡水中,对重吸收水分的要求不高,图3是狸鼠的肾。袋鼠生活在沙漠中,可很长时间不喝水,肯定有很强的重吸收水的能力,图2是袋鼠的肾。所以剩下的图1是棕鼠的肾,选项B正确。

本题的答案为:B。

6. 以下描述:①使身体准备对付紧张情况;②扩大瞳孔;③增强肠蠕动;④刺激肾上腺分泌;⑤降低心跳速率。属于交感神经和副交感神经的作用的分别是哪些?

[分析]此题为植物性神经系统功能的试题。交感神经兴奋时,可使身体对付紧张情况、扩大瞳孔、刺激肾上腺素分泌、加快心跳等,而副交感神经兴奋时可加强消化

系统的活动,例如加快肠蠕动和降低心跳速率等。

本题的答案为:交感神经的作用为①②④。

副交感神经的作用在于③⑤。

7.放置振动音叉柄于聋患者前额正中发际,双耳声音比较,以右耳为响;分别以振动音又置于左、右外耳道口测试,右耳响度不如左耳。应判断为

A.左耳传导性耳聋　　　　B.右耳传导性耳聋

C.左耳神经性耳聋　　　　D.右耳神经性耳聋

[分析]放置振动音叉柄于耳聋患者前额正中发际,双耳都能听到声音,且右耳比左耳响,这说明双耳均存在有骨传导,且右耳的骨传导更为敏感。分别以振动音叉置于左、右外耳道口测试,双耳都能听到声音,且右耳响度不如左耳,这说明两耳均存在有气传导,且右耳的气传导减弱。既然患者的双耳均存在有骨传导和气传导,则患者的双耳均不可能为神经性耳聋(因为患神经性耳聋时,骨传导和气传导均不存在),因此患者只可能为传导性耳聋。患传导性耳聋时,若气传导受损,则骨传导往往会更敏感,这与右耳的测试结果相符,故患者右耳为传导性耳聋。

本题的答案为:B。

8.在哺乳动物胚胎中,与母体子宫壁发生联系的第一个结构是?

A.羊膜　　　　　　　　B.绒毛膜

C.尿囊　　　　　　　　D.滋养层

[分析]哺乳运动的受精卵经早期分裂形成胚泡(图8),此时相当于低等动物的囊胚阶段。囊壁有厚薄不等的两个区域。细胞较厚的区域称"内细胞群",内细胞群的细胞将形成羊膜、羊膜腔、卵黄囊、内胚层、中胚层、尿囊和形成胚胎的原条等。薄的部分即为"滋养层",是胚泡的最外层,它的一部分将发育成胚胎的绒毛膜并与母体子宫内膜相接触形成胎盘的一部分。

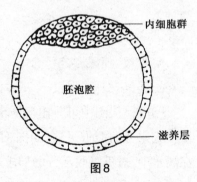

图8

本题答案为:D。

9.以下的几个选项中哪些是导致严重低血糖和昏迷的可能条件?①在饭前几小时注射了一次胰岛素的糖尿病I型患者(B-细胞不足);②注射了过量胰岛素的糖尿病II型患者(胰岛素受体无功能);③进行了胰岛素注射的患胰岛瘤的病人;④在剧烈运动后注射了胰岛素的正常健康人。

[分析]胰岛素能促进血糖合成糖原,加速血糖的分解,因而注射胰岛素可能是造成严重低血糖或昏迷原因之一。

本题的答案为:①②。

10.将Rh⁺的血液输入以前从未接受过输血的Rb⁻的妇女,用"+"或"−"指出下列各说法是对(+)还是错(−)。

A. 此妇女会产生抗Rh的抗体

B. 输入的血液和妇女本人的血不相容,所以随后可能发生红细胞凝集和死亡

C. 下次怀孕时,Rh⁺的胎儿会由于溶血症而死亡

D. 由于70%的Rh⁺人群是杂合型,因此在短期或长期内都不会有影响

[分析]Rh⁻的妇女在接受输血前,血液中既无Rh⁺抗原又无Rh抗体,输入Rh⁺的血液后体内会产生Rh的抗体。第一次输入Rh⁺的血液时,由于体内还没有Rh的抗体,所以不会使输入的红细胞凝集和死亡。该妇女的配偶若是Rh⁺,则胎儿往往是Rh⁺,若从未接受过输血,就并不妨碍母亲,对第一胎也没有影响。但在第一胎分娩时,Rh⁺胎儿的红细胞可以通过胎盘进入母亲的血液中,使母亲在胎儿出生后形成Rh的抗体。在下次怀孕时由于血液中已产生了Rh的抗体,抗体会从母亲的血液中通过胎盘进入胎儿血液,就会使具有Rh⁺的胎儿的红细胞凝集而被破坏,引发溶血性贫血症而死亡。

本题的答案为:A+;B−;C+;D−。

【提高训练】

1. 下列关于人体皮肤的说法,正确的是(　　　)

①曝露在阳光下会刺激皮肤中维生素D和色素的形成

②皮肤中的许多种色素会抑制维生素D的形成

A. 只有①正确　　　B. 只有②正确　　　C.①和②都正确　　　D. 都不正确

2. 自然界中存在几种运动的机理,分别是(　　　)

A. 走,飞,游　　　　　　　　　B. 纤毛运动,鞭毛运动,波形运动

C. 肌肉运动,纤毛运动,变形运动　　　D. 肌肉运动,喷射式运动,变形运动

E. 肌肉运动,波形运动,喷射式运动

3. 不同的动物,其运动型肌肉的力量上限大致相同(依相对尺度)。这是因为(　　　)

A. 肌肉的力量与其横切面的大小无关

B. 肌肉收缩的力量与肌肉的相位变化或姿势变化无关

C. 肌肉收缩的力量取决于参加收缩的肌原纤维数量

D. 肌肉收缩的力量取决于肌肉细胞里的ATP含量

E. 肌肉收缩的力量受到O_2供应的限制

4. 化学抑制乙酰胆碱酯酶的主要反应将会导致(　　　)

A. 所有肌肉完全松弛　　　　　　　　B. 仅骨骼肌(横纹肌)松弛

C. 大多数肌肉包括横纹肌和平滑肌收缩   D. 仅部分横纹肌收缩

E. 仅部分平滑肌收缩

5. 人类的一些耐力训练导致很多效应,下列哪个效应与耐力训练无关（   ）

A. 心脏的扩大   B. 增加肌肉中毛细血管的数目

C. 增加肌肉细胞里线粒体的数目   D. 在休息期间脉搏增加

E. 肺容积增加

6. 骨是动态的而不是静态的结构,下列哪些叙述可以说明（   ）

A. 当人们弯腰坐下,不久背会变驼

B. 遇到卧床不起的情况,骨的内部结构适应改变压力状态

C. 骨不像同等强度的静态结构那样易于破裂

D. 起初固定不好的新的牙冠,没有牙医的帮助,两周后能很好地固定

7. 在静息时神经细胞膜的表面是（   ）

A. 正电性   B. 负电性   C. 中性   D. 没有电荷

8. Na^+ 泵最重要的意义是（   ）

A. 维持细胞内高 K^+ B. 防止细胞肿胀

C. 建立势能贮备   D. 生电作用

9. IPSP是由于哪些离子通透改变引起的（   ）

A. K^+，Na^+，尤其 K^+ B. Cl^-，K^+，尤其 Cl^-

C. Ca^{2+}，Cl^-，尤其 Ca^{2+} D. Cl^-，Na^+，尤其 Cl^-

10. 突触前抑制是由于（   ）

A. 突触前膜超极化   B. 突触前膜释放抑制性递质

C. 突触前膜释放兴奋性递质减少   D. 突触后膜超极化

11. 下列结构中,向哺乳动物的消化道中分泌无活性酶原的是（   ）

A. 唾液腺   B. 胰腺   C. 胆囊   D. 肝脏

12. 唾液不具有的功能是（   ）

A. 酶的功能   B. 保护功能

C. 创造味觉条件的功能   D. 调节功能

13. 在饥饿或冬眠时,能量底物的消耗按下列哪种顺序发生（   ）

A. 脂肪→蛋白质→糖   B. 脂肪→糖→蛋白质

C. 糖→脂肪→蛋白质   D. 蛋白质→糖→脂肪

14. 一个只吃素食的人,他每天摄入的蛋白质的量和种类都比吃动物蛋白质的人多。下列解释中错误的是（   ）

A. 一般地说,人体需要的必需氨基酸在植物蛋白质中的种类要少于动物蛋白

B. 一般地说,植物蛋白质中各种必需氨基酸的比例与动物蛋白的大不相同

C. 一般地说,植物食物中蛋白质的百分含量比动物食物的要低

D. 一般地说,植物蛋白要比动物蛋白更难消化,也更难完全消化

15. 胰液中可以发现什么物质(　　)

①碳酸氢盐;②肠促胰液素;③胆盐;④胃蛋白酶原;⑤脂酶

　A. ①②　　　　　　B. ①⑤　　　　　　C. ②③⑤　　　　　　D. ③④⑤

16. 鉴别图9哺乳动物和非哺乳动物脊椎动物的下颌。哺乳动物是:(　　);非哺乳动物脊椎动物是:(　　)。

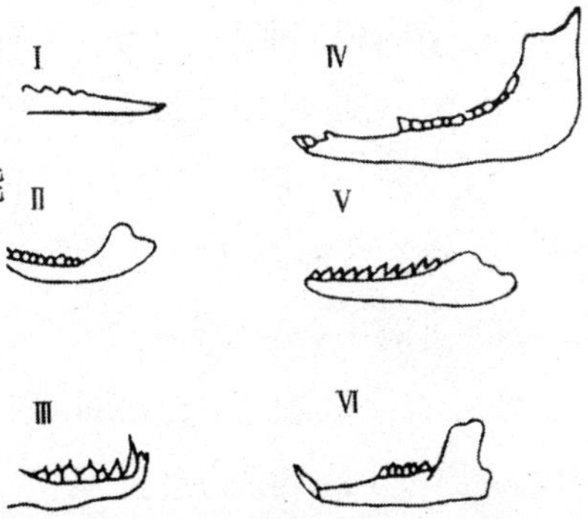

17. 下列叙述中,哪一种不是人消化系统的功能(　　)

　A. 对食物的机械加工

　B. 将食物的组分水解成单体

　C. 将食物的抗原性消除

　D. 在氧化食物组分过程中释放能量

　E. 食物的除菌作用

图9

18. 人体摄入的钙大部分通过什么被排出(　　)

　A. 尿　　　　　　B. 汗　　　　　　C. 血浆　　　　　　D. 粪便

19. 胃中皱褶的功能是(　　)

　A. 碾碎食物　　　　　　　　　　B. 增加胃的容量

　C. 分泌淀粉酶

　D. 利用肌肉收缩,混合食物与胃液

　E. 增加分泌的表面积

20. 如果1个70kg重的人,摄入40g乙醇,那么在他的血中乙醇水平将上升1‰。若小时10kg体重排出约1g乙醇,而这个人在发生交通事故后,弃车而去,在2.5h以取此人的血液标本,内含0.5‰的乙醇。假定此人在事故后没有摄入任何乙醇,那么发生事故的时候,他的血液中的乙醇水平是多少(　　)

　A. 1.10‰　　　　B. 0.95‰　　　　C. 0.65‰　　　　D. 0.55‰

21. 人的胃不会自我消化,因为(　　)

　A. 其内壁为一层黏膜所覆盖

　B. 胃中没有水解蛋白质的酶

　C. 蛋白质消化酶不能水解产生它的机体的蛋白质

　D. 分泌出来的蛋白质消化酶是无活性的酶原,只有在盐酸的作用下才会有活性

E. 表皮的微小伤口迅即愈合

22. 对生长和黄昏视觉最为重要的维生素是(　　)

A. A B. B_1 C. C D. D

23. 下列哪一处血液迅速丢失其中的氧(　　)

A. 肺泡 B. 小肠中的毛细血管

C. 肺静脉 D. 肝门静脉

24. 人体内具有呼吸作用的肌肉是(　　)

A. 横向胃肌和膈 B. 内、外肋间和纵向胃肌

C. 内、外肋间肌和肺 D. 大小胸肌和肺

25. 遇到下列哪一种情况,呼吸会更加急促(　　)

A. 血液中O_2浓度高 B. 血液中O_2浓度低

C. 血液中CO_2浓度高 D. 血液中CO_2浓度低

26. 有一动物重4g,10min内消耗了$2cm^3$的O_2,下列哪一个是该动物的呼吸速率(以$cm^3 O_2 / (g \cdot min)$为单位)(　　)

A. 0.01 B. 0.05 C. 0.1 D. 1.0

27. 人肺中使氧从空气扩散至血液中的驱动力是空气和血液之间的氧分压差。可能发生影响的因素有:①血液循环;②肺中的气流;③肺池的极薄的壁;④所有肺泡的伸展开的壁。其中哪些因素确实造成氧分压的差别(　　)

不闻不若闻之,闻之不若见之,见之不若知之,知之不若行之,学至于行而止矣!

——荀况

A. ①和② B. ①和④ C. ②和③ D. ③和④

28. 下列关于CO_2,由体细胞转运至肺的可能方式,哪一种是不存在的(　　)

A. 结合在红细胞中血红蛋白的亚铁离子上

B. 溶于血浆中和红细胞的细胞质中

C. 结合在红细胞中血红蛋白的蛋白质上

D. 作为HCO_3^-存在于血液的缓冲体系中

29. 基础代谢率是(　　)

A. 在精确限定的条件下维持生命所需最少的能量

B. 在获得100g蛋白质营养物之后所产生的能量

C. 做10次膝弯曲动作所需的能量

D. 转变1g脂肪所需的能量

30. 哺乳动物种X和种Y,它们有相似的外形,有相似的体表覆盖物(皮肤、体毛

等),运动能力也相似,然而种X在个体的长度上是种Y的两倍。对于这两个种来说,通过它们的体表每单位体重所丧失的热量大约是(　　)

    A. 种X大于种Y两倍　　　　　　B. 种X大于种Y四倍

    C. 种Y大于种X两倍　　　　　　D. 上述回答均不正确

31. 在动物细胞中,用于制造大多数ATP的直接能源是(　　)

    A. 从葡萄糖分解产物的磷酸盐转移到ADP

    B. 氢离子通过特有的膜转移

    C. 把葡萄糖分解成2个丙酮酸分子

    D. 电子沿着电子传递(转移)链移动

32. 运动员跑完马拉松后,肌肉供氧不足;在竞赛后的休息期间,下列哪一过程在运动员的组织中发生(　　)

    A. 将丙酮酸转化为乳酸　　　　B. 将乳酸转化为丙酮酸

    C. 积累NADHD糖酵解　　　　E. 以上答案中的两个

33. 某些陆栖动物的体表已经进化为一种呼吸结构,其特征是(　　)

    A. 身体表面出现深的凹痕,以便于气体深深渗进身体中

    B. 直接在所有的体细胞和大气之间进行气体交换

    C. 有特殊的酶使氧气有效地转运进入体内,而二氧化碳运出体外

    D. 二氧化碳与氧气的逆流交换在空气与黏液覆盖的动物体表面之间进行

    E. 出现了接近体表的血管以获得氧气,并运送到身体其他部分

34. 体力劳动增加血中CO_2浓度,这是由于(　　)

①血红蛋白与氧的亲和力下降;②CO_2通过肺部的排除下降;③通过空气呼吸矿物;质盐的流失增加;④大脑缺氧;⑤身体变暖

    A. 仅①　　　　B. 仅④　　　　C. ①⑤　　　　D. ②③　　　　E. ②④

35. 有关胸内负压叙述正确的是(多选题)(　　)

    A. 脏层胸膜间接形成　　　　　　B. 受肺内压及弹性回收力影响

    C. 肺回缩力高,胸内负压绝对值大　　D. 在胎儿时已形成

36. 下列各处中,每分钟何处的血流量最高(　　)

    A. 主动脉在分成左腿和右腿动脉处的左腿动脉

    B. 刚从主动脉发出的左冠状动脉

    C. 刚分成左肺和右肺动脉处的右肺动脉

    D. 进入下腔静脉前的肝静脉

37. 当血流通过心脏时,心脏的瓣膜适时开启和关闭,迫使这些瓣膜的张开是由于(　　)

A. 左右心室强有力的肌肉的收缩　　B. 存在这些瓣膜中的小的肌肉的收缩

C. 附着在心肌上的腱索　　D. 血液自身的压力

38. 从胃和小肠来的血液到达右手必须经过（　　）

①心脏（一次）；②心脏（二次）；③不经过心脏；④左右肺；⑤肝；⑥脑

A. 只是②　　　　　　　B. ①和④

C. ②、④和⑥　　　　D. ②、④和⑤　　　　E. ③、④和⑤

39. 苍鹭长时间站在冷水中，其腿不会被冻坏。这是因为（　　）

A. 腿里具逆向循环　　　　　　B. 在腿的皮肤下面具有一薄层脂肪层

C. 腿里具有分支型血流　　　　D. 腿里的代谢高

40. 蛋白质离开组织液进入循环系统的途径是（　　）

A. 通过毛细管网动脉一侧上的孔

B. 通过毛细管网静脉一侧上的孔

C. 被嗜曙红细胞吞噬并运送到血液中

D. 通过淋巴管道，这些管道把它们送进锁骨下静脉

E. 被毛细管上皮的透性酶居间积极地运送

41. 躺下后突然站立，在人的心血管系统有什么短时效应可能发生（　　）

①增加脉搏；②血管总外周阻力增加；③更多的血液通过肾脏流动；④更多的血液通过上、下肢流动；⑤血压下降

A. ①③④　　　　　　　B. ③④⑤

C. ①②⑤　　　　　　　D. 仅②③

E. 仅④⑤

42. 影响血流阻力的因素有（多选题）（　　）

A. 血管半径的平方　　　　B. 血液黏度

C. 血压　　　　　　　　　D. 血管长度

43. 血液流体静压力促使（　　）

A. 肾小球滤过

B. 在毛细血管的微静脉末端重新吸收水分和溶解的物质

C. 肾小管中维持 Na^+ 的浓度

D. 肾小管重吸收盐和葡萄糖

E. Na^+ 在肾的亨氏（髓）袢中再循环

44. 下列关于蚯蚓的尿的说法中，正确的是（　　）

A. 通过每一个体节中的一对开口排出体外

B. 在它的血管与排泄小管系统密切相关的过程中形成

C. 液体从体腔流进一个小管排泄系统,尿即从这种液体产生

D. 上述说法都是正确的

45. 大量饮水尿量增多是由于(　　　)

A. 醛固酮下降　　　　　　　　　　B. 有效滤过压升高

C. ADH 下降　　　　　　　　　　　D. 胶体渗透压下降

46. 神经冲动在生物体内的传递途径是(　　　)

A. 树突→突触→神经元细胞体→轴突　　B. 轴突→神经元细胞体→树突→突触

C. 树突→神经元细胞体→轴突→突触　　D. 树突→突触→轴突→神经元细胞体

47. 下列关于神经细胞的说法,哪一种是错误的(　　　)

A. 神经元永远不会呈单个的、游离的细胞而存在于生物体内

B. 在鞘神经元中神经冲动的传导速率比在裸露的神经元中的要慢

C. 树突将冲动传递给细胞体

D. 冲动的传递现象依赖细胞膜上离子通透性的变化

48. 下列关于神经细胞轴突的叙述,错误的是(　　　)

A. 轴突是神经元的长突起　　　　　　B. 髓鞘促进神经冲动的传导

C. 一些轴突可能长于 2m　　　　　　D. 某些轴突没有髓鞘

E. 神经冲动的传导速率并不依赖轴突直径的大小

49. 在神经传递中,ATP的主要作用是(　　　)

A. 抑制 Na^+ 和 K^+ 通过膜的运送　　B. 导致动作电位

C. 当它已经形成时,提高动作电位　　D. 维持静息电位

50. 当人的运动成为震颤,失去平衡,并出现发音混乱和说话困难,损伤的部位发生在(　　　)

A. 脊髓　　　　　　　　　　　　　　B. 丘脑

C. 下丘脑　　　　　　　　　　　　　D. 延脑

E. 小脑

51. 三级记忆的基础是(　　　)

A. 形成新的突触　　　　　　　　　　B. 海马环路的作用

C. 蛋白质的合成　　　　　　　　　　D. 神经元活动的后作用

52. 易化肌紧张的区有(多选题)(　　　)

A. 纹状体　　　　　　　　　　　　　B. 大脑皮层

C. 前庭核　　　　　　　　　　　　　D. 延髓网状结构背外侧

53. 有关近视及校正的正确阐述是(　　　)

A. 他的眼睛从晶状体到视网膜的长度大于平均值

B. 应用一个合适的双凸透镜来矫正此缺陷

C. 近视比远视受到更严重的影响

D. 一个圆形物体看起来像是椭圆形的

54. 为什么人眼在瞧一个物体时时常会动（　　）

A. 使物体保持在视野内 　　　　　B. 使光束定向照到视网膜的黄斑上

C. 使物像可在视网膜上聚焦 　　　D. 防止视觉神经细胞疲劳

55. 在鱼、鸟和哺乳运动的听觉器官中共同存在下述哪种结构（　　）

A. 外、耳壳 　　　　　　　　　　B. 半规管

C. 听道 　　　　　　　　　　　　D. 耳咽（欧氏）管

E. 发达的耳蜗管

56. 关于视锥细胞错误的描述是（　　）

A. 分布视网膜中央 　　　　　　　B. 中央凹处最密

C. 对光敏感度高 　　　　　　　　D. 能分辨颜色

57. 声音主要传导途径是（　　）

A. 外耳→鼓膜→听小骨→圆窗 　　B. 外耳→鼓膜→听小骨→卵圆窗

C. 外耳→鼓膜→鼓室→圆窗 　　　D. 外耳→鼓膜→鼓室→卵圆窗

58. 前庭器官（多选题）（　　）

A. 适宜刺激为变速运动 　　　　　B. 参与躯体运动平衡调节

C. 伴有植物性神经活动 　　　　　D. 感受器均为毛细胞

59. 下列哪种过程，不是肾上腺素引起的（　　）

A. 刺激糖原转为葡萄糖 　　　　　B. 加速心脏收缩

C. 加强肠的蠕动 　　　　　　　　D. 瞳孔扩大

60. 下列关于血液中的激素胰高血糖素和胰岛素的浓度与人血浆中葡萄糖浓度的说法，正确的是（　　）

A. 食物中大量葡萄糖被转运入小肠系统血浆时，胰脏就会减少胰高血糖素的分泌

B. 当某人在数小时内不进食时，胰脏就会增加胰岛素的分泌

C. 高浓度的胰高血糖素会刺激肌肉细胞从血浆中吸收葡萄糖

D. 高浓度的胰岛素刺激肝脏分泌葡萄糖

61. 在一窝蜜蜂中，蜂王的主导地位是由什么控制的（　　）

A. 向蜂王的幼虫提供王浆 　　　　B. 蜂王分泌外激素

C. 由于蜂王提供卵 　　　　　　　D. 抑制工蜂的性发育

62. 图10中哪种或哪些器官是由脑下垂体分泌的一种或

几种激素所控制的(　　)

图10

A. 只有1

B. 只有2

C. 只有1和2

D. 只有2和3

E. 1,2和3

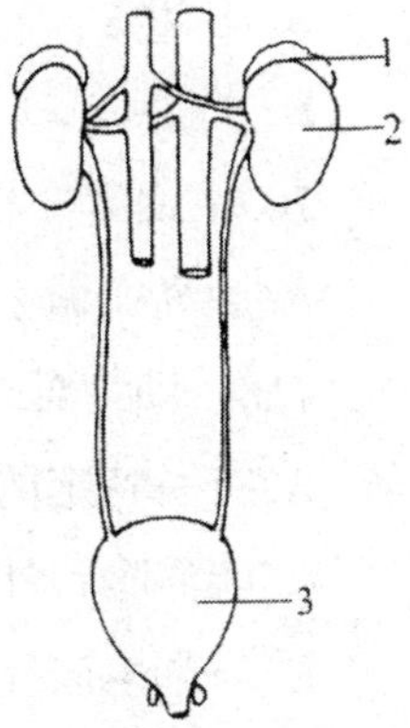

63. 下列叙述中能正确解释在病人血液中持续维持异常高

水平葡萄糖原因的是(　　)

A. 肾脏未能充分滤过

B. 血液中存在过量的甲状腺素

C. 肌肉整个处于休止状态

D. 胰腺的激素分泌不足

E. 小肠吸收了过量的葡萄糖

64. 人体肾上腺、胰脏和肝脏所共有的机能是(　　)

A. 调节代谢率

B. 收缩血管

C. 合成尿素和尿酸

D. 消化脂肪

E. 参与调节血液中葡萄糖的水平

65. 动物激素的结构不可能是(　　)

A. 氨基酸衍生物

B. 肽类和蛋白质类

C. 类固醇(甾类化合物)

D. 糖类

66. 肾上腺皮质细胞产生的激素,其结构与以下哪一种物质的结构相似(　　)

A. 血红蛋白

B. 胆固醇

C. 酪氨酸

D. 肾上腺素

67. 如果蝌蚪不能从食物和环境中得到足够的碘,以下哪种情况会发生(　　)

①甲状腺增大;②过量分泌促甲状腺素;③刺激生长;④出现呆小症;⑤停留在幼

体阶段;⑥垂体增大

A. ①②③

B. ③④⑥

C. ②④⑥

D. ①②⑤

68. 各自能增加和降低血糖水平的激素是什么(　　)

	增加	降低
A	三碘甲状腺原氨酸	胰岛素
B	胰高血糖素	可的松
C	肾上腺素	胰岛素
D	催产素	肾上腺素

69. 下列哪些项是内分泌机能障碍的常见机制(　　)

①分泌过多;②分泌过少;③肝脏破坏增多;④肾脏分泌减少;⑤异常受体

A. ①②③　　　B. ②③④　　　C. ③④⑤

D. ①②⑤　　　E. ②④⑤

70. 下面哪一物质不以cAMP为第二信使（　　）

A. 胰高血糖素　　B. 肾上腺素　　C. 甲状旁腺素　　D. 胰岛素

71. 一动物对外激素能产生反应,它必须（　　）

A. 有一特定的感受器　　　　　　B. 能够看到外激素的出现

C. 能够嗅到外激素　　　　　　　D. 有薄的表皮或毛发以便外激素渗入

E. 与产生该外激素个体的性别相反

72. 下列哪一种病症可典型地见到不能忍受寒冷和黏液性水肿的症状（　　）

A. 甲状腺机能亢进　　　　　　　B. 甲状腺机能减退

C. 肢端巨大症　　　　　　　　　D. 呆小症

73. 分泌孕酮的组织是（　　）

A. 格雷夫氏卵泡（囊状卵泡）　　B. 黄体

C. 成熟的卵　　　　　　　　　　D. 排出的卵

74. 下列哪种过程不是由肾上腺索引起的（　　）

A. 刺激糖原转化为葡萄糖　　　　B. 加速心脏收缩

C. 加强肠的蠕动　　　　　　　　D. 扩大瞳孔

75. 女性每次月经之后垂体前叶分泌促卵泡激素（FSH）。这种激素促进囊状卵泡生长和雌激素的分泌。下列哪一项不是雌激素的功能（　　）

A. 修复子宫壁　　　　　　　　　B. 抑制FSH的分泌

C. 刺激黄体生成素（LH）分泌　　D. 形成黄体

76. 由外胚层、中胚层和内胚层形成各种组织和器官。下列哪一组合是正确的外胚层、中胚层、内胚层（　　）

	外胚层	中胚层	内胚层
A	脑和脊髓	血液	肺
B	脑脊液	大肠	肺
C	皮肤	骨骼	肾
D	表皮	肝脏	心脏

77. 在妇女的月经周期中最可能发生受精作用的是哪几天（　　）

A. 第7~9天　　B. 第8~10天　　C. 第11~17天　　D. 第21~28天

78. 哺乳动物的胎儿和母体的血液通过胎盘进行物质交换。下列哪种交换是非选择性的（　　）

A. 吸收食物　　　　　　　　　　B. 激素的通过

C. 交换氧和二氧化碳 　　　　　　　D. 交换 A、B 型血的抗原

79. 何种动物以孤雌生殖(单性生殖)作为其正确的繁殖过程( )

　　A. 水螅　　　　B. 绦虫　　　　C. 蚯蚓　　　　　　D. 蜜蜂

80. 就输血来说,O 型血的人是( )

　　A. 全能供血者 　　　　　　　　　B. 全能供血者和受血者

　　C. 全能受血者 　　　　　　　　　D. 不能为任何人输血

81. 血液检查结果如表1:

表1

血浆	凝集素		抗体 Rh
	a	b	
凝集反应	—	+	—

则病人的血型是( )

　　A. A 型、Rh$^+$　　B. B 型、Rh$^+$　　C. B 型、Rh$^-$　　D. AB 型、Rh$^+$

82. 每年秋天,人会患无嗅觉及水汪汪的眼病,医生检查后说是由于豚草植物花粉引起的反应,经推测豚草是( )

　　A. 高大的植物　　B. 虫媒传粉　　C. 风媒传粉　　D. 分泌植物杀菌素

83. 在人体的哪一部分发现表皮葡萄球菌即可引起疾病( )

　　A. 皮肤表面　　B. 鼻腔　　　　C. 腹腔　　　　D. 阴道

84. 要测知某人 P 的血液是否含有恒猴抗体(Rh)主要根据( )

　　A. 某人 P 的血浆与不含 Rh 的红细胞混合后是否凝结

　　B. 某人 P 的血浆与含有 Rh 的红细胞混合后是否凝结

　　C. 某人 P 的红细胞与某一无 Rh 的人的血浆混合后是否凝结

　　D. 某人 P 的红细胞与某一有 Rh 的人的血浆混合后是否凝结

85. 下列4种器官中,哪一种不属于免疫系统?( )

　　A. 淋巴结　　　　B. 胰脏　　　　C. 胸腺　　　　D. 脾脏

86. 下列关于巨噬细胞的说法,错误的是( )

　　A. 巨噬细胞与变形虫有些相似　　B. 巨噬细胞产生抗体

　　C. 巨噬细胞产生白细胞素(杀菌素)　　D. 巨噬细胞进行吞噬作用

87. 人的 ABO 血型,决定于红细胞表面上的一种化学标记物。这种标记物是( )

　　A. 脂类(脂顷)分子 　　　　　　　B. 寡糖

　　C. 多肽 　　　　　　　　　　　　D. 抗体

　　E. 核酸

88. 下述疾病中,哪一种不是由原生动物造成的(　　)

A. 疟疾　　　　　B. 昏睡病　　　　　C. 狂犬病　　　　　D. 阿米巴痢疾

89. 下列各项说法中,哪一项是正确的(　　)

	蛋白质	功能
A	抗体	与抗原的一些部分结合
B	抗体	固定氧
C	血红蛋白	固定氧
D	血红蛋白	与抗原的一些部分结合

90. 一个医生的血型为O型,Rh⁻,他的妻子为A型,Rh⁺。在一次紧急情况中,该医生迅速检查了病人的血型,他自己的血清与该病人的血液相凝集,但其妻的血清与该病人的血液不相凝集。问该病人是什么血型? 该病人的Rh因子是阴性还是阳性?(　　)

	血型	Rh因子
A	A型	阴性
B	A型	阳性
C	B型	阴性
D	B型	阳性

91. 用琼脂培养基可以培养哪种病原生物(　　)

A. 糖尿病　　　　　B. 流行性感冒　　　　　C. 疟疾　　　　　D. 痢疾

92. 自然界中,鼠疫病原的携带者是(　　)

A. 狼,狐狸　　　　　B. 鸟　　　　　C. 啮齿类　　　　　D. 老鼠

93. 艾滋病病毒感染(　　)

A. T—淋巴细胞　　　　　　　　　B. B—淋巴细胞

C. 单核细胞　　　　　　　　　　D. 嗜中性细胞

E. 嗜碱性细胞

94. 从病原体入侵身体开始,至抗体间接免疫中一些B细胞分化形成浆细胞而结束,下列各个过程的正确顺序是什么?(　　)

①克隆活性B-淋巴细胞　　②激活的B细胞,以有丝分裂方式增殖

③巨噬细胞将抗原从病原体带入淋巴结　　④巨噬细胞将抗原引荐给部分B细胞

⑤辅助T细胞激活

A. ③→⑤→②→①→④　　　　　　B. ③→④→⑤→②→①

C. ④→⑤→③→②→①　　　　　　D. ①→③→④→⑤→②

E. ②→④→③→⑤→①

95.下列哪种细胞可以识别与MHCⅡ(主要组织相容性复合体Ⅱ)相结合的抗原
( )

A. 抑制性T细胞 B. 细胞毒性T细胞

C. 嗜中性白细胞 D. 辅助性T细胞

E. 嗜碱性白细胞

96.将下列过敏反应的各步骤排列成正常的顺序( )

①过敏性状出现;③过敏原与IgE结合在一起;③组织胺释放;④IgE与巨大细胞
受体结合;⑤巨大细胞释放颗粒;⑥浆细胞致敏

A. ①②③④⑥⑤ B. ⑥②③⑤④①

C. ②⑤③①④⑥ D. ⑥④②⑤③①

E. ④⑤③⑥②①

主要参考文献:

1. 尹长民主编:《生物奥林匹克教程》,长沙:湖南师范大学出版社,2003年第1版。

2. 冯德培等主编:《简明生物学词典》,上海:上海教育出版社,1982年12月版。

3. 郑集等主编:《普通生物化学》,北京:高等教育出版社,1998年7月版。

本文载《杜东平"生物奥培"讲义》中(2009年6月)

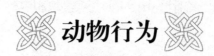 动物行为

> 本讲义的结构有"知识网络"、"疑难剖析"、"例题精讲"、"提高训练"四环节，培训学生效果好。

【知识网络】

一、动物行为概述

动物行为的概念：动物行为是动物对体内、外界条件变化所做的有规律的、成系统的适应性活动。

动物行为的特点 {
动物行为是一种运动、变化的动态过程
动物行为与其生活环境相适应
动物行为的产生具有一定的遗传和生理基础
}

研究动物行为的方法 {
观察法
实验法
综合法
}

二、动物行为产生的基础

遗传基础：动物的行为受遗传基因的控制。

生理基础 {
神经系统与动物行为：多细胞动物行为的生理基础主要是其神经系统
激素与动物行为 {
激素影响周缘器官的活动
激素影响神经系统的活动
}
神经系统、激素综合作用于动物行为
}

三、动物行为的类型

攻击行为：是指同种动物个体之间因争夺食物、配偶、领域或巢区而发生的相互攻击和战斗。

防御行为：是指动物为对付外来侵略、保卫自身的生存，或对族群中其他个体发出警戒而发生的行为。

索食行为：是指搜寻食物、捕捉食物和对食物进行加工处理，以满足自己或同种个体对食物需要的行为。

贮食行为：动物在食物充足的时期或季节，将多余食物收藏起来以便慢慢食用的行为。

繁殖行为：当动物生长发育到一定阶段时，就产生出与自己相似的后代，保证其种族的延续，这种与动物繁殖有关的行为就是繁殖行为。

社群行为：是指同种生物个体之间除繁殖行为以外的一切形式的联系。又叫社

会行为、群体行为。

通讯行为：在动物的生活中，一个个体发出刺激信号，引起接受个体产生行为反应，这种群体中的不同个体之间随时交流信息的行为是通讯行为。

节律行为：动物的行为和生理活动存在着周期性的、有规律的变化，这种现象叫动物的节律行为。

定向行为：动物依靠某种感觉器官来进行的定向活动。

先天性行为：是由遗传基因控制、在动物的种族发展中形成的，大都由特异性刺激引起的行为。

后天性行为：随着动物的进化，动物通过生活经验和学习获得的新行为就是后天性行为。

【疑难剖析】

1. 动物的行为动机是什么？

【剖析】行为动机是指动物行为的内在因素，它以结构特征、生理状态和后天的经验作为基础，表现某一特定行为前动物身体内部的活动状况。在实际生活中，同一动物个体对同一种刺激并不每一次都作出同样的行为，如鸡在饥饿和饱食后对食物的反应就不相同，这是由于在不同的状态下，动物的动机不同。通过动物动机的表现，动物体内的渗透压、体温、内分泌腺的分泌保持稳定，从而保持与外界的平衡。

(1)行为动机的原则

同一动物个体对同一种刺激表现出不同的反应，决定这种行为动机的原则是什么呢？目前通过研究后，认为主要有以下三种。

①特异势能原则　特异势能指的是执行某种行为所需的能量。在刺激未出现前，这种能量在动物体内贮存着，这种行为间隔的时间越长，特异势能就积蓄越多，动机就越强。一旦刺激出现，能量就释放出来以完成某一行为，如动物饥饿后取食。

②等级原则　等级原则适用于本能行为，说明的是行为的结构、关系(时间上的先后秩序和主从关系)。在等级原则中将一种动物行为划分为若干过程并有相应级别，每一级都有行为中心，能量储存于行为中心，且能量从上级中心流向下级中心。由于行为中心抑制了同一级其他行为的能量释放，从而使得行为的出现呈现一定的秩序。如繁殖行为可分为争斗、求偶、交配、筑巢等序列过程。

③负反馈原则　这一原则适用于摄食及学习行为等。当动物体内生理状况出现不平衡时，由中枢神经系统查知并将其激活，同时也将运动系统激活，运动系统纠正行为的出现，并把体内生理状况发生的变化，传递到分析器，由分析器综合分析情况并产生作用和抑制中枢神经系统。如狗的饥饿而引起的摄食过程。

（2）影响行为动机的因素

行为由行为动机而产生，行为动机受下列因素影响：

①外部因素　外部的刺激可以引起行为动机的变化。如正在求偶的野鸡，当敌害突然出现时，它们能放弃求偶而逃避敌害。

②内部因素　影响行为动机的内部因素很多，如体内血糖浓度和渗透压的改变与动物的饥饿、饮水动机相关；发育、成熟程度和激素的分泌与动物的求偶动机相关；体内生物钟的改变与迁徙、越冬等动机相关；中枢神经系统兴奋程度几乎与所有的行为动机相关。

③行为的时间性　行为的时间影响行为动机感受刺激的阈值。也就是说某一行为间隔时间越长，行为的动机越强烈；间隔时间越短或频繁出现一种刺激，行为动机就会减退或造成疲劳。

2. 动物的捕食策略和反捕食策略是怎样的？

【剖析】由于在捕食行为中有牺牲者和自为者，因此动物有相应的捕食策略和反捕食策略。

（1）捕食策略

①力胜　这是一种借助强壮的身体以及特殊的捕食工具来获取食物的捕食策略。如虎、狮有强壮的身躯，有撕裂其他动物的利牙等；猛禽类有高速飞行能力以及坚硬的喙等；毒蛇具有毒腺和毒牙等。

②智取　动物通过智慧而获取食物的方法很多，有潜伏、运用诱饵、集体捕食（合作捕食）、使用工具、利用陷阱等。如豹在捕食前先是隐蔽潜伏，待猎物临近时，突然袭击猎物而获取食物。鳉科的鱼的第一背鳍鳍棘分离，第一枚鳍棘位于吻上，末端呈肉质突起，以此作为一种"食物"来诱捕其他鱼类为食。蜘蛛的成熟雌性个体在与同种雄性个体交配后能把来不及逃走的雄性个体吃掉。还有一种套索蜘蛛能分泌一种雌蛾的性外激素以吸引雄蛾靠近，用其蛛丝将雄蛾套住而吃掉，这是性诱饵。狼则用集体捕食的方法获取食物，在狼群捕杀那些躯体庞大的社群性食草动物时，食草动物进行有力的反抗，狼群就采取集体围捕的方法以制伏大型食草动物；蚂蚁等一些社群动物以及海豚等动物也是集体捕食的。

（2）反捕食策略

反捕食策略也称为逃避策略，是被捕者保护自己的手段。被捕者有各种方法来避免被其他动物吃掉，如夜蛾后胸的鼓膜上有两种感觉细胞，A细胞能感觉出蝙蝠离它30m左右时较弱的超声波，B细胞则能感觉出蝙蝠离其2～3m时近距离的超声波。

隐蔽是最常用的一种动物反捕食方式。动物的体色与周围环境相一致是最常见的保护方式。如避役的体色随环境而改变；雨蛙栖于树叶上，体色同叶片相同；竹节

教海泛舟（下）

280

虫的拟态等均是这方面的典型例子。另一种隐蔽的方式是动物采取的灭迹方式,如猫、狗等动物常常掩埋自己的新鲜粪便;海鸥在幼雏出壳时将其空壳叼到离鸟巢较远的地方扔掉,以免肉食动物危及幼雏的安全。更为有趣的是,一种夜蛾晚间采食树叶,天亮时离开残叶而隐于较远距离的新鲜叶下,以逃避飞鸟的捕食。利用地形、草丛、地穴等有利的环境来隐蔽自己,也是隐蔽方式的一种,而且这是最可取的方式,因为这种方式耗能最少,哺乳动物还四处寻找隐蔽场所。

在动物遇到捕食者时,动物的一切活动都服从于逃生的抉择,所以逃避敌害也是反捕食行为中最重要的策略。逃避可以有以下几种方式:在斗力方面,首先是逃向远离捕食者的地方,如穴居性动物逃回洞穴,树栖动物逃回到树上,两栖类迅速回到水中。在斗智方面,东方铃蟾遇到敌害,四足朝天露出红色的腹部用以吓唬对方;野兔在狐狸临近时则潜伏不动,待狐狸刚一走过野兔突然窜出使狐狸一时怔住而得以逃跑;刺猬等动物遇到敌害,则蜷缩成团,保护头部不受敌害攻击;蜥蜴则以断尾作诱饵将敌害的视线转移而逃生。伪装也是斗智的策略,如蜘蛛遇到敌害时,全身蜷缩不动,以假死来骗过敌害;鸣禽遇到敌害,翅下垂,突然落地,以受伤方式引开敌害,然后突然飞走。

如果上述的斗力、斗智都不能逃避危险,那么动物就采取自卫的方式保护自己。长颈鹿与狮子搏斗时,其后蹄可一举将狮子颅骨打碎;羚羊被老虎捕杀时,它可以用犄角将老虎的腹部顶穿;红蝾螈以皮肤腺分泌河豚毒来使鼠、鸟避而远之;蚂蚁以集体作战的方式来保护自己。

3. 动物选择栖息地的标准是什么?

【剖析】动物所面临的一个最迫切的任务就是选择一个合适的栖息场所。由于各种各样的原因,动物必须离开原来的栖息场所去寻找一个新的栖息场所。幼年动物长大后必须离开出生地,避免同双亲竞争。一个栖息场所可能非常适宜于觅食,但不一定适合于繁殖。动物可能被迫从一个栖息地迁移到另一个栖息地。一般地讲,特定种与特殊的栖息环境有密切的关系。

栖息地是指物理和生物的环境因素的总和,包括光线、湿度、筑巢地点等,所有这些因素一起构成适宜于动物居住的某一特殊场所。它具备提供食物和防御捕食者等条件。各种动物按照自己喜爱的环境条件来选择栖息地。下面以蜜蜂为例,说明动物选择栖息地的标准。

在春季晚些时候,新的蜂王尚未出现,原先的蜂王会带着种群中的半数成员集体离开蜂巢。蜂群飞到巢附近不远的一个有利地点,聚成一团。这时"侦察蜂"会飞到远处去寻找合适的营巢地点并回来以跳舞的方式报告给蜂王。然后另外一些蜂飞向"侦察蜂"发现的营巢地点看位置是否合适。如果验收过关,会有越来越多的蜂向这里聚集,最后整个蜂群在蜂王的带领下飞到新的营巢区。

栖息地的选择必须满足动物的生活需要,通过对蜜蜂选择栖息地的研究发现,至少有三个选择标准:①能够避免不良气候的干扰;②地点的大小能容纳群体中所有的个体;③与旧巢之间的距离尽可能远一些,以避免食物竞争。

动物通过选择栖息地来提高自身的内在适合度,然而每一个动物都不能保证找到最理想的栖息地。这里,内在适合度是指一个个体在后代中传播自身基因(或与自身基因相同的基因)的能力。能够最大限度地把自身基因传递给后代的个体,则具有最大的内在适合度(不一定是通过自身繁殖的形式)。种内或种间竞争往往使动物难以找到最理想的栖息地。根据最适性理论,自然选择总是倾向于使动物最有效地传递它们的基因,因而也是最有效地从事各种活动,包括使它们在时间分配和能量利用方面达到最适状态。因此,动物对栖息地的选择似乎应选择一个最理想的栖息场所。但自然环境中各种压力的结果使动物难以找到这样一个最佳去处。因为好的栖息地能吸引更多居住者,种群密度的提高增大了社群压力,动物获得的净收益可能比在次一点的栖息地获得的净收益还要低。

4.什么是动物的导航机制? 它与定向行为有什么区别?

【剖析】导航这一术语本身有两种含义,一是对目的地已有一定的熟悉程度,二是对出发地和目的地之间的这段距离覆盖着的地理特征缺乏了解。因此,导航是确定从出发地到目的地之间这段不熟悉路线方向的一种方法。导航和定向有时互换使用,但二者之间有一定的区别。导航是有直接目的的一种定向运动,而定向是按照一定的方向运动,没有已知的目标或目的性。定向按照一定的线索进行,它在导航的开始阶段发挥着重要的作用。动物不但可以靠天体导航,也可以利用其他暗示导航,如地理特征。许多动物都具有导航能力,包括昆虫、鱼类、爬行类和鸟类,其中有关鸟类的导航机制研究最多,因此我们的讨论重点也放在鸟类上。

(1)天体导航　太阳和星辰为动物的导航提供了很重要的定向参考。以太阳作为参考点时遇到的一个问题是太阳的位置在一天中是有变化的,因此还必须依靠体内生物钟来调节自身和太阳运动的节奏。研究表明,家鸽就具有这样的生物钟。生物钟可以不断调整太阳与其迁徙轴之间的角度。当家鸽的生物钟被提前6h(1天的1/4)后,鸽子会选择90°的方位离巢飞去。鸽子体内的生物钟与太阳的同步过程是建立在早期经验的基础之上的。因此,鸽子根据太阳的方位角进行导航,并非是遗传,而是学习的结果。但是鸟类的导航机制也可能是先天性的。例如,雏鸽在学会利用太阳定向之前,也能准确回巢。关于太阳定位的另一个实验是用椋鸟进行研究的。把具有迁徙习性的椋鸟放在四面有窗的笼内,以激素处理使其进入迁徙状态,则可见椋鸟朝其迁徙方向扇翼,而且扇翼行为在阴天不出现。如果用镜子代换太阳的位置,则扇翼方向按人们所预定的方向变化。把企鹅移至远离巢区的茫茫雪原上释放后,于晴天则走回原来的巢区;在阴天则乱走,天一晴又立即按正确的方向前进。

和太阳一样,星辰也可提供导航中定向的参考,许多动物都能利用星辰来进行导航。蓝鸥在人工星辰导航实验中,似乎只依靠星系组成形式来导航,而不是依靠单个星体的方位角来定向。因此,蓝鸥在导航之前必须学会识别星系的组成形式。

利用星系导航的不足之处有两个,一是在阴天,星辰导航失效;二是星辰导航只确定大范围的方向,而不能确定某一具体地点和位置。因此,动物还必须利用其他暗示导航。

(2)地磁导航　动物和人都具有感知磁场的能力。将一些具有迁徙性的鸟类养在笼中,例如鸥莺,鸟笼外放置能产生人工强磁场的线圈,磁场的方向可以改变。实验表明,即使在鸟类能看到布满星辰的夜空情况下,它们也随着人工磁场方向的改变而变更着"迁徙"的方向。因此,可以这样认为,即夜间迁徙的鸟类选择方向主要靠对磁场的感应,而迁徙方向的保持则与星辰位置有关。也就是说,星辰用来校准地磁罗盘的方向,星辰定向是基于地磁定向提供的信息。在鸥幼鸟头上装以陶瓷磁铁,发现其定向机能被干扰。实验用雷达干扰带有磁片的家鸽,能使之丧失"归巢"定位能力。

(3)重力定向当太阳、月球和地球的相对位置发生变化时,地心引力会出现月周期性的变化。实验发现鸽子从笼中释放时选择的方向角与月球运转周期的时间有一定的相关关系,但这种关系尚不能肯定,因为影响鸽子定向的其他因素也与月球周期变化有关。

不管怎样,重力是一个重要的导航参考。重力随地理位置不同而有变化,它提供了一个南北方向的轴线标志和一个附加的地理特征。

(4)大气压导航及其他导航机制　鸟类对大气压的变化非常敏感。鸟类迁徙之前能够感知风速的变化,只在风力合适时才起飞。类似的,美洲东部的一些蝇类在秋季向东部的高气压地区迁飞,但在春季,则向西部的低气压地区迁飞。

鸟类还可以感知次声频率的变化。次声波可以传播几百甚至几千公里,可给鸟类提供导航线索。此外,气味也可用来帮助导航定向。例如,蛞蝓(软体动物门、腹足纲)和鲑鱼(即大马哈鱼)可以利用嗅觉进行导航。

最后,需要指出的是,动物并非靠单一机制进行导航,动物定向过程是许多导航机制相互作用的结果。例如,鸽子在飞行中至少利用星辰和地磁两种导航机制来控制飞行方向。

5.动物行为是如何进化的?

【剖析】动物行为是进化的产物,它的推动力是变异和自然选择。由于地球上人口数量的增加,环境发生较快的变化,对动物而言,其行为进化增加了新的选择压力。动物行为进化的方式有以下三种：

（1）同源演化　一些不同的种，其行为过程有许多相同点，如海鸥和银鸥的鸣叫动作，只是发出长鸣时的着重点不同，也就是只有细微的区别，我们也知道所有不同种的家鸡均由原鸡驯养而来，尽管各品种的体形、体色已完全不同，但公鸡鸣叫时动作却是完全相同的。研究证明，海鸥和银鸥是关系十分相近的种，由此可知，来源于共同祖先的动物，其行为有相同的现象。

（2）趋同演化　这是指不同种的动物在同一或类似环境条件下具有相同的行为。树栖的大山雀、杜鹃等亲缘关系很远，但它们行走时却是一样的"齐足"跳跃前进。鸵鸟和鹤分类上相距甚远，但二者孵卵时拢蛋的方式却很相似，这是因为它们都是地面营巢的鸟类。这种趋同的行为在哺乳动物中也是十分普遍的，穿山甲和鼢鼠相互之间无亲缘关系，但它们打洞的行为却相似。这说明不同种的动物生活于同一环境中，为了适应环境而有了相同或相似的行为。

（3）对环境的适应　动物的行为要适应所处的环境，否则它们就不能生存。三趾鸥在海岛的峭壁上营巢，为争夺巢址，一对亲鸟与另一对亲鸟常发生激烈的争斗，甚至双方因打斗跌到海水中仍不罢休。这种争夺巢址互不相让的打斗行为，使那些适应性强的个体得以生存下来。但它们在相互求偶时，雌、雄之间则表示出退让和和解，不以喙对着对方，这是因为处于峭壁上，发生求偶争斗，则双方均有可能使遗传物质得不到延续。正因为这种营巢争斗和求偶和解提高了三趾鸥适应环境的能力。

6. 人类活动对动物行为有哪些影响？

【剖析】前面已提到动物行为的进化，人类的活动是一种新的自然选择力。人类活动对动物行为的影响是多方面的。

（1）改变、破坏了动物生活的环境，间接影响动物行为

由于工业的飞速发展，特别是早期对环境保护不力，导致了环境污染。环境污染改变和破坏了动物的栖息地，从而影响了动物行为。在这方面最详细的研究是英国"工业黑化"现象。英国自工业革命后的工业地区，由于煤烟的污染使建筑物和树干等暴露的表面变成了黑色。生活于英国的椒盐飞蛾本来是翼白色杂有黑色点，但到了1848年曼彻斯特发现了全为黑色的椒盐飞蛾，而且后来发现，生活于工业区的黑色椒盐飞蛾达到90%以上，而在非工业区它仍为原来的颜色。椒盐飞蛾选择栖息处的行为上也有不同。"黑色椒盐飞蛾"栖息于染色的黑色树干上，而正常的飞蛾则选择长有地衣的树干上。为什么椒盐飞蛾的体色会发生变化呢？后来的研究证明，这与它防止被鸟类捕食相关。因为在工业区，正常的体色与染黑的树干形成了较大的反差，易被鸟类捕食。由于偶然突变而显示黑色体色的飞蛾被捕的机会少而提高了成活率，存活下来的飞蛾通过遗传将这一性状传下来而使种群有了新的特征。

当然,动物生态环境的被破坏,间接引起其行为变化的事例还有很多。如加拿大鲑鱼洄游路线改变引起鲑鱼繁殖行为的改变;现在由于滥捕大象,在非洲雄性大象已有不长象牙的现象。

(2)改变动物的遗传性,直接影响动物行为

人类活动对动物行为的直接影响是人类对动物的驯养和驯化,这是人工选择,使动物的变异累积。从目前来说,人类通过改变动物的遗传特性而改变了动物行为的主要有下述几个方面:一是减少了对同类的攻击行为,如人类饲养的家禽和家畜,在野生种群中,相互之间具较强的竞争现象,通过人类的定向培养和驯化,这种攻击现象已大为降低。当然也有定向培养增强其攻击性的,如斗鸡。二是降低了动物对人类的攻击和逃避行为,如牛、羊等。三是改变了其繁殖行为,这主要体现在使动物无固定配偶,降低了性反应的阈值。四是改变了其学习行为,使它们幼仔的学习期缩短,善于识别同类。

【例题精讲】

1. 对下述动物表现的分析,不正确的是

A. 鸟类飞行属于动物的行为
B. 动物吼叫属于动物的行为
C. 金龟子的假死不属于动物的行为
D. 动物的呼吸属于动物的行为

[分析]本题考的知识点为动物行为的概念。动物行为是动物的所作所为,包括位移、局部运动、静止不动以及身体内部的生理活动。所以供选答案所列事实均属于动物行为。

> 任何科学的基本原理都可以用某种形式教给任何年龄的任何人。
>
> ——[美]布鲁纳

本题的答案为:C

2. 影响动物行为的因素,除神经系统、内分泌系统外,还有_____。

[分析]本题检测学生是否全面理解动物行为的控制因素。动物行为主要受神经系统的控制,也受内分泌系统的调节。动物生活在一定的环境中,与生存环境构成了统一的整体。因此,神经系统与内分泌系统的活动必然受到生存环境的影响。

本题的答案为:生存环境的影响

3. 下列不属于攻击行为的是

A. 两只狗为一块骨头而撕咬
B. 两只公猫在繁殖季节的吼叫和格斗
C. 一条雌鱼吞食自己的受精卵
D. 一只公猫正向一只老鼠发起攻击

[分析]本题考的知识点为理解攻击行为的概念。攻击行为只发生在同种个体之间,A是同种个体在争夺食物;B是同种个体在争夺配偶;C是同种个体在争夺生存的空间和食物;D是两种动物的生存斗争,是一种捕食关系。

本题的答案为：D

4.在育雏期间内,雏鸟总是张大口等待亲鸟的喂食,雏鸟的这种行为属于

A.繁殖行为　　　　B.索食行为　　　　C.社群行为　　　　D.贮食行为

[分析]此题是检验学生是否理解动物的索食行为的概念和运用概念解决问题。鸟类育雏期间,育雏的亲鸟具有繁殖行为,亲鸟与雏鸟间各种形式的联系属于社群行为,而雏鸟的行为是获取食物的行为,因此属于索食行为,没有贮备食物的功能,因此不属于贮食行为。

本题的答案为：B

5.判断下列哪一项不属于繁殖行为

A.大山雀撕取桦树皮做窝

B.大山雀撕开奶瓶盖偷食牛奶

C.母野鸭奋起直追老鹰

D.园丁鸟用鲜花和彩色玻璃碎块装饰自己的小庭院

[分析]该题主要是检测学生对繁殖行为的概念是否掌握并理解了。A是大山雀在繁殖期筑巢的行为,B是大山雀学习取食的一种行为,C是在繁殖期保护后代的本能,D是求偶期间的一种行为。

本题的答案为：B

6.动物的社群行为不包括

A.亲子识别　　　　B.异性识别　　　　C.群体识别　　　　D.标记识别

[分析]该题是考查学生对社群行为的理解。社群行为的概念包含两个含义：一是同种个体的联系,二是除繁殖行为以外的一切联系。异性识别是繁殖行为的重要内容。

本题的答案为：B

7.蝙蝠在夜间也能发现飞舞着的蚊虫,这主要依靠

A.蚊虫发出的叫声　　　　　　　　B.蝙蝠发出的声波

C.蚊虫散发的热量　　　　　　　　D.蚊虫散发的激素

[分析]蝙蝠捕食完全是依靠自身发出的高频率超声波反射来定位的,即蝙蝠的回声定位。

本题的答案为：B

8.生活在离海边50km的某种小鸟,每天飞到海边取食的时间都比前一天迟到50min。这种现象叫

A.日节律　　　　B.潮汐节律　　　　C.月节律　　　　D.无规律

[分析]小鸟每天到海边取食都比前一天迟到50min就是一种周期性行为,这种行

为是与潮汐现象一致的。潮汐现象是在日、月对地球引力下形成的。海水的涨落周期为12h 25min。每天两个潮汐,共计24h 50min,即比前一天推迟50min。

本题的答案为:B

9. 有人做实验,把一条鱼置于一个没有水流和温差变化的水池中,鱼多在南北方向上游动。这一事实说明,这条鱼能感受_____的作用。

[分析]该题主要考查学生的分析能力。动物的行为受多种因素的影响,地球本身是一个在宇宙中旋转的巨大磁体,生活在地球上的一切生物都处在地磁场的作用之下。鱼在水池中运动,当除去水流、温差变化的影响后,地磁场的作用会显示出来,该鱼多在南北方向上游动,正说明这条鱼能感受到地磁场的作用。

本题的答案为:地磁场

10. 一只黑脊鸥的亲鸟向小鸥发出报警鸣叫时,小鸥作出隐蔽反应,这是哪一类行为

A. 印随　　　　　　　　　B. 条件反射

C. 对信号刺激的反应　　　 D. 替换行为

[分析]此题检测学生对刺激及其作用知识的理解。动物中的一员产生一些刺激,唤起同一物种内其他成员的一些行为反应被称为刺激的释放者。动物从进入感觉器官的许多事物中,选定这些简单的刺激并对它们作出反应,这些刺激成为"信号刺激"。题中亲鸟的鸣叫是一种刺激向小鸥释放,而小鸥对此作出反应的行为是一种对信号刺激的反应。

本题的答案为:C

11. 鸟类的迁飞过程中,对其发现和决定路线不重要的选项是

A. 听觉刺激　　　　　　　B. 地球转动的力量

C. 感觉红外线的能力　　　 D. 利用星星作为指南

[分析]此题是关于动物定向运动与导航的试题。动物的迁移行为关键是确定方向,鸟类的迁移定向、导航可借助于太阳、星辰、地球磁场来完成。

本题的答案为:A

12. 猫在饥饿时对纸片都感兴趣;饱食后,老鼠的叫声常常不能引起猫的反应,这说明

A. 猫的行为刺激来自身体内部

B. 鼠叫不是猫行为的刺激因素

C. 饱食后的猫,神经系统变得迟钝

D. 猫的行为是内外刺激共同作用的结果

[分析]这是一道检测学生理解行为产生的生理基础的题。动物行为的生理基础

是反射。引起动物反射活动的刺激可来自机体的外部或内部或二者的共同作用。饥饿状态下,猫对各种刺激物的敏感性增强,说明了内部刺激强化了外部刺激,猫的行为是两种刺激共同作用的结果,不是A,也不是B。饱食就是对胃的一种刺激,猫对这种刺激的反应是不再进食。因此,C是不对的。

本题的答案为:D

13. 杜鹃口腔上皮有特殊的保护能力,不怕毛虫毒刺的螫刺,照吃不误,这一事例说明_____。

[分析]毛虫体表的毒毛是防御食虫鸟捕食的有力武器,是自然选择的结果,对环境具有适应性。这种适应性是对一般食虫鸟而言的,对于口腔上皮有特殊保护能力的杜鹃来说,毛虫的适应性就失去了作用。所以,这一事例说明"适应具有相对性"。

14. 一种萤火虫的雌性个体能准确地模仿另一个种的信号来吸引那一种的雄虫,那么该雌萤火虫的行为意义可能是

A. 吸引同种异性前来交尾　　　　B. 吸引不同种异性前来交尾

C. 诱骗这种雄虫以取食　　　　　D. 对不同种雄虫表示友好

[分析]此题考查学生对索食现象能否作出正确判断。雌萤火虫模仿另一个种的信号不可能吸引本种的雄性,因为同种识别是靠同种的特定信号;能吸引模仿种的异性,不可能是交尾,因为不同种之间存在着生殖隔离,也没有必要对不同种雄虫表示友好。这种行为的意义只可能是诱骗雄虫并以此为食。

本题的答案为:C

15. 有人做实验:把大山雀从它们占据的领域取走,一般8～10h以后,该领域就会被其他鸟占有;如果取走大山雀以后,播放它鸣叫的声音,则20～30h甚至更长时间都无其他鸟占据该领域。这个实验证明_____。

[分析]实验中以两种处理方法和结果进行对比,同样是取走大山雀,结果1是:领域很快就被占领;结果2是:较长时间领域不被占领。两种结果的原因是处理方法的不同,处理1:无鸣叫;处理2:播放鸣叫录音。因此这个实验证明了"鸟类(或其他动物)在繁殖季节的鸣叫声有保卫领域的功能"。

16. 有人做了如下实验:迅速将一只椿象杀死,尽管做得干净无声,也能引起其他椿象的逃逸。椿象间的联系是通过_____完成的。

[分析]昆虫间的联系可有多种形式,可借助于光通讯、机械通讯和化学通讯交流个体间的信息。杀死椿象时,尽管做得干净利落,无声无息,但椿象释放的警戒激素能激起同类的逃逸,所以椿象间的联系是通过"化学通讯"完成的。

17. 飞船飞离地球后,四周一片星空,没有地球上的昼夜变化。生活在飞船上的狗,在最初的几天里

A. 长期睡眠　　　B. 长期活动　　　C. 保持日节律　　　D. 无规律

[分析]生活在地球上的狗,其体内的生物钟与地球的昼夜周期变化是一致的。当外因的周期变化消失,控制动物节律行为的内因不会因此而立即消失,能暂时维持原有节律性。

本题的答案为:C

18. 一般认为动物的利它行为是由于亲缘选择而产生的,下列不能用亲缘选择解释的是

A. 守卫蜂巢的工蜂的自杀性进攻

B. 兵蚁保卫蚁王的行为

C. 雄狮保护家族中非亲生狮仔的行为

D. 鸟类以报警鸣叫来提醒其他个体有临近的危险

[分析]利它行为是一个个体以牺牲自己的适应来增加、促进和提高另一个个体的适应。亲缘选择学说对利它行为的解释是:尽管基因的天性是自私的,但从遗传学上讲,由于近亲体内有不少共同的基因,所以每个自私的基因必须同时维护拥有和自己相同基因个体的利益,以保证他们的生存。一般情况下,利它行为的发生是与受益者的亲近程度成正比的,题中A、B、C选项的利它者和受益者的亲缘关系都是比较近的,可以用亲缘选择来解释,而D选项中受益者不一定和利它者有较近的亲缘关系。

本题的答案为:D

19. 当动物打斗时,常会出现反常行为,正在打斗的公鸡会中断打斗而去啄食地上的食物,这是一种什么行为? 基于什么原因? 给出的选项是:①取食;②仪式化;③替位行为;④进攻性行为;⑤缺少食物或饥饿;⑥相反行为倾向的侧抑制;⑦一种神经的应激;⑧从一根神经来的初始刺激兴奋了另一根神经。

[分析]此题是一道关于动物行为及其控制的题。动物的争斗行为包括进攻、防御和逃避都是受激素的控制调节。两只打斗的公鸡互相抓啄,结果可能是一只受伤、战败或逃离,若逃离不掉时会做出无助的防御姿态而向对方屈服,啄食就是屈服的表现。这种行为称为替位行为。

本题的答案为:③⑥

【提高训练】

1. 家养动物一般都要阉割,其主要目的是

A. 不让它再繁殖　　　　　　B. 让它身体长得更壮

C. 不让它多吃饲料　　　　　D. 让它的行为更驯服

2. 有人在养鸡场内用灯光把24h改造成两个昼夜,结果鸡的产卵量提高了近一倍。这一事实说明了鸡的繁殖行为不仅受_____的调节,还受_____的影响。

3.狮子所猎食的大多数动物都比狮子跑得快,而狮子还能捕捉到很多种奔跑迅速的动物,狮子捕食成功主要是由于

　　A.被捕食者一见狮子便跑不动了

　　B.被捕食者一见狮子便迷失了方向

　　C.被捕食者甘愿牺牲自己换取种群中其他个体的生存

　　D.狮子在猎物达到最大奔跑速度之前就能捕到它

4.实验证明,体型小的山雀比体型大的山雀表现出更强烈的贮食习性,这种习性与体型大小的关系为_____。

5.家犬遇到陌生人,开始会发出"哼……"的低音喉鸣,进而提上唇露犬齿,陌生人再不止步,它就会发起攻击。这种行为属于

　　A.防御行为　　　　B.攻击行为　　　　C.捕食行为　　　　D.求偶行为

6.科学家们发现,狼群中常常是只有一只雌兽能进行正常繁殖,它能抑制其他雌兽的发情和限制它们的交配。这一现象称为动物的_____行为,其生物学意义是_____。

7.一种鳄用树枝、芦苇、树叶和腐朽的植物堆积在一起筑成巢,产卵后守卫在那里的雌鳄,不时用尾从附近河里给巢里泼水,潮湿会使腐朽的植物堆发酵,这对于卵的孵化的意义是_____。

8.公鸡爱斗架,这种习性的意义在于_____。

9.把四只雄蟋蟀分别作如下处理后,分装在四个容器中,对另一只好斗的雄蟋蟀的叫声反应最迟钝的是

　　A.剪去触角　　　　B.破坏复眼　　　　C.剪去前足　　　　D.剪去后足

10.把一只刚出生的仔兔寄放在同时产仔的母兔窝中,被寄放的仔兔会立即被母兔认出,常被咬死或弃于窝外。试分析:

　　①母兔是如何认出这只小仔兔的?_____

　　②请想个办法,不让母兔伤害这只仔兔,并给与正常哺育。_____

11.一些蛾类利用外激素吸引异性交配。一般是雌蛾在一处释放这种气味,雄蛾从远处飞来发现雌蛾

　　A.雄蛾被外激素引诱,利用气味浓度梯度来导向和降落

　　B.雄蛾被外激素引诱,逆风飞向有气味的地方,外激素引导它落在雌蛾附近

　　C.雄蛾受天气条件的影响,尽管有外激素的存在,它还是在随机地飞行中发现附近的雌蛾

　　D.雄蛾受天气条件的影响,天空中的信号使它保持方向,外激素帮助它落在雌蛾处

12. 当一只雄狮成为狮群的首领后,他有时会杀死狮群中的幼仔,这种现象被解释为

    A. 这雄狮不喜欢幼仔　　　　　　B. 这雄狮没有能力照顾那些幼仔

    C. 这雄狮的父亲行为退化　　　　D. 这雄狮要繁殖自己的后代

13. 雄鸬鹚采集归来常叼着一束海草献给巢中的雌鸟,这种行为的目的是

    A. 减少相互之间的攻击　　　　　B. 防止其他雄性占有雌性

    C. 求偶　　　　　　　　　　　　D. 维持配偶关系

14. 一只昆虫在起飞或着陆的方向上,几率最大的是

    ①东—西　　②南—北　　③东南—西北　　④东北—西南

    A. ①②　　　　　B. ②③　　　　　C. ③④　　　　　D. ①④

15. 与鸟类迁徙时的导航机制无关的因子是

    A. 鸟巢气味　　　　　　　　　　B. 地球磁场

    C. 太阳和星星　　　　　　　　　D. 鸟类的生物钟

16. 下列各类冲动受激素影响较小的是

    A. 迁徙冲动　　　B. 繁殖冲动　　　C. 饥饿冲动　　　D. 兴奋冲动

17. 秋季鸟类迁飞时,有些鸟的幼鸟与成鸟一起迁飞,而有些鸟的幼鸟则与成鸟分开迁飞,与之有关的因素是

    A. 该种鸟个体的平均寿命

    B. 迁徙过程中食物的需求

    C. 在一个季节里亲鸟做巢的数

    D. 迁徙的方向和距离是学习行为还是先天行为

18. 对一些鸽子进行训练,使其在每天上午10点钟从一个取食的机器中取食,取食时只要啄一个小孔即可。然后,把这些鸽子向东经方向运送了60°至P地,在这一新地点,他们可能会在当地时间的几点钟啄取食机的小孔

    A. 下午2点　　　B. 下午4点　　　C. 上午4点　　　D. 上午10点

19. 蛙类不抚幼,但幼蛙能有效地像成蛙一样捕食昆虫,这是

    A. 经验行为　　　B. 适应行为　　　C. 学习行为　　　D. 本能行为

20. 将一只饥饿的棕鼠放在一个关闭的金属盒中,盒中有一个食槽和一个用于释放食物的杠杆。拨弄此鼠使其在盒中奔跑,直到它偶然碰到杠杆并释放出一块食物。此鼠很快学会了当它需要食物时就会去碰杠杆。这属于什么学习行为

    A. 印随学习　　　B. 习惯化　　　C. 敏感作用　　　D. 联想学习

21. 玉米天蚕蛾有双重自卫方式:平时停在树干上,其前翅向后平伏,掩着后翅,前翅酷似树皮颜色;但若敌害惊动了它,它就突然展前翅,露出后翅上的猫头鹰眼形

的花纹,吓跑敌害。在生物学上前一现象称为_____;后一现象称为_____。

22.有人将两只蟑螂背部各打一小洞,并用蜡将它俩背靠背粘起来,令其血淋巴通过洞彼此交流。再将上边那只蟑螂的足全去掉。手术前,位于下边的蟑螂经长期连续光照,已失去活动的节律性,上边那只有正常的节律行为。试验开始后给这对连体蟑螂以连续光照。试分析:

(1)实验初期连体蟑螂表现为_____;

(2)实验说明蟑螂的节律行为受_____控制。

23.从卵中孵出的小鸭会把抚养它的人当作自己的父母,这种现象称为

A.学习行为　　　B.印迹　　　C.适应策略　　　D.识别

24.下列哪一项是区别动物种群中优势个体与从属个体的决定因子

A.攻击性　　　B.领域　　　C.和睦友好　　　D.认别

25.下列各组动物的行为中,不属于先天性行为的一组是

A.鱼类的趋光性,蛙的搔扒反射,蚯蚓走T形迷宫

B.蛙的搔扒反射,蜘蛛织网,蚂蚁做巢,鸟类迁徙

C.蜜蜂采蜜,鱼类洄游,狗听到铃声分泌唾液,昆虫的趋光性

D.鸟类迁徙,幼小黑猩猩从洞穴中取出白蚁,涡虫受到光照刺激后产生身体收缩,蚂蚁做巢

26.下面行为不属于动物反捕食对策的是

A.拟态　　　　　　B.鹿展开臀部白斑

C.猫掩埋粪便　　　D.达乌尔数兔割草堆成垛

27.鼠在求偶行为中,主要通过什么吸引异性?

A.姿势　　　B.声音　　　C.信息素　　　D.食物

28.冬季释放预先经受额外光照的乌鸦,这些乌鸦将

A.停留原地　　B.向南飞行　　C.向北飞行　　D.向东飞行

29.某些动物,如蚂蚁和蜜蜂,多数或大多数个体不能生殖,它们把自己的能量用于哺育和保护其他个体的后代。这样,自然选择会产生生殖成功率不同的个体,使有些个体产生大量后代。在蚂蚁的种群中出现大量不生育的个体,其进化上的意义是什么

A.降低生殖能力可以永远地利用当地的食物资源,而且通过限制生殖可长远地保护种群

B.从遗传上看,1个群体中的所有个体都很相近,在此通过群体繁殖的成功可积累对环境的适应

C.在新出生的个体中性别比例极不平衡,雌性不能找到雄性交尾,并保持不育状态

D. 蚂蚁是单性生殖

30. 一群麻雀在花园中吃食。突然一只麻雀发出了报警的叫声,所有的麻雀都飞走并藏在了附近的灌木丛中,几秒钟后一只鹰飞过。首先发现鹰的麻雀在先报警后并没有立即飞走,这对它有什么好处(多选)

A. 报警者发出叫声吸引捕食者,牺牲自己以保护本种的利益

B. 捕食者发现自己的突然袭击无法实现后会放弃进攻,所以报警者的叫声是提示鹰,它已被发现了,因此,报警者自己受攻击的风险也降低了

C. 它发出报警是为了保护鸟群中的成员,其中的多数是它的亲属,发现报警的习惯可以解释为亲缘选择

D. 报警是先天行为,当天敌出现时它就会鸣叫

31. 家燕一般进行群体繁殖,它们靠捕食昆虫为生。当飞行中的或巢边的家燕发现正在搜寻猎物的猎食者时,它们会俯冲攻击那些捕食者,这种围哄行为告诉同伴危险并有利于防御天敌。群体中和参加围哄的燕子的年龄与行为状态表示如下:

燕子的状态	群体中的百分数(%)	参与围哄的百分数(%)
没有交配过的成年个体	6	2
交配前的成年个体	9	11
繁殖的成年个体	14	10
有幼仔的成年个体	51	77
幼年个体	20	0
总计	100	100

根据结果,下面哪一个假说可能是正确的
①围哄反应是一种种内信号 ②围哄是一种自我防御机制 ③围哄是选择配偶的一种机制 ④围哄是一种育幼行为 ⑤围哄是一种共栖现象 ⑥围哄是一种互惠行为

A. ④⑤⑥ B. ③④⑤ C. ②④⑥ D. ①④⑥

32. 指出下列阐述中错误的一句

A. 某些先天行为型可以通过经验而改变

B. 趋性永远不会与固定行为型一起发生

C. 超常刺激常常引起更强烈的反应

D. 固定行为型是极为刻板不变的本能行为

33. 银鸥喙上的红点对它的雏鸥具有何种特殊的功能?

A. 超常刺激 B. 信号刺激 C. 抑制攻击 D. 识别双亲的标记

34. 调节季节迁移最重要的因素是

A. 大气平均温度的变化　　　　B. 日照长度的变化

C. 食物来源的减少　　　　　　D. 捕食压力的增加

35. 发生在自然种群中的利他行为(如狮群中的雌狮保护所有幼仔)是因为

A. 有利于物种的延续　　　　　B. 有利于家族的延续

C. 有利于家族成员共有基因的传递　　D. 种群选择机制

36. 河马排粪时利用尾巴把粪打散,这起到的作用是

A. 粪便堆积易招致病生物　　　B. 利用气味宣告自己的存在与位置

C. 使水将粪便冲走,有利于饮水卫生　　D. 防敌害袭击

37. 下列完全符合本能行为的一组是

A. 地蜂做巢,鸟怕稻草人　　　B. 幼蛇像成蛇捕食,小鼠获奖走迷宫

C. 幼蛙捕食,海兔逃避海星　　D. 海鸥幼雏求食,狮子捕食学习

38. 由于自然选择的作用,动物之间往往有最优争斗方式,如果一只肉食类雄兽遇到一批放置一定时间的其他动物的肉,假设雄兽间强壮强度相差无几,要尽可能获得配偶,那么这只雄兽

A. 将与其他雄兽一样去找新鲜食物

B. 如果多数雄兽青睐这批食物,它也留下

C. 若多数雄兽不理会这批食物,它最好也离去

D. 若其他雄兽光顾一下就走了,它以留守为妙

39. 对苍蝇求偶方式演化的研究表明,一种empid的蝇有多种求偶方式。最简单的一类是雄蝇向雌蝇求偶,并将雌蝇与其他个体分离,再往后的发展是:雄蝇在确定对象前需补一猎物,甚至还需编织一个丝质球裹住猎物送给雌蝇。最高等(最进化)的一类蝇还保留"送礼"习性,但它们已经不再以小昆虫等为食,而以花粉为食,哪种"送礼"方式的进化地位最高

A. 用丝缕包裹昆虫翅膀碎片　　B. 直接送捕得的昆虫或其身体的一部分

C. 送一没有猎物的空丝质球　　D. 送一活昆虫

40. 有关动物单体或家族的生活方式,下面说法错误的是

A. 个体大的动物,领域面积也大

B. 同样大小的动物,草食动物领域面积大于肉食动物

C. 生活区内资源分布越均匀,越易产生领域行为

D. 领域面积往往随动物生活史而变化

41. 社群成员之间的相互联系是通过各种不同的_____交流信息的。动物的语言包括_____、_____、_____等。

42. 下列叙述中,能正确表达动物本能行为的是

A. 本能行为不是生下来就有的,而是通过学习获得的

B. 本能行为是按常规、条件变化了,中途行为的顺序不变

C. 本能行为是复杂的,与反射和趋向性无关

D. 本能行为虽然按常规,但条件一变化,其相应的行为顺序就发生了变化

43. 下列属于"求偶信号"的现象是(多选题)

A. 星夜萤火　　　B. 蜻蜓点水　　　C. 孔雀展翅

D. 雄狮巨吼　　　E. 飞蛾扑火　　　F. 夏日蝉鸣

44. 海洋中某种沙蚕性成熟后,当月明之夜,大量个体游向海面群集一起,雌性排卵、雄性排精进行生殖,这种行为属于(多选题)

A. 繁殖行为　　　B. 社群行为　　　C. 潮汐节律

D. 先天行为　　　E. 学习行为

主要参考文献:

1. 尹长民主编:《生物奥林匹克教程》,长沙:湖南师范大学出版社,2003年第1版。

2. 冯德培等主编:《简明生物学词典》,上海:上海教育出版社,1982年12月版。

3. 郑集等主编:《普通生物化学》,北京:高等教育出版社,1998年7月版。

本文载《杜东平"生物奥培"讲义中(2007年5月)

微生物学和生物技术

> 此讲义既有理论部分,又有练习题,讲练结合效果好。

一、微生物学

"微生物"不是分类学上的名词。人们把那些形体微小(<0.1mm),结构简单,在适宜环境下能生长繁殖及发生遗传变异,用肉眼难以看到,必须借助光学显微镜或电子显微镜才能看清的低等微小生物统称为微生物。微生物的类群十分庞杂,它们形态各异,大小不同,生物特性差异极大。根据其是否有细胞结构及真核结构而将之区分为无细胞结构的病毒、亚病毒(类病毒、拟病毒、朊病毒等);具细胞结构的原核微生物,如细菌、放线菌、蓝细菌、支原体、衣原体、立克次氏体、螺旋体等;具细胞结构的真核微生物,如酵母菌、霉菌等真菌及单细胞藻类、原生动物等。

(一)原核细胞形态结构(图1)

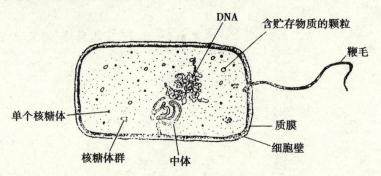

图1　细菌原核生物示意图

原核细胞体积较小,一般为1~10μm。细胞外部由质膜包围,为脂双层结构,含有呼吸酶。除个别类型如支原体外,在质膜外还有一层坚固的细胞壁保护,其成分是由一种叫做胞壁质的蛋白多糖所组成,有的还有其他成分。原核细胞内有一个含DNA的区域,称类核或拟核。类核外面没有核膜,只由一个环状的DNA分子构成,这种DNA不与蛋白质结合形成核蛋白。原核细胞的细胞质中没有内质网、高尔基体、线粒体、质体等复杂的细胞器,但有核糖体和中间体(中体)。核糖体分散在细胞质中,是合成蛋白质的场所。中间体是一种质膜的内褶,与细胞呼吸和细胞分裂等活动有关。有一些原核细胞(如蓝藻)含有类囊体,具有光合作用功能。在细胞质中还含有糖原颗粒、脂肪滴和蛋白颗粒等内含物。

许多细菌除存在于核区的DNA分子外,在细胞质中含有小的环状DNA分子,称为质粒,是核外遗传物质。质粒在遗传工程的研究中很重要,可作为传递基因的载体。某些细菌会形成一些特殊的结构,如荚膜、鞭毛、芽胞等。荚膜是某些细菌细胞壁表面的一层松散的黏液物质,有保护作用。原核细胞鞭毛与真核生物的鞭毛完全不同,结构简单,是由鞭毛蛋白构成。芽胞是细菌处于不利的环境时,形成的内生孢子,是对不良环境有强抵抗力的休眠体。

(二)微生物的代谢

1. 微生物的营养类型

根据微生物所需要的能源、氢供体和碳源的不同,可分为四大类,见表1。

表1　微生物营养类型

营养类型	能源	氢供体	碳源	实例
光能自养型	光	无机物	CO_2	藻类、红硫细菌、绿硫细菌
光能异养型	光	有机物	CO_2及简单有机物	红螺细菌
化能自养型	无机物氧化产生的化学能	无机物	CO_2	硫细菌、硝化细菌、氢细菌、铁细菌
化能异养型	有机物氧化产生的化学能	有机物	有机物	绝大多数细菌、放线菌、几乎全部的真核微生物

2. 微生物的呼吸类型

微生物有不同的产能代谢途径。以分子氧作为最终电子受体的生物氧化过程,称为有氧呼吸;以有机物(基质未彻底氧化的产物如丙酮酸)作为最终电子受体的,称为发酵,如乙醇发酵、乳酸发酵、丙酸发酵、混合发酵、丁酸发酵;以无机氧化物(如NO_3^-、SO_4^{2-}、CO_2)作为最终电子受体的,称为无氧呼吸。据此,微生物分为不同呼吸类型,见表2。

表2　微生物的呼吸类型

呼吸类型	生活环境	生物氧化方式	实例
好氧型	有氧	有氧呼吸	常见的细菌、放线菌、真菌
厌氧型	无氧	无氧呼吸或发酵	梭状芽孢杆菌、甲烷细菌、乳酸菌
兼氧型	有氧、无氧均可	有氧时,进行有氧呼吸;无氧时,进行发酵或无氧呼吸	酵母菌、硝酸盐还原细菌等

二、生物技术

生物技术是指通过技术手段,利用生物有机体或其组成部分制造生物制品的技术。现代生物技术包括基因工程、细胞工程、酶工程和发酵工程。

发酵工程也称微生物工程,是应用微生物的某些特定功能,通过现代化工程技术手段,为人类制造产品和提供服务的技术。发酵工程一般经过四个阶段:发酵原料的预处理(将发酵原料进行粉碎、蒸煮、水解成葡萄糖以供给微生物利用);发酵过程的准备(种子制备与无菌消毒);发酵过程(厌氧发酵或好氧发酵);产品的分离和纯化(过滤、离心发酵液以除去固体杂质,再用吸附法、离子交换法等进一步提取)。不同的微生物发酵产物可能不同。例如,酵母菌和细菌(醋酸杆菌)是与醋酸发酵有关的微生物;黑曲霉是与柠檬酸发酵有关的微生物。链霉素、红霉素等由链霉菌生产,青霉素、头孢霉素由霉菌生产。有这种不同是因为不同的微生物有不同的酶系。

三、基因工程

1. 基因工程的概念

基因工程是按着人们的科研或生产需要,在分子水平上,用人工方法提取或合成不同生物的遗传物质(DNA片段),在体外切割、拼接形成重组DNA,然后将重组DNA与载体的遗传物质重新组合,再将其引入到没有该DNA的受体细胞中,进行复制和表达,生产出符合人类需要的产品或创造出生物的新性状,并使之稳定地遗传给下一代。按目的基因的克隆和表达系统,分为原核生物基因工程、酵母基因工程、植物基因工程和动物基因工程。

2. 基因工程的基本过程

（1）目的基因的分离或制备

目的基因是指准备导入受体细胞内的,以研究或应用为目的所需要的外源基因称为目的基因。目前获得目的基因一般有4条途径:

①从基因所在的生物体直接取得

即切开生物体的DNA链,从中取得所需基因。切开DNA分子所需的酶称为限制性内切酶或限制酶。这种酶能水解DNA分子骨架的磷酸二酯键,使一个完整的DNA分子切成若干片段。每一种限制性内切酶,总是在特定的位点上把DNA切开;而且,限制性内切酶的切口,或切下来的序列,往往是"回文"结构。例如,来自大肠杆菌的EcoRI限制性内切酶,可以把G↑AATYC序列从GA之间切开,而它的互补链是CTY-AA↑G,切开后的两段各留下个尾,如图2所示。这两个尾的核苷酸顺序完全一样,只是方向相反,所以称之为"回文";它们之间是互补的,在适当条件下可以再连接在一起,所以称为"粘性末端"。也有一些限制性内切酶作用的结果产生不含粘性末端的平整末端。如HpaⅠ。

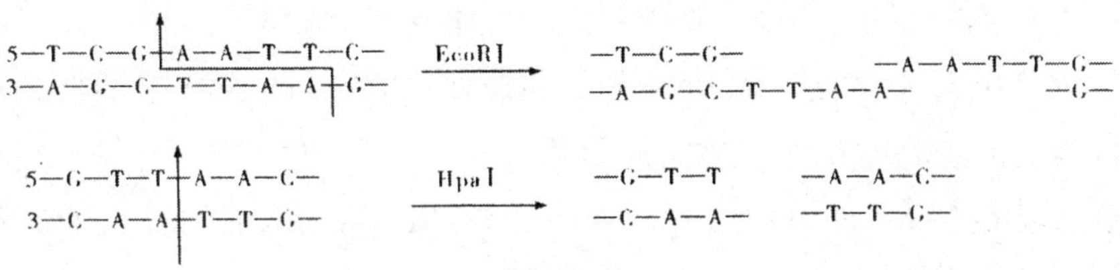

图2　粘性末端与平整末端

②化学合成目的基础DNA片段

是指由核苷酸单体按特定顺序以$3',5'-$磷酸二酯键相连形成DNA链,首先合成出来的是有一定长度的$(150\sim200bp)$、具特定结构的寡核苷酸片段,即单链DNA片段,然后在DNA连接酶的帮助下,将它们按顺序连接起来。

③PCR反应合成DNA。

聚合酶链式反应(PCR)是以DNA变性、复制某些特性为原理设计的,可使DNA按2^n指数扩增。PCR可扩增各种材料的DNA且不必分离目的基因,短时间内可获得大量目的DNA片段。

④mRNA反转录成cDNA

真核细胞的基因含有不表达的内含子,内含子的序列有时甚至是很长的,这种基因难以和载体如质粒的DNA结合。从生物体直接取得目的基因就有这样的缺点。用mRNA反转录成单链DNA,再经DNA聚合酶的作用而产生双链DNA,即cDNA,就没有这个缺点。

(2)基因工程中的载体及其选择

外源基因(DNA片段)很难直接透过受体细胞的细胞膜进入受体细胞,即使能透过细胞膜进入受体细胞也会受到细胞内限制性酶的作用而分解。要将外源DNA片段导入受体细胞,必须选择适当的载体。作为基因工程的载体有其共同的特点:①在宿主细胞中能独立自主地复制;②容易从宿主细胞中分离纯化;③载体DNA分子中有一段不影响它们扩增的非必需区域,插入其中的外源DNA片段能被动地跟着载体一起复制和扩增。

目前常用的基因克隆载体有质粒、噬菌体、粘粒(装配型质粒)和病毒4大类。质粒是一种能在细菌、放线菌和酵母细胞内寄生并独立于染色体外进行自我复制的共价闭合环状DNA,可用人工改造或天然质粒作为载体。

(3)重组体DNA分子的构建——DNA片段和载体的连接

含有目的基因的DNA片段和载体DNA连接技术即DNA重组技术,其核心步骤是DNA片段之间的体外连接,其本质是涉及限制酶、连接酶等酶促反应过程。

①粘性末端的连接　用同一种限制性内切酶或者用能够产生相同粘性末端的两种限制性内切酶分别消化外流DNA分子和载体，所形成的DNA末端彼此互补，用DNA连接酶共价连接起来，形成重组体分子。

②平末端的连接　外源DNA片段末端是平整的，可用末端脱氧核苷酸转移酶催化，以相应的脱氧核苷三磷酸为底物，在带平头末端的DNA片段的3′末端加上多聚核苷酸的尾巴。若载体加上多聚A的尾巴则外源DNA加上多聚T的尾巴，最后用DNA连接酶把重组子封口。

(4)重组体DNA分子导入

体外连接的DNA重组分子只有导入合适的受体细胞，才能进行大量的复制，扩增和表达。受体细胞有多种，原核细胞、低等真核生物的细胞如酵母、植物细胞、哺乳动物细胞等。目前使用最广泛的是大肠杆菌。将外源重组分子导入受体细胞的途径，包括转化、转导、显微注射和电穿孔等多种不同的方式。转化和转导主要适用于细菌一类的原核细胞和酵母这样的低等真核细胞，而显微注射和电穿孔则主要应用于高等动植物的真核细胞。

(5)目的基因的表达

如果目的基因在受体细胞中，有能被受体细胞识别的启动基因顺序以及能与核糖体结合的顺序，在受体细胞中能准确地转录和转译，合成出人类需要的蛋白质，则标志着基因工程的成功。

利用基因工程技术已成功地将人或动物的某些基因如胰岛素、人生长激素、人胸腺激素、人干扰素、牛生长激素、乙型肝炎病毒和口蹄疫病毒抗原的基因等均可导入大肠杆菌中，生产出相应的产品。整个过程如图3所示。

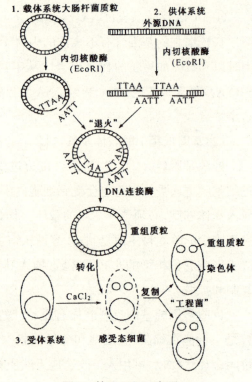

图3　基因工程示意图

[训练题]

1.哪一种化合物不是糖

A.甘油醛　　　B.二羟丙酮　　　C.乙酸　　　D.脱氧核糖

2.下列哪个糖是非还原糖

A.D-果糖　　　B.D-半乳糖　　　C.乳糖　　　D.蔗糖

3. 人属的 A、B 还是 O 血型决定于其红细胞表面上的一个化学标记物。这种标记物是

    A. 脂类(脂质)分子   B. 寡糖

    C. 多肽   D. 抗体

    E. 核酸

4. 糖原的结构不包括下述哪项

    A. 存在 α-1,4-糖苷键   B. 存在 α-1,6-糖苷键

    C. 所有的单糖都是 α-D-葡萄糖   D. 无分支

5. 下列哪种物质产生的热量最高

    A. 1g 糖   B. 1g 脂肪   C. 1g 蛋白质   D. 1g 维生素

6. 哪些脂类有非极性侧链和带极性的头部基团

    A. 磷脂   B. 甘油三酯

    C. 胆固醇   D. 蜡

    E. 甘油

7. 与植物体中的类固醇属于同类物质的是

    A. 纤维素   B. 维生素 D   C. 胰岛素   D. 叶绿素

8. 要鉴别不同个体的生物是否属于同一物种,首先是分析细胞中的哪种成分

    A. 核酸   B. 蛋白质   C. 脂类   D. 糖类

9. 每一氨基酸的独自特性决定于其特定的

    A. R 基团   B. 氨基

    C. 肽键的类型   D. 与其他氨基酸所形成的键的数目

10. 从蛋白质水解液中分离出来的氨基酸都是

    A. 碱性氨基酸   B. 中性氨基酸   C. 酸性氨基酸   D. α-氨基酸

11. 人体血红蛋白中的一条肽链有 145 个肽键,则形成这条肽链的氨基酸分子数及它们相互缩合过程中生成的水分子数分别是

    A. 145 个和 144 个   B. 146 个和 145 个

    C. 145 个和 145 个   D. 145 个和 146 个

12. 维持蛋白质分子 α-螺旋结构的化学键是

    A. 肽键   B. 肽链原子间的氢键

    C. 侧链间的氢键   D. 二硫键和盐键

13. 蛋白质三维结构的构象特征主要取决于

    A. 氨基酸的组成、顺序和数目

    B. 氢键、盐键、范德华力和疏水力等构象维系力

C. 温度、pH 和离子强度等环境条件

D. 肽链间及肽链内的二硫键

E. 各氨基酸间彼此相连的肽键

14. 蛋白质所形成的胶体颗粒,在下列哪种条件下不稳定

A. 溶液 pH 大于 pI

B. 溶液 pH 等于 pI

C. 溶液 pH 小于 pI

D. 溶液 pH 等于 7.40

15. 就结合蛋白质酶类而言,有催化活性的是

A. 酶蛋白　　　　　　B. 辅酶　　　　　　C. 辅因子　　　　　　D. 全酶

16. 酶的催化机理在于

A. 改变反应的平衡状态

B. 提高反应的活化能

C. 降低反应的活化能

D. 提高底物的浓度

17. 唾液淀粉酶属于

A. 氧化还原酶类

B. 水解酶类

C. 转移酶类

D. 裂解酶类

E. 合成酶类

18. 游离核苷酸中,磷酸最常位于

A. 核苷酸中戊糖的 C-5 上

B. 核苷酸中戊糖的 C-3 上

C. 核苷酸中戊糖的 C-2 上

D. 核苷酸中戊糖的 C-2 和 C-5 上

19. 核酸中核苷酸之间的连接方式为

A. 2,3-磷酸二酯键

B. 2,5-磷酸二酯键

C. 3,5-磷酸二酯键

D. 氢键和离子键

20. 下面关于 Watson 和 Crick 对 DNA 双螺旋结构模型特点的描述,错误的是

A. DNA 两条链相互平行,方向相反

B. 两条链碱基之间形成氢键

C. A—T 和 G—C 配对

D. 磷酸和核糖位于螺旋体内侧,碱基对位于螺旋体外侧

只有艺术和科学能提高人,直到神圣的高度。

——[德]胡赫

21. 所有真核生物的 mRNA 在 5′端都有_____。

22. 物质进出细胞核是受到控制的,其控制的机制主要是

A. 通过改变核周隙的宽度

B. 通过改变核膜的厚度

C. 通过改变被运送分子的结构

D. 通过改变核孔直径的大小

23. 核仁组织区(NOR)定位在_____。

24. 将植物细胞在 H 标记的尿苷存在下温育数小时,然后收集细胞,轻轻匀浆化

并进行分级离心以获得各种细胞器,放射线将主要存在于

    A. 核仁、质体和高尔基体中　　　　　B. 核、核仁和溶酶体中

    C. 核、核糖体和液泡中　　　　　　　D. 核、核仁、核糖体和叶绿体中

25. 任何一种细胞均有质膜,它是由什么组成的

    A. 脂质和蛋白质　　　　　　　　　　B. 只是脂质

    C. 只有蛋白质　　　　　　　　　　　D. 脂质和多糖

26. 什么特性使得磷脂类特别适于形成细胞膜

    A. 它们是疏水的　　　　　　　　　　B. 它们是亲水的

    C. 它们迅速吸水　　　　　　　　　　D. 它们既是亲水的又是疏水的

27. 细胞膜有能量交换、物质运动、信息传递三种主要功能,这些功能与组成膜的哪种物质有关系

    A. 磷脂　　　　　B. 糖类　　　　　C. 蛋白质　　　　　D. 固醇

28. 下列属于通讯连接的是

    A. 间隙连接、桥粒、胞间连丝　　　　B. 间隙连接、粘合带、化学突触

    C. 间隙连接、紧密连接、胞间连丝　　D. 间隙连接、化学突触

29. 下列哪一类纤维是在点状桥粒的胞质位点上附着到血小板上的

    A. 胶原纤维　　　　　　　　　　　　B. 细胞骨架纤维

    C. 弹性纤维　　　　　　　　　　　　D. 微管蛋白纤维

    E. 网状纤维

30. 胞间连丝是指

    A. 围绕着液泡的膜,特别是将一个细胞中几个液泡连在一起的膜

    B. 相邻植物细胞的细胞质的联合

    C. 加厚的细胞壁上的孔

    D. 核膜上的孔

31. 什么是动物和植物细胞、细胞质之间直接联系的通道(途径)

    A. 胞间连丝,桥粒　　　　　　　　　B. 胞间连丝,Ca^{2+}-ATP酶

    C. 膜孔蛋白,间隙连接　　　　　　　D. 间隙连接,胞间连丝

32. 化学突触是存在于＿＿＿＿之间的细胞连接方式,它释放＿＿＿＿来传导＿＿＿＿。

33. 线粒体基质的标志酶为

    A. 单胺氧化酶　　　　　　　　　　　B. 苹果酸脱氢酶

    C. ATP激酶　　　　　　　　　　　　D. 细胞色素氧化酶

34. 下列有关线粒体的说法不正确的是

A. 线粒体的大小和编码能力对不同的生物物种各不相同

B. 线粒体有自己独立的遗传物质

C. 线粒体的核糖体同细胞质核糖体不相同

D. 大多数线粒体的蛋白质是在线粒体中合成的

E. 动物线粒体的DNA较别的线粒体更大一些

35. 环境条件下降会使变温动物产生氧化反应与磷酸化反应解偶这一生理反应，在这种情况下，下面哪一结构改变其功能

A. 核内膜   B. 线粒体内膜

C. 线粒体外膜   D. 透明质

E. 过氧化物酶体

36. 真核细胞内的膜系统如核膜、质膜与内质网膜相连，这种结构特点说明内质网的重要功能之一是

A. 扩大膜面积   B. 提供细胞内物质运输通道

C. 核糖体附着的支架   D. 参加代谢反应

37. 粗面内质网上合成的蛋白质被运送到

A. 溶酶体   B. 透明质

C. 线粒体   D. 质体

E. 高尔基体

38. 核糖体由什么组成

A. RNA和蛋白质   B. RNA、蛋白质和脂肪

C. 脂肪和蛋白质   D. RNA、蛋白质、脂肪和碳水化合物

39. 在人体内含核糖体和高尔基体数目较多的细胞是

A. 皮脂腺细胞   B. 神经胶质细胞   C. 唾液腺细胞   D. 肌细胞

40. 高尔基体在植物细胞分裂时对_____的形成有一定作用。

41. 蛋白质怎样从它合成的地方转运到细胞膜的？

A. 通过细胞质的运动

B. 通过细胞溶胶中的某些信号蛋白

C. 通过细胞溶胶中的具有信号性质的蛋白-碳水化合物复合物

D. 通过细胞骨架

E. 通过囊泡

42. 下面哪种不是高尔基体的功能

A. 把糖加到蛋白质中   B. 贮存脂肪

C. 包装分泌的产物   D. 糖蛋白的形成

E. 从简单的糖合成多糖

43. 高尔基体含量最多的酶是

A. 磷酸酶   B. 氧化还原酶   C. 糖基转移酶   D. 磷脂酶

44. 溶酶体的主要功能是

A. 进行呼吸作用   B. 物质运输作用

C. 胞内正常的消化作用   D. 过氧化物的解毒作用

45. 初级溶酶体源自

A. 内质网   B. 高尔基体   C. 核膜   D. 胞饮小囊

46. 在植物细胞中,乙醛酸循环体常与_____紧靠在一起,而过氧化物酶体常与_____靠近。

47. 如果把一朵红色的花放在溶有洗衣粉的水中,花的颜色会发生什么变化

A. 红色变得更深   B. 由红变紫   C. 由红变蓝   D. 没有任何变化

48. 植物细胞液中的下列化合物,哪种可以应用于制革工业

A. 有机酸   B. 植物碱   C. 单宁   D. 色素

49. 具有独立遗传系统的细胞器是

A. 叶绿体   B. 溶酶体   C. 核糖体   D. 内质网

50. 细胞进行有丝分裂时,形成纺锤丝的基本构成物质是

A. 微丝   B. 微管   C. 胞间丝   D. 纤维丝

51. 用秋水仙素处理细胞后,细胞的哪项活动会发生变化

A. 变形运动   B. 胞质分裂

C. 染色体向极移动   D. 吞噬作用

52. 中心粒是

A. 细胞质中靠近细胞核的稳定结构   B. 细胞核内的稳定结构

C. 在有丝分裂时出现的结构   D. 染色体的一部分

53. 用于鉴定细胞组织类型的细胞骨架成分是

A. 微管   B. 微丝   C. 中间纤维   D. 核骨架

54. 下列几种化学成分,在植物细胞壁形成时出现的先后顺序正确的是

A. 果胶质、纤维素、木质素   B. 木质素、果胶质、纤维素

C. 纤维素、木质素、果胶质   D. 果胶质、木质素、纤维素

55. 下列结构中,主要由一种多糖构成的是

A. 细胞壁   B. 细胞膜   C. 染色体   D. 中心体

56. 下面哪一步反应是糖酵解中唯一的氧化步骤

A. 葡萄糖→6-磷酸葡萄糖

B. 6-磷酸果糖→1,6-二磷酸果糖

C. 3-磷酸甘油醛→1,3-二磷酸甘油酸

D. 磷酸烯醇式丙酮酸→丙酮酸

E. 丙酮酸→乳酸

57. 磷酸果糖激酶：①在糖酵解中是主要的调节酶　②ATP是该酶的底物 ③ATP是酶的负调节剂　④柠檬酸活化该酶

对于上面叙述,正确地回答下面哪一种与磷酸果糖激酶有关

A. 只有④是正确的　　　　　　　　B. 只有①和③是正确的

C. 只有①,②和③是正确的　　　　　D. 只有②和④是正确的

E. ①,②,③和④都是正确的

58. 三羧酸循环是下列哪组物质的来源?

A. 只是一种核苷三磷酸的来源　　　B. 是ATP和重要代谢中间产物的来源

C. 是葡萄糖的来源　　　　　　　　D. 是丙酮酸的来源

59. 在柠檬酸循环中,两分子乙酰CoA分子被代谢,生成

A. CO_2+2ATP+2$NADH_2$+2$FADH_2$

B. CO_2+6$NADH_2$+2$FADH_2$+2ATP

C. 果糖-1,6-二磷酸

D. 葡萄糖+2CO_2+2$NADH_2$+2$FADH_2$+2ATP

E. 2分子磷酸甘油醛

60. 下述哪步反应以底物水平磷酸化的方式生成1分子高能磷酸化合物

A. 柠檬酸→α-酮戊二酸　　　　　　B. 琥珀酸→延胡索酸

C. 琥珀酰CoA→琥珀酸+辅酶A　　 D. 苹果酸→草酰乙酸

61. 三羧酸循环和有关的呼吸链反应中能产生ATP最多的步骤是

A. 柠檬酸→异柠檬酸　　　　　　　B. 异柠檬酸→α-酮戊二酸

C. α-酮戊二酸→琥珀酸　　　　　　D. 琥珀酸→苹果酸

E. 苹果酸→草酰乙酸

62. 下列哪一种活动释放能量最多

A. 光解　　　　　　　　　　　　　B. 糖酵解

C. 柠檬酸循环　　　　　　　　　　D. 呼吸链中最后的氧化作用

63. 关于电子传递的叙述,错误的是

A. 最普遍的电子传递链从NADH开始

B. 氧化如不与磷酸化偶联,电子传递可以不终止

C. 电子传递方向是从高电势向低电势

D. 氧化磷酸化在线粒体内进行

E. 每对氢原子氧化时都生成3个ATP

64. 在呼吸链中能将电子直接传递给氧的传递体是

A. 铁-硫蛋白 　　　　　　　　B. 细胞色素b

C. 细胞色素c 　　　　　　　　D. 细胞色素a_3

E. 细胞色素c_1

65. 2,4-二硝基苯酚能抑制下列哪种细胞功能

A. 糖酵解 　　B. β-氧化 　　C. 氧化磷酸化 　　D. 三羧酸循环

66. 一分子葡萄糖在糖氧化分解过程中,有氧条件下产生的ATP是无氧条件下的

A. 2倍 　　B. 4倍 　　C. 6倍 　　D. 1倍

67. 水的光解产生3种产物:氧、质子和电子。这些都用在光合作用的光反应中吗

A. 所有3种产物都使用 　　　　B. 氧和质子被使用

C. 质子和电子被使用 　　　　　D. 氧和电子被使用

E. 只有电子被使用

68. 下列化合物中哪一个不是β-氧化所需的辅因子

A. NAD^+ 　　　　　　　　B. 肉毒碱

C. FAD 　　　　　　　　　　D. CoA

E. $NADP^+$

69. 能利用乙酰CoA生成酮体的是

A. 红细胞 　　B. 脑 　　C. 骨骼肌 　　D. 肝脏

70. 转氨酶的辅酶中含有

A. 维生素B_1 　　　　　　　　B. 维生素B_6

C. 维生素B_{12} 　　　　　　　D. 维生素C

E. 维生素D

71. 动物细胞的氨基酸α-氨基脱下后,以下列哪种化合物的形式暂时储存运输并起解毒作用

A. 尿素 　　B. 天冬氨酸 　　C. 谷氨酸 　　D. 谷氨酰胺

72. 肝细胞中,尿素的合成部位是

A. 线粒体 　　B. 胞液 　　C. 胞液和线粒体 　　D. 内质网

73. 关于DNA半保留复制描述错误的是

A. 以亲代DNA为模板,根据碱基互补规律,以四种核苷三磷酸为原料,合成子代DNA

B. 碱基互补规律是A配T,G配C

C. 首先在引物酶作用下,以核糖核苷三磷酸为原料,合成小分子的RNA引物

D. Mg^{2+}、解旋蛋白、解链蛋白等是复制必需的辅助因子

E. 新合成的子代DNA分子与亲代DNA分子的碱基顺序完全相同

74. 关于冈崎片段叙述正确的是

A. 是因为DNA复制速度太快而产生　　B. 由于复制中有缠绕打结而生成

C. 因为有RNA引物就有冈崎片段　　　D. 由于复制与解链相反,在随从链生成

E. 复制完成后,冈崎片段被水解

75. 有关mRNA描述错误的是

A. mRNA是指导蛋白质合成的直接模板

B. mRNA分子每相邻的3个碱基为一个密码子

C. 4种核苷酸可形成64个密码子,分别代表64种氨基酸

D. 除作为蛋氨基酸的密码外,还兼作启动密码

E. 翻译过程是核蛋白体沿mRNA的5′端向3′滑动,肽链不断延伸的过程

76. mRNA中代表肽链合成终止密码是

A. UAAUGAUAG　　　　　　　　B. UGAUAGUCA

C. UACUCAUAC　　　　　　　　D. UAGAUGAGU

E. AUGAGUUAA

77. H_2O和乙醇等亲水性小分子物质是通过单纯扩散进出细胞膜的。这是因为细胞膜

A. 具有转运这些物质的蛋白质　　　B. 基本结构是磷脂双分子层

C. 具有小于$1.0\mu m$的小孔　　　　D. 具有内吞作用

78. 横穿细胞膜快的物质是

A. 脂溶性大、极性小的大分子　　　B. 脂溶性大、极性大的小分子

C. 脂溶性大、非极性的小分子　　　D. 脂溶性大、非极性的大分子

79. 下列各种分子的跨膜转运中,哪一种直接利用ATP

A. 扩散　　　　　　　　　　　　B. Na^+-K^+泵

C. 易化扩散　　　　　　　　　　D. 通过开放的通道转运

80. 植物顶芽向侧芽运送生长素的方式是

A. 自由扩散　　　B. 渗透　　　C. 协助扩散　　　D. 主动运输

主要参考文献:

1. 尹长民主编:《生物奥林匹克教程》,长沙:湖南师范大学出版社,2003年第1版。

2. 冯德培等主编:《简明生物学词典》,上海:上海教育出版社,1982年12月版。

本文载《杜东平"生物奥培"》讲义中(2007年5月)

病毒、原核生物、真菌

给问题创设情景,建立解题模型,有的确定解题思路,再进行分析。

【题1】(2001年全国生物学竞赛题)下列生物中哪一组属于原核生物

A. 病毒和支原体　　　　B. 衣藻和细菌

C. 细菌和念珠菌　　　　D. 放线菌和霉菌

分析:原核生物共同特点是:细胞内有明显核区,但没有核膜包围,核区内含一条双链DNA构成的染色体;能量及很多合成代谢均在质膜上进行;蛋白质合成车间——70s核糖体分布在细胞质中。它包括:

$$\left.\begin{array}{l}细菌\\放线菌\\支原体、立克次氏体、衣原体\\蓝藻、念珠藻、颤藻、项圈藻、发菜等\end{array}\right.$$

答案:C

【题2】(1998年湖南省生物学竞赛[复赛]题)原核生物呼吸酶附着的部位是

A. 细胞壁　　　B. 细胞膜　　　C. 细胞质　　　D. 拟核

分析:原核生物的呼吸酶在细胞膜上。细菌细胞膜上有丰富的酶系,如琥珀酸脱氢酶、NADH脱氢酶、细胞色素氧化酶、电子传递系统及氧化磷酸化七酶系、合成细胞壁组分的酶、与透性有关的酶等。其中NADH脱氢酶、细胞色素氧化酶、电子传递系统及氧化磷酸化酶系等组成呼吸。

答案:B

【题3】(1998年江西省生物学竞赛题)最小的原核生物是

A. 支原体　　　B. 立克次氏体　　　C. 衣原体　　　D. 痘类病毒

分析:在原核生物中,支原体、立克次体和衣原体生物的大小,依次为:衣原体<立克次氏体<支原体<细菌<兰藻。此外,痘类病毒属病毒界,比衣原体还小。

答案:C

【题4】(1997年山东省生物学竞赛[决赛]题)下列哪项是细菌、真菌和病毒的共同特征

A. 都是单细胞生物　　　　B. 都利用现成的有机物

C. 都用孢子繁殖后代　　　　D. 对人类都有益

分析:病毒、细菌和真菌三类生物比较表

分类	病毒	细菌	真菌
结构	病毒不具细胞形态,结构简单。很多病毒都由一个核酸分子和包在核酸外的蛋白质外壳所组成。	细菌是单细胞的原核生物。	真菌都是分枝的丝状体,称为菌丝体。菌丝分枝或不分枝,有隔或无隔。有核,整个菌丝体是一个多核体。
营养	病毒是一类严格的专性细胞内的寄生生物。	大多数是异养的,少数是自养的。	真菌是异养型生物,腐生、寄生或兼性寄生生活。
繁殖	在活细胞内以"复制"的方式进行繁殖,其过程包括吸附、侵入、复制、组装、释放等五个步骤。	细菌一般以无性的二裂方式进行繁殖。	无性繁殖有裂殖(如酵母菌),但最普遍的是以产生各种无性孢子繁殖。有性繁殖是经质配、核配和减数分裂等步骤完成。
与人类的关系	几乎所有的生物细胞都有相应的病毒存在。对人类、动物和植物都有害。如何有效地控制和消灭病毒,已成为人类关注的问题。	(1)对人类有害:使人、动物和植物致病的细菌有霍乱、炭疽病等。 (2)对人类有益:在自然界物质循环中细菌为分解者,担任重要角色;在工业上,利用细菌产生醋酸等;在农业上利用细菌肥料可提高肥力;在医药上利用细菌产生抗菌素等。	(1)对人类有益:利用真菌酿酒、制酱、酿醋、制曲等。有的真菌可作为名贵的中药材,有的真菌还能制造维生素。 (2)对人类有害:少数真菌导致人和动物各种癣病、鱼类的水霉病,埴物80%的病害来自真菌的寄生。

通过上表分析可看出,细菌、真菌和病毒的共同特征应为都利用现存的有机物。

答案:B

【题5】(2001年全国生物学竞赛题)菌根是_____在植物体上形成的,二者是一种_____关系。

A. 细菌;寄生   B. 真菌;互惠共生

C. 真菌;附生   D. 根瘤菌;互惠共生

分析:种子植物的根与微生物之间的共生有根瘤和菌根两种形式。

①根瘤:根瘤菌被某些植物根毛分泌物所吸引而积聚在根毛周围,并从根毛侵入根的皮层,然后迅速繁殖。同时根皮层细胞受到根瘤菌的刺激,也迅速分裂,产生大量新细胞,在根上形成一个瘤状突起物,即根瘤。根瘤形成过程中,根内积累大量糖分,供给根瘤菌所需营养及水分。另一方面,根瘤菌供给植物大量氮素,因为根瘤菌

含有固氮酶(铁蛋白和钼–铁蛋白)和豆血红蛋白,能把空气中游离的氮转变成植物能利用的含氮化合物氨(NH_3),故根瘤菌有固氮作用。根瘤菌与植物间建立起互利共生的关系。

②菌根:一些植物的根与真菌建立共生关系,形成菌根。菌根菌的菌丝包被在幼根外表,形成白色丝状覆盖物,只有少数菌丝侵入根表皮、皮层,但不进入细胞内。这种菌根称外生菌根。外生菌根的根毛不发达,甚至没有。如马尾松、油松、云杉、栓皮栎的根均可形成外生菌根。菌根菌的菌丝进入根表皮和皮层细胞内,这样的根称为内生菌根,如胡桃、桑和兰科植物的根。草莓等植物的根表面、细胞间隙和细胞内都有菌丝,这种根称内外生菌根。

所以,根据以上分析,本题的正确答案应是真菌;互惠共生。

心之官则思,思则得之,不思则不得也。

——孟子

答案:B

【题6】(2000年全国生物学竞赛题)细菌是一类细胞较短、结构简单、细胞壁柔软且富于弹性,以裂殖方式繁殖、水生性较强的原核微生物。(判断题)

分析:细菌的形态结构是:细菌一般体积很小,其基本形态有球状、杆状与螺旋状三种,分别称为球菌、杆菌和螺旋菌。细菌的结构是细胞的原核生物。包在细胞表面的是较坚韧,略具弹性的细胞壁,有保护菌体和维持菌体等多种功能。其主要化学成分是肽聚糖。紧贴在细胞壁以内的是一层柔软而富有弹性的细胞膜。很多细菌的细胞膜内陷并折叠而成膜囊结构,称为中体(也称间体)。细菌的拟核由一个大分子的DNA构成,称细菌染色体。很多细菌细胞中还存在着染色体外的遗传因子,由一小段环状DNA组成,能自我复制,称为质粒。质粒种类很多,它们控制着细菌的某些遗传性状。细胞质为无色透明黏稠的胶状物,其中含有分散状态存在的核糖体、气泡等细胞器及各种颗粒状内含物。有的细菌细胞内有含色素的载色体。某些细菌生长到一定阶段,在细胞内形成一个圆形或椭圆形的特殊结构,称为芽孢。一个细胞只产生一个芽孢。

细菌的营养类型和呼吸类型是:细菌的生活需水分、碳源、氮源、无机盐和生长因素等营养物质,但不同的细菌对这些物质的需求是不一样的。大多数细菌是异养的,少数是自养的。细菌生命的能量是通过呼吸即各种营养物质的氧化过程得到。细菌分为好氧性、厌氧性及兼性厌氧性三种类型。

细菌的繁殖:细菌一般以无性的二分裂进行繁殖。

答案:错

【题7】(1998年江苏省生物学竞赛题)对细菌芽孢的描述,正确的是

A. 芽孢是细菌细胞内形成的休眠体

B. 细菌以形成芽孢的方式繁殖

C. 芽孢的含水量高,抗热性弱

D. 芽孢是由细菌细胞壁裹上厚壁而成

分析:芽孢是某些细菌在其生长发育一定阶段,在细胞内形成一个圆形、椭圆形的体胚体,对不良环境具有较强的抗性,特别具有抗热的特点。一个营养细胞一般只产生一个芽孢,因而芽孢为非殖体。一般认为芽孢厚、透性低、含水份少,且含有大量的吡啶二羧酸与钙的复合物并含有抗热性的酶,这是芽孢抗热的主要原因。

答案:A

说明:相关题目

(1999年黑龙江省生物学竞赛[复赛]题)外科手术器械和罐头食品的消毒,都要以能够杀死_____为标准。

A. 球菌　　　B. 杆菌　　　C. 螺旋菌　　　D. 芽胞

答案:D

【题8】(1997年湖南省生物学竞赛[复赛]题)下列与儿童龋齿形成有关的是

A. 霉菌　　　B. 醋酸杆菌　　　C. 乳酸菌　　　D. 棒状杆菌

分析:口腔牙齿间的食屑通过乳酸菌的发酵作用产生乳酸,腐蚀牙釉质,以后逐渐变成黄褐色、棕黑色,质地变软成龋齿。

答案:C

【题9】(1997年江西省生物学竞赛题)人们常用菌类含量来检测水质污染的程度,这种菌类是

A. 乳酸菌　　　B. 大肠杆菌　　　C. 根瘤菌　　　D. 结核菌

分析:大肠杆菌寄生在人和哺乳动物的大肠内,一方面人和哺乳动物给大肠杆菌提供养料,另一方面大肠杆菌可制造维生素D,维生素D被人类和哺乳动物吸收和利用,因此人和哺乳动物与大肠杆菌是共生关系。如水中,大肠杆菌的数量过高,说明污染程度也高。

答案:B

【题10】(1997年河南省生物学竞赛[预赛]题)能增加稻田中氮肥的蓝藻是

A. 念珠藻　　　B. 小球藻　　　C. 色球藻　　　D. 水绵

分析:蓝藻又叫蓝绿藻,蓝藻门分为色球藻纲和蓝殖段纲。前者又分为色球藻属、微胞藻属、空球藻属、管胞藻属和皮果藻属;后者又分颤藻属、念球藻属、筒胞藻属、胶须藻属、双歧藻属和真枝藻属。

蓝藻除光合作用外,许多异形胞的蓝藻能固定大气中的游离氮,念珠藻、项圈藻

是其中最重要的代表。不少固氮蓝藻还能与真菌、苔藓、蕨类及种子植物建立互惠互利的共生关系。如绿肥红萍就是蓝藻与水生蕨类满江红建立的固氮共生体,它们进行综合性共生固氮菌的作用,可提高固氮效率10倍。所以,近年来在印度及东南亚各国都应用这种共生固氮作用肥沃水稻田。我国南方也应用固氮蓝藻作为农田肥料,以提高农业生产,并已获得良好的效果。

答案:A

说明:相关题目

第一题:(1997年全国生物学竞赛题)以下是对淡水池塘中一种生物的显微观察结果,请根据所给出的特征分析该种生物属于什么门? 观察到的特征:多细胞丝状体,不分枝;细胞蓝绿色;无明显的细胞核、叶绿体;用I_2-KI溶液染色,细胞呈褐红色。

答案:蓝藻植物

第二题:(1998年河南省生物学竞赛[决赛]题)满江红是我国南方稻田的优良绿肥,也可作饲料,它在分类上属于_____亚门。

答案:真蕨

【题11】(1999年江西省生物学竞赛[初赛]题)下列菌类中,有性生殖进行接合生殖的是

A. 蘑菇   B. 青霉   C. 根霉   D. 灵芝

分析:①磨菇、灵芝属担子菌纲。有性生殖形成担孢子。没有无性生殖。②根霉属藻状菌纲。有性生殖——接合生殖,囊孢子形成接合孢子;无性生殖——孢子生殖产生孢子。③青霉属子囊菌纲。突出特点是有性生殖形成子囊,子囊内生子囊孢子。所以,根霉进行有性生殖为接合生殖。

答案:C

【题12】(1998年浙江省生物学竞赛题)医学上的许多抗生素,如金霉素、庆大霉素都是下列哪类生物的产物

A. 真菌   B. 放线菌   C. 支原体   D. 衣原体

分析:用于治疗人和动物疾病的金霉素、庆大霉素、土霉素、链霉素、卡那霉素和春雷霉素等,都是利用放线菌发酵产生的。

答案:B

【题13】(1998年河南省生物学竞赛[决赛]题)青霉素是青霉分泌的一种抗生素,为20世纪医学上重大发现,青霉属于

A. 藻状菌纲   B. 子囊菌纲   C. 担子菌纲   D. 半子菌纲

分析:

真菌的主
要分类
藻状菌纲：如根霉、水霉、毛霉
子囊菌纲：如酵母菌、白粉菌、某些青霉、曲霉
担子菌纲：如蘑菇、木耳、银耳、猴头、灵芝、茯苓、黑粉菌、锈菌
半子菌纲：如各种皮肤癣菌、假丝酵母以及青霉属和曲霉属的大部分种

　　从上表可看出青霉有的属子囊菌纲，有的属半子菌纲。医学上常用的青霉素是产黄青霉或点青霉产生的；而产黄青霉或点青霉是属于子囊菌纲。所以该题的正确答案应是子囊菌纲。

　　答案：B

主要参考文献：

1. 尹长民主编：《生物奥林匹克教程》，长沙：湖南师范大学出版社，2003年第1版。

2. 陈阅强主编：《普通生物学》，北京：高等教育出版社，1997年第1版。

3. 冯德培等主编：《简明生物学词典》，上海：上海教育出版社，1982年12月版。

　　　　　　本文载《十年全国奥林匹克竞赛试题分类解析》（高中生物），本书杜东平为编者

植物部分

　　每个生物奥林匹克竞赛试题着重从知识内容、思路和方法作了详细解题分析,分析不只是涉及本题的知识点,并适当地予以拓展,具有较强的启发性。

【题1】(1998年湖南省生物学竞赛[复赛]题)水稻的属名O-ryza,种名Sativa,命名人是Linnaeus。水稻学名的规范写法是

A. SativaOryzaL　　　　　　　　B. SativaoryzaL

C. OryzasativaL　　　　　　　　D. OryzaSativaL

分析:现代生物的命名,都是采用双名法。所谓双名法是指用拉丁文给植物的种定名,每一种植物的种名,都由两个拉丁词或拉丁化形式的字构成,第一个词是属名,相当于"姓";第二词是种加词,相当于"名"。一个完整的学名还需要加上最早给这个植物命名的作者名。因此,一个完整的学名为属名＋种加词＋命名人名。所以,水稻学名的规范写法是:OryzasativaL。

答案:C

说明:相关题目

(1998年山东省生物学竞赛[决赛]题)18世纪瑞典生物学家林奈创立了给物种制定国际上通用的学名的方法叫_____。

答案:双名命名法

【题2】(1998年广东省生物学竞赛[初赛]题)桃花与向日葵花在结构上有如下的区别,但在分类上首先参考的是

A. 花冠分离与合生　　　　　　　B. 雄蕊多数为5枚

C. 子房上位与下位　　　　　　　D. 单花与花序

分析:植物分类的主要依据是花和果实。这是因为花和果实的形态结构比较稳定。花是进行植物分类学研究的最主要依据,首先应参考花的着生位置,其次花冠、萼片数目,然后是雄蕊和雌蕊,最后是子房着生的位置等。

答案:D

【题3】(1999年上海市生物学竞赛题)被子植物的下列性状中哪一个是较原始的

A. 双被花　　　B. 风媒花　　　C. 草本　　　D. 单性花

分析:被子植物花的结构的演化总趋势

（1）花柄：有→无

（2）花托：柱状→园椎状或半圆椎状→扁平→浅蝶状→杯状

（3）花被：同被花→异被花（双被花→单被花）→无被花（裸花）

（4）雄蕊群 ┤ A.花药离生→花药合生（聚药雄蕊）
　　　　　　└ B.花丝 ┤ 等长→异长（四强雄蕊、二强雄蕊）
　　　　　　　　　　　　└ 离生→合生（多体雄蕊、二体雄蕊、单体雄蕊）

（5）雌蕊群 ┤ 离生雌蕊→合生雌蕊
　　　　　　└ 子房有子房壁、子房室、胎座和胚珠等构造

（6）胎座的类型及演化

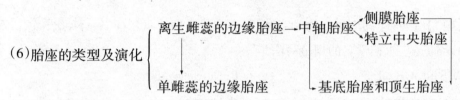

花的各部分演化趋势除上述外，其他重要趋势有：（1）多而无定数→少而定数；（2）在花托上花的各部分螺旋状着生→轮生。

答案：A

【题4】（1997年湖南省生物学竞赛［复赛］题）金鱼藻属于

A. 蓝藻植物　　　B. 绿藻植物　　　C. 蕨类植物　　　D. 被子植物

分析：许多人误认为金鱼藻是藻类，实际是被子植物，金鱼藻科。它为多年生沉水植物草本。茎细长、分枝。叶4～12枚，轮生，一再分裂线状。秋季开花，花小，雌雄同株；雄花苞片12枚，苞片前端有三齿及带紫色毛，雄蕊10～16枚，几乎无花丝；雌花苞片9—10枚，子房卵形，上位、一室，立生胚珠，坚果卵球形，有三枚长刺。生于河湖沼池中，广泛分布于世界各地。为鱼类的饵料，可作猪的饲料。

答案：D

说明：相关题目

（1997年全国生物学竞赛题）水生植物沉水叶结构特征是

A. 机械组织发达，海绵组织发达　　　　B. 输导组织发达，表皮具叶绿体

C. 通气组织发达，维管组织不发达　　　D. 角质导发达，气孔数量多

答案：C

【题5】（1997年全国生物学竞赛题）关于子房下位的正确概念是

A. 子房着生于圆顶状花托顶部，花萼、花冠、雄蕊群着生在子房以下位置。

B. 花托凹陷呈杯状，子房壁不与花托结合，花萼、花冠、雄蕊群着生在花托边缘，位置相当于子房中部。

C. 花托深陷呈壶状，子房壁不与花托愈合，子房包在花托中，柱头伸出花托以外，花萼、花冠、雄蕊群生在花托边缘，位置高于子房。

D. 花托深陷呈壶状,子房包在花托中,子房壁也与花托愈合,花萼、花冠、雄蕊群生在花托边缘,位置高于子房。

分析:根据子房在花托上着生的位置,以及与花托连生的情况,可将子房分为下列三种:

(1)上位子房 子房仅以底部与花托相连,萼片、花瓣、雄蕊着生的位置低于子房。这种子房叫上位子房,其花称下位花,如稻、麦、棉等。如果子房仅以底部和花托相连,而花托(或萼筒)成杯状,花被与雄蕊生在杯状花托(或萼筒)的边缘,即子房的周围,叫下位子房周位花,如桃、李等。

(2)中位子房(半下位子房) 子房的下半部陷于杯状花托中,并与花托内壁愈合,上半部仍露出,称中位子房,其花称周位花,如菱角、马齿苋、桉树等。

(3)下位子房 整个子房和深杯状的花托愈合,或者是与花萼、花冠基部合生,花的其余部分着生在子房上面,称下位子房,其花称上位花,如向日葵、梨、苹果、南瓜等。

答案:D

【题6】(1998年山东省生物学竞赛[决赛]题)具单体雄蕊、二体雄蕊、四强雄蕊的植物依次是

A. 十字花科、锦葵科、豆科　　　　B. 锦葵科、豆科、十字花科

C. 豆科、十字花科、锦葵科　　　　D. 锦葵科、十字花科、豆科

分析:

十字花科:四强雄蕊:雄蕊六枚四长二短, 叫四强雄蕊
锦葵科:单体雄蕊——雄蕊多数, 花药合生, 花丝结合成筒状, 包围雌蕊称为单体雄蕊
豆科:二体雄蕊——雄蕊10枚, 9枚合生, 1枚分离, 称二体雄蕊

从上表可知,具有单体雄蕊,二体雄蕊,四强雄蕊的依次是锦葵科、豆科、十字花科。

答案:B

【题7】(1997年陕西省生物学竞赛题)合欢树的花中呈现美丽颜色的是

A. 雄蕊　　　　B. 雌蕊　　　　C. 花冠　　　　D. 花萼

分析:合欢树属十字花科,又叫马缨花,树高可达16米。叶为二回羽状复叶;花为头状花序,呈伞房状排列,雄蕊的花丝淡红色。荚果为扁平条形。是常见的观赏树木。所以花中呈美丽的颜色是雄蕊。

答案:A

【题8】(1997年山东省生物学竞赛题)取白菜花、豌豆花、向日葵的管状花、水稻花、葱花各一朵解剖,共计有雄蕊多少枚?

A. 33　　　　　　B. 32　　　　　　C. 28　　　　　　D. 30

分析:白菜花属十字花科,雄蕊6枚;豌豆花属豆科,雄蕊10枚;向日葵的管状花属菊科,雄蕊5枚;水稻花属禾本科,雄蕊6枚;葱花属百合科,雄蕊6枚。以上四种植物的花各一朵解剖,共计雄蕊33枚。

答案:A

【题9】(1998年河南省生物学竞赛[决赛]题)锦葵科棉属的胎座属于

　A. 边缘胎座　　　　　　　　　　B. 侧膜胎座

　C. 中轴胎座　　　　　　　　　　D. 特立中央胎座

分析:胎座是被子植物子房内胚珠着生的部分。胎座在房内分布的方式称"胎座式",常见的有:边缘胎座,如豌豆;中轴胎座,如茄子;侧膜胎座,如三色堇;特立中央胎座,如马齿苋;基生胎座,如向日葵;顶生胎座,如瑞香。所以锦葵科的胎座应为中轴胎座。

答案:C

说明:相关题目

(1999年浙江省生物学竞赛题)以下果实中食用部分主要是胎座的是

A. 西瓜　　　　B. 南瓜　　　　C. 香蕉　　　　D. 葡萄

答案:A

【题10】(1999年江苏省生物学竞赛题)黄豆、白菜、向日葵的果实类型依次是

　A.瘦果、浆果、角果　　　　　　　B. 荚果、角果、瘦果

　C.翅果、荚角、瘦果　　　　　　　D. 瓠果、柑果、颖果

分析:黄豆属豆科,为荚果;白菜属十字花科为角果;向日葵属菊科为瘦果。

答案:B

【题11】(1999年广东省生物学竞赛[初赛]题)下面哪一组的植物特征一定能够说明某种植物是属于葫芦科的植物

　A. 草质藤本、茎上有卷须

　B. 花瓣5片或花冠合生而5裂

　C. 花单性、雄蕊3～5枚,雌蕊由3心皮合成

　D. 瓠果

分析:葫芦科植物的特征为攀援状或匍匐状草本,常具卷须。多为单叶掌状裂;互生。单性,雌雄同株和异株;花冠结合成钟状或根状,5裂;雄蕊5枚;常两两连合,一条单独组成三组,或完全连合,雌蕊由3心皮结合而成,子房下位。瓠果,种子无胚乳。根据以上叙述,只有瓠果才是葫芦科植物的唯一特征。

答案:D

【题12】(1998年陕西省生物学竞赛题)分别被植物学家和动物学家看成是植物和动物的是

A. 鞭毛变形虫　　　B. 海绵　　　C. 眼虫　　　D. 海葵

分析:眼虫为高度分化的细胞体。细胞大多数为梭形,前端较宽,后端尖窄,横切面圆形或稍扁。前端稍扁的凹处为胞口,有一条茸鞭形的鞭毛,从胞口伸出。细胞内有很多颗粒状的叶状体,位于原生质体的近表面,叫做边缘位叶绿体;少数种类为中轴位的星状体或带状叶绿体。在叶绿体上往往有一个造粉核。细胞的最表面层是原生质膜。细胞有胞口和下面的胞咽,胞咽下面是一个袋状的贮蓄泡。有吞食的功能。在细胞中有伸缩泡,有排泄的功能。有红色眼点,有感光性。鞭毛有运动的功能。

综上所述,眼虫被植物学家视为是植物,理由是含有叶绿体,能进行光合作用,产生淀粉粒。眼虫被动物学家视为动物,是因为有取食器官、排泄器官、眼点和鞭毛等。

答案:C

【题13】(2000年全国生物学竞赛题)下列哪些结构,组成了双子叶植物的维管束
①表皮　②皮层　③木栓层　④韧皮部　⑤木质部　⑥形成层　⑦髓
A.②、③、④　　　B.④、⑤、⑥　　　C.⑤、⑥、⑦　　　D.①、②、③

分析:

维管束
木质部 { 导管 管胞 } 由下向上输导水分和无机盐 木质纤维细胞
韧皮部 { 筛管(筛胞) 伴胞 } 由上向下输导有机物 韧皮纤维 薄壁细胞

从上表可看出维管组织包括木质部和韧皮部。导管和管胞、筛管和伴胞分别在木质部和韧皮部内。

答案:B

说明:相关题目

(1998江西省生物学竞赛题)植物体的维管组织包括

A. 导管和管胞　　　　　　　B. 筛管和伴胞
C. 木质部和韧皮部　　　　　D. 筛管和导管

答案:C

【题14】(1997年全国生物学竞赛题)种子植物维管形成层属分生组织,其细胞特点是

A. 全部是等直径细胞,细胞核大,细胞质浓,无大液泡,能进行各种方向的细胞分

裂。

B.细胞全部是纺锤形,具大液泡,能进行各种方向的细胞分裂。

C.部分细胞为纺锤形,具大液泡,能进行各种方向的细胞分裂。

D.部分细胞为纺锤形,具大液泡,只能进行平周分裂。

分析:

	顶端分生组织	顶端分生组织位于根、茎、主胚及其各级分枝的顶端——分生区。使根和茎不断增长。
	居间分生组织	禾本科植物茎的节间茎部具有居间分生组织,导致节间高速增长。百合科葱属、韭菜和葱叶被割后,叶茎的居间分生组织又使叶继续伸长。花生子房柄(雌蕊柄)由于居间分生组织使子房柄不断伸入土中。
	侧生分生组织	包括维管形成层和木栓形成层。分布于根和茎的边缘,形成圆筒状结构。形成层细胞为长纺锤形,少数为近等边形。形成层分裂产生的细胞分化为次生木质部和次生韧皮部,使根、茎增粗。木栓形成层由一层长轴细胞构成,位于形成层的外方,它分裂活动时间短,所产生的细胞分化为木栓层和栓内层。木栓层、木栓形成层和栓内层共同组成周皮(次生组织)。
	额外分生组织	

通过上表分析,部分细胞为纺锤形,具大液泡,能进行各种方向的细胞分裂,是种子植物维管形成层——分生组织的特点。

答案:C

说明:相关题目

第一题:(2000年全国生物学竞赛题)小麦拔节时起重要作用的是

A.顶端分生组织　　　　　　　B.侧生分生组织

C.居间分生组织　　　　　　　D.原生分生组织

答案:C

第二题:(1997年河南省生物学竞赛题)双子叶木本植物茎的增粗主要是哪类分生组织活动的结果

A.顶端分生组织　　　　　　　B.居间分生组织

C.侧生分生组织　　　　　　　D.额外分生组织

答案:C

【题15】(1999年陕西省生物学竞赛题)下列植物的种子具有胚乳的是:①白菜②柑橘③蓖麻④洋葱⑤茶⑥苋菜⑦高粱⑧棉花⑨胡萝卜

A.②④⑦⑧⑨　　　　　　　B.①③⑤⑥⑦

C.③④⑥⑦⑨　　　　　　　D.③⑤⑥⑦⑧

分析:

双子叶无胚乳的有：白菜（十字花科）、柑橘（葫芦科）、棉花（锦葵科）
双子叶有胚乳的有：蓖麻（大戟科）、胡萝卜（伞形科）、苋菜（大戟科）
单子叶有胚乳的有：洋葱（百合科）、高粱（禾本科）、茶（山茶科）

答案：C

【题16】(1999年福建省生物学竞赛[初赛]题)滩涂受周期性潮夕浸润又缺氧时，某红树植物从滩涂向上伸出许多幼笋状的分支根，此类根为

A. 支柱根　　　　B. 板状根　　　　C. 呼吸根　　　　D. 寄生根

分析：多数植物生有正常的根，少数植物还生有变态的根。正常的根和变态的根各有不同的形态特点。

正常的根：正常的根都生在土壤中，是种子的胚根发育而成的，它包括主根、侧根和不定根。由胚根直接发育而成的，入土较深，叫主根。主根上还生有许多比较细的根，这些细根上又生有许多更细的根。这些主根上依次生出的根，叫做侧根。此外，还有从茎、叶上生出的根，叫做不定根。

变态的根：有些植物的根，形态结构和功能发生了很大的变化，这样的根叫变态根。常见的有板状根(贮藏根)、支持根、寄生根、气生根和呼吸根。

板状根(贮藏根)：胡萝卜、萝卜的主根膨大成圆锥状或球状，甘薯的不定根膨大成块状。这些根叫贮藏根。这些根里贮藏养料，供给过冬后的第二年植物生长的需要。

支持根：我国南方的榕树，树冠非常庞大，枝干向下伸出许多不定根，直达地面，伸入土中，支持着庞大的树冠。这样的根叫做支持根。玉米茎的基部生出的不定根，也是支持根。

寄生根：大豆田里常有一种杂草，叫做兔丝子。兔丝子的茎生出许多不定根，伸入大豆茎内的组织里，吸收大豆里的水分和养料。这种寄生在其他植物上的根，叫做寄生根。

呼吸根：生在海岸腐泥中的红树、河岸池边的水桧，它们有许多支根，在腐泥中向上生长，挺立在空气中。呼吸根外有呼吸孔，内有发达的透气组织，有利于通气和贮存气体，以适应土壤中缺氧的情况，维持植物的正常生长。

气生根：气生根就是生长在地面上空气中的根。它包括以上的支持根、呼吸根和常见的攀援根。

答案：C

说明：相关题目

(1997年河南省生物学竞赛[预赛]题)玉米茎基部产生的根属于

A. 呼吸根　　　　B. 支持根　　　　C. 侧根　　　　D. 气生根

答案：B

【题17】(1998年广东省生物学竞赛[初赛]题)在根尖生长过程中,各段的细胞群出现细胞体积增大和细胞分化最明显的是

A. 根冠   B. 生长点   C. 伸长区   D. 成熟区

分析:根的顶端至生长根毛部分的这一段为根尖。根尖可分为根冠、分生区、伸长区和成熟区(根毛区)四部分。

根冠:根冠位于根尖的最前端,是一群不规则的薄壁细胞组成的帽状结构。根冠罩在分生区的外方,保护着分生区。根冠外面的细胞壁常黏液化,细胞破碎时也变成黏液,从而减少根生长时与土壤颗粒的磨擦力。根冠细胞内含有淀粉粒,可能与根的向地性有关。

分生区:分生区位于根冠的内方,由顶端分生组织组成。其尖端为原分生组织,稍后为初分生组织。原分生组织产生的新细胞,小部分进入根冠,补充因磨擦而脱落的根冠细胞,大部分细胞转变为初生分生组织。初生分生组织包括原表皮、基本分生组织和原形成层三部分,并经细胞分裂、生长和分化,分别形成根的初生结构的表皮、皮层和维管柱。

伸长区:伸长区的特点是细胞体积由于液泡化程度加大而不断扩大,尤其是纵向显着伸长,伸长区位于分生区的后方,但两者无截然界线。伸长区前端的大多数细胞仍具分裂能力。到了伸长区后端,细胞完全停止分裂,并向成熟区(根毛区)过渡。伸长区使根迅速伸长。

成熟区(根毛区):伸长区后部细胞分化成各种成熟组织,形成根尖的最后一段,称成熟区。成熟区在外形上的显著特征是出现根毛,故又称根毛区。根毛区是根部吸收水分和无机盐的主要部分,其解剖结构为根的初生结构,即皮层→中柱→木质部。

答案:D

【题18】(1999年广东省生物学竞赛[初赛]题)在下面几种结构①皮层②中柱③凯氏带④外始式木质部⑤五壁增厚⑥中柱鞘中,哪些结构是只有根的结构中才会有的

A. ①②③   B. ②③④   C. ③④⑤   D. ④⑤⑥

分析:在根尖的成熟区作一横切面,就可看到根的全部初生结构。由外向内如下表:

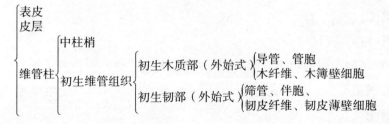

皮层最内的一层,常由一层细胞组成,排列整齐紧密,无细胞间隙,称为内皮层。内皮层细胞的部分次生壁上,常栓化和木化增厚成带状,环绕在细胞的径向壁和横向壁上,成一整圈,称凯氏带。凯氏带在根内是一个对水分和物质有着障碍或限制作用的结构。在单叶植物的根中,内皮层进一步发展,不仅使纵向壁及横向壁因沉积木质和栓质而显著增厚,而且在切向壁(向维管柱的一面)上,也同样地因木质化和栓质化而增厚,只有外切向壁仍保持薄壁。这就称为五壁增厚。增厚的内切向壁上有孔存在,以便使通过质膜的具有某些溶质的细胞质,能穿越增厚的内皮层。茎的初生结构与根的初生结构相比,都有表皮、皮层、维管柱,不同点是植物的根不具有凯氏带和五壁增厚。

答案:C

说明:相关题目

第一题:(2000年全国生物学竞赛题)下列哪个形态特征不属于筛管所具有

A.长形的生活细胞　　　　　　B.组织分子相连接的横壁形成筛板

C.细胞成熟后,细胞核消失　　D.叶脉结构简单

答案:D

第二题:(2001年全国生物学竞赛题)根尖从根毛及表皮细胞吸收的水分及无机盐,通过以下哪种途径运到植物体地上部分是最合理的?

A.表皮→表层→内皮层→中柱鞘→原生木质部→后生木质部

B.表皮→表层→内皮层→中柱鞘→初生木质部→次生木质部

C.表皮→表层→内皮层→中柱鞘→后生木质部→原生木质部

D.表皮→表层→内皮层→中柱鞘→后生木质部→初生木质部

答案:A

【题19】(1998年江西省生物学竞赛题)已知马齿苋、景天等五节上生有3片叶,沙参、茜草等一节上生有4片叶,车前草等一节上生有8片叶,则这些植物叶序是

A.轮生叶序　　　B.互生叶序　　　C.对生叶序　　　D.簇生叶序

分析:叶在茎上都有一定规律的排列方式,称为叶序。叶序基本有三种类型,即互生、对生、轮生和簇生。互生叶序是每节上只生一叶,交互而生,称互生。如樟、白杨、悬铃木等。对生叶序是每节上生二叶,相对排列。如丁香、薄荷、女贞、石竹等。轮生叶序是每节有三叶或三叶以上,作辐射排列,如夹竹桃、百合、樟树等。簇生叶序是枝的节间短缩密接,叶在短枝上成簇生出,如银杏、枸杞、落叶松等。本题5种植物每一节上生有3片或3片以上,因此都应为轮生叶序。

答案:A

【题20】(1997年河南省生物学竞赛[预赛]题)判断枝条的年龄是根据

A. 年轮数目　　　　B. 芽鳞痕数目　　　　C. 混合芽数目　　　　D. 中柱鞘

分析:①年轮数目:在生长了几年的木质茎的横切面上,就呈现同心的圆环。通常,每一圆环是在一年里形成的,叫做年轮。根据主干茎部的年轮数目,可推算出树木的年龄。②芽鳞痕的数目:芽鳞痕是由于芽开展时,鳞片脱落,在枝上留下的痕迹。根据芽鳞痕的位置,可以观察出当年所生枝条的长度,同时,根据枝条上芽鳞痕的轮数,可以确定枝的年龄。③混合芽数目:有些植物的花芽开展后,既生出枝,又有花或花序,这种芽叫做混合芽。混合芽和花芽,通常较叶芽肥大。混合芽的数目不决定枝条的年龄。④中柱鞘:是维管柱的外层组织,向外紧贴着内皮层。它是由原细胞发育而成的,长期保持着分生能力,通常由一层薄壁细胞组成。也有两层或多层细胞组成的,有些也可能含有厚壁细胞。维管形成层(部分的)、木栓形成层、不定芽、侧根和不定根,都可能由中柱鞘的细胞产生。

答案:B

【题21】(1999年江苏省生物学竞赛题)棉花果实俗称棉桃,棉桃着生在

A. 单轴分枝上　　　B. 合轴分枝上　　　C. 二叉分枝上　　　D. 假二叉分枝上

分析:种子植物的分枝方式,一般有单轴分枝、合轴分枝和假二叉分枝三种类型。

单轴分枝:主干也就是主轴,总是由顶芽不断地向上伸展而成,这种分枝形式,称单轴分枝(又称总状分枝)。单轴分枝突出特征是主干的伸长和加粗,比侧枝强得多。一部分被子植物如杨树、山毛榉等,多数裸子植物如桧、杉、柏科的植物都是如此。

合轴分枝:主杆的顶芽在生长季节中,生长迟缓或死亡,于是在顶芽的腋芽便萌发成枝,代替了顶芽的生长形成一段主轴,不久,新形成的一段主轴其顶芽又同样死亡或生长非常迟缓,再由下面的腋芽代替又产生一段主轴。这种分枝方式,称为合轴分枝。合轴分枝的主轴,实际上是一段很短的主茎与各级侧枝分段连合而成。故主杆弯曲节间很短,而花芽往往较多。棉花的果枝、柑桔、苹果、梨等都是合轴分枝。

假二叉分枝:假二叉分枝是具对生叶的植物在顶芽停止生长后,或顶芽是花芽时,在花芽开花后,由顶芽下的两侧腋芽同时发育成二叉状分枝,实际上也是一种合轴分枝方式的变化。如丁香、茉莉、石竹等。此外,在低等植物中,顶端分生组织本身分为二个枝条,就称为真正的二叉分枝。多见于藻类和地衣,在部分高等植物中,如苔藓植物的苔藓和蕨类植物的石松、卷柏等也存在。

经以上分析,棉花的植株上既有单轴分枝,也有合轴分枝。单轴分枝的枝通常是营养枝,不直接开花结果;合轴分枝的枝是开花结果的果枝:所以在棉花的栽培管理中,及早抹去下部的腋芽,使它不发展为营养枝,养分得以集中,促进花果的发展。同时,也要适时摘去顶芽,促使多分枝,多结果,结大果,以提高产量。

答案:B

说明:相关题目

第一题:(2000年全国生物学竞赛题)苗(枝条)与茎的区别是

A. 苗是生长有叶和芽的茎　　　　　B. 苗的节间比茎的长

C. 苗的节间比茎的短　　　　　　　D. 苗上无叶痕

答案:A

第二题:(1997年河南省生物学竞赛题)裸子植物的分枝方式为_____。

答案:单轴分枝(总状分枝)

【题22】(1999年陕西省生物学竞赛题)下列说法中不正确的是

A. 一节藕就是一个节

B. 马铃薯芽眼的地方就是节

C. 铁线蕨地上部分着生叶的部位就是节

D. 玉米茎茎部出根的地方就是节

分析:带叶的茎称为枝条。枝条生叶的部位叫做节。节与节之间的部分叫节间。马铃薯芽眼的地方着生鳞片叶,称为节;玉米茎茎部生根的地方就是节;铁线蕨的地上部分着生叶的部位就是节。一节藕就是一个节间,而不是节。

答案:A

【题23】(1997年河南省生物学竞赛题)一棵树茎高3m,在距地面2m处作一标记,2年后这棵树长到5m高,这时标记距地面应为

A. 4m　　　　　B. 3m　　　　　C. 2m　　　　　D. 5m

分析:以叶芽各部分为例说明之

$$
\begin{cases}
芽轴——发育成茎 \\
生长点——使芽轴不断伸长 \\
叶原基——发育成幼叶 \\
幼叶——发育成叶 \\
芽原基——发育成侧芽
\end{cases}
$$

从上表可知,茎的生长高度是由芽的生长点细胞不断分裂,芽轴不断伸长发育成茎决定的。所以这棵原高3m,2年后长高到5m的树是第3米以上部分得到了生长。2年前,在距离地2米处作标记,2年后这棵树长到5米高,这时标记距地面仍应是2米。

答案:C

【题24】(1998年广东省生物学竞赛[初赛]题)在茎的次生结构中维管束是指

A. 木质部　　　　　　　B. 韧皮部

C. 木质部、形成层、韧皮部　　D. 木质部与韧皮部

分析:现将双子植物茎中组织分化的发育顺序列表如下,对茎内初生结构和次生

结构的整个形成过程,可有一较明确的了解。

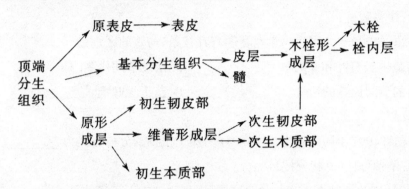

从上表可知,双子叶植物茎的次生结构自外向内依次为:周皮(木栓层、木栓形成层、栓内层)、皮层(有生命或死亡)、初生韧皮部、次生韧皮部、次生木质部、初生木质部、髓等。在维管束之间还有髓射线维管束之间有维管射线。

答案:C

说明:相关题目

(1999年全国生物学竞赛题)被子植物体中具有功能的死细胞是

①纤维　②导管　③筛管　④管胞　⑤石细胞　⑥厚角细胞　⑦胚柄细胞

A.①、②、③、④　　　　　　　　　B.①、②、④、⑤

C.①、②、⑤、⑥　　　　　　　　　D.①、③、⑤、⑦

答案:B

【题25】(1999年江苏省生物学竞赛题)植物有多种导管,孔纹导管一般存在于

A. 原生木质部　　　　　　　　　B. 后生木质部

C. 次生木质部　　　　　　　　　D. B和C两部分

分析:次生本质部中的导管类型以孔纹导管最为普遍。梯级和同级导管为数较少。原生木质部:由管经较小的环纹导管或螺纹导管组成;后生木质部:由管经较大的梯纹、网纹或孔纹导管组成。所以,孔纹导管一般存在于后生木质和次生木质部。

答案:D

【题26】(1998年陕西省生物学竞赛题)把一段带叶的茎下端插入装有稀释红墨水的瓶子里,放置在温暖的阳光下,待到叶脉微红时,用肉眼观察茎的横切面,染红的结构是

A. 韧皮部　　　　B. 木质部　　　　C. 筛管　　　　D. 导管

分析:实验证明,水和无机盐由木质部的导管由下向上运送的。根吸收来的水分和无机盐就是通过导管输送到植物体的各部分。光合作用制造的有机物通过韧皮部的筛管由上向下运输。同时,髓射线是从髓向四周发出的成行的薄壁细胞,它贯穿木

质部和韧皮部,直达皮层,有横向输送养料的作用。所以,本题染红的结构是木质部。

答案:B

说明:相关题目

(1998年浙江省生物学竞赛题)在木本质植物的树干上环割一周,深度至形成层,剥去圈内树皮,过一段时间可见到环割上端出现环状物,这种现象说明

A. 韧皮部输送有机物受阻　　　B. 韧皮部输送水分和无机盐受阻

C. 木质部输送有机物受阻　　　D. 木质部输送水分和无机盐受阻

答案:A

【题27】(1997年江西省生物学竞赛题)单子叶植物的茎加粗很有限是因为

A. 维管束分散分布　　　　　　B. 维管束里没有形成层

C. 机械组织不发达　　　　　　D. 木质部不发达

分析:绝大多数单子叶植物茎的结构都与玉米的结构相似。现以玉米为代表,玉米的横切结构由表皮基本组织和维管束构成。表皮:表皮在茎的最外方,有角质化的表皮、木栓化的栓皮细胞和含有二氧化硅的

纸上得来终觉浅,绝知此事要躬行。

——陆游

硅质细胞构成,此外,表皮上还有保卫细胞形成的气孔。基本组织:整个基本组织除与表皮相接的部分外,都是薄壁细胞,维管束散生分布在它们之间。基本组织具有皮层和髓的功能。维管束:散生在基本组织中。维管束由外向内,先韧皮部,后木质部,没有形成层,这种有限的维管束也正是大多数单子叶植物茎的特征之一。所以,单子叶植物茎不能无限加粗,就是因为维管束没有形成层。

答案:B

说明:相关题目

(1999年河南省生物学竞赛[决赛]题)多数单子叶植物茎没有形成层,故不能无限加粗,但玉米和甘蔗的茎也不断地加粗。这是因为茎内初生组织内的细胞在长大和在茎尖处的分裂增生细胞之故。

答案:初生加厚(增粗)分生组织

【题28】(1997年河南省生物学竞赛[预赛]题)黄瓜、葡萄的卷须和豌豆的卷须依次是

A. 茎卷须、叶卷须　　　　　　B. 茎卷须、茎卷须

C. 叶卷须、茎卷须　　　　　　D. 叶卷须、叶卷须

分析:黄瓜的卷须是茎卷须。因为卷须是着生在叶腋里,是枝变来的。豌豆的卷须是叶卷须。因为豌豆叶是羽状复叶。每个复叶的顶端生有几个细须,是由二三对

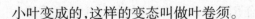

小叶变成的,这样的变态叫做叶卷须。

答案:A

说明:相关题目

(1999年福建省生物学竞赛[初赛]题)以下植物具有贮藏养料功能的变态叶是

A. 马铃薯   B. 水仙   C. 荸荠   D. 藕

答案:B

【题29】(1998年陕西省生物学竞赛题)蔷薇、洋槐、皂荚、仙人掌上的刺分别属于

A. 叶刺、枝刺、枝刺、皮刺   B. 皮刺、叶刺、叶刺、枝刺

C. 皮刺、叶刺、枝刺、叶刺   D. 叶刺、皮刺、叶刺、枝刺

分析:蔷薇的刺是皮刺,因为刺是由茎表皮演化而来的。洋槐的刺是叶刺,因为刺是由叶演化而来的。皂荚的刺是枝刺,因为刺生在叶腋里。仙人掌的刺是叶刺,因为叶变成刺。

答案:C

【题30】(1997年浙江省生物学竞赛题)竹子开花后,植株往往就死亡,这是因为开花后

A. 产生了抑制生长的物质

B. 生殖周期完成

C. 生殖生长消耗养料过多,阻碍了营养生长

D. 环境条件变坏

分析:营养生长和生殖生长并不是孤立的进行的,这两类生长之间是相互联系和相互制约的。首先,营养生长是生殖生长的物质基础和能量基础。也就是说,只有营养生长良好,生殖生长才能良好,因为生殖生长所需要的有机养料主要是由营养生长所提供的。如果营养器官生长不良,生殖器官就不会很发达,产量也不会高。但是,营养生长过快,对生殖生长也不利。因为在这种情况下,有机养料大部分被营养生长所消耗,生殖生长就得不到足够的养料。因此,茎、叶生长旺期的植株,往往延迟开花、结实不良或者造成落花、落果。例如,棉花如果茎、叶生长过旺,也就是正常所说的"徒长",常常会引起蕾铃大量脱落。果树也会由于枝、叶生长过旺,妨碍当年花的形成,使第二年结果减少。

其次,生殖生长反过来也会影响营养生长。如果生殖生长消耗的有机养料过量,同样会抑制营养生长。竹是多年生植物,它一般生活许多年也不开花,一旦开花,整个植株就要死亡。原因就是开花消耗了大量的有机养料,以至使营养器官不能再继续生活下去。一般的植物在大量结实以后,植株常常早衰死亡,也是这个原因。在肥水不很充足的情况下,这种情况尤其多见。多年生植物,例如果树,如果开花结实过

多,就会树势衰落,当年积累的有机养料减少,形成的花芽少,造成来年的产量降低。这种情况叫做"大小年"现象。是栽培管理不善的果树经常出现的现象。

答案:C

【题31】(1997年陕西省生物学竞赛题)白菜是两年生植物,在第一年生长中,有机物的分配中心是

A. 主要是幼根　　B. 主要是幼叶　　C. 主要是幼茎　　D. 花和果实

分析:白菜是两年生植物。第一年秋季为营养生长期,从短缩的茎上长出多数有短柄的叶,形成叶球。第二年春季转入生殖生长期,进行抽苔、开花、结实。所以,白菜是两年生植物,在第一年生长中,有机物的分配中心主要是幼叶,第二年生长中心是花和果实。

答案:B

【题32】(2000年全国生物学竞赛题)具有颈卵器的植物有

A. 蕨类、裸子植物、被子植物　　B. 苔藓、裸子植物、蕨类植物

C. 地衣、苔藓、裸子植物　　D. 地衣、苔藓、蕨类植物

分析:植物界的分门别类表

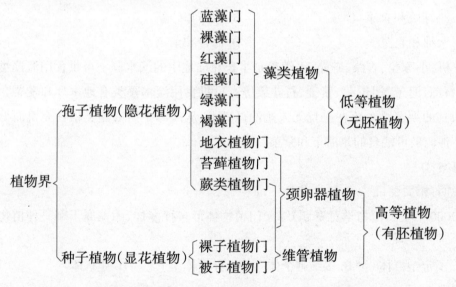

在生物学上把苔藓植物、蕨类植物、裸子植物称为颈卵器植物。其划分依据是它们都有颈卵器。

答案:B

说明:相关题目

第一题:(1999年黑龙江省生物学竞赛[复赛]题)蕨类植物、裸子植物和被子植物统称为

A.显花植物　　　B.颈卵器植物　　　C.维管植物　　　D.种子植物

答案：C

第二题：(1999年广东省生物学竞赛[初赛]题)在植物界的各大类群中：①绿藻植物②地衣植物③苔藓植物④蕨类植物⑤裸子植物⑥被子植物，在其生活史中能够形成胚并产生颈卵器的植物类群有

A.①②③　　　B.②③④　　　C.③④⑤　　　D.④⑤⑥

答案：C

第三题：(1997年河南省生物学竞赛[预赛]题)首先出现胚的植物和首先出现维管束的植物依次是

A.藻类、种子植物　　　　　　B.蕨类、种子植物

C.藻类、蕨类植物　　　　　　D.苔藓、蕨类植物

答案：D

【题33】(1997年福建省生物学竞赛[初赛]题)1945年夏，一架横渡太平洋的客机不幸中途失事，乘客纷纷跳伞落在一荒无人迹的孤岛上。得生者从浅海中捞取藻类植物充饥而得以生还。想想他们最可能吃的是下列什么藻类

A.小球藻和衣藻　　　　　　B.衣藻和硅藻

C.水绵和衣藻　　　　　　　D.海带和紫菜

分析：小球藻、衣藻、硅藻、水绵等是生长在陆地中的淡水藻。可供食用海藻类有礁膜、石莼、海带、裙带菜、紫菜、石花菜等。可供食用淡水藻类有地木耳和发菜。本题中谈到的乘客跳伞落在一荒无人迹的孤岛上，从浅海中捞取藻类植物充饥而得以生还。他们最可能食的是海带和紫菜。

答案：D

说明：相关题目

(2000年全国生物学竞赛题)绿藻门植物体形多种多样，团藻属于哪一种植物体型

A.不定型群体　　B.多细胞个体　　C.异丝体　　　D.片状体

答案：B

【题34】(1999年浙江省生物学竞赛[决赛]题)冬季河水中见不到水绵，而春暖后就可见到水绵丝团漂浮水面。造成这种现象的主要原因是水绵①秋季形成合子沉入水底　②秋后以种子的形式沉入水底　③春季进行光合作用，放氧时水绵丝团上浮　④春季呼吸作用加强，放出CO_2水绵丝团上浮

A.①③　　　B.②③　　　C.①④　　　D.②④

分析：冬季河水中见不到水绵，而春暖后就可见到水绵丝团漂浮在水面。光照充

足,水绵的光合作用旺盛,放出的氧气积存在一起,能使水绵丝团漂浮到水面上来。

答案:A

【题35】(1997年陕西省生物学竞赛题)苔藓植物体内水分和养分的输送途径是

A. 导管   B. 筛管

C. 维管束   D. 细胞之间的传递

分析:苔藓植物是高等植物中最低等的陆生植物,代表着从水到陆地的过渡类型。但它没有维管束构造,输导能力不强,它依靠细胞与细胞之间的传递输送水、无机物和有机养料。

答案:D

【题36】(1997年河南省生物学竞赛[预赛]题)蕨类植物的输导组织中,运送水和无机盐的结构和运送有机物的结构分别是

A. 筛管、管胞   B. 导管、筛管

C. 管胞、筛细胞   D. 管胞、筛管

分析:蕨类植物的输导组织——维管组织,主要由木质部和韧皮部构成。木质部主要为管胞,韧皮部主要为筛细胞。当然,也有极少蕨类植物有导管和筛管的出现。

答案:C

【题37】(1997年河南省生物学竞赛[预赛]题)我国珍贵的植物银杉和水杉分别属于

A. 杉科、松科   B. 松科、松科

C. 松科、杉科   D. 杉科、杉科

分析:银杉:松科。常绿乔木,高达20米,枝平列,小枝有毛。叶两型,生长枝上的放射状散生,长4～5厘米,短枝上的轮生,长不到2.5厘米,线形,下面有两条白色气孔带。球果生于叶腋,成熟时卵圆形、长卵圆形或长椭圆形,长3～5厘米;种鳞13～16个,圆形或卵圆形,长1.5～2.5厘米,上面有两个种子,长有椭圆形薄翅。产于广西(龙胜)、重庆(南川金佛山、柏枝山)、湖南(新宁)、贵州(道真)等地。1956年始发现。为我国特有的珍贵树种。

水杉:杉科。落叶大乔木,高达35米,胸径达2.5米。树皮剥落成薄片。侧生小枝,对生,羽状。叶条形,扁平,长通常13～20毫米,交互对生成两列,羽状,冬季,与侧小枝同时脱落。球花单性,雌雄同株。雄球花对生于分枝的节上,集生于枝端,此时枝上无叶,故全形呈总状花序或圆锥花序状。雌球花单生于小枝顶上,此小枝有叶。球果下垂,近四棱形或短圆筒形,长18～25毫米,当年成熟。种鳞通常22～28个,交互对生,木质,盾状,基部楔形,顶端扩展,各有5～9粒种子。种子扁平,周围有翅,先端凹缺,长5毫米。为我国特产的珍贵树种,产于重庆万县及石柱、湖北利川和湖南龙

山及桑植。

此外,我国珍稀的植物还有:银杏和珙桐等。

答案:C

说明:相关题目

(1999年全国生物学竞赛题)我国裸子植物中有不少是我国特有的孑遗植物或称活化石植物。它们是

A.银杏 紫杉 水杉 买麻藤　　　B.银杏 苏铁 水杉 银杉

C.银杏 银杉 水杉 金钱松　　　D.金钱松 银杉 水杉 买麻藤

答案:C

【题38】(1997年福建省生物学竞赛[初赛]题)下列叙述是种子萌发需要水分的原因,其中哪几项是正确的

A.吸足水分,使种皮变软,胚容易突破种皮

B.吸足水分,可使有机物转化

C.吸足水分,可提高种子的温度

D.吸足水分,可使转化后的有饥物溶解于水

分析:吸水是种子萌发的第一步。种子吸收足够的水分以后。其他生理作用才能逐渐开始。这是因为水可使种皮膨胀软化。氧容易透过种皮,增加胚的呼吸,也使胚易于冲破种皮;水分可使凝胶状态的原生质转变为溶胶状态,使代谢加强,并在一系列酶的作用下,使胚乳的贮藏物质逐渐转化为可溶性的营养物质,供幼小器官的生长之用;水分可促进可溶性物质运输到正在生长的幼苗、幼根,供呼吸需要或形成新细胞结构的有机物。因此,充足的水分是种子萌发的必要条件。

答案:ABD

【题39】(1997年陕西省生物学竞赛题)为了固堤保土,人们常在河堤和山坡上植树、种草。这主要是利用根系的哪种特征

A.向地生长的特征　　　B.向水生长的特性

C.向四周扩展的特性　　　D.向肥生长的特性

分析:一株植物所有根的总和叫根系。根系分为直根系和须根系。根系在土壤里分布。植物的根系在土壤里生长,一方面伸向土壤深处,另一方面往宽处扩展。根系的分布范围,大体上是与植物地上部分的范围相适应的。在正常情况下,根系的扩展范围一般都大于地上部分的范围,根系的入土深度一般都大于地上部分的主茎高度。人们在河堤、山坡、沙地上造林和种草,就是利用植物的根系分布来固堤、保土。给果树施肥,应考虑到根系分布的这一特点,不应施在树干的近旁,而应施在树冠周围的土壤中。根系还有向水生长和向肥生长的特性。当植物同围土壤里的水分或者

肥料分布不均匀的时候,根系就朝向水分较多或者肥料较多的地方生长。给农作物进行深层施肥的目的之一,就是通过深层施肥,促使根系向土壤深处生长,增加根系的扩展范围,使农作物长得更加苗壮。

答案:AC

说明:相关题目

(1997年山东省生物学竞赛[决赛]题)生长在河岸边的柳树,它的根系可能由哪些形式的根组成

A. 主根　　　　　　B. 侧根　　　　　　　C. 不定根

D. 气生根　　　　　E. 假根

答案:ABC

【题40】(1999年福建省生物学竞赛[初赛]题)下图是丁香叶芽的纵切面,下列叙述正确的是

A. 在显微镜下观察2的切片,可观察到有的细胞正在进行有丝分裂

B. 在显微镜下观察3的表皮,可以观察到半月形保卫细胞

C. 在显做镜下观察3的内部细胞,可以观察到内有叶绿体

D. 在显傲镜下观察4的内部结构,可以观察到内有导管

分析:图示中1叶原基,2是生长点,3是幼叶,4是芽轴,5是芽原基。它包括导管管胞、筛管和筛细胞。叶芽各部分的结构名称如后:①叶原基——发育成幼叶;②生长点——使芽轴不断伸长,细胞排列紧密,正在进行有丝分裂;③幼叶——发育成叶,叶有上下表皮,表皮上有气孔,气孔由两个半月形叶片构成,有叶肉(叶肉有栅栏组织和海绵组织),还有叶脉等;④芽原基——发育成侧芽,再发育成枝条。

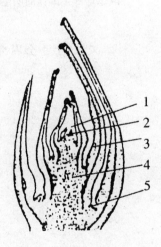

答案:ABD

【题41】(1999年山东省生物学竞赛[决赛]题)西瓜的果实属于

A. 复果　B. 肉果　C. 单果　D. 瓠果　E. 浆果　F. 假果

分析:依据果实的结构,可把果实分为真果和假果。真果的果皮由子房发育而成。假果除由子房发育而成外,也由其他部分发育而成。一般的分法如下:

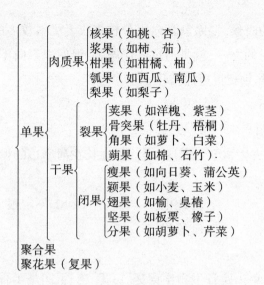

答案：BCDF

主要参考文献：

1. 陈阅增主编：《普通生物学》，北京：高等教育出版社，1997年第10版。

2. 尹长民主编：《生物奥林匹克教程》，长沙：湖南师范大学出版社，2003年第1版。

3. 冯德培等主编：《简明生物学词典》，上海：上海教育出版社，1982年12月版。

本文载《十年全国奥林匹克竞赛试题分类解析》（高中生物），本书杜东平为编者

❋ 动物部分 ❋

注重中学生实际分析解答问题思路与全国竞赛委员会给出的参考答案相结合,所分析试题具有典型性。

【题1】(2001年全国生物学竞赛题)在原生动物中,以下哪个纲的所有种类其生活史中至少有一个时期营寄生生活

A. 孢子虫纲　　　B. 变形虫纲　　　C. 鞭毛虫纲　　　D. 纤毛虫纲

分析:原生动物常见的有四个纲,即鞭毛纲、肉足纲、孢子纲、纤毛纲。其中只有孢子纲动物全部都营寄生生活。其他各个纲的动物均只有部分个体营寄生生活。孢子虫纲具有顶复合器结构,具有复杂的生活史,一般具有无性和有性两种生殖方式。其典型生活史一般包括三个时期:(1)裂体生殖时期;(2)配子生殖时期;(3)孢子生殖时期。这是孢子纲特有的生殖方式。

答案:A

【题2】(1999年全国生物学竞赛题)原生动物都是单细胞动物,个体较小,但是作为一完整的有机体,它们可以依靠各种细胞完成各种生活机能。下列描述错误的是

A. 以鞭毛、纤毛或伪足完成运动

B. 伸缩泡的主要功能是进行排泄

C. 环境不良的条件下,大多数可形成包囊度过不良环境

D. 部分种类具有有性生殖方式

分析:大多数原生动物的原生质分化为两层,外层均匀透明称外质;内层具有许多颗粒,不易流动称内质。细胞质还分化形成执行各种生理功能的胞器,如鞭毛、纤毛、伪足是运动的胞器;胞口、胞咽、食物泡、胞肛是营养胞器;眼点是感觉胞器。伸缩泡、收集管能把体内多余的水分排出,同时一部分代谢废物也溶解在水中被排出。故伸缩泡有两个功能:一是调节水分平衡;二是排泄。但其主要功能是调节水分,因为排泄主要通过体表进行。原生动物的生殖有无性生殖和有性生殖两大类,大多数原生动物在遇到不良环境可形成圆球形的包囊,外被厚壳以度酷暑、冰冻、干燥等恶劣环境,又易被风带到远处。

答案:B

【题3】(1998年湖北省生物学竞赛题)如果一种原生动物的周身具有许多能摆动

的细丝,体内有数量较多的同型核,则这种原生动物属于

A. 鞭毛纲　　　　B. 肉足纲　　　　C. 孢子虫纲　　　　D. 纤毛纲

分析:鞭毛纲原生动物的体表具有能运动的鞭毛,鞭毛数目一般较少,但少数种类仍具有很多鞭毛,细胞核为同型核,肉足纲的原生动物体表有能运动的伪足,伪足为原生质向体表的突起,体表仅有极薄的细胞质膜,纤毛纲的动物体表具有能运动的纤毛,纤毛和鞭毛构造基本相同,但纤毛一般短小而纤细,数目也比鞭毛多,纤毛虫有大核和小核之分,孢子虫纲一般没有鞭毛、纤毛、伪足等胞器。

答案:A

【题4】(1999年全国生物学竞赛题)下列寄生性原虫的哪种一个阶段寄生于人体(或狗),另一阶段寄生在白蛉子体内,并能引起人的黑热病的发生

A. 疟原虫　　　　B. 利什曼原虫　　　　C. 痢疾内变形虫　　　　D. 艾美球虫

分析:利什曼原虫(鞭毛纲)寄生于人体的有三种,其中以杜氏利什曼原虫危害最大,寄生于人体的肝、脾、淋巴腺等,引起肝、脾肿大,贫血,发生黑热病,是我国五大寄生虫病之一,中间宿主是白蛉子。寄生于人体的疟原虫(孢子纲)有四种,我国以间日疟原

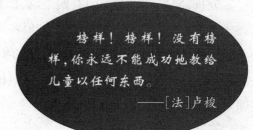

> 榜样!榜样!没有榜样,你永远不能成功地教给儿童以任何东西。
> ——[法]卢梭

虫和恶性疟原虫最为常见,危害也最大,中间宿主是人,寄生在人体肝细胞和红细胞中,破坏大量红细胞造成肝、脾肿大,终宿主是按蚊,恶性疟疾侵害可出现恶性热,如不及时处理,病人1~3天可死亡,我国传播疟疾主要为中华按蚊、微小按蚊、巴拉巴按蚊。痢疾内变形虫(肉足纲)、艾美球虫(孢子纲)寄生于脊椎动物消化管上皮细胞内,引起肠炎。

答案:B

【题5】(1999年全国生物学竞赛题)在较为低等的无脊椎动物中,排泄系统首先出现于哪个类群

A. 多孔动物　　　　B. 腔肠动物　　　　C. 扁形动物　　　　D. 原腔动物

分析:腔肠动物体制一般为辐射对称,具有不完全消化管,体壁由内外胚层和其间的中胶层组成,是真正的两胚层多细胞动物,有了细胞和原始组织的分化,如有了神经组织但无器官系统的出现。多孔动物比腔肠动物更原始、低等,无消化腔、无神经细胞,有特殊的水沟系。而扁形动物开始在内外胚层之间出现了中胚层,中胚层的出现引起一系列组织、器官、系统的分化,特别是中胚层形成了肌肉层,大大强化了动物的运动功能,使动物更快、更有效地摄取食物进行消化、吸收、排泄。从而促使消化系统和排泄系统的形成。

答案:C

【题6】(1999年全国生物学竞赛题)正误判断

1. 研究淡水水螅的生活史,只发现它们存在水螅型,不存在水母型,因此证明水螅纲动物只存在水螅型,生活史不会发生世代交替。

2. 涡虫由于具有网状神经系统,所以遇到刺激时将全身收缩。

3. 猪肉绦虫均以猪作为中间寄主,以人作为终寄主。

分析:水螅纲的动物有很多种类在生活史中都会出现水螅型和水母型,即无性的水螅世代和有性的水母世代,也就是世代交替现象,例如薮枝螅,其水螅型世代营固着生活,水母型世代在海水中营漂浮生活。水螅还没有器官系统产生,神经结构是弥散式的神经网,这种网状神经的传导是不定向的,身体任何一点受刺激都会引起全身反应。涡虫是梯减神经系统,比水螅的网状神经进化。猪肉绦虫的幼虫(囊尾蚴)可寄生在猪体内,也可寄生在人体内而患囊虫病,成虫寄生在人体内可患绦虫病。

答案:(1)错(2)错(3)错

【题7】(2001年全国生物学竞赛题)人感染血吸虫的主要途径是

A. 饮用了含血吸虫卵的水
B. 误食钉螺
C. 接触疫水,感染尾蚴
D. 接触了粪水中的毛蚴

分析:血吸虫是人畜共患的一种严重寄生虫病,成虫寄生于人体门静脉及肠系膜静脉内,雌雄异体,常互相合抱,可引起痢疾、肝脾肿大及肝硬化,雌虫产卵后,有的虫卵入肠腔随粪便排出,到水中孵出毛蚴,进入中间寄主钉螺体内,经过第一代、第二代胞蚴后,产生尾部分叉的尾蚴逸入水中,当接触人畜皮肤时,则侵入皮肤,随血液循环而到达肝门静脉内,发育为成虫。

答案:C

【题8】(1997年浙江省生物学竞赛题)扁形动物的出现是动物进化史的一个重要阶段,这是因为扁形动物

A. 有辐射对称的体形,有2个胚层

B. 有两侧对称的体型,有3个胚层

C. 有辐射对称的体型,有3个胚层

D. 有两侧对称的体型,有真体腔

分析:腔肠动物是真正的两胚层动物,体制一般是辐射对称,它是原始的对称方式,即通过身体中轴有许多个切面可把身体分成对称的两半,但有的腔肠动物(海葵)则通过单体中轴只有两个切面把身体分为相等的两部分,称两辐射对称。扁形动物体制一般为两侧对称,即通过身体中轴,只有一个切面可把身体分为左右对称的两部分,两侧对称体制的出现,使动物身体有明显的前后左右和背腹之分,适宜于动物的

爬行生活,扁形动物中胚层的出现引起。

主要参考文献:

1. 陈阅增主编:《普通生物学》,北京:高等教育出版社,1997年第1版。

2. 尹长民主编:《生物奥林匹克教程》,长沙:湖南师范大学出版社,2003年第1版。

3. 陈放等主编:《生物奥林匹克教程》,成都:四川大学出版社,2004年第1版。

本文载《十年全国奥林匹克竞赛试题分类解析》(高中生物),本书杜东平为编者

后 记

　　这套书上下册,从2012年5月到今天从收集到整理已有一年多的时间,但是因工作繁忙都断断续续的,在2013年这个暑假中,我用"大块"时间每天坚持10小时工作,抓紧筛选,阅读,终于从我的文献中选出了100多篇文章,分上下册。

　　上册是我对中学教育的实践与探索,分了六个栏目,"我的教育主张""行知研究""践行行知思想""研究性学习""基于校本研究""中学教育科研"等等。下册是我对中学生物教育的实践与探索,"我的生物教育主张""生物素养探索""教学模式构建""调查实验研究""课堂教学研究""生物学习指导""教师素养研究""素质教育新教案""生物奥培教练"等等。

　　这些论文是我从1978年6月参加工作起,到今天仍然在学校教育教学一线工作的成果。这些战果是实践的足迹,这些文章绝大多数都是当年发表过的。有的是发表于杂志,有的是获奖论文,有的是参编书中,现在整理成集子,是得益于参加重庆"未来教育家"培养对象的学习中,不少知名专家对我的指点,支持和鼓励。他们认为,一篇论文代表着我在不同时期、不同时候、不同教育环境的不同观点。只有将这些论文汇集在一起,形成系列观点,以撞击融合,才有可能构建起个人化的教育理论,进而凝练成自己的教育思想。他们讲任何一个人的教育思想、理论方法不是一蹴而就的,是经过长期或者是一生艰苦努力逐渐形成总结而来的。我反复思考着,掂量着,我觉得这些知名专家讲得实在、科学、真实、有道理。终于行动起来,完成了这一庞杂而艰巨的任务。

　　虽然我这套书显得不够成熟,但又想到再拖下去,不让它出版,不让它跟读者见面,不让它跟广大中小学教师见面,去听听反馈信息,它就总没有成熟的机会。

　　本来在20世纪80年代和90年代当了近二十年班主任,还发表了许多班主任工作论文和管理论文,我准备待有机会出一本专项集子。

　　在这里我要衷心地感谢市教委领导,感谢市评估院的领导,感谢"未来教育家"培养对象的全体同学,感谢北京师范大学、复旦大学、西南大学的专家,感谢重庆市育才中学的领导和全体教职工,更感谢我曾经教过的在各行各业工作的学生。

　　此书在编辑中受篇幅的限制,每篇文章只罗列了三篇文献,每篇文章都略有删改,特此说明。

由于本人才疏学浅，水平有限，书中的缺点和不足在所难免，欢迎批评指正。

杜东平

写于重庆市育才中学教科室

2013 年 8 月 10 日